MANFRED GÜNTHER

Hilfe! Jugendhilfe.

Ausgewählte Schriften 1974 – 2018
mit einem Vorwort von JÖRG M. FEGERT

"Youth is wasted on the Young"
GEORGE BERNARD SHAW

Ich widme diesen Jubiläums-Band
gesammelter Werke
meiner Tochter Sira Charis zum 25.
sowie mir zum 70.

Texte:	© Manfred Günther
Karikaturen:	© Klaus Stuttmann
Cover-Foto	Jukebox the Ghost
Foto ‚Autor'	© Dietmar Bührer
Data-Scanning:	Sören Boller
Druck:	SDLange – Digitaler Buchdruck Berlin
Verleger:	Heimdall Verlag Digital Edition
Ort und Jahr:	Rheine 2018
ISBN:	978 3 946 53755 7
Verkaufspreis:	34,50 €

MANFRED GÜNTHER

Hilfe! Jugendhilfe.

Auch junge Menschen haben Rechte
3. aktualisierte Auflage, Rechtsstand 1. August 2018

Wörterbuch Jugend – Alter
2., auf über 1000 Wörter erweiterte Auflage 2018

Jugendliche im Berliner Psychodschungel
Reprint (1987) – leicht gekürzt

Gesammelte Schriften.
40 ausgewählte Texte aus 45 Jahren –
3 Monografien, 17 ausgewählte Aufsätze,
Ghostwriting, Glossen, Kommentare/Leserbriefe,
Rezensionen, Filmkritiken und Interviews

Heimdall Verlag
Digital Edition

Vorwort

MANFRED GÜNTHER legt einen Reader mit 40 ausgewählten Texten aus fast einem halben Jahrhundert als streitbarer aufmerksamer Pädagogischer Psychologe vor. Es sind engagierte Lehrtexte, die stets auch eine Haltung reflektieren, das Empowerment der Schwächeren und häufig Zu-kurz-Kommenden, die Entlarvung der Institutionen und des Establishments, die Kritik am Dschungel der sogenannten Hilfeangebote in der Psychoszene mit ihren eigenen Gesetzmäßigkeiten. Mein ganzes berufliches Leben habe ich diesen Kollegen nicht aus dem Blick verloren. Obwohl unsere Wege sehr verschiedene waren, haben uns ähnliche Themen aus unterschiedlichen Perspektiven, mit unterschiedlichen Ansätzen beschäftigt. Eine Distanzbeziehung, die nie abgerissen ist – keine enge Freundschaft – und nun die Frage, nein die Ehre, für seine Schriftensammlung „Hilfe! Jugendhilfe", die Jubiläumssammlung zum 70., die er sich selbst gönnt und seiner Tochter widmet, ein Vorwort zu schreiben. Dies kann nur ein sehr persönlicher Rückblick auf eine gemeinsam erlebte Entwicklung und eine Auseinandersetzung mit Prinzipien sein – kein rascher Überblick, der nur das Inhaltsverzeichnis paraphrasiert und den geneigten Leser*innen einige Texte besonders ans Herz legt. Es ist der akademische Lehrer, der Dozent, der über seine Texte stets andere an seiner Reflektion, seiner Kritik teilhaben lässt, der mich fasziniert und auf dessen reiches Werk ich hier neugierig machen möchte.

Kennengelernt haben wir uns Mitte der 1980er Jahre. Nach Medizin-, Gesangs- und Soziologiestudium hatte ich mit der Facharztausbildung am damaligen Klinikum Westend in der Klinik für Psychiatrie und Neurologie des Kindes und Jugendalters der FU Berlin begonnen. West-Berlin war damals ein spezielles psychosoziales Biotop, in dem vieles in Projekten ausprobiert und in neuen Unterrichtskonzepten reflektiert wurde. DIETER KLEIBER, aus Bremen kommend wohl Westdeutschlands jüngster Professor, konzipierte hier zum Beispiel den Modellversuchsstudiengang *Psychosoziale Versorgung* (Public Health/ Gesundheitsförderung) und ich hatte davon erfahren, dass eine Studiengruppe des Instituts unter Leitung von DIETER FILSINGER 1986 vorhatte, Wien und speziell die dortige Kinder- und Jugendpsychiatrie von WALTER SPIEL zu besuchen. SPIEL war 1968, also auf dem Kumulationspunkt der „68er-Revolution", als auch in der BRD der Facharzt für Kinder- und Jugendpsychiatrie erstmals als eigenständiges Fach etabliert wurde, außerordentlicher Professor für Kinder- und Jugendpsychiatrie an der Universitätsnervenklinik in Wien geworden. Sein Vater, der persönlich mit ALFRED ADLER befreundet war, hatte ihm die Achtung der Pädagogik, den Einsatz für fremduntergebrachte Kinder mitgegeben, wobei die Wiener Heime, wie wir heute wissen, in der Nachkriegszeit auch Orte der Gewalt waren, wo vielen Betroffenen dauerhaftes Leid zugefügt wurde. Die Perspektive einer engagierten realitätsnahen analytischen Psychotherapie, wie sie der Gründungsvorstand der

Universitätsklinik für Tiefenpsychologie an der Medizinischen Fakultät der Universität Wien, HANS STROTZKA, verkörperte, war aus meiner damaligen Perspektive hoch interessant, und so schloss ich mich der Gruppe an und landete in einem Doppelzimmer mit MANFRED GÜNTHER. Dieser war damals bereits Psychologe, Lehrer und (kritischer) Verhaltenstherapeut, geprägt von KANFER, EVA JAEGGI *und* HOLZKAMP. Für ihn war der berufsbegleitende Modellversuchsstudiengang also sein Drittstudium und er war im selben Projekt auch Dozierender für Handlungskompetenz. Dies war für ihn nicht wirklich neu, denn er hatte schon 1975 an der PH Berlin einmal als Studierender fürs Lehramt sowie gleichzeitig auch als Lehrbeauftragter gewirkt; und auch ich hatte am Soziologischen Institut in Berlin noch während meines Studiums Seminare angeboten. Ich kannte also den Drang, Wissen auch im Austausch weiterzugeben, zu dozieren. Fachlich gemeinsam war uns eine große Skepsis gegenüber der damals kaum vorhandenen Evaluation von Kindertherapien insbesondere gegenüber der Psychoanalyse aber auch vielen anderen, oft jahrelang andauernden Kindertherapien. Wir sprachen über seine Erfahrungen als Therapeutischer Leiter in einem großen heilpädagogischen Jungenheim, wo er zwei dort tätige Psychagogen (Vorläuferberuf des „analytischer Kinder- und Jugendlichenpsychotherapeuten") als völlig wirkungslos erlebt hatte. Was ihn am meisten schmerzte war, dass Kinder und Jugendliche (nicht nur im Kontext der Heimerziehung) in relativ kurzer Zeit viele verschiedene Sozialpädagog*innen, Therapeuten*innen und Sonderlehrer*innen in Verwaltungen, Einrichtungen sowie Ambulanzen vorgesetzt bekamen, diese aber nicht wirklich wohlwollend kooperierten. Um diese Hypothese zu belegen, dass leider nicht die nötige Vernetzung die Arbeit mit Jugendlichen bestimmt, sondern die Vielfalt der unkoordinierten Angebote für die Betroffenen wohl wie ein Dschungel wirkt, wollte er mehrstündige Interviews mit zwanzig Fachkräften aus dem „Berliner Psychodschungel" (Text 3) durchführen – und ich sollte eine der elf damit einverstandenen Personen sein, die er dafür in die Zange nahm, denn die etablierte Berliner Kinder- und Jugendpsychiatrie mit ihren West-Berliner Regionalfürsten in ihren großen Versorgungskästen, bockten und blieben ihm ein Gräuel.

Die Eindrücke unserer ersten Begegnung sowie die Gespräche in Wien sind mir unvergessen. Wir erlebten gemeinsam dort den Atomunfall von Tschernobyl und ähnlich wie weltweit Menschen später auch nie mehr vergessen konnten was sie am 11. September 2001 gemacht haben, waren wir damals aufgewühlt, in Gedanken an unsere Lieben und die Gespräche waren existenziell aufgeladen durch diese Situation. Schon in Wien erlebte ich Manfred in seiner ihn prägenden Paradoxie der kontinuierlichen Befassung mit wissenschaftlichen Ergebnissen und Konzepten auf der Suche nach Ergebnissen und Inhalten mit Praxisbezug, wobei er aber gleichzeitig immer wieder betonte, dass er keinen Hang zur Hochschulkarriere habe, da er sich eine solche wissenschaftliche Profilierung einfach nicht zutraue, was wiederum seinen hohen Anspruch wiederspiegelt. Er hat sein ganzes Leben lang auch als etablierter Praktiker publiziert und gelehrt, übrigens an allen Berliner Unis, er hat wissenschaftliche Assistentenstellen, die ihm der Arbeitspsychologe VOLPERT und der Pädagogische Psychologe PERLWITZ angeboten hatten ausgeschlagen. Er entwickelte eine Neigung zur Auseinandersetzung mit den Rechtsgrundlagen der Jugendhilfe und hätte vielleicht am ehesten beim exponierten Jugendhilferechtler MÜNDER promoviert, wenn dieser auch Nicht-Jurist*innen betreut hätte. 1988 schlug er den KJHG-Experten einen §41 vor, (vgl. Text 1, Kap. „Jugendhilfe für junge Volljährige", S. 86) der fast wörtlich aufgegriffen wurde. Dieses Thema ist bis heute zentral, denn die Debatte um die Versorgung von „Care Leavern", also jungen Erwachsenen, die aus den Hilfen heraus wachsen, hat in den letzten Jahren fachlich und leider auch ökonomisch sich eher zugespitzt. Solche Themen haben uns stets geeint, die Situation der Schwächsten in der Jugendhilfe, die Erkenntnis, dass nur durch markant veränderte Rechtsgrundlagen sich hier etwas ändern könne, führte auch mich in die Auseinandersetzung mit dem Jugendhilferecht, mit zahlreichen Publikationen im Vorfeld und nach der Einführung des Kinder- und Jugendhilfegesetztes 1990. Bis dato hatte er viele innovative Konzepte entwickelt und war damit zu häufig gescheitert. Nun setzte er auf rechtliche Standards. Betrachtet man MANFRED GÜNTHERs Rezensionen zu verschiedenen Kommentaren des SGB VIII („Gesetzesvater" REINHARD WIESNER hatte mich für seinen Kommentar als Mit-Kommentator gewonnen) wird schnell deutlich, wie ungewöhnlich differenziert hier ein Psychologe sich in das Jugendhilferecht eingearbeitet hatte, einfach auch aus der Not und dem Ärgernis heraus, dass sich außer den beiden Genannten nur wenige exponierte Jurist*innen fanden, die sich für *diesen* Bereich des Sozialrechts überhaupt interessierten (Texte 31 und 37). So waren sich WIESNER, GÜNTHER und ich in einem kurzen Gespräch einig, dass der Gesetzgeber den bedeutsamen Namen „Bundeskinderschutzgesetz" fahrlässig 2012 für ein *Artikelgesetz* verschwendete, was heute noch zu Missverständnissen bei Betroffenen und Journalist*innen führt (vgl. Text 22).

MANFRED GÜNTHER blieb immer auf Seiten der Praxis ein fundierter Kritiker des akademischen Establishments. Seine fachlichen Vorbilder setzte er kurzerhand in die Wikipedia, so JANTZEN, JUEN, MÜLLER-SCHÖLL, POLSKY, SCHRUTH, SCHÜTTLER-JANICKULA, STRENG, THIMM, VON HASSELN, eben auch WIESNER u.v.a.. Er ist ein politischer Mensch; er selbst sieht sich als ein linker, grüner Humanist. Auch aus der Politik gab es deshalb Angebote an ihn. Fast wäre er 1989 Leiter der Pressestelle in der West-Berliner Senatsverwaltung für Jugend, Frauen und Familie geworden, doch als man ihm nicht gestatten wollte, von dort aus eine Zeitschrift für die Praxis herauszugeben und weil auch Rot-Grün seine Lieblings-Struktur-Idee von „Jugendhilfestationen" (vgl. Text 3, S. 280, Drucksache S. 284) kontrovers sah, provozierte er die Senatorin am Ende des Bewerbungsverfahrens. Wer konsequent in der Sache bleibt, verliert Freunde. Die Kompromisse, die mit einer Karriere im akademischen oder politischen Establishment verbunden waren, waren und blieben ihm verdächtig. Mich dagegen drängte es in Leitungsfunktionen getrieben von dem Wunsch, endlich Dinge gestaltend ändern zu können, wenn ich Verantwortung für eine Institution trage. Betrachte ich die vielen Arbeitsfelder, in die sich MANFRED GÜNTHER tief eingearbeitet hat, „Fremdunterbringung und Heilpädagogik", „Psychosoziale Beratung von jungen Menschen", „Schulersatzprojekte in Jugendhilfe", „kleine Psychotherapien in der Psychosozialen Arbeit, Mediation und Rollenspiel", „Gewaltprävention – Amoklagen" und das zentrale Thema „Jugendhilferecht – Grundlagen, Angebote und Leistungen", dann sind dies auch alles Themen, die meinen beruflichen Weg intensiv geprägt haben; schließlich war ich froh, z. B. mit der Ulmer Heimkinderstudie und später den großen Projekten in den Schweizer Heimen, wo wir das Ausmaß der Traumatisierung der dort betreuten Kinder und Jugendlichen erstmals realistisch erfassten, einen Versuch wagen zu können, durch Evidenz und mit großen Forschungsprojekten die Praxis zu verändern. Heute können wir gerade die nunmehr Erwachsenen nachuntersuchen, um die Gelingensfaktoren für eine erfolgreiche Bewältigung der Transitionsphase bei *Care Leavern* besser zu verstehen. Leider gibt es in Deutschland im Vergleich zur kleinen Schweiz keine systematische Forschung zu Verläufen bei Heimkindern. Die Schweizer Bundesregierung hat sogar Konsequenzen aus unseren Ergebnissen gezogen und durch einen durch uns in Ulm extern evaluierten Modellversuch Traumapädagogik tatsächlich etwas zur Qualifikation der in den Heimen Arbeitenden im Umgang mit schwer traumatisierten Jugendlichen getan. Die Auseinandersetzung mit den vielfachen traumatischen Erfahrungen der betroffenen Kinder und Jugendlichen und die wissenschaftliche Begleitung der Anlaufstelle der „Ersten Unabhängigen Beauftragten Sexueller Kindesmissbrauch – Dr. CHRISTINE BERGMANN", die uns die Zeugnisse von mehreren tausend Betroffenen aus Heimen und Institutionen anvertraute, um politisch daraus Veränderung zu bewirken, hat mich nie von unserem gemeinsamen Thema Heimkinder und ihre Belastungen wegkommen lassen.

Nach der Wende hatte ich die Wahl nach Magdeburg oder nach Rostock zu gehen, um als ärztlicher Direktor einer Universitätsklinik für Kinder- und Jugendpsychiatrie zu leiten und umzustrukturieren. Die baulichen und hygienischen Verhältnisse, die ich damals antraf, schockierten mich. Mich interessierte, was die Kinder *selbst* über ihre Behandlungssituation und über ihre Rechte sagten und wir führten mit Förderung der VW-Stiftung eine Vergleichsuntersuchung zwischen einer gut etablierten Klinik im Süden Deutschlands (Weissenau bei Ravensburg) und der Klinik in Rostock durch. Erstaunlich, wie wenig an beiden Orten die Kinder über Interventionen und Therapien informiert wurden. Vor der Aufnahme hatten sie oft keine oder völlig falsche Informationen bekommen. Dass wir

Erwachsenen aber uns durchaus verständlich machen können, wenn es uns darauf ankommt zeigte sich darin, dass die Hausordnung und die expliziten und impliziten Regeln des Stationsalltags allen Kindern und Jugendlichen bekannt waren. Es waren für mich spannende und auch prägende Jahre in Rostock. Viele Kolleg*innen aus der psychosozialen Szene in Berlin wechselten damals in den „Osten", gingen auf Fachhochschulprofessuren; auch MANFRED GÜNTHER hatte entsprechende Angebote in Neubrandenburg und Potsdam. Er überlegte sogar, auch nach Rostock zu kommen und eine von mir angedachte externe Beratungsstelle mit aufzubauen. Doch er zögerte, denn er liebte sein Berlin und investierte, seine Arbeitszeit reduzierend, in ein anderes „Projekt": 1993, spät wieder wegen der „Ansprüche", bekam er sein erstes Kind und die Gelegenheit, seine Grundsätze „achten und fordern/orientieren und fördern", im ganz Privaten umzusetzen. Weiter versuchte er durch *das Wort* Veränderung zu gestalten. Er konzipierte einmal so nebenbei das „Rahmencurriculum für Zertifikatskurse Jugendsozialarbeit, Land Brandenburg" (Text 48) oder verfasste später (diesmal dienstlich im Auftrag der MPK) eine umfängliche Expertise zur Gewaltprävention und Erziehungskompetenz, die politisch wie mancher vernünftiger Ansatz, letztendlich im Papierkorb landete. Er hat die wissenschaftliche Auseinandersetzung, die Lehre und die Politikberatung zur Veränderung der Praxis nie aufgegeben, auch wenn er frustriert war über die Langsamkeit von notwendigen Veränderungen. Er stemmte sich mit Vorträgen und Impulsen, mit bis heute etwa 50 Lehraufträgen (mit ca. 30 verschiedenen Themen) und mit seinen kleinen Veröffentlichungen gegen die Erstarrung und die *technokratische* Umdefinition wichtiger flexibler Aushandlungsinstrumente, die z. B. zu einer bürokratischen Jugendhilfeplanung im Kontext Verwaltungsreform/Produktorientierung zu verkommen drohten. Bisweilen mischt sich etwas Resignatives in seinen Ton, wenn sich neuere Texte wie sein „Wörterbuch Jugend – Alter" (Text 2) nicht mehr wie ein Lauffeuer in der Szene verbreiteten, wie früher z. B. „Fast alles was Jugendlichen Recht ist" (Text 1) oder „Jugendlichenrechte" (Text 49), von dem 2000 nach einem Jahr vergriffen waren. Wer kauft noch Sachbücher? Steht doch alles im Internet…; immerhin kann man dort seine „Taschengeldtabelle" (Text 1 – Anhang) alle 2 Jahre bei „vaeterzeit.de" aktualisiert auffinden.

Zum Thema Kinder- und Jugendrechte hat er über Jahrzehnte Standards gesetzt und die Diskussion vorangetrieben. Als Klinikchef habe ich versucht, Kinderrechte in der eigenen Klinik, die ich 2001 in Ulm neu aufbauen durfte, schon bei der Konzeption zu berücksichtigen z. B. in Details in dem man Fenster so baut und sichert, dass Patienten *selbst* lüften können, ohne auf das Pflegepersonal angewiesen zu sein oder in dem durch Zitate aus der UN-Kinderrechtskonvention, den in einer Institution untergebrachten Kindern und Jugendlichen deutlich gezeigt wird, dass sie *selbst* bei einer gerichtlichen Unterbringung mit Zwang nicht rechtlos sind. Wir konzipierten die ersten entwicklungspsychologisch fundierten altersentprechenden Aufklärungsmaterialien für Kinder, die sich in Krankenhausbehandlung begeben müssen und etablierten ein kindgemäßes Beschwerdemanagement, kurzum vieles, was später bei der Diskussion über Schutzkonzepte am „Runden Tisch" wieder aufgegriffen wurde. Unser Autor kann auch austeilen und einige Mitmenschen, auch Populisten wie BUSCHKOWSKI, sollen z. B. über seine Rezension zum ersten Buch des TV-bekannten Jugendrichters MÜLLER nicht geschmunzelt haben (Text 33). Ohnehin liebt er den Humor (vgl. die Glossen, Texte 24-27), durchaus auch den treffenden, bisweilen zynischen à la MAX GOLD oder den eines Kabarettisten wie GEORG SCHRAMM, wie er 1968 in Bochum Psychologiestudent, oder mag auch ein gewisses *Känguru…*

Wieso sollte er mit 70 sich ändern, wieso sollte er seine einflussreiche, spitze Feder weglegen? Der vorliegende Band ist eine Fundgrube, die stets Lust auf mehr macht, wie z. B. das Interview mit HEINZ KINDLER (Text 40), mit dem auch ich seit vielen Jahren in zahlreichen Forschungsprojekten zusammenarbeite. Sein aktuelles kleines Buch, ein Springer-*essential* und Handlungsleitfaden, Titel „Pädagogisches Rollenspiel", ist nicht in dieser Textesammlung enthalten, aber nicht minder lesenswert, weil es Sozialpädagog*innen auf die Sprünge helfen kann, wenn diese geeignete Methoden für ihre anspruchsvolle Praxis suchen. Doch dafür können wir – nach 42 Jahren – noch einmal den frühen, wirklich guten Aufsatz zur Verhaltensmodifikation an Schulen, bei dem *die betroffenen Minderjährigen* die Verhaltens-Ziele *bestimmen* (Text 4) lesen und genießen, mehrfach wieder abgedruckt und zitiert. Ziemlich zeitlos, bedenkt man, dass den zahlreichen deutschen Schulpsychologen, gleich ob sie fall- oder systembezogen vorgehen, in der Zwischenzeit tatsächlich nichts besseres eingefallen ist. Mein Kollege m.g und ich haben beide von ähnlichen Haltungen und der Sorge um das Wohl und die Rechte der schwächsten Kindern in unserer Gesellschaft sehr unterschiedliche Entwicklungswege genommen. Manfred hat sich letztendlich stets gescheut, ein Exponent des handelnden Establishments zu werden. Mein Weg hat mich im Amt, z. B. als ehemaliger Präsident der Fachgesellschaft für Kinder- und Jugendpsychiatrie/Psychosomatik und Psychotherapie sowie im Ehrenamt, z. B. als Vorsitzender des Wissenschaftlichen Beirats in Familienfragen beim BMFSFJ, stets in Entscheidungspositionen gedrängt. Antagonistischer kann man sich persönliche Entwicklungen und die dahinterliegenden Lebensentscheidungen kaum vorstellen. Die zentralen Themen, die wir in den gemeinsamen Tagen und Nächten in Wien diskutiert haben, die mit Gerechtigkeit (und dies ist viel mehr als Recht), mit effektiver Hilfe, mit Schutz und Schutzräumen, mit Prävention zu tun haben, waren für uns beide ein Beweggrund und Antrieb, der uns nie ruhen ließ. Paradoxerweise, dies zeigt auch dieses Werk – ist der Autor, der sich der akademischen Karriere, irgendwie verweigert hat, Lehrender (Dozent) Gelehrter (Doctor) und Bekennender (Professor) in Bezug auf seine Überzeugungen geworden, dies dokumentiert fast jede seiner Aktivitäten und jeder Text. Auch wenn er sich formal der „academia" verweigert hat, führte er als Wissenschaftspublizist ein „Gelehrten-Arbeitsleben", welches ihn von manchem früh erkalteten Professor wohltuend unterscheidet. Die Praxis ist für ihn dabei immer wieder Anlass zum Reflektieren, zum Schreiben und Moderieren, sowie andere zum Nachdenken zu zwingen. Gern, sehr gern war er Gesprächsleiter und Redakteur mit Einfluss, wenn er „verfeindete" Berufsgruppen zusammenbringen konnte – so für die BAG Polizei-Jugendsozialarbeit (Texte 51, 53) und für die BAG Häusliche Gewalt-Schule/Bildung (Text 56), schade, dass damals die Kinder- und Jugendpsychiatrie nicht einbezogen worden war. Als medizinischer Hochschullehrer bleibt man stets der Praxis verbunden, man muss sich in seinen theoretischen Forderungen und Ansprüchen an der eigenen institutionellen Praxis messen lassen. Viele meiner Themen haben sich letztendlich zunächst aus der Krankenbehandlung und Begleitung von Kindern und Jugendlichen ergeben. Manfred würde vielleicht nicht diese Worte wählen, aber der Mechanismus ist derselbe. Die praktische Arbeit mit Kindern und Jugendlichen inspiriert und fordert auch zur Reflektion. Diese Verbundenheit über Grundprinzipien und zentrale Themen ist es, die mich keinen Moment zögern ließe, ihm ein (etwas längeres...) Vorwort zu schenken. Einen ersten Entwurf mit der beispielhaften Vorstellung einzelner Texte habe ich zur Seite gelegt; wollte und sollte kein Rezensent sein.

So wie Manfred „seine" Insel La Palma braucht, brauchte ich den Abstand in der geliebten Provence, um mich der Frage zu stellen, was uns im Kern verbindet und weshalb er mir diese freundschaftliche Ehre erweist. Es ist zum Teil die gegenseitige Faszination für die jeweiligen Wege, die wir gegangen sind. In Bezug auf akademische Karriere und das Streben nach Machtpositionen blieb er enthaltsam, (sieht man mal ab von fast zwei Jahren als Co-Leiter des „Leistungs- und Verantwortungszentrums Psychologische und Medizinische Dienste" mit 55 Köpfen in Berlin-Wilmersdorf), weil dies für ihn zu viele Kompromisse verlangt hätte und seine Ansprüche sehr hoch waren. Dennoch war dieser Bereich doch auch eine bleibende Versuchung der er als akademischer Lehrer und innovativer Konzeptentwickler glücklicherweise nachgegeben hat. Ich hoffe dieses Vorwort mach Lust darauf, manche Texte ganz zu lesen, Stichworte im „Wörterbuch Jugend – Alter" (Text 2) auch mal zum Schmunzeln aufzusuchen, sich in bestimmte Zeiten im psychosozialen Berlin zu versetzen, die wir altersmilde, teilweise zu schnell verklären. Dieses Buch möge vielen für längere Zeit ein Begleiter, ein Mahner und auch ein Teil Jugendhilfekabarett sein, ein Lehrwerk vor allem über Prinzipien und Haltung für die Praxis und damit so aktuell wie nie.

JÖRG M. FEGERT
Ärztlicher Direktor, Prof. Dr., Universitäts-Klinikum Ulm
Klinik für Kinder- und Jugendpsychiatrie/Psychotherapie

Inhalte   Jahr   Seite

	Jahr	Seite
Vorwort von Jörg M. Fegert		5
Inhalte		13
Einleitung ins Textreich		19

I   Monografien

Text

1 „Auch junge Menschen haben Rechte"   2018   23

	Jahr	Seite
Liste der im Buch zitierten Gesetze (Abkürzungen)		24
Zur Einführung		27
A Grundlagen und Definitionen		29
B Alle Kinderrechte von 0 bis 14 Jahren		36
Sexuelle Selbstbestimmung		47
C Auch Jugendliche von 14 bis 18 Jahren haben Rechte		49
Rechte von SchülerInnen		49
Der Verfahrensbeistand		52
Das Jugendarbeitsschutzgesetz		57
Das Jugendschutzgesetz		63
Das Jugendstrafrecht		64
D Rechte junger Erwachsener von 18 bis 27 Jahren		67
Das sogenannte BAföG		71
E Hintergrundanalysen, Ideen, Vorschläge und Literatur		76
Elterliche Sorge und Unterhalt		76
Jugendliche als Mitglieder von Verbänden sowie Kirchen		80
Jugendhilfe für junge Volljährige		85
Offener Brief und Mustervorschlag		90
Gute Leitfäden und Büchertipps		91
Vorwort von Ingrid Stahmer	1997	96
Vorwort von Wolfgang Lüder	2003	97
Anlage Taschengeld		
Tabelle; Geld für Bekleidung, Hygieneartikel u. Mobiltelefonie; Taschengeldparagraph; Kindergeld für Menschen über 18	2018	98

2 „Wörterbuch Jugend – Alter" über 1000 (un)wichtige Begriffe   2018   103

	Jahr	Seite
Inhalt		103
Abkürzungen		106
Vom Abba zur Zygote		107
Literatur		198
Zur Einführung	2010	199
Austrofred: Vorwort	2010	202
Ernst Volland: Noch ein Nachwort zur Sache	2010	202

Inhalte   **Jahr**   **Seite**

I   Monografien
Text
3	**„Jugendliche im Berliner Psychodschungel"**	1987	205
	Gebräuchliche Abkürzungen in der psychosozialen Szene		206
	Einleitung		207
	1. Welche Auffälligkeiten und welche Behandlungsarten sind überhaupt gemeint?		209
	Flussdiagramm: Vom Problem zur Konsequenz		219
	2. Die verschiedenen Angebote der psychosozialen Versorgungsdienste für Jugendliche in Berlin		224
	3. Experteninterviews/Vorbereitung		254
	4. Experteninterviews: Unkommentierte Auswertung		261
	5. Kritische Auswertung der Interviews		270
	6. Perspektiven, Pläne und Ideen		277
	1988: Antrag der AL „Einrichtung von Jugendhilfestationen"		284
	7. Dokumente. Interview mit einem Heimpsychologen		285
	Anstelle eines Nachworts. Das Wilmersdorfer kooperative Modell		
	‚Empfohlene Verfahrensregelung'		297
	Literatur		298

(unveränderter Wiederabdruck, ohne Herausgebervorwort, Drucksachen, Schautafeln, Empfohlene Verfahrensregelung und Einrichtungs-Adressen sowie ohne einige veraltete fachpolitische Tabellen und Diagramme)

II   Aufsätze
Text
4	„Disziplinierte Schüler durch Verhaltensmodifikation?"	1977	303
5	„Alternative Konzepte für ‚nichtbeschulbare' und delinquente Jugendliche in den USA"	1981	314
6	„Freiwilliges Helfen als Lebensprinzip"	1981	326
7	„Psycho-soziale Auswirkungen von Arbeitslosigkeit auf Jugendliche"	1982	333
8	„Laßt uns zusammenarbeiten..."	1984	345
9	„Jugendberatung als unbürokratische Orientierungshilfe"	1987	349
10	„Halb Berlin hält sich für ‚jugendlich' "	1889	356
11	„Psychosoziale,"	1989	358
12	„Hilfen für junge Volljährige nach SGB VIII § 41"	1993	360
13	„Leistungsangebote für junge Volljährige"	1996	369
14	„Was ist eigentlich Jugendberatung – Ein Muss oder nur Luxus?" (Teile I und II)	1999	375

Inhalte Jahr Seite

II   Aufsätze
Text
15 „Beziehungen zwischen Jugendsozialarbeit und Polizei"   2005   389
16 „Die Rolle und Wirkung des Sports in der Kinder- und
    Jugendgewaltprävention"   2006   399
17 „Gewalt an Schulen
    Empfehlungen der Ministerpräsidentenkonferenz.
    Vorschläge für die länderübergreifende Präventionsarbeit"   2007   406
18 „Möglichkeiten und Grenzen der Erziehungs- und
    Familienberatungsstellen" (Teile I und II)   2007/2008 412
19 „Schulentwicklung: Fachpolitische Ziele und Gewalt-
    präventionsarbeit in Berlin sowie Schwerpunkte und
    Vorhaben zur Krisenintervention"   2010   420
20 „Zur Situation der schulischen Krisenintervention in den
    Bundesländern sowie strategische Empfehlungen zur
    Gewaltprävention an Schulen"   2010   430

III   Kommentare/Leserbriefe
Text
21 „Krieg der Knöpfe? – Disziplin und/oder Motivation"   1974   435
22 „Kinderschutz – ohne Gesetz"   2014   438

IV   Ghostwriting
Text
23 „Stärkung der Erziehungskraft von Familie und Schule.
    Zum Stand der Umsetzung des Programms der Regierungs-
    chefs der Länder zur ‚Ächtung von Gewalt und Stärkung der
    Erziehungskraft von Familie und Schule' vom Juni 2003"
    – *Vortragsmanuskript für* RUDOLF EGG   2005   441

V   Glossen
Text
24 „Salute 4. Juli! Bummm. Zum 212. USA-Unabhängigkeitstag"   1988   457
    Es folgen drei nicht veröffentlichte weitere Scherzartikel:
25 „Hilfe! Jugendhilfe. Thron zu sein bedarf es wenig,
    HARMSlos König, KLEINlich queenig" (*für den „Stachel"*)   1993   459
26 „Ach was muß man oft von blöden…" (feat. WILHELM FUSCH)   1994   464
27 „Die Lage soll ruhig sein!" oder „Nieder mit NATO und
    Fedaijin, alle Macht dem Gaddafin" (*für „taz: Wahrheit"*)   2011   465

Inhalte Jahr Seite

VI   Rezensionen
Text
28 WOLFGANG MELZER, WILFRIED SCHUBARTH und FRANK
     EHNINGER: „Gewaltprävention und Schulentwicklung"   2008 467
29 ROSEMARIE PORTMANN: „Brutal daneben"   2008 469
30 ULRIKE HINRICHS: „ZuRecht finden"
     Lexikon und Rechtsratgeber für Jugendliche   2011 471
31 PETER-CHRISTIAN KUNKEL: „Jugendhilferecht"
     Systematische Darstellung für Studium und Beruf   2011 474
32 ULRICH STASCHEIT (Hrsg.) „Gesetze für Sozialberufe"   2011 476
33 ANDREAS MÜLLER: „Schluss mit der Sozialromatik!"
     Ein Jugendrichter zieht Bilanz   2013 478
34 INGHARD LANGER und STEFAN LANGER: „Jugendliche
     begleiten und beraten"   2014 483
35 RUDOLF BIEKER: „Leitfaden für wissenschaftliches Arbeiten
     und Studienorganisation" Soziale Arbeit studieren   2014 485
36 MICHAEL MACSENAERE, KLAUS ESSER, ECKHART KNAB,
     STEPHAN HILLER (Hrsg.): „Handbuch der Hilfen zur Erziehung"   2015 488
37 SCHLEGEL/VOELSKE (GHrsg.): „Juris Praxiskommentar" *darin:*
     ERNST-WILHELM LUTHE u. GABRIELE NELLISSEN:
     „SGB VIII – Kinder- und Jugendhilfe"   2015 491
38 CHRISTA D. SCHÄFER: „Die partizipative Schule"   2017 494

VII   Filmkritik
Text
39 „Die Lehrerin" Fernsehspielfilm (*arte*) von TIM TRAGESER   2011 499

VIII   Interviews
Text
40 „Herausforderung Kinderschutz" Gespräch mit
     DR. HEINZ KINDLER (Deutsches Jugendinstitut)   2015 503

Inhalte	Seite

ANHANG

A Titel, Ort und Jahr von 20 weiteren bereits veröffentlichten Texten
   – ohne Wiederabdruck hier in diesem Buch 509

B Beteiligte Co-AutorInnen 510

C Rezensionen zu Texten von m.g
   ASTRID BACHE zum Text 1 (2003) „Fast alles was Jugendlichen Recht ist"
   BERLINER MORGENPOST und SVEN STEMMER zur Text 1-Anlage
   „JOKERs Taschengeldtabelle" 511
   PETER F. APPENHEIMER, books.google.de, DOROTHEA DOHMS *und*
   Netzwerk Lernen zum Text 2 „Wörterbuch Jugend – Alter" (2010) 515
   URSULA LANG, BRITTA GRASHORN, ED KOCH, MANFRED LIEBEL,
   ALBRECHT MÜLLER-SCHÖLL zum Text 3 „Jugendliche im Berliner
   Psychodschungel" 520
   SD (DJI) zum Text 15 „Beziehungen zwischen Jugendsozialarbeit und
   Polizei" 523
   I. H. (BAG Kinder- und Jugendschutz) zum Text 16 „Die Rolle und
   Wirkung des Sports in der Kinder- und Jugendgewaltprävention" 524
   PETER F. APPENHEIMER zum Text 60 „Pädagogisches Rollenspiel" 524

   Danksagung 525
   ... Augengläser im Wandel der Zeit 525

Über den Autor 527

Einleitung ins Textreich

Ein paar Seiten weiter beginnt eine Art Reader, der je nach Sicht umfänglich, fett, massig oder vollschlank wirkt. Ich, der Autor, hatte 2017 so eine Idee. Wie sähe es aus, wenn *alle* meine gesammelten, also nur die besseren, Texte in einem dickeren Band nebeneinander stünden? Sähe doch stark aus, der Eindruck von viel Fleiß käme 'rüber, Urheber hat sein Leben offensichtlich nicht vertändelt, könnte ziemlich stolz sein – und hätte in einem Guss noch ein schönes *Selbstgeschenk* zum runden Jubelgeburtstag. Dagegen spräche: LeserInnen könnten das Messie-Werk eher als Buchstabenfriedhof erleben. Pro-motivierend kam damals dann der Tipp einer befreundeten Autorin: heute seien auch schöne dicke Bücher was die Druckkosten angeht in kleiner Auflage bezahlbar. Schließlich überzeugte mich ein drittes Motiv. Noch befanden sich in meinem privaten Büro mehrere Meter Akten, Broschüren, Vorträge, Heruntergeladenes und Manuskripte, und irgendwann müssten die ruhenden Papier- und Wissensberge ja einmal recycelt werden. Also alles durchsehen, auswerten und weg damit in die blaue Tonne. Da ein Druckkostenzuschuss- oder BoD-Verlag für mich nicht in Frage kam, habe ich selbst vorab *70* verlegte Druckwerke für *Euch* geordert; und ihr wisst: verschenken ist auch keine Lösung!

Seitdem sind viele Monate vergangen. Das Projekt nahm Gestalt an, das Sichten und Auswählen begann und das Überprüfen. Was ist denn an welchen Texten „gut"? Was wäre doppelt und/oder redundant? Nicht wenige FachartikelautorInnen schreiben zu einem ihnen vertrauten Thema schon mal fünf ähnliche Aufsätze für verschiedene Verlage. Kommt bei mir selten vor, aber schon flogen von meinen etwa 60 veröffentlichten Texten stante pede drei „doppelte" raus. 14 weitere waren in meinen Augen zu kompliziert, mager oder sachlich völlig veraltet. Und drei spezielle Schriftstücke passen einfach nicht in solch ein Buch. Text 49 – das h. E. ziemlich gute Curriculum – wer will so etwas nachlesen? Text 54, die umfängliche EFB-Untersuchung (Ideengeber und Co-Autor war ich) ist zu detailliert, enthält viele Statistiken – Kurzfasssung siehe Text 18, Langfassung im Internet, dort ist übrigens auch Text 49 vorrätig. Es fehlt auch Text 52, ein 20-Seiten-Arbeitsgruppenbericht mit wirklich wohlwollenden Inhalten für die beiden betroffenen Berufsgruppen Polizei und Jugendsozialarbeit. Zwei Jahre lang hatte ich zur Positionierung eine Bundesarbeitsgruppe dazu geleitet. Aufgeschrieben haben die Vereinbarungen schließlich MICHAEL MATZKE und ich, Endredaktion war m.g, der den Text dann auch vor dem DFK-Vorstand vertreten musste; eine Kurzfassung ist einsehbar (siehe Text 53). Alle nicht abgedruckten Werke sind hinten aber *aufgelistet* auf Seite 509. So wird der Schriftenpool komplettiert und *voll* transparent.

Waren denn alle (alten) Artikel und Monografien elektronisch-dateimäßig vorhanden? Natürlich nicht; mühsam wurden ein menschlicher sowie ein technischer Scanner engagiert. Über 160 Seiten mussten neu erfasst werden – alles Texte aus den Jahren 1974 bis 1987. 1986 hatte ich zwar schon das erste Mal einen Computer zum Buchschreiben benutzt, aber das war ein *Commodore* und alle Befehle liefen über *Shortcuts;* wie die Speicherdateien hießen oder das Schreibprogramm? Keine Ahnung.

Bis auf zwei zentral wichtige (Texte 21 und 22) habe ich auch meine Leserbriefe nicht aufgenommen, zunächst gab es einige an den TAGESSPIEGEL, dann an die taz. Einige der Briefe aber kann man echt vergessen, sind Jugendsünden. Eine viertel Seite in der kurzlebigen Tageszeitung „DIE NEUE" hatte Effekte: Meine gefakte Stellenanzeige brachte das Bezirksamt Kreuzberg dazu, die wichtige Heimberater-Psychologenstelle neu auszuschreiben und nicht gleich intern an einen Politologen mit Parteibuch zu vergeben – Politikberatung per Spaß-Aktion. Leider ist ein wirklich wichtiger „Starter-Text" (nach einigen sehr bescheidenen Sachen in der Schülerzeitung *centerum censeo* des örtlichen Jungengymnasiums) verloren gegangen. Ich hatte ihn Ende 1969 in Witten öffentlich vorgetragen, Haus der Jugend, großer Saal und es spielte FRANZ K. Inhalt: „Wehret den Anfängen, gegen das Erstarken der NPD im Ruhrpott". Die *ruhrnachrichten* berichteten: „Blues und Politik in einem Guß".

Meine Einleitung versucht nun *chronologisch* in die Texte einzuführen, ohne die von JÖRG FEGERT im langen Lobes-Vorwort bereits hervorgehobenen noch einmal aufzugreifen. 1973/74 war ich Mitautor eines Artikels über den Putsch in Chile (Text 43). Der älteste hier abgedruckte Text heißt „Krieg der Knöpfe (Text 21), ein vorwurfsvoller Leserkommentar, 1974 für die Zeitschrift *betrifft : erziehung*, in dem so etwas wie Kritische Psychologie für LehrerInnen (aber verständlich) vorgestellt wird. Als nächstes erfolgte eine Abdruckabsage: Mein Artikel „Kritische materialistische Psychologie, Lerntheorie und Verhaltensveränderungs-Konzepte in der Schulpsychologie-Praxis" (12 Seiten) wurde vom *Argument* 1974 abgelehnt. FRIGGA HAUG schrieb begründend, mein Aufsatz sei „affirmativ" (leider kannte ich das Fremdwort noch nicht) und „habe bei KLAUS (HOLZKAMP) und UTE (HOLZKAMP-OSTERKAMP) sachkundigen Rat eingeholt. (...) So standpunktlos also im Gesamtreferat verfahren wird, so wenig gelingt die Kritik (...) Gut ist die Sicherheit, die sprachliche Bewältigung (...) und die Leichtigkeit des Stils". Beinahe hätte ich Verrissener nie nichts mehr jemals verfasst; liebe Frau HAUG, es war kein Referat, es ist eher ein selbstbewusster frischer, junger Fach-Essay, der die BMT in ihre Schranken weist; eine Alternative (Kritisch-Psychologische Therapie, ideologisch *Argument*-korrekt) gab es nicht und gibt es bis heute nicht; bockig schickte ich die *Primaner*arbeit verändert und gekürzt ein Jahr später nach Köln; die „Demokratische Erziehung" (KARLHEINZ HEINEMANN) akzeptierte den Text, der vermutlich mein bester bis heute war, denn er ist am weitesten verbreitet (und „zeigt Leichtigkeit, Sicherheit, bewältigt Sprache"). 1980 fragte die WISSENSCHAFTLICHE BUCHGESELLSCHAFT bei mir an, ob sie diese meine Abhandlung wiederabdrucken dürfe sowie Sonderdrucke fertigen; auch KLAUS ULICH bat darum, diese neu herausgeben zu dürfen. Von da an war es etwas einfacher zu schreiben, denn wer bereits einmal VerlegerInnen gefunden hat, ist optimistisch und mutiger. Nun erschienen in Abständen Aufsätze von mir zu recht verschiedenen Themen in Zeitschriften wie *Sozialpädagogik* oder *Jugendberufshilfe* (Texte 4-11). 1987 folgte das erste Buch (Text 3). MANFRED ZAUMSEIL empfahl mir angesichts des Manuskripts, damit zu promovieren, aber ich wollte es nur als Handreichung für die Praxis, ohne nachträglich künstlich das Ganze noch aus einem Theoriegebäude hin-, her- und ableiten zu müssen.

Bemerkenswert finde ich übrigens, dass ich anfangs stets Angst hatte, einen langen 7-Seiten-Aufsatz, Standardmaß für Fachzeitschriften, fertig zu bekommen. Später mussten die Herausgeber dann dreimal (Texte 13, 18, 19/20) meine „kleinen" Aufsätze splitten und auf zwei Hefte verteilen, weil zu lang, aber nicht kürzbar. Ein Artikel brachte damals ca. 50 DM, heute, WOLTERSKLUWER lässt grüßen, *fette* 0.-€. Ach so, nachfrageabhängig werden wir sowohl „Auch junge Menschen haben Rechte" (2018, Text 1) als auch das „Wörterbuch Jugend – Alter" (übrigens in den Augen der KLAUS-FARIN-Vereine „Archiv" und „Hirnkost" ein nichtverlegbares „sexistisches Machwerk") (2018, Text 2) herausgelöst demnächst extra veröffentlichen.

Ab 1988, die Zeiten für meine originellen Konzepteinrichtungen gingen langsam zu Ende, habe ich mich zunehmend mit Rechtsgrundlagen (insbesondere JWG, später SGB VIII) befasst, aber auch mit allen einschlägigen Verordnungen zum Thema (vgl. Text 51). Häufig ging es um junge Volljährige, die mir besonders am Herzen lagen, in der Zeit nach der Herabsetzung des Volljährigenalters 1975 (Texte 12, 13, 48, 50). 1988 gab es eine sehr schöne Gelegenheit, meine Forderungen zu präsentieren. In der HEINRICH-BÖLL-STIFTUNG DEMOKRATIE durfte ich referieren, die weiteren Referate hielten ILSE KOß-REICHEL und JOHANNES MÜNDER. Es folgte (aus der Hand eines Nichtjuristen übermütig bis anmaßend) ein „Gesetzentwurf". Nun meine ich nicht den Beitrag zur Verabschiedung des AG KJHG Berlin 1994 (siehe Text 42), sondern bescheidener einen einzigen, bestimmten Paragrafen-Entwurf. So formulierte ich einen § 29 (heute § 41) für das neue Gesetz „auf dem Dienstweg". Bis heute, das sind fast 30 Jahre, blieb der § 41 erhalten, obwohl er zu den meist angegriffenen Soll-Leistungen zählt und deshalb auch „in Bälde" stark entkräftet werden wird. Als mir klar wurde, dass ich aber keine Chance hatte, in die Kaste der SGB VIII-Rechtsverdreher zu gelangen, habe ich fortan deren auch nicht mängellosen Texte einfach trotzig rezensiert (Texte 29-32; 35, 36).

Wegen meiner Abordnung ins Bundes-DFK in den 2000er Jahren entstanden in Folge natürlich neue Schriften-Themen. Gewaltprävention, Zuvorkommen von „Amok-Läufen" an Schulen und Resilienz-Fragen gelangten in den Vordergrund (siehe Texte 16-20, 54-57). Meine Expertise für die MPK („Herr GÜNTHER, machen sie bitte aus diesen 11.500 digitalen Seiten etwa 80, ganz herzlichen Dank im Voraus", so mein Ex-Chef und „Co-Autor". (Texte 33 und 55), den SEEHOFER im Mai 2018 öffentlich absetzte, allerdings nicht deshalb) wurde aber nie veröffentlicht, sondern kam in den übergroßen MinisterpräsidentInnen-Papierkorb; diese hatten 2006 „vergessen", was sie 2003 nach dem Erfurt-Schock angefordert hatten. Doch im Kontext wurde ich manchmal als Ghostwriter tätig (Texte 23, 45). Ebenfalls Papierkorb-Pech hatten zwei nun hier doch abgedruckte Satiren (Texte 26 und 27. Die eine greift frech *Grüne* Spitzenpolitiker aus Berlin an, eigentlich nur für Insider verständlich. Die andere dreht sich um eine Pro-GADDAFI-Demo und zeitgleiche Trauerfeier am Bahnhof Zoo wg. Eisbär KNUT – für die taz-Wahrheit (Text 27); nein, sie ist nicht von WILLY-Best-of-Wortspiele-ASTOR.

Sie sind fachfremd und wünschen Lese-Tipps? Elegant gelangen Sie ins Textreich mit der MÜLLER-Rezension (Text 33). Möchten Sie mit einfachen Worten erfahren, wie komplex das leidige Jugendrecht sein kann? (Text 14). Schulen in Berlin, was ist da eigentlich los? (Text 19). Voll empfehlenswert ist es – natürlich nicht an einem Stück, aber immer wieder ein wenig, gerne auch rückwärts – im *Wörterbuch* zu schmökern (Text 2).

Die Jugendhilfe hat so lange ich lebe nicht an politischer Bedeutung gewonnen. Sie steht noch hinter dem Gesundheitswesen, von dem ja alle Mitmenschen betroffen sind, nicht nur Kinder, Jugendliche und Eltern. Als WählerInnen sind SeniorInnen wichtiger. Höher war sicherlich auch der Stellenwert meines späteren Tätigkeitsfeldes „Gewaltprävention", wo die Presse die Politik vor sich her treibt, siehe Schulmassaker in Erfurt, Emsdetten und Winnenden, siehe RÜTLI-Schulskandal. So wundert es nicht, dass Promi-Jurist UWE WESEL in der 1. Auflage seines „Alles was Recht ist" vergessen hatte, das Jugendhilferecht zu erwähnen – vor meiner erfolgreichen Intervention bei ihm. Viele hoffen auf eine Wende angesichts unserer unorthodoxen Bundesministerin FRANZISKA GIFFEY, die nicht Unterhaltszahlenden den Kfz-Führerschein abnehmen möchte und in Chemnitz (Ex-NeuköllnerIn, ist also überall!) achtsam auftrat. Auch ich freue mich über ihre Wahl.

Zuletzt zu den Träumen des 70ers: mit der Tätigkeit als Kabarettkritiker wird es vielleicht erst später etwas, da ich im Frühjahr '19 abschließend noch ein *essential* zum Kinder- und Jugendhilferecht schreiben werde. Die Hoffnung (den Berufsmodus in Gänze und nicht nur den Notfalljugendpsychologen abstreifen zu können) stirbt zuletzt. Aber Resignation ist, betrachten wir die letzten 100 Jahre *Hilfe! Jugendhilfe* zum Glück nur bedingt angesagt. Das Positive: bereits seit 1923 gibt es ein Jugendhilfegesetz, flankiert von dem sehr fortschrittlichen Recht, das 14-Jährigen freie Religionswahl in Deutschland bescherte. Damals gab es im JWG-Kern aber noch die schlimmen *Maßnahmen*. Sie führten dazu, dass Eltern bis heute Angst vorm Eingriffs-Jugendamt haben, das befugt war, *herauszunehmen*. Bis weit in die 1970er Jahre hinein war Heimerziehung in der BRD überwiegend eine grauenvolle Angelegenheit, *krass* für Betroffene, egal ob in öffentlicher Trägerschaft oder in „christlichen" Häusern der Diakonie bzw. Caritas untergebracht. Gäbe es nicht neben engagierten Funktionären und Lobbyisten Persönlichkeiten, die auch unbezahlt mit großem Zeitaufwand radikal die humanen Jugendhilfe-Interesssen verfolgten wie *beispielsweise* I. REICHELT, M. WENDT, A. MÜLLER-SCHÖLL, S. VON HASSELN, M. KAPPELER, J. M. FEGERT, W. MELZER, H.-U. KRAUSE, U. STASCHEIT, W. JANTZEN oder R. SÜẞMUTH – die Behördenarbeit wäre auf JWG-Niveau einfach eingefroren. Diese Zeiten sind vorbei, auch dank *50 Jahre 1968*, dem Jahr, in dem ich Bochum per Los ein *naturwissenschaftliches* Psychologiestudium beginnen konnte und ausgerechnet in Witten zur *geistespraktischen* Bewegung des linken „Republikanischen Clubs" gestoßen war.

gez. Manfred Günther im September 2018

P.s. Heimdall = Götter-SupervisorIn;   m.g = mein dienstliches Kürzel seit 1977

I   Monografien

Text 1

Auch junge Menschen haben Rechte

Ein Rechtsberater nach Altersgruppen für Betroffene, für Eltern und für die Pädagogik – Stand 1. August 2018

Anmerkung zur 3. Auflage

Dieses Handbuch für junge Menschen, für Eltern, Lehrpersonal und für die Sozialpädagogik entdeckt und liefert systematisch, nach Altersstufen aufgelistet, die meisten gesetzlichen Aussagen und Vorgaben für Minderjährige und junge Volljährige in Deutschland. Ausgenommen sind Kuriositäten wie z. B. Bestimmungen, wer ab wann angeln darf. Ausgewählte Ländergesetze und Vorschriften konkretisieren die Rechtslage. Im Mittelpunkt stehen die fordernden Jugendlichen. Ihre Rechte, Begrenzungen und altersabhängigen Sanktionen werden umfassend beschrieben. Hintergrundanalysen vervollständigen diesen Leitfaden. Vorläufer dieses Textes war eine vom Jugendaufbauwerk sowie der Jugendsenatorin in Auftrag gegebene Broschüre aus dem Jahr 1997; 2003 entstand daraus ein Buch. Es musste vollständig überarbeitet werden – denn in 15 Jahren haben sich fast alle der zitierten Gesetze geändert. Meine Neufassung mit dem Stichtag 1. August 2018 kann den Referentenentwurf des BMFSFJ zur Reform des SGB VIII von 2017 nicht berücksichtigen (daran sollen die Rechte junger Volljähriger aus Kostengründen stark eingeschränkt werden, aber er sieht Fortschritte wie Ombudsstellen vor; das ganze ist politisch strittig und wurde bis zum 1. August 2018 (Redaktionsschluss) nicht verabschiedet. In 2015 gab es Pläne, meine überarbeiteten aktualisierten Positionen in Zusammenarbeit mit PETER SCHRUTH, Rechtsprofessor in Magdeburg, erklärend zu kommentieren (dann wäre es politischer, aber auch subjektiver). Der Text sollte dann zusammengefügt werden mit einer von SCHRUTH überarbeiteten Fassung des „Schlüsseldienstes" (SPI, Berlin 1998); das Vorhaben konnte leider nicht umgesetzt werden, denn die beiden Arbeiten waren schwer zu verschränken.

Liste der im Buch zitierten Gesetze (Abkürzungen)

Abkürzung	Gesetz	Datum der zitierten Fassung
AdVermiG	Adoptionsvermittlungsgesetz	(26.11.2015)
AG KJHG B	Berliner Ausführungsgesetz zum SGB VIII (jedes Bundesland hat ein AG KJHG)	(15.12.2010);
ASOG	Allgemeines Sicherheits- und Ordnungsgesetz (jedes Bundesland hat ein ASOG)	
AsylG	Asylgesetz	(20.07.2017)
AufenthG	Gesetz über den Aufenthalt, die Erwerbstätigkeit und die Integration von Ausländern im Bundesgebiet	(16.03.2018)
AV JHU Bln	Ausführungsvorschrift über die Höhe der Barleistungen für Unterhalt bzw. Taschengeld im Rahmen der Jugendhilfe aufgrund § 56 AG KJHG Barleistungen > Anlage zum Rundschreiben Soz Nr. 12/2016	(20.12.2007)
AV Jugendhilfe-unterhalt	AV über die Höhe der Barleitungen für Unterhalt bzw. Taschengeld im Rahmen der Jugendhilfe	(01.01.2008)
BAB	Berufsausbildungsbeihilfe	(01.08.2016)
BAföG	Bundesausbildungsförderungsgesetz	(29.03.2017)
BauO Bln	Bauordnung von Berlin	(17.06.2016)
BBG	Bundesbeamtengesetz	(08.06.2017)
BBiG	Berufsbildungsgesetz	(17.07.2017)
BEEG	Gesetz zum Elterngeld und zur Elternzeit	(23.05.2017)
BetrVG	Betriebsverfassungsgesetz	(17.07.2017)
BGB	Bürgerliches Gesetzbuch	(10.06.2017)
BJG	Bundesjagdgesetz	(08.09.2017)
BKGG	Bundeskindergeldgesetz	(23.06.2017)
BZRG	Bundeszentralregistergesetz	(18.07.2017)
EBuBO	Eisenbahn-Bau- und Betriebsordnung	(26.07.2017)
EG	Einführungsgesetz	
EStG	Einkommenssteuergesetz	(01.01.2018)
FamFG	Gesetz ü. d. Verfahren in Familiensachen und in den Angelegenheiten der freiwilligen Gerichtsbarkeit	(29.07.2017)
FeV	Fahrerlaubnis-Verordnung	(03.05.2018)
FGG	Gesetz über die Angelegenheiten der freiwilligen Gerichtsbarkeit	(seit 01.09.2009 außer Kraft)
FSK	Freiwillige Selbstkontrolle der Filmwirtschaft GmbH	

GG	Grundgesetz („Verfassung")	(23.12.1014)
GjS	Gesetz über die Verbreitung jugendgefährdender Schriften	
		(29.10.1993)
GTK NRW	Gesetz über Kindertageseinrichtungen Nordrhein-Westfalen	
		(21.12.2006)
GVG	Gerichtsverfassungsgesetz	(18.07.2018)
IfSG	Infektionsschutzgesetz	(17.07.2017)
JArbSchG	Jugendarbeitsschutzgesetz	(10.03.2017)
JAVollzO	Jugendarrestvollzugsordnung	(08.12.2010)
JFDG	Jugendfreiwilligendienstgesetz	(16.05.2008)
	(organisiert das FÖJ sowie das FSJ)	
JGG	Jugendgerichtsgesetz	(13.04.2017)
JMStV	Jugendmedienschutz-Staatsvertrag (2003)	
JuFöG	Jugendförderungsgesetz Schleswig-Holstein	(09.01.2017)
JuSchG	Gesetz zum Schutz der Jugend in der Öffentlichkeit	
		(01.04.2016)
JWG	Jugendwohlfahrtsgesetz	(BRD, bis 1990)
KDVG	Kriegsdienstverweigerungsgesetz	(28.04.2011)
KErzG	Gesetz über die religiöse Kindererziehung	(17.12.2008)
KiBiz NRW	Kinderbildungsgesetz NRW	(30.10.2007)
KindArbSchV	Kinderarbeitsschutzverordnung	(23.06.1998)
KitaG B	Kindertagesbetreuungsgesetz Berlin	(01.01.2018)
Kita-G Brbg	Kindertagesstättengesetz Brandenburg	(27.07.2015)
	(auch die anderen Bundesländer haben Kita-Gesetze)	
KJHG	Kinder- und Jugendhilfegesetz = Artikel 1 des SGB VIII	
	in Kraft 1.10.1990 (neue Länder) u. 1.1.1991 (alte Länder)	
KSÜ	Haager Übereinkommen über den Schutz von Kindern	
	(von D übernommen mit dem 01.01.2011)	
MuSchG	Mutterschutzgesetz	(01.01.2018)
PaßG	Passgesetz	(07.07.2017)
PAuswG	Gesetz über Personalausweise	(18.07.2017)
PDV	Polizeiliche Dienstvorschrift [100, 382 u.a.]	(11.11.1999)
PKHFV	Prozesskostenhilfeverordnung	(22.01.2014)
POG	Polizei-Ordnungs-Gesetz (jedes Bundesland eines)	
PsychThG	Psychotherapeutengesetz	(23.12.2016)

SchulG B	Schulgesetz Berlin	(04.02.2016)
SchulG Brbg	Brandenburgisches Schulgesetz	(08.05.2018)
	(jedes Bundesländer besitzt ein Schulgesetz)	
SGB I	„Allgemeiner Teil"	(01.01.2017)
SGB V	Gesetzliche Krankenversicherung	(30.04.2018)
SGB VIII	Kinder- und Jugendhilfe	(01.07.2017)
SGB IX	Rehabilitation und Teilhabe behinderter Menschen	(01.01.2018)
SGB X	Sozialverwaltungsverfahren, Sozialdatenschutz	(14.07.2018)
SGB XI	Soziale Pflegeversicherung	(01.01.2018)
SGB XII	Sozialhilfe	(14.07.2018)
SpFV	Sportbootführerschein Verordnung	(03.05.2017)
StAG	Staatsangehörigkeitsgesetz	(11.10.2016)
StGB	Strafgesetzbuch	(03.01.2018)
StPO	Strafprozessordnung	(01.07.2017)
StVG	Straßenverkehrsgesetz	(16.06.2017)
StVO	Straßenverkehrs-Ordnung	(30.11.2016)
StVZO	Straßenverkehrs-Zulassungs-Ordnung	(20.10.2017)
UNKinKon	Übereinkommen über die Rechte des Kindes, United Nations Kinderkonvention	(20.11.1989; 19.12.2011)
UVG	Unterhaltsvorschussgesetz	(14.08.2017)
VerfvB	Verfassung von Berlin	(22.03.2016)
VwVfG	Verwaltungsverfahrensgesetz	(29.03.2017)
WaffG	Waffengesetz	(30.06.2017)
ZPO	Zivilprozessordnung	(01.01.2018)

Zur Einführung

Kennen denn junge Leute nicht ohnehin die für sie wichtigen Rechte? Sicherlich sind einige bedeutungsschwangere Bestimmungen verbreitet und bekannt. Denn Minderjährige verspüren im Hinblick auf Altersgrenzen im Leben von Zeit zu Zeit besonders spannende Phasen. Eine Ursache kann sein, dass ein wichtiger Geburtstag bevorsteht. Fragt man Betroffene der Altersgruppe der *Teenager* z. B. nach ihren konkreten Rechten, so antworten die meisten ziemlich resigniert – sie unterstellen nämlich, gar keine zu haben und kennen viele der vorhandenen nicht. Auf jeden Fall bekannt sind Termine wie „erst ab 18 Rauchen dürfen" oder den Führerschein ggf. mit 17 machen können. Natürlich wird auch beobachtet, wann bestimmte Zugangsmöglichkeiten wegfallen, vor allem, wenn es um Kosten und Gebühren geht. Die im Preis reduzierte Kino-Karte, die kostenlose oder 50%-Bahnfahrt, solche zeitlich begrenzten Chancen sind schließlich Geld wert!

Politisch engagierte junge Menschen kennen schon eher einige Minderjährigenrechte, vor allem, wenn es um Wahlen und Mitbestimmung geht; oft werden gesellschaftliche Regeln und Gesetze kritisch von ihnen kommentiert; offensichtlich greifen die Entfaltungsmöglichkeiten nicht oder sie reichen ihnen überhaupt nicht aus. Bezirksschülerausschüsse befassen sich mit *Schulrecht*, straffällig gewordene Teenies mit dem *Jugendgerichtsgesetz*. Die Gemeinsamkeit vieler Jugendlicher liegt darin, ausgesprochen gute Kenntnisse über die genaue Uhrzeit zu besitzen, wann sie nachts nämlich leider die Disco verlassen müssen. Weniger gern wird von „der Jugend" zur Kenntnis genommen, dass Verpflichtungen entstehen, wenn man älter wird. Erst ab 14 ist der junge Mensch strafmündig und wird für Delikte zur Verantwortung gezogen und erst mit 21 spätestens wird der straffällig gewordene Täter auf jeden Fall nach dem „härteren" Erwachsenenstrafrecht abgeurteilt – das sind zwei Beispiele für wohlwollende, tolerante Altersgrenzen in Deutschland. Dass es neben und zwischen diesen Bestimmungen etliche andere und manchmal wirklich wichtige Regeln gibt, ist weder den meisten jungen Menschen und ihren Familien, noch den *Schlüsselpersonen* (SozialpädagogInnen, LehrerInnen, MitarbeiterInnen in Kirchen, Verbänden usw.) bekannt; manchmal flüchtig vom Hörensagen her.

Dass Minderjährige sogar Rechte einfordern und vorhandene, nicht gewährte Leistungen richtig einklagen, ist exotisch: Die kleine Gruppe KRÄTZÄ, „Kinderrächtzzänker", ein Kinder- und Jugendkulturbüro im Prenzlauer Berg versuchte 1995 öffentlichkeitswirksam aber erfolglos, die Verfassungswidrigkeit des aktiven Wahlalters (18 Jahre nach Artikel 38 GG) höchstrichterlich feststellen zu lassen, Und für die wenigen Erwachsenen die ambitioniert stellvertretend Kinderrechte-Politik machen zu wollen, gilt: Wenn keine breite, heftige Betroffenenbewegung mitmacht, ist die ganze Mühe nicht wirklich effektiv.

Leider ist es in Deutschland bis heute nicht gelungen, flächendeckend eigenständige Vertretungen für Minderjährige einzurichten, die im Spannungsbogen „Behörden-Eltern-Kinder-Rechte" durch professionelle Betreuung im Interesse der Kinder arbeiten. Die fortschrittlichsten Minderjährigen-Einbeziehungsmodelle besitzen wohl Schleswig-Holstein und Nordrhein-Westfalen. Das Ausführungsgesetz zum Kinder- und Jugendhilfegesetz in Schleswig-Holstein ermöglicht selbst Kindern konkrete *regionale Planungsbeteiligung* in vielen Fragen. Auch in Nordrhein-Westfalen sind zahlreiche Beteiligungsinitiativen vom Jugendministerium ausgegangen und zahlreiche Kommunen haben Projekte gefördert, wie z. B. die Stadt Herne ihr überregional bekanntes Kinder- und Jugendparlament. Das Berliner AG KJHG sieht *keine* „Kinder- und Jugendbüros" vor, ein Kinderbüro existiert aber und eine Landes-Ombudsstelle, die BBO Jugendhilfe läuft als Modellprojekt zunächst von 2014-19. Das Bundesnetzwerk Ombudschaft vereint heute 11 Ländereinrichtungen Freier Träger. Der Referentenentwurf zum SGB VIII von April 2017 sieht Ombudsstellen generell vor, warten wir ab, was daraus werden wird.

Was also den Jugendlichen, den Schülerinnen und Schülern – aber auch den Rechtsanwälten und SozialpädagogInnen bei uns – fehlt, ist die systematisch aufbereitete jeweilige Rechtsgrundlage. Literatur dazu existiert nicht. Also habe ich mir als Zusammenstellungsart in den Hauptteilen B, C und D dieses Buches zur Aufgabe gemacht, möglichst alle Rechte und Pflichten *nach Altersstufen sortiert* zu zeigen. Die Art der Darstellung ist in diesen Teilen „objektiv" und weitestgehend frei von Wertung und Ironie. Vorab im Teil A sind wichtige Grundsätze fixiert. Erst im Teil E werden auch Hintergrundanalysen und Bewertungen geliefert, denn der Verfasser hat schließlich eine Meinung. Dort findet man auch Orientierungshilfen und fachpolitische Gewichtungen für die Zukunft.

Die Ur-Text mit dem Titel „Rechte junger Menschen" erschien 1996 mit einem bescheidenen Umfang von 70 Seiten. Der Text von 2003 war doppelt so stark. Diese Ausgabe 2018 habe ich auf lesbare 80 Seiten gekürzt; es gibt kaum Illustrationen. Trotzdem findet man qualitativ wesentliche Verbesserungen vor. Es wurden alle einschlägigen internationalen Abkommen und Konventionen, 70 Bundesgesetze sowie weitere relevante Gesetze und Verordnungen aus den Bundesländern, oft exemplarisch, zu Themen wie Jugendhilfe oder speziell Kindertagesstätten ausgewertet. Vier Kommentare zum SGB VIII habe ich zur Kenntnis genommen. So konnten hier im Buch über *150* einschlägige Rechtspositionen zu Rechten junger Menschen zitiert und aufgelistet werden.

A Grundlagen und Definitionen

Wie zitiere ich Gesetze?

Was ist zu beachten beim Versuch, die im Text zitierten Paragraphen in den Original-Gesetzen wiederzufinden? Untersuchen wir beispielhaft folgende Quelle: „[KErzG § 2 (3) 4.]"

Was kann das Kürzel bedeuten und was kann man tun, um die rätselhaften Zeichen zu übersetzen? Als erstes sollte man das Kapitel *Abkürzungen* (Seite 20) heranziehen. „KErzG" steht also demnach für „Gesetz über die religiöse Kindererziehung". Gesetze haben in der Regel Paragraphen [§§] und nur das Grundgesetz, die UN Kinderkonvention sowie die sogenannten Artikelgesetze (wie das KJHG von 1990) besitzen Artikel. Die §§ gliedern sich in Absätze, die in Klammern stehen ( ). Hinter der Klammer steht manchmal, der wievielte Satz gemeint ist. Die genannte Quelle wird dann folgendermaßen richtig ausgelesen: „Gesetz über die religiöse Kindererziehung, Paragraph zwei, Absatz drei, - viertens!" Stehen in einem Gesetzestext oder dahinter Klammern ( ), so befinden sich darin Kurzerläuterung von mir, m.g.

Wie kommt man bei Bedarf zur Überprüfung an die zitierten Gesetze? Vielleicht hat sich nach August 2018 schon wieder etwas geändert? Am einfachsten ist es, online „de jure.org" aufzurufen. Hier findet man tagesaktuelle fast alle deutschen Gesetze aus der Hand der Verwaltung des Justizministeriums – sehr praktisch. Richtig teuer, ohne Alternative, sind schließlich die „Kommentare" zu den Gesetzen. Hochschullehrer haben sie verfasst, um uns Fachleuten, aber auch betroffenen Bürgern, zu erläutern, wie die z. T. sehr kompliziert gestalteten Gesetzesparagrafen verstanden werden müssen (oder sollen oder können). Denn von nun an wird es strittig: unterschiedliche Meinungen von Kommentatoren existieren nebeneinander; manche von ihnen zitieren dann, um ihre Position zu unterstreichen, aus *höchstrichterlichen Urteilen*.

Immer wieder irritierend, auch für mich, ist die unterschiedliche Art, in der Altersgrenzen (Geburtstage, Lebensjahre) in Dokumenten und Richtlinien zitiert werden. Wenn hier im Text locker formuliert wird „ab 14 bis 18", dann ist gemeint mit Vollendung des 14. Lebensjahres, bis kurz vor dem Zeitpunkt, an dem man 18 wird; man könnte auch sagen von „ab 14 bis 17 einschließlich" oder „bis unter 18". Manche Gesetze sagen z. B. „Jugendliche über 14" – damit ist aber „ab 14" gemeint! Und was steckt eigentlich genau hinter dem Rechtsdeutsch: „mit Vollendung des 7. Lebensjahres ?" Das Kind ist 7 geworden, es hat sieben Jahre lang gelebt und hinter sich, denn von ab Geburt (0) bis 1 ist das erste Jahr schließlich schon abgeschlossen.

Zur Altersgruppengliederung

In den nun folgenden drei Kernteilen B, C und D werden Altersgruppen ab 0 (sogar noch etwas früher) bis 27 erfasst und beschrieben. Der Text ist gegliedert in die drei großen Altersgruppen Kinder, Jugendliche und Junge Erwachsene. Als Untergliederungen habe ich ausgewählt die zusammenhängenden Altersgruppen:

- Ab 0 bis 7
- Ab 7 bis 14
- Ab 14 bis 16
- Ab 16 bis 18
- Ab 18 bis 21
- Ab 21 bis 27

Ein einzelnes Alter (ein Jahr, zum Beispiel „ab 15") ist dann noch als Untergliederung vorgestellt, wenn auch spezielle Rechte für dieses Alter wegfallen bzw. hinzukommen. Endet ein Recht bei Eintritt eines bestimmten Alters, heißt es im Text „bis 16". Das klingt jetzt kompliziert, ist aber wie man sehen wird logisch und ganz einfach. Aufgelistet wird der Eintritt von Handlungskompetenz oder von passiven Rechten bei Vollendung des genannten Lebensalters. Es geht auch um Pflichten beziehungsweise um Verantwortlichkeit; ob ein junger Mensch die jeweilige Rechtsposition für sich als brauchbar, angemessen, fortschrittlich, lästig oder stark einschränkend empfindet, ist individuell wohl verschieden.

Liebe Betroffene, liebe Lernende, Kolleginnen und Kollegen, seid mir nicht böse, dass ich Euch im Text irgendwie alle duze, ich meine das ikeamäßig und akzeptiere es entsprechend auch vice versa.

Aufklärungspflicht

Zur besseren Orientierung für Ratsuchende aller Art möchte ich eingangs auf zwei scheinbar ganz selbstverständliche Paragraphen verweisen, die es aber in sich haben und immer wieder von den „Zuständigen" in den Behörden lax angegangen und nicht selten ignoriert werden:

*„**Aufklärung.** Die Leistungsträger, ihre Verbände und die sonstigen in diesem Gesetzbuch genannten öffentlich-rechtlichen Vereinigungen sind verpflichtet, im Rahmen ihrer Zuständigkeit die Bevölkerung über Rechte und Pflichten nach diesem Gesetzbuch aufzuklären.*
Beratung. *Jeder hat Anspruch auf Beratung über seine Rechte und Pflichten nach diesem Gesetzbuch. Zuständig für die Beratung sind die Leistungsträger, denen gegenüber die Rechte geltend zu machen oder die Pflichten zu erfüllen sind"* [SGB I §§ 13 und 14].

(Mit „nach diesem Gesetzbuch" sind alle Sozialgesetzbücher von I - XII gemeint, also auch Jugendhilfe sowie Sozialhilfe.)

Ein anderes Gesetz betont ebenfalls: „Sie (die Behörde) erteilt, soweit erforderlich, Auskunft über die den Beteiligten im Verwaltungsverfahren zustehenden Rechte und die ihnen obliegenden Pflichten" [VwVfG § 25].

Aufklärung und Beratung über alle Inhalte des Kinder- und Jugendhilfegesetzes sind damit unmissverständlich Behördenpflicht. Man kann/soll/darf also z. B. direkt zur Beratung in die örtlich zuständigen Sozialpädagogischen Dienste der Jugendämter gehen. „Kinder und Jugendliche haben das Recht, sich in allen Angelegenheiten der Erziehung und Entwicklung an das Jugendamt zu wenden. (Sie) haben Anspruch auf Beratung ohne Kenntnis des Personensorgeberechtigten, wenn die Beratung aufgrund einer Not- und Konfliktlage erforderlich ist ..." [SGB VIII § 8 (2), (3)]. Ich empfehle aber, zunächst Jugendberatungsstellen oder Ombudsstellen Freier Träger aufzusuchen und danach erst die zuständigen Behörden – möglichst in Begleitung einer Person des Vertrauens.

Eine andere Frage ist, ob junge Menschen verpflichtet sind, in Gesprächen mit ermittelnden Behörden auf deren Verlangen hin Rede und Antwort zu stehen. Ob als Opfer, ob als Täter, man ist unter Umständen schlecht beraten, wenn man ohne elterliche Begleitung und ohne einen Anwalt vorher konsultiert zu haben, einer polizeilichen Vorladung persönlich Folge leistet. Denn zu den unbekannten, alle jungen Menschen immer wieder verwirrenden Tatsachen gehört, dass man mit der Polizei nicht zusammenarbeiten muss. Zu einer Vernehmung vor der Polizei braucht man nicht zu erscheinen, es reicht sich zu melden und die Personalien anzugeben, wenn diese Behörde dem Geladenen eröffnet, „welche Tat ihm zur Last gelegt wird". Aber: „Der Beschuldigte ist verpflichtet, auf Ladung vor der Staatsanwaltschaft zu erscheinen" [StPO § 163a (3), (4)].

Ob als Zeuge, ob als Beschuldigter – man kann freiwillig der Polizei helfen, muss es aber nicht. Im Kleingedruckten jeder polizeilichen Vorladung steht zwar eine korrekte Rechtsbelehrung, sie ist aber so formuliert, dass die meisten aller jungen Leute beim Lesen hineininterpretieren, die Aussage dort sei *doch* Pflicht und das Nichterscheinen bringe Nachteile. Das stimmt aber tatsächlich nicht. Vor Gericht dürfen Beschuldigte die Aussage verweigern. Zeugen haben die Pflicht, auszusagen und müssen „das was ihm ... bekannt ist, ... anzugeben" – also die Wahrheit sagen [StPO §§ 48, 69].

Und bei Unklarheiten gilt: Ein Blick ins Gesetz fördert die Rechtskenntnisse!

Die „rechtlichen Fähigkeiten"

Wer ins Detail gehen möchte – hier sind ein paar wichtige, aber zungenbrecherische Rechts-Begriffe. Dann habt ihr sie schwarz auf weiß. Die deutschen Gesetze unterscheiden:

⇒ Rechtsfähigkeit, Parteifähigkeit,
⇒ Geschäftsfähigkeit
⇒ Handlungsfähigkeit (=Geschäftsfähigkeit +Deliktsfähigkeit)
⇒ Schuldfähigkeit, Strafmündigkeit
⇒ Prozessfähigkeit.

Diese fünf Fakten können *voll*, *bedingt* oder *beschränkt* für entsprechende Altersgruppen gelten oder zutreffen; meine knappen Kurzdefinitionen lauten:

– *Rechtsfähigkeit* besitzen alle Menschen zu jeder Zeit, sie sind Träger von Rechten (Musterbeispiel: jede/r kann erben). Wer rechtsfähig ist, ist auch parteifähig, d. h. rechtsstreitfähig.
– *Handlungsfähigkeit* meint, dass man durch ein Verhalten Rechtswirkungen herbeiführen kann. Dies ist aktiv möglich, wenn man sich im Rahmen der *Geschäftsfähigkeit* erlaubter Weise rechtsgeschäftlich verhält. Beispiel: Geschäfte, die ab 7- bis 18-Jährige abwickeln, sind rechtens; diese Altersgruppe ist *beschränkt* geschäftsfähig, ab 18-Jährige sind es *voll*, bis 7-Jährige sind es ggf. als „Bote". Dann gehört zur Handlungsfähigkeit die *Deliktsfähigkeit* - wenn man sich durch schuldhaftes oder pflichtwidriges Verhalten Dritten gegenüber zu verantworten hat (*beschränkt* bei ab 7- bis 18-Jährigen).
– *Schuldunfähig* bzw. *strafunmündig* ist, wer noch nicht 14 Jahre alt ist. *Bedingt* schuldfähig/strafmündig sind ab 14- bis 21-Jährige, danach ist man es *voll*, außer bei seelischen oder geistigen Gebrechen.
– *Prozessfähigkeit* beginnt in der Regel mit 18 - Ausnahme sind Lehrlinge, denen Eltern pauschal erlaubt haben, alle Arbeitssachen selbst zu regeln - also Geld verwalten, Arbeitsgerichtsprozesse führen usw.

Definition: Kinder und Jugendliche

Die vier wichtigsten Jugend-Gesetze diskriminieren Kinder, Jugendliche, Heranwachsende, Volljährige und junge Menschen folgendermaßen: „Kind, wer noch nicht 14 Jahre alt ist ... . Jugendlicher, wer 14, aber noch nicht 18 Jahre alt ist, junger Volljähriger, wer 18, aber noch nicht 27 Jahre alt ist, junger Mensch, wer noch nicht 27 Jahre alt ist" [SGB VIII § 7 (1), 1.,2.,3.,4.].

„Jugendlicher ist, wer zur Zeit der Tat vierzehn, aber noch nicht achtzehn, Heranwachsender, wer zur Zeit der Tat achtzehn, aber noch nicht einundzwanzig Jahre alt ist" [JGG § 1 (2)].

„Kinder sind Personen, die noch nicht 14 Jahre alt sind, Jugendliche, die 14, aber noch nicht 18 Jahre alt sind" [JuSchG § 1 (1) 1., 2.].

Etwas anders markiert das Jugendarbeitsschutzgesetz: „Kind im Sinne dieses Gesetzes ist, wer noch nicht 15 Jahre alt ist. Jugendlicher im Sinne dieses Gesetzes ist, wer 15, aber noch nicht 18 Jahre alt ist. Auf Jugendliche, die der Vollzeitschulpflicht unterliegen, finden die für Kinder geltenden Vorschriften Anwendung" [JASchG § 2].

Das Bürgerliche Gesetzbuch unterscheidet nur Kinder (ab 0 bis 18) und Volljährige (ab 18); das Wort „Kind" kann dort ein Verwandtschaftsverhältnis meinen, dann sind „Kinder" (z. B. im Erbrecht) manchmal sehr alt und weit über 18.

In einer Bauordnung (es geht um Berliner Spielplätze) werden „Kleinkinder" von „älteren Kindern" unterschieden, ohne das zu definieren [BauO Bln § 8 (2)]. Unser SGB VIII unterscheidet im Abschnitt „Tageseinrichtungen und Tagespflege" Hort- oder Vorschulkinder nicht nach Altersgruppen. Alle von 0-12 heißen dort „Kinder".

Allgemeine Rechte junger Menschen

In diesem kurzen Abschnitt möchte ich die wichtigen *pauschalierten* Rechtspositionen für Kinder, Jugendliche und Heranwachsende auflisten. Denn in vielen Gesetzen ist ziemlich allgemein von in Altersgruppen zusammengefassten Zielpersonen die Rede. Für solche „Rechte" könnt ihr euch wenig kaufen: Dabei handelt es sich um „Gestaltungsaufträge" für die Politik oder um „Programmsätze" der Gesetzgebung, die leider *keine* individuell einklagbaren Rechtsansprüche nach sich ziehen. Auch bieten sie keinen unmittelbaren Rechtsschutz vor Übergriffen. Trotzdem sollte man sie unbedingt zur Kenntnis nehmen und bei Gelegenheit Verantwortlichen vor die Nase halten.

„Jeder junge Mensch hat ein Recht auf Förderung seiner Entwicklung und auf Erziehung zu einer eigenverantwortlichen und gemeinschaftsfähigen Persönlichkeit. Jugendhilfe soll zur Verwirklichung dieses Rechts dazu beitragen, positive Lebensbedingungen für junge Menschen und ihre Familien sowie eine kinder- und familienfreundliche Umwelt zu erhalten und zu schaffen" [SGB VIII § 1 (1) und (3),4.].

„Die Personensorgeberechtigten und das Kind oder der Jugendliche sind vor ihrer Entscheidung über die Inanspruchnahme einer Hilfe und vor einer notwendigen Änderung von Art und Umfang der Hilfe zu beraten und auf die möglichen Folgen für die Entwicklung des Kindes oder des Jugendlichen hinzuweisen. (...) Ist die Hilfe außerhalb der eigenen Familie erforderlich, so sind die in Satz 1 genannten Personen bei der Auswahl der Einrichtung oder der Pflegestelle zu beteiligen. (...) Als Grundlage für die Ausgestaltung der Hilfe sollen sie (mehrere Fachkräfte) zusammen mit dem Personensorgeberechtigten und dem Kind oder dem Jugendlichen einen Hilfeplan aufstellen, der Feststellungen über den Bedarf, die zu gewährende Art der Hilfe sowie die notwendigen Leistungen enthält" [*siehe ggf. ausführlicher* SGB VIII § 36 (1) und (2)].

„Bei der Ausgestaltung der Leistungen und der Erfüllung der (Jugendhilfe-) Aufgaben sind die wachsende Fähigkeit und das wachsende Bedürfnis des Kindes oder des Jugendlichen zu selbständigem, verantwortungsbewusstem Handeln sowie die jeweiligen besonderen sozialen und kulturellen Bedürfnisse und Eigenarten junger Menschen und ihrer Familien zu berücksichtigen" [SGB VIII § 9, 2.].

„Die Träger der öffentlichen Jugendhilfe sollen darauf hinwirken, dass die Jugendhilfeplanung (...) insgesamt den Bedürfnissen und Interessen der jungen Menschen und ihrer Familien Rechnung tragen" [SGB VIII § 80 (4)].

„Die Beteiligung von Kindern und Jugendlichen entsprechend ihrem Entwicklungsstand an allen sie unmittelbar betreffenden Entscheidungen und Maßnahmen der Jugendhilfebehörden ist zu gewährleisten. Sie sind rechtzeitig, in geeigneter Form und möglichst umfassend zu unterrichten. Mit ihnen sollen persönliche Gespräche geführt werden. Sie sind berechtigt, eine Person ihres Vertrauens zu beteiligen. In den Einrichtungen der Jugendhilfe sollen durch Vertretungen der jungen Menschen Möglichkeiten der Mitwirkung sichergestellt werden. In jedem Bezirk sind darüber hinaus geeignete Formen der Beteiligung von Kindern und Jugendlichen an der Jugendhilfeplanung und anderen sie betreffenden Planungen zu entwickeln und organisatorisch sicherzustellen. Dabei ist der Bezirksschülerausschuss in die Beteiligung einzubeziehen. (...) Den Kindern und Jugendlichen soll Gelegenheit gegeben werden, ihre Interessen und Belange herauszufinden, sie zu äußern und sie gegenüber den verantwortlichen Personen und Stellen zu vermitteln" [AG KJHG Berlin § 5]. Hier handelt es sich um einer Berliner Besonderheit, die in anderen Bundesländern nicht eingeklagt werden kann! Auch Schleswig-Holstein zeigt vergleichbare Sonderrechte: „Die Beteiligung von Kindern und Jugendlichen entsprechend ihrem Entwicklungsstand an allen sie unmittelbar betreffenden Entscheidungen und Maßnahmen der Träger der öffentlichen Jugendhilfe ist zu gewährleisten. Sie sollen rechtzeitig, in geeigneter Form und möglichst umfassend unterrichtet werden. Mit ihnen sollen persönliche Gespräche geführt werden. Sie sind berechtigt, eine Person ihres Vertrauens zu beteiligen. (...) Kinder und Jugendliche sollen an Planungen in den Gemeinden in angemessener Weise beteiligt werden, soweit ihre Interessen hiervon berührt werden" [JuFöG Schleswig Holstein § 4 (1), (3)].

Ein Bundesgesetz schreibt vor, dass fremduntergebrachte Kinder und Jugendliche auch einen angemessenen Barbetrag zur persönlichen Verfügung bekommen sollen. Dies sollen die Bundesländer nach Altersgruppen gestaffelt festsetzen [SGB VIII § 39 (2)]. Meine Vorschläge, bezogen auf Schüler, Familienkinder, die keinen solchen Rechtsanspruch besitzen, befinden sich hier am Ende als Anlage.

Nahezu alle Bestimmungen der UN-Kinderkonvention „Übereinkommen über die Rechte des Kindes" beziehen sich auf Kinder und Jugendliche. Die dort 1989 von den Vereinten Nationen (außer USA) bescheinigten Minderjährigenrechte sind spannend zu lesen, erscheinen international als förderliche Anerkennung aller Minderjährigen als Persönlichkeiten, die noch nicht volljährig sind – aber sie sind auch oft so allgemein gehalten, dass Betroffene wohl kaum eine Möglichkeit finden werden, ein ihnen verweigertes Recht auch erfolgreich einzuklagen. So hat jedes Kind ein angeborenes Recht auf Leben, auf einen Namen von Geburt an, eine Staatsangehörigkeit zu erwerben, seine Eltern zu kennen und von ihnen betreut zu werden. Ein Kind darf nicht gegen den Willen seiner Eltern von diesen getrennt werden [UN KinKon Art 6, 7, 8]. Das Kind hat das Recht auf freie Meinungsäußerung. Die Vertragsstaaten berücksichtigen die Meinung des Kindes angemessen und entsprechend seinem Alter und seiner Reife. Dem Kind wird Gelegenheit gegeben, in Gerichts- oder Verwaltungsverfahren entweder unmittelbar oder durch einen Vertreter oder eine geeignete Stelle gehört zu werden [UN KinKon Art 12 und 13]. In Deutschland besitzen alle Minderjährigen die Grundrechte und gemäß UN ein Recht auf Privatleben. Also haben Eltern kein Recht, Briefe oder Tagebücher ihrer Kinder zu lesen. Jugendliche müssen sich nicht religiös bekennen [UN KinKon Art 16; GG Art 4 und 10; KErzG § 5].

Kinder von Migranten (Kinder und Jugendliche) benötigen ein eigenes Visum zur Einreise nach Deutschland und eine Aufenthaltsgenehmigung. Ausländische Kinder sind deutschen Kindern nicht gleich gestellt [SGB VIII § 6 (2)].

Petitionsrecht in Berlin: „Jeder hat das Recht, sich (...) mit schriftlichen Anträgen, Anregungen oder Beschwerden an die zuständigen Stellen, insbesondere an das Abgeordnetenhaus (..) zu wenden" [VerfB Art 34].

„Pflege und Erziehung der Kinder sind das natürliche Recht der Eltern und die zuvörderst ihnen obliegende Pflicht. Über ihre Betätigung wacht die staatliche Gemeinschaft" [GG Art. 6 (2); SGB VIII § 1 (2)].

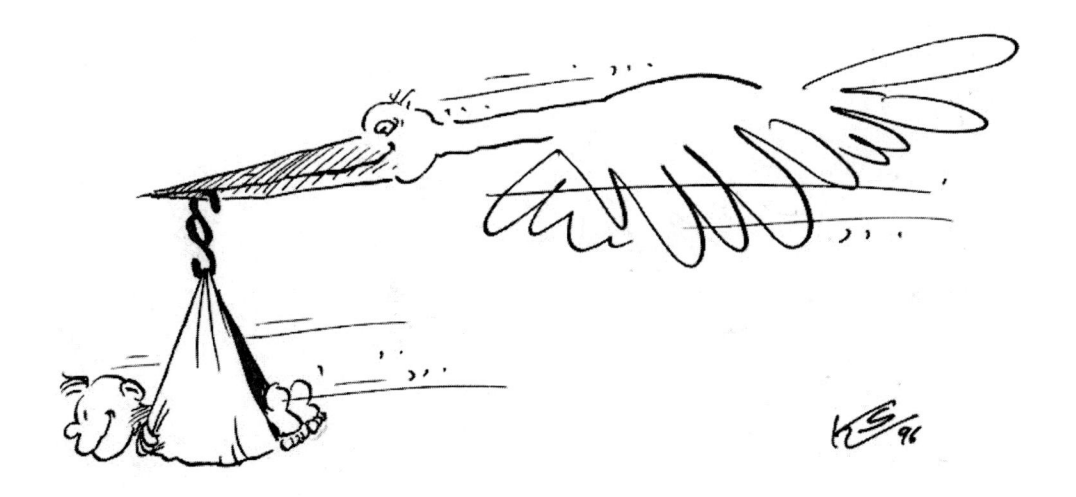

B   Alle Kinderrechte von 0 bis 14 Jahren

Ab 0 bis 7

vor 0

Euer juristisches Leben begann, man glaubt es kaum, ziemlich exakt datiert 300 Tage vor der Geburt. „Als Empfängniszeit gilt die Zeit von dem 300. Tag bis zu dem 181. Tag vor dem Tag der Geburt des Kindes", einschließlich. Wozu das wichtig ist? Normalerweise ist *jener* Mann Vater eines Kindes, der zum Zeitpunkt der Geburt mit der Mutter verheiratet ist. Wurde die Ehe z. B. durch Tod des Mannes aufgelöst und wird innerhalb von 300 Tagen nach der Auflösung ein Kind geboren, gilt dies auch. Wird das Kind mehr als 300 Tage danach geboren, kann durch Anfechtung rechtskräftig festgestellt werden, dass die Vaterschaft nicht besteht, weil wohl ein Dritter Vater ist. Ein Interesse an der Anfechtung hat in der Regel der *Scheinvater*, manchmal auch die Mutter - genau betrachtet ist es aber der junge Mensch, der klare/wahre Verhältnisse wünscht; aber anfechten, wenn Zweifel bestehen, müsste das für Euch – vor Eintritt der Volljährigkeit und wenn ihr noch nicht 14 seit – das Jugendamt [BGB §§ 1592, 1593, 1596, 1599, 1600b und 1600d (3)].

Ein gezeugtes Kind kann Erbe werden, Tatsache! „Wer zur Zeit des Erbfalls noch nicht lebte, aber bereits erzeugt war, gilt als vor dem Erbfall geboren" [BGB § 1923 (2)].

Ab *sechs Wochen* vor der Geburt (und bis *acht Wochen* danach) hat *die Mutter* immer einen Unterhaltsanspruch dem Vater gegenüber [BGB § 1615 l].

Ebenfalls *sechs Wochen* beträgt der Zeitraum vor der Entbindung, in dem die werdende Mutter nicht beschäftigt werden darf [MuSchG § 3].

Die Unterhaltspflicht des *nicht verheirateten* Vaters der *nicht erwerbstätigen Mutter* gegenüber beginnt frühestens *vier Monate* vor der Entbindung (und endet spätestens drei Jahre danach).

Vor der Geburt kann ein Antrag *des Kindes auf Unterhalt* durch die Mutter oder durch einen Pfleger gestellt werden; eine einstweilige Verfügung kann anordnen, dass der (vermutete) Vater für drei Monate im voraus den Betrag hinterlegt [BGB § 1615 l und o].

Auch ungeborene Kinder sind grundrechtsfähig. Es steht nicht ausdrücklich in einem Gesetz, aber die Rechtsprechung hat ihnen Menschenwürde sowie das Recht auf Leben und körperliche Unversehrtheit zugesprochen.

ab 0 („Vollendung der Geburt")

„Die Rechtsfähigkeit des Menschen beginnt mit der Vollendung der Geburt." Rechtsfähigkeit bedeutet: Möglichkeit, Eigentum zu besitzen und die Parteifähigkeit [BGB § 1].

Die Grundrechte und die „Gleichheit vor dem Gesetz" gelten auch für Babies. Die Freiheitsrechte lauten „Würde, freie Entfaltung der Persönlichkeit und Gleichbehandlung" [GG Art. 1, 2 und 3].

Das Kind hat einen Anspruch auf Pflege und Erziehung sowie auf persönlichen Umgang mit beiden Elternteilen [GG Art. 6 u. BGB § 1684].

> Seit 1988 gibt es die *Kinderkommission des Deutschen Bundestages*. Sich mit einem wichtigen Anliegen an sie zu wenden kostet eine Briefmarke und eine E-Mail ist noch günstiger. Fünf gleichberechtigte Vertreter der Parteien beraten sich und können laut Satzung nur einstimmig beschließen. Es handelt sich um einen Unterausschuss im Ressort der Bundesministerin für Jugend und Familie.

Von nun an hat das Kind Unterhaltsansprüche in bar gegenüber dem Elternteil, der nicht im gemeinsamen Hausstand lebt. Zum staatlichen Unterhaltsvorschuss: Was bis Juni 2017 bis zum 12. Lebensjahr galt, gilt nun bis zum 18. Im Jahr danach nahm die Inanspruchnahme von 400.000 auf 700.000 Fälle zu [vgl. UVG].

Gegen ihren Willen können Kinder und Jugendliche zum Beispiel die Wohnung der Eltern nur verlassen, wenn den Sorgeberechtigten vom Familiengericht entweder das Personensorgerecht oder mindestens das Aufenthaltsbestimmungsrecht entzogen worden ist, denn: „Ein minderjähriges Kind teilt den Wohnsitz seiner Eltern" [BGB § 11].

Ein Alter von acht Wochen ist der früheste Zeitpunkt, adoptiert werden zu können: Zur Annahme eines ehelichen / unehelichen Kindes ist die Einwilligung der Eltern / der Mutter erforderlich. Die Einwilligung kann erst erteilt werden, wenn das Kind acht Wochen alt ist [BGB § 1747 (1/2)].

Sechs Wochen vor und acht Wochen nach der Entbindung besteht ein Beschäftigungsverbot für die Mutter. Bei Mehrlingen und Frühgeburten verlangt das Gesetz zwölf Wochen. Die KM hat vier Monate nach der Entbindung und auch nach einer Fahlgeburt nach der 12. Schwangerschaftswoche Kündigungsschutz [MuSchG §§ 3 und 17].

Bei der Pflichtverletzung eines Elternteils bzw. Gleichgültigkeit eines Elternteils (gemeint ist in der Regel der Vater anlässlich einer Geburt) kann „auf Antrag des Kindes" bei „Unterbleiben der Annahme als Kind" das Familiengericht die

Einwilligung dieses Elternteils ersetzen (kompliziert, bitte nachlesen); die Frist läuft 5 Monate nach Geburt ab [BGB §1748].

Der Sozialhilferegelsatz für haushaltsangehörige „Kinder" von 0 bis 8 beträgt vom Eckregelsatz 60% und für Haushaltsvorstände sowie Alleinstehende 100% [RSV § 3].

Elterngeld beträgt mindestens 300 € und höchstens 1800 €. Es kann von der Geburt an bis zum 14. gezahlt werden. Näheres steht im BEEG [BEEG §§ 2, 4b].

„Ist das Kindlein noch so klein, kann es doch schon Bote sein" – Juristenspruch, der sagen will, dass auch Kinder unter 7, die in ihrer Geschäftsfähigkeit noch beschränkt sind, als „Vertreter" etwas einkaufen dürfen, wenn sie die entsprechende Willenserklärung von Erwachsenen dem Laden korrekt übermitteln [BGB § 165].

Als Zeugen vor Gericht werden 0 bis 18-Jährige gleich behandelt. „Haben Minderjährige wegen mangelnder Verstandesreife (...) oder einer geistigen oder seelischen Behinderung von der Bedeutung des Zeugnisverweigerungsrechts keine genügende Vorstellung, so dürfen sie nur vernommen werden, wenn sie zur Aussage bereit sind und auch ihr gesetzlicher Vertreter der Vernehmung zustimmt" [StPO § 52 (2)].

Die Steuerpflicht beginnt ebenfalls mit der Geburt (manche erben Vermögen, erbschaftssteuerpflichtig ab dem Zeitpunkt der Zeugung). Ein Baby eine „natürliche Person", kann Eigentümer oder Aktionär sein. Auch ein Kleinkind kann SchuldnerIn sein (wer Pech hat erbt Schulden) [EStG § 1].

An dieser Stelle eine allgemeine Feststellung, die Kinder von 0 bis 7 betrifft: Da die Kinder noch nicht deliktsfähig sind, müssten die Eltern unter Umständen für Schäden haften (Beschränkte Haftung der Eltern) – aber nur dann, wenn *vorsätzlich* gehandelt wurde und/oder die Eltern grob fahrlässig handelten [BGB § 1664].

bis 6 Monate

Ein halbes Jahr lang darf die Beschneidung von männlichen Säuglingen von einer Person, die ausgebildet ist und von der Religionsgemeinschaft dafür vorgesehen ist, durchgeführt werden; danach, ab dem 6. Monat, kann bzw. darf dies nur ein/e Arzt/Ärztin machen [BGB 1631d (2)].

ab 1

Für alle Kinder vom vollendeten ersten bis zum vollendeten dritten Lebensjahr besteht seit 2013 ein Rechtsanspruch auf einen Krippen.- bzw. Kindergarten-Betreuungsplatz; für 3-6-Jährige bestand er schon seit 1990/91 [SGB VIII § 24 (1),(2),(3)].

Im Land Berlin sind ab 1. August 2018 alle Kita- und Tagesbetreuungsplätze kostenlos.

In Brandenburg haben alle Kinder ab 1 und bis zur Versetzung in die Klasse 5 einen Anspruch auf einen Kita- oder Tagespflegeplatz [KitaFG Brdg. § 1].

bis 2

„Die Vaterschaft kann binnen zwei Jahren gerichtlich angefochten werden" – nicht vor der Geburt – von Berechtigten wie Mutter, Vater, Scheinvater oder Jugendamt. 2 Jahre lang, vom Zeitpunkt ab, an dem der Berechtigte von den Umständen erfährt, die gegen die Vaterschaft sprechen. Für das Kind selbst beginnt die Frist aber erst mit Eintritt der Volljährigkeit [BGB § 1600b (1, 2, 3)].

bis 3

Drei Jahre beträgt nach der Geburt die Anspruchsdauer der nicht erwerbstätigen Mutter auf Unterhalt (für die Frau) gegenüber dem Vater [BGB § 1615 l (2)].

So lange herrscht für die Babys ein Beförderungsverbot in Fahrzeugen ohne Sicherheitsgurt (außer „Kraftomnibusse") [StVO § 21].

Das Betreuungsgeld beträgt für jedes Kind 150 € pro Monat und kann vom 15.-36. Monat gezahlt werden. Näheres steht im Gesetz [BEEG §§ 2, 4b].

ab 3

Kinder ab 3 bis 6 dürfen bei Aufführungen (Musik/Theater) maximal zwei Stunden am Tag in der Zeit von 8-17 Uhr an Proben teilnehmen und „gestaltend mitwirken". Ein entsprechender Antrag muss zunächst vom Jugendamt bewilligt werden [JArbSchG § 6 (1) 2.a] (Abdruck in Tabellenform auf Seite 61).

ab 5

Diese Altersgrenze ist interessant im Hinblick auf komplizierte Nachnamensänderungswünsche. Ändert sich bei Eltern oder sorgeberechtigten Alleinerziehenden der Ehename, so zieht das Kind unter 5 automatisch mit, ab 14 wird es gefragt und gibt die Erklärung selber ab. 5- bis 14-Jährige müssen zusammen mit dem gesetzlichem Vertreter zustimmen (das sind Eltern, – der Vater wird auch gehört, wenn er *nicht* sorgeberechtigt ist – Vormund oder Verfahrenspfleger [BGB § 1617c].

Ab 5 beantragt das Kind den Geburtsnamen der Mutter, falls sich herausgestellt hat, das der „Vater", dessen Namen das Kind trägt, nicht der Vater ist. Die „Einbenennung" (es geht um mögliche Veränderungen beim Festlegen von Nachnamen) ist nicht unkompliziert: Ab 5 muss das Kind auch einwilligen, wenn ein Ehename dem Namen vorangestellt werden soll [BGB §§ 1617 b (2) und 1618].

Mit *5 ½* beginnt die Schulpflicht z. B. schon im Land Berlin [SchulG B].

> Der 12-jährige LUDWIG VON THÜRINGEN heiratete im Mittelalter die 4-jährige ELISABETH VON MARBURG. Also war es erlaubt.

bis 6

Kinder, die mit ihren Mütter oder Vätern in einer Jugendhilfe-Wohneinrichtung gefördert werden, müssen unter 6 sein. Die Betreuung älterer Geschwister wird ggf. aber einbezogen [SGB VIII § 19].

Letzte Möglichkeit vor Vollendung des 6. Lebensjahrs, im Rahmen der gesetzlichen Krankenversicherung eine Untersuchung zur Früherkennung von Krankheiten vorzunehmen, die die körperliche und geistige Entwicklung „in nicht geringfügigem Maße" gefährden, auch Zahnuntersuchung [SGB V § 26].

Kinder unter 6 Jahren dürfen Filme *allein* nicht besuchen, auch wenn der (Märchen-)Film ohne Altersbegrenzung freigegeben ist [FSK-Regeln] (siehe Seite 69).

Deutsche Bundesbahn: 0- bis 5-Jährige fahren immer kostenlos, müssen aber begleitet werden – maximal drei Kinder pro Familie [DB: Tickets und Angebote].

Kinderschutz

Seit 2005 neu betont in Deutschland und entsprechend in Gesetzen fixiert. Anlass waren drastische Vorfälle und Todesfälle in Problem-Familien, die vom Jugendamt, von Kinderärzten und Lehrkräften nicht selten ignoriert worden waren. Daraufhin wurde u.a. eine neue Institution geschaffen, die „Insoweit erfahrene Fachkraft (Kinderschutz)": sie ist die gesetzlich gem. SGB VIII, §§ 8a und 8b festgelegte Bezeichnung für die inoffiziell auch „Kinderschutzfachkraft" beziehungsweise „IeF" genannte beratende Person im Jugendhilfegefüge zur Einschätzung des Gefährdungsrisikos im Kontext einer vermuteten Kindeswohlgefährdung. Diese muss laut § 8a (4) Satz 2 SGB VIII – „Schutzauftrag bei Kindeswohlgefährdung" – durch Träger der Jugendhilfe bei der Gefährdungseinschätzung für ein Kind immer beratend hinzugezogen werden. Die „insoweit erfahrene Fachkraft" zeichnet sich durch eine Zusatzausbildung aus und darf nicht mit den „(mehreren) Fachkräften" im Satz 1 § 8a verwechselt werden. Des Weiteren ist die Bezeichnung gesetzlich fundiert im § 4 (2) KKG (Gesetz zur Kooperation und Information im Kinderschutz).

ab 6

Die Schulpflicht beginnt meist nach Vollendung des 6. Lebensjahres (Stichtag ist der 30. Juni des Jahres); diese und weitere Regeln sind aber Ländersache. In Berlin existiert eine 10-jährige Vollzeitschulpflicht, die in allgemeinbildenden Schulen abzusitzen ist; darüber hinaus müssen alle Auszubildenden, SchülerInnen und Arbeitslose noch mindestens ein Jahr eine Berufs- oder Berufsfachschule oder einen berufsbildenden Lehrgang bzw. „ABM und Lernen" besuchen. Vom 11. Jahr befreit sind nur Vollzeit(Hilfs-)arbeiter und bereits 18-Jährige [SchulG B §§ 8 und 13].

Deutsche Bahn: Maximal drei Kinder pro Familie im Alter von 6 bis 15 fahren in Begleitung eines Elternteils kostenlos, wenn sie im voraus auf die Fahrkarte eingetragen sind, sonst (ohne Eintrag oder allein reisend) müssen sie 50% des Fahrpreises aufbringen.

Kinder ab 6 dürfen mit Erlaubnis des Jugendamts täglich bis zu 4 Stunden zwischen 10 und 23 Uhr bei Theatervorstellungen mitwirken und bis zu 3 Stunden bei Musik, Werbung, Rundfunk, Fernsehen, Film- und Fotoaufnahmen [JArbSchG § 6 (1)].

Was alle wissen, denn es ist logisch und eindeutig, muss aber der Vollständigkeit wegen hier aufgeführt werden: 6-Jährige dürfen Filme, die ab 6 freigegeben sind, besuchen [JuSchG § 11].

„Die Kinder (6 – 14) wirken ihrem Alter und ihren Bedürfnissen entsprechend bei der Gestaltung des Alltags im Hort mit. Sie können aus ihrer Mitte eine Sprecherin oder einen Sprecher (...) für die jeweilige Gruppe wählen. Die Kinder können eine in der Einrichtung tätige Person zur Vertrauensperson bestimmen. Die Vertrauensperson wirkt im Elternrat und im Rat der Einrichtung im Interesse der Kinder beratend mit [GTK Nordrhein-Westfalen § 8].

bis 7

Generell gilt für die Mitnahme von Kindern auf Krafträdern, dass dafür ein Sitz, ein Handgriff und zwei Fußstützen vorhanden sein müssen.

„Geschäftsunfähig ist, wer nicht das siebente Lebensjahr vollendet hat." Auch nicht, wer sich im „Zustand krankhafter Störung der Geistestätigkeit" befindet [BGB § 104, 1.,2.].

„Wer nicht das siebente Lebensjahr vollendet hat, ist für einen Schaden, den er einem anderen zufügt, nicht verantwortlich" (zu klären ist in einem solchen Fall aber, ob Sorgeberechtigte gegen die *Aufsichtspflicht* verstoßen haben) [BGB § 828].

„Wird ein Kind unter 7 auf einem Mofa oder Kleinkraftrad mitgenommen, muss der Fahrzeugführer mindestens 16 Jahre alt sein" [FeV § 10 (4)].

„Auf Fahrrädern dürfen nur Kinder unter 7 Jahren von mindestens 16 Jahre alten Personen mitgenommen werden, wenn für die Kinder besondere Sitze vorhanden sind und durch Radverkleidungen oder gleich wirksame Vorrichtungen dafür gesorgt ist, dass die Füße der Kinder nicht in die Speichen geraten können" [STVO § 21 (3)].

> **Frist von 30 Jahren.** Für Schäden, die Kinder angerichtet haben, können diese noch bis zu 30 Jahre später zur Kasse gebeten werden. Auf diesen Grundsatz verwies jetzt eine Zivilabteilung des Kölner Amtsgerichts einen Autofahrer, dessen Wagen von einem elfjährigen Jungen mutwillig beschädigt worden war. Der Mann hatte von der Mutter 9000 Mark Schadenersatz einklagen wollen. Das Gericht entschied jedoch, dass ihr keine Verletzung der Aufsichtspflicht anzulasten sei. Da auch keine Haftpflichtversicherung für den Jungen existiere, die für den Schaden aufkommen könnte, habe der Autofahrer jetzt bis zu 30 Jahre Zeit, um seine Ansprüche gegenüber dem jungen Übeltäter durchzusetzen. Erst dann trete laut Gesetz die Verjährung ein. **dpa/Tagesspiegel** vom 11.07.1996

Ab 7 bis 14

ab 7

„Ein Minderjähriger, der das siebente Lebensjahr vollendet hat, ist (...) in der Geschäftsfähigkeit beschränkt." Verträge von Kindern ab 7 sind „schwebend unwirksam", je nach Rückmeldung der Eltern, ob sie der Sache nachträglich zustimmen oder sie ablehnen. Ein Kind unter 7 kann z. B. sein Eigentum nicht verschenken, denn eine wirksame „Willenserklärung" kann noch nicht abgegeben werden. 7- bis 18-Jährige in Begleitung von Betreuern mit Erziehungsauftrag können Geschäfte wie Volljährige tätigen. Der halbwegs berühmte Taschengeldparagraf 110 BGB (Details siehe: ANHANG) besagt, dass Taschengeld für alle möglichen Geschäfte ausgegeben werden darf: „Ein von dem Minderjährigen ohne Zustimmung des gesetzlichen Vertreters geschlossener Vertrag gilt von Anfang an als wirksam, wenn der Minderjährige die vertragsmäßige Leistung mit Mitteln bewirkt, die ihm zu diesem Zwecke oder zu freier Verfügung von dem Vertreter oder mit dessen Zustimmung von einem Dritten überlassen worden sind" [BGB §§ 106 und 110].

> Interessant ist eine Entscheidung des Bundesverfassungsgerichts gegen ein Oberlandesgericht: Ein (in diesem Fall 7-jähriges) Kind hat zwingend Anspruch auf Gewährung rechtlichen Gehörs im Adoptionsverfahren und in anderen kindschaftsrechtlichen Verfahren. Das Kind soll zur Klärung beitragen [GG Art 103a; BGB § 1748 (1); SGB VIII § 51; FGG § 55c; BVerfG 14.08.2001].

Die Deliktsfähigkeit ist eingeschränkt oder beschränkt ab 7 bis zur Volljährigkeit. „Wer nicht das siebente Lebensjahr vollendet hat, ist für einen Schaden, den er einem anderen zufügt, nicht verantwortlich". Ausgenommen sind Kfz-Unfälle (siehe „bis 10"). Das Nichtverantwortlichsein gilt generell bis zur Vollendung des 18. Lebensjahrs „...wenn er bei der Begehung der schädigenden Handlung nicht die zur Erkenntnis der Verantwortlichkeit erforderliche Einsicht hat" [BGB § 828].

> In diesem Zusammenhang noch einmal im Klartext: Eltern haften *nicht* für ihre deliktsfähigen Kinder ab 7, obwohl es an jeder zweiten Baustelle auf drohenden Wichtigtuer-Aluschildern leuchtet. Es sei denn, die Eltern haben ihre Aufsichtspflicht verletzt.

Der Sozialhilferegelsatz für haushaltsangehörige Kinder ab 7 bis 14 beträgt Regelbedarfstufe 5, also 296 € [SGB XII § 27a und Anlage zu § 28].

bis 8

> Ein 8-jähriges Kind bekam von einem Berliner Gericht im Jahr 2002 monatlich 750 € Unterhalt zugesprochen (statt nach der *Düsseldorfer Tabelle* maximal 456 €), weil der Vater sehr gut verdiente.

Kinder bis 8 *müssen* mit Fahrrädern Gehwege benutzen. Beim Überqueren einer Fahrbahn müssen die Kinder absteigen [StVO § 2 (5)].

bis 10

„Wer das siebente, aber nicht das zehnte Lebensjahr vollendet hat, ist für einen Schaden, den er bei einem Unfall mit einem Kraftfahrzeug, einer Schienenbahn oder einer Schwebebahn einem anderen zufügt, nicht verantwortlich. Dies gilt nicht, wenn er die Verletzung vorsätzlich herbeigeführt hat." Ab 10 sind Kinder und Jugendliche auch dann *nicht* verantwortlich, wenn die erforderliche Einsicht fehlt [BGB § 828 (2),(3)].

Kinder bis 10 *dürfen* mit Fahrrädern Gehwege benutzen. Beim Überqueren einer Fahrbahn müssen die Kinder absteigen [StVO § 2 (5)].

Die Zeit der Erziehung eines Kindes bis zu dessen vollendetem 10. Lebensjahr ist bei einem Elternteil eine Berücksichtigungszeit für die spätere Rente – maximal drei Jahre pro Kind [SGB VI § 57].

ab 10

Bei *uneinigen* Eltern ist das Kind ab 10 vom Vormundschaftsgericht zur Frage des religiösen Bekenntnisses zu hören [KErzG §§ 2 (3) und 3 (2)].

Ab 10-Jährige benötigen in ihrem Kinderausweis ein Portraitfoto.

Im Rahmen der gesetzlichen Krankenversicherung haben ab 10-Jährige Anspruch auf eine Untersuchung zur Früherkennung von Krankheiten, die die körperliche und geistige Entwicklung „in nicht geringfügigem Maße" gefährden [SGB V § 26].

bis 12

Ende des Anspruchs auf Krankengeld (zur Entlastung des Arbeitgebers, also um der Arbeit fern zu bleiben) für den versicherten Elternteil, der keine Hilfe zur Beaufsichtigung hat, um das kranke (nicht: behinderte) Kind zu beaufsichtigen [SGB V § 45].

Inhalte von Telemedien, auch wenn sie für Kinder unter 12 entwicklungsbeeinträchtigend sind, können ohne Verbreitungsbeschränkungen zugänglich gemacht werden. Bei reinen Kinderangeboten gilt dies nicht [JMStV § 5 (1)]. Jugendschutz im Internet ist über diesen Vertrag geregelt, der umfänglich ist, kompliziert und im Bedarfsfall bildend. „Nur in geschlossenen Benutzergruppen" für Erwachsene sind Werbung für jugendgefährdende Inhalte, indizierte und schwer jugendgefährdende Inhalte zulässig [JMStV § 4 (2)]. Als gänzlich unzulässige Angebote im Internet gelten die Darstellung von Kindern und Jugendlichen in unnatürlich geschlechtsbetonter Körperhaltung (Posendarstellung), die Verwendung von Hakenkreuzen und die Verbreitung von Propagandamitteln [JMStV § 4 (1)]. Unterhaltsvorschuss zahlt das Jugendamt der Mutter längstens 72 Monate für Kinder, die noch nicht 18 sind [UVG §§ 1 und 3].

„Kinder bis zum vollendeten 12. Lebensjahr, die kleiner als 150 cm sind, dürfen in Kraftfahrzeugen auf Sitzen, für die Sicherheitsgurte vorgeschrieben sind, nur mitgenommen werden, wenn Rückhalteeinrichtungen für Kinder benutzt werden, die amtlich genehmigt und für das Kind geeignet sind" [StVO § 21 (1a)].

Maximale Gültigkeitsdauer des Kinderreisepasses [PassG § 5 (2)].

ab 12

Filme, die ab 12 freigegeben sind, dürfen besucht werden (bis 20 Uhr, sogar, wenn die Elternbegleitung fehlt) [JuSchG § 11].

Telemedien müssen bei der Wahl der Sendezeit von Filmen ab 12 „dem Wohl jüngerer Kinder Rechnung tragen" [JMStV § 5 (4)].

Wenn Eltern die Religion wechseln, muss das Kind nicht mitmachen. „Hat das Kind das zwölfte Lebensjahr vollendet, so kann es nicht gegen seinen Willen in einem anderen Bekenntnis als bisher erzogen werden" [KErzG § 5].

Weibliche Kinder jüdischer Eltern werden nun zur „Tochter des Gebots" und damit volljährig im Sinn ihrer Religion.

ab 13

> Der 13. Familiensenat des Bundesgerichtshofs hielt am 27. Juli 2000 fest: 13-jährige Kinder sind zu „(...) einer eigenverantwortlichen Entscheidung zu ihrem Besten noch nicht befähigt".

Kinderarbeit („leichte und für sie geeignete Arbeit") ist maximal 2 Stunden täglich erlaubt, im Fall von Beschäftigung in landwirtschaftlichen Familienbetrieben maximal 3 Stunden täglich; diese Tätigkeiten dürfen nicht vor und während der Schulzeit und nicht zwischen 18 und 8 Uhr ausgeübt werden [JArbSchG § 5 (3)].

> Im „11. Kinder- und Jugendbericht" schlugt die Sachverständigenkommission vor, den Artikel 6 des Grundgesetzes um ein „Recht der Kinder und Jugendlichen" zu ergänzen. Die Politik lehnte ab.

Eine Bundesverordnung präzisiert das, was Kinder ab 13 von nun an mit Erlaubnis der Eltern täglich 2 bzw. 3 Stunden tun dürfen:
- Austragen v. Zeitungen, Zeitschriften, Anzeigenblättern u. Werbeprospekten
- Tätigkeiten in Haushalt und Garten; Betreuung von Haustieren
- Betreuung von Kindern und anderen zum Haushalt gehörenden Personen
- Nachhilfeunterricht (in privaten Haushalten)
- Einkaufstätigkeiten (kein Tabak oder Alkohol!)
- Botengänge; Handreichungen beim Sport
- Tätigkeiten bei nichtgewerblichen Aktionen/Veranstaltungen der Kirchen, Religionsgemeinschaften, Verbände, Vereine und Parteien
- (in der Landwirtschaft) bei der Ernte und Feldbestellung
- bei der Selbstvermarktung landwirtschaftlicher Erzeugnisse
- und bei der Versorgung von Tieren [KindArbSchV §§ 1 und 2].

Männliche Kinder jüdischer Eltern lesen nun zum ersten Mal vor der Gemeinde aus der Tora und sind religiös betrachtet nun volljährig.

bis 14

Um Kinderehen zu bekämpfen, dürfen in der Geschäftsfähigkeit beschränkte junge Menschen ohne den Willen seines gesetzlichen Vertreters keinen Wohnsitz begründen [BGB § 8].

Kinder bis 14 sind nicht straffähig. Gegen sie wird bei einer Straftat kein Gerichtsverfahren eingeleitet. „Schuldunfähig ist, wer bei Begehung der Tat noch nicht vierzehn Jahre alt ist" [StGB § 19].

> Kinder mit scharfer Waffe gefasst. Zwei 13 und 14 Jahre alte Jungen sind am Sonntag in einer U-Bahn bewaffnet aufgegriffen worden. (...)
> Der 13-Jährige hatte eine scharfe Pistole (...) und außerdem 12 Patronen Munition dabei. Die scharfe Pistole stahlen die Jungen dem Vater einer 13 Jahre alten Freundin. Da der 13-Jährige noch nicht strafmündig ist, wird das Abenteuer für ihn vermutlich folgenlos bleiben. **weso/Tagesspiegel** vom 21.1.2003

Sexuelle Selbstbestimmung

Auch im *Strafgesetzbuch* werden häufig konkrete Altersgruppen genannt – dort aber, um Erwachsenen, potentiellen Tätern, zu verbieten, bestimmte Dinge mit bestimmten Minderjährigen zu tun: Das Strafgesetzbuch schützt Kinder und Jugendliche, indem es zunächst jede sexuelle Interaktion mit Minderjährigen unter 14 unter Strafe stellt und darüber hinaus verbietet, dass über 21-Jährige an Personen unter 16, die noch eine „fehlende Fähigkeit zur sexuellen Selbstbestimmung" besitzen, sexuelle Handlungen vornehmen. Im Abschnitt *„Straftaten gegen die sexuelle Selbstbestimmung"* wird außerdem generell mit Strafe bedroht, „wer sexuelle *Handlungen* an einer Person unter 16, die ihm zur Erziehung, zur Ausbildung oder zur Betreuung in der Lebensführung anvertraut ist" vornimmt. Außerdem wird unter Strafe gestellt der sexuelle *Missbrauch* von Personen unter 18 („an seinem noch nicht achtzehn Jahre alten leiblichen oder angenommenen Kind") oder auch an „im Rahmen von Arbeitsverhältnissen untergeordneten Schutzbefohlenen" bis 18. Auch der Versuch ist strafbar [StGB §§ 174 u. 176].

Missbrauch ist eine „Offizialdelikt". Erfährt die Polizei davon, geht die Staatsanwaltschaft der Sache nach. Streng bestraft werden im Fall einer Anzeige alle Formen des sexuellen Missbrauchs von Kindern (bis 14), seit 1993 auch dann, wenn sie von Deutschen im Ausland begangen werden, selbst wenn es ebendort *nicht* strafbar ist [StGB § 176].

Nicht unkompliziert, missverständlich und für übervorsichtige Eltern immer wieder eine höchst peinliche Argumentationshilfe ist der sogenannte *Kuppeleiparagraf,* denn er verbietet die Vermittlung oder das Verschaffen von Gelegenheit für sexuelle Handlungen, an der mindestens eine Person unter 16 Jahren beteiligt ist. Jugendliche sollten diesen Paragrafen in aller Ruhe (mit den Eltern) studieren. Er ist auf keinen Fall anzuwenden, wenn Sorgeberechtigte im Rahmen ihrer Erziehungspflicht vernünftig und angemessen handeln. Also wenn z. B. nach einem offenen Gespräch im Familienkreis auch unter 16-Jährigen zu Hause die Möglichkeit gegeben wird, ungestört sexuell was auszuprobieren. So etwas nennt man Pädagogik und nicht „Kuppelei" [StGB § 180]. Bei Jugendgruppenfahrten ist wegen drohender Klagen durch Eltern Vorsicht geboten: Sicherheitshalber sollten BetreuerInnen den unter 16-Jährigen getrennte Zimmer/Zelte zuweisen, es sei denn, eine Konzept-Reise erfolgt mit Zustimmung aller absendenden Eltern. Selbst dann sollten die Kinder nicht zum Leben in Gemeinschaftsräumen genötigt werden (auf einer Reise der „Falken" damals nach Schweden habe ich erlebt, dass insbesondere 12- bis 14-Jährige Jungen sich massiv beklagten, in Gemeinschaftszelten schlafen zu müssen).

Die Strafgesetze zur auf dem Papier geächteten Prostitution sind wohl etwas praxisfremd. Es ist nämlich nicht nur verboten, unter 18-Jährigen zur Ausübung der Prostitution Unterkunft zu gewähren, sondern es ist auch verboten, unter 21-

Jährige der Prostitutionsausübung zuzuführen. Strafbar machen sich nicht zuletzt Personen, die der Prostitution in der Nähe von Schulen usw. nachgehen und in Häusern, in denen unter 18-Jährige wohnen. Aber in diesem Gewerbebereich, wo die Nachfrage durch gesellschaftlich akzeptierte Männer groß ist, bleiben Polizeikontrollen und Behördenlust, Strafanzeige zu erstatten, offenbar gering [StGB § 180, 180a (2), (4) und § 184 b]. Studien über die Häufigkeit von sexuellem Missbrauch ermitteln unterschiedliche Zahlen; die feministische Fachliteratur sprach davon, dass jede vierte Frau (25%) als Minderjähriger sexuellen Übergriffen ausgeliefert war. Die Senatsjugendverwaltung Berlin spricht in einer Broschüre von 15% Mädchen und 5-10% Jungen.

Ganz anders (ich vermute, zur Verhütung des Schlimmsten berechtigt) läuft die Kriminalisierung von exotischen Kinder-Jugend-Erwachsenengruppen, die ein Recht auf absolut freie, selbstbestimmte, uneingeschränkte Sexualpraxis militant fordern, wie in den 1970er Jahren die legendäre Nürnberger „Indianerkommune". Als der Wiener Aktionskünstler OTTO MÜHL (nach österreichischem Recht) in den 1990er Jahren im Gefängnis landete, haben auch viele Mitglieder seiner AAO-Kommune auf der Insel La Gomera aufgeatmet. Hatte sich doch der alte Guru das „Recht auf die erste Nacht" bei den Töchtern seiner MitkommunardInnen herausgenommen; es heißt, er hätte die Teenager des Dorfes defloriert. Bei Missbrauch gibt es übrigens nicht die übliche Verjährung; Betroffene können noch 10 Jahre nach dem 18. Geburtstag als Zeugen aussagen.

C Auch Jugendliche von 14 bis 18 Jahren haben Rechte

Rechte von SchülerInnen

SchülerInnen bleiben versicherungsfrei in der Kranken- und Rentenversicherung, wenn sie zur Aushilfe für eine Zeitdauer arbeiten, die im Laufe eines Jahres seit ihrem Beginn nicht mehr als drei Monate beträgt oder auf insgesamt 70 Arbeitstage beschränkt ist (*„kurzfristige Beschäftigung"*). Üben SchülerInnen das ganze Jahr hinweg eine Beschäftigung aus, so besteht nur dann Versicherungsfreiheit, wenn sie weniger als 15 Stunden pro Woche arbeiten und monatlich nicht mehr als 300 € (bzw. 250 € in den FNL) verdienen (*„geringfügig entlohnte Beschäftigung"*). In diesem Fall zahlt der Arbeitgeber pauschal 20% Lohnsteuer). Arbeitslosenversicherung ist von Haupt-, Real- und GesamtschülerInnen sowie Gymnasiasten grundsätzlich *nicht* zu zahlen. Gleiche Spielregeln gelten einmalig für Ex-SchülerInnen zwischen Abi und beabsichtigtem Studium sowie zwischen Abi und Zivildienst / Kriegsdienst, wenn ein Studium danach folgen soll, für ebenfalls maximal zwei Monate oder 50 Tage. gelten rein rechtlich als *„berufsmäßig Beschäftigte"*. Generell gilt als „geringfügig entlohnte Beschäftigung" (Minijobs) ein Arbeitsentgelt, das im Monat 450 € nicht übersteigt [AFG §§ 102, 169 b (1) 1. u. (2), BAföG § 15 a (3), SGB IV § 8 u. 8a].

Der in Deutschland vorgeschriebene Mindestlohn in Höhe von 9,19 € (Stand 1.1.2019) gilt nicht für SchülerInnen unter 18 und auch nicht für PraktikantInnen – für diese entscheidet der Arbeitgeber, ob und was er zahlt..

Pflichten von SchülerInnen: Seit 1911 besteht die Allgemeine Schulpflicht; sie sollte mehr Chancengerechtigkeit liefern. In Umkehrung müssen Eltern also ihre minderjährigen Schulpflichtigen (das ist in den Bundesländern verschieden, manche haben nur 9 Jahre, andere den MSA und wieder andere den 18. Geburtstag (Inklusiv Berufsschulpflicht!) als Grenze. Schule schwänzen kann teuer werden. Wenn die Behörde Bußgelder verhängt, kann sie zwischen 1 € und 2500 € pro Tag verlangen.

Für junge Ex-SchülerInnen soll noch eine hochinteressante Bestimmung aus dem Ausländergesetz erwähnt werden: 15- bis 21-Jährige Migrantenkinder, die als Minderjährige mindestens acht Jahre in der BRD gelebt und eben hier sechs Jahre eine Schule besucht haben, können (nachdem sie unfreiwillig mit den Eltern zurück ins Heimatland gezogen sind) bei uns ein *Recht auf Wiederkehr*, das auch *Rückkehroption* genannt wird, in Anspruch nehmen [AuslG § 16 und AufenthG § 37].

Auch die Schuldauer bis zum Abitur unterscheidet sich in den Bundesländern; die Länder haben „Kulturhoheit". Also machen manche „G8", andere wie früher 13 Jahre.

Übrigens verlieren gewählte ElternvertreterInnen ihre Funktion nicht, weil ihr Schulkind 18 geworden ist [WOSchVerfG Berlin § 8].

SchülerInnen erhalten auf Antrag einen Schülerausweis (Typ I, allgemeinbildende und berufsbildende Vollzeit; Typ II, berufsbildende Teilzeit und zweiter Bildungsweg); er dient dem Nachweis der Schülereigenschaft [siehe z. B. AV SchülA Berlin].

In Berlin haben Kinder und Jugendliche im Grundschulalter bedingt Anspruch auf Erziehung in einer Tagesgruppe (Hortplatz) bis zum 12., wenn ein Bedarf nachgewiesen wird [KitaG Berlin §§ 1, 2 und 4], in NRW bis zum 14. Kinder ab 2 bis zur Vollendung der 5. Schuljahrgangsstufe haben in Brandenburg einen Rechtsanspruch auf Erziehung, Bildung, Betreuung und Versorgung in einer Kindertagesstätte [Kita-G Brbg § 1 (2)].

„Schüler der Oberstufe der Gymnasien und Schüler der berufsbildenden Schulen sind (...) mit Sie anzureden". Gilt auch für Fachschulen und Abendlehrgänge [Rundschreiben über die Anrede von Schülern, 21.02.1975, SenSchul Berlin].

Ab 14 bis 16

ab 14

Das folgende ist vielleicht das *wichtigste* Gesetz in unserer Sammlung, eine Norm von 1921: „Nach Vollendung des vierzehnten Lebensjahres steht dem Kinde die Entscheidung darüber zu, zu welchem religiösen Bekenntnis es sich halten will" [KErzG § 5].

> „Mit dem Zeitpunkt der Vollendung des 14. Lebensjahres des Kindes erlischt das Recht der Eltern, eine der Religion des Kindes betreffende verbindliche Entscheidung zu treffen".
> **Staatsgerichtshof DR,** 14.10.1931

„Ein über 14 Jahre alter Schüler ist ungeachtet des entgegenstehenden Willens der Eltern berechtigt, über seine Teilnahme am Religionsunterricht zu entscheiden" [GG Art. 7 II und KErzG § 5]. **OVG Rheinland-Pfalz** v. 18.06.80
Entsprechend ermöglichen fast alle Bundesländer den 14-Jährigen in einem unbürokratischen Akt, sich vom Religionsunterricht abzumelden (außer: Bayern, Rheinland-Pfalz und das Saarland). In Brandenburg kann man freiwillig Religion statt LER machen. Ob dafür Noten auf dem Zeugnis erscheinen, entscheiden ab 14-Jährige selbst [SchulG Brbg].

Die Altersschwelle „14" wird auch von Schulbehörden herangezogen. In einer Ausführungsvorschrift formuliert die Berliner Verwaltung deshalb sinngemäß, dass ab 14 Schulakteneinsicht möglich ist – allerdings müssen die Eltern zustimmen, außerdem darf dadurch das Wohl des Schülers nicht beeinträchtigt werden und der Schutz von Interessen anderer Schüler und Eltern nicht verletzt werden.

Eigenständig kann ein Führungszeugnis aus dem Zentralregister über die Meldebehörden beantragt werden [BZRG § 30].

Umfangreiche differenzierte Bestimmungen für arbeitende Jugendliche und für den Berufsschulbesuch findet Ihr im wichtigen Jugendarbeitsschutzgesetz (siehe Kasten auf Seite 57).

> **Zehnjähriges Mädchen als Kellnerin beschäftigt.** Bei Gaststätten-Razzien sind 96 Schwarzarbeiter erwischt worden. In einer Gaststätte wurde ein zehnjähriges Mädchen beim Arbeiten angetroffen. Das Kind ersetzte dort eine Vollzeitarbeitskraft. **Tagesspiegel vom 21.01.2003**

Der Sozialhilferegelsatz für haushaltsangehörige „Kinder" ab 14 bis 18 beträgt 316 € [SGB XII, § 27a und Anlage zu § 28].

Mit Zustimmung der Sorgeberechtigten und der Ausbildungsleitung dürfen Personen ab 14, die sich in Ausbildung zum Jäger befinden, nichtschussbereite Jagdwaffen erwerben, besitzen und führen [WaffG § 13 (8)].

> In einer Entscheidung des Oberlandesgerichts Hamm von 1998 wurde die Klage einer 17-Jährigen abgewiesen, deren Mutter ihr eine Abtreibung verboten hatte. Ein Sorgeberechtigter müsse zustimmen. **Bild der Wissenschaft H 5 1999**

Formal nicht eindeutig festgelegt ist die *Grundrechtsmündigkeit,* d. h. die Möglichkeit, Grundrechte selbständig einfordern zu können. Wichtig für die Rechtsprechung ist der Grad der geistigen Urteils- und Entscheidungsfähigkeit. Frühestens wird sie 14-Jährigen bescheinigt. Besitzen 14- oder 15-Jährige Mädchen „Reife und Einsichtsfähigkeit", können sie unter Umständen ohne Zustimmung der Eltern legal einen Schwangerschaftsabbruch vornehmen lassen. Wegen der Kompliziertheit dieser Fälle holen sich die behandelnden Ärzte meist eine zusätzliche Fachstellungnahme von einem weiteren anerkannten Schwangerschaftsberatungsdienst. Geprüft wird – je nach Tragweite des Eingriffs – die Entscheidungsfähigkeit der Jugendlichen. Eltern versuchen häufig, sich gegen den Wunsch ihres Kindes (Jugendlichen) rechtlich durchzusetzen, je nach Fall manchmal für oder auch gegen den Abbruch.

Man kann von nun an auch selbst entscheiden („verfügen"), ob nach dem Tod Organe transplantiert werden dürfen.

Anhörungsrecht: 14-Jährige müssen unbedingt in Personenangelegenheiten vom Familiengericht persönlich gehört werden. Diese Position stand bis 2009 im Familiengerichtsgesetz (§ 50b), das sich außer Kraft befindet. Die Praxis handelt aber entsprechend!

Beschwerderecht: Der/die Minderjährige kann selbst Beschwerde gegen Entscheidungen des Familien- oder Vormundschaftsgerichts einlegen, z. B. wenn es um die Herausnahme aus einer Pflegefamilie geht [DGB § 1632 (4)].

Hinzu kommen für ab 14-Jährige weitere familienrechtliche Mitwirkungsrechte. Zum Beispiel müssen Jugendliche im Fall einer Adoption (sogenannte Annahme als Kind) *einwilligen* – das heißt einem Vorgang zustimmen, dem der gesetzliche Vertreter ebenfalls zustimmt. Im Verlauf einer zeitlich angemessenen Probephase (Status: Familienpflege) *vor* der endgültigen Adoption kann die Einwilligung noch widerrufen werden [BGB § 1746].

Ab 14 kann der/die Jugendliche selbst einen Verfahrensbeistand verlangen.

Der Verfahrensbeistand

Er ersetzt seit dem 1. September 2009 (Inkrafttreten des FamFG) im familiengerichtlichen Verfahren den bisherigen Verfahrenspfleger. Zwar bedarf es weiterhin einer familiengerichtlichen Beiordnung, jedoch hat das Gericht dem Wunsch des betroffenen Kindes, einen bestimmten Interessensvertreter als Verfahrensbeistand beigeordnet zu bekommen, regelmäßig schon aus Kindeswohlaspekten Folge zu leisten. Er hat in Deutschland die Aufgabe, in kindschaftsrechtlichen Verfahren die Interessen Minderjähriger zu vertreten und kann hier Anträge stellen, Rechtsmittel einlegen und an den Anhörungen teilnehmen. Der Verfahrensbeistand wird regelmäßig auch als „Kinder- und Jugendanwalt" oder „Anwalt des Kindes" bezeichnet. Inhalt und Auftrag der Verfahrensbeistandschaft sind geregelt in den §§ 158, 167, 174 und 191 FamFG. Der Verfahrensbeistand ist formeller Verfahrensbeteiligter und kann daher gegen Entscheidungen des Familiengerichtes das Rechtsmittel der Beschwerde einlegen, über das vom Oberlandesgericht entschieden wird. Das Gericht hat dem minderjährigen Kind in Kindschaftssachen, die seine Person betreffen, einen geeigneten Verfahrensbeistand zu bestellen, soweit dies zur Wahrnehmung seiner Interessen erforderlich ist. Dies ist in der Regel der Fall:

- bei Verfahren nach den § 1666 des Bürgerlichen Gesetzbuchs, wenn die teilweise oder vollständige Entziehung der Personensorge in Betracht kommt (Kindeswohlgefährdung),
- wenn eine Trennung des Kindes von der Person erfolgen soll, in deren Obhut es sich befindet (§ 1666a BGB)
- in Verfahren, die die Herausgabe des Kindes oder eine Verbleibensanordnung zum Gegenstand haben (§ 1632 BGB) oder
- wenn der Ausschluss oder eine wesentliche Beschränkung des Umgangsrechts in Betracht kommt (§ 1684 BGB).
- bei Unterbringungsverfahren, wenn eine freiheitsentziehende Unterbringung des/der Minderjährigen (d.h. gegen dessen Willen und u. U. unter Anwendung von Gewalt durch die Polizei oder den Gerichtsvollzieher), etwa in einer kinder- und jugendpsychiatrischen Einrichtung, in Frage kommt (§ 1631b BGB).

Ebenso soll ein Verfahrensbeistand bestellt werden, wenn das Interesse des Kindes zu dem seiner gesetzlichen Vertreter in erheblichem Gegensatz steht, wovon ausgegangen werden kann, wenn zwei sorgeberechtigte Elternteile je verschiedene Ansprüche bezüglich des Kindes formulieren, etwa wenn anlässlich der Trennung der Eltern Uneinigkeit darüber besteht, bei welchem Elternteil das Kind zukünftig leben soll. Weiterhin ist vom Gericht ein Beistand zu bestellen, wenn dies in Abstammungs- oder Adoptionssachen zur Wahrnehmung der Interessen des minderjährigen Beteiligten erforderlich ist. Der Verfahrensbeistand hat das Interesse des Kindes festzustellen und im gerichtlichen Verfahren zur Geltung zu bringen. Er hat das Kind über Gegenstand, Ablauf und möglichen Ausgang des Verfahrens in geeigneter Weise zu informieren. Soweit nach den Umständen des Einzelfalls ein Erfordernis besteht, kann das Gericht dem Verfahrensbeistand die zusätzliche Aufgabe übertragen, Gespräche mit den Eltern und weiteren Bezugspersonen des Kindes zu führen sowie am Zustandekommen einer einvernehmlichen Regelung über den Verfahrensgegenstand mitzuwirken. Das Gericht hat Art und Umfang der Beauftragung konkret festzulegen und die Beauftragung zu begründen. Der Verfahrensbeistand kann im Interesse des Kindes Rechtsmittel einlegen. Er ist nicht gesetzlicher Vertreter des Kindes. Der Verfahrensbeistand wird in der Regel ein oder mehrere Gespräche mit dem Kind führen und, soweit dies erforderlich und beauftragt ist, auch mit Eltern oder anderen Bezugspersonen sprechen. Der Verfahrensbeistand soll an der Kindesanhörung teilnehmen. In der Regel wird der Verfahrensbeistand spätestens zum Anhörungstermin einen schriftlichen Bericht vorlegen, was jedoch insbesondere im Zuge des neueingeführten „beschleunigten Verfahrens" nicht immer möglich ist. Ausnahmsweise genügt auch eine nur mündliche Stellungnahme im Anhörungstermin. Jeder kann zum Verfahrensbeistand bestellt werden, eine bestimmte Ausbildung ist nicht zwingend erforderlich. Wegen der zwingend nötigen rechtlichen, (entwicklungs-)

psychologischen und familien-systemischen Kenntnisse verfügen die meisten Verfahrensbeistände jedoch über eine Grundausbildung (Studium) in Sozialpädagogik, Psychologie oder Jura, welche durch eine spezielle Zusatzausbildung ergänzt wird. Die Auswahl eines geeigneten Verfahrensbeistandes übernimmt das Familiengericht [FamFG § 276].

14-Jährige müssen selbst eine Erklärung abgeben (einen Namens-Wunsch äußern), wenn die Mutter (des unehelichen) Kindes ihren Familiennamen ändert und sie haben ein Mitspracherecht bei Vergabe der elterlichen Sorge im Scheidungsfall. Wird der Elternvorschlag vom Kind nicht akzeptiert, entscheidet das Gericht [BGB §§ 1617 (2), 1618 (2), 1671 (3)].

Ein Sportboot darf ab 14 auf Binnengewässern geführt werden, wenn der Motor nicht benutzt wird (das ist bestimmt sehr lustig!) [SpBFü BO § 5].

Die rechtliche Einordnung von Jugendlichenstraftaten (sind es Verbrechen oder Vergehen?) richtet sich nach dem allgemeinen Strafrecht [JGG § 5; StGB § 12].

Die Schuldfähigkeit beginnt mit 14, aber: „Für Taten von Jugendlichen und Heranwachsenden gilt dieses Gesetz (das Strafgesetzbuch) nur, soweit im Jugendgerichtsgesetz nichts anders bestimmt wird" (siehe auch Details im Kapitel „Das Jugendstrafrecht" hier) [StGB §§ 10 und 19].

> **Polizeikontrollen zur Einhaltung des Jugendschutzgesetzes.**
> Im Januar 2002 wurden Kontrollen in der Diskothek „Kudorf" in der City West durchgeführt. Gegen 0 Uhr 30 betraten die Beamten die Diskothek. 29 Personen waren unter 18 Jahren und zwei weibliche Personen waren im Kindesalter. Die Kinder wurden von den Erziehungsberechtigten auf dem Polizeiabschnitt 27 abgeholt.
> **Gazette,** 02/2002

Tanzveranstaltungen dürfen besucht und Alkohol außer „Branntwein" darf schon konsumiert werden, *wenn* Erziehungsberechtigte Euch begleiten; bis 24 Uhr dürft ihr Tanzfeste bei Jugendhilfeträgern aufsuchen (selbst Kinder dürfen solche Tanzveranstaltungen bis 22 Uhr besuchen, siehe Kasten Seite 61) [JuSchG §§ 4 (2) u. 5].

bis 15

Deutsche Bahn: Nun endet die kostenlose oder kostengünstige Bahnfahrt. 3 Kinder pro Familie bis 15 fahren in Begleitung eines Elternteils kostenlos, wenn sie im voraus auf die Fahrkarte eingetragen sind, sonst (ohne Eintrag oder allein reisend) müssen sie nur 50% des Fahrpreises aufbringen) [DB: Tickets und Angebote].

ab 15

Beschäftigung („Arbeiten") ist erlaubt, für Schulpflichtige aber nur für höchstens vier Wochen im Kalenderjahr während der Schulferien. Wer die Vollzeitschulpflicht erfüllt hat, darf am Tag bis zu 8 Stunden, in der Woche bis zu 40 Stunden beschäftigt werden. (Die allgemeine oder Vollzeitschulpflicht beträgt in 7 Bundesländern neun Jahre, in 4 Ländern 10 Jahre und die restlichen beziehen die Berufsschulpflicht mit ein, was dazu führt, dass 12 Jahre oder der 18. Geburtstag Schulpflichtende bringen – vgl. auch eine Liste in der Wikipedia „Schulpflicht (Deutschland) [JArbSchG §§ 5 (4), 7 und 8].

Minderjährige unverheiratete Kinder ohne Einkommen können formfrei zur Vollstreckung von Unterhaltsansprüchen Prozesskostenhilfe beantragen [PKHFV § 2].

„Handlungsfähigkeit. Wer das fünfzehnte Lebensjahr vollendet hat, kann Anträge auf Sozialleistungen stellen und verfolgen sowie Sozialleistungen entgegennehmen. Der Leistungsträger soll den gesetzlichen Vertreter über die Antragstellung und die erbrachten Sozialleistungen unterrichten" [SGB I § 36 (1)].

Nur wenige Dienste machen auf die „Handlungsfähigkeit" aufmerksam. Ausnahme: In seinen „Empfehlungen zum Umgang mit dem § 35a SGB VIII" teilt das Landesjugendministerium Brandenburg den Kreisen und Städten mit, dass neben den Personensorgeberechtigten die ab 15-Jährigen antragsberechtigt sind. Zwar werde dadurch das Sorgerecht nicht eingeschränkt – immerhin aber können Jugendliche selbst eine „Eingliederungshilfe" wünschen.

Hat der/die Jugendliche ein Arbeitsverhältnis begonnen, besitzt er/sie das Recht, einer Gewerkschaft beizutreten.

Laut FSJG ist es nun möglich, ein freiwilliges soziales oder ökologisches Jahr zu absolvieren. Das Höchstalter ist 26. Ein „Jahr dauert mindestens 6 Monate und höchstens 18 Monate und muss pädagogisch begleitet sein" [FSJG § 2 (1) 2., 4.].

Andere Kraftfahrzeuge" (bis 50 ccm, 7 - 25 km/h) im Sinn des Paragraphen 7 dürfen ab 15 geführt werden [StVZO § 7 (1)].

Deutsche Bahn (siehe „bis 6" und „bis 15") SchülerInnen, TeilnehmerInnen an sozialen Diensten und Auszubildende müssen ab sofort jährlich individuell nachweisen, dass sie welche sind, dann gibt es die ermäßigten Schülerzeitkarten. Minderjährige können eine Bahncard-Zusatzkarte für 5 € erwerben, wenn ein Elternteil eine Hauptkarte besitzt. Damit reduziert sich der Fahrpreis für alleinreisende 15- bis 17-Jährige um 25% [DB: Tickets und Angebote].

15 Jahre beträgt das Mindestalter für betreutes Jugendwohnen *in Berlin*. Jüngere müssen ggf. ins Heim [AV BJW B 2 (2) f – ungültig, aber Praxis].

Im Hochadel und in Niederösterreich gibt es für 15-Jährige DebütantInnen-Bälle. Nach moslemischem Recht beginnt die Ehemündigkeit der Frau.

Religionen bestimmen über Körper und Psyche Minderjähriger

In den meisten gottzugewandten oder auch gottlosen und in Natur-Kulturen werden mit 13- bis 17-Jährigen (Median=15) Rituale zur Einführung ins Erwachsenenleben vorgenommen (Initiation). Häufig bleiben dabei die Körper der Kinder nicht unversehrt – es gibt Tote bei der Beschneidung von Jünglingen in Südafrika und Genitalverstümmelung bei Mädchen nicht nur in Nigeria. Ob primitivste Operationen oder moderne, sterile Beschneidungen (im Islam, im Judentum) – der jeweils irreversible gewaltsame Eingriff gegen relativ wehrlose Minderjährige ist in meinen Augen effektiv eine Körperverletzung und Misshandlung. Die Vorhautentfernung durch Mohel (=Beschneider) wurde von den Jahwe-Anhängern in Juda erfunden. Donnergötze JAHWE war der Stadtgott Jerusalems. König ANTIOCHOS hatte die Praktiken aber bereits 168 vor unserer Zeit verboten. Psychische Überforderung (wie bei der „Kommunion" von 9-Jährigen im Katholizismus) ist bei Jugendlichen-Zeremonien heute nicht zu bemerken. Auch die Firmung ebendort wird eher als harmloser, formaler Akt ohne tiefen Hintergrund von Betroffenen „lässig" ertragen. Als Alternative zur Konfirmation bieten Humanisten und Freigeistige Verbände die Jugendweihe bzw. die Jugendfeier an.

Was wünschen sich 15-Jährige?
Ergebnisse einer kleinen Befragung des Autors

Alle Rechte der Erwachsenen haben wollen; längere Ausgangszeiten; viel Geld; viel Freiheit, abends lange wegbleiben dürfen; einen Ausbildungsplatz kriegen; ernst genommen werden; ohne große Vorschriften leben dürfen; mehr Jugendclubs und Treffpunkte in der Stadt; eine andere Form der Schule; größere Selbstentscheidung; eine eigene Wohnung; noch Kind sein dürfen; mehr Auswahlmöglichkeiten, z. B. Ausbildungsplatzwechsel; weg mit der Zukunftsangst; keinen Eltern-Stress mehr; (in der Jugendhilfe:) am Hilfeplan beteiligt werden.

bis 16

Auch Jugendliche können in Untersuchungshaft gelangen. Sie soll nicht „unverhältnismäßig" sein. Unter 16-Jährige dürfen nur dann in U-Haft kommen, wenn sie sich dem Verfahren bereits entzogen hatte oder Anstalten dazu getroffen hat oder keinen festen Wohnsitz oder Aufenthalt hat [JGG § 72 (2)].

Das Aufenthaltsgesetz sieht vor, dass der Nachzug von Migrantenkindern bis zur Vollendung des 16. in der Regel möglich ist [Aufenthaltsgesetz § 22 (2)].

Das Jugendarbeitsschutzgesetz

Im Jugendarbeitsschutzgesetz stehen wichtige generelle Regeln, die verhindern sollen, dass Ihr *zu früh* in Leistungsbereiche, in ungünstige Zeiten (für alle ArbeitnehmerInnen) oder in richtigen Stress gelangt – unabhängig davon, ob völlig freiwillig, aus der finanziellen Not heraus, oder weil Sorgeberechtigte/Bekannte/Verwandte das so wollen bzw. auf *Eure* Wünsche eingehen. Aber es gibt auch zahlreiche Ausnahmen von den Regeln, das hängt von den Berufsgruppen ab und von den Ausnahmebewilligungen des Landesausschusses für Jugendarbeitsschutz. Jugendliche dürfen nicht sonntags, an mehr als 5 Wochentagen oder an mehr als 2 Samstagen im Monat arbeiten [JASchG §§ 15, 16, 17]. Es gibt Ausnahmen zum Verbot der Beschäftigung von Kindern und Jugendlichen [JASchG §§ 5 - 8].

Erlaubnis nach Prüfung durch beim Jugendamt:

Alter	tägliche Arbeitsdauer maximal	Art der Beschäftigungen
3-6	2 h täglich zwischen 8 u. 17 Uhr	Musik, Werbung,
6-15	3 h täglich zwischen 8 u. 22 Uhr	Hörfunk, Fernsehen, Film- und Fotoaufnahmen
6-15	4 h täglich zwischen 10 u. 23 Uhr	Theater

generell gilt als erlaubt für noch Vollzeitschulpflichtige:

Alter	Arbeitsdauer maximal	Art der Beschäftigungen
13-15	2 h täglich nach Schule, bis 18 Uhr	„leichte Arbeit"
13-15	3 h täglich	in Landwirtschaft der Familie
15-18	4 Wochen in Schulferien pro Jahr	„Ferienjobs"

generell gilt als erlaubt für nicht mehr Vollzeitschulpflichtige:

Alter	Arbeitsdauer maximal	Art der Beschäftigungen
14	- 7h täglich, - 35 h / Woche	diverse
15-18	- 8h täglich, - 40 h / Woche	diverse
16	- 9h täglich, - 85 h in 2 Wochen	Ernte in der Landwirtschaft

Der Urlaubsanspruch von minderjährigen ArbeitnehmerInnen beträgt:
15 Jahre = 30 Werktage, 16 Jahre = 27 Werktage,
17 Jahre = 25 Werktage [JASchG § 19].

Übrigens beginnt das Jugendalter in *diesem* Gesetz mit 15.

Ab 16 bis 18

ab 16

Der *besondere Schutz* fällt nun weg: Bestraft wird nämlich, „wer seine Fürsorge- und Erziehungspflicht gegenüber einer Person unter 16 gröblich verletzt (...)" Die Polizei z. B. behandelt auf diesem Rechtshintergrund Vermisstenanzeigen, die Jugendliche ab 16 betreffen, in der Regel weniger zügig, entschlossen und nervös, als die von Jüngeren. Und es gibt es Jugendämter, die *Jugendberatungen* für Jugendliche erst ab 16 bereitstellen (und nicht schon ab 14) [StGB § 170d].

16-Jährigen Mädchen bzw. jungen Frauen werden von Arzt/Ärztin Schwangerschaftsverhütungsmittel verschrieben, ohne die Eltern einzubeziehen (die rezeptpflichtigen Mittel sind kostenfrei für Minderjährige und Schülerinnen.). Auch Schwangerschaftsunterbrechungen werden ab 16 nach gründlicher Beratung vorgenommen, ohne unbedingt die Sorgeberechtigten zu fragen. Eine formalgesetzliche Regelung, ein Rechtsanspruch für Euch, existiert nicht (vgl. auch „ab 14"). Faktisch können 16-Jährige ohne Zustimmung der Eltern in eine legale Schwangerschaftsunterbrechung einwilligen. Will die 16-Jährige das Kind bekommen, die Eltern sind aber (z. B. wg. der Kosten) dagegen, kann die Schwangere beim Jugendamt einen Beistand bekommen und die Unterhaltsverpflichtung der Eltern entfällt. Ärzte, die bei Minderjährigen Abtreibungen vornehmen, müssen sich - wenn Anzeige erstattet wird - vor Gericht verantworten; dort wird aber die ärztliche Autorität *in der Regel* bestätigt.

Bei einer *Weisung* des Jugendrichters, dass eine „Heilerziehung" (dort müsst ihr nicht an Heilern ziehen, sondern *ihr* werdet wieder heil -erzogen!) oder eine „Erziehungskur" angetreten werden soll, müssen betroffene Jugendliche einverstanden sein [JGG § 10 (2)].

Auf Antrag kann Eheschließungserlaubnis erteilt werden, wenn GattIn volljährig ist und beide Eltern zustimmen; bei unbegründeter Ablehnung der Sorgeberechtigten kann das Familiengericht ggf. dennoch zustimmen [BGB § 1303].

Für verheiratete Jugendliche gelten die meisten Bestimmungen des Jugendschutzgesetzes nicht mehr. Der Besuch von Gaststätten und Tanzlokalen ist „unbegleitet" bis 24 Uhr möglich, mit Erziehungsberechtigten länger. Rauchtabak sowie alkoholische Getränke außer „Branntwein" dürfen in der Öffentlichkeit *konsumiert* werden. Seit 2003 darf an Jugendliche unter 16 Tabak auch nicht mehr *verkauft* werden darf [JuSchG §§ 1 (5), 5 und 10].

Das Rauchereinstiegsalter ist auf 14 Jahre gesunken. Wer mit 15 zu Rauchen beginnt, stirbt dreimal häufiger an Krebs als wer mit 25 beginnt; fast 20% aller 13 - 15-jährigen Mädchen rauchen.

Die Personalausweispflicht beginnt. 16-Jährige benötigen ihn. Man muss den Ausweis oder den Pass nicht bei sich führen [GüP § 1].

„Testierfähigkeit. Ein Minderjähriger kann ein Testament erst errichten, wenn er das sechzehnte Lebensjahr vollendet hat." Vor Erreichen des 16. Lebensjahres kann man nur sein Testament „durch mündliche Erklärung oder durch Übergabe einer offenen Schrift" vor dem Notar errichten. Beide Verfahren laufen ohne Zustimmung des „gesetzlichen Vertreters" [BGB §§ 2229 u. 2233].

Vereidigung vor Gericht ist ab 16 möglich, wenn die Person eine genügende Vorstellung von der Bedeutung des Eides hat [StPO § 60, 1.].

> *Apropos Eid:* Berliner behaupten, von Friedrich Wilhelm IV käme einer meiner Lieblingssprüche: „Det alles zu halten, gloobe ick schwerlich, so wahr ick Jott helfe". Laut offizieller Geschichtsschreibung sagte er: „Dies alles zu halten, gelobe und schwöre ich".

Der Jugendjagdschein für 16-18-Jährige darf erteilt werden. Inhaber darf in Begleitung der Erziehungsberechtigten jagen, aber nicht an „Gesellschaftsjagden" teilnehmen [BJG § 16].

Untersuchungshaft wäre bei Straftatverdacht ab 16 möglich, auch wenn kein konkreter Anhaltspunkt für Fluchtgefahr vorliegt [JGG § 72 (2)].

Kinder aus dem Ausland (ohne EG) benötigen eine Aufenthaltsgenehmigung und wer Einreisen will, benötigt ein Visum. Ab 16 sind sie verfahrensmündig und werden in Deutschland in dieser Hinsicht wie Erwachsene behandelt, denn: „Fähig zur Vornahme von Verfahrenshandlungen nach diesem Gesetz (dem Ausländergesetz) ist auch ein Ausländer, der das 16. Lebensjahr vollendet hat (...)" Dass die juristische Handlungsfähigkeit/Verfahrensmündigkeit z. B. im Asylverfahren schon mit 16 beginnt, widerspricht der UN-Kinderkonvention [AuslG § 68, AsylVfG § 12 und UNKinKon Art 22].

Wenn ein junger Ausländer mit 16 seit acht Jahren eine befristete Aufenthaltserlaubnis hat, kann er eine „unbefristete" bekommen [AuslG § 26].

Ab 16 freigegebene Filme dürfen natürlich besucht werden (ohne Begleitung durch Erziehungsberechtigte bis 24 Uhr) [JuSchG § 11].

Kleinkrafträder der Klasse M (bis 50 ccm und bis 45 km/h) dürfen geführt werden. Steuerfreie Kraftfahrzeuge der Klasse A 1 (bis 125 ccm und 11 kW auf 80 km/h gedrosselt), 4 und 5 dürfen geführt werden [StVZO § 7 (1)].
Außerdem darf ein „Sportboot" gefahren werden [SpBFü VO § 5].

„Auf Fahrrädern dürfen nur Kinder unter 7 Jahren von mindestens 16 Jahre alten Personen mitgenommen werden" [StVO § 21 (3)].

Wird ein Kind unter 7 auf einem Mofa mitgenommen, muss FahrzeugführerIn mindestens 16 (also nicht nur 15 sein) [StVZO § 7 (1a)].

Von nun an seid ihr wählbar zur Jugendvertretung im Betrieb.

16-Jährige dürfen an der sogenannten Sozialwahl teilnehmen.

In Ländern wie Niedersachsen, Schleswig-Holstein und Sachsen-Anhalt dürfen 16-Jährige sich an den Kommunalwahlen beteiligen (Näheres, Entwicklungen, siehe de.wikipedia.org).

Die meisten deutschen Parteien gewähren übrigens 16-Jährigen das volle Mitwirkungsrecht im Parteileben.

Mindestalter für Jugendgruppenleitung in der Jugendarbeit [AV JuleiCa Berlin].

> **Familie**
> Die Tochter zeigt viel Bein: Sie hats noch vor sich.
> Die Mutter hüllt sich ein: Sie hats schon hinter sich.
> Der Vater macht sich klein: Er wär gern für sich.
> ROBERT GERNHARDT

ab 17

Das freiwillige soziale oder ökologische Jahr ist jetzt in der Regel möglich, denn der freiwillige Dienst kann von Personen geleistet werden, die die Vollzeitschulpflicht erfüllt haben [FSJG § 2 (1) 4.].

„Nachtruhe. Jugendliche über 17 Jahre dürfen in Bäckereien ab 4 Uhr beschäftigt werden" [JArbSchG § 14].

Wer den Schein geschafft hat (Ausbildungsbeginn frühestens 14) kann jetzt Segelflugzeuge führen oder auch Flugmodelle [LVZO § 23].

17-Jährige können den Führerschein der Klasse B machen und dürfen entsprechende Fahrzeuge lenken, wenn sie in Begleitung Erwachsener fahren.

Der früheste Zeitpunkt, einen Antrag auf Kriegsdienstverweigerung zu stellen, ist 6 Monate vor dem 18., obwohl wir seit 2011 keine Wehrpflicht mehr haben; es geht also heute um die Nichteinberufung im „Spannungs- oder Verteidigungsfall. Die 52 Kreiswehrersatzämter, die die Anträge bearbeiteten, wurden aufgelöst. heute schreibt man den „Karrierecentern der Bundeswehr" [KDVG § 2 (4)].

bis 18

Die beschränkte Geschäftsfähigkeit läuft ab 7 bis 18. In dieser Zeit nehmen die Eltern wenn nötig die Rechte im Interesse ihrer Kinder wahr [BGB § 1627 (1)].

„Kinder" sind mindestens bis 18 bei Papa oder Mama mit krankenversichert [SGB V § 10 (2) 1.].

Die allgemeine Schulpflicht ist (in 15 Ländern) jetzt mit spätestens 18 beendet. Die Vollzeitschulpflicht, ohne Berufsschule, natürlich früher.

Hat ein Betrieb mindestens fünf jugendliche ArbeitnehmerInnen, so ist eine Jugendvertretung zu wählen [BetrVG § 60 (1)].

Deutschland hat das Haager Minderjährigenschutzabkommen (heute heißt der entsprechende, aktuell gültige Kontrakt) ohne Vorbehalt abgeschlossen. Hat also ein minderjähriger Ausländer bis 18 seinen gewöhnlichen Aufenthalt in Deutschland (ist es ihm also gelungen, eine längere Zeit sich hier aufzuhalten), dann müssen ihm unsere Behörden die nach den deutschen Gesetzen vorgesehenen Einzelhilfen zum Schutz der Person und des Vermögens gewähren.

Der Jugendarbeitsschutz *endet* [JArbSchG § 1].

Minderjährige erscheinen im Prozess mit ihren gesetzlichen Vertretern. Die umfassende Prozessfähigkeit beginnt erst mit 18 [ZPO §§ 51, 52].

Nur bis 18 kann der sorgeberechtigte Elternteil dem Kind den Nachnamen des anderen Elternteils erteilen [BGB 1617a (2)].

Im Inland lebende „Kinder" werden vor 18 steuerrechtlich generell berücksichtigt.

DEUTSCHE BAHN: Minderjährige von 6 bis 18 können eine Bahncard-Zusatzkarte für 5 € erwerben, wenn ein Elternteil eine Hauptkarte besitzt. Damit reduziert sich der Fahrpreis für alleinreisende 6- bis 15-Jährige um weitere 25% und für 15- bis 18-Jährige um insgesamt 25% [DB Tickets].

Auf dem Index „verboten für Jugendliche unter 18" stehen Videos, Computerspiele und Musikkassetten, die Gewaltinhalte haben und entwicklungsgefährdend sind. Für sie darf auch nicht geworben werden.

Der gesetzliche Jugendschutz endet mit 18 [JÖSchG § 2].

Auch der Schutz von Fremduntergebrachten in Familien und Einrichtungen endet insofern mit 18, als Pflegepersonen bis dahin eine besondere Erlaubnis benötigen [SGB VIII § 44].

Hier ein Hinweis auf ein Minderjährigenrecht, das es noch gar nicht gibt, aber das kommen könnte: Zahlreiche Juristen und Sozialpädagogen setzen sich seit Jahren dafür ein, dass für Opfer von Straftaten ein Anwalt des Kindes als Zeugenbegleitung angeboten werden müsste. Gefordert wird eine Änderung der Strafprozessordnung, § 406. Dort sollte es heißen: „Wird der verletzte Minderjährige als Zeuge vernommen, so kann, wenn er dies beantragt, einer Person seines

Vertrauens die Anwesenheit gestattet werden". In fünf Gerichtsbezirken Schleswig-Holsteins werden minderjährige Zeugen bereits betreut. Im Familien- und Vormundschaftsrecht ist die Verfahrenspflegschaft schon eine Rechtsfigur. Im Berliner Ausführungsgesetz heißt es ohnehin: „Kinder und Jugendliche sind berechtigt, eine Person ihres Vertrauens zu beteiligen [AG KJHG B § 5].

Kinder haben nach dem Tod eines Elternteils Anspruch auf Halbwaisenrente in der Regel bis 18 (Ausnahmen siehe „bis 27") [SGB VI § (4)].

Wenn man nicht bestimmte Ausnahmebedingungen erfüllt und nachweist, enden die Kindergeldzahlungen an die Eltern mit 18.

> **(K)eine Glosse.** „In der Bekanntmachung unseres Rundschreibens vom 18.09.1980 muss es in Abschnitt I Tz 1.5 Buchstabe a) dritte Textzeile statt „einen Anspruch auf Kindergeld erheblich ist, nicht richtig" richtig heißen „einen Anspruch auf Kindergeld erheblich ist, nicht, nicht richtig". **Gesetzblatt NRW**

Am Ende der folgenden Aufstellung „Jugendschutzgesetz" befinden sich Hinweise auf formale Regelungen der FSK. Die Freiwillige Kontrolle der Filmwirtschaft ist eine FGmbH, die sich mit den Bundesländern (Jugendministerien) abstimmt. Die Zuordnung eines Kinofilmes in Deutschland zu einer Altersgruppe „ab..." erfolgt durch privatwirtschaftliche Prüfer, die ein kommerzielles Interesse daran haben, dass möglichst sehr viele Filme für sehr viele Altersgruppen zugänglich sind. Näheres findet sich in den „Grundsätzen der FSK" vom 01.12.2012. Die FSK kennt sechs Kennzeichnungen, nämlich „frei ohne Altersbeschränkung, frei ab 6; frei ab 12; frei ab 16" und „keine Jugendfreigabe". Die Anwesenheit einer erziehungsberechtigten Person kann die Sperren ab 6 oder ab 12 – wenn das Kind mindestens 6 ist – aufheben, nicht aber die Altersgrenzen ab 16 oder ab 18 [JuSchG § 12 (2) 2.].

> **Stufen**
> Die Jugendzeit mit ihren Ängsten: Wer hat den Längsten?
> Die Reifezeit mit ihrem Wissen: Kein Mann muss müssen.
> Das Abendrot mit seinem Winken: Eins läuft noch. Trinken.
> **ROBERT GERNHARDT**

Das Jugendschutzgesetz

§	worin besteht das Problem?	0 bis 14	ab 14 bis 16	ab 16 bis 18
4	**Gaststättenaufenthalt**, ohne Eltern	v	v	e - 24Uhr
	GA. für ein Getränk / eine Mahlzeit, - 23 Uhr	e	e	e
	Gaststättenaufenthalt auf Reisen	e	e	e
	... speziell in Nachtbars	v	v	v
5	**Tanz**, öffentlich	v	v	e - 24Uhr
	Tanz in Jugendhilfeeinrichtungen	e - 22Uhr	e - 24Uhr	e
6	Spielhallenbesuch, **Glücksspiele**	v	v	v
	Glücksspiele auf Volksfesten	e	e	e
9	**Alkohol**, Branntwein, öffentlich	v	v	v
	andere Alkoholgetränke	v	v	e
	andere Alkoholika, mit Eltern	v	e	e
10	**Rauchen** in der Öffentlichkeit	v	v	e
11	**freigegebene Filme**, allein, - 20 Uhr	e ab 6 bis 14	e	e
	allein, Film endet nach 20 Uhr	v	e	e
	allein, Film endet nach 22 Uhr	v	v	e
	allein, Film endet nach 24 Uhr	v	v	v

e = erlaubt   v = verboten

Filme und (*neu!*) auch mit Spielen programmierte Datenträger werden mit diesen fünf Alterskennzeichnungen von der FSK freigeben:

- ohne Altersbeschränkung
- ... ab 6
- ... ab 12
- ... ab 16
- keine Jugendfreigabe

Ausnahmen: In „Begleitung" dürfen Filme ab 12 auch von Kindern ab 6 besucht werden. Aber Kinder bis 6 dürfen nur in Begleitung ins Kino! „Begleitung" – damit sind gemeint Eltern, Personensorgeberechtigte oder andere Erziehungsbeauftragte.

> „Wenn Du etwas gegen das Gesetz tun willst, frage immer erst einen tüchtigen Rechtsanwalt" **GEORGE BERNHARD SHAW**

Das Jugendstrafrecht

Mein Diskussionsstand ist das Jugendgerichtsgesetz von 1974 mit der letzten Änderung vom 27.08.2017. Alle Jahre wieder wird nämlich debattiert, dass die *Altersgrenzen* nicht angemessen seien. Eine Initiative der CDU/CSU, vorgetragen auch seit vielen Jahren vom Experten RUPERT SCHOLZ, forderte 2002 auf der Justizministerkonferenz in Berlin: „Das Erwachsenenstrafrecht muss bereits mit 18 Jahren einsetzen". Eine Herabsetzung der bedingten Strafmündigkeit, wie sie auch die Polizeigewerkschaft fordert (statt wie zur Zeit ab 14, dann ab 12) wurde auf dieser Tagung nicht vorgeschlagen. Die CSU hatte dies zuletzt 1997 versucht auf dem Hintergrund der 100%-Zunahme von Raubdelikten bei Kindern in den Jahren 1993-1996.

Das gesamte Jugendgerichtsgesetz gilt zunächst für den Umgang mit *Jugendlichen und Heranwachsenden*, die bekanntlich als 14- bis 21-Jährige definiert sind. Zuständig sind Jugendrichter und Jugendstaatsanwälte und die örtliche „Jugendgerichtshilfe" des Jugendamts ist regelmäßig so früh wie möglich heranzuziehen [JGG §§ 33, 36, 38 und 107; StGB § 10].

Übrigens gibt es auch Stimmen aus anderen gesellschaftlichen Kreisen für härte Strafen, z. B. gegen rechtsradikale Heranwachsende: Für den Schriftsteller PETER SCHNEIDER steht angesichts der „Kette von Gewalt" das „zivilisatorische Minimum auf dem Spiel". Deshalb fordert er, kräftig gegen den links-liberal-sozialpädagogischen Strom schwimmend: „Es kommt zuallererst darauf an, dass die zivile Gesellschaft alle Kräfte mobilisiert, um das existenzbedrohende Übel abzustellen. Erst nachher wenn die Gewalttäter in Gewahrsam gebracht sind, kann und soll man sich den Kopf darüber zerbrechen, dass es sich ja eigentlich um Kinder handelt", dass Gefängnisse „sich noch nie als der geeignete Ort für eine Resozialisation erwiesen haben."

Einschluss-Maßnahmen gemäß JGG haben erzieherischen Charakter und finden in drei verschiedenen Anstalten statt: *Jugendstrafe* immer in der Jugendstrafanstalt statt und dauert mindestens 6 Monate; wer über 3 Jahre bekommt, kann dort innen eine Lehre absolvieren. Das Maximum an Strafunterbringungszeit ist 10 Jahre, eine Ausnahmeregelung erlaubt ggf. 15 Jahre. Kürzere Vollzugszeiten finden statt in *Freizeitarresträumen* (2 Tage) oder in *Jugendarrestanstalten* (Dauerarrest 3 Tage bis 6 Monate) [JAVollzO].

Meines Wissen die einzige, eklatante Rechtsbeugung bezogen auf die Verurteilung von (damals) Minderjährigen zu Erwachsenenhöchststrafen wie 15 Jahre Zuchthaus oder in einem Fall Todesstrafe erfolgte im wirren Nachkriegsjahr 1950 in Berlin/DDR, aber wg. der offenen Grenze bezogen auf Delikte in Berlin (Ost) und (West) mit einer Hinrichtung in Frankfurt (Oder). Betroffen waren die Mitglieder der extrem brutalen GLADOW-Bande. Die Anwendung des Erwachsenenstrafrechts erfolgte gem. § 20 (1) einer noch aus der Nazizeit stammenden Position des Reichsjugendgerichtsgesetzes: "Wenn die Gesamtwürdigung seiner Persönlichkeit und seiner Tat ergibt, dass er ein charakterlich abartiger Schwerverbrecher ist und der Schutz des Volkes diese Behandlung fordert." Am Tag seiner Hinrichtung (Guillotine, schaffte deren Kopf erst beim 3. Versuch) war GLADOW 19, die Taten, zwei Morde, viele Raubüberfälle, verübte er in den zwei Jahren davor mit 16, 17 und 18.

Schuldfähig sein heißt *strafrechtlich verantwortlich* und ist gleich *strafmündig*. Der Jugendliche ist strafrechtlich verantwortlich, „wenn er zur Zeit der Tat nach seiner sittlichen und geistigen Entwicklung reif genug ist, das Unrecht seiner Tat einzusehen und nach dieser Einsicht zu handeln [JGG § 3].

Im Jugendstrafverfahren werden die persönliche Entwicklung, die derzeitige Lebenslage und die individuellen Probleme der jungen Menschen stärker berücksichtigt als im Strafverfahren gegen Erwachsene ab 21. Wenn Jugendliche von Richtern zur Verantwortung gezogen werden, können drei Formen von Folgen beschlossen werden: Erziehungsmaßregeln (Weisungen einschließlich Täter-Opfer-Ausgleich und Anordnung einer Hilfe zur Erziehung nach SGB VIII), Zuchtmittel (Verwarnung, Auflagen, Jugendarrest/Kurzarrest/Dauerarrest) oder Jugendstrafe im engeren Sinn [JGG §§ 9–18].

Die Rechtsfolgen bei Straftatverdächtigen 14- bis 18-Jährigen sind unter Umständen die Untersuchungshaft. Auf richterliche Anordnung hin kann auch ein Unterbringungsbefehl erfolgen in ein geeignetes Heim. Die Jugendminister von

Berlin und Brandenburg sind nicht der Ansicht, dass effektiv voll geschlossene Jugendhilfeeinrichtungen bereitzustellen sind. Im SGB VIII fehlen Hinweise auf die „Geschlossene". In diesen Ländern zieht man die „Freiheitsbeschränkung" der „Freiheitsentziehung" vor [JGG §§ 71 (2) und 72 (1)].

Bevor Untersuchungshaft bei unter 18-Jährigen vollstreckt wird, wird vom Vorsitzenden unverzüglich ein Verteidiger bestellt [JGG § 68, 4.].

Man unterscheidet den Jugendrichter, das Jugendschöffengericht und die Jugendkammer, je nach Schwere der Verfehlung [JGG §§ 39, 40 und 41].

Übrigens besteht trotz einer internationalen Konvention Deutschland darauf, dass nicht (wie dort verlangt) bei *allen* Straftaten Jugendliche einen „rechtskundiger Beistand" erhalten [UNKinKon Art 40 (2b) ii/v].

Ein Festhalten zwecks Identitätsfeststellung darf maximal 12 Stunden dauern [PDV 382]. Vorläufig Festgenommene (Heranwachsende und andere ab 18) sollen unverzüglich dem Amtsrichter vorgeführt werden, spätestens am Tag nach der Festnahme. Wird man z. B. am Sonntag um 1 Uhr von der Polizei gefasst, kann es auch 40 Stunden dauern, wenn am Montag gegen 17 Uhr der Richter bereit steht [StPO § 128].

Die Polizei *speichert* personenbezogene Daten von Tatverdächtigen und Daten zur Tat. Die Speicherdauer beträgt maximal in Jahren [ASOG Berlin § 48 (4)]:

Problem	**Altersgruppe / Jahre**	
	Kinder	Jugendliche
Straftaten	2	5
Fälle geringer Bedeutung	1	3

Preisrätsel:
Ein Jugendlicher schrieb im Amtsgericht Moabit auf einen Fragebogen in die Spalte „Beruf der Mutter?" „jet nen".
Welchen Beruf übte die Mutter wohl aus? Vorschläge zur Lösung bitte an email@manfred-guenther.de; die ersten 10 richtigen Einsendungen (bitte nur solche Personen, die es noch nicht bereits von mir oder von Richter GÖTZ K. erfahren haben!) erhalten bei mir je 15 € Rabatt beim Kauf dieses Buches, versandkostenfrei.

D Rechte junger Erwachsener von 18 bis 27 Jahren

Ab 18 bis 21

ab 18

„Die Volljährigkeit tritt mit der Vollendung des achtzehnten Lebensjahres ein" [BGB § 2]. Dieses Volljährigkeitsalter gilt seit 1975; davor lag es 100 Jahre lang bei 21, davor betrug es 24 Jahre. Die Volljährigkeit ist verbunden mit der vollen Geschäftsfähigkeit, was *Rechtsgeschäfte* anbelangt. Dies folgt indirekt aus den §§ 104 u. 106 des Bürgerlichen Gesetzbuchs.

Zivilrechtliche Deliktsfähigkeit: Unabhängig von der Einsichtsfähigkeit ist ein 18-Jähriger verantwortlich für einen Schaden, den er anderen zufügt [BGB § 828 (2)].

Zur *Haftungsbeschränkung* Minderjähriger sieht das BGB vor, dass soeben volljährig Gewordene binnen drei Monaten bestimmte Verträge kündigen können: Gesellschafterverträge und Verbindlichkeiten aus Rechtsgeschäften der Eltern, die man geerbt hat. Man muss innerhalb von drei Monaten die „Auseinandersetzung des Nachlasses" verlangen [BGB §§ 723 (1), 1629a, 1793 und 1915].

Die umfassende Prozessfähigkeit beginnt mit 18 [ZPO §§ 51, 52].

„Ehemündigkeit. Eine Ehe soll nicht vor Eintritt der Volljährigkeit eingegangen werden" [BGB § 1303].

Gelegentlich wird in Behördennähe darüber gestritten, ob denn junge Menschen aus fremden Ländern, in denen die Volljährigkeit später beginnt, in Deutschland wie Minderjährige zu behandeln wären. Bei der Hilfegewährung zum Beispiel nach dem SGB VIII sollen aber alle jungen Menschen, auch Ausländer in Deutschland gleich behandelt werden. Dies soll genau so gelten für junge Menschen aus Nepal und Somalia, die bereits mit 15 volljährig werden. Regelungen sind angedeutet im Haager Schutz-von-Kindern-Übereinkommen. Parallel wird auch bei diesem Personenkreis diskutiert und noch mit uneindeutigen Mitteln geprüft, ob die jungen Menschen ihr korrektes Alter angegeben haben, oder tatsächlich älter sind. Wenn auch einige der Betroffenen (ich habe es bei jungen Russinnen erlebt) sich lieber älter machen oder mit 16 gern Sozialhilfe hätten statt Jugendhilfe, so wissen doch die meisten der unbegleiteten minderjährigen/heranwachsenden Flüchtlinge, dass die Leistungen, was den Regelsatz, die Unterkunft sowie die (zu verschmerzende) Betreuung von 2 x 2 h/Woche angeht, wesentlich attraktiver sind als der Regelsatz für ihr Alter. Denn in Deutschland erlaubte das Aufenthaltsgesetz, dass die unbegleiteten minderjährigen Asylbewerber schon ab 16 wie Erwachsene behandelt werden dürfen, mit der Konsequenz wie gesagt „nur"

Sozialhilfe statt Jugendhilfe. Das Asylgesetz, Thema Handlungsfähigkeit, spricht inzwischen eine andere, komplizierte Sprache und setzt die Grenze wieder auf 18 [AsylG §12].

Die Strafmündigkeit als „Heranwachsender" beginnt. „Der Heranwachsende wird wie ein Jugendlicher behandelt, wenn er zur Zeit der Tat nach seiner sittlichen und geistigen Entwicklung noch einem Jugendlichen gleichstand" oder wenn „es sich nach Art, den Umständen oder den Beweggründen der Tat um eine Jugendverfehlung handelt". In diesen Fällen werden alle Bestimmungen des Jugendgerichtsgesetzes angewendet, außer dass Hilfen zur Erziehung gemäß Jugendgerichtsgesetz Paragraph 12 auferlegt werden können [JGG §§ 1(2), 105 u. 106].

Junge Menschen ab 18 haben ein Recht, Leistungen der öffentlichen Jugendhilfe *selbst* für sich in Anspruch zu nehmen. Die Leistungen sollen die Entwicklung junger Menschen fördern [SGB I § 8].

„Einem jungen Volljährigen soll Hilfe für die Persönlichkeitsentwicklung und zu einer eigenverantwortlichen Lebensführung gewährt werden, wenn und solange die Hilfe aufgrund der individuellen Situation des jungen Menschen notwendig ist. (...) Der junge Volljährige soll auch nach Beendigung der Hilfe bei der Verselbständigung im notwendigen Umfang beraten und unterstützt werden [SGB VIII § 41 (1) u. (3)].

„Männer können vom vollendeten achtzehnten Lebensjahr an zum Dienst in den Streitkräften, im Bundesgrenzschutz oder in einem Zivilschutzverband verpflichtet werden" [GG Artikel 12 a].

Der Jagdschein (Erwachsene) kann beantragt werden [BJagdG § 17 (2) 1.].

„Der Umgang mit Waffen oder Munition ist nur Personen gestattet" die 18 sind. Ausnahme: Auf einer „Schießstätte", wie sie in Paragraph 27 des Waffengesetzes definiert ist [WaffG §§ 2 und 12 (4)].

Jugendhilfeeinrichtungen (Unterkunft oder Betreuung), die nur 18-Jährige und Ältere aufnehmen, benötigen keine Betriebserlaubnis [SGB VIII §§ 45 (1) u. 48a].

Nach erfolgter Amtspflegschaft oder Vormundschaft ist (natürlich!) Akteneinsicht möglich [SGB VIII § 68 (3)].

Da der gesetzliche Jugendschutz mit 18 endet, kommen junge Leute ab 18 von nun an in den „Genuss" folgender Attraktionen: Besuch von Nachtbars und Nachtclubs, Erwerb und Verzehr von „Branntwein", Discobesuch nach 24 Uhr, Zugang zu „Bildträgern" (Videos), die ab 18 zugelassen sind und natürlich Besuch entsprechender Kinofilme [JuSchG § 2] (vgl. Tafel S. 63).

18-Jährige besitzen aktives und passives Wahlrecht bei Betriebsrats-, Personalrats- und Mitarbeitervertretungswahlen [BetrVG §§ 7 u. 8 (1)].

Und zu den Wahlen zum Deutschen Bundestag: „Wahlberechtigt ist, wer das 18. Lebensjahr vollendet hat; wählbar, wer das Alter erreicht hat, mit dem die Volljährigkeit eintritt" [GG Art. 38 (2)].

Also liegt auch das „passive Wahlrecht" heute bei 18, bis 1975 lag es bei 21. Das Wahlrecht zu Landtagen ist Ländersache und wird unterschi8elich gehandhabt, Näheres in Wikipedia-Tabellen.

> **Wahlrecht schon für Säuglinge.** Dennis ist vier Monate alt, bei den Bundestagswahlen hat er SPD gewählt. So könnte die Wirklichkeit aussehen, wenn die Vorstellungen von LORE MARIA PESCHEL-GUTZEIT (SPD) umgesetzt würden. Wahlrecht von Geburt an – ausgeübt allerdings bis zur Volljährigkeit durch die Eltern. **dpa/Tagesspiegel** von 08.2000

Weitergehende Forderungen: Allgemeines Wahlrecht ab 16 (Bundesjugendring); Wahlrecht ab 14 (Grünes Bündnis); Wahlrecht *persönlich* ab 14, aber *die Eltern* wählen schon vorher mit für Kinder (PETER MERK, KLAUS HURRELMANN); Eltern bekommen die Stimmen der Minderjährigen (KONRAD LÖW, LORE MARIA PESCHEL-GUTZEIT, Kinderkommission des Deutschen Bundestages).

Meine Position: Aktives Wahlrecht ab 15, passives ab 18 in Bund, Land und Kommunen. Und dazu sollten flächendeckend Kinder- und Jugendparlamente entstehen mit den Altersgrenzen 9 bis 21. Natürlich fordern die KRÄTZÄ konsequent-radikal das Wahlrecht für alle – denn wenn alle Menschen rechtsfähig sind und alle Macht vom Volk ausgehen soll, sind sie im Prinzip auch wahlrechtsfähig. Aber wehret der Restauration: HEIDI SCHÜLLER, deutscher Leichtathletik-Star von 1972, Ärztin und Publizistin fordert in ihrem Buch „Die Alterslüge" eine Limitierung des Wahlrechts für ältere Menschen.

90 000 volljährige Einwohner Berlins (Mindestzahl an Unterschriften) haben das Recht, dem Abgeordnetenhaus sogenannte Initiativen zur Befassung vorzulegen [Verfv B Art 61].

Mit entsprechender Fahrerlaubnis dürfen Kraftfahrzeuge der Klassen A (bis 25 kw) B, BE, C, C1, CE und C1E geführt werden [FeV § 10 (3.)].

Wurden die Scheine gemacht, kann man ein Privatflugzeug führen, einen Hubschrauber, einen Motorsegler, ein Ultraleichtflugzeug oder einen Freiballon [LVZO § 23].

bis 19

Ein Minderjähriger kann mit Genehmigung des Vormunds (Sorgeberechtigten) Verträge wie Miet- oder Pachtverträge abschließen; verpflichtet er sich dabei für viele Jahre zu wiederkehrenden Leistungen wie Raten, regelmäßigen Gebühren oder so, bleibt er als Volljähriger nur dann vertragsverpflichtet, wenn die Laufzeit nicht über das vollendete 19. hinaus geht („ein Jahr nach dem Eintritt der Volljährigkeit des Mündels") – es sei denn, das Vormundschaftsgericht hat den Vertrag zur Zeit des Abschlusses genehmigt [BGB § 1822, 5.].

ab 19

Eine berufliche Ausbildung zum Luftfahrtpersonal kann begonnen werden [LVZO § 23].

ab 20

Frauen in der gesetzlichen Krankenversicherung haben Anspruch auf jährliche Untersuchung zur Früherkennung von Krebskrankheiten [SGB V § 25].

Fahrerlaubnisse werden für zwei Jahre auf Probe ausgegeben, bei Nichtbewährung erfolgt die Nachschulung [StVG § 2a].

Wer bereits direkt mit 18 einen Motorradführerschein gemacht hat, darf jetzt auch stärkere Motoren, also schwerere Maschinen lenken. Mit einer entsprechenden Fahrerlaubnis dürfen Kraftfahrzeuge der Klasse A (auch mit Beiwagen) mit über 25 kw geführt werden aber die Kandidaten müssen wie gesagt die Klasse A mindestens zwei Jahre besessen haben [FeV § 6 (2)].

bis 21

Die „Sondervorschriften für Jugendliche und Heranwachsende" *enden* nun. „Für Taten von Jugendlichen und Heranwachsenden gilt dieses Gesetz (das Strafgesetzbuch) nur, soweit im Jugendgerichtsgesetz nichts anderes bestimmt ist" [StGB § 10].

„Kinder", die als Arbeitslose der Arbeitsvermittlung zur Verfügung stehen, werden von 18 bis 21 (also ab jetzt nicht mehr) fürs Kindergeld berücksichtigt [BKGG § 2 (2) 5. u. (3)].

Der Heranwachsendenstatus *endet* [JGG § 1 (2)].

Auch Heranwachsende erhalten, wie gesagt, Jugendhilfe ganz allgemein und die teilweise teuren „Jugendhilfen" – das erfolgt auf der Basis des Paragraphen 41 SGB VIII. Ausgenommen sind Leistungen gem. 31, 32, 37 und 38 SGB VIII. Die Anspruchsberechtigung besteht, selbst wenn sie diese Leistungen als Jugendliche nicht erhalten haben (siehe Teil C, Beitrag „Hilfen für junge Volljährige"). Es geht dabei um das Betreute Jugendwohnen/Einzelwohnen als auch um Maßnahmen der Jugendsozialarbeit wie Aufnahme in Ausbildungsprojekten, die teilweise mit Wohngemeinschaftsplätzen/Plätzen im Betreuten Einzelwohnen verbunden sind. Ziel solcher Leistungen sind „Persönlichkeitsentwicklung und eigenverantwortliche Lebensführung". Voraussetzung ist ein Bedarf, der aus der individuellen Situation der Volljährigen hervorgeht. Die Hilfe wird in der Regel nur bis 21 gewährt; in begründeten Einzelfällen soll sie für einen begrenzten Zeitraum darüber hinaus fortgesetzt werden. Beratung und Unterstützung nach der „Hilfe" erhalten auch 21- bis 27-Jährige [SGB VIII §§ 41 (1) u. (3) und 13 (3)].

Junge Menschen mit doppelter Staatsbürgerschaft können einen Beibehaltungsgenehmigungsantrag nur bis zum 21. stellen. Er ist zu stellen, wenn Aufgabe oder Verlust der ausländischen Staatsbürgerschaft unmöglich ist und der Betroffene aber (auch) Deutscher bleiben möchte. Eine Ausnahme kann dann bewilligt werden [StAG § 29 (3) (4)].

Der Berufsstand der „Kinder- und Jugendlichenpsychotherapeuten" (früher: Psychagogen) ist berechtigt, die Altersgruppe der 0 bis 21-Jährigen zu behandeln, wenn psychische Auffälligkeiten oder -Störungen diagnostiziert wurden [PsychThG § 1].

Das sogenannte BAföG

Studierende können Ausbildungsförderung erhalten. Von 1957 bis 1971 über den Kostenträger „Honnefer Modell". Es würde den Rahmen dieses Textes sprengen, darauf näher einzugehen. Für SchülerInnen gibt es unter Umständen Schüler-BAföG; das Gesetz ist kompliziert, man muss es sich unbedingt von Fachleuten erklären lassen. Das Bundesausbildungsförderungsgesetz (BAföG) gilt für deutsche Staatsbürger, die bei Beginn der Ausbildung noch nicht 30 Jahre alt sind (bei Ausnahmestudiengängen 35 Jahre) [BAföG §§ 8 u. 10]. Die beiden wichtigsten Paragraphen machen Aussagen über die förderungswürdigen Ausbildungsstätten und über den „Bedarf für Schüler" [BAföG §§ 2 und 12]. Es gibt vier verschiedene Förder-Sätze für SchülerInnen zum Besuch von Fach- oder Berufsfachschulen und anderen, auch Abendschulen:

- ohne Berufsausbildung, Wohnung bei Eltern 231 €
- mit Berufsausbildung, Wohnung bei Eltern 418 €
- ohne Berufsausbildung, eigene Wohnung 504 €
- mit Berufsausbildung, eigene Wohnung 587 €

Die Förderung ist in der Regel vom Einkommen der Eltern abhängig und wird nur dann geleistet, wenn „von der Wohnung der Eltern aus eine entsprechende zumutbare Ausbildungsstätte nicht erreichbar ist". *Nicht erreichbar* heißt praktisch:

Von der Entfernung her ist es zu weit. Über 60 Minuten für eine einfache Fahrt mit öffentlichen Verkehrsmitteln gilt in der Regel als *zu weit*. Die BAföG-Sätze werden in der Regel jährlich neu festgelegt, Stand meiner Ausführungen ist das Gesetz vom 1. August 2018.

Ab 21 bis 27

ab 21

In Bayern, Hessen und anderen Ländern : Passives Wahlrecht zu den Länderparlamenten (aktuell ? >vgl. de.wikipedia.org).

Ehepartner, die einen Adoptionswunsch verfolgen, müssen ein Mindestalter vorweisen: Ein Partner muss mindestens 21 Jahre alt sein, der andere mindestens 25 [BGB § 1743 (1)].

21 Jahre beträgt das Mindestalter für die Erteilung der Fahrerlaubnis für Kraftfahrzeuge der Klasse D, D1, DE und D1E. Das sind „Busse" zur Personenbeförderung mit mehr als 9 Sitzplätzen und ggf. solche Busse mit Anhängern bis 750 kg. Bei den Klassen DE und D1E sind komplizierte Rahmenbedingungen zu beachten: Es geht um die Gesamtmasse der Fahrzeuge und um die Leermasse der Anhänger in kg [FeH § 10 (1) 2.].

Ebenfalls das Mindestalter, um ein sog. Triebfahrzeugführer bei der Bahn werden zu können [EBuBO § 48].

Man kann ein „Berufsschifferpatent" erhalten [BiSchiP VO § 10].

Berufsflugzeugführer können frühestens ihr Zertifikat erhalten [LVZO § 23].

Bei den vier zuletzt genannten „Rechten" wie bei den Fahrerlaubnissen müssen zum Mindestlebensalter zusätzlich spezielle *Befähigungsnachweise* erbracht werden.

Antragsteller können von nun an die „Erlaubnis zum Erwerb und Besitz von Schusswaffen und Munition zum Zweck des sportlichen Schießens" erteilt bekommen. Damit beinhaltet das deutsche Recht eine Kuriosität: Soldat werden kann man ab 17; beim „Bund" werden Soldaten damit bewaffnet und damit zum Schießen lizenziert. Aber erst mit 21 dürfen das Personen außerhalb der Truppe [WaffG § 14].

> Übrigens ist die deutsche Staatsanwaltschaft der Ansicht, dass auch Kartoffelkanonen (beliebte „Waldspielzeuge" bei Teenagern in Neu Seeland, in den USA und ein wenig auch in Deutschland) Waffen sind und nicht in die Hände Jugendlicher oder Heranwachsender gehören.

bis 22

Junge Deutsche-Ausländer mit doppelter Staatsbürgerschaft müssen innerhalb eines Jahres nach dem 21. erklärt haben, welche der beiden sie behalten möchten. Der Nachweis, dass die ausländische aufgegeben wurde, ist jetzt beizubringen. Sonst geht die deutsche verloren [StAG § 29 (2) und (3)].

bis 23

„Kinder" sind als Familienangehörige mit krankenversichert bis 23, wenn sie nicht erwerbstätig sind [SGB V § 10 (2) 2.].

ab 23

Junge Arbeitslose und junge Menschen, die Berufsausbildungsbeihilfe vom Arbeitsamt beziehen, werden nun *nicht mehr* kostenlos durch das Arbeitsamt bei der Allgemeinen Ortskrankenkasse versichert.

bis 25

Leute in Schul- oder Berufsausbildung (dazu gehören auch StudentInnen) oder im freiwilligen sozialen Jahr können *nicht mehr* in der elterlichen Krankenversicherung geführt werden [SGB V § 10 (2) 3.].

Wer jetzt noch Lehrling ist, ist nicht mehr wahlberechtigt zur Auszubildendenvertretung, weder passiv noch aktiv [BetrVG §§ 60 (1) u. 61].

Hat ein Betrieb mindestens fünf Auszubildende unter 25, so ist eine Auszubildendenvertretung zu wählen [BetrVG § 60].

Die Bundesagentur für Arbeit erfasst statistisch Daten zur Beschäftigung und Arbeitslosigkeit für den Personenkreis der unter 25-Jährigen separat.

Unter 25-Jährige erhalten im Land Berlin 10 Tage Bildungsurlaub jährlich, ab 25-Jährige 10 Tage, auf zwei Jahre verteilt [BildUrlG B § 2].

Das Kindergeld endet nun auch für Studierende. Es wird maximal bis zum 25. Geburtstag gezahlt [BKGG §2 (2) 2.].

Das Kindergeld

Der Bezug von Kindergeld ist kein Recht junger Menschen: Anspruch haben, wenn die Voraussetzungen erfüllt sind, die Eltern, in Ausnahmefällen die Großeltern. Getrennt lebende Eltern haben sich das Geld zu teilen, „hälftig", es sei denn, die Behörde hätte es einem Elternteil zugeschrieben. Kindergeld oder hälftiges Kindergeld wird auf den Unterhalt angerechnet. Für das 1. und 2. Kind beträgt es 194 €, für das 3. 200 € und für jedes weitere Kind jeweils 225 € [BKGG § 6]. Kindergeld wird zunächst meist ungeprüft bis zum 18. Geburtstag gezahlt. Danach gelten strenge jährliche Überprüfungen durch die Familiengeldkasse, ob das „Kind" sich weiter in einer Schule, in einem Ausbildungsverhältnis, im freiwilligen sozialen oder ökologischen Jahr bzw. in einem entwicklungspolitischen Programm gem. Bundesfreiwilligendienstegesetz, in einem (ordentlich organisierten) „Work and Travel", in einem „Erasmus"-Programm oder in einem Studium befindet. Für 18-21-Jährige kann auch dann Kindergeld gezahlt werden, wenn sie sie arbeitslos gemeldet sind [BKGG § 2 (2) 1.].

Wer als Volljähriger mehr als 7680 € jährlich verdient erhält kein Kindergeld. Nur Vollwaisen über 18 können das Geld selbst beziehen. Unter 25-Jährige nach dem Studium dürfen nicht mehr als 20 Wochenstunden arbeiten. Der gewöhnliche Aufenthaltsort muss Deutschland sein. Studierende dürfen beliebig hinzuverdienen, die Obergrenze wurde vor einigen Jahren abgeschafft. Kindergeld ist steuerfrei. Zahlreiche Sozialforscher und Finanzexperten halten Kindergeld 8und die Erhöhung) für das falsche Mittel, Kinderarmut zu beseitigen, es steht allen Einkommensgruppen in gleicher Höhe zu, außer Sozialhilfeempfängern. Bei diesem Personenkreis wird das Kindergeld verrechnet. Da das BKGG zu den recht komplizierten Gesetzen zählt, sollten sich Betroffene die Positionen in Ruhe selbst ansehen und Kommentare heranziehen.

ab 25

Versicherte in der gesetzlichen Krankenversicherung haben ab 25 jedes zweite Jahr Anspruch auf eine ärztliche Gesundheitsuntersuchung zur Früherkennung von Krankheiten (Herz, Kreislauf, Nieren, Zucker). Männer haben Anspruch auf jährliche Krebsfrüherkennungsuntersuchung [SGB V § 25].

Ab jetzt müssen Personen, die erstmalig eine „Erlaubnis zum Erwerb und Besitz einer Schusswaffe" beantragen, *kein* fachärztliches oder psychologisches „Zeugnis über die geistige Eignung" mehr vorlegen. Jüngere müssen dies [WaffG § 6].

Berufung als Schöffe (ehrenamtlicher Richter) ist möglich [GVG § 33].
Bei Adoptionswunsch muss ein Ehepartner mindestens 25, der andere mindestens 21 Jahre alt sein [BGB § 1743 (1)].

Der Motorradführerschein kann auch für schwere Maschinen ohne 2-Jahre-Beschränkung gemacht und genutzt werden [FeV § 6 (2)].

bis 26

Ende der Mitversicherung in der elterlichen Krankenversicherung für Leute, die sich in Schul- oder Berufsausbildung befinden und zusätzlich vorher Kriegsdienst oder Zivildienst geleistet haben [SGB V § 10 (2) 3.].

bis 27

Nach Beendigung einer Hilfe zur Erziehung oder einer anderen Hilfe durch das Jugendamt sollen junge Volljährige bei der Verselbständigung im notwendigen Umfang beraten und unterstützt werden [SGB VIII § 41 (3)]. *Das faktische Ende solcher Leistungen liegt in 99% aller Fälle bei 22 Jahren.*

Spätestens jetzt enden sozialpädagogische Hilfen zur schulischen und beruflichen Ausbildung (bei Bedarf einschließlich betreutem Wohnen), die die soziale Integration und die Eingliederung in die Arbeitswelt fördern [SGB VIII §§ 13, 41].

Aber: Angebote der *Jugendarbeit* gem. SGB VIII, § 11 können auch Personen, die 27 sind – ohne weitere Altersgrenze nach oben – in angemessenem Umfang einbeziehen. (*Jugendarbeit* umfasst die bekannten *offenen* Angebote in „Häusern der Jugend", die Jugendbildung, internationale Jugenbarbeit, Sport/Spiel/Reisen und auch Jugendberatung sowie die Jugendverbandsarbeit) [SGB VIII § 11 (4).]

Auch Wohnhilfen für „junge" Mütter oder Väter in Mutter/Väter-Kind- Einrichtungen der Jugendhilfe sind nicht auf eine Altersgrenze für die Erwachsenen festgelegt, so dass *theoretisch* eine 44-Jährige, auf Grund ihrer Persönlichkeitsentwicklung „junggebliebene" Mutter mit Nachwuchs (der aber jünger als 6 sein muss) gefördert werden kann [SGB VIII § 19].

Kinder, die eine Ausbildung oder ein freiwilliges soziales bzw. ökologischen Jahr machen oder mangels Ausbildungsplatzes keine Berufsausbildung beginnen können, können kindergeldmäßig bis 27 berücksichtigt werden; (übrigens können auch steuerrechtlich solange auszubildende junge Menschen berücksichtigt werden) [BKGG § 2 (2)].

„Der Anspruch auf Halb- oder Vollwaisenrente besteht längstens (...) bis zur Vollendung des 27. Lebensjahres, wenn die Waise sich in Schulausbildung oder Berufsausbildung befindet (...) oder wegen körperlicher, geistiger oder seelischer Behinderung außerstande ist, sich selbst zu unterhalten" [SBG VI § 48 (4) 2.].

Das „Freiwillige soziale Jahr" bzw. „Freiwillige Ökologische Jahr" muss beendet sein [JFDG § 2 (1) 4.].

Mit 27 ist man nicht mehr „junger Mensch" und auch nicht mehr „junger Volljähriger" [SBG VIII § 7 (1) 3. u. 4.].

> „Ab dem 30. schrumpft sowohl die weiße als auch die graue Gehirnmasse merklich. Parallel dazu nimmt die geistige Leistungsfähigkeit ab". **ARTHUR KRAMER, „Journal of Gerontology"**

Last not least: ARISTOTELES hielt ein Heiratsalter ab 37 bei Männern für richtig.

E   Hintergrundanalysen, Ideen, Vorschläge und Literatur

Elterliche Sorge und Unterhalt

Das elterliche Sorgerecht gilt von 0 bis 18 und entfällt bekanntlich danach. Das Personensorgerecht drückt wie eine unsichtbare Klammer zahlreiche Minderjährigenrechte ein, denn ganz grundsätzlich gilt das Grundgesetz: „Ehe und Familie stehen unter dem besonderen Schutz der staatlichen Ordnung. (...) Pflege und Erziehung der Kinder sind das natürliche Recht der Eltern und die zuvörderst ihnen obliegende Pflicht. (...) Gegen den Willen der Erziehungsberechtigten dürfen Kinder nur auf Grund eines Gesetzes von der Familie getrennt werden, wenn die Erziehungsberechtigten versagen oder wenn die Kinder aus anderen Gründen zu verwahrlosen drohen" [GG Art. 6]. Die deutsche Verfassung fundiert damit sowohl die gesamte Familienpolitik des Landes durch das berühmte „Staatliche Wächteramt".

Die „Elterliche Sorge" gibt es erst seit 1980, als das Bürgerliche Gesetzbuch modernisiert wurde. Vorher war das gleiche Rechtskapitel etwas abschreckend mit „Elterliche Gewalt" überschrieben. Die Elterliche Sorge umfasst die gesetzliche Vertretung des Kindes, die Vermögenssorge und die Personensorge. Nach Entzug von Elternrechten oder bei Waisen können Vormünder, Ergänzungspfleger oder Betreuungsvertreter die Funktion übernehmen; Erziehungspersonal in Einrichtungen der Jugendhilfe übernehmen nur „erzieherische Aufsichtsrechte". Diskutiert wird in Fachkreisen die Frage, ob nicht *Angehörige* im Bedarfsfall die gesetzliche Vertretungsbefugnis (Betreuung) übernehmen könnten.

Wer das Personensorgerecht besitzt (in der Regel die verheirateten Eltern oder ein Elternteil), kann seinen Kindern weitestgehend „befehlen", was sie zu tun und zu lassen haben. Förmlicher öffentlicher Widerstand ist nur möglich durch Beschwerden beim Jugendamt oder durch einen Antrag beim Familiengericht, den Eltern das Sorgerecht zu entziehen. Eine Vorstufe wäre der Entzug des Aufenthaltsbestimmungsrechts. ROLAND RESCH in Brandenburg und andere Jugendminister auf Länderebene forderten eine Veränderung des Verhältnisses von Eltern- und Kinderrechten, eine Verbesserung der Kinderrechte im Grundgesetz, eine Betonung der „Subjektstellung" Minderjähriger zur Herauslösung aus dieser unmittelbaren Elternabhängigkeit.

Ein echtes, international festgeschriebenes Grundrecht für alle Kinder ist der Privatsphärenschutz. So dürfen die Eltern nicht in den Schriftverkehr (Briefe, Tagebücher) ihrer Kinder eingreifen [UNKinKon Art 16 und GG Art 10]. Im Grundgesetz wie auch im Bürgerlichen Gesetzbuch sind mit „Kindern" auch Jugendliche gemeint, also alle Minderjährigen. Der Familienorientierung des Grundgesetzes folgt auch das „Kinder- und Jugendhilfegesetz" von 1990/91 (das SGB VIII) in seinem politisch sehr umstrittenen Paragrafen 27: „Ein Personensorgeberechtigter hat bei der Erziehung eines Kindes oder eines Jugendlichen Anspruch auf Hilfe (Hilfe zur Erziehung)". Minderjährige können folglich auch nicht (ohne weiteres) z. B. einen betreuten Jugendwohngemeinschaftsplatz anfordern. Denn die *Ausübung* von Rechten (ab 15 dürfen Berliner Jugendliche ins „Betreute Jugendwohnen", müssen nicht unbedingt ins „Heim") steht in der Regel unter dem Vorbehalt der Zustimmung der Eltern oder sonstigen Erziehungsberechtigten [BGB §§ 1626-1629].

Dazu noch ein anderes Beispiel: Wenn die Eltern es ihr verbieten, kann eine 16-Jährige leider nicht durch Gerichtsbeschluss einklagen, dass sie bei öffentlichen Tanzveranstaltungen bis 24 Uhr bleiben darf, obwohl das Jugendschutzgesetz es erlaubt. Die Polizei kann sie aber nicht um 23.30 Uhr aus dem Tanzclub holen, wenn die Eltern ihr so lange Ausgang gegeben haben. Da es sich bei der Regelung zum Gaststättenbesuch um ein *Schutzgesetz* handelt, würde im Fall einer *Zuwiderhandlung* (16-Jährige tanzt unbegleitet noch um 0.30 Uhr im Club) weder das Kind noch die Eltern, sondern der Veranstalter und Gewerbetreibende bestraft, denn er ist dem Jugendschutz verpflichtet und hat die Prüfungspflicht gemäß § 2 des Jugendschutzgesetzes. Verstöße gelten als Ordnungswidrigkeit, es sei denn, durch eine vorsätzliche Handlung wird die Entwicklung des Minderjährigen schwer gefährdet [JuSchG § 27 (2) 1.].

Die Polizei schützt Minderjährige vor nicht erwünschten nächtlichen Szeneeinflüssen. Allerdings prüft das Jugendamt, ob nicht Verwahrlosung droht wegen mangelhafter elterlicher Aufsicht. Die Sorgeverpflichtung ist allerdings nicht total umfassend: Eltern haben nur für die Sorgfalt einzustehen, die sie auch in eigenen Angelegenheiten anzuwenden pflegen [BGB § 1664].

Sorgeberechtigte können Aufsichtsfunktionen übertragen auf „erziehungsbeauftragte Personen" – über 18-Jährige, die aufgrund einer Vereinbarung mit Sorgeberechtigten Erziehungsaufgaben wahrnehmen; dazu zählen auch Personen, die Minderjährige im Rahmen der Ausbildung oder Jugendhilfe (Pflegepersonen) betreuen [JuSchG § 1 (4), SGB VIII §§ 37 u. 38 und BGB § 1688].

Im Grunde das gleiche Sorgerechtsprinzip wie im Jugendschutz gilt in der Frage der Aufsichtspflicht: Wer als Sozialpädagoge eine Jugendgruppe leitet, eine Jugendreise organisiert und durchführt, muss immer die Zustimmung der gesetzlichen Vertreter einholen und übt die Aufsichtspflicht dann im mutmaßlichen Willen der Eltern aus. Rät ein Reisegruppenleiter z. B. einem minderjährigen Interessenten, den verbietenden Eltern eine Lügengeschichte zu erzählen, um doch reisen zu dürfen, macht er sich unter Umständen strafbar wegen Kindesraub oder Freiheitsberaubung [BGB § 677, StGB §§ 235 und 239].

Selbst Minderjährige ab 16 konnten solche Gruppen leiten: Dann müssen ihre Eltern zunächst zustimmen und im Konfliktfall unter Umständen für ein Verschulden ihres „Kindes" bei der Ausübung der Aufsichtspflicht haften [Nicht mehr gültige Helfervorschriften Berlin].

Einschränkungen erfährt das elterliche Sorgerecht in der Formulierung eines seit Jahren umstrittenen, inzwischen neu gefassten BGB-§ 1631: „Kinder haben ein Recht auf gewaltfreie Erziehung". Eine Umfrage im Jahr 2000 ergab, dass 80% der Kinder geohrfeigt und 30% geprügelt werden. Seither sind ausdrücklich körperliche und seelische Misshandlungen von Kindern durch ihre Erziehungsberechtigten untersagt. Die bundesweite Kampagne *Respekt* soll diese Elternrecht einschränkende zentrale Bestimmung publik machen. Streit zu Hause gibt es öfter bei der freien Schul- oder Berufswahl. Eltern sollen auf Neigungen Rücksicht nehmen, im Zweifelsfall sind zum Beispiel Lehrer als Berater einzubeziehen [BGB § 1631a].

Außerdem gibt es – zum Glück – Einschränkungen des elterlichen Alleinentscheidungsrechts in Fragen der ärztlichen Heilbehandlung und in Fragen des Schwangerschaftsabbruchs, faktisch spätestens ab 16, leider ohne dass mir medizinische oder sozialarbeiterische Fachkräfte aus vier Diensten dafür hätten Rechtsgrundlagen nennen können: es gibt keine! Die ehemalige Bundesjustizministerin LEUTHEUSSER-SCHNARRENBERGER orientierte auf eine Kindschaftsrechtsreform, die einen *Anwalt des Kindes* vorsah. Daraus wurde ein Verfahrenspfleger als Interessenvertreter an der Seite von Minderjährigen, vor allem in Sorgerechtsentscheidungen. Auch bei gerichtlichen Entscheidungen wie bei Herausnahmen aus der (Pflege)-Familie sollen Pfleger mitwirken. Die gesetzliche Amtspflegschaft für nichteheliche Kinder wurde zu Gunsten einer freiwilligen Beistandschaft abgeschafft, Elternentscheidungen werden besser respektiert und durch das neues Erbrechtgleichstellungsgesetz wurde die alte Benachteiligung nichtehelicher Kinder beseitigt. Die Kindschaftsrechtsreform – sie ist 1998 in Kraft getreten – beinhaltet deutliche Neuerungen in folgenden Problemfeldern: Abstammung und Vaterschaftsvermutung, elterliche Sorge bei nicht miteinander Verheirateten, Umgangsrecht, Nachname des Kindes, Adoptionsrecht und erweiterte Zuständigkeit der Familiengerichte. Kinder- und Jugendanwälte wird es also nicht geben, die „kleine Lösung" sieht Verfahrenspfleger für Minderjährige vor, soweit dies zur Wahrnehmung ihrer Interessen notwendig ist. Anlässe zur Einsetzung wären eine Gefährdung des Kindeswohls oder ein sichtbarer Interessengegensatz zwischen dem Kind und seinen gesetzlichen Vertretern. Das Familiengericht kann dem minderjährigen Kind einen *Pfleger* für seine Person betreffende Verfahren bestellen, soweit dies zur Wahrnehmung seiner Interessen erforderlich ist [SGB VIII §§ 53, 55 und 56, BGB §§].

Bei unerträglichem Stress zu Hause können Minderjährige in Obhut genommen werden. In Deutschland waren das im Jahr 2004 noch 26.000, nun im Jahr 2017 sind es etwa 61.000 Mädchen und Jungen, davon 1/3 auf eigenen Wunsch [SGB VIII § 42]. Bis 2005 gab es noch den Herausnahme-§ 43 im SGB VIII, er war überflüssig, nach dem der Kinderschutz im § 8a SGB VIII sowie im KKG entwickelt ausgebaut worden war.

Einen anderen weitergehenden Blickwinkel zeigt das Bundesrecht bezüglich der freien Wahl des religiösen Bekenntnisses (ab 14): Hier, bezogen auf Religionszugehörigkeit, können sich theoretisch *alle* Jugendlichen von ihren Eltern aktiv abgrenzen und durchsetzen [RKEG § 5].

Das Kind (Residenzmodell, in 2 Wochen maximal 3 Nächte beim anderen Elternteil, vgl. FamFG) das im Haushalt eines Elternteils bleibt, hat einen Unterhaltsanspruch gegenüber dem anderen Elternteil. Die Höhe der Summe entnimmt man der „Düsseldorfer Tabelle", einer Richtlinie, die als Grundlage für Geldforderungen dient. Die Tabelle geht aus von der „Regelbetrags-Verordnung" des Bundes, die für Unterhaltsverpflichtete mit niedrigem Nettoeinkommen von unter 1900 € Beträge für vier Altersgruppen vorsieht (der Selbstbehalt/Eigenbedarf beträgt 1080 €):

- ab 0 bis 5   = 348 €
- ab 6 bis 11 = 399 €
- ab 12 bis 17 = 467 €
- ab 18   = 527 €

735 € ist der Anspruch für Ältere – z. B. für Studierende mit eigener Wohnung, einschließlich Warmmiete.

Alle Unterhaltsbedürftigen haben einen „Titulierungsanspruch" – auch wenn regelmäßig und pünktlich gezahlt wird – um „schwarz auf weiß" einen „Titel" zu besitzen. Das zuständige Jugendamt tituliert kostenlos für junge Menschen bis zum vollendeten 21. Lebensjahr. Es würde umständlicher und langwieriger sein, das Familiengericht oder ein Notariat für die Bemessung des Unterhalts zu bemühen [„Düsseldorfer Tabelle", Stand 01.01.2018 und BGB § 1612a]. Seit 2009 zeigt ein neues Familienverfahrensgesetz auch modernere Möglichkeiten eines Paritätsmodells (auch Pendelmodell, Doppelresidenzmodell oder Wechselmodell genannt); also leben Kinder nach der Trennung in beiden Haushalten, entweder paritätisch oder z. B. 9:5 Tage innerhalb von 2 Wochen. Im August 2018 schlug die neue Familienministerin GIFFEY vor, Vätern, die nicht zahlen, den Führerschein abzunehmen – „nicht zahlen, nicht fahren".

Jugendliche als Mitglieder von Verbänden sowie Kirchen

Etwa die Hälfte der Berliner Kinder werden praktisch in Religionsgemeinschaften hinein geboren. Mit der Taufe oder mit vergleichbaren Ritualen bestimmen Erwachsene, dass ihr Nachwuchs das gleiche glauben soll, was sie wiederum damals von ihren Eltern haben überliefert bekommen. Die Eltern haben das Sorgerecht. Paradox, dass Baptisten zwar die Erwachsenentaufe praktizieren, in dieser Frage ihre Kinder zum Glück nicht früh fixieren, dann aber häufig schon bei der Vornamensgebung die von ihnen gewünschte Glaubensrichtung manifest machen, siehe JOHANNES BAPTIST KERNER. Das halte ich für einen Verstoß gegen die UN-Kinderkonvention Artikel 7 und 8, denn Baptist („Täufer") ist h. E. kein Vorname. Offenbar überlässt der Staat als „Wächter" unaufmerksam den Familien, ob sie ihre Kinder in religiöse Gruppen stecken – manchmal sogar begleitet von kleinen, irreversiblen Operationen am Körper.

> GG, Artikel 7:
> 1. Das gesamte Schulwesen steht unter der Aufsicht des Staates.
> 2. Die Erziehungsberechtigten haben das Recht, über die Teilnahme des Kindes am Religionsunterricht zu bestimmen.
> 3. Der Religionsunterricht ist in den öffentlichen Schulen mit Ausnahme der bekenntnisfreien Schulen ordentliches Lehrfach. Unbeschadet des staatlichen Aufsichtsrechtes wird der Religionsunterricht in Übereinstimmung mit den Grundsätzen der Religionsgemeinschaften erteilt. Kein Lehrer darf gegen seinen Willen verpflichtet werden, Religionsunterricht zu erteilen.

Reversibel, also rückgängig zu machen ist aber schließlich ab 14 die von den Eltern gewünschte, zu früh vorgewählte Religionszugehörigkeit. In dieser Frage endet nun das Sorgerecht. Also melden sich die Jugendlichen in Scharen vom Reli-Unterricht ab oder wechseln. Austreten könnten sie (kostet aber ca. 30 €), müssen sie aber noch nicht unbedingt, denn Relevanz hat der Austritt aus der Sicht der zuständigen Gerichte ja erst von dem Tag an, an dem durch Erwerb und Berufstätigkeit die Kirchensteuer fällig wäre. Das ist bei einigen 16- oder 17-Jährigen der Fall. Dass ein „Vereinsmitgliedsbeitrag" in Abstimmung zwischen Finanzämtern, Gerichten, Kirchen und Arbeitgebern direkt eingezogen wird vom Lohn, das gibt's sowieso nur in Deutschland, denn Kirchen gelten bei uns als sehr spezielle Körperschaften. Erst mit 18 melden sich tatsächlich sehr viele beim zuständigen Gericht ab, vermutlich, weil die Rechtslage nicht bekannt ist (Religionsfreiheit ab 14, Handlungsfähigkeit ab 15).

Im Jahr 2000 machten die ZEUGEN JEHOVAS mal wieder Presse anlässlich ihres Antrags auf Zulassung als „Körperschaft Öffentlichen Rechts". Diesen Status haben angeblich neben den zwei „großen Kirchen" in Deutschland noch 40 andere Religionsgemeinschaften und seit 1. Januar 2018 auch der Humanistische Verband Berlin-Brandenburg. Als Argument gegen die Anerkennung der ZEUGEN wurde bemerkenswerter Weise die Frage der *Tätlichkeiten gegen Kinder* vorgehalten. Allerdings hielt das Oberlandesgericht Karlsruhe im August 2001 fest, dass allein die Zugehörigkeit eines Elternteils zu einer bestimmten Glaubensgemeinschaft (hier: ZEUGEN JEHOVAS) seine mangelnde Erziehungsfähigkeit nicht begründen kann [BGB § 1671].

Die Behörden sind offenbar und zum Glück sensibel – die im November 2001 erfolgte Neugestaltung des Bürgerlichen Gesetzbuches aufgrund einer Initiative der rotgrünen Regierung war vermutlich mit entscheidend. Denn endlich heißt es nun im Bundesgesetz: „Körperliche Bestrafungen, seelische Verletzungen und andere entwürdigende Maßnahmen sind unzulässig" [BGB § 1631]. Irritiert denkt man, das hätte dort doch schon immer gestanden. Falsch (es hätte nur dort schon immer stehen müssen). In meiner Praxis als Jugendberater habe ich mehrfach mit Kindern von ZEUGEN JEHOVAS zu tun gehabt, die die „körperliche Züchtigung" am eigenen Leib erlebt hatten (wo auch sonst?) oder die massivem psychischen Druck ausgesetzt waren. Und denen nicht einmal mit 14 zugestanden wurde, die Religionsgemeinschaft der Eltern *ein wenig zu meiden*. Schwere innerpsychische Konflikte, massive Ängste, Hilflosigkeit und Suizidphantasien waren die Folge.

„16-Jähriger überzeugt Hertha", titelte im März 2001 der Berliner TAGESSPIEGEL-Sport und meinte den erfolgreichsten Fußballclub der Hauptstadt: „Die Berliner stehen kurz vor einer weiteren Verpflichtung; der 16-jährige Mazedonier N. N. hat zwar noch keinen Vertag unterschrieben", heißt es in der Meldung, und „er besitzt noch einen Dreijahresvertrag bei seinem bisherigen Verein". Seit wann können 16-Jährige solche Verträge unterschreiben? Es geht doch nicht um Taschengeld und auch nicht um das 450-€-Gesetz. Oder können die Eltern die Kinder „verkaufen" bzw. an Verträge binden? Es wäre eine Art moderner Sklavenvermittlung, würden die Jugendlichen es nicht selbst wollen. Aber *Sportprofi* werden wollen sie alle. Vor einigen Jahren konnte man ebenfalls in der Hauptstadt-Presse lesen, dass ein Schüler aus dem Osten Berlins sich entschieden hat, Profiboxer zu werden, was leider einherging mit dem Abbruch der Oberschule und dem Nichtorientieren auf einen Ausbildungsvertrag. Zugestimmt hat offenbar der Vater gemäß dem Bürgerlichen Gesetzbuch [§ 131a]: „In Angelegenheiten der Ausbildung und des Berufes nehmen die Eltern insbesondere auf *Eignung und Neigung* des Kindes Rücksicht". Profiboxen mit 15 halte *ich* für pervers. Sollten Jugendämter oder Familiengerichte eingreifen? Ich meine: Ja.

Mir geht es auch grundsätzlich um die Frage, ob denn Jugendliche im Alter von 14, 15, 16 oder 17 ein *eigenständiges* Recht auf Mitgliedschaft in bestimmten Vereinigungen haben, also ohne Zustimmung der sorgeberechtigten Eltern ein- oder austreten können (Kinder bis 14 werden in der Regel durch Eltern in Körperschaften/Vereinigungen/Kirchen (mit)angemeldet, Taufe sei Dank). Im Blick liegen für mich ethisch, religiös oder politisch orientierte Verbände, die Kinder und Jugendliche aufnehmen, mit verwalten oder auch eigenständig führen. Es geht um die christlichen Kirchen und andere Glaubensgemeinschaften – gleich ob Juden, Islam-Anhänger, Baptisten, Sanyassins, Mennoniten, Buddhisten –, um humanistischen Vereinigungen (wie HVD, HU oder Freidenker) sowie um (partei-) politische Gruppen wie Falken oder z. B. Junge Liberale. Vielleicht sollte man die Schnittstelle zu benachbarten Interessenverbänden (Naturfreunde, Pfadfinder u. a.) mitbeleuchten. Für diese „Szene" wünsche ich mir Rechtsgrundlagen für die Mitgliedschaft. 7- bis 18-Jährige sind nur bedingt geschäftsfähig. Bei unter 14-Jährigen haben die Eltern in jeder Hinsicht volle Rechte. Aber 14-Jährige, die immerhin nun auch bedingt strafmündig werden, sollten nur aus freiem eigenem Willen in solchen Vereinigungen aufgenommen werden können und eine staatliche Aufsicht durch Jugendberatungen, begründet im Jugendschutzgesetz, sollte darüber wachen.

Aus Sicht von Liberalen und HumanistInnen ist die Selbstbestimmung, die *Selbsttätigkeit* des Menschen ein hohes Gut, sie ist Ausgangspunkt, Weg und Ziel von menschlichen Sozialverhalten in einem. Unabhängig davon muss die Teilhabe an regelhaften Gruppenprozessen günstig für die Persönlichkeitsentwicklung eingeschätzt werden – immer so lange die Vereinsverantwortlichen auch das Selbstbestimmungsrecht bedienen.

Nun gibt es keine pädagogisch-psychologische, wissenschaftliche Fundierung für klare, eindeutige Jahresaltersgrenzen: Ob man die *eingeschränkte Geschäftsfähigkeit* mit sieben, sechs oder acht Jahren beginnt, es macht keinen messbaren Unterschied aus. Tatsächlich haben Minderjährige im Verlauf der letzten 100 Jahre (so alt ist auch etwa das Bürgerliche Gesetzbuch) einige gesetzliche Festlegungen erhalten, die gar nicht mal so schlecht sind. Viele Kinder- und Jugendlichenrechte existieren aber, ohne dass sie verbreitet und genutzt werden; die Schulen behandeln Rechtsaufklärung sehr stiefmütterlich und ziehen es vor, bei Gelegenheit über Pflichten, Gefahren und Straftaten zu debattieren. Auch Lebenskundeunterricht und LER vermitteln diese Fragen nicht systematisch. Über Jahre hinweg habe ich immer wieder für je eine Stunde Haupt- und Realschulen besucht, um über *Rechte* aufzuklären. Die Schüler und Schülerinnen wussten nichts Konkretes. Aber bereits 1923 entstand das „Gesetz über die religiöse Kindererziehung". Ich ziehe dieses Gesetz als Orientierung heran, weil es jahrzehntelang das einzige wirkliche Minderjährigenrecht war (wenn auch für junge Leute in kirchendominierten Gegenden nur auf dem Papier). Darin heißt es: „Nach Vollendung des vierzehnten Lebensjahres steht dem Kinde die Entscheidung darüber zu, zu welchem religiösen Bekenntnis es sich halten will". Später kam z. B. das Recht hinzu, dass ab 14 ein abweichender Vorschlag zur Frage der elterlichen Sorge nach deren Scheidung erfolgen kann.

Die Altersgrenze „14" sollte deshalb pragmatisch aufgegriffen werden und Richtschnur sein (wenn's nach mir ginge, wäre es die „15" oder der MSA), selbst wenn wir wie gesagt wissen, dass man ebenso gut die „13" oder die „16" als Norm setzten könnte. Während in bestimmten Kulturen die Minderjährigen etwa ab 15 über Rituale abschließend ins Erwachsenenleben entlassen werden (und wie in Nepal auch mit 15 formal volljährig werden), haben wir in Europa eine Trennung von Jugendalter und Volljährigkeit; sie beginnt fast überall wie in D [BGB § 2] mit 18, in Schottland mit 16, in Kanada mit 19, in Japan und Thailand mit 20, in Ägypten, Argentinien, Monaco, Singapur und in vielen Staaten der USA mit 21.

Eine prominente EX-Landesministerin, LORE-MARIA PESCHEL-GUTZEIT, wünschte wie gesagt das Wahlrecht für alle, weil alle Staatsgewalt vom Volke auszugehen habe und alle im Volk seien gleich – nicht nur die ab 18-Jährigen. 24% der Wahlbevölkerung seien Eltern der 16 Millionen Minderjährigen; deren Eltern sollen „treuhänderisch" für sie mit wählen. Gegen jede Altersstufung bei Wahlen sprechen sich übrigens einige fundamentalistische Kinderrechtler aus, in Berlin z. B. die Gruppe KRÄTZÄ im Prenzlauer Berg, aktive Kämpfer im Alter von vielleicht 15-45. Sie fordert das allgemeine Wahlrecht ab Null. Einen originellen Vorschlag mit Varianten zur konkreten Umsetzung des Fundi-Ansatzes beschreibt MIKE „KRÄTZÄ" WEIMANN 2002 in einem kleinen Buch. Ausgangspunkt ist die Feststellung, dass es in Menschenrechten keine Altersgrenzen gibt und geben darf.

Diskutiert wird das Problem von Betroffenen tatsächlich aber erst im Oberschulalter so etwa ab Klasse 9. Initiativen wie die fürs Wahlrecht ab 14 oder für Eltern unabhängige Rechts-beistände werden von der Gruppe als inkonsequent abgetan. Zu Recht fordert sie aber *effektive* Mitbestimmungsmöglichkeiten, die in den neuartigen Kinder- und Jugendparlamenten nicht gegeben sind. Für mich wäre der nächste, für Minderjährige existenziell wichtige Schritt, das Selbstbestimmungsrecht der Menschen in Richtung 15-Jahre-Grenze zu erweitern. Dazu gehören Rechte wie „mein Körper gehört mir" und verschwiegene Arztbesuche, damit z. B. betroffene Mädchen bei ungewollten Schwangerschaften selbst entscheiden können. Und aktives Wahlrecht, damit auf allen Ebenen (Parteien, Vereine, Bund und Land) diejenigen Jugendlichen wählen können, die auch wollen.

Nehmen „Ethikvereine" 14-Jährige auf, die ohne elterliche Unterschrift anklopfen? Ist der Mitgliedsbeitrag entsprechend niedrig? Wie wird mit *Kündigungsfristen* verfahren? – Hoffentlich unbürokratisch, kurzfristig und drucklos. Werden Satzungen und Praktiken von Ethikvereinen bezüglich der Einbeziehung von Jugendlichen überhaupt von Behörden beobachtet? Und was mich nachdenklich macht: Warum orientieren die renommierten kritischen Träger von Initiationsritualen ins Erwachsenenalter nicht gemeinsam auf ein *entsprechenderes* Alter? Das hieße: Projektarbeit zur Vorbereitung mit 14, Feier dann mit etwa 15. Würde die Vorbereitung verpflichtend frühestens mit 14 bzw. in der 9. Klasse beginnen, könnten alle Jugendlichen, also *alle religionsmündigen* Menschen, für sich (ohne Eltern) entscheiden, unter welchen Umständen sie ihre „Geschenke zur Einführung in das baldige Erwachsenenwerden" einsammeln möchten. Vor 14, das machen doch mit Vorliebe Katholiken, die die Kinderpsyche wenig respektieren, sondern frühestmöglich fixieren möchten, was dem Erhalt des „Vereins" nutzt: Taufe mit Null, „Kommunion" im unakzeptierbaren (Zoologen sind nämlich der Ansicht, dass ein 7-jähriges Menschenkind die Intelligenz etwa eines erwachsenen Schimpansen besitzt) Alter von 9 Jahren, „Firmung" circa mit 11. Andererseits: Die Mitarbeit im europäischen evangelischen CVJM, angeleitet durch einen modernen Diakon in einer katholischen Region kann für den jungen Betroffenen geradezu emanzipatorisch sein, genauso wie die Mitarbeit in katholischen Gruppen Lateinamerikas in Abgrenzung zu den konservativen Protestanten dort.

Zurück zu den Altersgrenzen: Wenn wir Erwachsene in den *Interessenverbänden* uns kritisch prüfen, werden wir analog feststellen: Wir alle hoffen und wünschen, dass (auch über die Eltern gebrachte, herangeführte) Minderjährige kommen und (für immer) bleiben. Doch motivieren kann man letztlich nur mit Attraktivität des Angebots und mit Grundsätzen, die Jugendlicheninteressen widerspiegeln; psychischer Druck zeigt nur vorübergehend Erfolge. Und der Versuch, per Geschäftsordnung oder rechtliche Altersgrenzziehung Minderjährigenrechte (und Pflichten!) zu steuern, muss hinterfragt werden.

Kontrolle ist gut. Besser wären vielleicht *gleitende* Zeiten, in Anknüpfung an die Möglichkeiten des Jugendgerichtsgesetzes. Mein Vorschlag ist vor allem auf die Grenzziehung gegenüber „schwierigen Jugendlichen" gemünzt: Die Volljährigkeit soll u. U. erst mit 21 eintreten (das ist für manche immer noch früh, viele übermütige junge Männer erst mit 23 ruhiger). Vorher kann man sie aber bereits mit einem Gesellenbrief, mit dem Abitur oder dem Fachoberschulabschluss erhalten, als „Reifezeugnis" im Wortsinn, nach mindestens 12 Jahren Schule, also mit 17;5. Wer diese Abschlüsse vor 21 nicht erreicht, trotzdem aber den „Erwachsenen-Personalausweis" will, wird bürokratisch auf Antrag im Jugendamt eventuell „reif" geschrieben. Zu überlegen ist ja, ob dieser Personenkreis den Führerschein der Klasse B machen darf, denn „Unreife" sollten doch solche potentiellen Waffen wie Autos nicht nutzen dürfen, oder?

Relativ gleitend, und zwar in gleich langen Entwicklungsstufen wären gleiche Abstände (3 - 6 - 9 -12 - 15 - 18 - 21 - 24 - 27 (wie alt ist der Österreichische Bundeskanzler?). Das ist *auch* willkürlich, aber vom Schema her wenigstens logisch. Auch die FSK der Kinowelt könnte sich daran orientieren. Was dort heute zugeordnet wird, ist mehr als fragwürdig. Auf die Frage, wie sie Filme wie „HARRY POTTER" oder „8 Mile" zulassen würden, antwortete mir eine typische 17-Jährige (gut nach-vollziehbar und „voll cool"), dass sie den ersten ab 10 (statt ab 6) und den zweiten ab 15 (statt ab 12) genehmigen würde.

Die individuelle Entwicklung berücksichtigen könnte heißen: *Einbeziehen, achten und fordern* entsprechend der Situation und der im Gespräch erlebten relativen Reife. Für Konfirmation, Jugendweihe oder Jugendfeier wäre es in meinen Augen besser, zunächst nachzusehen, ob der junge Mensch wirklich *jetzt schon* aus der Kindheit rituell zu entlassen ist, oder ob man ihm (und seinen Eltern) empfiehlt, lieber *entwicklungsentsprechend* noch ein Jährchen zu warten.

Jugendhilfe für junge Volljährige

1975 wurde das Volljährigkeitsalter nach genau 100-jähriger Festlegung neu bestimmt – alle damals im Bundestag vertretenen Parteien einigten sich auf den Wert achtzehn. Dadurch fielen die Heranwachsenden Empfänger von Leistungen über Nacht aus der Förderungswürdigkeit. Das Recht auf Erziehung und Erzieherische Hilfen waren für sie nun passé. Dass sich sichtbare Bedürftigkeit häufig nicht nach der Gesetzeslage richtet, ist Fachleuten bekannt. In dieser Situation beschränkte sich der Gesetzgeber aber darauf, Regelungen für solche jungen Erwachsenen zu suchen, die in Heimen oder Pflegestellen leben und deren Entwicklung offensichtlich stark gefährdet wäre, wenn sie von heute auf morgen dem harten Überlebenskampf der auf sich selbst gestellten Volljährigen ausgeliefert wären. So konnte ein Heiminsasse die Jugendhilfe weiter genießen, wenn es die Zeit bis zum Abschluss einer schulischen- oder Berufsausbildung erforderte oder Berufstätigkeit vorlag. Für 18, 19 und 20-Jährige war aber nun grundsätzlich die Chance verbaut, neu und erstmalig Jugendhilfeleistungen zu erhalten. Das SPD-geführte Bundesministerium vergab die Möglichkeit, eine offene Übergangsregelung für Heranwachsende zu gestalten (wenn der „Entwicklungsstand eines Jugendlichen" oder eine typische „Jugendverfehlung" vorliegt – in Anlehnung an den JGG § 105).

Man kümmerte sich aber weiterhin um schon aktenmäßig Erfasste. Wer als Heranwachsender erstmalig beim Jugendamt auftauchte, um z. B. selbst einen Förderantrag zu stellen, wurde in der Regel wieder weggeschickt – auf jeden Fall aber, wenn bereits Kontakte zum Sozialamt bestanden. In den Heimen wurde in vielen Fällen durch einzelfallbezogene Argumentation gegenüber dem Kostenträger das Schlimmste verhütet. Wenn ein Jungerwachsener einigermaßen guten Willen zeigte, gelegentlich mal wieder den Lehrherren anrief oder sich z. B. um den nachträglichen Erwerb der Realschulreife (Abendform) kümmerte, dann setzten sich ErzieherInnen und Heimleitung sowie zuständige Sachbearbeiter

Innen massiv ein und erreichten die Fortsetzung der Jugendhilfe – in Einzelfällen auch mal bis zur Vollendung des 22. Lebensjahres bei Betroffenen, die in Abständen immer wieder einmal halbherzig eine Schul- oder Berufsausbildung nachmachen wollten (Das Vorhandensein von menschlichen Rechten schließt den Missbrauch derselben nicht aus). Denn das Problem diverser „Einzelfallentscheide" war, dass diese Fälle immer ein Wohlverhalten – Szenesprache: Schleimen – voraussetzten, das die Heime oder Jugendwohngemeinschaften leicht erkennbar festlegten. Unangepasste, Erziehernerver, Hausordnungsverletzer, ungeliebte Spezis und Jugendliche mit Stolz bzw. mit demonstrativem Selbstwertgefühl flogen (und fliegen!) raus. Der „nichtkontinuierliche Verlauf der Maßnahme" (das heißt, Heranwachsende hielten sich nicht an die Spielregeln) führte zum Abbruch und damit, man kann Drogen drauf nehmen, ins Sucht-, Knast- oder Obdachlosenmilieu.

Das SÜSSMUTH-Referat hatte Ende der 1980er Jahre einen ziemlich modernen Ansatz (man erinnere sich an die aufwendige AIDS-Kampagne) und war verantwortlich auch für einen „neuen" Jugendhilfegesetz(JHG)-Entwurf. Im Vorspann hieß es: „Jeder junge Mensch hat ein Recht auf Förderung seiner Entwicklung." Dieser sehr großen Altersgruppe (von 0 bis 27) sollten positive Lebensbedingungen geboten werden. Es galt, Benachteiligungen zu vermeiden und abzubauen. Überall in den Fachdiensten wurde über die Gesetzesvorlage diskutiert. Um *spezielle* Ansprüche für die allein gelassenen 18 bis 21-Jährigen zu sichern, habe ich damals im Januar 1988 einen eigenen Entwurf zur Gestaltung eines JHG-Paragraphen „Für Junge Volljährige" entwickelt und auf dem Dienstweg verschickt – an den Staatssekretär Prof. Dr. DITTBERNER, Vertreter von Berlin (West) im Kreis der deutschen Landesjugendamtsdirektoren mit der Bitte um Einsatz für diese Position bei Verhandlungen zwischen Ländern und Bund:

„(1) Ein Heranwachsender hat Anspruch auf Einleitung einer Hilfe, wenn er dies wünscht und die Hilfe erforderlich ist, um seine Entwicklung, insbesondere seine schulische oder Ausbildungssituation nicht zu gefährden bzw. um schulische und Ausbildungsmöglichkeiten neu zu eröffnen, insbesondere dann, wenn ein weiteres Zusammenleben in der Familie unmöglich erscheint.
(2) Auch bereits selbständig lebende, arbeitslose Heranwachsende haben Anspruch auf Einleitung von Hilfen, wenn sie es wünschen und wenn dadurch eine Gefährdung oder Störung ihrer Entwicklung abgewendet werden kann.
(3) Junge Volljährige, die bereits 21 sind, haben Anspruch auf Weiterführung einer eingeleiteten Hilfe, wenn sie dies begründet beantragen und dem Jugendamt nach eingehender Prüfung deutlich geworden ist, dass der junge Volljährige kontinuierlich und aktiv zum Erfolg der Hilfeleistung beiträgt.
(4) Für junge Volljährige, die bereits 21 sind, können in Ausnahmefällen Hilfen neu eingeleitet werden, wenn sie es begründet beantragen und wenn eine ausführliche psychosoziale Stellungnahme aufzeigt, dass eine Maßnahme zur beruflichen Orientierung

aufgrund der außergewöhnlichen Lebensumstände des Antragstellers zu diesem Zeitpunkt dringend und mit guter Prognose angezeigt ist.
(5) Das Jugendamt soll einen jungen Volljährigen auch nach Beendigung der Hilfe bei der Verselbständigung im notwendigen Umfang beraten und unterstützen." *gez. m.g*

Tatsächlich, mein Staunen war groß, wurde eine sehr ähnliche Position ins Gesetz aufgenommen. Aus dem JHG-Entwurf wurde das SGB VIII im KJHG Art. 1 in der Fassung vom 26. Juni 1990. Ergänzend hatte der Gesetzgeber noch einen Absatz eingebracht, der die Rolle der Staatsanwaltschaft in Jugendverfahren präzisieren sollte – dieser wurde schon vor 1995 wieder entfernt. Verschiedene Überarbeitungen veränderten den Paragraphen in die mir bei Drucklegung dieses Textes bekannte Fassung vom 1. August 201:

„SGB VIII, § 41 Hilfe für junge Volljährige, Nachbetreuung
(1) Einem jungen Volljährigen soll Hilfe für die Persönlichkeitsentwicklung und zu einer eigenverantwortlichen Lebensführung gewährt werden, wenn und solange die Hilfe aufgrund der individuellen Situation des jungen Menschen notwendig ist. Die Hilfe wird in der Regel nur bis zur Vollendung des 21. Lebensjahres gewährt; in begründeten Einzelfällen soll sie für einen begrenzten Zeitraum darüber fortgesetzt werden.
(2) Für die Ausgestaltung der Hilfe gelten § 27 Abs. 3 und 4 sowie die §§ 28 bis 30, 33 bis 36, 39 und 40 entsprechend mit der Maßgabe, dass an die Stelle des Personensorgeberechtigten oder des Kindes oder des Jugendlichen der junge Volljährige tritt.
(3) Der junge Volljährige soll auch nach Beendigung der Hilfe bei der Verselbständigung im notwendigen Umfang beraten und unterstützt werden."

Die damalige Bundesministerin für Frauen und Jugend, ANGELA MERKEL, kommentierte eindringlich das neue Gesetz: „Die Hilfen, die das Jugendamt oder die freien Träger anbieten, enden also nicht mit der Volljährigkeit. Nach dem Jugendwohlfahrtsgesetz konnte das Jugendamt Hilfe nur dann gewähren, wenn und solange eine schulische oder berufliche Bildungsmaßnahme fortgeführt wurde. Das bedeutete: Eine pädagogische Unterstützung für junge Volljährige, die erst nach dem 18. Lebensjahr eine Berufsausbildung beginnen können, in eine andere Bildungsmaßnahme wechseln oder ihren Ausbildungsplatz verlieren, war nicht möglich. Diese Einschränkungen fallen nach dem Kinder- und Jugendhilfegesetz weg. Die Jugendhilfe lässt damit künftig die Jugendlichen nicht mehr im Stich, die noch nicht in der Lage sind, ein eigenständiges Leben zu führen, weil sie ohne ein stützendes Elternhaus in Heimen groß geworden sind. (...) Wenn ihnen keine Starthilfe gegeben wird, ist die Abhängigkeit von der Sozialhilfe oder eine kriminelle Karriere vorgezeichnet." Rhetorisch fragt sich die Ministerin selbst: „Bekommen nur die 'Problemfälle' Hilfe?" und antwortet sehr eindeutig: „Nein. Nach dem Motto „Ausbildung und Beschäftigung statt Sozialhilfe" können nach dem Kinder- und Jugendhilfegesetz auch junge Volljährige gefördert werden, die sich mit dem Einstieg in die Berufs- und Arbeitswelt schwer tun, weil sie zum

Beispiel nach dem Schulabgang nur „gejobbt" haben und mit 19 merken, wie wichtig eine Lehre für sie wäre. Oder junge Erwachsene, die sich erst spät vom Elternhaus gelöst haben und auf sich allein gestellt erst einmal in ein „tiefes Loch" fallen. Auch bei Konflikt- und Krisensituationen in bestehenden Familienstrukturen und Lebensgemeinschaften sind nach dem Kinder- und Jugendhilfegesetz für junge Erwachsene ambulante und teilstationäre Hilfen möglich" [BuMi Merkel in: BMFJ „KJHG", Bonn 11/94].

Ein Berliner Rundschreiben präzisiert (Vorsicht, Rechtsdeutsch!): „Die Soll-Verpflichtung bedeutet für den öffentlichen Jugendhilfeträger einen Verpflichtungsgrad; eine Leistungsablehnung ist innerhalb eines eng begrenzten Ermessens zulässig, wenn ein atypischer Sachverhalt dies ausnahmsweise erlaubt. Ist solch ein vom Regelfall abweichender Sachverhalt nicht gegeben, so kann sich das ohnehin eingeschränkte Ermessen ‚auf Null' reduzieren, so dass ein Anspruch des jungen Volljährigen entsteht, der vor dem Verwaltungsgericht eingeklagt werden kann." Wir haben es beim Paragraphen 41 des Kinder- und Jugendhilfegesetzes also mit einem echten Rechtsanspruch auf Leistungen zu tun! Wohlwollende Jugendamtsleitungen setzen das auch um: „Eine Weiterführung der KJHG-Hilfe über das 21. Lebensjahr hinaus kommt insbesondere in den Fällen in Betracht, in denen wegen eines späten Hauptschulabschlusses die Ausbildung erst nach Vollendung des 21. Lebensjahres abgeschlossen wird" – so lautet die *unterstützende* Position. Fachpolitische Gegner des allgemeinen Leistungsanspruchs argumentierten radikal: „Es ist nicht Aufgabe des Staates, einen erwachsenen Bürger zu bessern – es sei denn, Drogenmissbrauch, Prostitution oder Abrutschen in die kriminelle Szene manifestieren sich". Das ist in meinen Augen insbesondere deshalb unhaltbar, weil im Paragraphen 41 nicht nur traditionelle Hilfen im engeren Sinn angelegt sind, sondern auch völlig neuartige Beratungs- und Unterstützungsangebote im Zuge der Nachbetreuung. Es ist Aufgabe der Länder, Klarheit und konzeptionelle Empfehlungen zu schaffen. Ohne einen bedarfsgerechten Ausbau von Jugendberatung, flexibler Betreuung, hinausreichender und aufsuchender Jugendsozialarbeit (Streetwork) würde woanders wieder quantitativ mehr Stress entstehen: im Feld Jugendkriminalität.

Wir müssen aber vermuten, dass gesetzlich wasserdichte Bestimmungen zunehmend außer Acht gelassen werden, um willkürlich der vorrangigen Haushaltslage, sprich den geforderten Einsparmaßnahmen, gerecht zu werden. Denn für die Finanzierung der Sozialgesetzbuch-VIII-Angebote sind Länder und Kommunen verantwortlich, die ja bekanntlich alle in Pleitenähe sind. So wird in jüngster Zeit immer häufiger berichtet, dass jungen Volljährigen, die erstmalig das Jugendamt aufsuchen, (bewusst?) eine falsche Rechtsauskunft gegeben wird.

Den Betroffenen 18- bis 20-Jährigen wird vermittelt, *aufgrund ihres Alters* könne ihnen nicht geholfen werden. Anträge auf Jugendhilfe werden gar nicht erst entgegengenommen; Aufklärung über das bereits für 15-Jährige geltende Sozialantragsrecht unterbleibt; geduldige, nach Alternativen suchende Bittsteller werden „folgerichtig" an das Sozialamt verwiesen. Sind Betroffenen noch SchülerInnen, müssen sie auch beim Träger der Sozialhilfe mit einer sicheren Ablehnung rechnen, da sie dem Arbeitsmarkt schließlich nicht zur Verfügung steht. Jugendlichen, die im „Betreuten Jugendwohnen" 18 werden, erhalten keine Verlängerung, weil das „zu teuer" wäre. Was fehlt sind rechtlich korrekte Standards für alle Jugendämter. Sonst läuft unsere Gesellschaft Gefahr, dass es zum Anstieg der psychosozialen Verelendung von jungen Menschen kommt. Denn eine Einschränkung von Leistungen bewirkt, dass Bindungen und fatale Abhängigkeiten in der Regel von der Herkunftsfamilie länger aufrecht erhalten werden und es für die Heranwachsenden zunehmend schwieriger wird, eine eigenständige Persönlichkeit zu entwickeln, denn die Verselbständigung erfolgt nur mangelhaft und ziemlich verzögert. Wie gesagt, ausgerechnet die Justiz mit ihrem Jugendgerichtsgesetz misst den schwierigen Lebensumständen junger Volljähriger mehr Bedeutung bei als die Jugendhilfe. Die Gefahr der sukzessiven Einschränkung bis hin zur Abschaffung dieses Paragraphen ist heute größer denn je. Eine eindeutige Sprache spricht ein Empfehlungsschreiben „Hilfen für junge Volljährige, Nachbetreuung" des Deutschen Städtetags: „Die Kostenexplosion im Bereich der Heimerziehung, insbesondere im Bereich der Hilfen für junge Volljährige, ist im übrigen zu einem großen Teil auf die Handhabung des § 41 KJHG (...) zurückzuführen. Die Praxis der Jugendhilfe verzeichnet in den letzten Jahren einen Anstieg der Hilfen zur Erziehung in Einrichtungen der Jugendhilfe oder in einer sonstigen betreuten Wohnform, mit der gleichzeitig ein überproportionaler Kostenanstieg dieser Hilfeform einhergeht."

Wenn die Einschränkungen wie geplant greifen oder der § 41 ganz abgeschafft wird, sind andere Institutionen des Staates gefordert und zwar auch finanziell. So stehen wir lediglich vor einer Art Verschiebebahnhof zwischen Jugend-, Sozial- und Gesundheitsämtern, den Arbeitsämtern und der Justiz. Ob diese anderen Behörden dann keine oder weniger finanzielle Mittel aufwenden müssen, um den Betroffenen in geeigneter Weise zu helfen, ist mehr als fraglich.

Bedürftige sollten sich ganz naiv ans örtliche Jugendamt wenden und kurz schriftlich einen Antrag auf Jugendhilfe stellen. Bei Ablehnung aus fadenscheinigen Gründen sollte man sich an eine Jugendrechtsberatung oder an den „Rechtshilfefonds" wenden.

Offener Brief und Mustervorschlag

Liebe GesetzgeberIn. Vielen Dank für die irgendwie vielen Rechte. Wie Du siehst, hast Du für die jungen Menschen unseres Landes im Lauf der Jahrzehnte eine große Fülle (um nicht zu sagen ein fast undurchsichtiges Geflecht) von Bestimmungen verabschiedet, die eigentlich nur von VolljuristInnen mit Doktortitel, die sich zudem hauptberuflich mit Altersgrenzen befassen, verstanden und weitervermittelt werden könnten. Bitte überlege doch mal in Ruhe Schritte zur Besserung. Meine Idee: An Stelle der in über 20 Stufen echt unsystematisch eintretenden Altersrechte könntest Du doch recht übersichtlich zehn 3-Jahres-Schritte festlegen. Fixiert werden müsste dann nur noch jeweils, welche Rechte, Pflichten, Grenzen, Möglichkeiten und Ausschlüsse in der jeweiligen Altersstufe neu hinzukommen. Jeder kleine Vorstoß in diese Richtung hilft den Betroffenen, besser durchzublicken, und das wäre doch sinnig, oder? Hier kommt kurz skizziert mein alternativer

„Vorschlag für eine andere gesetzliche Altersstufung in Deutschland"

ab	0	Grundrechte, Rechtsfähigkeit
	4	Jahre vor Schuleintritt: Vollzeitkindertagesstättenplatz
ab	6	Handlungsfähigkeit Stufe I = bedingte Geschäftsfähigkeit, Deliktsfähigkeit; Einbeziehung bei Namensänderung + Adoption
ab	9	Mitschuld (Schadensersatz) bei Verkehrsunfällen erst jetzt; mit dem Fahrrad auf die Straße
bis	12	Recht auf Hortplatz
ab	12	strafmündig Stufe I = Gleitzeit bis 15, in Ausnahmefällen mündig: JGH prüft; religionsmündig Stufe I
ab	15	strafmündig Stufe II = mündig, als Jugendlicher schuldfähig, JGH hilft; religionsmündig Stufe II = voll; Handlungsfähigkeit Stufe II = weitgehend: aktives Wahlrecht auf allen Ebenen, Recht auf den eigenen Körper, Anhörungs- , Beschwerde-, Antrags- und Mitspracherecht; arbeiten wird erlaubt; .... *hier bitte alle bisherigen Rechte der 14- und 16-Jährigen, z.B. aus dem Jugendschutzgesetz, ansiedeln!*
ab	18	Handlungsfähigkeit Stufe III = voll; strafmündig Stufe III = nur in Ausnahmefällen per Jugendstrafrecht: JGH prüft; Bundeswehr erlaubt; passives Wahlrecht; *auch alle 17-Jährigen-Rechte bitte hierher!*
bis	21	Jugendhilfe: Ende
ab	21	Gleitzeit Ende: Strafmündigkeit Stufe IV = Erwachsenenstrafrecht
		24, 27 sind ggf. weitere Altersstufen, ggf. für passive Wahlrechte

Die fünf Stufen zwischen 6 und 18 sollten auch für die FSK gelten:
Kinderfilme (KF) oder Spielfilme (SpF); „KF ohne, KF ab 6 / ab 9; SpF ab 9, 12, 15 oder 18".

Achtung – Diese Skizze hier ist ein „Mustervorschlag", sie entspricht natürlich nicht der wirklichen, heute gültigen Rechtssituation.

Gute Leitfäden und Büchertipps

Zum Thema „Rechte junger Menschen" liegen deutschsprachig leider nur wenige Veröffentlichungen und – außer dem ARB-Ratgeber Jugendrecht (SIGRUN VON HASSELN) kaum gute Leitfäden vor, *es gibt:*

- Einige Aufsätze und Bücher von und für JuristInnen, Jugendamtsleitungen und hochspezialisierte StudentInnen; sie sind unersetzlich als Studien- und Praxisbegleiter und sprachlich zugeschnitten auf Leute mit viel Vorwissen (z.B. Aufsätze, Lehrbücher, Gutachten und Kommentare von JOHANNES MÜNDER)
- Umfassende Sachtexte zu besonderen juristischen Fragen, z. B. (vergriffen) von TERPITZ UND TERPITZ, das sich hauptsächlich mit sogenannten „Rechtsgeschäften" befasst
- Naiv-parteiische Broschüren, von der IGFH : „Rechte haben - Rechte kriegen"
- Texte von Kinderrechtlern - das können sowohl junge Leute sein (KRÄTZA) oder engagierte Erwachsene; prominent sind die Autoren BERTRAND STERN, PETER MERK oder KONRAD LÖW nennen.
- Das vergriffenen Buch „Schlüsseldienst" einer Berliner Autorengruppe (SPI), das sich fast ausschließlich mit dem SGB VIII befasst.
- Die Reihe „SPI-Info", eine sehr gute Loseblattsammlung, die sich mit speziellen Rechtsthemen im Kontext Jugendstraffälligkeit und Jugendarbeit befasst. Zielgruppen sind Diversionsmittler, die Jugendgerichtshilfen, Bewährungshilfen, Streetworker und EinrichtungsleiterInnen.

Bücher dieser Art sind kurzlebig und in der Regel nur drei Jahre aktuell; Neuauflagen sind dann fällig, sie kosten für Autoren nervige, systematische Arbeit, weil letztlich alle Gesetze-Periodika wie Bundesgesetzblätter, Gesetz- und Verordnungsblätter der Länder und Amtsblätter der Gemeinden (zunehmend wichtig demnächst: „Mitteilungen des Europäischen Rats") wöchentlich durchgesehen werden müssten. Für Nutzer, gleich ob junge Menschen oder Schlüsselpersonen im pädagogischen Dienst, sind Neuauflagen mit Kosten verbunden: Loseblatt-Sammlungen-Abos kosten jährlich um die 120 €.

Eine umfassende, differenzierte Rechtsbelehrung für *eine* Altersgruppe gibt es auf dem deutschen Markt bisher nur bei den Autoren TERPITZ und TERPITZ, eine sehr gute Lektüre für 14 bis 18-Jährige! Da die Herren Vater und Sohn sich aber nur auf 4 - 5 Lebensjahre beschränken und der „Schlüsseldienst" einer Autorengruppe nur auf *ein* Gesetz, das SGB VIII, war es für mich eine gewisse Herausforderung, *alle* junge Menschen in möglichst *allen* Gesetzen und Vorschriften zu erfassen. Die *Betroffenen* sollen möglichst *rechtzeitig* je nach Alter erreicht werden.

Nicht nur *junge* Menschen, mehr noch deren Betreuer, SozialpädagogInnen suchen als Profis mit Engagement händeringend nach den glasklaren Infos, nach „Facts" im Paragraphenalltag. Leider helfen in der Jugendhilfe heutzutage Modelle, Programme und Konzeptionen weniger als sichere Rechtskenntnisse. Und hilfreicher als noch die Rechtskenntnisse ist „Geld". Ohne Geld in den Kassen der Kommunen werden selbst in Gesetzen festgeschriebene Ansprüche auf Angebote und Leistungen von Ämtern klammheimlich verschwiegen.

Im Gegensatz zu sonstigen Broschüren für junge Leute zum Thema „Hilfen" (z. B. der sehr beliebte Text des Landesjugendrings Niedersachsen „Was man nicht nur vor Fahrt- und Lagerbeginn wissen sollte") habe *ich* mich *nicht* primär um lockere Verständlichkeit und einfache, beispielhafte Beschreibungen bemüht, sondern vor allem um die korrekte Absicherung durch wörtliche oder indirekte Zitate aus den Gesetzen. *Jede* Rechtsposition ist belegt, was den Lesefluss etwas hemmen mag, aber die Rechtssicherheit ziemlich stärkt; zieht man eine aktuelle Gesetzessammlung hinzu, kann man das unschwer und schnell nachprüfen und um Missverständnisse zu vermeiden in den juristischen Original-Kontext stellen. Manche Leser sind vielleicht ein bisschen enttäuscht darüber, dass Polemik oder subjektive Kommentierung in den Teilen A, B, C und D weitgehend fehlt - das erfolgt aber *bewusst*, denn es geht um Basisrechte und um sachliche (Straf-) Tatbestände, an denen sozusagen kein Zweifel aufkommen soll. Ebenso wichtig wie die betroffenen Jugendlichen sind mir wie gesagt die Schlüsselpersonen: Sie haben es in der Hand, *am Ort* aufzuklären, sei es in Jugendwohngemeinschaften, in Schulen, in Freizeitheimen oder in der Vereins-Jugendarbeit. Echter Kontakt zur jungen Generation ist nicht vom Alter, sondern vom Vertrauen und der interessengeleiteten Unterstützung abhängig, die Profiberater Teenagern entgegenbringen; sie können fachlich das Allerschlimmste verhüten und mit Geschick und Ausdauer langfristig weitergehende Rechte erkämpfen.

I Büchertipps

AUTORINNEN : „Schlüsseldienst Ratgeber zur Kinder- und Jugendhilfe",
Fachschulen SPI, Berlin 1998

„Deine Sexualität – deine Rechte" pro familia, Frankfurt 2006

HINRICHS, ULRIKE: ZuRecht finden. Verlag an der Ruhr Mülheim 2009

IGFH (Hrsg) : „Rechte haben - Recht kriegen", Votum. Münster 1996

„Klare Sache. Informationen zum Jugendarbeitschutz und zur
Kinderarbeitschutzverordnung". BMAS (HRSG.) Bonn 2008

LEDERER, KLAUS: „Das Berliner Kinder- und Jugendhilferecht".
Kommunalpolitisches Forum. Berlin 2001

LIESCHING, MARC: „Der neue Jugendschutz". WEISSER RING (HRSG.)
Mainz 2003

LIEVEN, JAN: Das Jugendschutzgesetz. Mit Erläuterungen, Drei-W-Verlag.
Essen 2003

PREISSING / PROTT / HARMS : „Rechtshandbuch für Erzieherinnen" Berlin 1992

„Recht so. Ein Leitfaden für rechtliche Fragen in der Kinder- und
Jugendarbeit". (JUTTA ELZ) STADTJUGENDRING MAINZ. Mainz 2008

REMISE E.V. (HRSG.): „Auch Kinder brauchen Rechte" Berlin 1991
(PETER KNÖSEL, MICHAEL TRAXLER, LUDGER PESCH, PETER GÜTTLER,
NILSON KIRCHNER U. THOMAS ALBRECHT

SCHLEGEL/VOELSKE (GHrsg.): „Juris Praxiskommentar" *darin:* LUTHE, ERNST-
WILHELM u. NELLISSEN, GABRIELE: „SGB VIII – Kinder- und Jugendhilfe"

TERPITZ, WERNER u. JOCHEN TERPITZ : „Rechte der Jugendlichen von A – Z",
München 2000 Beck Rechtsberater im DTV

„Unser Recht auf Erziehungshilfe... Ein Beratungsführer für Eltern und junge
Menschen" EREV (HRSG.) Hannover 2000

„Übereinkommen über die Rechte des Kindes", BMFSFJ (HRSG.), Bonn 1995

VAN DEN BOOGAART, HILDE, J. FENSKE. G. MANKAU, N. STRUCK U. W.TREDE
(HRSG.) : „Rechte von Kindern und Jugendlichen. Wege zu ihrer Verwirkli-
chung" (Deutscher Kinderschutzbund, DPWV, IGfH, Stadt Ff/M) Votum.
Münster 1996 (Beiträge zum Frankfurter Rechtkongress 1995)

VON DER HAAR, ELKE : „Jugendberatung" Luchterhand. WoltersKluver,
München 2004

VON HASSELN, SIGRUN: „Jugendrechtsberater", DTV Nomos, München 2002
(ARD-Ratgeber Recht)

II Amtliche Broschüren zu Jugend(straf-)recht

„Ich habe Rechte" Ein Wegweiser durch das Strafverfahren für jugendliche
 Zeuginnen und Zeugen. BMJ (HRSG.) Berlin 2004
„Der kleine Finger" - Informationen für straffällig gewordene junge Menschen
 SENATSVERWALTUNG FÜR SCHULE, JUGEND UND SPORT BERLIN (HRSG.),
 Berlin 1999
„Erwischt – was nun? Hilfe für straffällig gewordene junge Menschen"
 (LJA Berlin (Hrsg.), Zentrale JGH. Berlin 200?
„Was nun? Wenn Kinder und Jugendliche mit dem Gesetz in Konflikt geraten"
 Informationen für Eltern. MININN B.-W. (HRSG.) LKA B.-W.

III Kinderrechte-Texte

BAG GEMEINSAM LEBEN – GEMEINSAM LERNEN (HRSG.): Ungehindert Kind –
 Kinderrechte und Behinderung, Frankfurt 2012
BALLOF, RAINER: „Kinder vor Gericht. Opfer, Täter, Zeugen", Beck.
 München 1992 (Beck'sche Reihe)
„Die Diskriminierung des Kinder. Ein Menschenrechts-Report"
 KRÄTZÄ (HRSG.) (MARTIN WILKE) Berlin 1998
„Die Rechte des Kindes". REINALD EICHHOLZ (HRSG.) Rechlinghausen 1991
 (Pädagogische Beratung: PETER SCHEINER)
„Meine Rechte – UN-Konvention über die Rechte des Kindes"
 Teil I 5-8 Jahre; Teil II 9-12 Jahre; Teil III 13-18 Jahre,
DEUTSCHER KINDERSCHUTZBUND (HRSG.) Hannover 1997: „Rechte der
 Kinder" – von LOGO einfach erklärt- BMFSFJ (HRSG.), Bonn 1999
SCHINDLER, NINA u. KATHARINA WIEKER : „Wenn meine Eltern sich trennen"
 Ein Buch für Kinder; Wiedernhausen 1997
STERN, BERTRAND (HRSG.) : „Kinderrechte zwischen Resignation und Vision",
 Ulm 1995
„Übereinkommen über die Rechte des Kindes". UN-Kinderkonvention im
 Wortlaut mit Materialien. BMFSFJ (HRSG.) Bonn 1995
WEINGARTZ, HANS: „Kinderrechte und Verfassung". Kid-Verlag. Bonn 1992

IV Einbeziehung

BRUNER, C. F., U. WINKLHOFER u. C. ZINSER : „Partizipation ein
 Kinderspiel?" DJI (HRSG.) München 2001
FRÄDRICH, JANA u. ILONA JERGER-BACHMANN : „Kinder bestimmen mit",
 München 1995
MERK, PETER : „Kinderfreundlichkeit", Land NRW Düsseldorf (Hrsg.), 1995

V Schule

„Alles was Recht ist. Ratgeber für Eltern- und Schülervertreter".
  SEN SJS, Berlin 1999

„Schulrecht". Gerichtsurteile für Schüler, Eltern, Studenten und Lehrer".
  SPARKASSEN KUNDEN-SERVICE. Stuttgart 1999 (OTTO WENGER)

„Zusammen zum Ziel", Ein Ratgeber für Eltern- und Schülervertreter.
  LAND BRANDENBURG (HRSG.) Potsdam 2007

VI Online

http://jugendamtwatch.blogspot.de;
https://sdjus.blogspot.de (Jugendamt und Konsorten)
https://de.wikipedia.org/wiki/Liste_der_Altersstufen_im_deutschen_Recht

Zuerst veröffentlicht als Broschüre 1997 im JAW-Verlag Berlin, als Buch danach 2010 im HVD-Verlag Berlin; hier liegt eine aktualisierte Überarbeitung mit Rechtsstand 1. August 2018 vor. Auf den folgenden Seiten erscheinen zwei Dokumente im Rückblick.

Vorwort (zum Text der 1. Auflage von 1997)

Diese Broschüre wurde erstellt, um vor allem jungen Leuten, die im Konflikt stehen mit Eltern, Ämtern, Polizei oder Arbeitgebern, um Schülern und Schülerinnen, die ernst genommen werden wollen von der Erwachsenenwelt, Kindern, die „ihr Recht" wollen und unter Willkür leiden sowie Jugendlichen in Verbänden und Funktionen *umfassend und vollständig* Rechtsauskünfte in die Hand geben zu können. Es wird versucht, *alle* Rechtspositionen aufzulisten und jede einzelne Aussage auf ihren Geltungsbereich, ihre. Schutzfunktion sowie ihre Durchsetzbarkeit hin zu überprüfen. Selbstverständlich werden auch alle *Pflichten* zusammengestellt.

Der Text hat eine einfache Systematik: Die Auflistung erfolgt nach Jahresaltersgruppen von „0 (Embryo) bis 30 (Senior)", die 12- bis 20jährigen stehen aber im Mittelpunkt. Verständlichkeit ist Trumpf: „Normale" 17jährige sollten die Bestimmungen problemlos begreifen. Gleichzeitig wurde versucht, den *Juristenjargon* wirklich korrekt wiederzugeben. Denn auch ErzieherInnen, JugendgruppenleiterInnen, (sozialpädagogisches Betreuungspersonal generell) und neugierige Eltern sowie unter Umständen JuristInnen werden und sollen den Text benutzen.

Bekanntlich engagieren sich Kolleginnen und Kollegen des Berliner Jugendaufbauwerks verbindlich für die Entwicklung der Rechte junger Menschen. Sie tun dies unmittelbar und persönlich im Erziehungsdienst, konzeptionell bei der Planung und Ausdifferenzierung von Einrichtungen und strukturell im Zuge der Umgestaltung der *Erzieherischen Hilfen* (alle modernen Formen der „Fremdunterbringung" einbezogen) in Berlin. Mit der Herausgabe dieser Broschüre (übrigens ein mächtiges Geburtstagsgeschenk z:B. für Minderjährige im Betreuten Jugendwohnen!) unterstreicht das JAW seinen pädagogischen Ansatz, sein Menschenbild. Denn Benachteiligte und sozial Schwache benötigen dringend bessere Beratungshilfen und Unterstützung im Sinn des *ersten* Paragrafen im Kinder- und Jugendhilfegesetz: „Jeder junge Mensch hat ein Recht auf Förderung seiner Entwicklung und auf Erziehung zu einer eigenverantwortlichen und gemeinschaftsfähigen Persönlichkeit".

INGRID STAHMER, Senatorin für Schule, Jugend und Sport, Verwaltungsratsvorsitzende des Jugendaufbauwerks Berlin

Vorwort (zum Text der 2. Auflage von 2003)

Die Rechte und Pflichten der Kinder, Jugendlichen und Heranwachsenden werden mit der vorliegenden Schrift detailliert und umfassend dargelegt. Damit liefert der Humanistische Verband Deutschlands als Herausgeber den jungen Menschen und ihren „Schlüsselpersonen" eine Handreichung zur Orientierung im Rechtsleben. Das heißt aber für Betroffene nicht nur, über die eigenen Rechte bescheid zu wissen, so wichtig das in jeder Altersstufe ist. Orientierung im Rechtsleben bedeutet auch, die eigenen Pflichten zu kennen. Humanisten wollen den selbstbestimmten Bürger, die selbstbestimmte Bürgerin. Dazu gehört fundiertes Wissen um Rechte und Kenntnis jener Pflichten, ohne die die Rechte nicht wahrgenommen werden können. Die eigenen Rechte stehen auch dem anderen zu. Die Gemeinschaft kann nur dann in Frieden leben und sich entwickeln, wenn der Einzelne auch die Rechte des Anderen kennt und respektiert. Erst im Miteinander mündiger Bürger wächst die Gesellschaft verantwortungsbewusster Einzelner. So möge jede Leserin, jeder Leser dieser Schrift wissen, dass die Rechte, die hier aufgeführt sind, die eigenen Rechte sind, die es wahrzunehmen gilt; zugleich aber handelt es sich dabei auch um die Rechte der Anderen, die in gleicher Weise und in gleicher Stärke ihre Rechte wahrnehmen können; zugleich sind die Pflichten, die den einen auferlegt sind, auch die Pflichten des Anderen. Humanisten wollen, dass jeder Mensch um seine Rechte weiß und seine Pflichten kennt. Wenn dies auch der Andere weiß und beachtet, seien es die Eltern, sei es der Lehrer, seien es Bruder, Schwester, Freundin oder Freund, dann kann es gelingen, verantwortlich zu leben. Dazu wollen unter anderem die Gesetze beitragen.

Der HVD möchte mit der Herausgabe dieses Buches Leserinnen und Leser - vor allem Minderjährige – unterstützen, zunehmend selbstbestimmt Verantwortung zu übernehmen. Und pädagogische Fachkräfte, Studierende und Lernende erhalten einen unverzichtbaren Leitfaden für die Jugendhilfepraxis.

WOLFGANG LÜDER, 1937-2013; Rechtsanwalt und Notar, Mitglied des Bundestags a.D.; Senator und Bürgermeister von Berlin a. D.

ANLAGE

Taschengeldtabelle. Geld für Bekleidung, Hygieneartikel und Mobiltelefonie; Taschengeldparagraph; das Kindergeld über 18

JOKERs Taschengeldtabelle nach Schulklasse

Über Jahrzehnte bewährt, seit 1996 alle 2 Jahre am 1. Juli neu und auch von vielen Jugendämtern auf Anfrage an Interessierte weitergereicht, haben sich meine (nicht nur in diesem Fall ist JOKER= m.g) **Empfehlungen für Taschengeld-Sätze je nach Schulklasse** (und Zeugnisgeld im Erfolgsfall zusätzlich), denn Minderjährige sind fast immer *Schüler*, egal ob 6 oder 18 Jahre alt. Absolviert aber z. B. eine 16-Jährige eine Berufsausbildung, erhält sie von dort einen Lohn (und ist gemäß § 36 SGB I – Handlungsfähigkeit) auch ab 15 befugt, dieses zu verwalten). Macht ein 17-Jähriger z. B. „gar nichts", kann man ihm die Hälfte des Kindergeldes überlassen, wenn er zu Hause wohnt; andernfalls steht ihm natürlich die volle Summe zu.

Die Verwaltung des Geldes durch das Kind soll *eigenverantwortlich zur freien Verfügung* erfolgen; ich empfehle bis zur 5. Klasse wöchentliche, danach für die Klassen 6 bis 9 die 14-tägliche Auszahlung und nur für die Klassen 10 bis 13 die Auszahlung einmal im Monat, denn monatlich führt für Jüngere doch immer wieder zu kleinen ‚Insolvenzen' kurz nach dem Zahltag. Wie viel genau zu Hause ausgehandelt wird, ist Vereinbarungssache, leider *ohne jeden Rechtsanspruch* für den minderjährigen Nachwuchs (der „Taschengeldparagraph" im BGB meint etwas völlig anderes, siehe vorletztes Kapitel unten). Um unnötigen Sozialneid zu vermeiden rate ich dazu, dass sich Eltern/Sorgeberechtigte auf *Schulelternabenden* abstimmen über die Höhe und den Auszahlungsmodus des Taschengelds – z.B. immer freitags.

Natürlich ist meine Tabelle nur eine Empfehlung; sollten sich Eltern auf eine Liste mit etwas anderen Sätzen einigen, wäre das sicher auch gut. Mit Taschengeldentzug bestrafen ist aber keine gescheite Idee. Angemessen wäre es, ggf. $^{1/3}$ des Taschengelds für jenen Konfliktfall in Raten einzubehalten, dass der junge Mensch grob fahrlässig eine Sachbeschädigung verursacht hat, die kostspielig ist. Eltern müssen für so etwas *nicht* aufkommen. Das überall sichtbare Schild „Eltern haften für ihre Kinder" ist nichts als Bluff. Eltern müssen nur ihrer Aufsichtspflicht nachkommen. Unter 7-Jährige sind ohnehin gar *nicht strafmündig* und ab 7-Jährige zahlen (später) selbst, wenn sie Schuld hatten; Gläubiger müssen eben abwarten, bis der junge Mensch ein Einkommen bezieht und können solche

Schulden noch 30 Jahre lang zurück verlangen. Es sei denn, die eingeschüchterten Eltern zahlen vorher freiwillig, ohne dass sie es rechtlich müssten.

Vor der Einschulung ist Taschengeld nur dann sinnvoll, wenn das Kind es erstens wünscht und zweitens mehrere Cent auch zählen kann; in diesem Fall sollte ein 5-jähriges Kind wöchentlich z. B. 70 Cent „zum Üben" erhalten; aber ab 7 – wenn die Kinder bedingt geschäftsfähig werden – sollte aus pädagogischen Gründen aber *unbedingt und regelmäßig* Taschengeld gewährt werden, nicht nur im Urlaub und nicht nur als Präsent von Großeltern (dann oft von diesen vorgesehen für die Spardose), denn die Grundidee des Taschengelds ist ein „angemessener" Barbetrag zur freien, persönlichen Verfügung". Für 14-Jährige und Ältere empfehle ich zusätzlich die Einrichtung eines verzinsten Giro-Kontos insbesondere für das unten beschriebene **Bekleidungs-, Handy- und Hygieneartikelgeld** mit einer EC-Karte für Minderjährige, die technisch auf z. B. auf 140 € Ausgaben pro Monat beschränkt werden kann. Meine Liste unten zeigt eine *gleichmäßige* und *altersgerechte* Steigerungskurve, orientiert sich bei Minimum und Maximum an den Sätzen für Heimkinder und nimmt wie gesagt etwas sehr Sinnhaftes, nämlich die **Versetzung in der Schule** als Hürde und nicht den Geburtstag, wie bei der Taschengeld-Empfehlung der SPARKASSE, deren Verdienst es ist, seit über 35 Jahren öffentlich in Schulen, Erziehungsberatungsstellen, Elternforen und Horteinrichtungen dieses vernachlässigte Thema zu publizieren.

Klasse	Woche	Klasse	14 Tage	*Klasse*	Monat	Bekleidung / Hygiene
vor 1.	0,70 €			9.	60-65 €	35 €
1.	1-2 €	5.	13-16 €	10.	65-70 €	40 €
2.	2-3,50 €	6.	16-20 €	11.	70-75 €	45 €
3.	3,50-5 €	7.	20-24 €	12.	75-80 €	50 €
4.	5-6,50 €	8.	24-28 €	13.	80-85 €	55 €

Die Liste versucht (genau wie jene, die die SPARKASSEN oder das DEUTSCHE JUGENDINSTITUT veröffentlichen) Eltern zu motivieren und Kindern/ Jugendlichen beispielhaft Empfehlungen zu reichen, die dann gern diskutiert werden sollten. Die Sparkassen hatte bis 2014 sehr grobe Empfehlungen in gebündelten Altersgruppen herausgegeben. Nachdem das DJI den Mangel analysierte, kamen seither Listen pro Lebensalter-Jahr heraus, dazu auch dort das von mir entwickelte Budgetgeld, allerdings mit anderen Sätzen. Dass Jugend*ämter* zunehmend selbst Empfehlungen herausgeben, widerspricht in meinen Augen dem Neutralitätsgebot der Behörden (übrigens diskutiert das Deutsche Jugendinstitut meine Liste als einzigartig, weil 1. die Übergänge homogen sind und weil 2. zusätzliches *Budgetgeld* ab Klasse 10 empfohlen wird).

Hintergrund meiner Überlegungen, die seit 1996 alle zwei Jahre im Juli aktualisiert veröffentlich werden, sind Beträge einer Berliner Anlage zum Barleistungsrundschreiben, die sich an der für Taschengeld relevanten Stelle auf Heime und auf das Betreute Jugendwohnen beziehen:

„Taschengeld erhält der junge Mensch zur freien Verfügung. Es ist für die Erfüllung individueller Wünsche bestimmt. Es berücksichtigt den Bedarf in den jeweiligen Altersstufen. Eine Kürzung des Taschengelds ist in der Regel unzulässig." (Senat für Bildung und Jugend Berlin, „Ausführungs-Vorschrift Jugendhilfeunterhalt" vom 20.12. 2007).

Selbst wenn diese Minderjährigen in Jugendhilfe einmal Schadensausgleich leisten müssen, ist ihnen doch 2/3 des monatlichen Taschengeldes zu belassen. Die Senatsverwaltung für Integration, Arbeit und Soziales Berlin hat in der Anlage zum Rundschreiben Soz Nr. 12/2016 bestimmte Summen festgelegt als „Barleistungen nach § 35 SGB XII". Sie beginnen ab 1.1.2018 bei

- 5 Jahre bis Einschulung = 6,67 €
- Einschulung bis 10 J. = 16,68 €
- 11-14 J. = 33,36 €
- 15-17 J. = 66,72 €
- im 18. Lebensjahr = 77,84 €

Offenbar sind selbst diese hohen Sätze aus amtlicher Sicht (sparsame Mittelverwendung) angemessen. Diesen Rahmen habe ich bewusst bei meiner Liste berücksichtigt. Und am Rande zur Kenntnis: Der „notwendige Lebensunterhalt" für Jugendliche ab 15 Jahren in sozialpädagogisch begleiteten Wohnformen außerhalb der Heimerziehung beträgt seit 1. Januar 2018 pauschal 316 € monatlich, zuzüglich der Kosten für Unterkunft und Heizung.

Geld für Bekleidung und Hygiene-Artikel

Junge Menschen spätestens ab 14 oder ab Klasse 9 sollten von den Eltern *taschengeldergänzend* festgelegte Geldmittel für Bekleidung und Hygiene-Artikel erhalten, gern praktisch direkt aufs Jugend-Giro-Konto monatlich per Dauerauftrag. Neid, Minderwertigkeitskomplexe und Luxusgier können im Schülerkonkurrenzkampf schlecht über moralische Reden gebändigt werden. Unsere Kinder möchten heute am liebsten Markenware tragen oder besonders ausgewählte Drogerie-Artikel nutzen. Die Konkurrenten unter den Peers in der Szene beobachten und kommentieren sich in vielen Situationen zugespitzt und kritisch – entsprechendes Mobbing untereinander gehört zum Alltag. Ein Gespräch über die Alternative „lieber viele preisgünstige Waren vom Bekleidungs-Discounter *oder* exklusiver wenige Produkte von den z.Z. angesagten teuren Brands und Labels" sollte unserem Nachwuchs nachdenklich machen. Wer dann monatlich 30-60 € erhält, kann immer wieder frei, differenziert und nach Lage der Dinge am Ort sein Geld in die Shopping Malls tragen, ohne dass wir Erwachsene in den Läden mitreden und völlig versagen beim Versuch, unsere Sparsamkeits-Tipps auf die Jugendlichen zu übertragen. Diese Methode hatte ich vor Jahren einmal für ein Jugendheim und fürs Betreute Wohnen entwickelt. Sie ließe sich auch wunderbar auf Familien übertragen; eigenes Bekleidungs- und Hygiene-Artikel-Geld wird von Schülern sofort sehr clever gemanagt und an der Shopping-Front entfallen Sprüche wie Papa/Mama/Erzieher ist „blöd" „ungerecht", „geizig", oder „voll krass".

Kostenübernahme für Mobiltelefonie?

Mein Lösungsvorschlag ist simpel wie gerecht: Von *meinem* Kind gleich welchen Alters erwarte ich, dass es mich in bestimmten Situationen, bei Terminabsprachen und „Dates" von unterwegs aus anruft (es ist Geschmackssache, aber auf das „Chatten", über Messengers oder SMS *Kurztexte hin und her*, habe ich mich nie eingelassen. Und dass „WhatsApp" wie „Facebook" den Datenschutz mit Füßen treten, dürfte bekannt sein). Ich möchte auch, dass mein Kind erreichbar ist und deshalb ein Handy die meiste Zeit angeschaltet bereit hält. Dafür zahle ich gern etwas. Diese Absprache-Option (Kommunikation mit Kindern per Handy oder Smartphone) ist Standard heute, sagen wir ab Klasse 3 (parallel zu „Frühenglisch"), aber Eltern sind berechtigt, es anders zu handhaben, so wie die Schulen eigenständig berechtigt sind, innerhalb der Schulzeiten Handy-Verbote mit Konsequenzen zu organisieren. Zur Kostenfrage ein Vorschlag: Ruft mich mein Kind wie vereinbart gelegentlich an und ist auch für mich gut erreichbar wenn außer Haus, zahle ich monatlich 8 € als Zuschuss für die Prepaid-Karte. Erfolgen Kontakte eher selten, zahle ich z. B. nur 4 € im Monat dazu.

Geschäftsfähigkeit von Minderjährigen: Der „Taschengeldparagraph"

Der Taschengeldparagraph gem. § 110 BGB legt fest, dass ein Einkauf von einem Kind zwischen 7 und 18 Jahren auch ohne Zustimmung der Eltern rechtswirksam ist, wenn das Kind den Kaufpreis bar in einer altersangemessenen Höhe bezahlt, wie sie z. B. als Monatssatz in meiner Taschengeldliste oben festgehalten ist. Also wäre z. B. ein Fahrradeinkauf, Preis 250 €, durch einen 13-Jährigen *nicht* rechtens, während ein Kopfhörer im Wert von 25 €, verkauft an eine 11-Jährige, in Ordnung ginge – d. h. der Laden muss die Ware nicht zurücknehmen, wenn Eltern dem Kauf widersprechen.

Kindergeld über 18

Wird auch nach der Schule für junge Volljährige Kindergeld bezogen, sollte man es sofort an das „Kind" weiterüberweisen – das wären seit Januar 2017 beim 1. und 2. Kind je 192 € im Monat. Die *Familiengeldkassen* weigern sich auch auf Antrag hin, direkt an junge Volljährige zu zahlen. Kindergeld gibt es grundsätzlich für jedes Kind bis 18, für arbeitslos gemeldete bis 21 und für in Ausbildung befindliche bis 25 Jahre. Der Gesamtunterhaltsbedarf für Studierende beträgt seit Oktober 2016 = 735 € monatlich, und darin sind bereits 300 € für Unterkunft und Nebenkosten (Warmmiete) laut Empfehlung der Oberlandesgerichte in ihrer „Düsseldorfer Tabelle" vom 1. Januar 2017 enthalten.

Lebt der junge Mensch außerhalb der Familie, hat er/sie (nur) Anspruch auf je $^{1/2}$ von 735 € pro Elternteil, abzüglich noch $^{1/2}$ Kindergeld, also bekäme der Mensch mindestens von jedem Elternteil 367,50 € minus 92 €, also 277,50 € – und dann aber natürlich plus Kindergeld.

© MANFRED GÜNTHER (1996-2018) Text *online* > väterzeit.de
Rechtsstand 1. August 2018

Text 2

Wörterbuch Jugend – Alter

über 1000 (un)wichtige Begriffe

Inhalt

Das leidige Lebensalter, liebe Leute, ist das Thema. Hintergrund der Entstehung dieses Lexikons ist, dass ich mir im fortgeschrittenen Alter nicht mehr alles, und somit auch keine Fachdefinitionen merken kann. Wichtige Wörter notiere ich mir auf Zettel oder A-6-Hefte. Vergesse ich eines, gehe ich das Alphabet zunächst im Kopf durch, Erfolg: 85%: bei Misserfolg erfolgt ein Blick ins Vokabel-Heft. Damit Mitmenschen auch etwas davon haben, habe ich Verleger für so etwas gesucht – und gefunden. Zunächst aber erschien die Wörtersammlung vor 22 Jahren als Anhang zur Broschüre „Rechte junger Menschen" auf nur 6 Seiten mit 66 Stichwörtern, Titel „Lexikon von Alter bis Yuppie". Darin wurden wichtige Begriffe aus dem Hauptteil der „Rechte" definiert. Hinzu kamen weitere Wörter aus der Jugendkulturszene, Wortspaltereien a la ASTOR und Sarkasmen. Dann erschien 2003 in meinem Buch „Fast alles, was Jugendlichen Recht ist" ein 5. Kapitel namens „Das Lebensalter-Lexikon: Von Aalmutter bis Zymzicke" mit 333 Einträgen; danach wurde ich zum Messie. Die erste Auflage des seit 2010 eigenständigen Textes brachte 666, die zweite nun schafft nun 1050 lexikalisch aufbereitete Begriffe zum Thema „jung/mittelalt/alt" – wie beim Gouda – und zwar im aller weitesten Wortsinn; neben dem Bereich „Jugendhhilfe" gehören nun auch Literatur, Politik, und „alte Zeiten". Zur Vergrößerung der Lesefreude steuerte KLAUS STUTTMANN vom *Tagesspiegel*, der seit 1983 meine Veröffentlichungen illustriert, diesmal 23 krasse Karikaturen bei.

Zu empfehlen ist dieses lehrreiche Etwas allen Menschen, Geburtstagskindern, jungen Erwachsenen, Erzieherinnen, SozialpädagogInnen, Eltern, Lehrkräften, RentnerInnen, Kabarettbegeisterten, den Freunden politisch-psychologischer Diskurse sowie den bereits leicht weisen weißen Greisen. Fans von BASTIAN SICK und anderen Liebhabern der Feinheiten unserer aufregend schönen deutschen Begriffssprache, die hier vom Fachverfasser recht streitig präsentiert wird, mögen sich vergnügen. Und nun: herzlich willkommen im Wortreich!

Zur Logik im Aufbau der alphabetisch gelisteten Stichwörter

Es werden ausschließlich Wörter aufgelistet, die einen inhaltlichen oder formalen Bezug haben zu Begriffen, die im Deutschen (oder Englischen) verbunden sind mit *Lebensalter* im weitesten Sinn. In dieser wieder erweiterten Auflage werden erstmals 16 zentrale Haupt-Stichwörter gezeigt, unter denen mindestens je 10 weitere Begriffe erscheinen, auch wenn diese alphabetisch nicht unter diesem Buchstaben gesucht würden. Tatsächlich liest es sich so leichter und die wichtigen Lemmata im Kontext des Überbegriffs sind da, wo sie eigentlich hingehören: also finden wir GETO BOYS unter B bei *Boys* und *Schreberjugend* unter J bei *Jugend*. Die *Hauptstichwörter* – als Unterkapitel innerhalb eines Buchstabens – lauten:

- **Age, Alt, Baby, Boy, Child,**
- **Eltern, Generation, Girl, Jugend, Jung,**
- **Kid, Kind, Man, Mutter, Senior, Young.**

Was bedeuten Sternchen an einem Wort?

* * bedeutet: kurze Definition hier im Text, ausführlich, empfehlenswert und besser nachzulesen in der > de.wikipedia.org
* ** bedeutet: kurze Definition hier, ausführlich beschrieben – von mir selbst dort fundiert verfasst oder ausgebaut – in der > de.wikipedia.org
* *** auf dieses Schlagwort wird in einem der Texte ausführlich eingegangen!

Jugend
Einer Charis erfreuet sich jeder im Leben, doch flüchtig,
Hält nicht die Himmlische sie, eilet die Irdische fort.
FRIEDRICH SCHILLER

Alter
Herrlich ist für alte Leute Ofen und Burgunder rot.
Und zuletzt ein sanfter Tod – aber später, noch nicht heute.
HERMANN HESSE

„Vor meinem 27. hatte ich zum Glück keinen Erfolg. Wenn man direkt von der Schulbank weg berühmt wird, entwickelt man keine Haltung zu sich selbst und wird früher oder später verrückt" (STING, Jg. 1951, in Anspielung auf JACKO, The King of Pop).

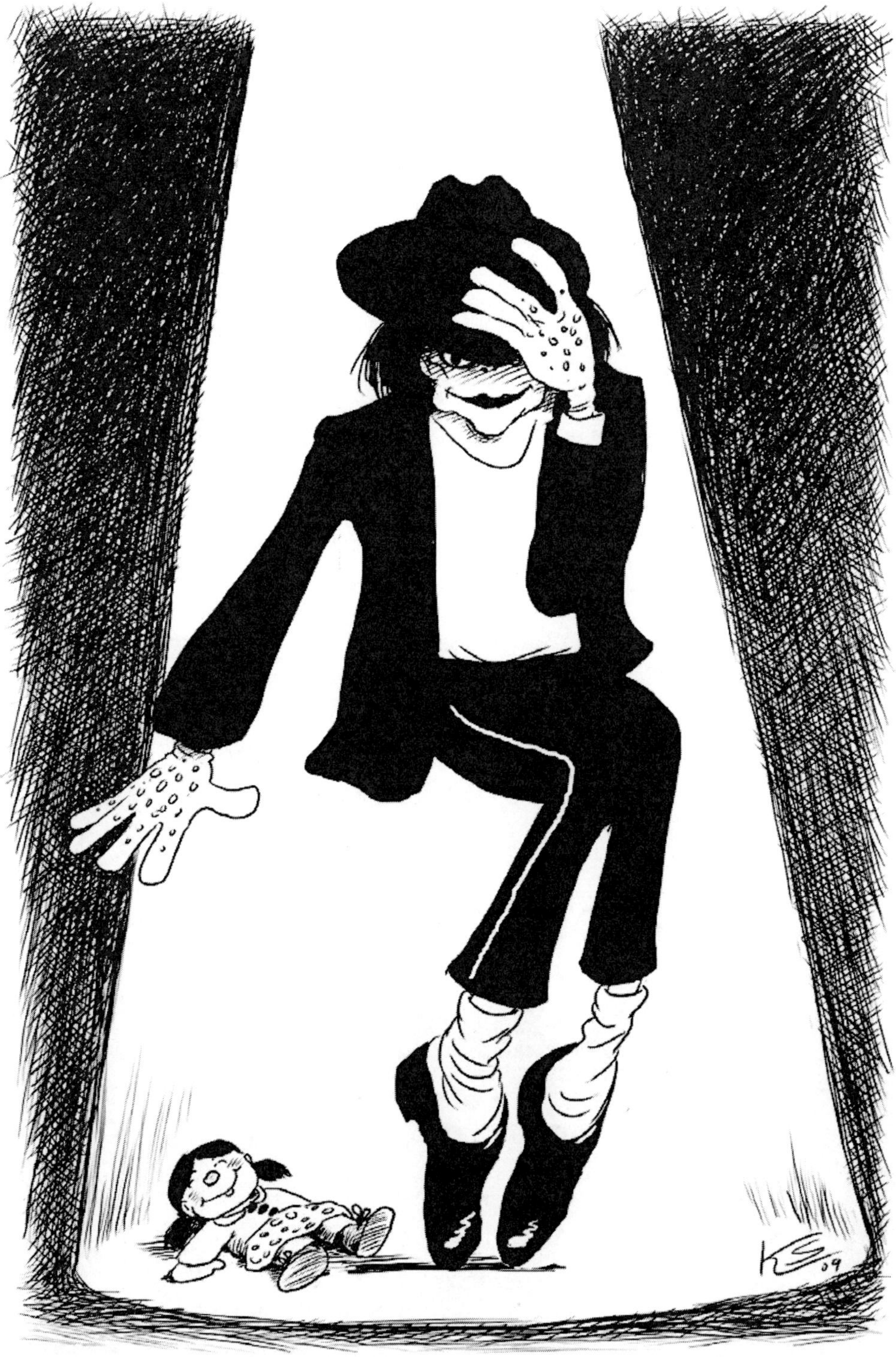

Abkürzungen

ahd.	althochdeutsch	mnschl.	menschlich
alb.	albanisch	mhdt.	mittelhochdeutsch
americ.	englisch der USA	niedt.	niederdeutsch
bayr.	bayrisch	ndt.	neudeutsch
berlin.	berlinerisch	nlat.	neulatein
blackam.	Slang in USA	n. u. Z.	nach uns Zeit
chem.	chemisch	österr.	österreichisch
chin.	chinesisch	pl.	Plural
dt.	deutsch	poln.	polnisch
engl.	englisch	psych.	psychologisch
fam.	familiär	russ.	russisch
fläm.	flämisch	schweiz.	schweizerisch
frz.	französisch	serb.	serbisch
griech.	griechisch	Sg.	Singular
hebr.	hebräisch	span.	spanisch
ital.	italienisch	süddt.	süddeutsch
jidd.	jiddisch	türk.	türkisch
kreol.	kreolisch	ugs.	Umgangssprache
kroat.	kroatisch	ung.	ungarisch
jugs.	Jugendsprache	v. u. Z.	vor unserer Zeit
lat.	lateinisch	zool.	zoologisch
litu.	litauisch	z. Z.	zur Zeit
med.	medizinisch		

Vom Abba zur Zygote

A

Abba: 1. Gott (der Herr oder Vater) wird im „Neuen Testament" bei MARKUS sowie PAULUS so angeredet; im „Hebräischen Testament" (Tanach) heißt er JAHWE, JEHOWA oder meist in Tetragrammform JHWA; da es im jüdischen Glauben aber untersagt ist, den Namen auszusprechen, nennen sie ihn dort ersatzweise den ADONAJ, also den Herrn; 2. Ursprung ist wohl die kindliche Lallform des aramäischen Ab = Vater; 3. Kultpopgruppe der 1970er/80er Jahre aus Schweden („Mamma Mia"); 4. deren Fischfabrik

Abecedarian: (engl.) 1. >**ABC-Schütze**; 2. Leseanfänger; 3. Lehrer für Anfangsunterricht

ABC-Schütze: früher einmal für 1. Klasse-Volks- oder Grundschul->**Kind**

Abkömmling: >**Kind**; Sichtweise des BGB, die zum Ausdruck bringt, dass es neben den Eltern (als Erblasser) auch alte Kinder gibt, zum Beispiel 66-Jährige, die erst dann erben, wenn die >**Altvorderen** gestorben sind

Ableger: (zool.) ungeschlechtliche Vermehrung, meist under cover

Abstillen: Phase im Leben einer jungen >**Mutter**, in der sie das >**Kind** von ihrer Brust entwöhnt; Praxis variiert stark – so zwischen 6 Wochen (Rechtsanwältin mit Biss) und 4 Jahren (Diplom-Pädagogin mit Zusatzausbildung in Esoterik); das natürliche Abstillen erfolgt etwa nach 6-10 Monaten

Achtundsechziger, 68er: aktive Miterleber (Zeugen und Täter) einer kurzen bundesdeutschen Epoche, in der Steine und Scherben den Ton angaben; sie brachten uns den Feminismus, weniger verklemmtes Sexualverhalten, minimal mehr Demokratie, lockerere LehrerInnen, weitgehende Abkehr von inhaltslosen Konventionen – bis auf die bleibenden Krawatten der Tagesschausprecher.

Adam-Syndrom: Androgen-Defizit des >**alternden** >**Mannes**: >**Testosteron**spiegelprobleme; die Produktion sinkt ab 35 Jahren jährlich um mindestens 1%

Adoleszenz: Wachstumsalter, Jugendalter, ca. 12 – 21; einvernehmlicher Begriff in verschiedenen entwicklungspsychologischen Schulen, in westlichen Ländern herrscht ein Paradoxon: wir werden früher reif, aber später >**erwachsen**

Adulescens facinorosus: (nlat.) >**Halbstarke**, Rocker

Adults: (engl.) erwachsene Menschen im Sinn von ausgereift

Adulthood: (engl.) das Erwachsenenalter; „Beeing grown for the rest of your life, from adulthood no one survives" (JUKEBOX THE GHOST)"

ADORF, MARIO: großer Schauspieler, alt (Jg. 1930), offenbar >**Macho**; definierte 2011 *witzig-old-fashioned* 2 Begriffe: „Erfolgreicher Mann? – verdient mehr, als eine Frau ausgeben kann; eine erfolgreiche Frau? – findet so einen Mann"

AGE
„Age Ain't Nothing But a Number": Album der damals 15-jährigen AALIYAH, produziert von R. KELLY, der zunächst A. heiratete, dann aber wohl beim Sex mit anderen 14-jährigen Mädchen hatte; eine der Strafen: MTV-Boykott „Age is something that doesn't matter, unless you are a cheese" (BENJAMIN BURKE)

Age of majority: (engl.) Volljährigkeit
Age Mate: (engl.) Gleichaltrige
Age worn: (engl.) altersschwach
All-age: Bezeichnung für Waren für alle Altersgruppen; z. B. die HARRY-POTTER-Bücher für Menschen von 7 bis 107
Coming of Age: (engl.) mündig werden
Aging, ageing: (engl.) altern

Aging Male: (med.) der alternde Mann bekommt typische Probleme mit der Muskulatur und mit den Knochen

Aging Out: wenn ein (junger) Mensch eine Altersgruppe verlässt, die ihm z. B. bestimmte Privilegien brachte
Best Ager: 50+; gilt auch für gut aussehende 60+
Pro-Aging: „Älterwerden bei möglichst großem körperlichen und seelischen Wohlbefinden" (URSULA LEHR, Ex-BuMi)
Anti-Aging: (engl./med.) Fitness-/Wellness-/Ernährungswelle, die abzielt auf den Erhalt bzw. die Rekonstruktion ziemlich ewiger Jugend
Agism: (engl.) negative Diskriminierung alter Menschen

Ahnentafel: (engl.) Ahnentafel

Aktion'70**: erster Freier Träger von modernem, betreuten Jugendwohnen für 15–20-Jährige statt Heimerziehung in West-Berlin seit 1970, hat heute auch Kriseneinrichtungen

Akzeleration: Entwicklungsbeschleunigung (Heranwachsende werden historisch betrachtet immer früher groß und größer); **Post-Akzeleration:** trotzdem werden sie (in der modernen Welt) immer später richtig erwachsen; na so was

ALT

Alt: 1. Tonlage (vox alta = hohe Stimme); 2. Gegenteil von >**jung**; nicht objektiver, sondern relativer Wert
älter: Komparativ von alt; ein Hula-Hoop-Profi sagte überraschend „je älter man wird, desto besser wird man"; andererseits beklagen Orthopäden viele Bandscheibenschäden bei älteren Hula-Hoop-TänzerInnen
Älterwerden: PETER GABRIEL (*1950) fühlte sich 2010 immer noch wie mit 17, IGGY POP (älter) turnt noch mit 70 halbnackt auf riesigen Lautsprecherboxen herum, und JACK NICKOLSON (*1937) merkte schon mit 60 an „ich fühle mich wie ein junger Mann – aber dieser Fremde im Spiegel schockiert mich … bin froh, dass ich nicht mehr so gut sehe!"
Älteste: Bei den *Zeugen Jehovas* gibt es keine Profi-Priester, und schon gar keine -Innen, aber Älteste, das sind „befähigte reife Christen, die die Führung der Versammlungen übernehmen und die Herde Gottes hüten", also auch schützende Aufseher; die ZH sind übrigens keine schräge zu ignorierende Sekte, sondern seit 2006 tatsache eine Körperschaft Öffentlichen Rechts
Alt-68er: die noch heute die Ideologie von damals bei sich bietenden Gelegenheiten beschwören; STRÖBELE, DITHFURT, LANGHANS, SCHWARZER, angeblich in Berlin, Bremen, Hamburg und Hessen-Süd das halbe LehrerInnenkollegium; >**68er**
Altbier: obergäriges Unterrheinwasser
Altdame: Mutter (Ruhrgebiet)
Alte: Das Duo ICH UND ICH ist auf der Bühne nur ein Single: ANNETTE HUMPE (Ex IDEAL, Hagen/Berlin) geht nicht mehr hoch; dazu dämlich GÜNTER JAUCH:

„Sie befürchtet, dass das Publikum fragt: Was macht denn die Alte da oben?"; ADEL TAWIL, ihr Partner, war früher bei >**The Boyz**

Alte Hasen: erfahrene Menschen mit Durch- und Überblick
Alte Herren: Senior Convent, in der >**Burschenschaft** (FICHTE, Idealismus) die Förderer der Vereinigung
Altenheim, Altersheim: Seniorenresidenz
Alter: 1. Vater; 2. Kumpel; (engl.: **My man!**) 3. (bei Mensch und Tier und Pflanze) Zeitangabe über die bisherige Lebensdauer, genau definierbare Altersgrenzen in Kalenderjahren gibt es biologisch nicht, vielmehr ist der Entwicklungsprozess komplex und individuell auch verschieden (Beispiele: sprechen können, Eintritt der Geschlechtsreife, Lebensdauer); 4. der letzte Lebensabschnitt vor dem Greisenalter; 5. Verfallsdatum zeigt es an (Lebensmittelrecht)
Alter Mann: Hohlraum unter Tage, der nicht mehr betreten wird (vor Ort, Bergbau)
Altersmilde: in der Politik, auch bez. Großelterngeneration im Privaten: Beobachtung, dass Ältere toleranter und weniger streng, dogmatisch oder weniger prinzipienfest werden
Altersringe: manche Bäume kann man altersmäßig gut festlegen durch das Auszählen ihrer Ringe in der Rinde

Altersbezogene Makuladegeneration (AMD): Das Makula-Pigment nimmt im Alter ab – es wird weniger Lutein und Zeaxanthin vom Körper produziert, so dass bei dieser Netzhauterkrankung unbehandelt hochgradige Sehschwäche eintritt. Zur Therapie gehört hochdosiertes Lutein. Daher ist verständlich, dass immer mehr Menschen vorbeugend Brot aus „alten Getreidesorten" verlangen – Einkorn und Gelbkorn haben nämlich mehr Lutein als der bekannte Weizen

Alter Schwede: 1.(niederdt.) Begrüßungsfloskel unter Angetrunkenen, Ausdruck von Überraschung; 2. historischer Hintergrund ist, dass FRIEDRICH WILHELM I erfahrene Schweden als Ausbilder anwarb und diese dann so bezeichnet wurden; 3. „Du fährst 'nen alten Schweden?" (VOLVO); engl.: **gosh**

Altersteilzeit: keine besonders „steile" Zeit für Alte, sondern eine moderne Mischung aus ‚bisschen weniger Arbeit' und ‚bisschen mehr Vorruhestand'

Alterstod: trifft alle Menschen und Tiere, spätestens mit 200. Alle? Nein, die Einzeller sind unsterblich, und dazu zählen Bakterien sowie Amöben

Altersunterschied: nichts Schlimmes, es sei denn in Ehen und eheähnlichen Beziehungen herrscht ein großer; gesetzlich ist alles ü 18 erlaubt. HUGH HEFNER (2017 mit 91 gestorben, Playboy) heiratete 2012 die 26-jährige CHRISTAL HARRIS und MÖRTEL LUGNER (*1932, Bauunternehmer/Opernballsponsor), dessen 3. Ehefrau anlässlich einer Schönheitsoperation verstarb, heiratete 2014 die 24-jährige CATHY SPATZI SCHMITZ; kaum der Rede wert: Schluckauf MÜNTE heiratete mit 70 eine 30-Jährige. Im Tagesspiegel vom 14. September 2014 leiden einem recherchierten Beitrag zufolge jüngere Frauen unter „Diskriminierung" wg. des „Altersunterschieds" zu ihrem älteren Partner. Diskriminieren heißt aber unterscheiden, so what?

Alterung: aus demografischer Sicht ein größeres Problem in Deutschland; Prognose: im Jahr 2050 haben fast 50% der Minderjährigen Eltern islamischen Glaubens; den zahlenmäßig stärksten Jahrgang stellen dann die 62-Jährigen; also: senkt endlich die Gehwegekanten ab, baut Fahrstühle und Moscheen

Altfränkisch: Oberbekleidungsstil, der sich abgrenzte von den anno dunnemals aus Frankreich eindringenden Rittermoden

Altklug: Kleine(r) schwätzt wie ein(e) Große(r)

Altsche: oft abwertend: die (alte) Ehefrau (Ruhrgebiet)

Altsprachler: (ein Kommunikations- und Generationsproblem) GymnasiallehrerInnen, die sich ungebildeten jungen Menschen gegenüber manchmal kaum verständigen können; vgl. auch (Scherz) >**MODERN TALKING**

Altvordere: die Ahnen, die (Groß-) Eltern

Altweibersommer: Spätsommer, Nachsommer, Indian Summer

„Alt wie ein Baum": Kultlied der (seit 30 Jahren) alt wie ein Alk aussehenden PUHDYS

Alte Tage: (auf deine alten Tage...) – Redewendung, die den Angesprochenen A) als alt festmacht und B) infrage stellt, ob ein bestimmtes Verhalten auch altersgemäß ist (z. B. „du auf deine alten Tage trägst noch Tangas?")
Das Alter: begann im alten Rom gemäß GELLIUS mit 46
Die neuen Alten: Gruppe von Menschen über 65, die egoistisch, bindungsfern und schamlos sind wie ELFRIEDE VAVRIK, Autorin von „Nacktbadestrand", Erfolgstext mit autobiografischen Szenen einer damals 79-Jährigen österreichischen Katholikin, die sich sexuelle Abenteuer mit 20 jüngeren Männern besorgte (in zunächst nur einem Jahr)
Jahr für aktives Altern: Die EU legt 2012 einen Schwerpunkt auf Unterstützung von ‚Senioren', weil inzwischen mehr Rentner als Arbeitnehmer in Europa leben.
Kanonisches Alter: gesatztes Recht entsprechend der Vorgaben der katholischen Rechtslehre, festgehalten 1142 vom Mönchen GRATIAN im „CIC". Neue Fassung von 1983: Priester muss 25 sein, Bischof 35, Taufpate 16 (der Autor wurde es trotzdem mit 14), Novize 17. Der Volksmund definiert das **k. A.** einmal als „dieser Mensch besitzt ein gewisses Maß an Vernunft" und zum anderen als Mindestalter für Pfarramtshaushälterinnen – da wird unterstellt, dass sie mindestens 40–45 sein sollten
Lebensältere Bewerber: 2017 plakatierte die Bayrische Landespolizei auf der Suche nach Personal mit dieser Begrifflichkeit; als hätte die deutsche Sprache nicht schon genug Wörter (siehe *Wörterbuch Jugend – Alter* u.v.a.)
Max-Planck-Institut für Biologie des Alterns: 130 Forscher in Köln, dort evolutionsbiologische Grundlagenforschung zum Alterungsprozess; der Mensch wird dort mit Maus, Fruchtfliege, Backhefe und Fadenwurm verglichen. Ehrlich!
„Neue Bilder vom Alter(n)": Fotowanderausstellung der NATIONALEN AKADEMIE LEOPOLDINA
Sport im Alter: „Sport ist Mord" tönt es bei Schluffis und bei bereits geschädigten (Knie, Rücken usw.); Sportmediziner empfehlen altersgemäßes Engagement. Auch die über 35-Jährigen unter uns sollen körperlich große Leistungen vollbringen (können). Sie erfüllen noch alle sechs Kriterien : Ausdauer, neuromuskuläre Leistungsfähigkeit, Kraft, Sehvermögen (lässt mit 40 nach) Reaktionsfähigkeit (lässt mit 50 nach) und mentale Stärke; der „große Knick" kommt erst etwa mit 70
Alternswissenschaften: neuer Studiengang, z. B. an der Hochschule Magdeburg im Bereich von Gesundheit/Soziales
Alt (Sprüche/Quotes): „Es ist einen Zumutung, dass Menschen nicht nur alt werden, sondern auch noch sterben müssen" (MARGARETE MITSCHERLICH); „'S ist schlimm wenn man alt wird, das Alter spricht, aber schlimmer ist es, man wird es nicht" (HEINZ ERHARDT); „Wer seinen Kindern gibt all sein Brot und leidet im Alter selber Not, den schlage man mit der Keule tot" (Sinnspruch am Stadttor

von JÜTERBOG, BRANDENBURG); „Alt werden ist nichts für Feiglinge" (MAE WEST); JOACHIM FUCHSBERGER klaute den Spruch für einen Buchtitel; im ansonsten betulich-schlicht langweiligem Bestseller sagt er: „Alt ist man, wenn die Kerzen teurer sind als der ganze Geburtstagskuchen"; „Alt ist man erst, wenn man keine Dummheiten mehr macht" (Urheber unbekannt); „Alter = Die Zeit, wo die Erinnerung an die Stelle der Hoffnung tritt" (WILHELM RAABE): „Nichts zeigt das Alter eines Menschen so sehr, wie wenn er die neue Generation schlecht macht" (ADLAI STEVENSON)

Alteration: (med.) krankhafte Veränderung, Erregung

ALTER, DANIEL: junger Rabbiner aus Berlin-Friedenau, der 2011 auf der Straße von unbekannten jugendlichen Tätern wg. Tragens einer Kippa vor den Augen seiner 6-jährigen Tochter zusammengeschlagen wurde und heute Beauftragter für Antisemitismusfragen ist

Alter Ego: (lat.) bei CICERO noch „alter idem", ein zweites Ich; das kann Verschiedenes meinen, eine Außenseele, eine zweite Person mit Ähnlichkeiten, eine gespaltene Person, ein zweites Leben einer Person (nehmen wir den Franken ERWIN PELZIG im Kabarett – privat FRANK-MARKUS BARWASSER oder wie im Psychodrama das „Doppel".

Altruist: alt und rüstig? – nein, selbstlos, kein Egoist

Altus: (lat.) hoch **und** tief und *nicht* alt !!

Ambulator: (nlat.) >**Treber;** Treberhilfe = Ambulator per MASERATI

Anmacharmee: im neuen (2018) altersgeilen Roman „Gar alles..." von MARTIN WALSER ein Wort des Ich-Erzählers MALL für *junge Frauen*

Annalen: Jahrbücher, Geschichtsschreibung; ein Comedian ließ verlauten, Berlins Bürgermeister WOWEREIT werde „in die Geschichte der Annalen eingehen"

Antiquity: (engl.) das Altertum

Apprentice, Apprenticeship: (engl.) Lehrling, Lehrlingszeit

ARISTOTELES: (384–322 v. u. Z.) sieht die Jugend wohlwollend als optimistisch, hitzig, idealistisch unverdorben, gutgläubig und tatkräftig; das Kind in Athen erhielt mit 18 die Bürgerrechte und gelangte in die „Heeresrolle"

Armentarius: (nlat.) Cowboy

ASBACH: oder „alt wie Asbach"; bedeutet ‚sehr alt' (der Witz z. B.); Redewendung, der alten Dauer-Fernsehwerbung des Weinbrandherstellers geschuldet: „Wenn einem also etwas Gutes widerfährt, das ist schon einen ASBACH URALT wert"

Aspirin Fee: (Jugs.) Krankenschwester

ATTAC: was vor 20 Jahren noch Sinnbild für radikale, unbekümmerte jugendbewegte außerparlamentarische Politik war, ist auch ein deutlich älter und ruhiger geworden; ATTAC wollte zunächst von Frankreich ausgehend nur globalisierungskritisch erreichen, dass Finanztransaktion besteuert werden; der 2017 gestorbene HEINRICHJOSEF GEORG GEIßLER wurde mit 77 ATTAC-Mitglied; dann kamen und gingen die „Piraten", „Occupy" gibt es noch, Jungerwachsene wachsen und „The times, they are a-changin´"

Au-Pair (-Junge, -Mädchen): (franz.) im Austausch; in der Regel Jugendliche bzw. Heranwachsende, die für fast kein Geld im Ausland den Dreck einer ganzen Familie beseitigen, einschließlich Kinderbetreuung; Gegenleistung: Sprache und Kultur kennen lernen; in den USA 45-Wochenstunden-Grenze, immerhin

Auswildern: zynische Eltern benutzen bisweilen diesen Terminus – ihr heranwachsendes „Kind" möge sich bitte mal verselbständigen mit 26. Mein Freund A. hat eine solche innewohnende Tochter, von der er behauptet, sie halte Taschengeld für 'ne eigene Währung...

Azubi, Auszubildende: >Lehrlinge (>Stift) machen eine mindestens zweijährige Berufsausbildung und besuchen parallel dazu eine Berufsschule - das berühmte deutsche Modell der ‚dualen Ausbildung'; wegen geringer Anstellungschancen strebt eine Mehrheit angeblich den krisenfesten Beruf des Insolvenzverwalters an.

B

Baba: 1.(türk.) Sufismus-Anhänger (hl. Erwische); 2. (österr.) Gruß („Erzähl es doch deinem Alten und hau ab!" 3. Name, z. B. ALI BABA; 4. Vorname, z. B. RAPPER BABA SAAD; 5. (litu.) weg damit, schmutzig; damit Teil auch der dt. Babysprache; 6. last not least Papa (in arabischen Ländern)

Babble Stage: (engl.) Lallstadium

BABY

Baby: 1. „Kleines", arglose Worthülse für weibliche oder (!) männliche Geliebte in internationalen Schlagern und Filmen („Mein Baby gehört zu mir" – PATRICK SWAYZE in „Dirty Dancing"); 2. Säugling

Baby Alarm: Sonntags-Vorabend-Sendung, 2011, auf RTL; Pädagogin erzieht und mediiert Menschen mit Babys und Konflikten. Abklatsch der RTL-„Super Nanny"

Baby Basar: diese in D häufig von christlichen Kirchen organisierten Märkte halten nicht, was sie sprachwörtlich plakatieren. Man bekommt immer nur Klamotten und Spielkram für Kleinkinder, die man schon hat oder auf jedem schlecht sortierten Flohmarkt erstehen kann; Babies? Fehlanzeige.

BABY BEL: (franz.) Käse ®

Babyblues: besonderer psychischer Zustand der Mutter wenige Tage nach der Geburt wg. hormoneller Umstellung, unzufrieden aber nicht depressiv, Stimmungskrise >**postpartale Depression**

Baby-Bars: auch: Eltern-Kind-Cafés, z. B. in Berlin mit den einschlägigen Namen „Krümelkeks, Kreuzzwerg, Milchbart, Schnattertinchen" – dort gibt es z. B. Kinderlatte

Baby-Boom:* in USA und Deutschland Zeit nach dem 2. Weltkrieg mit rapide ansteigenden Geburtenjahren; auch später wurde der Terminus erneut herangezogen und mit ähnlicher Bedeutung benutzt. Folge: Unwucht im Rentensystem.

Baby Doll: Figur aus TENNESSEE WILLIAMS` Drehbuch zum Film. „Du sollst nicht begehren Deines nächsten Weib"; beliebter Schnitt für Oberteile im Modeleben junger Frauen

Baby-Drogen: weiche Drogen

Baby-Kissing: im Gegensatz zur strafbaren Pädophilie handelt es sich beim B.-K. um staatsmännische Sonderaufgaben, die von Wählerinnen angeblich positiv sanktioniert werden. Immer nur Reden, gilt als zu kopflastig-intellektuell. Der Politiker (oder der Papst) nimmt nicht nur ein Bad in der Menge, sondern greift sich badend ein beliebiges Baby, um es vor laufenden Kameras zu herzen

Babyklappe: Errungenschaft des letzten Jahrzehnts in Deutschland; Öffnungsschacht an bestimmten Kliniken, durch den klammheimlich-anonym Neugeborene geschoben werden können; dahinter ist es ausreichend warm, und ein Mechanismus macht nach einiger Zeit das Personal auf den Zuwachs aufmerksam; Achtung! – echt zu eng (auch bei nur spärlicher Bekleidung) für zu freche 2- bis 3-Jährige; im Ernst: Der Deutsche Ethikrat lehnte im November 2009 diese Angebote ab, weil das Recht des Kindes verletzt werde, seine Herkunft zu erfahren

Babyshower: (USA) ein Fest kurz vor der Geburt; alle Freundinnen besuchen die Schwangere und bringen Geschenke

Babysit, Babysat: (engl.) Kinderverwahren

Baby-X-Studien: Forschungen, die zeigen konnten, dass der gleiche Säugling, der – einmal als Mädchen, dann als Junge – Erwachsenen vorgestellt wurde, durch diese recht unterschiedlich behandelt wurde

Achtung Baby!: Spaß-Buch des MICHAEL MITTERMEIER 2010; nach 2 Verkaufswochen Nr. 1 (dazu DENIS SCHECK: unlustig); M. erfand übrigens den Begriff „Arschkind" und machte ihn gesellschaftsfähig

Babocush: Babymatratze, leicht abschüssig, aus dem Innen ertönt ein herzschlagähnliches Geräusch, das die Säuglinge beruhigen soll

Beer Babes: zu Spielen der Fußball-WM in Südafrika kamen auch 36 wilde laute junge Frauen, deren Temperament die Kameras fesselte…sie warben für ANHEUSER BUSH BEER, die WM war von BUDWEISER (USA) gesponsort. Sanktionen: Platzverweise und 1 Mio $ an die Fifa statt *Afroknast*

„Der Babynator": Kinofilm USA 2005; ein „Navy Seal" betreut 5 Kinder eines Bonzen, was schwierig ist…

Mybabywatch: Neonatologie-Forscher der Charite machen mit der BARMER GEK ein neues Projekt zur Beobachtung und Begleitung von Babys, die dort mehr als 8 Wochen zu früh auf die Welt kommen. Das virtuelle Besuchssystem soll die Eltern-Kind-Beziehung optimieren. Frühgeborene können heute intensivbetreut überleben, auch wenn ihr Lungenvolumen nur 20 ml – statt später 3 l – beträgt, das ist Fingerhutgröße

SUGABABES: Pop-Soft-Rock-3-Girls-Gruppe aus Großbritannien, von 1998-2011 erfolgreich; 7 Alben; mit „About a Girl" in den Top 10 gewesen

Bachelor: (engl.) 1. Junggeselle; 2. erster Studienabschluss, seit den Europa-Verträgen von Bologna auch in Deutschland üblich, ca. 6 Semester, nach weiteren 4 Semestern ggf. „Master"; 3. anstrengende TV-Dating-Serie aus den USA

Backfisch: 1. Theorie: Verballhornung von (lateinisch) Baccalaureus, unreifer Student; 2. Theorie: „back fish" ist ein zu klein geangelter/gefangener Fisch und wird deshalb dem Gewässer zurückgegeben; 3. (ugs.) wg. 2.: weiblicher Teenager

BAFöG: Bundesausbildungsförderungsgesetz; Verb: bafögeln

BAGSO: Bundesarbeitsgemeinschaft der Senioren-Organisationen, 2. Vorsitz: URSULA LEHR (Ex-CDU-BuMiFam), Chef ist SPD-Schluckauf-MÜNTE, Jg. 1940, katholisch, in 3. Ehe mit ' ner Dame Jg. 1980

Balch (pl.: Bäljer): Kind (Berlin)

Beatnik: Mitte der 1950er Jahre treffen sich in New York die ersten modernen Popliteraten. Bekannte Autoren sind WILLIAM S. BURROUGHS, GINSBERG und KERUAC. Später finden wir heranwachsende Beatniks auch in Europa, bis sie von den **Provo**s in Amsterdam weiterentwickelt und abgelöst werden, alles vor 1968

Benjamin: 1. der jüngste Sohn JAKOBs in der Bibel; 2. (wg. 1.) der Nachwuchs, der Kleine unter den Geschwistern; 3. beliebter männlicher Vorname

BEN L'ONCLE SOUL: französischer Retro-Soul (MOTOWN-Style)-Sänger mit neuer grandioser Interpretation des Dancefloor-Hits "Seven Nation Army"

Berufsausbildungsbeihilfe (BAB): bei geringer Ausbildungsvergütung ein Rechtsanspruch; wird noch Teil des SGB werden

BBB: Berufsbildungsbereich, in Baden-Württemberg zweijähriges Programm zur Förderung Sonder- und wenig Begabter in lebenspraktischen Bereichen; in Hamburg *Beratungsstelle besondere Begabungen*, klingt ähnlich, meint aber „Begabtenförderung"

BBR: in Baden-Württemberg die Berufsbildungsreife, unterhalb des mittleren Schulabschlusses, einfache Qualifikation für den (praktischen) Arbeitsmarkt, heißt in Berlin und Bremen *Erweiterte Berufsbildungsreife*, eBBR

Betreutes Aussterben: Im Vokabular des Comedians OLAF SCHUBERT die deutsche Altenhilfsangbote

Big Guy (engl.): großer Meister

Bildungswege: wie ist Mensch zu seinem Beruf gekommen? Viele Wege führen in D dahin – über das dreigliederige Bildungssystem. Der 1. B. läuft klasssisch: Schulen, Ausbildung oder Hochschule, Beruf

Der 3. Bildungsweg: Super lehrreiches Themen-Kabarett des JÜRGEN BECKER aus Düsseldorf

ZBW: in Deutschland ganz gut ausgebauter **2. Bildungsweg**, d. h. Möglichkeit, nachträglich (wenn Berufsausbildung abgeschlossen) einen höheren Schulabschluss zu erreichen, um später ggf. zu studieren

Birth Control: 1. (engl.) Geburtenkontrolle; 2. Rockband aus Deutschland, 1970er Jahre, mit EGON HUGO BALDER, später „Tutti Frutti"-, heute „Genial daneben"-Fernsehmann

Birthday Party: ja, so viel englisch kann ja jede/r; außerdem Band des NICK CAVE, als er noch in Australien und England düster rockte.

Bit: Maßeinheit: Wortstamm meint klein bzw. wenig; 8 Bit = 1 Byte; 1 Kilobyte = 2^{10} Byte; Megabyte = 2^{10} Kilobyte; Gigabyte = 2^{10} Kilobyte; Terabyte = 2^{10} Gigabyte

BiVi: kein Würstchen, sondern: bis 40 Jahre alt

Blitzscheidung: hat z. B. ein Ehemann herausbekommen, dass seine Frau ihn aus niederen Gründen beabsichtigt zu vergiften, kann er (wenn die Staatsanwaltschaft das auch so sieht) bei Familiengericht die Blitzscheidung beantragen, so um im Todesfall die Dame vom Pflichterbe zu befreien

Bologna: Stadt der ältesten Universität Europas (1088); hier wurden im Verlauf des Bologna-Prozesses 1999 die europäischen Übereinkommen gezeichnet zur Vereinheitlichung und Harmonisierung der Studienabschlusse in Richtung hin auf Bachelor und Master

Booner: (JugSpr.) Anfänger, > **Grünschnabel**

BOY
BOY, BOYS (engl.): 1. Junge, Jungen; 2. (dt.) flüchtige Freunde eines schwulen Mitmenschen

BOY GEORGE: schriller, schwuler wg. Call-Boy-Verkettung zu Knast verurteilter britischer Sänger (Ex CULTURE CLUB) und Barinhaber; musste im Jahr 2009 (mit 47) von 10 Monaten wg. allerbester Führung nur 4 absitzen

Boyhood: Jungenalter

Boylesque: Nachtclub-Disziplin mit Männern auf der Bühne, die sich nicht ganz ausziehen

Boylover: (engl.) Päderast

Boy Scout: Pfadfinder

BOYZONE: noch eine Boygroup, in Irland 1993 gecastet, nach 7 Jahren Pause Come back 2007; größter Hit „Father and Son"

36-Boys: Gang oder Bande von 12 bis 21-Jährigen mit und ohne Migrationsgeschichte in Berlin-Kreuzberg (ganz alte PLZ = SO 36); Starairbrusher TIM RAUE (heute Sternekoch ebendort) war dabei; entsprechend gab es die **'47 Boys'** aus Neukölln-Britz usw.

Arabboy: Intensivtäterdrama von GÜNER YASEMIN BALCI, Regie: NICOLE ODER, 2009 im Saalbau Neukölln („HEIMATHAFEN"); Theater gewordener Albtraum Berliner Sozialarbeit

BACKSTREET BOYS („Play-BACK-STREET-BOYS"): USA-Super-Boys-Group, 1993 bis heute (Las Vegas Dauershow); 130 Mio Tonträger verkauft...

BAD BOYS BLUE: Euro-Disco-Style-Popmusik-Gruppe, seit 1994 aktive Männer aus USA, GB und Jamaica. Ein Album heißt „Hot girls, bad boys". Zwei Mitglieder verstarben 2008 bzw. 2009

B-BOYS FLYGIRLS: Single-Hit von BOMFUNK MC'S, zwei Rappern aus Finnland

BEACH BOYS: die Jungs mit dem Surfbrett aus den 1960ern; legendärer Chorgesang aus California – beim Lied „Good Vibrations" (1966) begleitet von der E-Version eines sowjetischen Geheiminstruments namens Theremin (1920)

BERGMANN BOYS: Jugendgang aus Berlin-Kreuzberg „61"; seit seit 2011 der Anführer einsitzt und sein Vize einheimt, ist seit langem Ruhe im Kiez der Schwellen- und Intensivtäter eingekehrt

Best Boy: (engl.) nach dem „Gaffer" (Oberbeleuchter) der Erste Beleuchter am Film-Set

BLITZKRIEG BOYS: vier russiche Charaktere ab der 3. Version von Beyblade- bzw. Manga-Animation; früher „Demolition Boys"

BOTOX-BOYS, das sind die Zwillingsbrüder **ARNOLD** und **OSKAR WESS** aus Köln. RTL berichtete über ihren Schönheitswahn. ARNOLD WESS gibt nach eigenen Angaben 500 Euro für Beauty-Pflege im Monat aus. Ihr Song „Ein Wunder" erinnert sehr an „Pokerface" von LADY GAGA; ein anderer Song heißt „Botox, das benutzt doch jeder" und beinhaltet Musikalisches für die Mülltonne

Call Boy: männlicher Prostituierter

FATBOY SLIM: Alias QUENTIN LEO COOK, alias DJ QUENTOX aus Reigate, England; erfahrener weißer Musiker; vielseitig, zeitweise HOUSEMARTINS, solo seit 1989

Game Boy: technisches Gerät für kleine Computerspiele, NINTENDO-Konsole, seit 1989, suchtauslösend

GETO BOYS: In Houston gründete sich 1980 diese Rap-Gruppe und brachte für damalige Verhältnisse extrem drastische Gewalt/Sex/Tod-Texte; zuletzt wurden diese „Gangster" 2008 gehört

Hey Boy Hey Girl: extraordinäres Video zu einer Single der CHEMICAL BROTHERS (Electronic Dance/Big Beat)

Ladyboy: Transgender-Person von Mann zu Frau; verbreitet in Thailand als Katoey, >**Miss Tiffany**

Little Boy: Atombombe mit perversem Eigennamen; sie (er) wurde am 8. August 1945 durch den USA-Bomber B 29 ENOLA GAY über Hiroshima abgeworfen. Diese historisch erste Wahnsinnstat dieser Art (Atombomben auf zivile Menschen) erzeugte einen gleißenden Blitz in der Stadt - und 140.000 Tote

Mikroboy: Elektropop-Band des Sängers und Gitarristen MICHAEL LUDES aus dem Saarland

Old Boys Network: Seilschaft von Männern, die gegenseitig ihre Karriere fördern

PET SHOP BOYS: das Duo TENNANT/LOWE ist seit 1985 unterwegs, Superhit damals „West End Girls"; Kult-Gruppe der Schwulenszene – aber auch Kooperation mit RAMMSTEIN (alias „RAMMSTEIN FLUGSCHAU", „MILCH", „ERDE" und „MUTTER"), die pyro-deutsche dumpf-und-fad-Band des TILL LINDEMANN, ex „FIRST ARSCH"

PLAYBOY: 1. laut ‚Tagesspiegel' (Januar 2003) gibt es ihn eigentlich nicht mehr; in den Jahren 1950–1990 reicher Mann, der kaum arbeitet und viel Spaß an üppigen Blondinen hatte (Prototypen waren GUNTER SACHS und ROLF EDEN); 2. Zeitschrift des HUGH HEFFNER mit vielen Fotos kaum bekleideter Frauen; berühmt-begehrt ist das monatliche „Center-Fold", drei aufklappbare Innenseiten mit einer ganz nackten Dame drin

Poor Boy: legendär doofer Titel der deutschen Hau-Ruck-Rock-Band „THE LORDS" in den 1960er Jahren

Scooterboy: Bewegung vornehmlich in England, 1980er Jahre; hing eng zusammen mit der der Veröffentlichung der THE WHO-LP „Quadrophenia"; ein Scooterboy ist ein männlicher ‚Mod' mit Motorroller; Gegner sind die ‚Rocker'
Sonyboy: Junge, spielt mit elektronischem Kleingerät
Soul Boy: kurzer, preiswerter Film und erster Ausdruck eines Filmprojekts, das TOM TYKWER in, mit und für Kibera, dem Slum von Nairobi in Nigeria entwickelt hatte (Berlinale 2010)
Sunnyboy: z. B. damals der Mafia-Günstling FRANK SINATRA
„The Boy who knew too much": zweites Album der MIKA 2009
THE BOYS: UK-Punk-Rock-Band, 1975/77; zurück aus der Gruft I: 1999; zurück aus der Gruft II: 2011: tourten im Mai 2014 durch Deutschland. laut Webseite z. B. in „Sturgart" und „Hunxe".
THE BOYZ: deutsche Pop-Boygroup mit ADEL TAWEL u.a.; sie traten auf in der Fernsehserie „Geliebte Schwestern"

VIRTUAL BOY: eine Videospielkonsole von NINTENDO, die 1995 in Japan und den USA veröffentlicht wurde. Er ähnelt einer Taucherbrille, in die man hineinsieht. Jedes Auge nimmt dabei ein anderes, leicht versetztes Bild wahr, wodurch ein real wirkender 3D-Effekt erzeugt wird.
Young Boys Bern: sehr guter Schweizer Fußballclub, farblich wie Borussia Dortmund

Bravo: Mutter aller Kinder-Jugend-Musik-Mode-Kino-Zeitschriften; 1956 in München gegründet, unter Chef PETER BOENISCH fast indiziert 1959 wg. Leidbildverfehlung (eine lebensgroße BRIGITTE BARDOT in Netzstrümpfen); erst 1965 zu A. CÄSAR SPRINGER; Bravo wagte eine Kulturrevolution: Sexualaufklärung für anonyme LeserInnen; die Redakteure, Dres. VOLLMER, KORFF und GOLDSTEIN (alias DR. SOMMER) – das waren *die* legendären zentralen Jugendberater im westdeutschen Wirtschaftswunder

Bruder: 1. männlicher naher Verwandter; 2. Teil einer Bruderschaft

BRÜDERLE und Schwesterle: früher sehr bekanntes deutsches liberales Politikerduo (0-er Jahre, B. plus WESTERWELLE); (Scherz)

Bube: 1. Junge (bayr.); 2. ist beim Skatspiel immer Trumpf – außer beim 0, 0-Hand, 0-Ouvert, 0-Ouvert Hand sowie bei der (Skat-)Revolution

Bubi: kleiner Junge (leicht böser Unterton)

Bubikopf: Bob-Frisur

Lausbube: umgangssprachlich ein männliches Kind, das aufgeweckt ist und auch Unsinn macht; Wort-Hintergrund ist wohl *Messdiener* (Laus tibi christi / Lob Dir!, Christus), also der ‚Laus'-Bube

BUBI SCHOLZ: GUSTAV, 1930-2000, haute fast alle um und erschoss besoffen seine Frau; der starke deutsche Boxeuropameister (1961-64) war nie Amateur

WELL-BUAM: Bayrische Musikgruppe; Familienbetrieb mit 17 Köpfen aus Günzlhofen; hier geht es seit 1996 Jahren um die 5 Jungen (Buben), die 3 weiblichen Künstlerinnen der WELLs heißen WELLKÜREN; dazu gehören auch die berühmten BIERMÖSL BLOSN

BUEB, BERNHARD: Schüler in St. Blasien, Rekrut bei der Bundeswehr, Leiter von Schloss Salem; in seinem Buch „Lob der Disziplin" vertritt der Theologe die populären anti-antipädagogischen Ansichten, dass eine Pflicht zu Führen bestehe und Strenge helfe; „wissenschaftlich unbedeutsame Erfahrungswerte" (MANFRED SPITZER); sagte über seinen pädokriminellen verstorbenen Freund GERALD BECKER: „Kann ich mir bei ihm nicht vorstellen…"

Buddy: 1. Kumpel; (JugSpr.) Digga 2. Tauchgefährter

Buddy-e.V. Dieser Verein publiziert ein Programm für Schulen, Thema: Prävention von Gewalt und Prophylaxe von Sucht

THE SOME BUDDIES – Name einer Band; ein schönes Wortspiel

Bunny: (JugSpr.) hübsches junges Weib

Bürgerliche Volljährigkeit: altmodischer Begriff für „ab 21" in Deutschland

Burschenschaft, auch Corps: Blütezeit im 19. Jh., ursprünglich fortschrittliche Körperschaft; heute eine akademische Verbindung zum Zweck des geselligen Beisammenseins, flankiert vom Genuss legaler Drogen, manchmal mit Fechtübungen verbunden, in der Regel fett gesponsort von >**alten Herren**

C

-chen: Verkleinerungssilbe (Paulchen, Schneewittchen, bisschen), dringt allmählich seit Ende des Mittelalters aus niederdeutschem in mitteldeutsches Gebiet vor

CENYC: Europäischer Jugendrat („Council of European National Youth Committees")

Cherry Popper: Mann, der es mit jungen Fräulein (sorry, Pleonasmus) bzw. Jungfrauen treibt

Chiddy Bang: (amerik.-engl.) Gegenteil von erwachsen

Chiller: (JugSpr.) gutaussehender Junge, geht „entspannten" Hobbies nach

CHILD, CHILDREN
Child, pl. children: (engl.) Kind, Kinder
Child Care Worker: (engl.) Erzieher/in
Childfree, Syn.: Childless by Choice: USA-Bewegung, zeigt sich in entsprechenden T-Shirts. Diese Frauen wollen die Option „Kinderlosigkeit" und damit unabhängig sein/ bleiben sowie keine Verantwortung für Erziehung und Wohlergehen von Nachkommen übernehmen müssen
Child in System: Entwickelt sich ein junger Mensch zu einer Größe und diese befindet sich im Feld der Eltern (BOB DYLAN, JACOB DYLAN; Kinder- und Jugendpsychiater an der Wiener Uni hießen jahrzehntelang immer SPIEL), so sprechen wir neudeutsch von einem Ch. i. S.
Children of Dodom: finnische Death-Metal-Band mit gutturalem Gesang und Sensemann-Logo. Text-Kostprobe: „Rufe meinen Namen, er heißt Tod! Bringe sie alle auf eine Reise des Schmerzes"...
Child Powerty Action Group: unabhängige gemeinnützige Organisation in Neuseeland, die seit 1994 ebendort um Kinderrechte kämpft; einer der Köpfe ist Prof. Mark O' Brian, Autor von „Workfare: Not fair for Kids?"
Adopted Child Syndrom: umstrittenes Krankheitsbild: Wissenschaftler, die das Syndrom vertreten, sehen es wie eine posttraumatische Belastungsstörung, speziell bei adoptierten Kindern
Below par child: (engl.) das weiß der sportliche, gebildete Deutsche: es müsste sich um ein schlecht Golf spielendes Kind handeln. Unsinn! Es geht um ein gesundheitlich anfälliges Kind
BACA; Bikers Against Child Abuse: Motorradfahrerclub seit 1995 aus Utah; nach einem Jahr Probezeit kann ein Fahrer aktiv im Club helfen, häusliche Gewalt und Kindesmissbrauch zu bekämpfen; Gründer ist Kindertherapeut

/Sozialarbeiter. Sie sorgen für das Wohl und die Sicherheit von gefährdeten Kindern in der Umgebung

Boarding child: (engl.) hat nichts mit In-den-Flieger-Einsteigen zu tun; Heim- oder Pflegekind; boarding school = Heimschule

Delicate child: (engl.) Risikokind

Bright child: (engl.) überdurchschnittlich begabtes Kind

DESTINY'S CHILD: (tot); ein Trio, spielte R&B, Synthese von christlicher Nächstenliebe (gottgläubige Gospels) und sexi Selbstbewusstsein (hohe Hacken, kurze Höschen) in der Disco; coverte z. B. „TARZAN BOY" (Italo-Disco)

MY CHILDREN MY BRIDE: Christliche Metalcore-Band aus Alabama seit 2008; Geschrammel ohne Singstimmen

Overgrown Child: (engl./med.) körperlich überdurchschnittlich entwickeltes Kind

Power Child e.V.: gegründet von MARTIN KRUG, Ex der VERONICA FERRES, die eine Zeit lang Schirmherrin war – ja wirklich, das Wort *Schirmherrin* existiert; die Mitarbeiter bemühen sich von München aus, ein Präventionsnetzwerk gegen sexuelle Gewalt an Kindern und Jugendlichen aufzubauen

Wildchild: 1. US-Rapper JACK BROWN TURNER, HipHop seit 2003; 2. deutsche Rockband aus Hornberg, Coverband; 3. Sänger LAIHO von CHILDREN OF BODOM; 2. **Wild Child:** US-Teenagerkömodie, 2008

Chindsgi: (schweiz.) Kindergarten

CIVS: (engl.) Children's International Summer Villages, seit 1951 (USA) eine NGO für internationale Austauschprogramme mit friedenserzieherischen Inhalten für Kinder ab 11, Jugendliche und Erwachse

Clique: auch heute noch wichtige, gut zusammenhaltende Ähnlichaltrigengruppe; 70% der Jugendlichen sind entsprechend eingebunden (14. Shell-Studie 2002); „Die schlimmsten Cliquen sind die, welche nur aus einem Menschen bestehen" (GEORGE BERNHARD SHAW) >**peers**

Compulsory behavior: (engl./psych.) auf Grund der Schulordnung oder sehr autoritärer Lehrkräfte kommt es zu einem Schüler-Zwangsverhalten

CVJM: Christlicher Verein junger Menschen (gegr. Berlin 1883; bis 1985 „junger Männer"); Nachwuchs-Vereinigung in der Evangelischen Kirche Deutschlands, inzwischen ökumenisch; Weltbund Paris 1855; >**YMCA**

D

Dad: (engl.) Papa

Dame: schleimsprachliche Bezeichnung für eine (feine?) Frau; Blatt beim Kartenspiel, wichtig im Doppelkopf
Lebedame: VERA BRÜHNE galt als solche und wurde mit 52 Jahren schuldig gesprochen, den Waffenhändler BRAUN umgebracht zu haben; sie beteuerte stets ihre Unschuld und wurde nach 19 Jahren Haft begnadigt; war es der Geheimdienst?

Dandy: übermodischer dem Jugendwahn verfallener reicher Mann; kommt heute kaum vor, entstammt OSCAR WILDEs Victorian Age

Dating: Termine machen; so ab 13 macht das USA-Mädchen „Dates", Verabredungen mit größeren Knaben, um sich „früh zu üben". Ein Muss!

Dawning Realism: (engl.) 1. Alter, in dem Zeichnungen des Kindes Geschlechterunterschiede zeigen; 2. Alter, in dem Kinder beginnen, Gruppen zu bilden

DaF/DaZ: Deutsch als Fremdsprache/Deutsch als Zweitsprache

Debütant(in): Anfänger(in); wenn „es" zum 1. Mal passiert – was auch immer;
Debut: (franz.) Beginn

Dekan (von lat.: decanus): der Älteste; Leitungsfunktion am Uni-Fachbereich

Demenz: (med.) chronisch fortschreitende Alterskrankrankheit, langsamer Verfall der kognitiven, emotionalen und sozialen Fähigkeiten bei vieler Menschen; Sonderform: ALZHEIMER

Dezennium: ein Jahrzehnt; zuletzt: die Nuller (0er) Jahre

Dickus, Dicker: früher mal Anrede unter Oberschülern
Digga: (JSpr.) Anrede unter Oberschülern

Disco: Tanzveranstaltungsort mit ohne Live-Music; wird „oft oder gelegentlich" von 6% der 56-70-Jährigen aufgesucht

Domina: (nlat.) Herrin; Begriff aus dem Rotlichtmilieu; Prostituierte, die Freier gegen Geld hocherotisch erniedrigt und straft
Dominahles: Insider-Anrede der SPD-Vorsitzenden ANDREA NAHLES, halb Schmähton, halb Respekt, angesichts ihrer steilen Karriere, die sie seit der Gründung eines SPD-Ortsvereins mit 19 Jahren hingelegt hat

Domiseda: (nlat.) Hausfrau, Anhängerin der Lehre Eva Hermans, Deutschlands Vorzeigemutter

Donum vitae e.V.: „Geschenk des Lebens" – Eine Schwangerschaftskonfliktberatungsstelle katholischer Christen mit der Orientierung „bitte austragen, wir unterstützen sie finanziell"; vor 20 Jahren quer zur Caritas errichtet, weil dieser Klub sich verabschiedet hatte von der regulären §-218-Arbeit, die wiederum in Konkurrenz zu Pro Familia e.V. wenig Kundschaft akquirieren konnte

Dorian Gray: nicht altern wollender Romanheld von Oscar Wilde; die unvergängliche Jugend des Dandys wird vom Traum zum Albtraum

Dreckmagnet: (Jugs.) Kleinkind

Dreikäsehoch: holländische Maßeinheit, wird oft für 1- bis 3-Jährige genutzt

Drop-in centre: (engl.) Jugendcafe, Teestube

DT 64: erste echte deutsche Jugendfrequenz im Radio Berliner Rundfunk (DDR) nach dem „Deutschland Treffen der Jugend" 1964; zunächst nur in Berlin, eigenständig ab 1986, 20 Stunden täglich; es folgte als Jugendradio im Westen der SFB Beat 1967, erst mit einer, dann mit 2 Stunden am Tag; dann kam SFB Radio 4U, zu quotenschwach und schließlich ab 3/1993 Radio Fritz – so musste 1993 DT 64 schließen…

E

Education welfare work: (engl.) Schulsozialarbeit

Ehe: in vier Worten: kurzes Vergnügen, langer Verfall

Eheschließung: im vorchristlichen Rom endete die Kindheit der Mädchen zeitgleich mit der Eheschließung; Riten zum Eintritt der Frau ins Erwachsenenalter fanden entsprechend am Vorabend der Hochzeit, an unserem „Polterabend" statt

Ehe auf Zeit: ein zeitgemäßes Thema; früher war das ohnehin Unsinn wg. kurzer Lebenserwartung unserer VorfahrInnen; Frau Pauli, Ex-CSU-femme terrible aus Franken wollte die 7-Jahre-Ehe einführen (für Kinderlose wohl O.K.); ich fände 14 Jahre ab Beginn einer Schwangerschaft gut; und Goethe empfahl in den Wahlverwandtschaften 5 Jahre (zu dritt)

Ei: man weiß noch immer nicht, ob es *vor* der Henne da war, aber sicher ist: „Das Ei will klüger sein als die Henne!"; (engl.) „Don't teach your grandame how to suck eggs"

Eizelle: die menschlichen Eizellen liegen als weibliche Keimzellen in der Rindenschicht des Eierstocks

Ein Jahr (es geht voran): legendäres NDW-Lied der Düsseldorfer FEHLFARBEN; ironisiert den Geschichtsoptimismus der damaligen radikalen Linken; Texter und Sänger PETER HEIN gründete dann FAMILY 5, bis er, bis heute, die FEHLFARBEN erneuerte

EINZLKIND: Autor-Pseudonym eines unbekannten, schwer übergewichtigen und militant Nichtrauchenden, der in England oder Deutschland lebt. Von ihm stammen die lustigen Bestseller-Bücher *Harold* sowie *Gretchen* und, neu, *Billy* – allesamt mäßig mit britischem Humor angereichert

Elder Care: Hilfen und Dienstleistungen für Ältere, in Deutschland z. B. von der Arbeiterwohlfahrt mit dem Ziel, Fachkräfte und/oder Vorträge für Betroffene zu organisieren. Eigentlich ganz simpel: Altenhilfe.

Elder Statesman (auch Elders): vornehmer, seriöser alter Herr

ELEVEN: = JANE HOPPER, Charakter aus Stranger Things (Netflix); KM war beim CIA, Kind hat nun psychokinitische Fähigkeiten (also die Serie stellt das so dar, diese übernatürlichen und telepathischen Kräfte. Herausragend gespielt der Unsinn von MILLIE BOBBY BROWN, damals 13, Britin aus Marbella und Florida.

Elfen Couture: Mode für den Nachwuchs – aus Berlin. Ein Baumwollhemd kostet nur 70 €, eine kleine Ziegenlederjacke 300 €

Ella: Braut (altes Berlin)

ELTERN

Elter: (zool.) selten für „Elternteil", insb. in der Vererbungslehre; kein Dudenwort

Eltern: 1. („die Älteren"), meistens den >**Kindern** persönlich bekannte enge ältere Verwandte ersten Grades (dazu eine schöne höfliche Berliner Abschiedsfloskel: „Jorißn se Ihre Herrn Eltern!"; 2. es gibt eine Monatszeitschrift gleichen Namens und entsprechenden Inhalts; 3. „Wenn die Eltern schon alles aufgebaut haben, bleibt den Söhnen und Töchtern nur noch das Einreißen" (KARL KRAUS)

Elterliche Sorge: das Sorgerecht liegt in der Regel bei den Eltern; GG Art. 6 gibt ihnen weitgehende Autonomie in der Erziehung; im Missbrauchsfall tritt das „staatliche Wächteramt" ein – die Jugendhilfe kommt mit ihren Angeboten und Leistungen auf bedürftige Eltern zu, oder auch nicht. Fundiert im BGB – Familienrecht. Dieses Recht sowie diese Pflicht haben natürlicherweise die Eltern oder

Adoptiveltern eines jungen Mensch unter 18. Zum Wohl des Kindes gehört in der Regel der Umgang mit beiden Elternteilen. Es kann aber aufgrund von verschiedenartigen Problemlagen ganz oder teilweise einem Elternteil oder beiden entzogen werden. Zum Sorgerecht gehören die Personensorge und die Vermögenssorge. Das Aufenthaltsbestimmungsrecht ist ein Teilbereich der Personensorge und kann im Kindeswohlinteresse entzogen werden. Vormünde oder Ergänzungspfleger übernehmen dann diese Rolle – so kommt es zu einer Fremdunterbingung z. B. in einer Pflegefamilie oder in einem Heim. Dort Beschäftigte besitzen ein Erziehungsrecht, das weniger Kompetenzen verleiht als das Sorgerecht. ******* (Texte I E; 23)

Elterngeld: Nachfolger des „Erziehungsgeldes"; es wird 14 Monate nur für die Elternzeit gezahlt, wenn 2 davon der Vater macht – sonst 12 Monate; verdienstabhängig, bis 2/3 vom Netto, maximal 1800 € sind drin, für Studenten nur 300 €, für diese leider keine Motivation sich fortzupflanzen; Meldung des nd/dpa vom 16.7.18: „Berlin zahlt Elterngeld spät – man muss durchschnittlich bis zu 15 Wochen warten" (originell-begabt formuliert, oder?)
Eltern-Kind-Entfremdung, EKE: >**PAS**
Ältern ohne Kinder: so heißt ein neuer Nebenraum im Café NIESEN (Berlin-Prenzlauer Berg) wg. der Flut lärmender Babys und nervierender >**Jören** im Kiez

Helicopter-Eltern: überversorgende E., die einem Überwachungshubschrauber gleich die Wege des Kindes „von oben" überprüfen und begleiten

Rabeneltern: ...und die Bibel hat doch Unrecht; der Irrglaube z. B., dass Rabenvögel sich nicht oder schlecht um den eigenen Nachwuchs kümmern entstammt LUTHERS Interpretation des Alten Testament (Buch HIOB, 38, 41); von der heidnischen Zoologie wurden die Tiere rehabilitiert – Raben verhalten sich vorbildlich und sorgen sich um ihre >**Kids**

Schlechte Eltern: das ist kein Idiom, wohl aber der Spruch „nicht von schlechten Eltern"; das meint einfach „gut" – die Fähigkeit des Beurteilten könnte ja angeboren sein...

Wie erzieh ich meine Eltern: ARD-Serie (Kinder-TV) von THOMAS PIEPENBRINK; zwei etwa 11-jährige altkluge Mädchen, blicken durch und beeinflussen pfiffig-klischeehaft die unbeholfenen Strategien ihrer Eltern (Vater: Psychologe und Rechtsanwalt, Mutter Staatsanwältin und eine in den Tennistrainer Verliebte...)

Emmerich: abwertend für „Mann" (Berlin)

EMO: jugendkulturelles Modephänomen; Hintergrund: Musikstil des emotionalen Hardcore- oder Emo-Punk; oft erkennbar an glatt klebenden schwarzen langsträhnigen Haaren, die nach vorn fallend ein Auge verstecken

Embryo, Embryonen: ungeborene Leibesfrucht in der Zeit der Organentwicklung während der ersten drei Schwangerschaftsmonate

Enkel-Police: Relativ neuartige Geldanlageform – der ältere Mensch soll regelmäßig was zur Bank bringen, damit Enkel es mal besser hat und ggf. studieren kann; wohl ein Geschäft für die Kreditinstitute und ein großes bei Inflation

Enfant Terrible: (franz.) 1. der Karikaturist PAUL GAVARNI veröffentlichte im 19. Jh. eine so genannte Zeichnung; 2. unangepasste Person, Außenseiter, Bürgerschreck; 3. Roman von JEAN COCTEAU 1929 „Les enfants terribles"; verfilmt 1948 und 1949

Erben: die Nachkommen, die das was sie vorfinden, behalten dürfen (Grund und Boden: kein Grund zur Freude für holländische Küstenbewohner)

Erstsemester: Studenten am Anfang der Hochschulkarriere; die hilflos erscheinenden Grünschnäbel bekommen in der Regel eine entsprechende Party organisiert und/oder Veranstaltungen mit Festrednern (großartig 1999 VICTOR VON BÜLORIOT im Audimax der FU Berlin)

Erwachsene: können in der Regel für sich selbst sorgen und haben mehr Rechte und Verantwortung als Jüngere; in D stehen erwachsenen Individuen fast alle Rechte mit 21 Jahren zur Verfügung, obwohl schon mit 18 Autofahren, Sexualität, Heirat, Wahlrecht, Alkoholkonsum und Rauchen legal sind und die Geschäftsfähigkeit uneingeschränkt ist

Erwachsen auf Probe: 16- bis 18-Jährige sollen versuchen Babys zu pflegen; RTL-Format im Sommer 2009; die damals-BuMiJugFam VON DER LEYEN („ich bin ein so ausgeglichener und fröhlicher Mensch, weil meine Eltern mich nicht in eine Krippe gesteckt haben") versuchte erfolglos ein Verbot wg. Übergehen der Kinderrechte

Erwachsenenbildung: in Deutschland weit verbreitet; Träger sind die Volkshochschulen, der DGB, die Urania, den Parteien nahe stehende Stiftungen u.v.a.; das Recht auf Bildungsurlaub sieht vor, dass ArbeitnehmerIn in 2 Jahren 5 Tage dafür frei kriegt

ErzieherIn: Berufsgruppe; sie werden tätig in der Jugendhilfe, der Schulsozialarbeit und in Kindertagesstätten

Heim- und Erzieher-Zeitschrift**: Seit den 1970er Jahren oft totgesagtes alternatives Blatt aus Berlin für die entsprechende Szene; zwischen seit 2016 und 18 erschien aber kein Text mehr...

Evergreen: 1. etwas, was kaum altert; 2. Liedgut, Dauerschlager, Ohrwurm

F

Facebook: Verdummungsmaschine zur Selbstoptimierung von 13 bis 30-Jährigen, die gern in einer Blase unterwegs sind; weltweit erfolgreicher Datenhändler; BGH-Urteil im Juli '18: Firma muss Erben digitales Vermächtnis überlassen

Faculty: 1. (engl.) Lehrerkollegium; 2. (dt.) Fakultät: an der Universität eine Lehr- und Verwaltungseinheit nebst Lehrkörper; 3. in Mathe: Funktion, auch ‚Faktorielle' genannt

Familiengericht: alle beraten sich, gleichberechtigt, z. B. welche Wohnung genommen wird; einige Makler drapieren vor Vermietungen und Verkäufen im Prenzlauer Berg wertvolles Kinderspielzeug in der (noch leeren) Wohnung ... Klein- PHILLIP-MAXIMO will dann diese Wohnung unbedingt!

Foster family: (engl.) Pflegefamilie, child fostering = Pflegekinderwesen

Fannkuchen mit Beene: (berl.) kleiner Dicker, >**XXL**

Father: (engl.) Vater; auch religiös „Priester, Pfarrer"

Godfather: in der christlichen Lehre der Dreifalltigkeit Gott1, dann Jesus = Gott2 und der sog. heilige Geist Gott3; 3.: nicht nur im Mafia-Sprech: Patenonkel; Film 1972 mit MARLON BRANDO über die brutale Cosa Nostra

Godfather's Pizza: Unternehmen, das der US-Präsidentschaftskandidat 2011, HERMAN CAIN, Mathematiker, früher Coca Cola, als CEO gerettet und bis 2002 geleitet hatte und so Multimillionär wurde. Er ist schwarz und Republikaner

Faut: (lat./niederdt.) unreifer junger Bursche

Fetales Alkohol Syndrom (FAS): angeborener Alkohol-Schaden; Wachstum und geistige Entwicklung des Kindes sind verzögert und es sieht oft aus wie eine KÄTHE-KRUSE-Puppe – kleiner Kopf, schmale Augen, Abstand Mund-Nase ist groß – Ursache: *Mütter* trinken in der Schwangerschaft zu viel Alkohol

Firmelung: Glaubensfestigung durch Bischöfe bei älteren katholischen Kindern; Abkürzung: Firmung

Flaps: unerfahrener Mensch (Berlin)

Fluter: Jugendzeitschrift der Bundeszentrale für politische Bildung, Bonn. Zielgruppe sind 12 bis 20-Jährige. Ein hervorragendes kostenloses Monatsperiodikum, ausgezeichnete Beiträge zu allen Fragen der Kultur, Politik, Geografie und Bildung. Einziges mir bekanntes Organ, das USA als USA bezeichnet und nicht als Amerika (COLOMBO entdeckte…? – Ihr erinnert Euch…)

Föhle: alter Hund

Fötus, Fetus: Frucht im Mutterleib nach Abschluss der Organentwicklung, 4. Monat bis zum Ende der Schwangerschaft

Fötus-Party**: Noch-Nicht-Eltern verabreden sich zur feierlichen Betrachtung ihrer frischen Embryo-Ultraschallaufnahmen

Forever 18: Modeladenkette in Europa, 50 x in Deutschland, 8 x in Österreich, 4 x in Polen und 2 x in Russland. In den Augen unserer elaborierten Gymnasiaten, restringiertes 'Prol-Outfit'

Forever 21: Stores und Versandhandel mit Moden, überwiegend für junge Frauen, in den USA mit Filialen in Kanada, Japan und Süd-Korea

Fosterling: (engl.) Pflegekind

Frajer: (alb.) Freund; (serb.) Kumpel; (poln.) (Trottel); (kroat.) Halbstarker, Gammler

Fräulein: anders als das übliche und überall erlaubte englische „Miss" ein hier streng politisch unkorrektes Wort, obwohl es m. E. nichts anderes als ‚kleine Frau', also etwa 11–15-Jährige meint

FRÄULEIN WUNDER: Pop-Rock-Gruppe aus Hessen; hieß zunächst „Puppenblut"; VIVA-gepushte Band von 2008–10; coverte „Wenn ich ein Junge wär" (RITA PAVONE)

Das deutsche Fräuleinwunder: Ein schönes Beispiel ist die Sekretärin in BILLY WILDERS Komödie „1 2 3"; Hintergrund die Überraschung der US-Amerikaner, wie hübsch die deutschen Misses auf unseren Straßen und bei den ersten „Miss-Wahlen" unmittelbar nach dem 2. Weltkrieg waren...

Frau/en: leben in der BRD z. Z. noch 7 Jahre länger als Männer, weil sie *früher* gesünder lebten

Frauenstimmrecht: seit 1971 sogar auch in der Schweiz

Fru: (mdht.) „Dar wöör maal eens en Fischer un syne *Fru*, de waanden tosamen in'n Pißputt..." (RUNGE, 1806)

XY-Frau: vollständiges weibliches Erscheinungsbild, bis zur Pubertät sozial eine Frau; ggf. TURNER- oder SYWER-Syndrom

Freier: (ugs.) Kunde in der Prostitution

Freshman, Freshmen: freiheitstrunkene 18-Jährige im ersten Uni-Jahr (USA); *oder* 9. Klasse-Schüler an der Senior High (USA)

Frühchen: Frühgeburt, Uterusausstieg schon nach 24. und vor 37. Woche der Schwangerschaft; eine neue Untersuchung nach zwei Lebensjahren zeigt: 40 % sind später nach therapeutischer Förderung gesund, 40% geistig leicht und 20% geistig schwer eingeschränkt

Frühenglisch: häufig bieten Grundschulen Englisch ab Klasse 3 an (in manchen Ländern Pflicht) – mit Erfolg! Nachbars Tochter mischte sich am Ende der 3. Klasse selbstbewusst in ein Erwachsenengespräch ein: „Ich weiß es! Flower power heißt Blumentopf"

Frühreif: wird eine Person genannt, die ein wesentliches Entwicklungsstadium, bedingt durch besondere Unterstützung bei der Entwicklung von Fähigkeiten oder anlagebedingt, besonders rasch durchläuft bzw. durchlaufen hat. Als **frühreifend*** wird hingegen der *natürliche* Vorgang insbesondere in der Botanik bezeichnet, der etwa bei Frühkirschen oder einigen anderen Nutzhölzern bekannt ist, bei früh im Jahr reifenden Himbeeren oder bei manchen Tierarten, wo sich die Zirbeldrüse ungewöhnlich schnell entwickelt.

Fünf Jahreszeiten: heißt ein Kinder- und Jugendrestaurant, das Teil der „Gelben Villa", einer Freizeitstätte in Berlin-Kreuzberg ist. Es gibt täglich von 12 bis 14:30 für alle 6–16-Jährigen ein Gericht für 1 € (lecker und gesund, wie es heißt)

Fünfzig: „der Zeitpunkt im Leben eines Mannes, wo Happy und Birthday getrennte Wege gehen" (ELMAR, KOMMÖDCHEN)

Fürzepüppel: kleiner Mensch (Ruhrgebiet)

Fuffzehn: 1. Pausenruf der Steinsetzer, >15 Minuten frei nach je einer ¾ Stunde Arbeit; 2. deshalb heißt 15 auch ein *kleines* Bier (altes Berlin)

Future: „Time enough to think of the future when you haven't any time to think of" (GEORGE BERNHARD SHAW) in: „A Treatise on Parents and Children"

G

Gammler: unpolitische 60er-Jahre-Hippies; die die Arbeit nicht erfunden haben; FREDDY QUINN besprachsang sie düster 1966: „Wer kann eure sinnlose Faulheit nur hassen: Wir!"

Gängelband: Ab Spätmittelalter und bis etwa 1800 gab es in höheren Kreisen Seidenkleider mit eingenähtem Band für Kinder (Flügelärmel), um diese beim Ausgang am Weglaufen zu hindern. Der Begriff wird heute im übertragenen Sinn benutzt, wenn Eltern ihre Heranwachsenden so ab 12 nicht altersgemäß Unternehmungen machen lassen bzw. wenn Eltern nicht loslassen und übertrieben „gängeln" >**Helikopter-Parents**

Garcon: 1. (franz.) Junge; 2. (franz.) Kellner; 3. (franz.) Musikkneipenbistrorestaurant in Berlin-Wilmersdorf

Gassenbub: (süddt.) Straßenjunge

Geburtskohorte: Personengruppen, die zu einer bestimmten Zeit ein bestimmtes Alter hatten wie z. B. die 68-Bewegung, die Popper und heute die Hipster

Geburtenkontrolle: oder Familienplanung, kann durch Medizin (Entwickung der Anti-Baby-Pille) oder staatliche Reglementierung (China mit „Maximal-ein-Kind"-Gesetzgebung) beeinflusst werden

Geburtenrate: (auch ‚Geburtsrate'); im Ländervergleich erfahren wir, wie viele Geburten auf 1000 Einwohner gezählt wurden; an der Spitze liegen 1. Niger (51) und 2. Mali (49), dann 3. Uganda und 4. Afghanistan (je 47) und der Jemen (43). Am Ende liegen 1. der Vatikanstaat trotz Kondomverbot (0), 2. Hong Kong (7,3) und 3. Deutschland (8,3) Quelle „Welt in Zahlen" – Messjahr 2017

Geburtshelfer: männliches Wort, obwohl in D angeblich nur ein einziger Mann >**Hebamme** ist; aber bei den Gynäkologen sieht es noch umgekehrt auch, Männerüberschuss in der Frauenarztpraxis

Gender: (engl.) das soziale Geschlecht, nicht das biologische namens Sexualität; in den 2010er Jahren so überstrapaziert und nicht selten falsch eingesetzt, dass ältere Deutsche es nicht mehr hören können. Die „EntdeckerInnen" des Genderns haben nicht zur Kenntnis genommen, dass >**68er** es längst rausbekommen hatten, siehe URSULA SCHEU (SIMONE DE BEAUVOIR zitierend): „Du wirst nicht als Mädchen geboren...", 1976; Auswikungen hat es plötzlich vor allem bei der Schriftsprache und die ProtagagonistInnen streiten sich, ob das Gender-Gap, das GenderI oder das Gender* am geilsten ist

Gender-Mainstreaming:* Politik der Chancengleichheit von und für weibliche und männliche Menschen, die neben den bekannten Förderprogrammen mit Hilfe der sogenannten *Dekonstruktion geschaffener sozialer Unterschiede* Benachteiligungen zurücknimmt; im Hintergrund steht die These, dass die Kultur mehr Einfluss auf das Verhalten der Geschlechter hat als die Hormone; strittig, vor allem Konsequenzen wie die *Geschlechtergerechte Sprache;* es gibt einfach zu wenige deutsche Wörter im generischen Femininum wie Führungskraft, Garde, Geisel oder Waise

TARIKS Genderkrise: YouTube-Kanal 2015 des TARIK TESFU, ein Anti-Diskriminierungs-Aktivist; heute: „TARIKS Tschau-Kakao-Krise"

GGI, Gender Gap Index: gibt an, wie gleichberechtigt Frauen in Wirtschaft, Bildung, Politik und Gesundheit des entsprechenden Staates sind

GENERATION

Generation: (engl.=dt.) meint Angehörige einer Altersgruppe (heute ca. 20-34 Jahre in Nordwesteuropa); der Begriff wurde 1928 von KARL MANNHEIM geprägt; gemeint sind folgende drei: 1. Kinder, 2. Menschen mit Kindern, 3. Menschen, deren Kinder Kinder haben

Generation ALLY: KATJA KULLMANNs Buch verknüpft Life-Style-Kritik und Gender-Orientierung bezüglich Frauen über 30 (Hintergrund: Fernsehserie mit ALLY MC BEAL)

Generation Clearasil: Senioren ohne Pickel beschimpfen so die Jugend, ihr wohl nachtrauernd

Generation Doof: Buch von STEFAN BONNER und ANNE WEISS, Jugendkulturforscher mit polemischer Abgrenzung zur Restgeneration, die wie der Titel aus 2008 nahe legt die Dummen sind; mal nett, mal lustig, mal Geschwafel

Generation Golf: m. E. humorarmer Bestseller-Text von FLORIAN ILLIES, ab 2019 Verlagsgeschäftsführer bei ROWOHLT, u. a. über hessische Gesamtschulen

Generation iPod: ja, genau um diese geht es

Generation IMM: Terminus des Sprachenimitators und Kabarettisten FLORIAN SCHROEDER, der damit auf die typischen Berufswünsche der jungen Leute von Leute anspielt – „Irgendwas mit Medien"

Generation kplus / Generation k14plus: Kinder- bzw. Jugendjury auf der Berlinale, bezogen auf entsprechende Wettbewerbsfilme

Generation Millenial: >Generation Y

Generation Praktikum: 2005 erschien in der ZEIT ein so überschriebener Artikel, der sich mit jungen Akademikern befasste, die keine qualifizierte Beschäftigung finden und daher weitere unbezahlte Praktika absolvieren

Generation X: 1. BILLY IDOLS erste Band (1977); 2. Roman von DOUGLAS COUPLAND 1991; Inhalt: „Die vielen jungen Rumhänger im Alter von 20 bis 30 könnten mehr, haben schließlich MS-DOS schon mit der Muttermilch aufgesogen, bevorzugen aber das Fernsehen, statt zu vögeln" sie leben mit einer „ultra short term nostalgia"; zwischen 1960 und 1975 Geborene

Generation Y: Synonym **Millenials**, geboren etwa 1985–2000; Kinder der *Baby Boomers*, deshalb auch *Echo Boomers* genannt. Ihr schlechter Ruf basiert auf dem exorbitanten Gebrauch von Kommunikationsmitteln, Medien und Digital-Technologie

Generation You Tube: ein weiterer schicker Versuch, Zeitgeist in die Begriffe-Schublade zu schieben; meint eben jene jungen Leute von heute, die viel im www chatten und die oben genannte Plattform nutzen

Generation Z: Buch von REINHARD MOHR, ein eher oder ehemals linker Journalist aus Frankfurt und Berlin (Untertitel: Von der Zumutung, älter zu werden); Begriff meint die jüngste, neueste Generation

Generation '51 (polnisch: *Pokolenie '51*) wird die Komponistengarde um LASOŃ, KNAPIK und KRZANOWSKI bezeichnet. Sie wandten sie sich gegen die Avantgarde (polnischer Sonorismus) und erlangten über ihre Landesgrenzen hinweg Ansehen. LASOŃ und KNAPIK lehren heute in Katowice

Beat Generation: 1. Die von JACK KEROUAC 1957 in „On the Road" beschriebene Nachkriegsgeneration, „hungrig, hysterisch, nackt" (ALLEN GINSBERG); 2. TV-Dokumentation von JEAN-JAQUES LEBEL und XAVIER VILLETARD, ARTE, 2013

„Die gierige Generation. Wie die Alten auf Kosten der Jungen abkassieren": Buch des BERND W. KLÖCKNER (mittelalt), in dem er gegen die Rentengarantie wettert

Lost Generation/Generation perdué/Verlorene Generation: in allen Epochen beklagen die SeniorInnen, dass die *Jugend von heute* zu nichts zu gebrauchen ist. Stimmt. Der Begriff stammt wohl von F. SCOTT FITZGERALD oder von ERNEST HEMINGWAY bzw. von GERTRUDE STEIN – sie bezeichnete damit Kriegsteilnehmer des WK II, die respektlos waren und viel tranken.; EPISODE IN Sci-Fi-Serie „Timeless" 2016-2018, Regie NEIL MARSHALL

My Generation: Kult-Song der 60er-Jahre-Britpop-Gruppe „THE WHO"

Gerontotrophium: (nlat.) >**Altenheim**

Gigant: ein ziemlich Großer

Gigantismus: schwere Krankheit, wird hervorgerufen durch Hirntumor, lässt Menschen immer weiter wachsen, wenn die Ursache nicht beseitigt wrd; größter – kranker – Mensch der Welt ist derzeit ein Türke mit 246 cm

Gigolo: (engl.) Prostituierter; 2. (Deutschland zwischen den Weltkriegen) Eintänzer, ein seriöser Job; das ADLON in den 1920ern war bekannt für seine guten Profis

GIRL

Girl: (engl.) Mädchen, 0–17

Girlfriend: 1. (engl.) Freundin; 2. Superhit der Super-Boys-Group 'N SYNC (2002)

Girlie: vgl. auch >**Backfisch** die zweite Bedeutung; als Super-Girlie-Group galt z. B. von 1996–97 die „Pisse&Scheiße-Rap-Reim-Truppe" TIC TAC TOE

Girls & Boys: 1. legedärer Opener der 3. LP von BLUR; „es geht ums Poppen", erklärte der Frontmann in einem Interview. 2. Theaterinszenierung des Berliner Ensembles 2018/19: Monolog gegen die patriarchalische Gesellschaft, von DENNIS KELLY.

Girls' Day: jährlich, schon zum 20. Mal erhalten deutsche Mädchen ab Klasse 5 die Möglichkeit, Berufe aus Technik, IT- und Ingenieurwissenschaften kennen zu

lernen. Ein belächelter Mädchen-Zukunfts-Orientierungstag, Veranstalter sind Unis und Unternehmen; in Bremen „Zukunftstag"
Bad Gils: US-amerikanische Serie aus 2018 (1. Staffel), Plot umstritten
California Gurls: Chart Hit des SNOOP DOGG
Cover Girl: junge Frau, abgebildet auf der Titelseite einer Zeitschrift
Good Girls Gone Bad: 3. Album der RIHANNA; erzählt darin als 20-Jährige ihr Pubertätsdrama; die R&B-Größe ließ sich neulich von ihrem Freund CHRIS BROWN verprügeln und kommentierte „I may be dumb, but I'm not stupid"
Go Go Girls: so 'ne Art Tanzmariechen der Discoszene seit 1965, es gibt auch vergleichbare männliche Tänzer
IT-Girl: gemeint sind Figuren wie PARIS HILTON, Mädchen (?!) mit dem gewissen Etwas (It) und sehr medienpräsent
Gossip Girl: Eine US-amerikanische Jugendserie, die seit 2007 auf dem Network The CW zu sehen ist und auf der gleichnamigen Buchreihe der Autorin CECILY VON ZIEGESAR basiert. Das GG ist eine nicht sichtbare Erzählerin, die einen Klatsch-Blog betreibt
Mais Girl: ILSE AIGNER (CSU) war gemeint; Nickname-Erfinder ist URBAN PRIOL; wg. Zickzackkurs in der Gen-Getreide-Frage, als die Dame noch BuMi war.
Pin-Up-Girl: seit den 1940er Jahren (zunächst in den USA) von bestimmten Männern als Lustvorlage verwendete Wandbilder; ursprünglich auf Jahreskalendern von Ölfirmen gezeichnete Bikiniblondinen
SPICE GIRLS: seit 1998 Brit-Pop-Band; VICTORIA siegte, kriegte BECKHAM; EMMA wird BABY SPICE genannt
Supergirl: 1. Soft-Beat-Lied-Hit des GRAHAM BONNEY, 1966; 2. Lied der HANNAH MONTANA; 3. Hit-Lied des REAMON („Supergirls dont't cry") 2000; 4. angeblich famoser Hardcore Porno, Untertitel: „Titten aus Stahl"
Typical Girls: so heißt ein Sachbuch aus 2009, Untertitel „The Story of THE SLITS", eine umstrittene Frauenband, die Dub Reggae, Pop-Punk, African Music, Funk and Jazz kombinierte

God's waiting room: Orange County/ Florida, Phoenix/Arizona – Gegenden in den USA mit großem RentnerInnen-Anteil

Göttergatte: 1. nach „Die Wahrheit über meine Ehe" neues Protokolle-Buch der MARTINA RELLIN; es geht um Männergeheimnisse und um die ewige Frage, warum sie schweigen, statt ihre Gefühle zu offenbaren; 2. Alliteration mit zwei Doppelkonsonanten, erstmals als Operette des FRANZ LEHAR 1904, scherzhaft für guter Ehemann; weibliche Form unbekannt

GPO: Good for parts only; häufig auf Karteikarten älterer Patienten in britischen Krankenhäusern, Bedeutung: „nur noch für Ersatzteile zu gebrauchen"

Granden: 1. die höchsten spanischen Adligen im Mittelalter (*sing.* Grande, m.); 2. Exzellenzen (das ist die Anrede für ausländische Diplomaten); 3. in der Jetztzeit „hochkarätige" Politiker oder Wirtschaftsgrößen wie Ex-SAL.OPPENHEIM-Bank-Chef MATHIAS GRAF VON KROCKOW, dessen Sekretärin noch 2005 darauf bestand, dass der Herr mit „S. H." anzuschreiben ist – *seine Hochwohlgeboren*; ließ die Bank durch Spekulationen stürzen, musste 2009 gehen, DEUTSCHE BANK übernahm

Grandevity: (engl.:) hohes Alter

Grandseigneur: (franz.) Lehensadliger, Weltmann, Gentleman, Gottvater (in Frankreich)

GRAUE (PANTHER): politische Altenbewegung der 1980er/1990er, inzwischen zerrieben, wohl wegen der überlebensgroßen Ex-Chefin TRUDE UNRUH, damals *der* kämpferischen Seniorin und ideellen Gesamtrentnerin schlechthin

„Deutschland sucht den grauen Star": RTL-Casting-Show? Kommt vielleicht noch, wer weiß ...

Greenhorn: (engl.) 1. Gimpel; 2. >**Grünschnabel**; 3. Strohkopf; 4. Greenhorns: junges Gemüse

THE GREENHORNES: So nennt sich seit 1996 eine US-Rockband aus Ohio.

Greis: 1. sehr alter Mensch; 2. ein eher junger Mensch heißt GREIS, – ein schweizer Rapper *1978, in echt GREGOIRE VUILLEUMIER

Midlife-Greis: erst 45 und schon graue bzw. weiße Haare

Verdorbene Greise: Bezeichnung für das damalige Politbüro der SED in der DDR aus dem Munde von WOLF BIERMANN

„Grenzsteine der Entwicklung": Checklist für Kita-Kinder im Alter von 3 Monaten bis 5 Jahren in Brandenburg zum Erkennen von Entwicklungsdefiziten

Große Trotzphase: früher der Ausdruck fürs jetzt geläufige Fremdwort ‚Pubertät', also 11 bis 17-Jährige

Großmutter-Hypothese: Omas haben (auch) einen biologischen Sinn: Bei den Makaken wurde erforscht, dass ein Affenbaby dank der Fürsorge der Oma überlebte, obwohl die Mutter über eine Woche lang verschwunden war. Beim Menschen scheint es nicht anders zu sein; kanadische Forscher zeigen, dass in Haushalten mit Oma mehr Kinder und Enkel groß werden. Der Fitness- und Gebärrate-Effekt entsteht aber nur mit Omas mütterlicherseits. Leben Omas väterlicherseits in der Nähe der Familie, steigt das Sterberisiko der Babies

„Jroßmutta is die Älteste, also jut!": so beenden Berliner einen Disput; der Lateiener sagte „Roma locuta, causa finita", und die Roma so „Schluss mit lustig"

Grünschnabel: 1. Anfänger, Neuling, ein unerfahrener Mensch; 2. Narr, Dummkopf; 3. (engl.) >**Greenhorn**; eine Redewendung spricht auch von „Noch grün hinter den Ohren" sein (Soldat vergaß, Tarnschminke abzuwaschen...)

Gruftie: 1. Anhänger einer Popmusikrichtung namens Gothic Rock (MISSION, SISTERS OF MERCY, CULT u.v.a.); 2. freche Normalo-Kids benutzen den Begriff auch gern für ihre Eltern und andere Alte, also für gruftnahe über 35-Jährige

Guy: (engl.) Kumpel, Typ

Youse Guys: „Hey, ihr Kumpel", – Gangstersprache der Jahrhundertwende 19.-20., vorgeführt vom Analfabethen GEORGE APPO, einem opiumabhängigen Kriminiellen der US-Ostküste. Er fluchte: „Hully Gee" (heiliger JESUS!).

H

Hagestolz: (veraltet...) Ein ‚Hagestolz' ist ein älterer Junggeselle. In der Umgangssprache wird der Begriff darüber hinaus in der Bedeutung „Junggeselle aus Überzeugung" oder Sonderling, z. B. ein Mann, der die Ehe verabscheut, gebraucht. Zum Thema gibt es Schriften von STIFTER und von IFFLAND

Halbstarke: Erstmalig erwähnt 1908; bis in die 1960er Jahre hinein gängiges Schimpfwort für männliche Jugendliche von 15 bis 20, die oft in Gruppen mit Mopeds herumfuhren und die Gegend unsicher machten. Sie liebten Rummelplätze, Kinoeingänge und Mädcheninternate (vgl Bullenkloster) und hassten die Polizei; exemplarisch HORST BUCHHOLZ in „Denn sie wissen nicht was sie tun"

Hebamme: von (ahdt.) „Hevi Anna", „Oma, die das Neugeborene aufhebt"; männlich „Entbindungspfleger"

HEBE: Göttin der Jugend in der griechischen Mythologie; Tochter von ZEUS und HERA; Bruder war GANYMED, sie wurde auch GANYMEDA genannt; der verbrannte Held HERAKLES heiratete sie im Olymp

Hebephrenie: (med.) Psychose aus dem Formenkreis der Schizophrenie – wenn sie bereits bei Jugendlichen auftritt

Hebephilie: Sexuelle Orientierung, bevorzugt werden 12-16-Jährige, also junge Menschen, die älter sind als Präpubertierende – eine sexuelle Orientierung auf diese wäre die >**Pädophilie**

Heemeken: (berl.) hochdeutsch „Heimchen"; kleiner Dünner; „Dir Heemeken kann ick keene tachteln, dann brichste mir ja übern Socken ab"

HENKELfrau: Im November 2011 während der Koalitionsverhandlungen SPD/CDU in Berlin habe ich dieses Wort mal erfunden. Während ja ein *Henkelmann* bereits traditionell bekannt war (es geht um einen Blechbehälter für die Lagerung von warmen Mittagessen, das Arbeitnehmer von ihrer Frau – früher – mit bekamen), meint *Henkelfrau* eine zu findende Dame, die bereit und in der Lage ist, im Land einen Berliner CDU-Senatorenposten zu besetzen. Denn laut HENKEL sollte damals *eine von vier* Spitzenpositionen (wg. seiner Quote) weiblich besetzt sein

Heranwachsende: bei diesem Begriff handelt es sich rechtlich (JGG, SGB VIII) um 18- bis 21-Jährige, seit 1975 also schon Volljährige in Deutschland, biologisch-medizinisch (aber nicht psychisch) wohl um bereits Ausgewachsene; das Wort wurde im Englischen übernommen, als Rechtsbegriff!

„Hi Dad! Hilfe. Endlich Papa": Ein-Mann-Kabarett-Theater; uraufgeführt im Januar 2010 in Berlin; Produktion: ESTHER SCHWEINS; Darsteller: FELIX THEISSEN, der auch den >**Caveman** spielte

Hidden in Plain Sight: Weltweit größte Datenbank zur Gewalt gegen Kinder („Versteckt vor aller Augen"); die UN-Kinderkonvention verlangt Gewaltfreiheit Kindern gegenüber; ein Gewaltverbot existiert laut UNICEF-Report aber nur in 39 von 194 UNO-Staaten

Hip: (engl.) in modischer Hinsicht angesagt, schick, zeitgemäß (be hip = mach mit)

Hippie: jüngerer Mensch, vor allem in den USA zwischen 1965 und 75, antibürgerliche, arbeitsarme und pazifistische Lebensform, lange Haare

Hipster: 1. 21. Jh.-Subkultur; angeblich Oppositionsmode gegen kulturellen Mainstream, wird (z. B. in Berlin-Friedrichshain) selbst zum Mainstream: Jutehängetaschen oder Juterucksäcke, Hornbrille, Schlauchschal, Männer mit Vollbart, Flanellhemd, Strickmütze...; heute nur noch in der Provinz extravagant;
2. 20. Jh. – was man in Europa Bohemien nannte, war in den USA der Hipster, ein avantgardistischer Künstler oder schwarzer Jazzmusiker; für diese war Hipness eine Abgrenzung zum „Square" (Spießer) etwa in den Jahren 1950 bis zur Ablösung durch die Beatgeneration 1960; 3. bestimmte Unterhosenform *

Nipster: sind ähnlich wie Hipster (1.) gekleidete und frisierte Personen in politisch rechten Kreisen (neue Nazi-Mode)

Hochbetagte: ein relativer Wert, heute in Europa etwa ab 85 Jahren

Homo Sapiens: etwa 3% des Genoms haben wir nicht in Afrika lebenden, aber vor 60.000 Jahren von dort gekommenen Menschen vom NEANDERTALER; unklar ist, was das bedeutet. So vermuten Wissenschaftler zum einen, dass die N.-Gene uns besser vor Regen und Schnee schützen, andere sind der Ansicht, dass sie uns anfälliger machen für Depressionen und Süchte

Homunculus: 1. Menschlein; 2. japanische Mangaserie von YAMAMOTO; 3. WAGNER brütet den H. im Glaskolben aus (Faust II); 4. HARTSOEKER vermutete den gesamten Embryo als Homunculus im Spermienkopf (niederländische Genetik des 19. Jh. n.u.Z.)

Hooligan: radikaler, gewaltbereiter *football fan fighting for fun*; Alter eher unter 35; Wort war in den USA unbekannt und ist in Europa krass veraltet; der neue positivere Begriff für Fans lautet *Ultras*, fanatisch-leidenschaftliche Vereinstreue

Hormonelle Schübe: die ersten kommen vielleicht mit 8, später tragen eben solche zur Pickelentwicklung bei und ganz viel später, im Zuge der (weiblichen) >**Wechseljahre**, kommen sie auch heftig, überraschend, sehr störend

Hort: Tagesstätte für junge SchülerInnen im Alter von 6 bis 10/12

Hotel Mama: Bezeichnung für das bis zur Ehe Zu-Hause-Wohnen-Bleiben von jungen Erwachsenen, in Italien üblich, in D neu und zunehmend dank Krise und Neoopportunismus

Hovering Parents: Begriff, der ähnlich dem „Helicopter"-Bild überfürsorgliche Eltern beschreibt, die über den Kindern beobachtend schweben; auch Albatross Parents

Hundertjährige: gemessen an der Einwohnerzahl leben die meisten in Vilcabamba, Ecuador; die Lebenserwartung ist am höchsten in Andorra, Singapur und Schweden, am niedrigsten in 40 Staaten Afrikas

Hutschenschleuderer: (österr.) Burschen, die auf dem Rummel (der Kirmes) früher die Schiffschaukeln angestoßen haben

I

Ich kann was: Initiative der deutschen TELEKOM zur Entwicklung von Programmen, die Schlüsselkompetenzen der 9- bis 14-Jährigen fördern

„Ich selbst bin schon nicht von mir": Satz der SOPHIE ROIS *Wien 1961 (auch: „von mir selber ist überhaupt nichts - sei du am selbsttesten!"), um auf die Logik des Kopierens hinzuweisen; von H. HEGEMANN im ‚Axolotl'-Buch kopiert

Impuberes: (lat.) die noch nicht Geschlechtsreifen – Kinder im Alter etwa von 7 bis 14

Infant: 1. Kleinkind; 2. (span.) der Thronfolger oder Prinz
Infanterie: Zufußsoldatenknabengruppe
Infantes: (lat.) Kinder, die noch nicht sprechen können bzw. Kinder unter 7
Infantil: noch kindlich; bei Erwachsenen Anpassungsdefekt

Inobhutnahme: gemäß § 42 SGB VIII Unterbringung eines Familienkindes in Heim oder betreuter WG in Konfliktsituationen; gegen den Willen der Sorgeberechtigten geht es nur über den § 8a: >**Kinderschutz**

Ipschig: klein

Ische: (hebr./jidd.) Frau, Gattin; auch bei uns (leicht abwertend?) für Frau/Freundin

J

Jeunesse Dorée (franz.) goldene Jugendzeit – im Kontext genusssüchtig, reich und leichtlebig
Prix Jeunesse: wird seit 2008 jährlich von den Teilnehmenden der eidgenössischen Jugendsession an ein schweizerisches Parlamentsmitglied vergeben, das sich besonders für die Jugend eingesetzt hat

Jeuster: frecher Junge (Ruhrgebiet)

Jewittazieje: zänkische Frau (Berlin)

JOKER'S DAUGHTER: nicht *meine* Tochter, sondern eine relativ neue Band (2009), ein Produzenten-Projekt, innovativ wie kommerziell

Jöre: (Berlin) auch „Göhre" 1. Fohlenstute; 2. Mädchen

Jubiläum: Gedenktag
Jubilado (span.) Rentner; Jubiläum wird mit „aniversario" übersetzt
Jubilar(ius): (lat.) wer 50 Jahre im gleichen Stand ist; Gefeierter

JüL: jahrgangsübergreifender Unterricht; Grundschulansatz in Berlin; Schüler der Klassen 1+2, manchmal zuzüglich 3, werden gemeinsam unterrichtet; umstritten; seit Einführung des JüL bleiben theoretisch nun mehr Kinder nach Kl. 3 (auf Antrag der Eltern) sitzen, das Ziel war aber eigentlich: weniger

Jünger: Lehrling, Fan(s), Apostel; Groupies, religiöse Ultras

JÜNGER, ERNST: uralt (1895-1985) verstorbener Schriftsteller, Freund nationalistisch-autoritärer Staatseliten, KOHLfreund, Sammler von Kriegsmythen und toten Insekten; schlief täglich 9 Stunden

Jüngling: ein junger Mann während der geschlechtlichen Entwicklung, etwa im >**Teenager**alter (nlat.: adulescens vicesimo anno minor)

Jünglingsfest: erstes 1823 in Detmold; Bewegung der (evangelischen) Jünglingsbünde oder Jungmannsbünde, sie wurden zum >**CVJM**

JUGEND

Jugend: 1. Lebensphase, insbesondere beim Homo sapiens, dem Lebewesen mit der längsten Kindheit; Jugend (>**Adoleszens**) gab es nicht in allen Epochen der Menschheit; wurde früher auch mit Kindheit gleichgesetzt. Rechtlich in Deutschland 14 - 17-Jährige (nicht 13 und nicht 18); das besondere ist zum einen die Hochphase-Spätphase der >**Pubertät** und zum anderen die besondere Rechtslage: Strafmündigkeit auf der einen, Religionsmündigkeit auf der anderen sind die wichtigsten Eckdaten; 2. (finn.) Jugendstil/Architektur

Jugendamt: wer nicht weiß was das ist hat Glück; LeserIn war offenbar noch nie nicht dort; das Jugendamt besteht aus der Verwaltung des Jugendamts (Behörde) und dem Jugendhilfeausschuss (PolitikerInnen und Freie-Träger-Abgesandte); es regelt alle Angelegenheiten des SGB VIII (nein, nicht des KJHG, das war ein Artikelgesetz aus dem Jahr 1990); in den Jugendämtern (Behörde) arbeiten engagierte, nette, langsame, junge und alte Menschen, wie im richtigen Leben, nur dass alle verbeamtet sind; aber gar keine „hoheitlichen" Aufgaben bewältgen müsssen, sieht man mal von den VormünderInnen ab...

Jugendberatung JOKER**: sie war 16 Jahre lang mein Arbeit- und ich ihr Namensgeber. Die Einrichtung „Jugendberatung JOKER" bestand als Dienst von 1977 bis 2006. „JOKER" war eine überregional bekannte Konzept-Jugendberatungsstelle für 13- bis 21-Jährige mit mehreren Außenstellen in der West-Berliner City. Die zentrale Lage ermöglichte es Jugendlichen aus Charlottenburg, Neukölln, Schöneberg und Wilmersdorf, unorthodoxe Soforthilfen abzufragen

Jugendberatungsstelle**: Das reiche Deutschland stellt kaum noch solche parteilichen Dienste zur Verfügung, und „die Jugend" merkt es nicht; es gibt aber Sorgentelefone ******* (Texte 9, 14, 34)

Jugendberufshilfe: eine Leistung des SGB VIII über § 13; wer zum Personenkreis der Bedürftigen gehört, kann gefördert werden a) durch eine betreute Ausbildung b) durch betreutes Wohnen und c) durch Hilfe zum Lebensunterhalt

Jugendbewegung: um das Jahr 1900 herum Versuch von Jugendlichen, eine dem Wesen der Jugend gemäße Lebensform zu schaffen; wichtigste Gruppe: die >**Wandervögel**

Jugend debattiert: Jury-Wettbewerb in D, jährlich sponsored by HERTIE, BOSCH, MERCATOR, NIXDORF und früher DB, Schirmherr ist der Bundespräsident; Schulen machen mit; Jugend soll politisch debattieren lernen, Details siehe www.jugend-debattiert.de

Jugendfeier: dynamische große Party für konfessionslose 13/14/15-Jährige, Kulturgroßfest, organisiert von den Humanistischen Verbänden

Jugendgerichtshilfe, JGH: in Deutschland Behörde im Jugendamt, die jeden delinquenten 14- bis 20-Jährigen hört und auf Wunsch vermittelt zwischen Richter und Beschuldigtem; die UN-Kinder-Konvention verspricht zwar allen Minderjährigen Rechtsschutz im Konflikt mit Anklägern; Deutsche Behörden verweisen aber auf die JGH und finanzieren Rechtsanwälte nur bei Ausnahmebedingungen gem. JGG § 68 *** (Text 33)

Jugendherberge: preiswerte Unterkunft für (nicht nur jugendliche) Mitglieder des Vereins

Jugendhilfe: Gesamtheit aller Leistungen und Angebote der Jugendämter: Jugendarbeit, Familienerziehungsförderung, Tageseinrichtungen und Tagespflege, Hilfen zur Erziehung, Hilfen für seelisch Behinderte und für junge Volljährige;

Paradigmenwechsel mit neuem Gesetz SGB VIII 1990: Hilfe statt Strafe, nur wenige „Maßnahmen. In der Regel auf Wunsch/Antrag der Eltern. 18 bis 21-Jährige haben selbst einen Anspruch; Psychotherapie bei seelischen Problemen (§35a) wird für die Kinder mit Bedarf bereitgestellt, ohne dass Eltern diese beantragen

Jugendhilfestation**: Als „Jugendhilfestationen" bezeichnen die wenigen definitionsstiftenden Autoren regionale Dienste, die dezentral im Auftrag der befugten Jugendämter Erziehungshilfen organisieren, planen, beraten und ihre Finanzierung vermitteln. Damit sind sie alternative Institutionen im Hilfeplanverfahren (Text 3, S. 284)***

Jugendkultur: Bezeichnung für alles, was heute oder früher explizit von Jugendlichen ausgegangen ist – Musik, Tanz usw.; englisch heißt das aber 'youth **sub**culture'

Jugendliche: damit sind rechtlich die 14- bis 18-Jährigen gemeint. Erwachsene neigen aber stark dazu, sie ein bisschen abwertend >**Kids** zu nennen; entsprechend bezeichnen sie dann bereits Volljährige gern noch als „Jugendliche"

Jugend (Sprüche/Quotes):
„Jugend will, dass man ihr befiehlt; damit sie die Möglichkeit hat, nicht zu gehorchen" (JEAN PAUL SARTRE); „Invention is the talent of youth, and jugment of age"; "Every one desires to live long, but no one would be old" (JONATHAN SWIFT); „Jugend ist etwas Wundervolles. Eine Schande, dass man sie an die Kinder vergeudet!" (GEORG BERNHARD SHAW); „Jugend kennt keine Tugend" (Herkunft unbekannt); „Jugendsünde? Wenn man jung ist und sie verpasst" (ERICH M. REMARQUE); „Die heutige Jugend ist grässlich, sie hat nicht den geringsten Respekt vor gefärbten Haaren" (OSCAR WILDE); „Ein Junggeselle ist ein Mann, der aus den Erfahrungen anderer Konsequenzen gezogen hat" (PETER USTINOV); „Ist man nicht fleißig in der Jugend, wird man im Alter traurig sein" (KUNG TSE); „Die Jugend hat Heimweh nach der Zukunft" (JEAN-PAUL SARTRE)

„Jugend mit einer Mission": evangelikale Fundamentalistensekte mit acht Standorten in Deutschland; die Jugendlichen werden ekstatisch eingestimmt auf ihre Aufgabe, radikal-fromm in den Ländern des Islam zu missionieren (was nicht ungefährlich ist); Gruppierung gehört zu den 1,3 Mio. Mitgliedern der „Evangelischen Allianz", die die Bibel wörtlich nehmen

Jugendnetz, Stiftung J.: mögliche zentrale Geldmittel für die dezentrale Jugendarbeit oder Wochenendöffnung von Jugendfreizeitheimen

Jugendring: (Kreis-, Bezirks-, Landes-,Bundes-) ein Zusammenschluss von Jugendverbänden und Gemeinschaften zur Körperschaft

Jugendschutzgesetz: es befasst sich mit Altersgrenzen, was Zutritt zu Discotheken und Bars angeht, wann das Rauchen erlaubt ist, Umgang mit leichteren und schwereren Alkoholika, und was die Kinder und Jugendlichen trotzdem schon dürfen, wenn (alkoholabhängige?) Sorgeberechtigte dabei sind.

Jugendstil: Kunstrichtung des Kunstgewerbes um 1900; typisch: die geschwungene Linie (Möbel, Bücherrücken)

Jugendstraße: von 2003 bis 2007 umwandelte in Berlin-Neukölln die „Manege", eine Jugend-Kunst-Projekt-Gruppe die Rütlistraße in eine Jugendstraße/Fußgängerzone, was bis 2012 jährlich im Frühjahr gefeiert wurde

Jugendweihe: ähnlich wie die Jugendfeier über Freie Träger organisierte Veranstaltung, mehr oder weniger groß, für 13-15-Jährige Konfessionslose, hauptsächlich 8.-Klässler; verbreitet (nicht nur) in den neuen Bundesländern. Dort finden Sie auch in Bekleigungsgeschäften aller Art, in kleineren und bei C&A, im Frühjahr Räume oder Kleiderständer mit Bekleidung für die „Jugendweihe", aber niemals begrifflich für die (größere) Jugendfeier; isso

„Jugend hilft": Fördert soziale Projekte durch Preisvergabe; ein Sieger hieß: „Schuheputzen für Kinder ohne Schuhe"

Jugendsünde: Wohl tolerierbares Etwas aus der Zeit der 13–23-Jährigen, bestimmte unerwachsene Aktionen, egal ob politisch, delinquent oder peinlich

JUGREIZ: Jugendclub in Berlin Lichtenberg; Nomen est Omen: „**Jug**endliche **r**ealisieren **ei**gene **Z**iele"

Juleica: bundeseinheitliche Jugendleitercard für ausgebildete Ehrenamtliche in der Jugendarbeit gemäß § 11 SGB VIII

JuMZ: „Jugend mit Zukunft", Finanzierungsprogramm des Berliner Jugendsents, das von den Bezirken genutzt wurde, um freie Träger mit Geld zu versehen, damit diese in bezirklichen Jugendfreizeitstätten an Wochenenden Dienst machen

Archiv der Jugendkulturen:* Sammlung von Fanzines, Flyern, Zeitschriften und Bücher zum Thema; ein gleichnamiger Verein hat es sich seit ca. 20 Jahren zur Aufgabe gemacht, solche Dokumente umfänglich für die Öffentlichkeit in Berlin-Kreuzberg zu archivieren

Berliner Rechtshilfefonds Jugendhilfe:** der „Berliner Rechtshilfefonds Jugendhilfe (BRJ) e.V." ist ein gemeinnütziger Verein mit Sitz in Berlin-Kreuzberg. Bundesweit gilt der BRJ als erste unabhängige Ombudsstelle für Jugendliche und Heranwachsende. Er setzt sich offensiv ein für bedarfsgerechte und gesetzmäßige Jugendhilfe-Leistungen. Beim Berliner BRJ angesiedelt ist auch die Netzwerkstelle Ombudstellen, die 12 ähnliche Beratungsstellen in 10 Bundesländern verbindet.

Berufsjugendlicher: ein engagierter Mensch in der Jugendarbeit, der wohl früh als Mitbetroffener dort zu wirbeln begonnen hat, dann aber den Absprung verpasste und auf Dauer (bezahlt/selten unbezahlt) in der Jugendarbeit bleibt; bekannt sind u. a. KLAUS FARIN und auf der Ebene der MusikerInnen und Bands FARIN URLAUB sowie NENA; nicht selten leiden B. an der illusionären Verkennung, >**forever young** zu sein (mein 2011 in die Wikipedia gesetztes Lemma „Berufsjugendlicher" wurde wg. angeblicher Irrelevanz ebendort gelöscht, steht aber sogar im Duden; nun ist es auch in der „marjorie-wiki.de"*)

Bundesprüfstelle für jugendgefährdende Schriften: behördliche Jury, die Texte im Sinn des Jugendschutzes auf den Index setzt (ab 18 oder voll verboten); die ‚Freiwillige Selbstkontrolle (FSK)' im Bereich Kino/DVD wird demgegenüber von der Industrie selbst besetzt

Bundesjugendspiele: Sport, Spiel, (Zensuren-)Spannung; jährliche Wettbewerbe zwischen allen Schülerinnen und Schülern

DEINE JUGEND: Band, Musikgruppe aus Mannheim; das Debütalbum „Wir sind Deine Jugend", erschien im Oktober 2010, bescherte der Band gute Kritiken, ebenso wie die erste Singleauskopplung „Mama geht jetzt steil"

Deutscher Jugendhilfetag**: die jeweils mehrtägige Fachtagung „Deutscher Jugendhilfetag" gibt es seit 1964. Veranstalter ist die Arbeitsgemeinschaft für Kinder- und Jugendhilfe (AGJ) – ehemalige Arbeitsgemeinschaft für Jugendpflege und Jugendfürsorge (AGJJ), danach Arbeitsgemeinschaft für Jugendhilfe und heute Arbeitsgemeinschaft für Kinder- und Jugendhilfe. Seit Essen (2008) heißt die Veranstaltung „Deutscher Kinder- und Jugendhilfetag" (DKJT). In Köln kam es 1978 zu massiven Störungen des geplanten Kongressbetriebs, weil eine große Zahl von Fachkräften aus dem Arbeitsbereich Heimerziehung protestierte. Die Oppositionellen stellten sich gegen die affirmative Herangehensweise der Veranstaltungsleitung, die weder geplant hatte noch in der Lage war, die gesellschaftliche Funktion von Fremdunterbringung, die z. T. katastrophalen Lebensbedingungen für Betroffene in den Einrichtungen und die dato immer noch haarsträubenden Erziehungsmethoden vieler westdeutscher Heime mit körperlicher und psychischer Gewalt gegen Kinder offensiv diskursiv anzugehen. Die Veranstalter waren angesichts des selbstbewussten und vorbereiteten Auftretens der kritischen Sozialpädagogen recht hilflos und mussten den Kongress schließlich abbrechen. Seither (40 Jahre) herrscht aber eitel Ruhe in der Kameradschaft

Deutsches Jugendinstitut (dji): voll vom BMFSFJ finanzierte Forschungsstelle in München; von dort gibt's viele gute (kostenlose) Bücher und Periodika

„Die Jugendkatastrophe": der Autor FRANK BEUSTER aus Rendsburg bzw. Hamburg hat selbst zwei Jungen und publizierte den Text 2006, eine 5. Auflage liegt vor. Er vertritt mit die umstrittene These, dass heute Jungen in Deutschland das schwächere Geschlecht bilden, an Defiziten leiden und verunsichert sind durch Entprivilegierung. Es fehle an männlichen Vorbildern. Probleme entstünden, weil diese nur von Frauen erzogen würden, im Fall der Trennung bei der KM bleiben müssen und folglich 8% der EFB-Besucher Mütter mit Söhnen seien. BEUSTER schreibt populär daher: theoriefern bei selektiver Auswahl von Empirie. Er tritt ein für Väter-auf-Zeit-Projekte und ist evangelisch ausgerichtet. ROLF POHL hält den Text für schwülstig

Justitia in Jugendhand: Buch von THOMAS STEFAN über Schülergerichte (müsste doch dann ‚Mensa in Jugendhand' heißen...)

Landjugend: bin ihr nie begegnet und kenne die Gruppe nur vom Hörensagen: angeblich der Zusammenschluss junger Leute, die bewusst auf dem Land leben wollen; „Bund Deutscher Landjugend" (Jugendorg. d. Deutschen Bauernverbandes); ihr Netzwerk heißt „meinelaju"
Kommission für Jugendmedienschutz: seit 2003, 6 Direktoren aus Landesmedienanstalten, vier Leute der Landesjugendämter und 2 aus dem BuMiJugFam; das Gremium arbeitet der Bundesprüfstelle zu, bevor diese indiziert
Mobile Jugendarbeit: Formen sind die Hinausreichende Arbeit, die Aufsuchende Arbeit (MASERATI macht's manchmal möglich) und Street Work
Schreberjugend: organisierter Nachwuchs von KleingärtnerInnen, auch als Träger von Abenteuerspielplätzen bekannt, in Berlin und Brandenburg
Stiftung Demokratische Jugend: Fördert Jugend- und Jugendsozialarbeit in den neuen Ländern >**Zeitensprünge**
„Wörterbuch der Jugendsprache": jährlich bei PONS im KLETT-Verlag; angeblich von Jugendlichen eingeschickt, nahezu identisches Produkt parallel mit dem Titel **„Jugendsprache unplugged"**, dem selben Preis und ähnlichem Inhalt bei LANGENSCHEIDT; Auswahl nach Häufigkeit der Nennungen; das Ergebnis sind verquaste Umschreibungen hiesigen Erachtens wohl überwiegend von oberbayrischen Oberschülern, für Berliner Kinder ungenießbar peinlich; ein paar Beispiele gefällig? „Rüsselpest" (Schnupfen), „Popelteppich" (Taschentuch), „Kommunikationskeule" (Mobil-Fon)

Jummipuppe: adipöser Teenager (Berlin)

JUNG
Jung: frisch, noch halbwegs neu
Jungbrunnen: fabelhafte Sache, man geht in einen entsprechenden Swimming Pool und kommt jünger raus als vor dem Baden; wird erstmals im ALEXANDERroman Anfang des 4. Jh. erwähnt; es geht um die „Quelle der ewigen Jugend", wie sie später CRANACH malte; eine zeitgemäße Umsetzung erfolgte durch das Badeschiff (Berlin-Treptow, Arena) in der Spree
Junge Männer: „Ich liebe junge Männer. Sie wissen nicht was sie tun, aber sie tun es die ganze Nacht" (MADONNA)
Junge Menschen: das sind *rechtlich* alle Leutchen von 0 bis unter 27, ganz gleich, wie sie sich fühlen
Junge Volljährige: Menschen im Alter von 18 bis unter 27 *** (T 1 E; 12, 13)
Jungfer: auf Englisch heißt sie Old Maid; Kurzform von Jungfrau
Jungfernfahrt: der Unterkörper einer neuen Yacht kommt erstmalig mit Wasser in Kontakt; beim **‚Jungfernflug'** der Body eines Fliegers mit Höhenluft
Jungfernrede: die erste öffentliche Rede eines (prominenten) Menschen
Jungfernstieg: eine Straße in Hamburg und nichts Sexuelles

Jungfrau: „Die Jungfern bleiben Coffeeschwestern/Die Katze lässt das Mausen nicht" – Schlussterzett und zusammenfassende ‚Moral von der Geschicht', nämlich der Kaffee-Kantate von BACH

Junggeselle: männlicher Mensch, unverheiratet

Junggesellenabschied (JGA): Mode seit ? 20 Jahren in der BRD; gar schröckliches Alkoholgelage, in den Kneipen der jeweiligen Stadt. In Regensburg hat der Betreiber der „Wunderbar" im Mai 2017 ein Verbotsplakat entwickelt und viele Wirte der Stadt haben es mit übernommen: aus Selbstschutz wollen sie nicht mehr erhebliche Mengen echt Erbrochenes erleben und beseitigen müssen

JUNG GGMBH: origineller Name eines freien Trägers der Jugendarbeit

Jungschar: katholisches Minderjährigen-Aktiv

Jungvolk: um gezielt und systematisch allen Kindern den korrekten ideologischem Schliff fürs Leben im HITLER-Faschismus zu verpassen, wurden 10-jährige SchülerInnen automatisch ins Jungvolk (männlich) und in die Jungmädel (weiblich) übernommen. Mit 14 kamen die Jungen in die Hitlerjugend (HJ) und die Mädchen in den Bund Deutscher Mädel (BDM)

Junge Pioniere; JP; Jungpioniere; Thälmannpioniere: Spatenpauli nennt man die Pioniere der Bundeswehr; hier geht es aber nicht um den Maulwurfnachwuchs, sondern um die ehem. Kinder(massen)organisation, Alter 7–13, der FDJ (DDR)

JUNGianer: Anhänger des Tiefenpsychoanalytikers CARL GUSTAV JUNG, des Erfinders der mythischen Archetypen, aber auch Miterfinder der anerkannten Typenteilung in Introversion und Extraversion (vgl. EYSENCK); Therapiemethode seiner heutigen Fans ist z. B. Sandkastenspielen mit Figürchen in einer kleinen Kiste auf Beinen (Kickergröße) – für Erwachsene

JUNGK, ROBERT: (1913 - 1994) Pseudonym für ROBERT BAUM, Ökoforscher und Kernenergiefeind; Erfinder der Zukunftswerkstatt

Junge: 1. männl. Minderjähriger; 2. Wenzel, Unter, Bube (im Kartenspiel)

Jungengymnasium: früher üblich, heute exotisch. OPUS DEI, eine streng katholische Organisation mit 600 Mitgliedern in D mit sektenähnlicher Struktur und obskuren Bußpraktiken, plante in Potsdam eine solche Schule errichten (2009); da so etwas im Landesgesetz nicht vorgesehen ist, wollte das Bildungsministerium nicht zustimmen. Das OVG gab dem Religionsbund Recht, der den Antrag damit begründete, dass von kitaan Jungen in D benachteiligt werden. Das sei wissenschaftlich erwiesen und erzeuge ADS und erhöhte Aggressivität (*Richter*, also wohl voll *richtig*)

Achtgroschenjunge: ein Polizeispitzel um 1925 (Berlin)

Bäckerjunge: 50er-Jahre-Bezeichnung für einen, der klein ist und fast nichts kann (Brötchenauslieferungsradler, 1. Lehrjahr)

STRASSENJUNGS: Deutschrockband von 1979-2003 aus Ffm, spielt Fun-Punk mit z. T. indizierten Texten. Die BfjS nahm die Platte „Dauerlutscher" vom Markt, weil eine Nummer lautete: „Ich brauch mein Suff wie der Spießer den Puff".

Strichjunge, Stricher: Minderjähriger, der sich Männern für/gegen Sexualpraktiken verkauft

VERLORENE JUNGS: Punkrock aus Dinslaken/Gladbeck; von 1996 bis 2007, dann stieg der Sänger ZONI aus und gründete LOST BOYS ARMY. Seltsame Mischung aus Skinheads und Ruhrpott.

Junior: 1. deutsches 4-Rad-Kfz, ausgestorbenes Auto mit nur zwei Takten; was für OPEL der Kadett und für AUSTIN MORRIS BRITISH LEYLAND der >**Mini**, das war für DKW der Junior; 2. der Jüngere (im alten Rom); 3. ein 11.-Klasse-Schüler in Senior High-School (USA)

JUNIOR BOYS: sind die echt sooo jung? Name deiner kanadischen Indietronic-Band der Jetztzeit

Junior High (School): USA, andere Länder, 7.+ 8. Klasse, manchmal auch 9.

JCJA: Junior Chief Joke Assistant

36 JUNIORS: Gewaltbereite Gang aus Berlin-Kreuzberg Ortsteil ‚SO 36' (ganz alte Postleitzahl) der 1980er/1990er Jahre; PLUTONIA PLARRE beschrieb den

Rapper SENOL in der *taz* und er schildert dort im Rückblick die krasse Brutalität seiner alten Gruppe; heute macht er das friedliche Label 36-KINGZ; >**36 BOYS** unter „Boys"

SUPER JUNIOR: eine 13-köpfige Band aus Südkorea, die seit 2005 vier sehr erfolgreiche Alben in Asien herausbrachte und dort beliebteste Gruppe war. 2006 teilte sich die große Gruppe vorübergehend in Teile wie „Super Junior T", „Super Junior M", „SuperJunior Happy" und „Super Junior KRY"

Juvenile Delinquency: (engl.) das Straffälligwerden von Jugendlichen; im Deutschen ist der Begriff Delinquenz wichtig im Umgang mit Kindern, die was ausfressen, aber unter 14 nicht strafmündig sind, also streng genommen gar nicht straffällig werden können – wohl aber delinquent

K

Känguruhen: Neugeborene, insbesondere >**Frühchen**, werden immer wieder nackt auf den Oberkörper von Mutter oder auch Vater gelegt, was die Entwicklung des Babys voran bringt, so heißt es.

KASPAR-HAUSER-Syndrom: (med./psych.) Deprivation und Hospitalismus schwerster Form durch Reizentzug und Misshandlungen

Keenager: Lustalter; Senioren in religiösen Gruppen oder Altersheimen der USA

Kerl: ganzer Kerl; junger Mann; schwuler Mitmensch („Lederkerl"); alter Kerl (engl.): gadge, gadgie

Keule: weiblicher Teenager (Ruhrgebiet); Kumpel, Bruder (Berlin); auch „Eule"

KID

Kid, -s: 1. (engl.) Kinder, denn „children" ist ja sooo lang; in Germany werden auch Jugendliche und manchmal sogar Heranwachsende so betitelt – echt unverschämt angesichts der (2.) wörtlichen Übersetzung „Zicklein" oder „Kitz"; 3. (in der Mode) Kalbs- oder Lämmchenfell

Kid A: digital-subversives Album der Independant-Rock-Formation RADIOHEAD (Nr. 1 in USA 2001)

Kidnap: (engl.) entführen

Kid Rock: Robert James Ritchie, *1971, USA, spielt Southern Rock mit leichtem Hip-Hop-Klang; bekannt ist „All Summer Long", er klaute es: mischte zwei bereits gut bekannte Songs

Copy-Kid: Klon-Baby; Rezept: Man nimmt eine Eizelle und entleert sie; da hinein füllt man ein Genom vom zu Klonenden; im Reagenzglas entwickelt sich ein >**Embryo**, der in eine Gebärmutter zu schleusen ist. Wenn's klappt (Clonaid macht's möglich), kommt schon mal *ein Schaf* dabei heraus

Eurokids: 1. Kinder-Mode-Design-Firma aus Frankreich; 2. Firma, die Kinderautositze herstellt; 3. deutsche *Singegruppe*, die Ende der 1990er Kinderlieder produziert hat

Freerange Kids: (amerik.-engl.) Bewegung für das Großwerden von Kindern in Freilandhaltung mit gesunder Dosis Risiko (Lenore Skenazy, New York Sun, USA)

Stell dir vor, viele Kids können aus Geldmangel nicht mal ins Kino gehen, keine Freunde einladen, sich keinen Computer leisten und nicht im Netz surfen!

Die haben dann wenigstens noch Zeit, mal ein Buch zu lesen!!

Kinderarmut bildet!!

Heroin Kids: Mode-Label aus Berlin, das seit 2016 vorgibt, die „Schönheit der Dekadenz" vorzuführen; umstritten, weil es einer quasi brutalen Ästhetik huldigt. Die Klamotten sind lässig, provokativ, kinky. Die Models wirken krank und minderjährig

„Karate Kid": Kino-Käse

KINKI KIDS: ist eine populäre japanische Popgruppe, die besonders im asiatischen Raum beliebt ist. Sie besteht aus Dōmoto Tsuyoshi (堂本 剛) und Dōmoto Kōichi (堂本 光一), * beide 1979
NKOTB: = NEW KIDS ON THE BLOCK; Boston/USA; 80 Mio Platten von 1980-1990 verkauft und somit die damals most famous Teenie Band/Boygroup; Weltrekord auch im Verkauf von Fan-Nippes: 1 Mia US $ Umsatz in einem Jahr
O.K. Kids: Relatv junge deutsche Hip-Hop-Band aus Köln mit engagierter Poesie; der Name ehrt RADIOHEAD-CDs.
„The Kids Are All Right": Kinofilm der LISA CHOLOLENKO, vorgestellt auf der Berlinale 2010, Sieger der Gay Awards; als ‚Jonie': Newcomer-Star MIA WASIKOWSKA (Australien). Inhalt: Lesbenpaar hat zwei Kinder, Familienstress wächst nach Auffinden der Spermienspender

Kin: (engl.) Geschlecht, Familie; kins = Blutsverwandte

KIND
Kind, Kinder: das sind rechtlich gesehen meistens die ab 0- bis 14-Jährigen (gemäß SGB VIII und JGG); aber Achtung, anders ordnet das JArbSchG: Kinder gehen dort bis 15. Im Bürgerlichen Gesetzbuch gilt im weitergehenden Sinn als Kind, wer noch nicht 18 Jahre alt ist; so wenn es um die „Pflege und Erziehung von Kindern durch Eltern" geht. In diesen Fällen gelten *alle* Minderjährigen als Kinder. Der weitestgehende Kind-Begriff bezieht sich auch auf das schon volljährige, alte „Kind", das weiter im elterlichen Hausstand lebt
Kindchenschema: Junge Menschen und Tiere werden von Menschen und Tieren mit besonderer Fürsorge bedacht; Anlass dafür sind Schlüsselreize, Merkmale und Proportionen, wie sie nur bei sehr jungen Lebewesen erscheinen. Fügt man experimentell Frauengesichtern mehr „Kind" zu, wirken sie auf Männer attraktiver. Prototyp des von allen geliebten Kindchenschemas war der Berliner Eisbär KNUTchen (gest. 2011) (Text 27)
Kindel: vermehrungsfähiger Seitenspross an Pflanzen
Kinderbadewanne: „Ob die Krise (die in 2009, m.g.) eine Kinderbadewanne wird, wissen wir nicht" – Kanzlerin A. MERKEL (D), eine Zeit-Konjunktur-Grafik-Kurve beschreibend
Kinderbeauftragte: 1. es handelt sich nicht um Kinder, sondern um Große; auch haben Kinder sie nicht beauftragt, sondern in der Regel Landesregierungen bzw. Stadtobere (nach dem Motto: „Euch werden wir schon schön helfen!");
2. in Skandinavien >**Ombudsman**
Kindergarten: (engl., span.) Kindertagesstätte
Kindergeld: heute in Deutschland 194 € monatlich pro minderjährige Person im Haushalt; leider wird es auf Hartz IV und auf den Unterhaltsvorschuss angerechnet. Näheres erläuterte das *Gesetzblatt des Landes NRW 2002*: „In der Be-

kanntmachung unseres Rundschreibens vom 18.09.1980 muss es in Abschnitt I Tz 1.5 Buchstabe a) dritte Textzeile statt „einen Anspruch auf Kindergeld erheblich ist, nicht richtig" richtig heißen „einen Anspruch auf Kindergeld erheblich ist, nicht, nicht richtig".) *** (Text I ANLAGE)

Kinder haften für ihre Eltern: 1. gemäß § 1601 BGB müssen Kinder mit Bruttoeinkommen von über 100.000 € pro anno im Pflegefall ihren Eltern finanziell helfen, wenn diese das nicht selbst mit Rente und Zusatzleistungen schaffen; 2. das weit verbreitete Baustellenschild „Eltern haften für ihre Kinder" ist ziemlicher Unsinn und ein Bluff: Eltern zahlen in der Regel eingeschüchtert freiwillig für angerichtete Schäden, obwohl sie meistens (bei 7–18-Jährigen, jüngere sind nicht deliktfähig) ihre Aufsichtspflicht gar nicht verletzt haben. Fakt ist: Kinder und Jugendliche haften selbst, vollstreckbar ggf. 30 Jahre lang nach der bösen Tat – und einer sog. EV (Versicherunganeidesstatt)

Kinderheim (il kinderheim): italienisch für Kinderheim

Kinderhymne: von BERTHOLD BRECHT 1950 verfasst als Gegenstück zur pathetischen Nationalhymne von JOHANNES R. BECHER; es wird deutlich, dass die junge DDR (UdSSR) noch auf e i n neutrales Deutschland orientierte:

„Anmut sparet nicht noch Mühe / Leidenschaft nicht noch Verstand / daß ein gutes Deutschland blühe / wie ein andres gutes Land / daß die Völker nicht erbleichen / wie vor einer Räuberein / sondern ihre Hände reichen / uns wie andern Völkern hin.

Und nicht über und nicht unter / andern Völkern wolln wir sein / von der See bis zu den Alpen / von der Oder bis zum Rhein / und weil wir dies Land verbessern / lieben und beschirmenr wir's / und das liebste mag's uns scheinen / so wie andern Völkern ihrs"

Kinder in Not e.V.: seit 1983 aktiv, gegründet von der Maschinenbau-Firma-Chefin WIRTGEN, Neuwied; organisiert Patenschaften für Kinder in Entwicklungsländern; Spenden erzeugen keine Verwaltungskosten, sondern werden zu 100% eingesetzt

Kinderladen: Boutique, die Kinder verkauft? Nö, privat organisierte Alternativ-KITA

Kinderladenbewegung: etwa von 1967 bis 1982 Elternaktive, die sich eine staatliche Verwahrung ihres vortrefflichen Nachwuchses unmöglich vorstellen konnten; die entsprechende Kinderhymne war „Wir werden immer größer, jeden Tag ein Stück" vom GRIPS-Theater

Kinderlärm: Am 26.05.2011 beschloss der Bundestag, dass im Emissionsschutzgesetz (Lärm) der Kinderlärm nicht länger als etwas zu Verhütendes und ggf. Strafbares gelten soll

Kindermädchen: im Gegensatz zum >**Babysitter** ein Profi; persönlich habe ich 40 Jahre lang kein aktives mehr kennen gelernt, aber Autorin H. HEGEMANN

(*1992) sagt „Ich kenne niemanden, der sagt, dass er Kinder kriegen würde, ohne sich ein Kindermädchen leisten zu können"

Kinder-Oper: Diese Genre entstand 1893 mit ENGELBERT HUMPERDINCKS „Hänsel und Gretel"

Kinderreim-Sammlung: HANS MAGNUS ENZENSBERGER gab vor genau 50 Jahren ein Kompendium von 777 Kinderpoesie-Stückchen mit anarchischem Witz und ohne Copyright heraus, Titel: ‚Allerleirauh – Viele schöne Kinderreime'

Kinders, Kinnerkes: (Berlin) gemütliche Anrede

Kinderschutz: erst seit 2003 im SGB VIII als § 8a; ein besonderes Kinderschutzgesetz zur Verbesserung dieser Position sollte im Juli 2009 verabschiedet werden; der Kern des § 8a wird in den konkreteren Ländergesetzen und Verordnungen ausgeführt; dabei geht es um die schwierige, strittige aber nötige Einschätzung des Gefährdungsrisikos; besteht ein Risiko, haben Jugendamt und Jugendgesundheitsdienst proaktiv zu wirken, der Datenschutz bzw. das leidige Elternrecht haben gegenüber dem Kindesglück das Nachsehen; wg. der nicht ausreichenden Vorgaben wurde noch ein „(Artikel-)Kinderschutzgesetz" 2012 verabschiedet, es regelt auch den § 8 b neu.

Darin werden u. a. Fragen der Verschwiegenheit (Datenschutz) und des Einsatzes von Familienhebammen geregelt. Die **Insoweit erfahrene Fachkraft (Kinderschutz)****: ist in Deutschland die gesetzlich gem. SGB VIII, §§ 8a und 8b festgelegte Bezeichnung für die inoffiziell auch „Kinderschutzfachkraft" beziehungsweise „IeF" genannte beratende Person im Jugendhilfegefüge zur Einschätzung des Gefährdungsrisikos im Kontext einer vermuteten Kindeswohlgefährdung. Diese muss laut § 8a (4) Satz 2 SGB VIII – „Schutzauftrag bei Kindeswohlgefährdung" – durch Träger der Jugendhilfe bei der Gefährdungseinschätzung für ein Kind immer beratend hinzugezogen werden. Die „IeF" zeichnet sich durch eine Zusatzausbildung aus und darf nicht mit den „(mehreren) Fachkräften" im Satz 1 § 8a verwechselt werden. Des Weiteren ist die Bezeichnung gesetzlich fundiert im § 4 (2) **KKG** (Gesetz zur Kooperation und Information im Kinderschutz) ******* (Texte 22; 40)

Kinderteller: In vielen Restaurants kostenloser Service, damit Eltern ihren Kleinen etwas abgeben können, ohne ein Extra-Gericht ordern zu müssen; manchmal kostet der (leere) Teller auch etwa 2 €

Kinder- und Jugendplan des Bundes: über den KJP erfolgt eine Teilförderung von Projekten, z. B. soziale, kulturelle und politische Bildung, Verbandsarbeit, Mädchenarbeit und andere in der freien Jugendhilfe; die zur Verfügung gestellten Mittel werden zunehmend geringer

Kinderuniversität: jährlich können rund 400 SchülerInnen im Alter von 8–12 an der Technischen Hochschule Wildau (Brandenburg) Vorträge und Experimente verfolgen, mit Studienbuch; die FU Berlin bietet 84 Kurse für Kinder im Jahr 2009 (www.fukinderuni.de); an der HU Berlin nennt man es >**Schüleruni**: www.hu-berlin.de/schueler/standardseite

KINDERWELTEN: der Berliner FU angegliedertes gGmbH-Projekt, das Kita- und Grundschulpersonal qualifiziert und Fachtagungen veranstaltet

Kindesrecht: damit ist genau das gemeint, was im Hauptteil meines Buches „Fast alles was Jugendlichen Recht ist" nach Altersgruppen ausgebreitet wird; vor allem geht es um Rechtspositionen, die Minderjährige gegen ihre Eltern und unabhängig von ihnen direkt besitzen (Text 1)

Kindfrau: verführerisches Mädchen (veraltet)

Kindskopf: älterer Mensch mit Kindermanieren

Kindspech: Kot eines Neugeborenen

KM: Kindsmutter;

KV: Kindsvater

Abkindern: bis Ende der 1970er Jahre konnten junge Eheleute in Berlin (West) einen zinsfreien 5000 DM-Kredit durch Kinderkriegen tilgen; in der DDR wurden selbstredend ähnliche Anreize geschaffen, vor allem in Form der eigenen sog. 2-Raumwohnung

Kinderriegel: so nannte der witzig-kritische deutsche Sportsmann die Abwehr 2009/2010 von BORUSSIA DORTMUND, weil deren Spieler relativ jung waren

Kind (Sprüche/Quotes): „Nur wer erwachsen wird und ein Kind bleibt, ist ein Mensch" (ERICH KÄSTNER); „Kinder sind ein sehr schlechter Hundeersatz" (MICHAEL RUTSCHKY)

Anwalt des Kindes: Forderung deutscher linksliberaler und linkssozialdemokratischer Jugendrechtler, Position ähnlich dem >**Ombudsman**; unser D hat sich mit der Verabschiedung der UN-Kinderkonvention von der wörtlichen Umsetzung einer Position abgegrenzt, die besagt, dass Kinder (Straftäter) sicheren Anspruch haben auf einen „rechtskundigen oder anderen geeigneten Beistand"; die rot-grüne Regierung versprach im Koalitionsvertrag von 10/2002 Nachbesserung; >**JGH**

Blumenkinder: Bewegung der „Flower Power"-Zeit, an der Westküste der USA entstanden; Hymne: „Wenn ihr nach San Francisco geht, solltet ihr einige Blumen im Haar tragen" (SCOTT MC KENZEE)

Gebranntes Kind...: ...scheut das Feuer; so erzogen unsere Ahnen; unsere konsequenten Verhaltenstherapeuten und unsere Alter Ego

Herrenkinder: In den nationalsozialistischen Erziehungsanstalten (NPEA) sollte die künftige zivile Führungsschicht herangebildet werden. Der Dokumentarfilm „Herrenkinder" aus dem Jahr 2009 zeigt dieses im Volksjargon NAPOLA genannte Internat und seine bekannten lieblos-streng geforderten Absolventen THEO SOMMER und HELLMUTH KARASEK

Kann-Kinder: eingeschult werden in den meisten Bundesländern alle Kinder in dem Kalenderjahr, in dem sie 6 Jahre alt werden; auf Antrag der Eltern können Kann-Kinder auch eingeschult werden, wenn sie erst im Folgejahr zwischen Januar und März 6 werden

KJHG: Ein (heute irrelevantes) Artikelgesetz, das 1990/91 uns Deutschen das SGB VIII (Kinder- und Jugendhilfe) bescherte

AG-KJHG**: jeder der 16 Bundesländer hat ein eigenes Juendhilfegesetz zur Präzisiereung der Bundesvorgaben im SGB VIII (Text 47)

KJPD: Kinder- und Jugendpsychiatrischer Dienst; flächendeckend vorrätige Ambulanz für die besagten Probleme, seelische Auffälligkeiten, Störungen und Krankheiten im besagten Alter

Arschkind: Pose, z. B. im Roman „Axolotl Roadkill" der damals 17-Jährigen HELENE HEGEMANN (mit nennenswerten Anleihen bei AIRENs Werk ‚Strobo'), meint: Protagonistin MIFTI ist versnobt, kaputt, arrogant, wurde scheinbar misshandelt und ist richtig autoaggressiv; HELENEs Hintergrund: sie hat als Kindergartenkind nachts immer ‚Poltergeist' geguckt (Scherz)

Christkind: um sich von den Römisch-Katholischen auch in der Frage des christlichen Schenkens abzugrenzen, führte MARTIN LUTHER das Christkind ein;

bis dato war der „heilige" NIKOLAUS Geschenkebringer am Jahresende; in Spanien wird eher zum 3-Königstag geschenkt

Die Kinder des Dschinn: Romanreihe von D. R. KERR, seit 2004 auf in deutscher Sprache. Laut der Geschichte gibt es auf dieser Welt 6 Dschinnstämme. Die guten Stämme sind die Marid, die Jann und die Jinn. Die bösen Stämme setzen sich zusammen aus den Ifrit, den Ghul und den Shaitan. Die guten Stämme sorgten für Glück, während die bösen Stämme für Pech und Unglück sorgten, das sie mit Hilfe von Kasinos verbreiteten. Durch diese Gegensätze entstand ein Gleichgewicht von Gut und Böse, das Homöostasis getauft wurde

Eigene Kinder: über 2/3 der deutschen Jugendlichen wollen später eigene Kinder (14. SHELL-Studie 2002)

IHRE KINDER: deutsche Rockband 1969–1973; deutschsprachiger Krautrock; wenig Erfolg weil damals deutsch out war

Findelkind: Gemeint sind neugeborene „Findlinge", die lebend ohne Infos zur Person aufgefunden werden und somit in Waisen- oder Adoptionseinrichtungen gelangen. Sie bekommen einen Vormund und werden mit etwas Glück adoptiert, denn die Nachfrage nach Kindern ist größer als das Angebot; der HohlSPIEGEL (drittletzte Seite des Nachrichtenmagazins) vom 17.10.2011 zeigte eine gefundene Kleinanzeige, Titel „Schwarze Findelkinder (männlich) zu verschenken" (es ging um Katzen)

„Kein Kind von Traurigkeit": Redewendung die sagen will, dass ein wohl depressionsfreier Mitmensch zulangt – beim Alkohol, beim Sex; Chronisten bezeichneten den Verheirateten SARKOZY ebenso, weil er gern auch mit anderen Promi-Frauen L'amour machte

Kuckuckskinder: Bezeichnung für Nachwuchs, der einem nichtleiblichen Vater zugeordnet wird; durch Vaterschaftstests können sich betroffene Männer, die zunächst die Vaterschaft anerkannt haben, auch später noch wehren. Es geht A um Geld und B um die Informationsverpflichtung dem Kind gegenüber, das ein Recht darauf hat zu wissen, wer Vater und Mutter sind

„Lieben Sie Kinder mehr als Ihnen lieb ist?": Forschungs- und Präventionsprogramm gegen Kindesmissbrauch des Klinikums CHARITÉ Berlin

Lückekinder: Kunstwort für den Personenkreis, der nach dem Hortrauswurf und vor der Integration in ein geeignetes Jugendfreizeitheim als >**Schlüsselkind**er nach der Schule allein in die Wohnung muss; Alter circa 10 – 13 Jahre

MARIE-MEIERHOFER-Institut für das Kind: in Zürich; es fand heraus, dass kindliches Sozialverhalten im Spiel mit Gleichaltrigen erlernt wird; Erwachsene dienen Kindern eher mit Zuneigung und Trost

„Pro Christkind e.V.": Verein in GRAZ, der seit 2008 mit großem Erfolg das Eindringen des SANTA CLAUS-Brauches (USA) zurückdrängt; als typisch und positiv wird das weibliche Seidenkleid-Christkind gefördert

„**Roman unserer Kindheit**" heißt der Sieger-Titel des GEORG KLEIN, mit dem dieser den Leipziger Buchpreis 2010 gewann; der Autor schreibt über Lebende und Tote und über seinen älteren Bruder und erzählt recht poetisch-schaurig 60er-Jahre-Geschichten. Im „Roman" geht er sowohl in (seine) Vergangenheit als auch fantastisch in andere Welten. Die Jury setzte einen eher Konservativen auf den Thron, nachdem die hippe HEGEMANN wg. der Abkupfereien nicht mehr präsent-tragbar war

Schlüsselkind: „Das sind die Kinder, wo die Eltern nicht zu Hause sind.." so rappte CORA E. 1996 in ihrem gleichnamigen Lied

Schwiegerkind: Ehepartner/in des Kindes; neue Rechtsprechung ab 2010: schenkt ein Mensch dem Schwiegerkind etwas Wertvolles, muss das ggf. nach einer Scheidung ganz oder z. T. zurückgezahlt werden

Straßenkinder: gemeint sind eigentlich Kinder, die Tag und Nacht auf der Straße leben, wie es in Rio, Sao Paulo, Bombay und Kalkutta Tausende tun; sie werden dort nicht systematisch aufgegriffen, und es gibt auch keine Notdienste; in Deutschland selten, denn schon wg. der Temperaturen suchen sich die wenigen Wegläufer unter 14, >**Treber**-Unterkünfte, besetzte Häuser oder schlafen bei Freiern bzw. werden vom mobilen Jugendamt vermöbliert

> Einen Kindergarten suchen Sie? Da gehen Sie hier gerade aus, dann an der 2. Ampel links, dann die nächste Straße rechts, und dann sehen Sie sie schon, die CSU-Parteizentrale!

Stadtkind: kein Kind vom Lande, claro, oder?

THRÄNENKIND: Metal-Band, ungewöhnlich für das Genre, denn sie gelten eher als links, vegan und studentisch

WELTENKINDER: so nennen sich Jugendliche des LIBERTATIS e.V., die Mittelalter spielen; STRATO nahm die Website aus dem Netz, weil sie gegen das Urheberrecht verstößt

Wolfskind: in Tiergesellschaft aufgewachsenes Kind, seit dem 15. Jh. wurden 53 Fälle glaubhaft beschrieben; zu den bekannteren zählen: ANDREJ und WANJA, KASPAR HAUSER (1828) sowie PETER VON HAMELN; im 20. Jh. TARZAN, MOGLI, (Literatur), ISABELLE, KAMALA und AMALA, ANNA, GENIE, OXANA, VICTORIA, IVAN, ANDREJ, ROCHOM und NATASHA; die Wissenschaft streitet, ob ebensolche die Chance haben, später noch menschlich zu werden und die Sprache zu erlernen; >**KASPAR-HAUSER-Syndrom**

KIND: MARTIN, Inhaber der expandierenden Hörgerate-Handelskette; Präsident des Fußballclubs Hannover 96

WUNDERKIND: ® Firma, Produkt und Villa des WOLFGANG JOOP, Potsdam

Kinda: (black-engl.) „Kind of", von der Art

Kitten: (engl.) junge Katze; **to have kittens:** (engl.) ausrasten

Klein, der kleine MUCK: ein 3–4 schuhehoher Zwerg ist Hauptperson eines Märchens von WILHELM HAUFF. M. hat Rennpantoffeln, ein Goldfinderstöckchen und einen extrem großen Kopf, der einen noch größeren Turban trägt; dazu gibt es ein sächsisches Sprichwort: „Selbst der kleine MUCK hat 'nen Hut"

Kleines: (>Kid) „Ich seh dir in die Augen, Kleines" („Here's looking at you, kid") Star-Macho Humphrey BOGART in „Casablanca"

Kleines Trotzalter: – nicht bei allen Kindern – zwischen 2 und 5

Kleines Volk: (JSpr.) Sperma

Kleinvieh: Getier, das es zu einer gewissen Popularität gebracht hat, weil es angeblich einmistet

Klimakterium: gefahrvoller Lebensabschnitt, Wechseljahre i. d. R. der Seniora; auch: Klimawechsel

Klimakterium Virile: dito beim Manne; Kraft usw. lässt nach

Klimawechsel: Fernsehserie im Ersten 2010 von DORIS DORRIE über die Wechseljahre der Frau(en); etwas klamaukig in meinen Männeraugen; prominenten Damen; ich fand es arg albern, aber alles Ansichtssache

Klub 27 (Club 27, Forever Club 27, 27 Club)*: seit dem Tod von KURT COBAIN Terminus für mit 27 früh gestorbene (oft durch Drogeneinfluss/Suicid) MusikerInnen wie RUDY LEWIS, BRIAN JONES, JIMI HENDRIX, JANIS JOPLIN, JIM MORRISON, ALAN WILSON, GARY THAIN UND AMY WINEHOUSE; Statistiker sehen keine signifikante Häufung

Knabe, Knaben: (ahdt.) Knüppel; (mhdt.) Junge, Diener; vielleicht eine soziale Konstruktion Gender); zur Illustration ein HEINZ-EHRHARDT-Klapphornvers: „Zwei Knaben gaben sich 'nen Kuss. Der eine, der hieß JULIUS. Der andere hieß GRETCHEN. Vielleicht war es ein Mädchen"
Knabenalter: vor der Pubertät
Knabenkraut: Orchidee mit stärkereicher Knolle
„Des Knaben Wunderhorn": 1808 brachten ACHIM VON ARNIM und CLEMENS BRENTANO diese Literatur-„Sammlung von Herzlichkeiten" heraus
Dorische Knabenliebe: Konzept des PLATO, Rahmen ist eine aristokratische Gesellschaft des alten Griechenlands; die Knabenliebe ist aber „platonisch", also geistig (m.a.W.: platonische Liebe ist schwul) und verbunden mit Askese und Sublimierung im FREUDschen Sinn

Waisenknabe: (im übertragenen Sinn:) schwach

KNABE, HUBERTUS: erfolgsverwöhnter Ausnahme-Historiker, seine Quellen sind Stasi-Akten; er „fand heraus", dass die >**68er** Bewegung in WestBerlin einer DDR-Steuerung geschuldet war; er setzt auf populärwissenschaftliche Präsentationen, sichtet die GAUCK-BIRTHLER-Archive und forscht ergänzend oral-historisch als Direktor der Gedenkstätte Hohenschönhausen mit hohem missionarischem Eifer („an der Quelle saß der Knabe"); Ex-West-Grüner aus Mülheim; abgesetzt Ende 2018 wg. Vertuschung (sexuelle Übergriffe durch seinen Vize)

Knappe: 1. (Mittelalter) Jüngling, der zum Ritter ausgebildet wurde; 2. (Neuzeit bis ca. 1970) Bergmann; 3. rüstige Spieler des FC Schalke 04, schöne schienbeingeschützte junge reiche VELTINS-GASPROM-Ritter

Knirps: 1. kleiner drolliger netter Junge; 2. (abwertend) unscheinbarer kleiner Mensch; 3. zusammenschiebbarer Regenschirm ®

Knödelfee: (Jugs.) dicke Schülerin oder Frau

Koedukation: gemeinsame Erziehung von Kindern verschiedenen Geschlechts, modern seit 1960 (Bildungsreform), mit entsprechenden Bildungsplänen in Kindertagesstätte und Schule, zum Teil in Frage gestellt durch >**Gender Mainstreaming**, ein neuer 21. Jahrhundert-Ansatz in der (halbfeministischen) Soziologie, weil trotz laufender, fortschreitender Integration des Weiblichen immer noch „männliche Inhalte" dominieren; >**Jungengymnasium**

Koinstruktion: gemeinsamer Unterricht in gemischten Klassen

Kommunion, 1. heilige: 9-jährige Kinder von Römisch-Katholischen dürfen erstmalig ein Stück Leib des Herrn als *Hostie* (JSpr.: ‚JESUS Chips') verzehren

KOMSOMOL: ehem. „Jugend"-Verband der Sowjetunion; Mindestalter von Anführern war um die 50 Jahre; das gab es so bei der *Rot-Kreuz-Jugend* aber auch...

Konfirmation: die meisten deutschen Jungjugendlichen entscheiden sich mit 13/14 für die evangelische Form einer großen Geldgeschenkefeier zusätzlich zu den nicht mehr so einträglichen Geburtstagen und Weihnachtsgabentischen

Krabbe: kleines Kind; (JugSpr.) Dreckmagnet

Krampfadergeschwader: So bezeichnete der Europakommissar OETTINGER mal eine Ansammlung älterer Damen

Bald schon der nächste Volksentscheid?

Kreationismus: Ablehnung der Biologie (Darwins) und Verweis auf Bibel Teil I, Altes Testament. In der Südstaaten der USA massiv verbreitet, sodass BiologielehrerInnen häufig nicht ihr Curriculum umsetzen können.

Krippe: 1. Babybett; 2. Tagesstätte für 0- bis 2-Jährige; 3. Arrangement von dörflicher Idylle, Kleinheiland, Mamadonna, Stiefpapa – nebst Dreigestirn: schwarze und weise kutschelose Könige (christlich)

Kronprinz: (franz.) Kronprinz

Kumpel & Keule: hochgelobtes Restaurant mit Naturkostfleisch am ‚Görli', Bln.-Krzbg.

Kurzwaren: werden lt. Gebrüder GRIMM nicht mit der *großen* Elle gemessen

L

Lad: (engl.) junger Mann, Junge; **to be a lad:** ein Draufgänger sein; **Lads**= die Kumpel

Ladybird: (engl.) Marienkäfer

Lady Bird: Kinofilm, Tragikkomödie aus 2017 mit SAOIRSE RONAN, die eine extravertierte Jugendliche einer überfürsorglichen Mutter spielt; wohl auch autobiografisch: Buch und Regie GRETA GERWIG

Laufbursche: Bote

Lausejunge: (lat.) also ursprünglich Messdiener >**Lausbub**; irgendwann floss der Terminus davon weg in Richtung lebendiger, unangepasster aber sympathischer Junge

Lausemädchen: So nannte Wetter-KACHELMANN seine diversen Lebensabschnittsgefährtinnen

Lebenserwartung: Frauen, die mit jüngeren Männern zusammenleben, haben eine geringere Lebenserwartung als solche, die mit gleichaltrigen oder älteren Männern leben (Uni Stockholm-Erhebung)

Lebensillusionen: „Trenne dich nicht von deinen Illusionen, sonst lebst du zwar weiter, hörst aber auf zu existieren" (MARK TWAIN). „Konservativ sein, ist nicht ein Leben aus dem, was gestern war, sondern ein Leben aus dem, was ewig gilt" (ALBRECHT ERICH GÜNTHER/ERNST JÜNGER)

Legasthenie*: (psych./med.) Lese-Rechtschreib-Schwäche (LRS) umstrittener Provenienz; (die betroffene Tochter: „Wie schreibt man eigentlich das lateinische Wort für LRS.?" Die Mutter: „Ich glaube, wie man's spricht")

Legi: (schweiz.) Studentenausweis

Lehrling: >**Azubi**

Lenzheim: Name eines Alten- und Pflegeheims, Heimat für Senioren in Garmisch-Partenkirchen

Liebe und Lebensfreude bis 120!: jüdischer Geburtstagsgruß

Life & Brain: GmbH. Labor mit über 100 Angestellten in Bonn, das sich mit rekonstruktiver Neurobiologie befasst. Das ist embryonale Stammzellenforschung. ‚Patente auf Leben' will der Chef O. BRÜSTLE durchsetzen, GREENPEACE ist dagegen

Life Span: (engl.) Lebensdauer

Lifestyling: Lebenseinstellung neu entdecken, also Lebensplanung und -gestaltung angehen

Lime(rs): (engl.) „less income, more excitement…" zu deutsch „leben statt Karriere" – erwachsene, eher geldgierferne Menschenart, der *ich* nahe stehe

Little: (engl.) klein

LITTEL BONEY: (Der kleine Knochige) Schmähname, den die Engländer NAPOLEON gegeben hatten. Dieser war aber weder knochig noch klein und mit 168,5 durchschnittlich groß für damalige Verhältnisse

LITTLE JOE: Jüngster der CARTWRIGHTS; die Rolle in der super beliebten Vorabendserie *Bonanza* spielte der 1991 gestorbene MICHAEL LANDON

LITTLE RICHARD: (RICHARD WAYNE PENNIMAN, *1932) Rock'n-Roll-Legende der 1950er; härter als ELVIS, aber (als Kind) kleiner

Littleton: Stadt in der Nähe von Denver, bekannt wg. des bislang brutalsten School-Shootings an der „Columbine High" 1999; wurde von späteren Amok-Tätern, z. B. in Emsdetten, als Vorbild herangezogen

Little Wanderers: (amerik.-engl.) auch „Runaways", minderjährige Wegläufer; >**Straßenkinder,** >**Treber,** >**Ambulator**

„Live fast, die young": Motto kleiner und großer Rockmusikphilosophen; daran gehalten haben sich u. a. JANIS JOPLIN, JIMI HENDRIX, JIM MORRISON, SID VICIOUS (22), KURT COBAIN (27), JAY REATARD (29) und zahlreiche S-Bahn-Surfer; Motto: „It's better to burn out, than too fade away" (>NEILL YOUNG); auch wahr ist, dass JOHNNY „ROTTEN" LYDON, Punk und PiL und SEX PISTOLS-Gründer, wohlauf seit 1956 unter uns weilt

Lolita-Syndrom: LOLITA ist Titel und Romanfigur eines damals skandalträchtigen Buchs von VLADIMIR NABOKOV (1955); ein Mann heiratet eine Frau, um an deren 12-jährige Tochter heranzukommen. Beim L.-Syndrom handelt es sich um ein Leiden unter überreifen Männern: sie lieben Mädchen; selbst der berühmte, bis dato seriöse, erfahrene Sexforscher ERNEST BORNEMANN erlag ihr noch in hohem Alter, ebenso ANTHONY QUINN, TRUMP, MÖRTEL sowie SPD-Kumpel MÜNTE; chronisch daran krank ist wohl LOTHAR MATTHÄUS (die 2. seiner bislang erst 4 oder 5 Ehefrauen hieß sogar so)

Lollipop Lady: (engl.) erwachsene, oft berentete Schülerlotsin (gibt es dort auch in Männergestalt); sie benutzen ein rundes Schild an einem Stab, das an einen Lutscher erinnert; der Kosename für die Verkehrshelfer gegen Honorar stammt vom Bauchredner JOHN BOUCHIER, Mitte der 1960er Jahre; in Deutschland gibt es ehrenamtliche Schülerlotsen, die mindestens 11 Jahre alt sein müssen

Lütte: 1. (niederdt.) klein; 2. Babywäsche-Verleih in Hamburg

M

Machismo: (span.) Männlichkeitswahn

Macho: (span./zool.) Männchen im Tierreich; in Spanien auch „Mann", in Deutschland „protzig-männlich"

Macho Man: 1. Comedyroman des MORITZ NETENJAKOB; alles Geschmackssache – manche Mitmenschen mögen ja sogar über einen schlichten MARIO BARTH lachen; M. M. beschreibt das Kölner Deutschtürkenleben recht klischeehaft; 2. Song der VILLAGE PEOPLE, bekannt durch die Schwulenhymne *YMCA*

Macker: 1. (niederdt.) Kamerad; 2. (ugs.) Angeber, Macho; 3. (zool.) kastrierter Esel

Mädchen: Erziehungsziel früher: „Dasein für andere"; heute zunehmend: „Anspruch auf eigenes Leben"; in diesem Widerspruch wird mädchenorientierte Jugendhilfe tätig; Anekdote: Der Herausgeber der Rechtesammlung „Jugendrecht" (jährlich neu bei Beck/dtv) Dr. ULRICH DEISENHOFER schreibt 2013 spürbar erstaunt: „...kann also auch der Mann schon mit 16 Jahren ein über 18 Jahre altes Mädchen heiraten..."

Mädchen für alles: vielseitiger, aufopferungsvoller selbstloser Mensch

„Mädchen ohne Abitur": Restaurant am Südstern in Berlin; ein Seelachsgericht heißt „Na du kleines Matrosenliebchen"

Schwarzwaldmädel: das ist das BÄRBELE, Haushaltshilfe des Domkapellmeisters BLASIUS RÖMER in der gleichnamigen Operette des LEON JESSEL 1917; dank der Tantiemen können noch heute die Erben – ein Berliner Jugendamt – sozial schwachen Familien mit einigen 1000 € jährlich helfen

Meechen: (Berlin) „Junge, wie heißt Dein Lehrer!?" – „Ick hab keen Lera, mir lernt 'n Meechen"

Hallelujameechen: weibliche Angehörige der HEILSARMEE (Berlin)

Spätes Mädchen: abwertend für ältere Dame=noch immer ohne PartnerIn

17 Mädchen: (org. franz./belg.: 17 Filles) Ein Kinofilm von DELPHINE und MURIEL COULIN aus 2012, in dem zunächst eine Schülerin schwanger wird, um intensiver zu leben und endlich die >**Adoleszens** verlassen zu können; der Trend greift in der Schule um sich; nach einer wahren Begebenheit aus den USA

Magnum: 1. (lat.) magnus = groß; 2. Zusatzbezeichnung für dicke fette Pistolenmunition; 3. Surname eines Privatdetektivs THOMAS M. alias TOM SELLECK in einer US-Fernsehserie; 4. teures LANGNESE-Eis

Maidenhood: (engl.) Jungfräulichkeit

Mam: so lässt sich die britische Königin anreden; ihre Mutter nennt man **Mum**

MAN

Man, pl. men: (engl.) 1. Mann; 2. Spielfigur allgemein, auch Stein beim Damespiel

Manager: „man, Alter!" ? – nein, ein Geschäftsführer

Mankind: *nicht:* Kombi aus erwachsen und klein, sondern (engl.): alle Menschenskinder, Menschheit

Man's New Baby: Nickname des neuen OPEL ASTRA CGT 2011, kreiert von SCHOLZ & FRIENDS; GENERAL MOTORS schwängert Männer – im Video macht eine Männergruppe einen Geburtsvorbereitungskurs („What if men could have a baby?') – in freudiger Erwartung auf das *Opel*-Auto.

Mansplaining: Problem in der kommunikativen Machtausübung von Männern, (REBECCA SOLNIT) die herablassende Erklärungen abgeben im Glauben, sie wüssten mehr über die Welt und das Leben (von: Man, explaining)*; die deutsche Comiczeichnerin KATJA KLENGEL nennt ihr neues Werk 2018 „Girlsplaining"; aber, Anm.: Exhibitionisten sind gem. § 183 StG immer männlich, geschlechtsstrafrechtlich betrachtet gibt es nur solche Strolche

Best Man: (engl.) Trauzeuge des Bräutigams

Candyman: 1. Zuckerwarenverkäufer; 2. im übertragenen Sinn pädophiler Mann, der mit Süßem kleine Süße anlockt; 3. Name der Kriposondereinsatzgruppe „Kinderpornographie im Internet"

Caveman: Ein-Mann-Kabarett-Theater von ROB BECKER („Defending the Caveman", 1991); erfolgreichstes Broadway-Solostück aller Zeiten. In Deutschland seit 2000 auch ein Kassenschlager; reitet lustig auf Klischees von/über Männern und Frauen herum; weiteres Solo-Kabarett-Stückchen **Cavewoman**

Law & Order Men (Man): (engl.) >Spießer

Mad Men: US-TV-Serie, Replik auf die 1960er, preisgekrönt. Szenenausschnitt: Mensch schlägt Kind, weil es ein Wasserglas umgekippt hat; der KV kommt hinzu, schlägt das Kind erneut und sagt „deine Mutter soll das hier wegmachen"

Minutemen: Bürgermiliz zur Kontrolle der Grenze Mexiko-USA

Two-and-a-half-men, 2 ½ Men: US-Sitcom, seit 2003 auf CBS

Mann: in der (christl.) Erbfolge Nachfahre ADAMs

Männe: Ehegatte (Berlin)

Männeken: (früher) Anrede für Burschen und Männer (Berlin)

Männlichkeit: Einen kleinen Einblick in dieses schwierige psychologische Metier bietet BUSTER KEATON: „Die Darstellung von seelischen Regungen unterhalb kompletter Verzweiflung halte ich für abkömmlich"

„Der Männerversteher. Die neuen Leiden des starken Geschlechts": Sachbuch des sächsischen Psychologen MATTHIAS STIEHLER; These: Mann soll starke, sanfte Potenz haben – was gleichzeitig nicht geht; ein für mich eher langweilendes Buch; schon besser zum Thema ist wohl das Buch „Gefühlte Nähe", ein Roman „in 23 Paaren" von HARALD MARTENSTEIN

Demnächst:
Lehrerausbildung in den USA

„Harte Männer": Eine Forschungsstudie der Uni Aberdeen belegt, dass sehr maskulin aussehende Männer in bestimmten Zeiten und Kontinenten dann bevorzugt als Partner ausgewählt werden, wenn die Lebenserwartung dort niedrig, Krankheiten und Epidemien am Ort verbreitet sind. Diese Männer erscheinen als fruchtbarer, sind aber unkooperativ und gehen fremd. In der hochzivilisierten nordwestlichen Welt bevorzugen Frauen eher Männer mit femininen Zügen
Strichmännchen: primitive Darstellung von Menschen in Kleinkinder- oder schematischen Zeichnungen
XX-Mann: Individuum, hat ein in X verändertes Y-Chromosom, männlicher Phänotyp, unfruchtbar

Marasmus: Mangelsyndrom bei Unterernährung, in armen Ländern z. B. nach dem Abstillen bei den Kindern
Marasmus senilis: (med./lat.) Altersschwäche

Mate, his Mate: (engl.) das Weibchen; (ugs.) Synonym für *lad,* Kumpel

Matrjoschka-Puppe: (russ.) von Matrjona, bäuerliche Frau; (lat.: matrona); schachtelbare Steckpuppe; Talisman und Spielzeug aus Lindenholz; Symbol für Fruchtbarkeit und Mütterlichkeit; die Keime einer Generation enthalten bereits die Keime der nächsten in sich; neu auf dem Markt ist eine BERLUSCONI-Fassung

Matura: (österr./schweiz.) Reifeprüfung, Abitur

Maturity: (engl.) Reife; (ausgewachsen, volljährig, fällig sein)

MC: hier nicht: „Motorclub", sondern: ‚MARIANISCHE CONGREGATION', Jugendorganisation der JESUITEN in deren Gymnasien; Aufnahmeprüfungen fanden statt durch Patres oder Religionslehrer, die in intimen, vertraulichen Einzelsitzungen 13 bis 14-jährige Schüler differenziert nach ihren Sexualpraktiken gefragt haben (1970er/80er-Jahre)

Mega: 1. (griech.) Vorsilbe: eine Million; 2. (jugs.) oft als Adverb für „extrem"; auch oft falsch adjektivisch, ähnlich im Einsatz wie „super"; 3. MEGA! MEGA! deutsche Indie-Rockband aus Trier

Meisje: (fläm.) „jong Meisje", Verkleinerung von Magd; Mädchen

Menopause: Verminderung der Geschlechtshormone bei der älteren Frau

Menschen: in den Augen der Kreationisten: 1. Klasse weiß; 2. Klasse schwarz (vgl. Genesis 9, 27: Raum schaffe Gott für JAFET. / In SEMs Zelten wohne er, / KANAAN aber sei sein Knecht"); umstritten. Vgl. „Du bist schwarz!" – „Ich weiß" – denn die *Hautfarbe* der ISRAELITEN (gut) ist der der KANAAITER (böse) voll ähnlich

Menschenbild: Alles Ansichtssache! Der Fisch sieht's von unten, der Vogel von oben

„Mensch von früher": Kabarettprogramm 2010 des jungen NILS HEINRICH (Migrationshintergrund DDR)

Jemietsmensch: krasser Egoist (Berlin)

Menschliches Leben, werdendes: im Stadium eines Zellklumpens werden im Rahmen der Stammzellenforschung Embryonen *verbraucht* bzw. *getötet*, je nach Sichtweise

Messie-Syndrom: (engl.: mess = Unordnung; eigentlich: „Compulsive Hoarding") Mensch mit ausgeprägter Sammelleidenschaft, gelegentlich flankiert von überfüllten, unaufgeräumten Räumen; diese Desorganisationsproblematik ist ein psychisches Problem; Namensgeberin war die US-Sonderpädagogin SANDRA FELTON, die in den 1980ern eine Selbsthilfegruppe gründete

Midi: ziemlich neue Wortschöpfung für kleiner als groß oder umgekehrt

Midlife Crisis: war von 1974 (SHEEHY) bis etwa 1989 auch unter Deutschen häufig Thema der 30 bis 45-Jährigen; kein nachgewiesenes Psycho-Syndrom; heute quasi verschwunden oder verschoben oder wir haben einfach andere Probleme

Midwife: (engl.) >Hebamme

Midwifery: neuer Bachelor-Studiengang in Deutschland, Ziel: akad. Hebamme

Mieze: 1. Katze; 2. Koseform von Minna; 3. (vulgär): Mädchen, das man haben kann; 4. Sängerin der Band MIA

Mikro: 1. sehr klein; 2. ein Millionstel

Milli: ein Tausendstel

Minderjährige: Rechtsbegriff; selbst das westliche Europa hat unterschiedliche Altersgrenzen dafür; die Volljährigkeit beginnt in Deutschland und in den meisten anderen Staaten bekanntlich mit 18, in Österreich mit 19, in der Schweiz mit 20, in Andorra mit 25 (in den USA übrigens mit 21)

Aus dem Tagebuch eines Minderjährigen: DDR-Fernsehserie, deren sieben Folgen 1965 ausgestrahlt wurden. Hintergrund des Drehbuchs war der Roman von KURT DAVID: „Freitags wird gebadet". SABINE THALBACH, Mutter der KATHARINA, spielte u. a. mit; Episoden spiegeln zeitgemäßes Spießer-Ankratzen

Mini: 1. Kurzname für Miniatur; 2. Rock mit minimaler Differenz zwischen A (Anfang) und B (Beinabschluss); 3. volksethymologische Anlehnung an >**Minor** = kleiner; 4. Automodell, früher Kultobjekt aus England, jetzt mit blauem Bayern-Emblem

Miniatur: 1. Malerei mit Zinnober bzw. Mennige (lat. minium); durch assoziative Wortschöpferei später für „kleines Bild" (lat. minor)

MINIMAL: Supermarkt-Lebensmittelkette, TENGELMANN machte es möglich; jetzt alles REWE

MINIMAX: ® der 1902 als „Spritztüte" erfundene, 1906 weltweit meistgekaufte mittelkleine Feuerlöscher; Konkurrent aus dem Osten: GLORIA ®

Minor: 1. (engl.) Minderjährige/r; 2. (lat.) kleiner

Minores: (lat.) im alten Rom junge Leute von 14 bis 25

Minor Love: Album des ADAM GREEN 2010, „Dancing with Emily", Genre Non-Folk oder Porn-Folk; in den USA wenig beachtet *und* auf dem Index, macht der junge Non-Tänzer seither krass Deutschlandkarriere

MIS: Männerinterventionsstelle in Stuttgart; hier können sich von Frauen misshandelte Herren Hilfe holen

Misogamist: Eheverachter

Miss: (engl.) unverheiratete oder junge Frau; Wortnutzung politisch *nicht* unkorrekt, anders als im Deutschen das ‚Fräulein', das m. E. gerade mal noch für schicke kleine 10- bis 14-Jährige durchgehen kann

Missy: weibl. Vorname (USA)

MISSY MAGAZINE: deutsche popfeministische Zeitschrift seit 2009, „Pop-Kultur für Frauen", pflegt entwickelte genderneutrale Sprache; emanzipatorisch kess und trendy; 4x jährlich, für etwa 20- bis 27-Jährige

MISS SIXTY: 1. Erfolgs-Brand aus Italien ®, Modemarke mit typischen Knallfarben, Streifen und femininer Silhouette, Teeanager-Hüfthosen-Typ „Tommy"; 2. deutsche Filmkomödie aus 2014, in der IRIS BERBEN mit 60 noch bei Mama wohnt; insofern „Fräulein mit 60" oder ugs. „alte Jungfer"

Miss Tiffany (Universe): In Thailand wird jährlich die Königin der Transwomen gewählt, das sind hübsche, sehr weiblich wirkende junge Männer in prächtigen Kleidern

Missus, the Missus: (engl.) meine alte Ehefrau (englisch)

Misters: nicht der Plural von „Mister" (der wäre „**Messrs**") – sondern die *Kronjuwelen*, auch Hoden genannt

Model, Modell: (engl.) ein Vorbild (an Schönheit); auch: Strichmännchen (JSpr.)

Mod: Mitglied einer Jugendclique in England zwischen 1965 und 1975; Merkmale: Motorroller, mittellange nach vorn gekämmte Haare, Parka; Gegenteil: >**Rocker**

Mode: 1. (franz.) Art; 2. Zauberwort, undefinierbar wie Ästhetik; verschwägert mit „Style" und „Shopping"; kurzfristige Äußerungen des Zeitgeistes – aber wie definiert man diesen? Näheres bei BIRGIT RICHARD; anders als vor Jahrzehnten trennt Mode heute zwar die Generationen mehr oder weniger, aber alle folgen ihr, jeweils; früher trugen z. B. meine >**Uroma** und meine Omas alles in Schwarz – vom Schuh bis zum Hut; es war Altenkleidung, oft nach dem Tod des Gatten quasi Trauer *for ever;* heute sind viele Uromas chic wie in den Style-Seiten der BRIGITTE WOMAN

Moderne: 1. die Kunstepoche Renaissance aus damaliger Sicht, 1687, als Gegenbegriff zur Antike; 2. politisch seit Franz. Revolution; 3. Ästhetische Moderne etwa 1900 bis 1950, danach: Postmoderne

MODERN TALKING: (alias MODERN SILENCE); Discofox- und Schmusesoul-Duo der 1980er, bestehend aus den unendlich und unsäglich talentierten, schönen Mannsbildern DIETER BOHLEN (voc./git.) (BLUE SYSTEM) und THOMAS ANDERS (alias BERND WEIDUNG) (voc.); Textprobe „If we have a helping hand, baby, we are the children of the world"

Motherhood: Jazzformation des KLAUS DOLDINGER mit dem nicht 70, sondern damals 17-jährigen UDO LINDENBERG am Schlagzeug

MOTHERS OF INVENTION: („Mütter des Erfindens"), US-Band der 1960er/1970er Jahre, Kapo war FRANK ZAPPA; 1. Progressive Rock-Band der Geschichte

Mum, Queen-Mum: die alte Mutter der britischen Königin >**Mam**

MUMFORD & SONS: Musikgruppe, Folk-Rock oder Country? welterfolgreich in allen Generationen (!) mit dem Titel „Little Lion Man" in 2009 über Männergefühle sowie „I will wait" in 2012; heute rockiger mit „Believe" oder „The Wolf"

Mumie: (Jugs.) Erwachsener; Mumienschubsen=Ü30-Party; nun ja, auf n'er U20-Party bewegt sich häufig gar niemand

Münchhausen by Proxy (MBP): (med.) Psycho-Syndrom; wenn z. B. eine Kindsmutter ihrem Kind übertreibend Krankheiten zuschreibt, ohne ihm Schaden zu wollen

MUTTER
Mutter: 1. gewindeter Hohlkörper, wenn passend die Schraube umfassend; 2. Kindsmutter, weiblicher Vorfahre ersten Grades, **KM**
Mutteri: (finn.) Schraubenmutter
Mutterklötzchen: eine Scheibe Baumstamm klein in Stücke zerhackt und wieder zusammengelegt, zum Anzünden von Feuer in Kohleöfen
Mutterrecht: in manchen Naturvölkern – u. a. dank REICH berühmt sind die polynesischen TROBRIANDER – ein Sozialverband, in dem die Erbfolge nach der Mutter läuft, die auch entsprechend mehr zu sagen hat
Muttersegen: der erste Kirchgang einer >**Wöchnerin** (katholisch)
Muttersöhnchen: männliches Wesen, das weich und unselbständig wirkt
Muttipanzer (Mutti-Panzer): SUV. Seit 2012 in der deutschen PKW-Szene gebräuchlicher, despektierlicher Begriff für einen großen Off-Road-Pkw, der aus der Sicht der Hersteller einen eleganten Kompromiss zwischen Geländewagen und Limousine darstellt (warum bringen Mütter mit „Panzern" ihre Kinder zur Schule? Damit diese Kinder nicht von Müttern mit „Panzern" auf dem Schulweg überfahren werden)
Muttizettel: möchten Minderjährige tanzen gehen, schränkt dies das Jugendschutzgesetz ein. Mutti oder Vati können aber eine Erlaubnis formulieren, die vorsieht, dass das Kind in Begleitung eines bestimmten Volljährigen, der für die Dauer der Fete erziehungsberechtigt wird, trotzdem darf. Neben dem Zettel ist oft die Kopie des Ausweises der Mutti nötig oder die Disko hat einen Vordruck; so etwas wird selbstredend oft gefälscht
Aalmutter: nicht die Mutter eines Aals, sondern ein Fisch, synonym Aalquappe, bringt lebende Junge in die Unterwasserwelt
„Du kennst doch deine Mutter?": so beginnt ein Dialog in NICK HORNBYs ‚Slam'; der 15-jährige RABBIT fragt das seinen 15-jährigen Freund SAM und ergänzt: „Hat sie im Moment irgendwen?" RABBIT schätzt SAMs KM so auf 23/24
EURE MÜTTER: 3 Comedians aus Stuttgart mit Gesang; Gesichtsakrobaten, Kinder-Themen, schräge schwäbische Spötter-dämmerung
Puffmutter: veralteter Ausdruck für Managerin eines Bordells; (Amateuse = Gelegenheitsprostituierte (Berlin))
Tagesmutter: Beruf im Feld der sozialpädagogischen Betreuung; wer keinen Kindertagesstättenplatz wünscht oder bekommt, kann sich eine T. suchen, die das Ganze in Privaträumen umsetzt; italienisch: ‚La Tagesmutter'
Übermutter: Psychologische Kategorie, meint Person, die gewaltigen Einfluss auf das Leben der Zielperson hat

N

Nachlass: was der Mensch abgibt, als Erblasser hinterlässt und/oder vererbt nach seinem Tod; Kinder, also Erben, bevorzugen den Vorlass wg. der langen Wartezeiten auf ggf. Nachlässe; im Ernst: Maler, andere Künstler greifen zunehmend zum Vorlass, um den Museen die Erbschaftssteuer zu ersparen, dann kommt aber die Schenkungssteuer

Nachwuchs: Kinder, Kindeskinder usw.

Neonatologie: medizinisch-klinische Lehre von/über Frühgeburten

Nestor: (griech.) Mythologie-Held: ein Mediator, altersweise und beschützend, ähnlich dem **Doyen (der Doyenne),** (franz.) Dekan, Ältester – beim Diplomatischen Corps, beim hl. Stuhl und in der Wissenschaft; so war z. B. der inzwischen untragbare HARTMUT VON HENTIG, Nestor aller modenen PädagogInnen Deutschlands von 1980 bis 2010 …

Nestling: junger Vogel

Ist er nicht nett, der Junge von den Nachbarn? Immer höflich, freundlich und bescheiden!

Wird bestimmt mal ein Amokläufer…!

„Nett ist der kleine Bruder von Scheiße": neusächsische Redewendung

Newbie: (engl.) auch „clueless newbie"; ahnungsloser Neuling, vor allem im IT-Feld/Computersprache; Verbindung aus „new" und „boy"

NICOLAIDIS-Stiftung: Von MARTINA N. ins Leben gerufene recht große Hilfsorganisation, die für die Belange junger Witwer und Witwen und deren Kinder eintritt; betroffene erhalten passende Hilfsangebote wie Beratung und Trauerbegleitung. Jugendliche Halb- und Vollwaisen können chatten (www.nico-und-nicola.de), Kinder im Vor- und Grundschulalter lernen sich im „SaBu-Club" kennen

No future: voreiliger Schlachtruf der >**Punks**; sie hatten echt Unrecht, oder?

Nonna: (ital.) Großmutter; darin steckt dasselbe Morphem wie in **Nanny** (Erzieherin) und in **Nonne** (mit JESUS verheiratete Klosterfrau)

Novize: Neue im Kloster

Noya: Jugendnetzwerk der ATTAC-Bewegung; Zeitschrift „Move"

Null: „Die Erziehungsfähigkeit von einem Teil der Migranten-Eltern tendiert zu null" sagte Neuköllns Bürgermeister HEINZ BUSCHKOWSKY im Januar 2010; biederer, uninspirierter Bezirkspummel? Der TAGESSPIEGEL immerhin hält den Helden der Lehrer-Stammtische unserer Nation zwar für „charismatisch", führt ihn aber immer wieder vor, weil dieser seine Bücher gegen geringes Honorar von MitarbeiterInnen des Bezirksamts in deren Dienstzeit schreiben ließ

…nur für Erwachsene: ewiger Wortjingle des Radiosenders Berlin-Brandenburg, **R1**, auch wenn er gerade eine Konzertempfehlung für Oberschülermusik von CHIKINKI oder FRANZ FERDINAND vertrailert

O

OBAMAS Oma: war zu seiner Regierungszeit ein beliebtes Wortspiel bei Provinzjournalisten weltweit im Jahr 2009; eine der Damen (der Mensch hat in der Regel 2, O. hatte 3, davon starb eine einen Tag vor den US-Wahlen in Kenia; sie hieß SARAH OBAMA, war aber nur die Stiefmutter seines Vaters

Ödipus-Komplex: Kategorie aus der analytischen Psychologie FREUDS; Junge konkurriert, seine Mutter liebend, mit dem (stärkeren) Vater; ÖDIPUS (griechische Sage) tötet LAIOS, seinen König und Vater und heiratet IOCASTE, seine Mutter

Oldie: 1. laut GEMA-Recht mindestens 20 Jahre altes Lied; 2. >**Evergreen**
Oldcomer: wer extrem spät mit einer prominenten Sache herauskommt; so nannte der TAGESSPIEGEL im März 2012 den Sänger ENGELBERT HUMPERDINCK (*1936) angesichts der Ankündigung, dass dieser für England beim nächsten Grand Prix D'Eurovision antreten wolle
Oldtimer: verbreiteter Begriff vor allem für Kraftfahrzeuge, die älter als 25 Jahre sind
„I hope I'll die before I get old": Credo des PETE TOWNSHEND (*1945, THE WHO) auf „My Generation" 1965
Oldies but Newbies: ANT PARISH AND FRIENDS (Mixtape, März 2012)

Olleken: liebe Frau

Oma: Mutter oder Vaters Mutter; angeblich *Großmama* in Kindersprache
OMA HANS: war eine Punkband aus Hamburg und existierte von 2001 bis 2006
One Life Stand: Megahit 2010 der Elektro-Dance-Formation HOT CHIP; empfiehlt in Abgrenzung zum oft besungenen One-Night-Stand das lebenslängliche Glück mit nur einer weiteren Person; hatten wir das nicht schon mal als ziemlich fixe Idee der röm.-kath. Kirche?

Opa: Kurzwort von Osspater, Vater des Vaters oder der Mutter

Oral history: mündliche Überlieferung; Wegbegleiter durch die Generationen, seit dem 17. Jahrhundert auch bezogen auf die damals ganz neue Kategorie „Kindheit", auf Kinderreime und Kinderlieder

Outdated: veraltet, altmodisch

P

Pachulke: (berlin.) ungehobelter Mensch

Pädagogik: (griech.) Lehre von der Knabenführung; heute allgemeiner: Erziehungswissenschaft
Päderast: Erwachsener Mann, der rechtswidrig männliche Minderjährige begehrt

"Wir Pädophilen sind eine gesellschaftlich ganz übel unterdrückte Minderheit!"

"Wir Frauenvergewaltiger auch!"

Pädokriminalität: ein angeblich präziserer Begriff als Pädophilie, weil letzterer auch positiv klingen kann („Liebe"); wer pädophilenfreundlich ist wie HELMUT KENTLER es ganz offensichtlich war, ist damit noch lange kein krimineller Päderast wie GEROLD BECKER, Ex-Odenwald-Schule.

Pampern: (neudt.) betreuen

Papa: in vielen Sprachen der Erde Kurz- oder Koseform für den leiblichen Vater und/oder den Papst

Papain: (chem.) Enzym; Aminosäure in Schale und Kern der Papaya; Wollfilzschrumpfschutz; Wissenschaft zeigt, dass nach Papain-Genuss die Spermienproduktion bei Hunden enorm nachlässt

Parental Alienation: (engl.) Elternentfremdung liegt z. B. vor, wenn ein Teil den anderen ausgrenzt und das Kind auf sich fixiert

Parentifizierung: (lat.) (psych.) „Eltern-Machen". Kinder, oft das älteste Kind, geraten in Folge einer spezifischen Familienkonstellation in Umkehr-Rolle und „bemuttern" schwache Eltern, die dies erwarten bzw. einfordern; ein „falsches Selbst" wird entwickelt, psychische Schäden folgen; gelegentlich missbraucht ein Elternteil nach einer Trennung das (älteste) Kind als Partnerersatz

Paranoid Parents: (amerk.-engl.) übervorsichtige Väter und Mütter, USA, organisieren Vollkasko-Kids

Parent Sitting: (engl.) Fernsehabend mit den Eltern, aus der Sicht der Minderjährigen

PAS: (med.) Parental Alienation Syndrome; elterliches Entfremdungssyndrom; ein Kind weigert sich, den nicht sorgeberechtigten Elternteil zu besuchen, manchmal von unwahren Missbrauchsbeschuldigungen flankiert; RICHARD A. GARDNER beschrieb das psychologische Phänomen zuerst 1985

Patchwork: (engl.) 1. Flickwerk; wenn z. B. eine Bettdecke aus 32 Teilen genäht ist; 2. Patchwork family ist *kein* in England bekannter Begriff; ihn hat die Dolmetscherin MINKER geprägt, um im Deutschen die Formulierung „remarried parents with children together" kürzer zu fassen; heute gilt die P. F. auch als gesellschaftliche Kategorie für die Entwicklungen nach 1990; Kinder von verschiedenen Müttern bzw. Vätern leben oft in einem Haushalt und bilden mit inzwischen 8% die dritthäufigste Familienform neben der „Kernfamilie = Ein-Eltern-Familie" und den „Alleinerziehenden"; der tradierte Begriff ist ‚Stieffamilie'

Peer Group, Peers: (engl.) Gruppe ähnlich alter junger Menschen, Freunde in der Straße, in der Schule, in der Jugendarbeitslosigkeit

Peer counseling: Ansatz von Beratung, bei dem Betroffene oder Ehemalige nun Gleichgesinnte oder -Betroffene beraten – im Feld der Behinderungen, Drogenarbeit usw. Die Fachkompetenz kommt nicht von Profis, genau wie früher, als die eigenen Freunde und Verwandte noch die entsprechenden Tipps gaben

Peer support: ist vor allem ein Selbsthilfegruppen-bezogene Angelegenheit; Gleichgesinnte unterstützen

Perinatal: (lat.) während des Geburtsvorgangs

Perlhuhn: (Jugs.) eitles Mädchen in teuer Kleidung

Person: allg. für menschliches Wesen, ganz alterslos

PERSONA DOLLS: 14 Puppen unterschiedlicher Hautfarbe, für Fortbildungen und Kinderarbeit; im Hintergrund steht das Konzept der L.D. SPARKS ‚vorurteilsbewusste Erziehung'

VIP: very important person, Klassifizierung von Menschen verschiedener Wertigkeit, z. B. um in bestimmte Veranstalterbereiche eingelassen zu werden. Mensch schimpft in der Regel auf diese Schranke, außer er/sie ist auch mal VIP

IP: Internet Protocol bzw. Internet-Adresse; in der Wikipedia-Enzyklopädie Bezeichnung für einen, der etwas dort einträgt, also schreibt, aber nicht persönlich angemeldet ist – doch seine IP-Adresse ist sichtbar durch das sog. Internet Protokoll;

PES: Pensionierte-Ehemänner-Syndrom; sich langweilende Typen machen ihre Frauen depressiv

PETER PAN: Schreckliches Meisterwerk über ein todessüchtiges Kind aus Neverland von J. M. BARRIE (1,50 m) von 1904; ein gleichnamiges Musical tourt 2018 durch Deutschland; der wohl kindsüchtige >**forever-young**-MICHAEL JACKSON (vgl. Seite 105) nannte sein Spiel-Paradies in Los Olivos (1988–2006) ebenfalls „Neverland"

PETER-PAN-Syndrom: DAN KILEY schrieb Anfang der 1980er dieses berühmte Buch – Untertitel: „Männer, die nie erwachsen werden"; typisch ist ihre Verantwortungslosigkeit, Angst, Einsamkeit, Chauvinismus und ihr Narzissmus. Es soll sich um ein neurologisch nachweisbares Schattensyndrom handeln

PETIT BATEAU ®:   Kinderbekleidungskette, seit 1998 in der Hand von YVES ROCHER, dem großen Naturkosmetiker, der 2009 starb

Piccolo: 1. nullkommazwei Liter Sekt; 2. (ital.) klein; 3. kleinere Bauform der Querflöte, eine Oktave höher gestimmt

Pimpf: Jungvolkjunge; populäre Bezeichnung für ein Mitglied des >**Jungvolks,** des Bundes der Tatjugend Großdeutschlands

Italienische Reise...

PISA: „Programme for International Student Assessment"; vergleichende Europäische Studie zur Erfassung von Schulqualität, also Bildungsergebnissen; der schiefe Turm befindet sich in Pisa, nicht selten halten selbst Journalisten (und Karikaturisten) die Stadt für die Namensgeberin

PLANTUR 39: „Die Spülkur für das Haar ab 40" (Eigenwerbung der Fa. DR. WOLFF); es geht um die Wechselhaare: „Wenn der Östrogenspiegel sinkt, geht's mit den Haaren bergab"

PoC: Person of Colour; Mensch mit nicht heller, dunklerer, zuweilen afroamerikanisch geprägter Hautfarbe

Pony: (Jugs.) Mädchen

Postnatal: nach der Geburt

Postpartum Depression: (med.) etwa ab 3. Tag nach Geburt durch hormonelle Veränderungen für länger als 14 Tage, Frau ist niedergeschlagen; kürzer: >**Babyblues**

Pränatal: vor der Geburt

Präsenile Bettflucht: der (ugs.) Ausdruck will sagen, ältere Mensch schlafen weniger; ist aber Unsinn, denn alle vom STamme der Homo sapiens so ab 17 benötigen und nutzen im Schnitt gute 7 Stunden Schlaf

Precocious Dementia: (med./engl.) Jugendwahnsinn

PRENATAL: Geschäft für ungeborene Kinder? – nein, Kette für modern-teure Babyklamotten ®

Pre-teen (sex): also die (sexuelle) Betätigung von jungen Menschen, die noch nicht >**Teenager** sind, (Sex) unter 13

Primus: 1. (lat.) „primus omnium" veraltete Bezeichnung für den Besten eines Abiturjahrgangs, müsste heute wohl in der Regel eine Prima sein; der Bescheidene sieht sich gern als ‚primus inter pares' (…und wie heißt noch gleich der neue Primus hinter PARIS HILTON?); 2. schwedischer Campingkocher „OMNIFUEL"; 3. Band aus SF/USA, jazziges Crossover; 4. geisteswissenschaftlicher Verlag; 5. Rheinfahrtschiffcharter; 6. Ex-Chefredakteur der „test"; 7. erster Hybrik-Pkw von TOYOTA, denn nichts ist unmöglich

Progestoron: weibliches ‚Gelbkörper'-Sexualhormon, bereitet Frau auf Schwangerschaft vor; ist enthalten z. B. in Walnüssen oder in Sojaöl

PROVO(S): heftige Heranwachsendenbewegung der 1960er Jahre, Heimatland Holland; die „Spießer" wurden von ihnen aggressiv, offensiv und provokativ attackiert

Prolette: scherzhaft für hübsches Weib aus armen Kreisen

Psychagoge: Bezeichnung für eine Berufsgruppe von Pädagogen mit Zusatzausbildung in Kinder- und Jugendlichenpsychotherapie analytischer Art

Pubertät: (ca. 11–17 J.) 1. die Geschlechtswerkzeuge erhalten ihre endgültige Ausbildung, beim Jüngling tritt der Stimmwechsel ein (BROCKHAUS 1936); 2. Phase zwischen Kindheit und Erwachsensein, ausgelöst durch Zwischenhirn-Hormonausschüttung, vorbereitet durch die zweite Trotzphase (BROCKHAUS 1982); 3. Phase im Leben eines jungen Menschen, in der die Eltern schwierig werden, 4. Geisteskrankheit.; (die einen sagen so, die anderen so)

Pubertät mit 50: aktuelles Programm (2010) des Kabarettisten JOCKEL THIERSCH

„Verursachen Zahnspangen Pubertät?": Definitionsfrage des VINCE EBERT, Kabarettist

Püppchen: so bezeichnen unsere >**Machos** sog. Fräuleins

Pueritia: (lat.) Kindheit des Knaben im alten Rom; endete mit 17, die Heeresdienstfähigkeit begann

Punk: (engl.) 1. Anfänger; 2. „Flasche"; 3. miserables Wesen; 4. seit 1975 junger Mensch in der Jugendszene, der auf Äußeres wenig Wert legt; typisch: Sicherheitsnadel im Ohr, Haare blau oder grün oder pink, Kleidung kaputt; nicht tot zu kriegen; unschön verdeutscht in „Punker/in"

Puppy: (engl.) junger Hund

Puschi, Pushi: Mädchen mit Push-Up-BH

Q

Queer: (engl.) auch zunehmend im Deutschen; lässt als Geschlechtsbeschreibung jede Einschränkung offen (bi/schwul/lesbisch/hetero/transgender)

Querlage: (med.) sehr seltene transverse, gebärunfähige, lebensgefährliche Lage des Kindes im Mutterleib

Quelle: 1. Herkunft, Ursprung, Zeugnis aus der Vergangenheit; Quellenkunde befasst sich mit der Tradition und den Überresten und ist damit ein zentrales Lemma *dieses* Textes; 2. die Göttin der Fruchtbarkeit APHRODITE alias VENUS gilt als Quellen- und/oder Schaumgeborene; Sperma des URANOS samt See ließen sie an der Küste Zyperns entstehen, so sagt die Sage

R

Rabennest: Schulersatzprojekt; Name einer Tagesgruppe für schuldistanzierte Kinder in Berlin-Prenzlauer Berg, Träger GFAJ e.V.

Raging Grannies: (amerik.-engl.) „wütende Omas", politische Alten-Bewegung in den Vereinigten Staaten von Amerika

Rebirthing: 1. (engl.) Wiedergeburt; 2. Methode/Ziel einer nicht anerkannten körperpsychologischen Schule gleichen Namens; Übungen anstrengend bis gefährlich, insb. wenn kein Arzt zur Stelle

Reborns = Reborn Babies: Puppen, die einem echten ½-Jahre altem Baby sehr ähnlich sehen und die auch das Gewicht haben. Wer diese ab 250 € teuren Spielzeuge kauft ist umstritten und keiner Polemik wert. Z. T. werden Reborns auch teuer eingekleidet und dezent mit Zahnbürsten frisiert; manche tragen Windeln; sie sind preiswerter und sauberer als Pudel

Reff, altes: alte, dünne Frau

Regenbogenfamilie: Lebensgemeinschaft mit homosexuellen Eltern

Rekrut: 1. Sohn, der zum Militärdienst geschickt wird; 2. junger Soldat allgemein; 3. in Österreich und Schweiz Dienstgrad eines Soldaten; 4. Polizeianwärter

Rente mit 67: wie der Name schon sagt… MÜNTEFERING wollte sie erst nicht, dann doch, dann doch nicht, dann STEINBRÜCK doch noch

Rentier: (franz.) reicher Rentner, Kuponschneider (MARX)

Rentner Barbie: (JSpr.) ältere Dame, die mutig mit der Mode geht

Rentner-Bravo: APOTHEKEN UMSCHAU, *mein* Leib- und Magen-Magazin

Retirees: US-Rentner, leben in ‚bedpan communities'

Revoluzzer: „Wer mit 19 kein Revoluzzer ist, hat kein Herz, wer es mit 40 immer noch ist, hat keinen Verstand" (THEODOR FONTANE)

Riese: ein ganz Großer

Riese, abgebrochener: kleiner Mensch, sollte groß sein; oder: Mann sollte Großes schaffen, hat's nicht geschafft

„Von Kindern und anderen Riesen": schönes gutes Buch des MANFRED BOFINGER

Roberta: ein Mädchen-IT-Projekt des FRAUNHOFER INSTITUTS MÜNCHEN

Rocker: seit ca. 60 Jahren existiert diese Bewegung älterer Jugendlicher und jung gebliebener Älterer (ohne Altersgrenze); meist Motorradfahrer, nur z. T.

gewaltbereit; mit Stahl- und Aluschüsseln als Kopfbedeckung; they are born to be wild; die bekanntesten kriminellen, bewaffneten Rocker sind die HELLS ANGELS, 1948 von US-Piloten gegründet und deren Erzfeinde die BANDIDOS, Gründung in Texas 1966; Linksfriedensengel-Alternative: FRIEDRICH ANGELS (West)-Berlin

Rollator: Gehhilfegerät für Menschen mit Handicap und für Ältere; gehend schieben Behinderte das Gestell, das beim Einkauf hilfreich ist aber beim Einstieg in den ÖPNV nervt; es dient vielen Spott-Redewendungen >**Sechsbeiner**
ROLLATORS: Deutschlands älteste Rockband – aus der Sicht des Durchschnittsalters. Es handelt sich um junggebliebene Menschen aus Frankfurt und Mainumgebung. Die Seniorenrocker mit überzogenem Heavy-Metal-Outfit und (wohl gefakten) Tattoos weisen ein Durchschnittsalter von 75 vor. Wegen der großen Nachfrage durch interessierte Betroffene (von Nachwuchs kann man da nicht sprechen) wird bereits eine paralle Ersatzband organisiert, um rasch Nachrücker im Todesfall rekrutieren zu können

S

Sackgeld: (schweiz.) das Schweizerkind erhält Fränkli für den eigenen Bedarf; in Deutschland: Taschengeld (Text 1 ANHANG)

Sarghüpfer: ('coffin hopper') unter englischen Ärzten verbreitete Bezeichnung für alte kranke Menschen

Satyriasis: (lat./med.) übersteigerter männlicher Geschlechtstrieb

Säugling: Mensch, der noch die Mutter- oder Ammenbrust zu sich nimmt; zur Rechtslage schreiben DPA/TAGESSPIEGEL im August 2000: *„Wahlrecht schon für Säuglinge.* Dennis ist vier Monate alt, bei den Bundestagswahlen hat er SPD gewählt. So könnte die Wirklichkeit aussehen, wenn die Vorstellungen von LORE MARIA PESCHEL-GUTZEIT (SPD) umgesetzt würden. Wahlrecht von Geburt an – ausgeübt allerdings bis zur Volljährigkeit durch die Eltern"
Säuglingsmerchandising: damit meint der TAGESSPIEGEL-Autor PEITZ den Vorgang, das Lied „Schnappi, das kleine Krokodil" als Internet-Hit zu posten

Scheidungsmesse: 2008 in Wien die erste „divorce fair"; Klamotten für die Trennungsparty, für das unglückliche Paar; auch Speed-Dating-Firmen werben; eine Dame ebendort: „Zeich gitts!". In D werden 53% der Ehen geschieden

Schickse: (jidd.) Schimpfwort, Flittchen

Schotterlotte: reiche Freundin (Berlin)

Schnalle: Freundin (Ruhrgebiet, Berlin)

Schnitzelsarg: (Jugs.) dicker Mann

SchülerInnen: für Angehörige allgemeinbildender Schulen (Grundschulen, Volksschulen, Hauptschulen, Realschulen, Gesamtschulen, Integrationsschulen, Sekundarschulen, Regionalschulen, Gemeinschaftsschulen, Fachoberschulen und Gymnasien) gelten häufig besondere, günstige Gebührenregeln, also Kostenvorteile und Ansprüche auf Geldbeihilfen; Schul„besuch" ist in D ein Muss – je nach Bundesland 9 oder 10 Jahre lang, maximal (inkl. Berufsschule) bis zum 18. Geburtstag *** (Texte I C; 4)

Schüleruni: Die TU Berlin hat „Techno-Clubs/Schnupperkurse" für Jugendliche ab Klasse 11; ehrgeizige, clevere 16-Jährige können an dieser Uni auch schon Credit Points für später machen; ähnlich: HU; >**Kinderuni**

SchülerVZ: war sehr verbreitet in Deutschland bis *facebook* konkurrierende „social networks", auch Studi VZ, aufkaufte

Schulersatzprojekt:** Einrichtung, die jungen Schulpflichtigen irgenwie eine Alternative zur verhassten Schule bietet

Schwadilje: ältere Single-Dame (Berlin)

Schwester: 1. (Jugs.) HipHop/Rap Braut; 2. eine sehr nahe und oft ähnlich alte Verwandte; 3. Krankenpflegerin in christlichen und ostdeutschen Kliniken bzw. Arztpraxen; Aspirin Fee (Jugs.)

Schwestern der Perpetuellen Indulgenz: (S.P.I.) sind eine weltweit agierende Gemeinschaft von Menschen aller sexuellen Orientierungen, Identifikationen und Geschlechter, die sich selbst als *Orden* bezeichnet und die sich der Verbreitung von Freude, Spiritualität, Bewusstsein und Toleranz sowie der AIDS-Prävention und dem Sammeln von Geldern für schwule, lesbische und transgeschlechtliche Projekte und Gruppen sowie für HIV- und AIDS-Projekte verschrieben hat

Sechsbeiner: (Jugs.) Mensch-Rollator-Einheit

Seneszenz: (lat.) degenerativer Abschnitt des Alterns, messbar über den Anstieg der Mortalitätsrate über die Zeit bei Abnahme der Fruchtbarkeit (bei *allen* Lebewesen)

SENIOR

Senior: der Ältere (im alten Rom); man beachte, dass alles relativ ist – z. B. spielen 26-Jährige bei uns Basketball in der ‚Seniorenmannschaft'
Senior High: 9. – 12. Klasse, manchmal 10. – 12.
Senioren-Konfekt: (Jugs.) Tabletten
Seniorenteller: Nach Ansicht der *ard-brisant*-Redaktion ein Pop-Musik-Preis, den die ROLLING STONES verdient hätten; ein Speiseangebot im Restaurant, – weniger, billiger.
Senioren-Universität: die erste Uni nur für S. befindet sich in Horn Bad Meinberg; bekannte „alte" deutsche Universitäten bieten aber auch immer häufiger älteren Mitbürgern Studienmöglichkeiten an
Seniority: (engl.) das Alter
Senior Manager: (USA) Führungsebene unter dem Vorstand („CO") des Unternehmens; darunter liegt der Executive-Management-Development-Bereich mit CIO = Chief Information Officer, CLO = Chief Learning Officer, CHRO = Chief Human Resources Officer; warum das wichtig ist? Mit etwa Zehnjahresabstand übernimmt doch Germany immer den ganzen US-Kram
Senior Partner in School: Diese Organisation bildet Senioren zu Mediatoren aus, die dann 18 Monate an einer Schule wirken
Das Seniorentelefon: Hilfesuchende aus Brandenburg und Berlin können sich an 030-2796444 wenden, dann gibt es Unterstützung und Tipps von Ehrenamtlichen des Humanistischen Verbandes
Pro seniores e.V.: Verein zur Förderung der Seniorenuniversitätsangebote an der Charitée Berlin

Super Senior: 1. eine sichere Finanzinvestition, ein Papier fast ohne Risiko; 2. Nach 4 Klassen Senior High eine 5. (13.) für den „Sitzenbleiber"

Sex: im Gegensatz zu >**Gender** ist Sexualität das biologisch bedingte Geschlecht, also jemand mit 2 Stück X-Chromosomen oder mit einem X und einem Y; Besonderheiten gibt es auch

Sexueller Missbrauch von Kindern: Bischof MIXA (Ex-Augsburg) hatte die Ursache gefunden: die Sexualisierung der Gesellschaft durch die >*68er*; geraten Kirchenschulkinder in Not – z. B. durch heftigste Ledergürtelhiebe aufs nackte Gesäß – und als der Oren davon erfuhr, dass ein Mitglied Täter ist, wurde der perverse Pater ausgerechnet nach St. Blasien versetzt; dort machte er weiter; Folge: Versetzung und Weiterwirken in Chile; die katholische Kirche hat nun Entschädigungsgelder bewilligt; nicht die geforderten 82.000 € pro Fall, sondern je nach Schwere 5.000-10.000 €

Die Kirche reagiert...

Silbernes Zeitalter: eine überlange Abhängigkeit der Kinder von ihren Müttern und Verweichlichung und war typisch für diese Jahre, meint HESIOD so um 675 v. u. Z.

Silver Fox: (in D) >**Best Ager;** zu den Gästen der „Silver-Fox-Charity-Gala in Moers gehörte Ex-Fußball-Fuchs MATTHÄUS; (in GB) Kap-Fuchsart, schwarz mit weißen Stippen

Silver Party: 1. in Witten an der Ruhr (Autors Heimatstadt) fand 2009 wohl die erste Disco-Party für Ü50 in der „Werkstatt" statt ein großer Erfolg, jetzt ¼-jährlich; 2. eine in Nevada (USA) von 1892–1911 erfolgreiche politische Partei

Silver Surfer: 1. InternetnutzerInnen zwischen 35 und 50; 2. SeniorInnen, die übers Internet PartnerInnen suchen; dazu dienen diverse Börsen mit den entsprechenden Namen wie „romantik-50plus" oder „lebensfreude50" oder „50plus-treff" oder „forum-fuer-senioren" – alle bislang vom Autoren *noch* nicht genutzt

Sohn: männlicher Abkömmling ersten Grades, wenn leiblich

Sohnemann: freundliche Anrede des Sohnes

SÖHNE MANNHEIMS: Deutsche-Soft-HipHop-Christen-Pop-Formation – 14 Musiker mit Superstar XAVIER NAIDOO an der Spitze; ihr Lied *Armageddon* warnt uns HörerInnen, *die der Nähe des Weltendes angemessenen Konsequenzen zu ziehen und zu Gott um Gnade zu beten.* Ein anderes, wohl zielführenderes Lied haben sie für Amnesty International geschrieben.

HEINOs verlorener Sohn: Nickname für GUIDO CAUTZ, TV-Moderator – er versteht Spaß

Kronsohn: „Na oller Kronsohn" ist eine ziemlich gemütliche, altbackene Begrüßung (Berlin)

SOKRATES: sagte u.a. „Der Lehrer fürchtet und hätschelt seine Schüler, die Schüler fahren den Lehrern über die Nase und so auch ihren Erziehern. Und überhaupt spielen die jungen Leute die Rolle der alten und wetteifern mit ihnen in Wort und Tat, während Männer mit grauen Köpfen sich in die Gesellschaft der jungen Burschen herbeilassen" (Dialog in PLATON: „Der Staat"). Dem S. wird ständig in den Mund gelegt, was er *nicht* sagte: „Die Jugend liebt heute den Luxus. Sie hat schlechte Manieren, verachtet die Autorität, hat keinen Respekt mehr vor Älteren und diskutiert, wo sie arbeiten sollte"

Son of a gun: (engl.) Alter Gauner!

Sorgerecht: >**Elterliche Sorge**

Spermium: …*deins* war offenbar das schnellste in seiner Gruppe

Spießer: kommt von Spießbürger, 1. im Mittelalter engstirnige Mensch, der sich mit dem Spieß verteidigt; 2. später die Bürger in den Augen des Adels; 3. heute jeder gegen jeden – die Kriterien sind relativ, das 'Establishement'? Unklar, denn 4. die ‚TAZ' macht Werbung, sucht Abonnenten mit der Parole „Werden Sie Neo-Spießer"; 5. einmal ein positiver SPIEßER, (eigentlich 1.) Jugendzeitschrift aus Dresden, 1 Mio Auflage, 2-monatlich an 12.000 Schulen umsonst, dem wohl größten Magazin in D, noch vor SCHROT UND KORN

„Schulen, wo hauptsächlich Türkisch gesprochen wird, haben wir schon!"

„In Kreuzberg und Neukölln!"

Sprachtest für 4-Jährige: neu in Deutschland zur Verhütung des Schlimmsten und für frühzeitige Assimilation von jungen Menschen mit Migrationsgeschichte; Föderalismusposse, denn die Bundesländer testen unterschiedlich

Spring Chicken: (engl./auch menschl.) junges Huhn

Steppke: kleiner Junge (Berlin)

Stift: Lehrling (Ruhrgebiet)

Stillgruppe: junge Mütter sitzen im Kreis und berichten reihum zum Zweck der Hilfe zur Selbsthilfe über ihre Situation als Stillende; „Stilldemenz" ist polemisch gemeint, weil angeblich manche dieser Frauen etwas vergesslich sind **>Abstillen**

Strunze: (berl.) Frauenzimmer

Studierende: wer eine Hochschule besucht (Immatrikulation reicht), darf sich zu diesem privilegierten Kreis zählen; **>legi**

Stufen: „Die Jugendzeit mit ihren Ängsten: Wer hat den Längsten?
Die Reifezeit mit ihrem Wissen: Kein Mann muss müssen ...
... Das Abendrot mit seinem Winken: Eins läuft noch. Trinken"

(von ROBERT GERNHARDT – Cartoonist & Dichter, 1937 - 2006)

Süßigkeiten: die Grüne und ehemalige BuMi KÜNAST forderte am 11.01.10 das Werbeverbot für Süßigkeiten in der Nähe von Schulen für Kinder bis 12; ihr ehemaliger parlamentarischer Staatssekretär, Jamaica-Koalitions-Apologet M. BERNINGER (35) wurde, wie LOBBY CONTROL berichtete, Leitender Referent des US-Konzerns MARS (Europa), Süßigkeiten und Katzenfutter

Superannuation: (engl.) in England die Rente, auch: **annuity**

Supine behavior: (engl./med.) Verhalten des Säuglings in Rückenlage

Suse: (altdt.) das negativ diskriminierte ideelle Gesamtmädchen: Brummsuse (ist mäkelig), Heulsuse (weint leicht), Transuse (ist langsam)

SV: Form der Beteiligung von Minderjährigen in (Schul-) Verwaltungen; Schülervertretung; in den Bundesländern ein Rechtsanspruch der Schüler/innen; sie wählen Klassensprecher, Schulsprecher, Vertrauenslehrer und sind somit einbezogen

SWAG: häufig in SMS, WhatsApp oder Twitter; vor Jahrzehnten von Schwulen benutzt („Secretly we are gay"), später allgemein (von to swagger=protzen, aufschneiden) für „lässig", „cool", als solches Jugendwort des Jahres 2011; wird speziell aber auch für „She wants a gentleman" eingesetzt

T

Teenager, Teens, Teenies: aus USA/England; meint die Altersgruppe mit einem „teen" am Ende, also zwischen 12 und 20. Diese beliebte Bezeichnung erfasst wirklich lauter Leute einer breiten Altersgruppe mit typischen Bedürfnissen, ähnlichen Eigenschaften und Verhaltensweisen; lächerlich die neudeutsche weiblich-Fassung: „Teeanagerin"

Teenage Consumers: etwa mit Beginn der Popmusik von Wirtschaft und Werbung angepeilte Zielgruppe zur Umsatzverbesserung in den Bereichen Mode, Musikartikel und Fan-Merchandising

Teenage Hate: 1. Album des Punkrockers JAY REATARD (THE REATARDS), der 29-jährig Anfang 2010 aus noch unbekannten Gründen ablebte; traute er *keinem* über 30?

Teenage Kicks: Northern-Irish-Punk-Rock-Indie-Hit der UNDERTONES 1978, lt. JOHN PEEL (*bester Radio-DJ aller Zeiten*) bester Song aller Zeiten ('s geht aber diesmal nur um Liebe mit eher ödem Refrain)

Teen Court: ist im Sinne des Prozessrechts kein Jugendgericht, er besitzt weder gerichtliche noch staatsanwaltliche Kompetenzen. Es finden weder Beweisaufnahme noch Beweiswürdigung statt, der Sachverhalt muss vollständig geklärt sein. Die Staatsanwaltschaft begleitet das Verfahren bis zum Abschluss. An einem Teen Court werden – je nach Bundesland – nur Fälle leichter bis maximal mittlerer Kriminalität verhandelt. Zeigt sich ein Straftäter vor der zuständigen Staatsanwaltschaft geständig und erklärt sich bereit, vor das Schülergericht zu treten, sieht die Staatsanwaltschaft von einer Strafverfolgung ab und weist den Fall dem Schülergericht zu. Akzeptiert der Jugendliche den „Richterspruch" des Schülergremiums, ist der Fall damit abgeschlossen

Teenie-Schmonzette: (und „Vampir-Vampir-Roman") ist der Roman „Evermore" von A. NOEL in den Augen von DENIS SCHECK. Inhalt: Dem 16-jährigen EVER sterben beide Eltern, dazu seine Schwester und, ganz schlimm, sein Labrador

„Hip Teens: Don't Wear Blue Jeans" – Song des FRANK POPP ENSEMLEs 2003, erfolgreich in Italien, dann deutsche COCA COLA®-Werbung untermalend

Teeny Weeny: (engl.) klitzeklein, fipsig; auch: ‚teeny tiny', winzig

Tempora mutantur et nos mutamur in illis: (lat.) die Zeiten ändern sich und wir uns in ihnen

Tempus fugit: (lat.) die Zeit läuft davon – außer man macht Schwerstarbeit in einer stinkenden heißen Fabrik und hat dabei eine große Werksuhr im Blick

Terrible Twos: Bezeichnung für die schrecklich aggressiven Zweijährigen; laut RICHARD E. TREMBLAY (Montreal) bringen diese Kinder nur deshalb niemanden um, weil sie keinen Zugang zu Waffen haben

Thirty-Something: Personenkreis, der sich ausschließlich aus alterseitlen Ex-> **Twens** zusammensetzt

Tochter: Verwandte, eigenes Kind (weiblich); ggf. wohlwollend anderen jüngeren Damen gegenüber

Höhere Töchter: Bis Anfang des 20. Jahrhunderts Personenkreis von jungen Frau aus dem Großbürgertum, dem Adel und dem gehobenen Bürgertum, die nach Schule und Konfirmation in die „Höhere-Töchter-Schulen" gingen, von der Hausarbeit zunächst befreit waren, dann aber direkt dem Heiratsmarkt zur Verfügung gestellt wurden, – (höhere) Mutter und Hausfrau war das Berufs- und Lebensziel

Serviertochter: (schweiz.) Kellnerin

Toddler: (engl.) Kleinkind, das schon ein bisschen laufen kann; toddlers' group = Krabbelgruppe

Trainee: (engl.) Auszubildender

Treber: Trebegänger, ein von zu Hause weggelaufener Wohnungsloser (Berlin)
Treberhilfe Berlin e.V.: Ausreißer-Wohlfahrt; die Diakonie kritisierte ihren Leiter EHLERT (SPD), weil er einen 400-PS-MASARATI mit Chauffeur fuhr und drängte ihn zum Verzicht; dabei liegt dieses harte Fahrzeug (wie die betroffenen Jugendlichen) fast ganz auf der Straße und erzeugt Rückenprobleme; das Nicht-Selbst-Fahren raubt ihm den letzten Auto-Fahrspaßrest; Gutmensch-Manager E. (Gehalt: 360.000) leidet quasi mit seiner Klientel; (Ex-) Prädikat: gemeinnützig

Turnschuhe: „Bis zum 8. Geburtstag kannte ich nur meine Turnschuhe – weil ich ständig auf den Boden schaute" (JUSTIN TIMBERLAKE)

TUTANCHAMUN: schon mit 19 Jahren gestorbener, gottgleicher ägyptischer „Kinder"-Pharao; krank: hatte links einen verwachsenen Fuß und starb an Malaria nach 9 Jahren Regentschaft in 1324 v. u. Z.; die Eltern des T. waren Geschwister – wohl ECHNATON und NOFRETETE, in königlichen Kreisen war Inzest keine Seltenheit

Twen: 1. (engl.) Altergruppe mit „twen" am Anfang, also die 20- bis 29-Jährigen – ohne eigene Familie und mit Szenekontakt; heute ein bisschen ähnlich: >YUPPIE; 2. deutsche Zeitschrift der 60er Jahre für o. g. Zielgruppe
Mid-Twenties Breakdown: junge Menschen, die nicht fähig sind, außerhalb der Uni irgendwie strukturiert das Leben zu gestalten; sie flüchten dabei in pharmazeutische Produkte (COUPLAND in: >**Generation X**)

u

U, auch **Us:** freiwillige Vorsorgeuntersuchungen; es gibt z. Z. neun vorgesehene Us für Kinder und eine **J'** für Jugendliche; Kritiker fordern vier weitere; in Zukunft sollen die Familiengerichte Auflagen und Weisungen setzen (z. B.: eine Erziehungsberatungsstelle aufsuchen) und bei Nichtbefolgen Zwangsgelder vollstrecken lassen

[U25]: online-Suididberatung per E-Mail für Kinder und Jugendliche in Deutschland, die mit entsprechenden Fragen schwanger gehen; mit dem E-Mail-

Kontakt stehen 10 Beratungsstellen deutschlandweit zur Verfügung; Träger ist die CARITAS

Übergangsobjekt: (psychoanalytische Phasentheorie) mit etwa vier Jahren verlässt das Kind die Symbiose mit der Mutter und nutzt noch vor der ödipalen Phase ein Ü., ein Ding, oft ein Kuscheltier, um sich abzulösen und auf Objektbeziehungen vorzubereiten

UFÜ: Menschen unter 50 Jahre alt
UFo: (engl.) under forty (engl.)
UHu: 1. Erwachsene in der Sprache jugendlicher Frechdachse: unter Hundert; 2. (die Rache folgt:) adipöse Kinder und Jugendliche noch unter 100 kg Lebendgewicht in der Sprache mancher Ärzte
Under Age: (engl.) minderjährig
Underage party: Trend, kommt aus Großbritannien, auch Berlin oder in Potsdam mit dem Werktitel „Echt cool, Papa"; Volljährige müssen draußen bleiben; gab es schon immer: in den Häusern der Jugend oder in Kirchengemeinden…

UNICEF: die prominente internationale Kinderhilfsorganisation der UN (United Nations Children's Fond); viele Jahre Trikotwerbung des offenbar damals von sozial guten Vorständlern geführten ‚Fußball Club Barcelona'
UN-Kinderkommission: Herausgeber der „Kinderrechte"

Unterzeugt: die derzeitige deutsche demografische Entwicklung beschreibend – Syn.: ‚überaltert'

Uralt: extrem alt
Uralt und blutjung: 3-Sat-Film über Bemühungen, den Alterungsprozess aufzuhalten. Protein essen, Sport treiben, dazu Midformin; man kann auch Stammzellen entnehmen und später zurück bringen; Thema der Endrokrinologie

Uroma: Gattin des Uropas

V

VALENTIN: 1. legendärer mittelalterlicher Bischof; er traute als erster auch Soldaten (mit jungen Frauen); was nicht erlaubt war, denn Soldaten sterben in der Regel auf Arbeit, die römisch-katholische Kirche verlangt aber die lebenslängere, treue Ehe; V. wurde enthauptet, dann Märtyrer; in Memoriam entstand der

VALENTINstag jährlich am 14. Februar, zunächst als ein Trauerfest, viele hundert Jahre lang, später (auf Initiative der Vereinigung weltweiter Blumenhändler?) als ein Freudentag für Liebende; 2. **KARL V.**: „Heute ist die gute alte Zeit von morgen" oder auch „Die Zukunft war früher auch besser"; kompetenter, verkannter, arm und unterernährt verfrüht verstorbener Komiker (1882-1948); sein Witz erreichte die Nachkriegsmünchner nicht

Vater, Väter: männlicher Elternteil (auch Adoptivvater, Ziehvater, Pflegevater, Schwiegervater und Scheinvater

Vater-Mutter: Anrede des Gottes in der Fassung der „Christlichen Wissenschaft"-Gemeinde

Herbergsvater: 1. bezogen auf die in Deutschland vor über 100 Jahren erfundene Jugendherberge der leitende Angestellte; handelt es sich um eine Frau (modern): Herbergsmutter, logo; 2. Lied der „FOYER DES ARTS" des MAX GOLDT („Ich bin Euer Herbergsvater…")

Kesser Vater: herrische Lesbe

Kirchenväter: etwa 50 orthodox christliche Autoren, davon einige auch katholisch anerkannt, zwischen den Jahren 150 und 800 u. Z. lebend; es entstand ein standardisierter Korpus christlicher Lehren, diskutiert in der Patristik

Verfahrensbeistand: ersetzt seit 2009 im familiengerichtlichen Verfahren den Verfahrenspfleger. Er hat die Aufgabe, die Interessen Minderjähriger zu vertreten und kann hier Anträge stellen, Rechtsmittel einlegen und an den Anhörungen teilnehmen. Er wird regelmäßig auch als „Kinder- und Jugendanwalt" oder „Anwalt des Kindes" bezeichnet. Steht alles im Familienverfahrensgesetz (§§ 158-167, 174 und 191). Das Gericht hat dem minderjährigen Kind in Kindschaftssachen, die seine Person betreffen, einen geeigneten Verfahrensbeistand zu bestellen, so bei Kindeswohlgefährdung, bei Unterbringungsverfahren, etwa in einer kinder- und jugendpsychiatrischen Einrichtung und wenn Uneinigkeit darüber besteht, bei welchem Elternteil das Kind zukünftig leben soll. Zudem kann ein Jugendlicher ab 14 selbst einen Interessensvertreter mit der Wahrnehmung seiner Rechte beauftragen

Veteran: schon die alten Lateiner kannten ihn, den lebensälteren, erprobten Soldaten im Ruhestand. Was sich Bundesdeutschland noch vor 20 Jahren nicht mehr (nach dem 2. Weltkrieg) vorstellen konnte, ist nun bittere Wahrheit wieder: Gemäß einer Neudefinietion des alten Verteidigungsministers DE MAIZIERE geht es um „ehrenhaft aus der Bundeswehr Ausgeschiedene mit mindestens einem Auslandaseinsatz". Heftig diskutiert wird insbesondere über Vietnamveteranen der USA, nicht selten mit einer bleibenden Posttraumatischen Belastungsstörung behaftet

Veteran bore: (engl.) alter Langweiler

Vettel, alte Vettel: früher: alte Schlampe

34 (vierunddreißig): Konfektionsgröße 34 der Magermodels; die Zeitschrift „Brigitte" setzt seit 2010 nur noch Laien-Model-Frauen mit Größen um 40 ein

Virgilität: (med.) Jungfräulichkeit

Virgin: (engl.) 1. Jungfrau; 2. englischer Rennstall mit virtuell entwickeltem COSWORTH-Motor-Boliden; der junge deutsche Formel-1-Pilot TIMO GLOCK war damit beim allererstem Einsatz im März 2010 gleich Trainingsschnellster

Virgo: (engl.) „He is a Virgo" – Sternzeichen Jungfrau

virgo misogamos: (lat.) die Jungfrau, welche die Ehe verachtet und lieber ins Kloster geht (später aber oft durch die Liebe geheilt wird)

Virilität: Männlichkeit

Vornamen: die Wahl des Vornamens für ein Kind entscheidet mit über seine spätere „Karriere"; ich hatte bereits vor Jahren am Beispiel *Hubertus* behauptet dieser wirke wie ein Adelstitel = 80% Erfolg im Beruf; nun hat die Forschung entsprechende signifikante Ergebnisse geliefert

V.S.O.P.: Very superior old pale, ein mind. 4 Jahre alter Brandy

W

Wachkoma-Geburt: recht sicher und neu – Entbindung durch Kaiserschnitt bei Frauen, die hirntot sind oder deren Kreislauf stillsteht

Wandervogel: Ursprung der deutschen Jugendbewegung; gegründet 1901 in Berlin-Steglitz; man traf sich zur Zupfgeige im „Nest"

Ward in Chancery: (engl.) Amtsmündel

Web natives: (engl.) die mit dem Internet in der modernen Welt Geborenen

Weißer Jahrgang: Bezeichnung für Geburtsjahrgänge von westdeutschen Männern, die damals nach dem 2. Weltkrieg noch keinen Wehrdienst leisten mussten, weil es keine Wehrpflicht gab; betrifft die Jahrgänge 1929–1937

Welfare: (engl.) ein Zauberwort der Jugend- und Sozialarbeit Großbritanniens; es klingt wie Wohlfahrt, heißt es auch, aber außerdem heißt es Fürsorge, Dienst, Hilfe, Amt und Soziales

WENDT, MICHAEL**: Politiker der *Alternativen Liste*, 1989–1995 Jugendstadtrat in Berlin-Neukölln (größtes Jugendamt Europas), kam aus der Falken-Jugend, eine ehrliche Haut, unbestechlich, unangepasst, also krass unbeliebt bei HEINZ BUSCHKOWSKI; unverschämt früh gestorben, und das hier ist ein Memorial

Wet Nourse: (engl.) Amme

When I'm 64: schönes Liebeslied der BEATLES – „When I grow older, losing my hair, many years from now … will you still need me, will you still feed me, when I'm 64?" – diese Frge stellt sich dem Autor nicht

Wiegenlied: ein solches wird auch Schlaflied genannt, obwohl nicht jedes Baby deshalb einschläft; es dient nachweislich auch der Entspannung der singenden Person

„Wild Thing – Sextipps for Boys and Girls": das absolut beste Aufklärungsbuch aller Zeiten von Paul Joannides; offen, humorvoll, einfühlsam, explizite 606 Seiten, *super* und kein Vergleich mit AMENDTs altem DKPorno „Das Sex Buch" von 1979 – trotz des Schreibfehlers im Titel

Winzling: Person von erstaunlich geringer Größe

Wissensengel: kreative Person in Unternehmen, netzwerk- und kommunikationsfähig; Begriff vom wurde vom FRAUNHOFER INSTITUT in 2000 geprägt

WISE GUYS: 5 Kölner Jungs, seit 1996 mit ausgesprochen hipper A-Capella Comedy-Show; füllten bis 2017 gewaltige Hallen und Plätze

Witwenweihe: im Mittelalter war es unter Katholiken üblich, dass nach dem Ableben des Herrn, nein des Ehemannes, die zurückbleibende Frau im Rahmen eines Segensritus' der Kirche gelobte, nicht wieder zu heiraten und „keusch" zu bleiben; im Februar 2016 legte ERIKA G. aus Trier die Witwenweihe ebendort in einer Messe ab; nun hat die Neuzeit die Witwenweihe wieder, und Frau G. ist Heim ins Mittelalter

Wöchnerin: Kurzform von Sechswöchnerin (ganz früher: Kindbetterin); Frau im „Wochenbett", also die ersten Wochen nach der Geburt ihres Kindes

www.juuuport.de/beratung: Mobbing- und Hassopfer können sich über ein Selbsthilfe-Online-Chat-Portal aus Hannover von Gleichaltrigen helfen lassen

www.youpodia.de: seit August 2009 Plattform des deutschen Jugendherbergswerks für 15- bis 26-Jährige; man kann Profile anlegen, regional Gruppen gründen und aktiv werden

X

X-Check: Altersverifikationssystem; es kann die Volljährigkeit von Internetsurfern prüfen, vor allem zum Zweck der Porno- und Gewalt-Computerspiel-Filterung; es stammt von einem kommerziellen deutschen Anbieter „Coolspot AG"

XS: Bekleidungsgröße Typ Anorexia Nervosa (med.), magersüchtig, >**Strichmännchen**

XL: extra large

XXL: ziemlich fett; fesche Klamotten für die Knödelfee und für Typen Typ Schnitzelsarg

XX: der Karyotyp XX (zwei von 46 menschlichen Chromosomen pro Zelle) zeigt an: biologisch weiblich

XX, The XX: Londoner Band bestehend aus zunächst 4 Leuten, alle 19 Jahre und aus einer Schulklasse, 2 männlich/2 weiblich wie bei >**ABBA**; nun nur noch 3; Debut-Album 2009 weltweit erfolgreich; Stil: Indie/Pop-Rock/NewWave/R&B/ Postpunk; düster und unterkühlt, als hätte man aus einem druckarmen CURE-Balloon die Luft raus gelassen; das Werk in 2016 war schon wesentlich popangepasster

XY: Karyotyp-Gonosomensatz des Mannes (2 von 46 Chromosomen); das Y wird zunehmend kürzer, hatte 1500 Gene, jetzt noch 40; wird es keine Männer mehr geben? Kann passieren in 10 Mio Jahren

Y

YOLO: „You only live once" = „man lebt nur einmal"; von Heranwachsenden in SMS, WhatsApp und Twitter benutzte Kürzung; häufig auch falsch „JOLO"; Jugendwort des Jahres 2012; tauchte 2011 im HipHop-Song „The Motto" von DRAKE auf *

<u>YOUNG</u>
YAVIS: "Young, Attractive, Verbal Intelligent, Successful"; ein beneidenswerter Personenkreis, für eine Zeit lang

YMCA: 1. Young Men's Christian Association, gegründet 1844 in London; CVJM der englischsprachigen Länder; attraktiv und preiswert ist ihre gleichnamige Hotelkette insb. in den USA – alles inzwischen auch für nicht männliche Menschen; 2. heute Disco-Massen-Schunkellied und Evergreen der VILLAGE PEOPLE, erzählt etwas versteckt eine schwule Geschichte

Young: (engl.) jung

Young Adult: (engl.) 1. Heranwachsender; 2. aktueller Spielfilm aus den USA, der zeigt, wie eine 37-Jährige nicht erwachsen werden will und sich begeistert mit ihren Teenie-Stil-Klamotten lächerlich macht; in der tragisch-komischen Geschichte will die Protagonistin ihre Jugendliebe zurück erobern

YOUNG@HEART: Cover-Gruppe, Laienchor Rockmusik singender US-Menschen mit Mindestalter 70

Young Buck: 1. „junger schwarzer Mann" (ugs amerk.engl.) 2. Gangsta Rapper, *1981, stach Kollegen während einer Preisverleihung nieder

YOUNGER: schwarze Arbeiterdrama-Familie in „A Raisin in the Sun" (1959) der frühen Negroghettopoetin LORRAINE HANSBURRY

Younger Lady: die 1898 in Ägyptens Tal der Könige entdeckte sogenannte Leiche/Mumie konnte 112 Jahre später mittels DNA-Analyse als Mutter von TUTANCHAMUN identifiziert werden: NOFRETETE

Youngest Birth Father: Der in Statistiken erfasste jüngste Vater der Welt ist der 11-jährige Alberto S. aus Mexiko; die 15 Jahre alte Freundin bekam das Kind 2015.

YOUNG FATHERS: Band aus Edinburg (ein Schotte, ein Liberianer, ein Nigerianer) 2012 von Teenangern gegründet, wg. israelkritischer Position von der Ruhrtrienale 2018 ausgeladen, wieder eingeladen, kamen aber nicht (Israels Botschafter wollte keine „Existenzrecht-Podiumsdiskussion" im Rahmen von NRW-Kulturarbeit); 2015 produzierten sie in Berlin das Album „White Men are Black Men Too"

Young Folks: Ohrwurm von PETER, BJORN & JOHN 2006; Cover Version von THE KOOKS 2009; auch die JACKSON 5 hatten einen Song gleichen Namens.

Youngisch: (engl.) eher jung als alt

YOUNG, NEIL: guter alter Barde aus Kalifornien, treibt es auch mal mit jüngeren Bands wie PEARL JAM (ihrerseits Altgrunger); 2006 mit den alten Kumpeln CROSBY, STILLS und NASH auf Tournee, um gegen G.W. BUSHs Kriegstreiben zu singen; noch heute, 2018, unheimlich beliebt bei Jugendszenemusikzeitschriften wie *Spex*, trotz „Spießer-Hobby" (sammelt >**Oldtimer**)

YOUNG MONEY: Elf Mitarbeiter eines US-Labels schlossen sich 2009 zusammen, um ein eigenes Rap-Musikprojekt zu starten. Ihr erstes Lied *Every Girl* erreichte Platz 10 der Charts

YOUNG RASCALS: Die jungen Mistbuben (Halunken, Lumpen...) US-Band der 1960er, Vorgruppe der Beatles

Youngster: 1. (engl.) Jugendlicher; 2. Nachwuchssportler (neudeutsch)

YUPPIE: Seit Mitte der 1980er Jahre Koseform der Abkürzung für „Young, Urban, Professional", relativ gut verdienende junge Städter, Aufsteiger, unabhängig, unpolitisch, cool; die schwule Variante heißt **GUPPIE** = Gay U.P.P. Der Begriff **BUPPIE** kam in den USA Anfang der 1990er Jahre auf, als Phänomen in den Vierteln der Schwarzen (Black..) : Manche gebildete Heranwachsende kamen in Anzügen daher und verhielten sich zunehmend arrogant. Als Antonym zu dem Young Urban Professional nennt JOHN R. SHORT den **YUFFIE** (Young Urban Failure), der sich nicht durch berufliche Erfolge profilieren konnte und Schwierigkeiten hatte, überhaupt eine Arbeit zu finden.

BIFY: Big Friends for Youngsters

FINE YOUNG CANNIBALS: feine soulige Band der 1980er; nix Menschenesser; verweigerten Brit Award, weil er mit einem THATCHER-Fototermin verknüpft war

Live fast, love hard, die young: Country Song des CASH-Freundes FARON YOUNG (!) 1955, gecovert von EDDIE COCHRAN und NICK LOWE und den TENNESSEE BOYS.

THE YOUNG AMERICANS: eine US-amerikanische Künstlergruppe, die seit 1962 chorischen Gesang mit Choreografie verknüpft und einen Outreach-Ansatz verfolgt

The Young Folks: Erzählung des J. D. SALINGER (Autor des famosen Jugendkulturromans „Der Fänger im Roggen") aus dem Jahr 1940

„Wanna be young for the rest of my life – gonna be 18 'til I die":   Parole des Rocksängers BRYAN ADAMS (Jg. 1959)

YOU: größter nicht christlicher Jugendevent Europas, 2018 zum 20. Mal in Berlin; Themen: Musik, Sport, Life style, Bildung; 70 Unternehmen geben Einblicke; zu den stylish Brands gehören Riesa Nudeln und Vita Cola und DLRG und Bravo und Deutsche Schachjugend und RTL II und ...

YOUTH: (engl.) Jugend; 2. Künstlername des MARTIN GLOVER, Musikproduzent, Bassist damals bei KILLING JOKE

YOUTH BANK: In D gibt es inzwischen ein Netzwerk von 15 Filialen in 8 Bundesländern (c/o Deutsche Jugendstiftung, ROBERT BOSCH, JACOBS, DEUTSCHE BANK). Die Idee aber stammt aus GB; es werden regional Förderbedarfsanalysen und Projektprüfungen durchgeführt, vor der finanziellen Unterstützung von Programmen für junge Leute von 14-25

YOUTH BRIGADE: 1. Punkrock aus Los Angeles, *1980, Skatepunk, markanter Gesang; 2. Hardcore Punk-Band aus Washington, nur 1981 aktiv

YOUTH OF TODAY: seit 1985 vegetarische Hardcore-Punk-Band aus New York City; Vorläufer: VIOLENT CHILDREN

YU GI OH: seit 2000 japanische Comic- und TV-Welt mit alles überragender Google-Quote; eine Jugendkultur mit Sammelkartenspielen, Communities und Fan-Artikeln; insgesamt bedeutender als Pokémon

Z

Die **Zeit heilt alle Wunden:** Credo des Fatalismus; Sprichwörter müssen nicht stimmen, aber aphoristische Qualitäten aufweisen

ZEITENSPRÜNGE: Jugendgeschichtsarbeit; öffentlich seit 2003 gefördertes Projekt, das spannende Stories aus Heimatregionen und Kiezen in den neuen Ländern wie MecPom oder Brandenburg sucht

Zeitgeist: Denk- und Fühlweise einer Epoche. „Was ihr den Geist der Zeiten heißt, das ist im Grund der Herren eigner Geist, in dem die Zeiten sich bespiegeln." (VON GOETHE, Faust)

Zellklumpen: > Embryo; > Life & Brain

Zicke: weibliche Geiß

Zickenalarm: Auftritt eigensinniger, launischer Mädchen

Ziehe: ‚Erzieherische Hilfen' für Minderjährige durchs Jugendamt gemäß SGB VIII §§ 27–41 (Berlin)

ZWANZIGER: nicht etwa: „**Twen** auf Deutsch", sondern Deutschlands Fußball-Ältester bzw. bis April 2012 DFB-Liga-Boss THEO Z.

Zwerg: 1. körperlich kleines Wesen; die Körpergröße von erwachsenen Menschen schwankt zwischen etwa 65 und 235 cm; 2. prominent sind die sieben aus dem Schneewittchen-Harem; 3. kleiner Fixstern

Zwergenaufstand: polemisch, wenn Gruppe von nicht ausreichend einflussreichen (jungen) Menschen heftig protestiert

ZWERGENSPRACHE: GmbH in Markranstädt bei Leipzig, die lehrt, wie man mit Babys kommuniziert, die noch nicht sprechen können

Zwergisch: die Adjektivisierung vormals adjektivloser Nomen schreitet kleinschrittig voran

„Verzwergte Menschen": in der Sprache des konservativen deutschen Talkshow-Historikers ARNULF BARING die ehemaligen Eingeborenen der DDR

Zygote: (griech: Gespann); aus einer weiblichen Eizelle und einem männlichen >**Spermium** entsteht eine befruchtete Eizelle durch Verschmelzung, auch Ursprungszelle genannt. Diese teilt sich darauf hin in Tochterzellen. Unser ethisches Stammzellenforschungsproblem lautet: Ist die geteilte Zygote im Labor schon ein *Mensch*?

„**And yet the menace of the years
finds, and shall find, me unafraid**"
(aus: ‚Invictus' von W. E. HENLEY)

LITERATUR

BOCHMANN, W. und die Klasse 7c : „Lexikon der Ruhrgebietssprache", Essen 1989

BÜHLER-ILIEVA, E. : „Can anyone tell me how to join real Life? Zur Identitätskonstruktion im Cyberspace", Zürich 1997

„Der richtige Berliner" (MEYER,H., S. MAUERMANN u. W. KIAULEHN), München 1985

Der Z/weite Blick. Jugendkulturen und Diskriminierungen – SzenegängerInnen berichten. Archiv der Jugendkulturen (Hrsg.), Berlin 2017

DOHRMANN, W. : „Wörterbuch der Pädagogik" (7.), Berlin 2010

FARIN, K. : „Jugendkulturen in Deutschland 1950-1989", Bonn 2006

DERS. : „Jugendkulturen in Deutschland 1990-2005", Bonn 2008

GILISSEN, E. H. M. : „German Slang – the real German", Bielefeld 2007

GÜNTHER, M. : „Jugendliche im Berliner Psychodschungel", Berlin 1987

DERS. : „Halb Berlin hält sich für jugendlich" in: Stattbuch 4, Berlin 1989

DERS. : „Pädagogisches Rollenspiel", Wiesbaden 2018

HARNDT, E. : „Französisch im Berliner Jargon", Berlin 1990

HENSCHEID, E. u.a. : „Dummdeutsch". Ein satririsch-polemisches Wörterbuch, (Fischer) Frankfurt 1985; auch (Reclam) 1993

HILDEBRANDT, D. : „Nie wieder achtzig!", München 2008

„Jugendsprache unplugged 2010", Berlin 2010

JOANNIDES, P. : „Wild Thing – Sextipps for Boys and Girls", München 2002

KADDOR, L. : „Muslimisch-weiblich-deutsch!", München 2010

KÖHNEN, H. : „Deutsch-englisches Glossar der Jugendhilfe", Weinheim 1992

„Lilliput Berlinerisch", Berlin 2003

MROZEK, BODO : „Lexikon der bedrohten Wörter", Hamburg 2007

„Neues Latein Lexikon", Bonn 1998

PROSINGER, W. : „Scene-Sprache", Frankfurt 1985

RAUHUT, MICHAEL : „Rock in der DDR", Bonn 2002

REINARTZ, E. u. MASENDORF, F. : „Kleines Wörterbuch der Sonderpädagogik Englisch-Deutsch" Berlin 1982

RICHARD, B. : „Die oberflächlichen Hüllen des Selbst. Mode als ästhetisch-medialer Komplex" *online :* www.birgitrichard.de/texte/kufo/htm

SAVAGE, J. : „Teenage. The Creation of Youth Culture", London 2007

SCHERF, HENNING : „Grau ist bunt. Was im Alter möglich ist", Freiburg 2006

SICK, B. : „Der Dativ ist dem Genitiv sein Tod" (Folge 4), Köln 2009

STAHLMANN, I. : „Lebensalter: Antike" in : DINZELBACHER, P. (Hrsg.) : „Europäische Mentalitätsgeschichte", Stuttgart 1993

STUTTMANN, K. : „Klare Ansage. Politische Karikaturen 2009", Berlin 2009

„Wörterbuch der Jugendsprache", Stuttgart 2009

Zur Einführung (2010)

Die eigentlichen Lebensthemen – wie sie uns sicher noch in den nächsten 40 Jahren, bis der Islam uns scheidet, beschäftigen werden, sind Alter, Jugend sowie Moden. Ich spreche von den nördlichen und westlichen Staaten, nicht von armen Ländern oder von Kriegsgebieten. Mode macht viel mehr her als Umwelt. Die Grünen sitzen im Parlament und gut. Das Thema Mann+Frau, wie Barde MARIO BARTH es uns allwöchentlich neu/alt vorgaukeln will, ist auch out. Damit beschäftigen sich das konservative Präkariat und 9-Klässler in Oberschulen. Genauso out ist MITTERMEIER mit seinen Plattheiten zum Thema ‚Baby'.

Und nun zum leidigen Lebensalter! Sehen wir uns einmal über 80-Jährige *heute* an. WECK, HOCHHUTH, DIETER HILDEBRANDT sehen wie immer ganz gut aus, will sagen: früher optisch zwar nicht jung, aber fit, sie arbeiten weiter, unbeeindruckt. Der noch ältere HELMUT SCHMIDT pafft wie immer die Fernsehstudios voll, wie immer in seriösen Anzügen. Verstehen muss man das nicht. Der Regisseur EGON GÜNTHER (bin nicht verwandt oder verschwägert mit ihm) erschien zu seinem 80., ohne sich extra zu verkleiden, mit Cowboystiefeln, Jeans, Meckie-Schnitt und schwarz (getöntem?) Schnauzbart, frisch wie ein Fisch.

Das Alter und die Moden – sie verwirrten alle Zeitgenossen, auch in der Vor-Punk-Ära. War das Outfit des Adels im 18. Jh. Schön? Das Problem heute ist, dass die Träger oft nicht wissen, wo das „Gwandl"-Design herkommt. Von der Industrie, den Labels und Brands? Nicht immer; gehen Sie mal bitte durch Berlin-Kreuzberg und Sie werden neben dem Kreativen, Schlichten das Geselbste und viele Zitate finden (aus der Sicht von Römerinnen oder Münchnern, die sich darob Falten in die Stirn staunen: alles abscheulich!). *Sie* orientieren sich an STREET WEAR TODAY – de Luxe. *Dressing down* finde ich gut - wenn es nicht teuer ist. Fällt es in meinem Büro auf, dass meine Jeans (59 €) ein Altersloch haben und nicht ein kostbar hinein designtes (kostet 119 €)? Sind Punk-Klamotten verschlissen oder industriell gefertigt? Die Jugend verzichtet heute darauf, der kommerziellen Industrie zu entkommen, es wäre aussichtslos. Seit Mitte Ende der 1980er Jahre tragen *modische* Jungen zu große Hosen, die im Schritt durchhängen; keine Cargos, sondern Buggies (in D: Buggys). Wir hatten viele Jahre Zeit, unsere Augen zu adaptieren – doch die Dinger sehen immer noch nicht wirklich flott aus. Es gibt sie auch 2013 und man erlebt auf den Straßen im Prenzlauer Berrg Dreieinhalbjährige darin, z. T. als Rapper verkleidet. Es sind *Jails* von DIESEL und MISS SIXTY. Der gewollte Effekt – früher der Gipfel an Peinlichkeit - man sieht die U-Hose, möglichst Marken-Boxer-Shorts. Spießer reiben sich die Augen. Bemerkenswert bei dieser Show, dass kein einziger Hosenträger (unsere Jungen tragen nichtsahnend Gürtel dazu) weiß, dass man sie ja politisch korrekt ohne Gürtel tragen müsste, denn in den Gefängnissen der USA bekommt jeder Knacki eine diskriminierende Overzise-Hose, ohne Gürtel wg. der ‚Suizidgefahr'. Aus Protest und aus Solidarität haben Söhne und junge Brüder der Gangster dann angefangen, das öffentlich zu machen, eine milieupolitische Demonstration nicht nur in der Bronx. Unterstrichen wird die lässige Hosendemonstration durch das sichtbare Arschfax – das Unterhosenetikett. So entstanden auf den Straßen Solidaritätsbekundungen mithilfe von zu großen Hängehosen. Kurden haben übrigens etwas Ähnliches, Traditionelles an Beinkleid; eine Reihe von zivilisierten West europäerinnen trugen in den 1980ern und heute wieder, keine Peinlichkeit auslassend, diese Alte-Männer-Hosen auf Wochenmärkten und in New Wave-Discos. Junge Frauen sind sprichwörtlich immer *hübsch* -nur eben nicht in Opa-Hosen).

1943 gab es in den USA einen rassistischen Modekrieg im Krieg: in L.A. wurden vom Militär alle Menschen (faktisch nur *Chicanos*) geschlagen, ausgezogen und eingefangen, ihre *Zoot Suits* wurden verbrannt, viele Betroffene starben wg. Unterversorgung in der Haft; man hielt sie alle (wg. der Anzüge) für Riots, Aufständische. Aber: Ich bin kein Spezialist für Jugendkulturen – da müssen sie BIRGIT RICHARD oder DIEDRICH DIEDRICHSEN fragen, und ich bin gespannt, ob sie deren Antworten verstehen. Dieses kleine Wörterbuch fixiert nur einen kleinen, originellen Teil der nüchternen wie enigmatischen Begriffe; meiner subjektiven Auswahl fehlen z.T. auch notgedrungen die Details. Betrachten wir die Sprache und Schriftsprache der Jugend so fällt auf, dass Jugendliche beim Übertragen von Moden und Codes aus den USA nicht sorgfältig, geschweige denn perfekt kopieren, wie albern es auch klingen mag.

So sprechen sie allesamt das Wort ‚Graffiti' falsch aus und bilden von dieser italo-Mehrzahl sogar einen ‚Plural plus'; *tags* sprechen und schreiben sie *takes*; Tüengleutsch entsteht und Sozialarbeiter/innen, fasziniert von solcher Subkultur, machen den Quatsch kolportierend mit. (Manche Erwachsene ziehen sich im Urlaub ja auch wieder wie sehr kleine Kinder an). Vor etwa 15 Jahren besuchte mich spontan eine alte Freundin aus Rock- und Disco-Zeiten. Wir diskutierten über das Leben und über Musik. Plötzlich weinte sie: Sie trauerte und zeigte sich zutiefst frustriert angesichts der Erkenntnis, dass sie in der Szene nicht mehr akzeptiert ist und nicht miterleben kann, was *Techno-Musik* ausstrahlt und bewirkt; dass ihr das Teilhaben an dieser Welle – die sie für die intensivste und bewegendste aller kulturellen Zeitgeist-Bewegungen hielt - nun mit 45 Jahren und 25 kg Übergewicht – abschließend verwehrt bliebe. Zum Heulen! Man kann den Generationenstreit auf diesen einen Punkt bringen: Die ältere Generation (auch ich bis zum 60., dann war echt Ende!) betrachtet sich selbst gern noch als jung. Sie wird mit Teenagern konfrontiert, die wirklich jung sind und ihr permanent die Illusion von der andauernden Jugend zerstören. Das geschieht häufig und gerade im Clinch um Moden, wobei wir Alten hilflos vergangene Tage zitieren.

Nun gut (man sagt heute ganz lang gezogen: „Ou Keii"), genug soziologisiert. Der wahre Hintergrund der Entstehung dieses Lexikons war und ist, dass ich mir nicht mehr alles merken kann. Wichtige Wörter notiere ich mir oder spreche sie *vorübergehend* auf mein Diktafon. Vergesse ich eines, gehe ich das Alphabet zunächst im Kopf durch, bei Misserfolg erfolgt ein Blick ins Vokabel-Heft. Ein I-phone besitze ich (noch) nicht. Damit Mitmenschen auch etwas davon haben, habe ich Abdrucker gesucht – und gefunden: Vor 14 Jahren erschien zunächst als kleiner Anhang zur Broschüre "Rechte junger Menschen" auf nur 6 Seiten ein 66-Stichwörter-Verzeichnis, Titel „Lexikon von Alter bis Yuppie". Darin wurden wichtige Begriffe aus dem Hauptteil definiert, insbesondere die in deutschen Gesetzen verbrieften Altersgruppen. Hinzu kamen weitere Wörter aus der Jugendkulturszene, Wortspaltereien und Sarkasmen. Dann erschien vor 7 Jahren im Buch „Fast alles, was Jugendlichen Recht ist" ein 5. Kapitel namens „Das Lebensalter-Lexikon: Von Aalmutter bis Zymzicke". Es gab schon auch Lob für meine kleine lustig-ernste 333-Einträge-Liste; so nahm ich mir vor, weitere Alterswörter zu sammeln und wurde wohl Messie. Die erste Auflage des nun eigenständigen Textes brachte fast 700, die zweite nun schafft glatte 1000 lexikalisch aufbereitete Begriffe zum Themenfeld „Jung/Mittel/Alt" – und zwar im aller weitesten Wortsinn; zu den zentralen Themen gehören auch Literatur, Politik, und 'alte Zeiten'. Zur Vergrößerung des Leseglücks steuerte KLAUS STUTTMANN eine ganze Reihe von anzüglichen Karikaturen bei.

Zu empfehlen ist dieses lehrreiche Etwas allen großen- und Geburtstagskindern, jungen Erwachsenen, Erzieherinnen, Sozialpädagogen, Eltern, Lehrkräften, Rentnern, Kabarettbegeisterten, den Freunden politisch-psychologischer Diskurse und auch den bereits leicht weisen Greisen. Fans von BASTIAN SICK und anderen Liebhabern der Feinheiten unserer aufregend schönen Begriffssprache, die hier vom Fachverfasser recht streitig präsentiert wird, mögen sich vergnügen.

Und nun: herzlich willkommen im Wortreich!

MANFRED GÜNTHER

Vorwort (2010)

Liebe Leserinnen und Leser,
das Verhältnis zwischen Jugendlichen und Erwachsenen ist seit jeher geprägt von quasi unüberbrückbaren Verständigungsschwierigkeiten. Ich kann mich noch gut erinnern, wie sich mein Großvater verzweifelt am Kopf gekratzt hat, wenn ich ihm erzählt habe, dass ich mit ein paar *Girls* in der *Disco geflippt* habe, zu ein paar *lässigen Scheiben* von den *Supertramp*. Er hat kein Wort verstanden. Heute sitze ich oft selbst in der U-Bahn und höre den Teenagern zu, wie sie (in meinen Ohren) klingonisch reden. Freilich sind solche Verständnisschwierigkeiten nicht nur sprachlicher Natur: So habe ich zum Beispiel lange geglaubt, meine Eltern vertragen rein gesundheitlich kein anderes Gwandl als ein graues oder braunes, aber in Wirklichkeit war das einfach ihr Style. Umgekehrt haben sie sich oft lautstark gewundert, dass jemand mit so extremen Ausdünstungen wie ich (Hormone!) so selten duscht. Dieses schmale Wörterbuch leistet, finde ich, einen wichtigen Beitrag zum gegenseitigen Verständnis. Ein bisschen zumindest. Naja, fast gar nicht eigentlich. Aber es ist witzig zum Lesen!

AUSTROFRED

Noch ein Nachwort zur Sache (2010)

Die Tür wird aufgezogen und ein schlanker junger Mann, das halbe Gesicht mit einer Sonnenbrille verdeckt, fragt höflich, ob im Abteil noch ein Platz frei sei. Ich sitze mit einer Freundin und einem mir unbekannten älteren Herrn im Abteil und wir alle bejahen gleichzeitig. Der junge Mann verstaut seinen Trolli, dann macht er es sich auf seinem Sitz, direkt an der Tür, bequem. Sein Outfit ist sehr auffällig. Der signalrote und bequeme Trainingsanzug ist auf der Brust mit silberner Schrift bestickt, um den Hals hängen mehrere goldene Ketten. Auf dem Kopf trägt er ein Baseball Cap, den Schirm nach hinten gedreht. Den Spann seiner Schuhe bedeckt ein Stück *Brokatteppich*. Ich habe so was noch nie gesehen. Die Fahrkartenkontrolle kommt und ich höre, wie der junge Mann (der aussieht wie ein gerade von der Bühne gesprungener Hip-Hop-Star, mit der Schaffnerin in einem Mischidiom aus Deutsch, Black American und einer Spur Türkisch spricht.

Auf dem Gang huschen zwei etwa 12-jährige Mädchen vorbei und kehren auf die gleiche Weise wieder zurück. Kurze Zeit später passieren fünf Mädchen im gleichen Alter den Gang im Zug. Auch sie kehren wieder zurück. Der Rapper zieht die Tür auf und ruft: „Nun kommt schon rein!" Die Traube der Mädchen hält vor dem Rapper, der ruhig sitzen bleibt. „Wollt ihr ein Autogramm? Die fünf

Mädchen verschwinden und kehren mit Notizblöcken und Zetteln zurück. Mit einem freundlichen Lächeln unterschreibt der Outfit King alles, er fragt dabei auch nach den Namen der Mädchen und hat für jedes von Ihnen noch eine persönliche Bemerkung. Die Fünfergruppe schaut sich die Signaturen bzw. Tags des Rappers genau an und verschwindet. Nach einigen Minuten kommen sie zurück – mit einer Digitalkamera. „Können wir Fotos machen?"

Unser Rapper sagt zu, lässt sich nicht nur mit der Gruppe fotografieren, sondern auch noch paarweise mit jedem einzelnen Fan. Dabei grätscht er so auf dem Gang herum, dass die Größenverhältnisse passen und er sich in gleicher Kopfhöhe mit dem jeweiligen Mädchen befindet. Jedes Mal spreizt er dazu zwei Finger der linken Hand zum Victory-Zeichen. Die Aktion macht ihm Freude und es sieht aus, als ob solche Begegnungen für ihn Alltag sind. Als die Mädchen verschwunden sind, frage ich ihn, ob es den Trainingsanzug auch in *gelb* gibt. Er antwortet, er habe vier davon: rot, gelb, blau und grün. Das seien seine Lieblingsfarben. Ich frage ihn, ob er ein Rapper sei und Musik mache. Nach einer kurzen Pause sagt er, ohne eine Miene zu verziehen, er arbeite als Kochgehilfe in einem Berliner Hotel. Die Rapperkluft sei das beste Outfit, das er habe. Alle meinen, er sei ein Star, ob er nun auf der Straße laufe oder in ein Sterne-Restaurant gehe. „Im Restaurant werde ich bevorzugt bedient, vor all den Schlipsträgern. Ein gutes Trinkgeld von mir ist selbstverständlich und Autogramme, wie eben, gebe ich manchmal Hundert am Tag. Sie glauben gar nicht, was das für einen Spaß macht." Dann steigt der Rapper aus.

Der ältere Herr im Abteil legt sein Buch auf die Knie, schaut aus dem Fenster. Ohne Ansatz spricht er dann zu sich selbst: „Ich bin die Nr. 2 im Museum. Ich werde nie Museumsdirektor. Irgendetwas muss ich falsch gemacht haben."

ERNST VOLLAND

Text 3

Beiträge zur kritischen Praxis der Jugendarbeit

Jugendliche im Berliner Psychodschungel

Die psychosozialen Versorgungsmöglichkeiten für Jugendliche in einer
Metropole. Mit einer Untersuchung über fragwürdige Diagnosen,
Indikationen und modernde stationäre Heilpädagogik.

*Wiederabdruck des unveränderten Textes von 1987
– hier ohne Anhang, im Original 130 Seiten*

Zwei gescheite Ideen zum Einstieg

„Kriseneinrichtungen für Atomunfälle sind vielleicht auch notwendig und sinnvoll – andererseits habe ich manchmal die ketzerische Idee, den gesamten Öffentlichen Dienst könnte man ersatzlos streichen." *

* Dies sind die letzen Sätze aus einem Experteninterview. Meine Anregung: Entwerfen Sie ein optimales Zukunftsmodell zur vernünftigen Neuordnung der sozialen Dienste in Berlin. Die hier zitierten Gedanken wurden nicht transkribiert – unsere mit der Gesprächsübertragung befaßte junge Kollegin sah keinen konstruktiven Zusammenhang zur Problemstellung.

Gebräuchliche Abkürzungen in der psychosozialen Szene

AFET Allgemeiner Fürsorgeerziehungstag =
 Arbeitsgemeinschaft für Erziehungshilfe
AG Ausführungsgesetz(e)
ANE Arbeitskreis Neue Erziehung e.V.
AWG Außenwohngruppe(n)
AWO Arbeiterwohlfahrt
BA Bezirksamt
BBH „Bestandsaufnahme Berliner Heime"
BSHG Bundessozialhilfegesetz
dpw Deutscher Paritätischer Wohlfahrtsverband
DW Diakonisches Werk
EB Erziehungsberatung
EFB Erziehungs- und Familienberatung
ENQUETE „Bericht über die Lage der Psychiatrie in der BRD";
 incl. Anhang = „ENQUETE-Anhang"
Fafü Familienfürsorge
Fam ...für Familie
FE Fürsorgeerziehung
FEH Freiwillige Erziehungshilfe
FT Familientherapie
FU Freie Universität Berlin
Ges ...für Gesundheit
GF Gesprächsführung (als Methode)
GT Gesprächspsychotherapie
HOPS hirnorganisches Psychosyndrom
HpR Heilpädagogische Richtlinien
HPV Heimpflegevereinbarungen
HUV Heimunterbringungsvorschriften
HzE Hilfen zur Erziehung
IGFH Internationale Gesellschaft für Heimerziehung
JpD Kinder- und Jugendpsychiatrische(r) Dienst(e)
Jug ... für Jugend
JWG (betreute) Jugendwohngemeinschaft
JWG Jugendwohlfahrtsgesetz
KBB Konflikt- und Bildungsberatung
KBoN Karl-Bonhoeffer Nervenklinik
L Leiter eines Amts oder einer Abteilung
Liga Liga der freien Wohlfahrtsverbände
LRST Legasthenietherapie (Lese-Rechtschreibschwächen-Therapie)

MCD	Minimale cerebrale Dysfunktion
NKS	Nervenklinik Spandau
ö.B.	örtlicher Bereich (eines Krankenhauses)
PSAG	Psychosoziale Arbeitsgemeinschaft
PT	Psychotherapie
Sen	eine Senatsverwaltung
Schul	... für Schulwesen bzw. Volksbildung bzw. Kultus
SenSoz	... für Soziales
Sozarb.	Sozialarbeiter
Sozpäd.	Sozialpädagoge
SpD	hier: Sozialpsychiatrische(r) Dienst(e)
ST	Sozialtherapie
TAA	Transaktionale Analyse
TWG	Therapeutische (Jugend-)Wohngemeinschaft
TZI	Themenzentrierte Interaktion
V	Verhalten
VBV	Volljährigenbetreuungsvorschriften
VS	Verhaltensstörung(en)
VT	Verhaltenstherapie
ZKH	„Zwischenbericht der Kommission Heimerziehung"

Einleitung

„Jugendliche im Dschungel" – ein reizvoller Titel, der wohl eine Art Abenteuerbuch verspricht. Wenn das Wörtchen „Psycho" nicht wäre. Das nämlich erinnert mich zumindest an leidige Kleinanzeigen im „Zitty"-Stadtmagazin. Dort bieten immer mehr Profis, freischaffende Gesundheitskünstler und schließlich auch Scharlatane uns Stadtneurotikern heilende Hilfen an. Aber schon der Untertitel des Buches verwirrt vermutlich manche Fachkolleg/inn/en. Zugegeben, er erscheint etwas unverständlich, uneindeutig und kompliziert.

Worum geht es also? Mein Hauptanliegen ist das Aufdecken bestimmter Ursachen für ungünstig verlaufende Jugendhilfekarrieren. Offenbar haben undurchsichtige, dschungelähnliche Strukturen unseres Versorgungssystems unbeabsichtigt Einfluß auf die Entwicklung der „Fälle" Zuständigkeiten stehen scheinbar fest, doch Hand aufs Herz: Klare Antworten auf die einfach klingenden Fragen (wer untersucht, wer verordnet, wer behandelt Jugendliche mit Problemen?) bleiben selbst Experten schuldig.

Ich hoffe, daß nach der Lektüre jedem Leser diese vielschichtige Problematik vertrauter geworden ist, die mit der Frage nach den Brüchen und Spannungen zwischen Diagnose, Indikationen und Therapieangeboten zusammenhängt.

Mir selbst fielen solche Probleme immer dann auf, wenn ältere Jugendliche mit einschlägigen Akten, mit einer Heim- und/oder Klinikkarriere in die Jugendberatung kamen. Sie waren recht widersprüchlichen „Maßnahmen" ausgesetzt. Ein „Musterfall" gleich im ersten Kapitel macht dies deutlich. Bei Jugendlichen mit vermuteten massiven psychischen Störungen lagen Gutachten aus Kinder- und Jugendpsychiatrischen Diensten oder Kliniken vor. Immer wenn eine Heim- oder Wohngemeinschaftsunterbringung erfolgte, war auch das „Jugendamt" tätig. Die Familienfürsorge und neben ihr oft zahlreiche andere „zuständige" Dienste kümmerten sich, nahmen Stellung, ergriffen Maßnahmen. Leider sind mir die Zusammenhänge zwischen den herausgefundenen Störungen, den Verordnungen und schließlich den getroffenen (Therapie-) Maßnahmen früher nie so richtig klar geworden!

Zum Buchaufbau

Als erstes werden Begriffe vorgestellt und definiert. Sie sind dem Alltagsvokabular der Jugendpsychiater und Psychotherapeuten entnommen. Es folgt eine umfassende Synopse aller (sind es wirklich alle?) in der Stadt Berlin-West angesiedelten Hilfen für Jugendliche in psychischen Notlagen. Die Leser mögen selbst urteilen, ob sie die vielen Angebote als „vielgliedriges Netzwerk" oder als „unübersichtliches Chaos" wahrnehmen.

Als nächstes stelle ich eine kleine Untersuchung vor – für Methodenneugierige eine „hypothesengeleitete explorative Befragung von Experten im Feld mittels teilstrukturierter Interviews". Sie soll Licht in die Strukturen, Abläufe und Prozesse bringen, die jungen Menschen in schwierigen Lebenssituationen Hilfe versprechen. Dazu wurden Kollegen und Kolleginnen in typischen und zuständigen Einrichtungen befragt, die Ergebnisse wurden zusammengetragen und im Hinblick auf meine „bösartigen Unterstellungen", die sogenannten Thesen überprüft. Die Arbeit mündet in Reformvorschläge ein, die beanspruchen, einige der festgestellten Mängel unserer alltäglichen Praxis zu überwinden. (...)

Für die vielen inhaltlichen Hinweise bei der Erstellung des Manuskripts möchte ich insbesondere ANNE HECK ein herzliches Dankeschön sagen.

1. Welche Auffälligkeiten und welche Behandlungsarten sind überhaupt gemeint?

In der Zweimillionenstadt Berlin (West) gibt es eine ganze Reihe von aktenkundigen zwölf bis 20jährigen Jugendlichen mit im weitesten Sinn psycho-sozialen Auffälligkeiten. Diesen Problemfällen kann geholfen werden, der Sozialstaat versorgt seine Kinder:

- Über 2000 befinden sich in Kinder- und Jugendheimen Berlins
- Über 600 sind in heilpädagogischen Heimen untergebracht
- Weitere 1600 leben in Heimen außerhalb Berlins
- Etwa 150 genießen Betreutes Einzelwohnen
- Über 400 werden in Jugendwohngemeinschaften betreut
- Für nur 20 gibt es Therapeutische Wohngemeinschaften
- Über 200 liegen in Jugendpsychiatrischen Kliniken
- Über 1000 erhalten ambulante Psychotherapie
- Schließlich gibt es für eine nicht exakt erfaßbare Anzahl weitere Maßnahmen (Betreuung, heilpädagogische oder psychagogische Behandlung, Beschäftigungstherapie, spezielle Trainings usw.)

(Die Zahlen beziehen sich auf das Jahr 1986)

Wer von den betroffenen Jugendlichen wo untergebracht bzw. betreut wird, liegt in den Händen von diversen Diensten, die Diagnosen und Indikationen vornehmen. Warum eine bestimmte Empfehlung getroffen wird, ist nicht immer leicht nachvollziehbar; vielleicht werden deshalb nicht alle gutachterlichen Empfehlungen und Stellungnahmen organisiert und umgesetzt.

So untersuchte COBUS-SCHWERTNER (S. 149) eindrucksvoll die Überweisungspraktiken und -folgen sozialpädagogischer Institutionen. Ihre Ergebnisse zeigen, „daß die Auswahl und Überweisung bestimmter Jugendlicher in psychiatrische Behandlung durch verschiedene Faktoren beeinflußt sind, die nur mittelbar mit dem abweichenden Verhalten der Betroffenen verbunden sind." Um die im Titel dieser Arbeit herausgestellten Probleme, Abläufe, aber auch Fehlleistungen und Brüche herauszuarbeiten, wird im folgenden Kapitel versucht, die benutzten Begriffe erst einmal allgemeinanalytisch zu bestimmen.

Zunächst soll **Jugend** definiert werden: Was macht diesen Lebensabschnitt aus psychologischer Sicht aus? Dann werden die bekannten, in der Fachöffentlichkeit gebräuchlichen Klassifikationen von **Störungen** bei jungen Menschen zitiert und ein Personenkreis festgelegt, der den Fokus für die weitere Arbeit und die Untersuchung bilden soll.

Ein **Musterfall** veranschaulicht, wie chaotisch Jugendhilfe- und Therapiemaßnahmen indiziert werden. Der Abschnitt **Diagnose- und Indikationsstel-**

lung soll verdeutlichen, daß es sich dabei nicht immer um ein und denselben Prozeß handelt, wohl aber wichtige etikettierende Perspektiven durch solche Weichenstellungen vorgenommen werden. Daß die herrschende Diagnostik theoretisch nicht fundiert ist und sie keine adäquaten Urteile im Dienst einer modernen psychosozialen Versorgung zu liefern vermag, bleibt eher eine hier nicht belegte Nebenerkenntnis.

Schließlich liefere ich eine jeweils kurze Bestimmung wichtiger Spezialmaßnahmen für psychisch gestörte Jugendliche: Definiert werden einige inhaltliche und organisatorische Aspekte solcher Maßnahmen wie **Psychotherapie, Psychagogik** und **Heilpädagogik**. Dem Leser fällt die Lektüre voraussichtlich dann leichter, wenn er sich im Verlauf der Arbeit häufiger den Musterfall Frank K. vor Augen hält. Welche alternativen Abläufe und Hilfsangebote hätten dem jungen Mann wirksam geholfen? Denn Ziel der gesamten Arbeit ist es, Fäden eines neuen Jugendhilfegesetzes zu spinnen, das sozial benachteiligten und psychisch angegriffenen jungen Menschen echte Perspektiven zur Bewältigung des krankmachenden Lebensalltags eröffnet, anstatt sie lediglich vorübergehend aufzufangen.

Jugendliche

Seit 1957 definiert das Gesetz zum Schutz der Jugend in der Öffentlichkeit (JÖSchG § 2) Jugendliche als junge Menschen, die schon 14, aber noch nicht 18 Jahre alt sind. Unabhängig von dieser formalen Bestimmung möchte ich aber die Selbstdefinition der „Betroffenen" zur Grundlage der Zugehörigkeitsbestimmung machen. Das Gemeinsame dieser jungen Leute, die ggf. erst 12 Jahre alt sind, oft aber auch schon 24, ist unschwer auszumachen: Sie befinden sich in einer existentiellen Umbruch- und Übergangsphase, sie sind keine Kinder mehr und noch nicht „typische" Erwachsene. Sie erscheinen uns als Momente von Aufbruch und Ablösung. Jugendliche sind klar abzugrenzen von Kindern und Erwachsenen durch ihre eigene Kultur, ihr spezifisches Freizeitverhalten, ihr Auftreten in Cliquen und Peergroups. Eine bewußte Auseinandersetzung mit bzw. praktische Erprobung von meist heterosexueller Sexualität beginnt.

Jugendliche befinden sich in der Regel in schulischer oder anderer Ausbildung. Sie halten sich materiell abhängig, ideell aber im Prozeß der Emanzipation von Abhängigkeiten und auf der Suche nach Autonomie. „Nicht stillgestellt durch Besitz, Disziplin, Karriere und schließlich Familie, ist es der Jugend noch möglich, immer wieder die Tendenz zur Anpassung aufzubrechen" (BRUDER u. BRUDER-BEZZEL, S. 10). Erwachsene versuchen, dieses Verhalten zu zügeln und möchten es als „Krise" der Jugend erscheinen lassen. In der bürgerlichen Soziologie werden oft zwei für Jugendliche typische Widerspruchsebenen beschrieben:

- Akzeleration und Retardation
- „verkürzte" und „verlängerte" Jugend

„Typisch für die Pubertät in industriellen Gegenwartsgesellschaften scheint eine Akzeleration (Beschleunigung) und damit eine zeitliche Vorverlegung des Beginns der Geschlechtsreife zu sein" (SCHÄFERS, S. 67). Retardation bezeichnet demgegenüber das Phänomen, daß Jugendliche heute vom Erscheinungsbild und von der psychischen Reife her später erwachsen zu werden scheinen als in früheren Zeiten. Obwohl also das Volljährigkeitsalter seit über zehn Jahren von 21 auf 18 Jahre herabgesetzt ist, haben junge Menschen durchschnittlich ein längeres Zugehörigkeitsgefühl zu dieser Lebensabschnittsgruppe. „Verkürzte" bzw. „verlängerte" Jugend hingegen meinen zwei Grundmuster der Jugendbiographie.

Diese ist dann relativ kurz, wenn nur der Hauptschulabschluß erreicht und nach wenigen Jahren Berufstätigkeit eine Familie gegründet wird. „Verlängerte" Jugend beschreibt die Situation der jungen Menschen mit in der Regel höheren Schulabschlüssen. Der Anteil dieser Jugendlichen nimmt dank Bildungsreform deutlich zu (vgl. FUCHS in: SHELL-Studie '85, S. 242 f.). Mit diesen in der Tat groben Bestimmungen würden die Autoren in den Augen von LESSING und LIEBEL (1975, S. 58) nur „Mystifikationen des Jugendbegriffs" liefern, weil in ihnen weder „die kapitalistische Formbestimmtheit der bestehenden Gesellschaft, ihr historisch relativer Charakter als spezifisches Phänomen der bürgerlichen Gesellschaft und ihr je besonderer Klassencharakter" zum Ausdruck kommen.

In der vorliegenden Arbeit wird das Jugendalter – wenn auch oberflächlich bestimmt – deshalb in den Mittelpunkt gestellt, weil die Abhängigkeit – z.B. bei psychischen Problemen vom Sorgeberechtigten, von Maßnahmen der Jugendhilfe oder des Gesundheitsdienstes – in Verbindung mit der Ablösetendenz – z.B. in Richtung hin auf betreutes Jugendwohnen außerhalb der Familie – ohne Perspektive der Rückführung ins Elternhaus zu besonderen Hilfsangeboten führen sollte, die qualitativ anders gestaltet sein müssen als etwa Hilfen für Kinder.

Zusammenfassend wird deutlich, daß Jugendliche im Verlauf dieser relativ kurzen Lebensphase spezifische Konflikte verarbeiten müssen, die unter Umständen zu Störungen führen, die nicht nur gezielte therapeutische Maßnahmen verlangen, sondern auch häufig mit Fremdunterbringung verknüpft werden müssen. Die folgende Auseinandersetzung mit Teenagertherapie und heilpädagogischem Jugendwohnen wird im Interesse der Heranwachsenden geführt, weil beide Bereiche wegen der weitgehend fehlenden Jugendlobby unterentwickelt sind und Versorgungslücken ins Auge fallen.

Psychische Störungen und Verhaltensstörungen

In diesem Zusammenhang soll willkürlich nur ein bestimmter Personenkreis von Jugendlichen berücksichtigt werden. Ein Negativ-Katalog ist schnell mit Hilfe der psychiatrischen Klassifikation erstellt. Für die folgenden Analysen und für die Untersuchung bleiben bestimmte „Syndrome" ausgeklammert:

- geistig oder körperlich Behinderte
- Drogenabhängige
- Delinquente
- Psychotiker
- Jugendliche mit hirnorganischen Psychosyndromen oder Anfallsleiden

Schwer fällt die Abgrenzung zu den Verhaltensauffälligkeiten. In der Psychiatrie-Enquete von 1975 (S. 235) berichten die Sachverständigen, daß „bei 20-25% aller Schulkinder Auffälligkeiten vorhanden sind, die zunächst in irgendeiner Form Klärung notwendig machen." Gemeint sind offenbar jene Verhaltensweisen, die auch die progressiven Lehrer aus dem Schulalltag eliminieren wollen: Laute, hyperaktive Auffälligkeiten (vgl. ULRICH oder MOLL-STROBEL oder GÜNTHER 1977). Eine Therapie oder gar Fremdunterbringung ist sicherlich nur bei einem Teil dieser mit abweichenden oder unerwünschten Verhaltensweisen Ausgestatteten angezeigt. Diesen Teil der „Verhaltensgestörten" – das sind nach recht unterschiedlichen Klassifikationen circa 1-4% eines Jahrgangs – will ich im Rahmen der analytischen Auseinandersetzung und in der Untersuchung mit Hilfe der Experteninterviews ausschließlich berücksichtigen. Denn der Begriff „Verhaltensstörung" zur Beschreibung bestimmter weder oberflächlicher noch klinisch-extremer Probleme von und mit jungen Menschen hat den deutschsprachigen Raum erobert.

Dies wird auch von jenen Autoren konzediert, die sich inhaltlich-theoretisch eher davon abgrenzen. Wie widersprüchlich die Etikettierungs- bzw. Klassifizierungsdiskussion verläuft, veranschaulicht LEMPP an seinen eigenen variierenden Stellungnahmen. Einerseits zeigt er auf, daß es diese Diagnose nur bei Kindern und Jugendlichen und nie bei Erwachsenen gibt. („Man würde wohl besser von ‚nicht erfüllten Verhaltenserwartungen der Erwachsenenwelt' sprechen" 1983, S. 209); andererseits aber erscheint er als Autor des Beitrags **Verhaltensstörungen** in einem einschlägigen Handbuch (LEMPP 1984, S. 1208 ff.). Ebendort wird das komplexe Gebilde „Verhaltensstörungen" (= VS) unterteilt in: VS bei Teilleistungsstörungen, VS bei Neurosen und Psychosen, VS durch motorische Auffälligkeiten, regressive VS (Entwicklungsstörungen). Wie verdreht gelegentlich Definitionen angesetzt werden, demonstriert LEMPP (1984, S.1214): „Bei Magersucht oder Fettsucht sind Verhaltensauffälligkeiten Ausdruck und Folge der psychischen Störung ..., dies gilt auch für psychotische Wesensänderungen ..."

Für eine besondere Neuordnung der diagnostischen Etiketten spricht sich SPIEL, W. (1981, S. 2 ff.) aus: Er unterscheidet „drei Mechanismen, nämlich erstens die Erlebnisreaktion, zweitens die Neurose und drittens die Persönlichkeitsentwicklungsstörung, wobei diese Bezeichnungen ... definierten psychodynamischen Abläufen zugeordnet werden; definiert hinsichtlich Struktur, Dynamik, Wirkungsweise und Folgen."

Therapeutische Konsequenzen der SPIELschen Einteilung sind zum ersten Mechanismus „Helfen und Zudecken", zum zweiten „analytische Aufarbeitung des konfliktträchtigen Komplexes" und zum dritten Mechanismus „Rehabilitation pathogener Umstände, edukative Maßnahmen, Verhaltenstherapie" (S. 13 f.).

Andere Autoren benennen die hier angesprochenen Störungen auch mit anderen Begriffen. Deshalb liste ich unkommentiert einige dieser einmal spezifischeren, dann wieder allgemeineren Begrifflichkeiten auf:

- Seelische Probleme (personenbedingt .../sozialbedingt); kindliche Neurosen; psychosomatische Störungen (Fünfter Jugendbericht 1980).
- Neurosen (Ich-Es-Konflikte); Psychopathien (Ich-Überich-Konflikte); psychopathologische Strukturbilder; Psychosomatisches (MEHRINGER 1975, in einer Arbeit mit dem Untertitel „Vom Umgang mit verhaltensgestörten Kindern").
- Psychoneurotische und psychosomatische Kränkungen, Depression; aggressive Handlungen; schizophrene Handlungen bei Kindern und Jugendlichen (DÖRNER u. PLOG, S. 339, Kapitelüberschrift „Mögliche Typen von Kränkungen")
- Schulversagen, Konzentrationsstörungen, Bewegungsunruhe, Apathie, Ängste und psychosomatische Erkrankungen; Selbstmordneigung, Aggressivität (DGSP 1981 im Buch „Soziale und psychische Not bei Kindern und Jugendlichen").
- Spezifische emotionale Störungen des Kindes- und Jugendalters: Angst, Furchtsamkeit, Niedergeschlagenheit, Unglücklichsein, Empfindsamkeit, Scheu, Abkapselung, Beziehungsschwierigkeiten, hyperkinetisches Syndrom, Störung von Aktivität und Aufmerksamkeit, Entwicklungsrückstand (z. B. in Sprech-, Sprach- oder motorischer Entwicklung, Lese- Rechtschreibschwäche, Rechenschwäche, Lernschwächen (lCD-Diagnosenschlüssel 1979).

Die für unser Vorhaben relevanten Sachverständigen und Praktiker aus der Heimszene, insbesondere im heilpädagogischen Fachbereich, machen ähnliche unabgestimmte Aussagen über ihre Klientel:

- Gestörte Kinder, deviantes Verhalten, Verhaltensstörungen und -defizite („Zwischenbericht Kommission Heimerziehung").

Die Berliner heilpädagogischen Heime wünschen sich Insassen mit folgenden Problemen (alphabetische Reihenfolge entsprechend der Heimliste):

- psychisch retardierte und neurotisch gestörte (Heim A);
- gestörte (Heime B und C);
- mit neurotischen Störungen (Heim D);
- entwicklungsgestörte (Heim E);
- verhaltensauffällige (Heim F);
- verhaltensgestörte (fast alle Heime: G, H, I, K, L, M).

Diese der Auswertung eines „Fragebogens August 1977: heilpädagogische Heime Berlin" entnommene Zielgruppenbeschreibung macht noch einmal die Bedeutung des Oberbegriffs „Verhaltensauffälligkeit" anschaulich. Wegen der skizzierten Fragwürdigkeit des Begriffs wähle ich im folgenden konsequent die Formulierung „psychische Störung", es sei denn, ein spezifisches in diesen Rahmen gehörendes Symptom wird ausdrücklich vorgestellt. Damit folge ich in etwa der Diktion der ENQUETE (S. 4, 24, 233). Dies geschieht aus pragmatischen Gesichtspunkten. Inhaltlich möchte ich KLEIBERs Fragestellung und Kritik zustimmen: „Psychische Störungen als Resultat eines prozeßhaft verlaufenden Etikettierungsprozesses? ... Das Attribut ‚psychische Störung' setzt also zunächst einmal eine Norm voraus ... Erst durch die Anwendung der Normen auf konkretes Verhalten wird dieses zu abweichendem, psychisch gestörtem etc.." (KLEIBER, 1981, S. 1322; vgl. auch: SCHRAG u. DIVOKY).

Aber die psychischen Störungen sind keine Fata Morgana. „Die gesellschaftlichen (und das Individuum isolierenden) Formen des Lebens zwingen das Gehirn auf neue (pathologische) Weise zu arbeiten, sie lassen qualitativ neue funktionelle (pathologische) Systeme entstehen" (JANTZEN 1979, S. 119).

Ein Musterfall

Nehmen wir die Geschichte des Jugendlichen Frank K.. Massiv auffällig wird er das erste Mal mit 11 Jahren: Seine Grundschullehrerin in Tempelhof berichtet dem schulpsychologischen Dienst in ihrer Abteilung Volksbildung, daß Frank sie im Verlauf einer kleinen Auseinandersetzung geschlagen habe. Sie beantragt einen Schulverweis, weil eine gütliche Einigung mit dem starrköpfigen Knaben nicht absehbar sei; Franks Leistungen sind nicht gerade gut; eine testpsychologische Untersuchung ergibt einen IQ von 84. Da es keine Verhaltensauffälligenklasse gibt, kommt Frank in eine Sonderschule für Lernbehinderte, lernt aber auch dort nicht fleißig. Die bezirkliche Familienfürsorge schaltet sich in Sachen Frank K. ein, als sein gutmütiger, bemühter aber überforderter Vater (er ist berufstätig und hat massive Alkoholprobleme) dort vorstellig wird und sein Leid klagt: Die Kindesmutter ist nach längerer Krankheit und Krankenhausaufenthalt kurz nach Franks 14. Geburtstag verstorben. Der Vater kann sich, so sagt er, nun nicht ausreichend um seinen Sohn Frank kümmern, denn dieser ist schwer ansprechbar, zeigt gelegentlich aggressive Aktionen, ist dann wieder verstockt, weint plötzlich bitterlich. In guten Minuten gelingen intime Gespräche zwischen den Männern. Frank kann dann einfühlsam diskutieren – „wenn er will". In der Sonderschule hat es Ärger gegeben: Frank hat einem Lehrer gegenüber Drohungen ausgesprochen.

Die Familienfürsorge kombiniert: Frank benötigt eine Ersatzfamilie und eine Schule. Da nun niemand einen 14jährigen (Frank ist groß und breitschultrig) in Pflege nimmt, kommt nur ein Heim in Frage, wegen der Schulnöte möglichst eins mit angeschlossener Heimsonderschule. Aber die Fürsorger sind sich ihrer Sache nicht sicher, der Jugendpsychiatrische Dienst wird hinzugezogen, um ggf. eine Indikation auszusprechen.

Diagnose und Indikation werden erarbeitet. Frank muß einige Male in den Jugendpsychiatrischen Dienst, vormittags als Schulersatz. Im Gutachten steht, daß er nicht immer zur Mitarbeit bereit war. Trotzdem liegen Ergebnisse auch über diese Diagnosephasen vor. Gefunden wird eine neurotische Gehemmtheit mit aggressiven Durchbrüchen, eine suizidale Gefährdung, eine am unteren Rand des Normbereichs liegende Gesamtintelligenz mit überraschenden Teilleistungsstärken. Seine Unsicherheit und Gesprächsbereitschaft werden aktenkundig. Hirnorganisch gibt es keine Befunde.

Im Verlauf der Fremdanamnese erfahren die Psychiater vom Vater, daß Frank gelegentlich mit dem Kopf gegen seine Zimmertür stößt. Indikation:

- Unterbringung in einer heilpädagogischen Einrichtung
- Gesprächspsychotherapie
- Heimschule/Hauptschule denkbar

Die Familienfürsorge führt Frank zur Heimpflege, diese findet eine Einrichtung, die zwar nicht den besten Ruf hat, aber dafür freie Plätze auch für 15-Jährige. Das ins Auge gefaßte Heim besitzt eine kleine Zweigschule mit durchlässigen Kleinklassen, in der Haupt- und Sonderschüler betreut werden. Und es beschäftigt einen Kinder- und Jugendlichenpsychotherapeuten.

Die anfallenden Kosten sind gerade noch vertretbar, pro Kopf und Tag DM 123,90 – in zentralverwalteten heilpädagogischen Heimen liegen die Preise z.T. noch deutlich höher. Der Vater willigt ein, er muß bei seinem Einkommen knapp DM 220.- monatlich beisteuern.

Und Frank? Frank sieht sich zwei der Heimgruppen an, eine Verselbständigungsgruppe mit 15- bis 21-Jährigen und eine mit 11- bis 16-Jährigen, für die er sich dann entscheidet, weil im Gespräch mit der anderen Gruppe ein Knabe sehr nervös mit dem Messer spielt... Frank wechselt nach einem dreiviertel Jahr doch zur Gruppe der Größeren, weil die Erzieher seiner Gruppe den sensiblen jungen Mann wie ein Kind oder gar nicht behandelt haben (von den Kolleg/inn/en hat leider keine/r eine heilpädagogische Zusatzausbildung). Frank wird zwei Wochen nach seinem Umzug ins Heim vom Psychagogen angesprochen. Die beiden verstehen sich, treffen sich zwei- oder dreimal. Erst später in der Therapeutenkonferenz, die die Erziehungsplanungskonferenz vorbereiten soll, erfährt der Heimpsychologe vom gelungenen Patientenfang, will die vollendeten Tatsachen aber organisatorisch solange nicht zurücknehmen, wie Frank nicht selbst einen entsprechenden Wunsch signalisiert. Denn klar ist allen, daß der Psychagoge weder Gesprächspsychotherapie noch Gesprächsführung (als Methode) beherrscht, sondern eine selbst erfundene psychagogische Gruppeneinzelbehandlung praktiziert (das ist vergleichbar mit Simultanschach: Drei bis vier schwache Spieler treten gleichzeitig, wenn sie „Stunde" haben, in nebeneinander liegenden Räumen gegen den Großmeister an). Gespielt wird Tischtennis, M&S, (Matsch und Schlamm), Klavier, Eisenbahn, Kasperle und andere schöne Spiele. Frank gefällt diese nichtdirektive, tiefenpsychologisch fundierte Spiel- und Sporttherapie (der Psychagoge gibt vor, nach AXLINE zu arbeiten) nach etwa sieben Wochen nicht mehr, er bleibt weg, was niemandem auffällt. Der Psychagoge hält nämlich den Platz für Frank frei, weil Frank sich das ja wieder anders überlegen könnte und vielleicht zurückkommen wird. Über die Pause erhalten die Konferenzkollegen keine Informationen (Verschwiegenheit im Interesse des Klienten).

Erst als Frank völlig außer sich an einem Sonnabendnachmittag schreiend und weinend in seinem Zimmer gefunden wird und der Psychologe zum „Feuerwehreinsatz" gerufen wird (Erzieherdiagnose: Liebeskummer), können die Weichen neu gestellt werden. Der Psychologe veranlaßt eine ambulante Gesprächstherapie durch einen BSHG-Therapeuten. Der Psychagoge veranlaßt – immer auf korrekte medizinische Verordnungen bedacht – eine Vorstellung beim beratenden Facharzt für Kinder- und Jugendpsychiatrie, die immerhin den Effekt hat, daß Frank eine weitere markante Fachkraft kennenlernt. Dann muß er auch wieder zum Kinder- und Jugendpsychiatrischen Dienst: Es fehlt eine Bescheinigung der Zugehörigkeit zum Personenkreis „§ 39/40 BSHG")

Der Schein kommt, die Therapie beginnt. Sie muß beginnen, denn der Zustand des Zöglings hat sich verschlechtert. Gelegentlich besucht Frank noch sein altes Jugendfreizeitheim, denn er mag eine der dort beschäftigten Sozialarbeiterinnen sehr. Die Beziehung zu ihr findet natürlich dort Grenzen, wo er das Ganze enger gestalten möchte. Bei den Intim-Versuchen erscheint er der Kollegin in seinem Verhalten so seltsam, daß sie einen Psychologen der naheliegenden Jugendberatung hinzuzieht. Diesem mißlingt die versuchte verbindliche Kontaktaufnahme, weil Frank K. irgendwie genug hat von diesen vielen „Psychos".

Frank ist inzwischen 16 Jahre alt, die Kostenübernahme für die Maßnahme wird für ein halbes Jahr garantiert, und nach diesem halben Jahr erhält der Therapeut auch das Geld. Der Verlängerungsantrag wird monatelang bearbeitet (befaßt sind Behindertenfürsorge, Sozialamt, Landesarzt und der Referent einer bezirklichen Abteilung für Jugend und Sport), zunächst mündlich abgelehnt, in Bearbeitung des Widerspruchs auch schriftlich. Der letztlich fürs Geld zuständige Mensch argumentiert (eigentlich verständlich), daß das Heim doch ausreichend gruppenübergreifend tätiges, qualifiziertes Fachpersonal zur Verfügung habe!

Frank ist bereits 17 Jahre alt. Die Gesprächstherapie muß eingestellt werden. Frank benimmt sich inzwischen wie die anderen Heiminsassen (Lernen am Modell): Aus eitler Sauberkeit wird Schlampigkeit, aus gewählten Worten werden Sprüche, aus der Orientierung auf eine Handwerkerlehre wird Abwarten, Desinteresse, bis eine „Maßnahme zur beruflichen Integration" gefunden wird.

Mit 18 verläßt Frank K. schließlich seine therapeutische Ersatzfamilie und bezieht eine Einzimmerwohnung. Er jobbt. Frank weiß wie viele seiner Altersgenossen nicht, was einmal werden soll. An den Tod seiner Mutter hat er sich im Laufe der Jahre ein wenig gewöhnt ...

Ähnlichkeiten mit lebenden oder verstorbenen Personen sind nicht rein zufällig. Frank K. ist kein Einzelfall, obwohl er natürlich als Individuum, als konkretes „menschliches Schicksal" einmalig dasteht. Frank K. habe ich als Musterfall ausgewählt, weil er stellvertretend für seine Generation und für die psychische Situation seiner Altersgruppe zeigt, was nach bestimmten Einschnitten in die Lebenssituation an psychischen Problemen auftreten kann; für eine Fallanalyse ist sicher nicht genug Material ausgebreitet, aber kritische Fragen sind erlaubt:

- Warum mußte Frank überhaupt die Schule wechseln?
- Warum brachte man ihn in ein relativ großes Kinder- und Jugendheim?
- Wozu wurde Gesprächstherapie indiziert – wenn nicht auch dafür gesorgt wird, daß die Therapie stattfinden kann?
- Warum wird lieber ein teures Heim ohne Gesprächstherapie ausgewählt als eine preislich günstigere Wohngemeinschaft mit begleitender, ambulanter BSHG-Therapie?
- Wie und warum überlebte der junge Mann diese kritische chaotische Phase?

Bevor ich untersuche, ob ähnliche Fallgeschichten auch von anderen Kollegen beobachtet worden sind, und vor einer Auseinandersetzung um Alternativen (z. B. für Frank) werde ich zunächst einige wichtige Aspekte von Diagnose, Indikation und therapeutischer Behandlung einmal ganz grundsätzlich darstellen.

Der Diagnose folgt die Indikation

Jeder heilpädagogischen oder therapeutischen Behandlung sollte eine ausgiebige Untersuchungsphase vorausgehen, in der mit Hilfe verschiedener Instrumente „gemessen" und schließlich dokumentiert wird, welche psychischen Probleme wodurch verursacht sind und womit gelindert werden können. Der erste Teil dieser Arbeit wird **Diagnostik** (Synonyme: Befunderhebung, Urteilsbildung, Untersuchung) genannt. Psychodiagnostik, die durch Einbeziehung von Neurologen, Psychiatern und Pädiatern (Kinderärzten) zur psychiatrischen Diagnostik erweitert wird, bedeutete ursprünglich „Menschenkenntnis". Mit Einführung der Psychologie als Einzelwissenschaft gegen Ende des 19. Jahrhunderts wurde der Begriff neu definiert: Es geht um die „unterscheidende Beurteilung", oder, in Anlehnung an die Medizin, um die „Fähigkeit, die Lehre und um den Prozeß des Erkennens psychischer Krankheiten". Nun scheint es ein anmaßendes Unterfangen zu sein, nach einer relativ kurzen Phase diagnostischer Auseinandersetzung einen jungen Menschen so „erkennen" zu wollen, daß verläßliche Aussagen über Genese (Entstehung), Ätiologie (Verursachungsfaktoren), Iststand und Prognose

(Vorhersage der zukünftigen Entwicklung) getroffen werden könnten. Trotzdem wird so verfahren. Diagnostik von und mit Jugendlichen heißt, diese in einer zuständigen Einrichtung vielleicht einen Tage lang, unter Umständen auch sechs Wochen lang, stationär mit diversen Hilfsmitteln zu beleuchten. Angewandt werden physiologische (z.B. EEG = Elektroenzephalogramm), psychologische (z.B. sogenannte objektive Tests) und psychodynamische (projcktive) Verfahren. Um möglichst die Gesamtheit der Lebensbezüge der Klienten zu erfahren, wird das explorative Gespräch gesucht und eine Fremdanamnese (Ermittlung der Vorgeschichte einer Krankheit durch Befragen anderer) vorgenommen. Das heißt Familienmitglieder werden zur Person des Klienten (frühe Kindheit, Krankheiten, Auffälligkeiten usw.) befragt - was nicht unproblematisch ist bei Jugendlichen, die dem Anspruch nach eigenständig mit ihren Problemen leben wollen und vertrauliche Hilfe oft unter Ausschluß der Eltern oder explizit gegen diese suchen.

Bei lerntheoretisch orientierten Psychologen ist auch die Verhaltensbeobachtung ein wichtiges diagnostisches Mittel. Zur besseren Strukturierung der Differentialdiagnose schlägt NISSEN (1986, S. 23 f.) vor, zwischen Form und Inhalt des Symptoms und zwischen ätiologischer und deskriptiver Diagnose zu unterscheiden. Mich macht eher neugierig, was aus der so zustandegekommenen Dokumentation (schriftlicher Untersuchungsbericht, Stellungnahme, Gutachten) an Konsequenzen folgt. In der Regel – nicht immer – wird eine **Indikation** vorgenommen. Der Begriff „Indikation" ist der Medizin entlehnt und wird im Fachwörterbuch definiert als „die durch die Krankheit gegebene Richtung für die einzuschlagende Behandlung (Heilanzeige)". Ob aber Heimeinweisungen und ähnliche oft empfohlene Konsequenzen überhaupt indizierbar sind, wird von einigen Sozialpädagogen ernsthaft angezweifelt (vgl. z. B. SPÄTH 1985).

Wenn der Diagnostiker trotzdem Fremdunterbringung indiziert, so geschieht dies in der Hoffnung, daß die verordneten Spezialheime die belastenden psychischen Probleme der Jugendlichen durch ihr „therapeutisches Milieu" und/oder durch ihre gruppenübergreifenden Fachkräfte (Heilpädagogen, Psychagogen usw.) wirksam auffangen können.

Durch die Indikation „Therapiestation" entläßt der Diagnostiker seinen Fall und gibt seine Verantwortlichkeit für das Wohl des Kindes ab. Lautet aber die Empfehlung nur „ambulante sozialtherapeutische Betreuung, begleitet von Medikation", dann wird der Diagnosedienst noch häufiger mit dem Fall, der Dosierungskontrolle und der Supervision des Sozialtherapeuten zu schaffen haben.

Flussdiagramm: Vom Problem zur Konsequenz
(Probleme, Theorien, Diagnostische Instrumente, Empfehlungen, Maßnahmen)

I　　Symptom / Störung　　　　　　　　　　　　　　(m.g 1986)

Defizite, Beschwerden :　angeblich ?　　Leidensdruck ?
　　　　　　　　　　　　　　Norm ?　　　wer meldet wem was ?
Fachmensch :　　　　　　welches Krankheitsmodell ?
　　　　　　　　　　　　　　welche psychologische Theorie ?
　　　　　　　　　　　　　　welche pädagogische Schule ?

Erste Hypothesenbildung für die Auswahl diagnostischer Instrumente

II　　Diagnostik

Gespräche :　　　　　　Anamnese
　　　　　　　　　　　　　Exploration
　　　　　　　　　　　　　Fragebögen / Schätzskalen
Tests :　　　　　　　　Intelligenz
　　　　　　　　　　　　　Persönlichkeit
　　　　　　　　　　　　　Fähigkeiten / Fertigkeiten

Verhaltensbeobachtung : im Experiment
　　　　　　　　　　　　　in der natürlichen Umgebung; im Rollenspiel

Medizinischer Befund : neurologisch; psychiatrisch

Fremdanamnese :　　　 Eltern / Erzieher / Lehrer
　　　　　　　　　　　　　Peers / Fachkollegen / Akten

Zweite Hypothesenbildung : Urteilsbildung

III　　Gutachten, Stellungnahme

Indikation (Verordnung) : Behandlung : ambulant, stationär
　　　　　　　　　　　　　　Psychotherapeutische Methoden, Art und Dauer
　　　　　　　　　　　　　　Unterbringung : Eltern, Heim, WG, TWG, BEW

IV　　tatsächliche Konsequenz　　　　　　was wird wirklich ...
... organisiert, probiert, initiiert, unterbrochen, abgebrochen, beendet?

Und natürlich auch mit den Erziehungsberechtigten, den Lehrern, der Familienfürsorge usw. – bei der derzeitigen personellen Belastung von Kinder- und Jugendpsychiatrischem Dienst und Poliklinik ist dies offenbar eine Überforderung der Ärzte und Psychologen.

Selbstkritische Schöpfer von Diagnoseinstrumenten (so EGGERT auf einer Sonderpädagogentagung in Bremen 1977 und KORNMANN u. a. 1983) verlassen den Pfad des Herumfeilens an Meßmethoden und bemühen sich um die Integration von kritisch-emanzipatorischen Therapiezielen und Begutachtung. Damit nähern sie sich der modernen Auffassung, daß Diagnostik zur besseren „Menschenkenntnis" des therapeutischen Prozesses als des diagnostischen bedarf. Denn die diagnostisch gewonnenen Hypothesen müssen therapeutisch überprüft, modifiziert und ggf. fallengelassen werden. Konsequent würde ein solcher Arbeitsansatz dann umgesetzt, wenn begutachtende Diagnostiker Verantwortung übernehmen könnten und z. B. die Indikation „methodenintegrierende Therapie (und kontinuierliche Fortsetzung der Befunderhebung) bei mir!" an den Schluß ihrer Stellungnahme setzen würden.

Moderne Diagnostiker würden auch nicht länger mit „Prognosen" arbeiten, sondern Perspektiven ermitteln und eröffnen helfen. Daß die Indikationsstellung im Vergleich zur reinen Diagnostik das schwierigere Problem darstellt, zeigt ROEDER (S. 41 ff) am Beispiel eines Kinder- und Jugendpsychiatrischen Dienstes. Viele Parameter sind dort zu berücksichtigen: Gerade einem Jugendlichen, der sich noch in seiner „Herkunftsfamilie" befindet, können ständig neu eintretende Lebenssituationen den empfohlenen Therapieweg behindern oder scheitern lassen. Deshalb wird von einigen Autoren heute empfohlen, zumindest Indikation und Therapie**anbahnung** in eine Hand zu legen.

Gibt es spezielle Therapien für Jugendliche?

Psychotherapie generell – auch für Kinder und Jugendliche – wird bekanntlich von den Basisberufen „Diplom-Psychologe" und „Arzt" angeboten, die Befähigung erhalten sie dafür durch qualifizierende Zusatzausbildungen. Früher bedeutete das immer, zusätzlich psychoanalytisch ein Aufbaustudium absolviert zu haben. Andere Therapien sind inzwischen hinzugetreten: Die bekannteren sind Verhaltenstherapie, Gesprächspsychotherapie, Familientherapie und Individualtherapie. Psychologen können aber nur dann (außerhalb der Dienste) therapeutisch tätig werden, wenn sie eine Heilkundeerlaubnis, eine BSHG-Anerkennung oder einen ärztlichen Auftrag (Delegation) vorweisen können. Die Kassenärztliche Bundesvereinigung hat nach siebenjähriger Diskussion im Jahr 1986 eine Vereinbarung über die Anwendung von Verhaltenstherapie inkraft gesetzt, die regelt, unter welchen Umständen ein Arzt einen „Therapiefall" an einen Psychologen überweisen kann.

Die angeführten psychotherapeutischen Methoden liefern keine jugendlichenspezifischen Techniken oder Programme (eine Ausnahme bildet die Psychoanalyse mit ihrer Psychagogik). Für erfahrene Psychotherapeuten ist es sicher kein Problem, spezifische Vorgehensweisen für den Personenkreis der Jugendlichen zu improvisieren. Verfahrensweisen können von Spieltherapie und Pädagogische Therapie bei Kindern adaptiert werden. Techniken der Erwachsenenbildung sind ebenfalls übertragbar. Wichtig sind vor allem intime Kenntnisse der psychischen Struktur von Pubertierenden und Adoleszenten.

Bei der Diskussion der Besonderheiten des therapeutischen Prozesses bei Jugendlichen hebt HOGH (S. 187 f.) hervor, daß jede Symptomatik, die der Jugendliche entwickelt hat, mit den für die Adoleszenz vorherrschenden Konfliktbereichen in engem Zusammenhang steht. Drei Konfliktbereiche werden von ihm ausdrücklich benannt:... „und zwar ... Ablösungsprozeß, ... Herausbildung der Sexualität sowie übergreifend ... pubertäre Identitätsdiffusion". Deshalb steht die Konfliktbewältigung und nicht etwa die Introspektion oder, als anderes Extrem, die Auseinandersetzung mit der objektiven Realität im Vordergrund. LEMPP (1983, S. 212) grenzt die Erwachsenenbehandlung von der von Kindern und Jugendlichen so ab: „ ... überall wo Therapie notwendig ist, gleichgültig, ob man sie als Psychotherapie oder Heilpädagogik bezeichnet, muß Pädagogik mit enthalten sein."

Auch die analytische Jugendlichenpsychotherapeutin HELLMANN (S. 51 f) betont wie HOGH in Anlehnung an A. FREUD ein Entwicklungsprofil für Pubertät und Adoleszenz, das konfliktbestimmt ist, weil vier Hauptprobleme zu erwarten sind:

„1. die Reaktionen auf die physische Veränderung der Genitalien
2. die Veränderungen in den Beziehungen zu den Eltern
3. die Herstellung der Beziehung zu einem heterosexuellen Partner
4. die Integration präödipaler und ödipaler Identifizierungen und ihre Adaptierung an die neuen, inneren und äußeren Erwartungen des Verhaltens in der Gegenwart"

Psychagogische Behandlung

Für die Behandlung von psychisch gestörten Minderjährigen sind in der BRD und Berlin (West) traditionell Kinder- und Jugendlichenpsychotherapeuten eingesetzt. Sie erscheinen in allen Stellenplänen von Erziehungsberatungsstellen und heilpädagogischen Heimen. Heute müßten etwa 600 dieser Fachkräfte bundesweit tätig sein (vgl. ENQUETE, S. 244)). Der Titel ist geschützt und berechtigte schon immer zur ambulanten Heilbehandlung (vgl. KAPPELER u. a., S.14 ff.).

Alle staatlich anerkannten Ausbildungsstätten liegen in den Händen tiefenpsychologisch bzw. analytisch ausgerichteter privater Institute (vgl. Blätter zur

Berufskunde, 2 II B 31). Der Lehrplan umfaßt insgesamt vier Jahre theoretische und praktische Ausbildung sowie eine 150-Stunden-Lehranalyse. Voraussetzung war früher eine Sozialarbeiter- oder Lehrertätigkeit von mindestens drei Jahren – inzwischen haben sich Interessenten mit akademischen sozialwissenschaftlichen Diplomen mehr und mehr in die Psychagogenschulen gedrängt. Am Berliner Institut können theoretisch auch Erzieher studieren. Die Senatsjugendverwaltung stellt dem Institut Räume in der Sozialpädagogischen Fortbildungsstätte „Haus Koserstraße" zur Verfügung und beabsichtigt – so die Gerüchteküche – ihr Interesse an Erzieherfortbildung dem Institut über entsprechende Verträge wieder ins Gedächtnis zu rufen.

Unabhängig von diesem konsequenten Senatsengagement für die Weiterqualifizierung von Erziehern halte ich die Ausbildungsrichtlinien für Psychagogen aus drei Gründen für unverantwortlich:

1. Es ist nicht einsehbar, warum die Ausbildung zum Kinder- und Jugendlichenpsychotherapeuten kürzer als beim Erwachsenentherapeuten angelegt ist und warum sie einen weniger qualifizierten Basisberuf verlangt. Dieser Logik entsprechend müßte die Ausbildung zum „Altenpsychotherapeuten" noch länger dauern und nur von promovierten Bewerbern absolviert werden können.
2. Die verantwortlichen Gesundheits- und Wissenschaftspolitiker haben jahrzehntelang keine Anstrengungen gemacht, entweder auch andere Therapieverbände zur Gründung ähnlicher Schulen zu motivieren oder aber besser selbst über Universitäten und Fachhochschulen geeignete methodenintegrierende Ausbildungsmöglichkeiten zu schaffen, denn
3. die oft sehr strenge Selbstbeschränkung der Psychagogen auf „neurotische Fehlentwicklungen" verhindert eine angemessene Versorgung von Kindern und Jugendlichen mit sozial bedingten psychischen Störungen und mit „Verwahrlosungssymptomatik".

Desweiteren beschränken sich die meisten Psychagogen auf reine Therapietätigkeit und erwarten als Vorausleistung psychiatrische Verordnungen, das heißt möglichst umfassende Gutachten mit tiefenpsychologischer Diktion. Im Heimbetrieb grenzen sich Psychagogen massiv von Gruppenerziehern ab. Sehr eindrucksvoll schildern KAPPELER u.a. den Versuch, eine Psychagogenausbildung zu erhalten und in einer Fallarbeit psychoanalytische und marxistische Erkenntnisse zu verbinden. KAPPELERs umfangreiche Examensarbeit (im genannten Buch dokumentiert) wurde mit „mangelhaft" benotet, der Prüfling erhielt den Titel eines Psychagogen nicht. Es ist aber ungerechtfertigt, diese Berufsgruppe insgesamt anzugreifen, da einige Praktiker auch deutlich von den erlernten Positionen abgehen. Im „Haus Stolperheide" betreute die Psychagogin intensiv auch als Teamberaterin die Erziehergruppen. Während „strenggläubige" Psychagogen keine Behandlung bei Verwahrlosung, in der Pubertät und nach umwälzenden Veränderungen in der Lebenssituation beginnen und eine geheimnisvolle Aura ausstrahlen, mit der Konsequenz, daß keine Einzelheiten aus dem Setting, den Therapieschritten usw. nach außen dringen dürfen, gehen einige Kollegen zum Glück etwas flexibler mit ihrem tiefenpsychologischen Ansatz um (vgl. RESE).

Heilpädagogik

Der Begriff „Heilpädagogik" bzw. „heilende Erziehung" wird zwar seit Jahrhunderten benutzt, eine präzise Bestimmung liegt aber nicht vor. Recht unterschiedliche Lehrmeinungen und -stühle arbeiten selbst im überschaubaren deutschsprachigen Raum aneinander vorbei. Bis ins 19. Jahrhundert war die Herausbildung der Heilpädagogik und die der Kinder- und Jugendpsychiatrie ziemlich identisch (ihre Begründer sind PESTALOZZI, WICHERN, FRÖBEL, DEINHARDT, HELLER u.a.). Eine Gabelung der Ansätze erfolgt erst durch H. EMMINGHAUS 1887. Danach bildeten sich parallel verschiedene Heilpädagogik-Schulen heraus: So die von AICHHORN, ASPERGER (dieser mit seinem medizinisch und tiefenpsychologisch fundierten Ansatz) in Wien, die Schule von HANSELMANN, MOOR, SCHNEEBERGER u.a. in Zürich, die von MONTALTA, BÜRLI u.a. in Luzern und Freiburg/CH und schließlich die Schulen von BACH, BITTNER, BLEIDICK, KANTNER, LEBER, PROBST, REINARTZ, STUTTE und anderen an deutschen Universitäten. Eine weitere Ausdifferenzierung erfolgte in den letzten beiden Jahrzehnten: Der schulische Sektor entwickelte seine „Sonderpädagogiken", dort wo „Defekte" und „Defizite" deutlich werden, arbeiten spezielle „Behindertenpädagogen".

Wegen der teilweise diskriminierenden Begriffe — denn zu „heilen" wird Krankheit assoziiert, zu „Behinderung" Irreparables – schlage ich ein neues Etikett vor: **Differentielle Pädagogik**. Anstelle einer letztlich nichtssagenden Bestimmung wie „Theorie des pädagogischen Heilens von Vollzugsstörungen der prinzipiellen Aktivität des Behinderten, was sowohl den Auftrag der pädagogischen Führung als auch den Auftrag des Heilens der Vollzugsstörungen der Aktivität umfaßt" (LÖWISCH 1968, S.1849), setze ich pragmatisch „Heilpädagogik ist das, was gelernte Heilpädagogen tun". Wer trotzdem erkenntnistheoretische, jugendpsychiatrische u. ä. Diskussionen um Heilpädagogik verfolgen möchte, lese LEBER (1980) oder JANTZEN (1978, S. 80 ff.). Zur Praxis und Theorie in der Schweiz vgl. „Vierteljahresschrift für Heilpädagogik" (seit 1932); die Situation in Österreich wird von SCHRANGE u. SCHRIEGEL beschrieben.

In der BRD gibt es seit 1959 (Überarbeitung 1966) sog. Richtlinien für die Aufgaben der Heilpädagogik und für heilpädagogische Heime, vom AFET unter Mitwirkung von STUTTE herausgegeben. Danach richten sich die mindestens zwölf Ausbildungsstätten (Blätter zur Berufskunde, 2 II B 30). In diesen Schulen, die ausschließlich berufsbegleitende Lehrgänge für Erzieher, Sozialarbeiter u.a. Fachkräfte anbieten, wird eine wilde Mischung aus Erkenntnissen der Psychologie, Psychoanalyse, von psychotherapeutischen Modellen (auch „kleine Psychotherapien" wie Transaktionale Analyse, Gestalt, Themenzentrierte Interaktion und viele andere) aus Medizin, Pädagogik, Anthroposophie und weiteren Basiswissenschaften gelehrt. Wegen der großen Nachfrage ist für die Teilnahme an Lehrgängen in Berlin eine berufspraktische Tätigkeit im Behindertenbereich oder in integrativ arbeitenden Einrichtungen nachzuweisen. Denn: „Die Heilpädagogik ist vertiefte Erziehungshilfe bei außergewöhnlichen Schwierigkeiten der Erziehung ... Sie will ... solchen Kindern und Jugendlichen helfen, die mit gewöhnlichen pädagogischen Mitteln nicht zu fördern sind, weil sie besondere Verhaltensauffälligkeiten oder soziale Anpassungsschwierigkeiten bieten oder weil sie körperlich, sensoriell oder geistig-seelisch behindert sind" (AFET 1966). Die in der ENQUETE (S. 340) beschriebenen über 850 deutschen Heilpädagogen haben einen therapeutischen Auftrag, der lautet: „Allgemeine Entwicklungs- und Orientierungshilfe, Anwendung therapeutischer Prinzipien im ständigen unmittelbaren Umgang, spezielles Training" (ebd. S. 243).

2. Die verschiedenen Angebote der psychosozialen Versorgungsdienste für Jugendliche in Berlin

Der Kinder- und Jugendpsychiatrische Dienst

In Berlin (West) arbeiten insgesamt zwölf Kinder- und Jugendpsychiatrische Dienste. Die Abteilungen für Gesundheit der zwölf Bezirksämter unterhalten je einen Dienst. In Kreuzberg gibt es zusätzlich das Projekt „Wassertorstraße" im Rahmen des Modellprogramms Psychiatrie der Bundesregierung „Psychosoziale Beratung ausländischer (insbesondere türkischer) Kinder, Jugendlicher und ihrer Angehörigen". Die Kinder- und Jugendpsychiatrischen Dienste entstanden erst im Verlauf der siebziger Jahre des 20. Jahrhunderts. Die rechtliche Grundlegung der Dienste erfolgt zuerst im „Gesetz über den öffentlichen Gesundheitsdienst (GDG)" von 1980. Darin wird neben allgemeinen Bestimmungen im Abschnitt 4 (§ 18 und 20) festgehalten, daß der öffentliche Gesundheitsdienst die Bevölkerung in allen Fragen der körperlichen, geistig-seelischen und sozialen Gesundheit berät und betreut. Jugendliche werden nur in § 20, 2 erwähnt: „Der öffentliche Gesundheitsdienst berät und betreut Kinder und Jugendliche hinsichtlich ihrer gesundheitlichen Entwicklung während der Schulzeit und beim Übergang in das Berufsleben. Er führt Untersuchungen, insbesondere regelmäßige Vorsorgeuntersuchungen, durch, um Krankheiten, Fehlentwicklungen und Verhaltensstörungen zu verhüten, zu beseitigen oder zu mildern."

Etwas konkreter werden die drei Jahre zuvor verabschiedeten „Richtlinien für den Jugendgesundheitsdienst des Senators für Gesundheit" von 1977. Unter

Punkt 6: „Ärztliche Aufgaben der Kinder- und Jugendpsychiater" werden ihre Tätigkeiten definiert: „Untersuchung von Kindern und Jugendlichen mit Störungen der seelischen und geistigen Gesundheit (oder von Störungen bedrohten ...), ärztliche Beratung der Familien, Lehrer und sonstigen Erziehungspersonen, Fertigung von amtlichen ärztlichen Stellungnahmen und Gutachten, auch im Rahmen der Amtshilfe, z. B. für Maßnahmen nach dem BSHG." Im Punkt 6 d zeigen sich die Verfasser sensibel für die sich abzeichnenden Probleme der zersplitterten Organisation verschiedener zuständiger Dienste: „Zur Vermeidung von Doppelbetreuung wird Einvernehmen mit dem Schulpsychologischen Dienst und der Erziehungsberatungsstelle hergestellt." Nach diesen Richtlinien gehören Ärzte (Pädiater/Kinder- und Jugendpsychiater), gegebenenfalls Psychologen, Sozialarbeiter und Arzthelfer zu den Mitarbeitern des Jugendgesundheitsdienstes.

Der Senator für Gesundheit gab 1982 intern eine Präzisierung der Aufgaben heraus, genannt: „Vermerk. Aufgabenkritik Jugendgesundheitsdienst – Kinder und Jugendpsychiatrische Beratung". Dieser Aufgabenkatalog sieht vor:

„Beratung von Institutionen, Beratung der Berater, Koordinierungsaufgaben; ärztlich-psychologische Untersuchungen und Beratungen der Patienten, deren Familien, sowie des weiteren Umfeldes, auch durch Sozialarbeiter; Krisenintervention."

Vermerkt wird darüber hinaus, daß der Kinder- und Jugendpsychiatrische Dienst übermäßig durch Gutachtertätigkeit in Anspruch genommen wird, in erster Linie für die Jugendverwaltung, und daß Empfehlungen des schulpsychologischen Dienstes nicht unbedingt durch Stellungnahmen des Kinder- und Jugendpsychiatrischen Dienstes zu ergänzen sind.

Zur konkreten Veranschaulichung der tatsächlich geleisteten Arbeit dokumentieren wir einige Daten aus der Statistik 1980-83 des Wilmersdorfer Dienstes:

1982: BSHG-Gutachten: 416; neue Fälle: 150; stationäre Einweisungen: 2.
1980: Überweisungen durchs Jugendamt: 44%, durch den Schulpsychologischen Dienst: 22 %, durch den Jugendgesundheitsdienst (Schüler): 8%, Selbstmelder: 13%, Anteil fremduntergebrachter Kinder und Jugendlicher: 20%.
Einsatz von Familienhelfern im April 1983 (Stichtag): 53; Einsatz von BSHG-Einzelhelfern am Stichtag: 81.
Umgebungsfaktoren: 35%der vorgestellten Kinder kamen aus schwierigstem Milieu, oder aus Familien mit zumindest einem alkoholsüchtigen Elternteil oder aus Familien mit Mißhandlungsgefahr. Symptomatik (Grobeinteilung): Neurotische Hemmung und schwere Leistungsängste: 30%; Verwahrlosung und Hospitalismusfolgen: 30%; MCD, Entwicklungsrückstände: 15%
Im Bezirk Wilmersdorf arbeiten am Stichtag etwa 80 Diplom-Psychologen mit BSHG-Therapeuten-Anerkennung und 18 niedergelassene Psychologen.

Woran es mangelt, formuliert recht eindeutig die „Stellungnahme zur Senatsvorlage über die weitere Verbesserung der psychiatrischen Versorgung in Berlin" der Psychosozialen Arbeitsgemeinschaft Wilmersdorf aus dem Jahr 1984. Ihr zufolge ist „die Aussage (im Psychiatrieplan), daß der weitaus größte Teil der Patienten von öffentlichen Einrichtungen kinderpsychiatrisch versorgt wird, ... falsch. Richtig ist ..., daß öffentliche Einrichtungen für diagnostische oder gutachterliche Fragen in Anspruch genommen werden. Richtig ist, daß die bezirklichen Beratungsstellen für Kinder- und Jugendpsychiatrie zur Sicherstellung der notwendigen ambulanten Betreuungsleistungen nicht ausreichend in der Lage sind." Die Kinder- und Jugendpsychiatrischen Dienste können die Betreuung kaum sicherstellen – Therapien anbieten können sie, von wenigen Ausnahmen abgesehen, überhaupt nicht.

Erziehungs- und Familienberatungsstellen

Im Gegensatz zu den Kinder- und Jugendpsychiatrischen Diensten haben die meisten Angebote des Jugendamts Tradition und wurden auch im Reformjahr 1975 nicht wesentlich umstrukturiert.

Die früheren Erziehungsberatungsstellen hatten die Aufgabe, diagnostisch, beratend und betreuend und prophylaktisch tätig zu sein (Erziehungsberater-Vorschriften 1963). Im Mittelpunkt der Arbeit der Erziehungsberatung stand die psychologische Diagnose und Betreuung, wobei damals noch eine strenge Arbeitsteilung in den Diensten erfolgte: Psychologen machen Diagnostik, Psychagogen Einzel- oder Gruppenbetreuung, Sozialarbeiter sind für Kontakte zu anderen Ämtern zuständig und für die soziale Diagnose. Erst 1981 betonen die neuen „Ausführungsvorschriften für die Tätigkeit der Erziehungs- und Familienberatung" die Gleichwertigkeit von diagnostischer Untersuchung, Beratung und Therapie. In Abgrenzung zu sonstigen Diensten des in Betroffenenkreisen mit Vorsicht besuchten „Jugendamts" sind die Erziehungs- und Familienberater zur Verschwiegenheit verpflichtet, führen vertrauliche Gespräche, beraten Jugendliche auch ohne ausdrückliche Zustimmung des Erziehungsberechtigten.

Hervorgehoben wird die mehrdimensionale Arbeitsweise durch interdisziplinäre Zusammenarbeit verschiedener Berufsgruppen. Da kein Arzt zur personellen Ausstattung gehört, werden Kollegen aus dem Kinder- und Jugendpsychiatrischen Dienst regelmäßig einbezogen. Mit Hilfe dieser von innovativ gesinnten Psychologen erkämpften Erziehungs- und Familienberater-Vorschriften können nun im Prinzip dort alle Mitarbeiter des Dienstes (unabhängig vom Grundberuf) Diagnostik, Indikation und Therapie in einer Person durchführen. Die freiwillige Inanspruchnahme und die Verschwiegenheitspflicht entheben die Erziehungs- und Familienberatung der Verpflichtung, Gutachten über Personen anzufertigen, die sich bereits in Beratung befinden. Allerdings werden den Erziehungs- und Familienberatern weiterhin oft „fremde" Personen zur Begutachtung vorgestellt.

Häufig wendet sich die Familienfürsorge an die Erziehungs- und Familienberatung, wenn eine Heimunterbringung zur Debatte steht, um eine differenzierte Stellungnahme mit Maßnahmeempfehlung von dort einzuholen. Wenn darüber hinaus vermutet wird, daß der junge Mensch zum „Personenkreis der BSHG §§ 39/40" gehört, wird außerdem der Kinder- und Jugendpsychiatrische Dienst hinzugezogen.

In der Bundesrepublik finden wir im Gegensatz zu Berlin (West) häufig Erziehungsberatungsstellen und auch Schulpsychologische Dienste, die dem Diakonischen Werk oder dem Caritas-Verband unterstehen.

Der Schulpsychologische Dienst

Noch bis Mitte der siebziger Jahre führten die Schulpsychologen in Berlin (West) und in der BRD ein isoliertes, wenig von der Öffentlichkeit und mit Skepsis von den Lehrern beachtetes Leben. Jeder Berliner Bezirk besaß einen nur vier Stunden unterrichtenden Spezialehrer, der sich zum Diplom-Psychologen weitergebildet hatte. Mit Einführung der Ausführungsvorschriften von 1974, die 1979 ergänzt wurden, begann der Ausbau der Dienste. Der damalige Verhaltenstherapieboom bewirkte, daß auch reine Diplom-Psychologen mit Verhaltenstherapie-Kenntnissen zusätzlich angestellt wurden, um systematisch Einzel- und Gruppentherapie, auch in den Klassen, und Inservice-Training für die gestreßten Lehrerkolleg/inn/en auf der Basis von Behaviour Modification Techniques anzubieten (vgl. BELSCHNER u. a., HOMME u. a.). Zuständig sind die Schulpsychologischen Dienste ganz allgemein für Einzel-, Kleingruppen- und Großgruppenuntersuchungen (so werden gelegentlich ganze Jahrgangsstufen im Hinblick auf Lese-Rechtschreibschwäche oder ähnliche Leistungsschwächen testpsychologisch erfaßt). Beratung, einzel-und gruppentherapeutische Maßnahmen, Testentwicklung und Hilfsmittelentwicklung kommen hinzu. Da heute in den Bezirken die Schulpsychologischen Dienste mit einer den Erziehungs- und Familienberatungsstellen ähnlichen Personalausstattung praktizieren, sind beide faktisch zu Konkurrenten geworden – auch und gerade dann, wenn gutachterliche Stellungnahmen zum Zweck der Kostenübernahme für BSHG-therapeutische Maßnahmen im Zuge der Amtshilfe für die Familienfürsorge zu erstellen sind. (Wenn auch alle Dienste grundsätzlich ihre Überlastung beklagen, möchten sie im Einzelfall zur Bestätigung ihrer Zuständigkeit und Kompetenz bestellt werden, was hinter vorgehaltener Hand wohl zugegeben wird). Die angestrebte vertrauliche Beratungsarbeit mit älteren Schülern gelingt wegen des großen Mißtrauens derselben gegenüber einer Einrichtung des Schulwesens weiterhin nicht.

Niedergelassene Ärzte für Kinder- und Jugendpsychiatrie

Bei den Ärzten für Kinder- und Jugendpsychiatrie handelt es sich um einen noch relativ jungen Berufsstand. Erst 1969 wurden die Voraussetzungen für die Anerkennung als Facharzt geschaffen. Bis zur Herausgabe der ENQUETE hatten 250 Fachärzte den Titel erworben. Darin sind aber auch jene Mediziner enthalten, die in den Diensten und Kliniken arbeiten. Niedergelassen haben sich nur ganz wenige, in Berlin sind es (seit vielen Jahren konstant) zwei bis drei. Vermutlich liegt es an der relativen Unmöglichkeit, in einer Arztpraxis gleichzeitig psychiatrisch-neurologische Untersuchungen zu machen und soziale und familiale Behandlungsansätze zu versuchen. Bei jungen Menschen mit psychischen Störungen ist aber fast immer beides notwendig: Einbeziehung der Familie und anderer sozialer Faktoren, entsprechende Beratung und Therapie und diagnostische Abklärung von organischen Bedingungen sowie explorative und testpsychologische Arbeit. Viele dieser notwendigen Schritte sind überhaupt nicht abrechenbar, da die Kassen nur traditionell „ärztliche" Leistungen bezahlen, niedrige Sätze für Psychodiagnostik festlegen und wichtige präventive Leistungen ignorieren. Für Betroffene und ihre Familien könnten theoretisch niedergelassene Jugendpsychiater sehr attraktiv sein: Sie bringen gute Voraussetzungen für eine vollständige diagnostische Abklärung mit und könnten **selbst** – bei entsprechender Zusatzausbildung – psychotherapieren. Der Weg durch zahlreiche Jugendhilfedienste und durch den Kinder- und Jugendpsychiatrischen Dienst bliebe ihnen erspart.

Psychotherapeuten- bzw. Psychologenpraxen

Ambulante Psychotherapien für Jugendliche – je nach Möglichkeit der Anbieter und der Kassenzugehörigkeit der Klienten finanziert über Krankenkassen, BSHG-Eingliederungshilfe oder privat – werden in Berlin (West) von vier Berufsgruppen angeboten:

A Psychagogen: Obwohl im Branchenverzeichnis des Telefonbuchs nur drei erscheinen, sind nach Angaben der „Liste" des Institutes für Psychotherapie e.V. Berlin etwa 130 freiberuflich im Geschäft;

B Analytische Psychotherapeuten (Ärzte): etwa 30 der niedergelassenen Ärzte befassen sich auch mit Jugendlichen;

C Nichtärztliche Psychotherapeuten (Analytiker und Verhaltenstherapeuten): Die Kassenärztliche Vereinigung erlaubt etwa 200 bis 300 Psychologen die Gebührenabrechnung im sogenannten Delegationsverfahren, wenn ein qualifizierter Arzt vorher eine „Krankheit" diagnostiziert hat. (Einer Zeitungsmeldung ist zu entnehmen, daß die Ersatzkassen und Kassen nach der Reichsversicherungsordnung (RVO) allein im dritten Quartal 1986 über 3000 Fälle abgerechnet haben, bei denen „tiefenpsychologisch fundierte und analytische

Psychotherapie" indiziert war – das bezieht sich natürlich vornehmlich auf Erwachsene);
D   Diplompsychologen (mit und ohne Zusatzausbildung, mit und ohne BSHG-Anerkennung): etwa 600 bis 800. Die niedergelassenen Diplom-Psychologen vermehren sich jährlich in ungeahntem Maße; immer mehr Praxen, Praxisgemeinschaften und Sozietäten sprießen, gedeihen oder sehen kein Licht im „Psychodschungel". Auch Teilzeit-Privatpraxen drängen sich auf den Markt. Fast alle bieten ihre Dienste auch für Jugendliche an.

Exkurs I: „BSHG-Therapien"

„Personen, die nicht nur vorübergehend körperlich, geistig oder seelisch wesentlich behindert sind, ist Eingliederungshilfe zu gewähren. Den Behinderten stehen die von einer Behinderung Bedrohten gleich" (BSHG, § 39, 1 u. 2). Als „Maßnahmen der Hilfe" werden dann unter anderem aufgeführt:

„Ambulante oder stationäre Behandlung ... heilpädagogische Maßnahmen ... Hilfe zu einer angemessenen Schulbildung ... Hilfe zur Ausbildung in einem angemessenen Beruf oder für eine sonstige angemessene Tätigkeit ... Hilfe zur Teilnahme am Leben in der Gemeinschaft."

Pfiffige Diplom-Psychologen wurden etwa Mitte der siebziger Jahre fündig. Sie hatten entdeckt, daß eine ursprünglich für Sinnesbehinderte, Körperbehinderte und geistig Behinderte vorgesehene Eingliederungshilfefinanzierung durch Gesetzesänderungen von 1969 und 1974 nun auch für die Therapie psychischer Störungen genutzt werden kann. Was noch 1962 eine „Kann-Leistung" war, wurde 1969 zu einer Pflichtleistung für „seelisch wesentlich Behinderte". Und ab 1974 werden in der Pflichtleistung auch die von „einer seelisch wesentlichen Behinderung Bedrohten" berücksichtigt (vgl. DRUMMER, S. 59 ff.).

Freiberufliche Psychologen und Praxisgemeinschaften schossen wie Pilze aus dem Boden, nicht weil künstlich Klienten produziert worden wären, sondern weil endlich eine Finanzierungsmöglichkeit eröffnet wurde für die zahlreichen, bislang unversorgt gebliebenen jungen Menschen. Lese-rechtschreibschwache Schüler bekamen nun therapeutische Hilfsangebote ebenso wie heranwachsende Analphabeten. Vorschul- und Schulkindern mit massiven, verfestigten psychischen Störungen konnte nun mit Hilfe von ambulanten Kindertherapien geholfen werden, denn die Kapazitäten in der ambulanten Versorgung reichten weder in den Erziehungs- und Familienberatungsstellen noch in den Kinder- und Jugendpsychiatrischen Diensten aus.

Derselbe Notstand herrschte auch in den normalen und heilpädagogischen Heimen. Die Sozialpädagogen in Fremdunterbringungseinrichtungen konnten nun auf Antrag – über eine amtsärztliche Stellungnahme – zusätzlich ambulante Psychotherapien für ihre extrem auffälligen Heimbewohner bereitstellen. Den Jugendlichen war dies oft lieber, als im „Haus" durch die angestellten Psychagogen behandelt zu werden, da diese immer im Verdacht stehen (wie alle Mitarbeiter), ständig einen gruppenübergreifenden Erfahrungsaustausch zu pflegen. Mit anderen Worten: Vertrauliche Beziehungen im Heim, daran glaubt kaum jemand. (Anschaulich und provokativ zugleich ist die hier dokumentierte Stellungnahme eines Jugendlichen zur Konzeption „seines" Heims.)

> Sehr geehrte Damen und Herren des Teams,
> ich habe neulich die Konzeption über „Wege ins Leben" gelesen und mir ist einiges, was mir schon seit längerem durch den Kopf geht klar geworden. Aufgrund dieser Tatsache möchte ich jegliche Zusammenarbeit (wobei klar sein muß, daß die Arbeit von ihrer Seite ausgeht) mit den Erzieher/innen boykottieren sowie Gruppenabende meinerseits verweigern und auf jegliche pädagogische Hilfen verzichten werde. Ich bin durchaus normal und komme mit meinen Problemen auch ohne Erzieher mit meinen Freunden klar. Da ich mich keinerseits als ein Objekt einer „Arbeit" ihrerseits betrachte und da ich ein Mensch bin möchte ich hiermit erklären, daß ich sehr enttäuscht darüber bin, so daß ich so dann und wann unsere Zusammenarbeit als sogar eine Beziehungsentstehung verstand. Da ich mich hierin getäuscht habe, möchte ich mich nochmals meiner falschen Gefühle entschuldigen und von jetzt ab nichts mehr mit Ihnen zu tun haben.
> Jugendliche sind Menschen, falls sie dies noch nicht wußten, will ich dies noch einmal erwähnt haben. Und aus diesem Grunde möchte ich nichts, aber auch nichts mit Ihnen zu tun haben.
> Meinetwegen könnt Ihr diesen Brief mit der Konzeption zusammen als Lesermeinung abschicken, damit auch in den jeweiligen Stellen klar wird, daß wir Jugendliche Menschen mit denselben Fehlern und denselben Schwächen wie Erwachsenen auch sind und der Erzieherjob der widerlichste unter allen Berufen ist. Ich hatte gedacht, daß unsere Zusammenarbeit auf gegenseitigem Interesse menschlicherseits und auf einer gegenseitigen, gleichberechtigten Basis beruht. Ich habe mich hierin wohl offensichtlich, wie es ist, bitter getäuscht. Sie haben das alles nur als eine Aufgabe verstanden, die man machen muß/künstlich.
> Jugendliche mit Problemen, Ängsten, Komplexen – wer hat sie nicht von Euch? Seid Ihr aber deswegen ein Problem der Gesellschaft? Ihr habt genauso Komplexe, Beziehungsängste, Ihr seid genauso beziehungsunfägig, konfliktlösungsunfähig. Seid Ihr deshalb ein Problem? Nein. Ihr seid ja Erwachsene und Erzieher, wo Einheitslöhne gemacht werden, Mensch toll seid Ihr. Die Probleme, die Jugendliche haben sind normal und menschlich. Ihr versucht wie Wissenschaftler zu verändern, zu verändern, zu verändern. Außerdem kann ich behaupten, daß Ihr Eure Probleme in uns hineinprojiziert.
> Wißt Ihr, wenn ich die Konzeption durchlese, habe ich das Gefühl, ihr habts hier nur mit Krüppeln zu tun, mit freundlichen Grüßen: (B.)

Der Boom der BSHG-Therapeuten fand schließlich aus drei Gründen ein Ende, nachdem inzwischen Hunderte von Psychologen in Berlin hauptsächlich ihre Einnahmen aus diesem Topf erhalten:

1. Der Landesarzt für Behinderte schuf schon 1978 eine strenge Regelung, nach der nur bestimmte anerkannte Diplom-Psychologen mit Zusatzausbildung in Psychotherapie oder langjähriger Therapieerfahrung nach BSHG §§ 39/40 behandeln dürfen. Es wurde eine Liste mit damals zunächst 200 Psychologen angelegt.
2. Die bezirklich zuständigen Referenten der Abteilungen Jugend und Sport verzögern die ersten Kostenzahlungen für laufende Therapien, indem sie langwierige Verhandlungen mit den Kassen provozieren, „die zu ersetzen haben, was sie nach dem Recht der Krankenversicherung hätten leisten müssen" (BSHG § 59) unter Einbeziehung der Behindertenfürsorge und des Sozialamtes. Durch solche Zuständigkeitsgerangel warten Psychologen unter Umständen über ein Jahr auf Gelder für laufende Therapien; neu den „Markt" auswertende Psychologen werden dadurch abgeschreckt.
3. Schwer einzuschätzen, aber zu vermuten ist, daß inzwischen eine annähernd in etwa ausreichende Versorgung von seelisch behinderten Jugendlichen, die ambulante Therapien benötigen und wünschen, gewährleistet ist. Probleme ergeben sich nach wie vor dadurch, daß sie nicht immer dort arbeiten, wo sie benötigt werden.
4. Durch den Ersatzkassenvertrag von 1980 werden Psychologen (also Nicht-Psychoanalytiker) gezwungen, „verhaltenstherapeutisch" tätig zu werden – andere ähnlich bekannte und renommierte Verfahren bleiben ausgeklammert. Das kurative Prinzip wird festgeschrieben, behandelt werden dürfen nur Krankheiten, keine „Probleme" (vgl. KLEIBER 1981, S. 1315 f.).

Die Klinik Frohnauer Straße „Wiesengrund"

Sie ist als Abteilung für Psychiatrie, Neurologie und Klinische Heilpädagogik des Kindes- und Jugendalters dem Humboldt-Krankenhaus in Reinickendorf angeschlossen. Diese größte Berliner Einrichtung unterhält noch 210 Betten, von denen in Kürze 30 an eine neu zu gründende Abteilung für Kinder- und Jugendpsychiatrie des Krankenhauses Neukölln „abgegeben" werden.

Die früher berüchtigte Klinik „Wiesengrund" betreibt heute gezielt eine Ausdifferenzierung: Neben den klassischen Betten für chronisch Kranke wird der sogenannte heiltherapeutische Bereich verbessert. So wurden innen Trainingswohnungen eingerichtet und auch Außenstellen mit je acht Betten geschaffen. Eine Tagesklinik ist in Planung. Es gibt für Jugendliche mit dringendem Nachsorge-Bedarf die Möglichkeit, einen Platz in der therapeutischen Wohngemeinschaft „Steg" zu belegen.

Zur Klinik gehört eine Ambulanz, die unabhängig vom Kinder- und Jugendpsychiatrischen Dienst Reinickendorf bezirksübergreifend Diagnostik und Begutachtung anbietet. Neben den positiven Neuerungen bleiben aber alte, darunter sehr fragwürdige Strukturen erhalten. Von den sieben Abteilungen sind zwei geschlossene. Die Aufnahmestation gehört zum geschlossenen Bereich ebenso wie eine Abteilung, in die auf gerichtliche Anordnung Drogenabhängige eingeliefert werden. Die in der Klinik untergebrachten Schüler werden für die Dauer ihres Aufenthalts einer Zwerg-Schule auf dem Gelände zugeführt, die sie mit Einzel- und Kleingruppenunterricht versorgt.

Die Kinder- und Jugendpsychiatrie in der Nervenklinik Spandau

In der Abteilung für Kinder- und Jugendpsychiatrie gibt es zwei Stationen mit je 30 Betten. Dem Konzept nach ist die eine für akut Kranke, die andere für chronisch Kranke bestimmt. Die Wirklichkeit sieht meist anders aus: Wegen Unterbelegung kann die vorgesehene Differenzierung nicht durchgehalten werden. Nachdem jahrelang nur der „Wiesengrund" als Großeinrichtung im Mittelpunkt der psychiatriekritischen Öffentlichkeit gestanden hat, richtete sich die fachpolitische Szene in den letzten Jahren auch mit Aktionen gegen die Nervenklinik Spandau, weil die räumlichen und Versorgungsverhältnisse als katastrophal beschrieben werden.

Die Organisation der Abteilung läuft nach klassischem Krankenhaus-Chefarzt-Muster. Die therapeutische und heilpädagogische Arbeit ist leider nicht offen, modern und jugendspezifisch als „kleines Heim mit therapeutischem Milieu" organisiert (wie z.B. für junge Erwachsene die „Klinik für psychogene Störungen" des DR. KALLFAß/vormals DR. WIEGMANN), sondern scheint schematisch eingebunden in das traditionelle Angebot einer „Nervenheilanstalt". Dazu zählt dann auch die Versorgung von geistig Behinderten.

Kinder- und Jugendpsychiatrie im Universitätsklinikum Charlottenburg

Die Uniklinik ragt konzeptionell aus den insgesamt drei Berliner Kliniken heraus, weil sie keine Aufnahmeverpflichtung hat. Die Konsequenzen für Betroffene, für Familien oder auch Fachkollegen, die Klienten gern dort versorgt sähen, sind häufig frustrierend. Entweder stehen lange Wartezeiten an, oder es erfolgt z.B. eine Ausgrenzung, weil für Jugendliche mit gerade „dieser" Symptomatik keine Hilfsmöglichkeit besteht. Von den Eltern wird gewünscht, daß sie an familientherapeutischen Programmen mitwirken. Die Klinik betreut in letzter Zeit viele Anorexie- (Magersucht) und Bulimie-(Eßsucht) Patient/inn/en; diese Syndrome sind deutlich überrepräsentiert.

Es gibt 31 Betten zur Akutbehandlung. Die Personalausstattung war vor Jahren noch vergleichsweise bedarfsgerecht, durch die bis auf weiteres verschleppte

Besetzung eines Lehrstuhls sind viele Facharzt- und Psychologenstellen jedoch seit einiger Zeit unbesetzt. Die Kinder- und Jugendpsychiatrische Abteilung der Universitätsklinik kann sowohl ambulante als auch stationäre (circa sechs Wochen dauernde) Diagnosen anfertigen. Einer der Nachteile dieses Dienstes liegt in der relativ hohen Ärztefluktuation: eine wegen der Befristung von Assistentenstellen für Unikliniken wohl unvermeidliche Angelegenheit.

Klinikähnliche Einrichtungen für Kinder

Zwei weitere Häuser werden an dieser Stelle nur kurz beschrieben, weil die unterzubringende Zielgruppe nicht älter als 14 Jahre sein soll. Beide Einrichtungen gehören zum Krankenhaus Charlottenburg.

„Für den örtlichen Bereich Platanenallee (Diagnose/Behandlungszentrum für mehrfach behinderte Kinder) werden 15 Tagesklinikplätze konzessioniert" (Senator für Gesundheit: Psychiatrieplanung, S. 62). Diese zunächst personell hervorragend ausgestattete Einrichtung wurde im Zuge der „Aufgabenkritik" des ehemaligen Innensenators LUMMER (alle bezirklichen und Senatsdienststellen mußten dem Innensenat mithilfe umfassender Berichte einsparbare Planstellen anbieten oder aber peinlich genau ausweisen, daß keinerlei Einsparungen erfolgen können.) um die Hälfte des Personals gebracht.

Die Abteilung „Psychiatrisch-Pädagogisches Rehabilitationszentrum für Kinder", örtlicher Bereich RUDOLF-MOSSE-Straße, hat drei Gruppen mit insgesamt 24 Betten und 10 weitere Tagesklinikplätze. Das Zentrum wurde 1979 eröffnet, um eine Einrichtung für „Verhaltensauffälligkeiten mit klinischer Relevanz" zu schaffen. Die Rehabilitation von Schädel-Hirn-Traumen steht im Mittelpunkt. Beschulung findet im Haus statt.

Pflegefamilien

Pflegeeltern für Dauerpflegestellen sind als Jugendhilfemaßnahme anzusiedeln zwischen Erziehung in der Herkunftsfamilie, (ggf. durch Familienhelfer unterstützt), Tagespflege, Adoption und Heimunterbringung. Der letzteren macht sie seit der Heimkampagne gegen Ende der sechziger Jahre den „Rang Nr. 1" bei der Vergabe von Plätzen in der Fremdunterbringung streitig – zumindest bezogen auf Kinder im Grundschulalter. Heute muß bei jeder geplanten Fremdplazierung vorrangig die Möglichkeit der Unterbringung in einer Pflegefamilie geprüft werden. Die Pflegefamilie bietet psychosoziale und finanzielle Vorteile: Sie verhindert Hospitalismus und alle mit „Heimkarriere" assoziierbaren Probleme, und sie ist ausgesprochen billig. Für die Unterbringung werden nur jene Kosten ersetzt, die Miete, Kleidung, Nahrung und Reisen betreffen, einen Lohn erhält Mann/Frau/Pflegefamilie nicht, aber ein Erziehungsgeld von maximal 200.- DM pro

Monat. In Berlin (West) gibt es etwa 3200 Dauerpflegekinder. Jährlich werden circa 200 Kinder adoptiert. Seit 1974 existiert der „Arbeitskreis zur Förderung von Pflegekindern", ein Verein, der sich als Interessenvertreter von Pflegeeltern und -kindern versteht.

Der Ausbau des Pflegeelternwesens ist kein ausschließliches Berliner Phänomen. Bundesweit sank die Zahl der in Heimen Untergebrachten von 93 800 (1970) auf 52 700 (1982), während zur gleichen Zeit in Pflegefamilien 39 000 bzw. 51 500 Minderjährige untergebracht wurden (Statistisches Bundesamt 1984, S. 168).

Heilpädagogische Pflegefamilien

Seit einigen Jahren bildet sich eine zusätzliche qualifizierte, professionalisierte Form der Dauerpflege heraus, die heilpädagogische Arbeit leisten soll: Die heilpädagogische Pflegefamilie. „Mit ihr wurde eine Antwort auf die Schwierigkeit gesucht, älteren Kindern und Kindern mit Verhaltensbesonderheiten das Aufwachsen in einer Familie zu ermöglichen" (Fünfter Jugendbericht der Sachverständigenkommission der Bundesregierung 1980, S. 159).

Um die Pflegeerlaubnis zu erhalten, sollte ein Elternteil eine pädagogische Ausbildung vorweisen und pro Kind mindestens halbtags zur Verfügung stehen. Das Erziehungsgeld beträgt circa DM 1300.- monatlich. Der Kostenträger spart monatlich dennoch etwa DM 1500.- im Vergleich zum Pflegesatz eines durchschnittlich teuren Heims und über DM 3000.- im Vergleich zu den durchschnittlichen Sätzen in heilpädagogischen Einrichtungen Berlins. Aber „der Bedarf an heilpädagogischen Pflegestellen ist nicht gedeckt. Es fehlt an geeigneten Bewerbern, sich dieser oft sehr schwierigen Aufgabe zu stellen" (Tätigkeitsbericht der Abteilung Jugend Wilmersdorf 1985, S. 32). Beiden Pflegefamilienarten ist der unlösbare Konflikt „Wem gehört das Kind?" eigen: Der Kontakt des Kindes zu den leiblichen Eltern gestaltet sich durchweg problematisch; oft ist das Motiv der Pflegefamilie der verdeckte Wunsch nach einem eigenen Kind.

Heime

In Berlin (West) gibt es 109 Heime mit 4159 Plätzen, die zu 85,3 % ausgelastet sind. Vor zehn Jahren waren es noch 126 Heime mit 6325 Plätzen. Diese Zahlen sind dem letzten Heimbericht des Berliner Senats für Jugend und Familie von 1985 entnommen, der allerdings als Stichtag den 31.12.1982 ausweist. Ende 1986 gab es bei ähnlicher Auslastung noch weniger Einrichtungen und Plätze: Wegen geschickter Umstrukturierungen und Umwidmungen war es nur sehr selten für Senats-, Bezirksoder Liga-Heime erforderlich, Mitarbeitern zu kündigen. Mitarbeiter der inzwischen geschlossenen Einrichtungen „Hauptkinderheim", „Jagdschloß Glienicke" oder „Mädchenheim Ollenhauerstraße" kamen in den Planstellenüberhang, bis entsprechende Stellen für sie in anderen Senatseinrichtungen frei wurden. In der Zeit von 1981 bis 1986 ist nach Auskunft des Senators für Jugend und Familie die Auslastung der heilpädagogischen Heime allerdings von 88,5% auf 63% gesunken.

Die Berliner Kinder- und Jugendheime sind in acht Typen unterteilt. Dazu kommen das geschlossene Haus Kieferngrund, über dessen 22 Plätze der Justizsenat und der Jugendsenat in besonderer Weise verfügen, und die Notdienste mit rund 50 Plätzen.

Das Land Berlin (West) veranlaßt prozentual mit Abstand die meisten Heimunterbringungen – doppelt soviel wie Hamburg, viermal soviel wie Niedersachsen. Weitere 2444 Berliner Kinder und Jugendliche werden in Westdeutschland untergebracht.

Im gesamten Bundesgebiet leben 52 700 Minderjährige in Heimen (Statistisches Bundesamt, S. 168 f.). 90 000 erhalten **Hilfen zur Erziehung**, 14 400 **Freiwillige Erziehungshilfe** und 2150 **Fürsorgeerziehung**. Hinzu kommen noch 7230 junge Volljährige, die in der Regel über die sogenannten Volljährigenbetreuungsvorschriften Jugendhilfemaßnahmen in Unterbringung außerhalb der Herkunftsfamilie erhalten oft handelt es sich dabei aber nicht um Heime im engeren Sinn, sondern um Ausbildungsprojekte, die eine Berufsausbildung und betreutes Wohnen miteinander verbinden. Die Finanzierung solcher Maßnahmen erfolgt über normale Heimpflegesätze.

Diese drei gesetzlichen Grundlagen befördern mehr als die Hälfte der Geförderten in Heime. Hinter den Kürzeln stecken folgende Inhalte:
Im Jugendwohlfahrtsgesetz (JWG) §§ 5 und 6 sind „Hilfen zur Erziehung" (HzE) als Aufgaben der Jugendhilfe festgeschrieben. Darunter fällt auch die Unterbringung Minderjähriger und junger Volljähriger außerhalb des Elternhauses. Besondere Vorschriften für die über 18jährigen sind im Jugendwohlfahrtsgesetz §§ 75 und 75a sowie in den Volljährigenbetreuungsvorschriften (Nr. 3) niedergelegt. Freiwillige Erziehungshilfe (FEH) beinhaltet Maßnahmen, bei denen die Eltern der Fremdunterbringung freiwillig zustimmen und sie ggf. mitfinanzieren (Dies regeln die JWG §§ 62 und 63). Fürsorgeerziehung (FE) ist eine angeordnete Maßnahme der Vormundschaftsgerichte nach §§ 64-71 JWG! Der § 66 gibt dem Gericht die Befugnis, eine stationäre Begutachtung von sechs bis zwölf Wochen in einer geeigneten pädagogischen, medizinischen oder psychologischen Einrichtung zum Zweck der Persönlichkeitsbeurteilung des Minderjährigen durch Sachverständige anzuordnen.

Zusätzlich können Minderjährige auch im Rahmen der Eingliederungshilfe (BSHG §§ 39 und 40) bzw. Volljährige nach § 72 BSHG („Hilfen zur Überwindung besonderer sozialer Schwierigkeiten" – früher „Gefährdetenhilfe") in Heimen untergebracht werden. Wegen veränderter gesetzlicher Bestimmungen (vgl. Exkurs: „BSHG-Therapien") ist in der Zeit von 1974 auf 1977 die Zahl der

BSHG-Anträge um 400% gestiegen. Als „seelisch wesentlich behindert" galten am 1.1.1978 etwa 2000 junge Menschen. Nach BSHG § 39 waren zum gleichen Zeitpunkt in Heimen untergebracht:

Berlin (West): 751 Berliner in der BRD: 564;
davon wegen „seelischer Behinderung" (also nicht wegen „körperlich/ organischer oder geistiger Behinderung"):
Berlin (West): 145 Berliner in der BRD: 92.
(vgl. Bestandsaufnahme Berliner Heime, S. 212 ff.)

Konzeptionell empfiehlt die „Bestandsaufnahme" an dieser Stelle das Prinzip der Streuung und Verdünnung – sie möchte eine Massierung von seelisch wesentlich Behinderten in bestimmten Heimen verhindern – eine Stoßrichtung, die letztlich abzielt auf Nichtunterscheidung von heilpädagogischen und einfachen Heimen. In Berlin (West) drängen die nichtheilpädagogischen Einrichtungen und die Gewerkschaft ötv seit vielen Jahren auf eine solche Angleichung von Status und damit Personalausstattung, denn – so wird unwiederlegbar von den Gruppenerziehern argumentiert – die Kinder und Jugendlichen sind die faktisch gleichen, also sollte auch der Erzieherschlüssel bzw. die Gruppenstärke die gleiche sein. Ein etwas niedrigerer Pflegesatz sei bestenfalls vertretbar, wenn therapeutische Fachkräfte fehlen.

Konkrete Bestimmungen über Abläufe, die zur Heimunterbringung führen können, liefern die **Heimunterbringungsvorschriften** (HUV). Sie schreiben unter anderem vor (in Stichworten):

- Einzelfallwürdigung.
- Ziele – wie Selbständigkeit, Selbstverantwortung und handlungsfähige Persönlichkeit in der Gesellschaft.
- Unterbringung in geeigneten sozialpädagogischen oder therapeutischen Heimen.
- Wahl kostengünstiger Heime.
- Belegung außerhalb Berlins nur wenn unabdingbar! (Unterschrift des Referenten ist dann einzuholen).
- Der junge Mensch ist in geeigneter Form auf das Heim vorzubereiten, vertraut zu machen.
- Mit Eintritt der Volljährigkeit endet Jugendhilfe automatisch.

Für die unterbringenden Einrichtungen scheint die schriftliche Aufarbeitung der „Fälle" unumgänglich, denn die Heimunterbringungsvorschriften verlangen: „Auf der Basis der psychosozialen Diagnose ist vom Heim ein Erziehungsplan aufzustellen, der kontinuierlich fortzuschreiben ist."

Wesentlich für die in dieser Arbeit skizzierten Probleme sind also die Heimunterbringungsvorschriften (II 6. 1,2,3), die verlangen, daß vor der Unterbringung „eine psychosoziale Diagnose" zu erstellen ist. Gleichzeitig relativiert sie, daß eventuell gutachterliche Stellungnahmen hinzuzuziehen sind. Deren Anfertigung erfolgt „in der Regel ambulant, ... durch Erziehungsberatungsstellen oder andere soziale Dienste" *(Anmerkung des Verfassers: Die HUV wurden im August 1985 erlassen, aber schon seit 1981 heißen die erwähnten Dienste „Erziehungs- und Familienberatungsstellen").*

Der konkrete Forderungskatalog mündet in die Bedingung: „Psychosoziale Diagnose und gutachterliche Stellungnahme müssen Empfehlungen für einen Erziehungsplan enthalten." Damit kann doch nur eine **Indikation** gemeint sein. Ob tatsächlich so oder vielleicht völlig anders in der Praxis verfahren wird, werden die Interviews zeigen. Die differenzierte Ausformulierung solcher Heimunterbringungsvorschriften schließt an das „Gesetz zur Ausführung des Jugendwohlfahrtsgesetzes für Berlin (AG JWG-B)", § 66, von 1972 an. Zur Regelung des besonderen Verhältnisses der Behörde zu nichtbehördlichen Trägern (Liga der freien Wohlfahrtsverbände und auch private Träger) wurden zusätzlich Heimpflegevereinbarungen (HPV) erlassen.

Die „Heimpflege" in den Abteilungen für Jugend und Sport der Berliner Bezirksämter Jugend ist als Schaltstelle für die Organisierung der Vereinbarungen für zwei Aufgabenfelder zuständig, die am Beispiel von Wilmersdorf beleuchtet werden:

1. Es werden **Minderjährige aus dem Bezirk** fremduntergebracht, 1985: 142 nach JWG in Berlin, 82 in der BRD, 1985: 32 nach BSHG in Berlin, 49 in der BRD (Angaben und Zitate aus „Tätigkeitsbericht der Abt: Jugend und Sport 1985"). Im Bericht werden auch die Anlässe genannt: „Konflikte zwischen Eltern und Jugendlichen, mangelnde Erziehungsfähigkeit der Eltern und Schulprobleme ... Das Unterbringungsalter hat sich weiterhin nach oben verlagert und lag zwischen 13 und 16 Jahren." Die Älteren „wünschten vorrangig eine Aufnahme in einer Wohngemeinschaft." Daß auch BRD-Heime mit Wilmersdorfern – entgegen der HUV-Empfehlung – belegt werden, wird erklärt: Es wurden „keine geeigneten Kleinsteinrichtungen" und Häuser „mit internen Ausbildungsmöglichkeiten" gefunden und es gab „Verlegungen von besonders auffälligen verhaltensgestörten Jugendlichen". Bei den drei im Bericht '85 vorgetragenen Begründungen handelt es sich jedoch nicht um fallspezifische Einschätzungen, sondern um stereotyp wiederholte Dauersorgen: Im Bericht '84 sind wörtlich dieselben Argumente aufgeführt.

2. Die bezirkseigenen Einrichtungen werden nicht nur mitbelegt, sondern auch „pädagogisch-fürsorgerlich" sachbearbeitet. Wilmersdorf besitzt zwei Mutter-Kind-Häuser, zwei Jugendheime, die aus taktischen Gründen (um einen günstigeren Erzieher-Jugendlichen-Schlüssel berechnen zu können) „familienanalog gegliederte Heime für Kinder und Jugendliche" heißen, ein Kinderheim und ein heilpädagogisches Heim seit Januar 1986, als der Senat seine zentralverwalteten

Einrichtungen den Bezirken übergab. Das im Bezirk Tempelhof gelegene geschlossene „Haus Kieferngrund" gehört seither auch zu Wilmersdorf, weil der Senator für Jugend und das Bezirksamt Tempelhof kein Interesse daran zeigten.

Heilpädagogische Heime

Die massiv vorgetragenen Kampagnen und Aktionen, die Besetzung des leerstehenden, ehemaligen Bethanienkrankenhauses durch Trebegänger (heute GEORG-VON RAUCH-Haus, eine sozialpädagogenfreie Einrichtung wie inzwischen auch das TOMMY-WEIßBECKER-Haus), die vielen inhaltlichen Beiträge in Zeitungen, Zeitschriften und Büchern gegen die Misere der Heimerziehung Ende der sechziger, Anfang der siebziger Jahre blieben nicht fruchtlos. Allen politisch und fürsorgerisch Verantwortlichen – insbesondere flexiblen Planern in der Sozialdemokratischen Partei – war klar, daß unbekümmerte Fortsetzung der tradierten Form von Großgruppenanstalten, Fürsorge- und Erziehungsheimen, die oft dreimal bis fünfmal soviele Insassen wie Räume vorwiesen, einer Zeitbombe gleichkäme. Um diese für Berlin zu entschärfen, trafen sich 1971 unter Federführung des Jugendsenats Spezialisten, Sozialreformer, engagierte Jugendhilfepolitiker und „interessierte" z.T. innovationsfreudige Heimleiter zur „Berliner Konferenz zu Fragen der Heilpädagogik, Therapie und heilpädagogischen Heime". Die Konferenz wurde inhaltlich intensiv vorbereitet (ein Novum für diese Szene). Die angemeldeten Teilnehmer erhielten vorab schon einen umfassenden, wissenschaftlich fundierten Reader. Diese Initiative führte konzeptionell zum ersten Entwurf der „Leitsätze für heilpädagogische Heime in Berlin", die in Anlehnung an die AFET-Richtlinien verfaßt wurden. Praktische Konsequenzen waren Heimumwidmungen und Neugründungen. Während man unter der Schirmherrschaft des Jugendsenats alte und neue Einrichtungen mit entwickelten Konzeptionen zu „heilpädagogischen" machte, wechselten die Liga-Einrichtungen dem Trend folgend die Etiketten, setzten zusätzliche Fachkräfte in die alten Strukturen, um bessere Erzieher-Kinder-Schlüssel und höhere Pflegesätze zu erhalten. Diakonische Einrichtungen wie das Mädchenheim Heiligensee oder das Jungenheim Wadzeck mußten sich wie das Caritas-Haus Conradshöhe bis zu Beginn der achtziger Jahre heftige fachöffentliche Kritik wegen fehlender oder nicht umgesetzter heilpädagogischer Konzeptionen gefallen lassen. Auf der anderen Seite erkannten ebenfalls Diakonie-Einrichtungen wie die Heime im Johannesstift rechtzeitig die Bedeutung der Verbund-Idee und erarbeiteten sich einen hervorragenden Ruf in der Stadt.

1974 gab es schon 16 als heilpädagogisch anerkannte Häuser, 1978 waren es 21. Nach Schließung des Glienicker Jagdschlosses sind es seit einiger Zeit konstant 20. Neue Häuser, auch Umwidmungen, die höhere Kosten hervorrufen, werden nicht genehmigt. Die Richtlinien sind bis heute im September 1987 nicht verabschiedet, trotz fünfzehnjähriger Entstehungsgeschichte. Nach dem Entwurf der „Leitsätze" von 1972 legte das Landesjugendamt 1976 einen neuen Entwurf vor. Nach eingehender Diskussion in der Senatsverwaltung legt diese noch im selben Jahr eine angeblich endgültige Fassung vor. Aber weder die damalige SPD-Senatorin, noch die folgenden Senatorinnen von SPD, CDU und heute FDP konnten sich bisher gegen die Finanzverantwortlichen durchsetzen. Denn die avisierte Gruppenstärke von „nur" elf Kindern und Jugendlichen ist den Herren zu teuer, und nur darum geht es, denn der Erzieherschlüssel steht mit 4,6 pro Gruppe ohnehin fest und der Einsatz heilpädagogischer und therapeutischer Fachkräfte in solchen Spezialheimen wird auch nicht in Frage gestellt. Der neueste Entwurf „Richtlinien für den Betrieb von heilpädagogischen Heimen der Berliner Bezirke (HpR)" von 10/85 in seiner überarbeiteten Fassung von 7/87 klammert weiterhin Häuser der Liga aus, damit diese nicht ohne weiteres in den Genuß günstigerer Erzieherschlüssel kommen – meinen zumindest betroffene Heimleiter.

Die Bezirksheime können ohnehin anders haushalten: Sie werden nicht nach den Prinzipien des kaufmännischen Rechnungswesens geführt und haben ihr Personal im Gesamtstellenplan. Einige „revolutionäre Pläne" der 1982 noch jungen CDU-Regierung Berlins, wie z. B. die Veränderung der behördlichen Trägerschaft aller Heime oder die Ausstattung der Bezirke mit Globalsummen zur eigenen Bewirtschaftung der Bezirkshaushalte liegen weiterhin in den Schubläden.

Auch die Richtlinien warten wie gehabt auf das Mitzeichnen von mitverantwortlichen Politikern – ohne Innensenat und Finanzsenat geht es nicht. Diesen ist der status quo offenbar lieber, als einklagbares Recht für Betroffene (Jugendliche, Kollegen, Einrichtungen) zu etablieren.

Der neueste Richtlinienentwurf sieht z. B. für ein Haus mit 33 Plätzen in drei Elfergruppen folgendes Fachpersonal vor:

1 Leiter, 1 Psychologe, 1 Sozialpädagoge, 1 Psychagoge *oder*
1 Sozialarbeiter mit therapeutischer Zusatzausbildung;
0,5 Freizeiterzieher und 4,6 mal drei Sozialpädagogen im Erziehungsdienst *oder* 4,6 mal drei Erzieher mit heilpädagogischer Zusatzausbildung

Die Gründung heilpädagogischer (oder in der BRD häufig heiltherapeutischer) Heime wurde nicht überall und von allen Fachkräften einvernehmlich begrüßt. Im Zuge der Reform begann eine oft verbittert geführte Debatte über Spezialisierung, Therapeutisierung und Psychologisierung.

NESTMANN u. SCHWEITZER (S. 50 ff.) überschreiben ihren kritischen Zeitschriftenartikel mit „Da muß Tünche drüber – Der neueste Trend - Psychologen in Kinderheimen sollen die Widersprüche der öffentlichen Erziehung verdecken." Der Praktiker und Autor SPÄTH (1977, 1980, 1985) gilt in der Heimszene als penetranter Verfechter des gruppen- und sozialpädagogischen Ansatzes. Seine scharfe Kritik am umfangreichen apparativen und technischen Inventar in Heilpädagogischen Räumen basiert auf der Einsicht, daß ökonomische Interessen hinter solcher Qualifizierung von traditioneller Heimerziehung stecken (SPÄTH u. SCHWEITZER 1977 und 1979) und daß Psychologen und Therapeuten nicht das erforderliche persönliche Interesse (!) an den Klienten haben, sondern ein professionelles (SPÄTH 1979, S. 6).

GOLTSCHE u. a. (S. 25) akzeptieren nur dann Therapeuten in heilpädagogischen Heimen, wenn diese die Gruppenerzieher entlasten und mit ihnen kooperieren. Diese Autoren bestreiten allerdings, daß eine solche Arbeitsweise in der Praxis wegen der hierarchischen Trennung der Tätigkeitsfelder tatsächlich möglich ist. Nicht zuletzt die Verfasser des „Zwischenberichts der Kommission Heimerziehung" (S. 164) warnen vor der Gefahr, daß eine Differenzierung im Sinn von Spezialisierung nur dazu führt, störende Kinder auszusondern. Doch zurück zu den Heilpädagogischen Richtlinien: Die betroffenen heilpädagogischen Heimbetreiber müssen sich oft den Vorwurf gefallen lassen, daß sie für „mehr Geld" das gleiche tun wie Normalheime, weil die gleiche Klientel untergebracht sei. Von anderer Seite wird vorgehalten, daß bis heute nicht die Erziehungsheimidee (noch vor wenigen Jahren erhielten Kinder und Jugendliche die Heimunterbringung verordnet als Strafe gegen Fehlverhalten und Aggressivität) mit ihrem markanten Geruch gerade in den mit schwierigeren Jugendlichen besetzten heilpädagogischen Häusern wirkungsvoll und glaubwürdig ausgelüftet sei.

Ginge es nach den Richtlinien, müßten nur „junge Menschen mit psychischen Defiziten" und mit „im sozialen Bereich vorhandenen Verhaltensstörungen", mit „erheblichen psychosozialen Störungen, die zu verfestigen drohen" und die „neurotisch bedingte" Auffälligkeiten haben oder „mehrfach geschädigt" sind, im Heim sein. Eine psychosoziale Diagnose gemäß den Heimunterbringungsverordnungen muß vorliegen. Nach sechs Monaten soll in jährlichen Abständen ein Erziehungs- und Therapieplan aufgestellt werden. Dieser „ist während der Durchführung laufend zu überprüfen und fortzuschreiben und mit der unterbringenden Stelle abzustimmen." Solche Normen verwirren ungemein. Tatsächlich erhält nur ein Teil aller Untergebrachten Therapie oder therapieähnliche heilpädagogische Maßnahmen – für jeden soll aber sogar jährlich ein Therapieplan gemacht werden (alle Zitate aus: Entwurf Richtlinien für Heilpädagogische Heime – Fassung von 10/1985. Die Interviewauswertung wird weitere Widersprüche aufwerfen).

Die in den Heilpädagogischen Richtlinien formulierten Aufgaben für Psychologen und Psychagogen weisen aus, daß beide Berufsgruppen keine Diagnostik machen sollen. Psychodiagnostik ist aber das traditionelle Psychologenarbeitsfeld, sozusagen das einzige, was Diplom-Psychologen – in Abgrenzung zu allen anderen sozialwissenschaftlichen und medizinischen Berufsgruppen – verbindlich gelernt haben und beherrschen sollten.

In einer Befragung von 48 Heimpsychologen stellte VON HOFMANN (1979, S. 128) fest, daß alle Diagnostik machen, und zwar jährlich zwischen 10 und 30

Fälle. Nur sieben hatten eine therapeutische Zusatzausbildung. In den Heilpädagogischen Richtlinien ist Therapie „Schwerpunkt der psychologischen Arbeit". In einer neueren Untersuchung über Psychologentätigkeit im Heim von KLAUSS (1986) wird ebenfalls gezeigt, daß Diagnostik mit ihren wichtigsten Aufgaben gehört, die betroffenen Psychologen aber gern weniger an Tests und Gutachten arbeiten würden. Unter diesem Gesichtspunkt liegen die Richtlinien „im Trend" – trotzdem favorisiere ich aus grundsätzlichen Erwägungen die Einheit von Diagnostik und Therapie.

Außenwohngruppen

Heime und heilpädagogische Heime gründen seit Jahren Außenwohngruppen. Sie richten sich dabei nach der Nachfrage, denn viele Heimjugendliche möchten mit 15 Jahren, spätestens mit 17 Jahren lieber den unübersichtlichen Heimbetrieb zugunsten kleinerer Einheiten verlassen. Außenwohngruppen (AWG) bleiben organisatorisch und personell immer Teil des Stammhauses. Belegt werden solche Wohnungen fast ausnahmslos von Jugendlichen aus dem Verbundheim, die dies als Belohnung empfinden. Für Aufnahmesuchende bedeutet das, daß oft erst eine Heimgruppe vorgeschaltet ist und keine Garantie gegeben wird, daß in absehbarer Zeit ein Außenwohngruppen-Platz belegt werden kann. Das heilpädagogische Heim Königsallee verfährt nicht so, denn die zur Einrichtung gehörenden betreuten Jugendwohngemeinschaften sind nicht heilpädagogisch und nehmen Jugendliche auch direkt auf.

Konzeptionell müssen diese Gruppen als Teil der Differenzierung der Angebotspalette in der Heimerziehung begrüßt werden. Sie haben den positiven Nebeneffekt, daß sie die Stammhäuser ausdünnen helfen, denn neue Plätze dürfen in der Regel nicht geschaffen werden. Weil das Personal einer echten Außenwohngruppe nach dem Heimgruppenschlüssel bemessen wird (und nicht nach dem in Jugendwohngemeinschaften), kann die Betreuung dichter erfolgen als in Jugendwohngemeinschaften oder Therapeutischen Wohngemeinschaften. Die Spezialisten, Therapeuten usw., die im Fall einer heilpädagogischen AWG mitzuständig wären, bleiben in dem Maße dieser Arbeit fern, wie die Außenwohnung von der Verbund-Zentrale entfernt liegt. Diese Nichteinmischung wird von Jugendlichen nicht ungern gesehen. (Dieser Sichtweise schließen sich übrigens eine Reihe von Sozialpädagogen an.)

Als weiterer Differenzierungsschritt erfolgt seit etwa 1980 zunehmend die Installierung von „Betreutem Einzelwohnen". Nachdem der Bezirk Kreuzberg seine Heime „Haus Weilburgerland" und das Kinderheim „Eulenspiegel" teilweise zugunsten von modernem Betreuten Einzelwohnen geschlossen hat, gehen auch andere Träger ans Anmieten von kleinen Wohnungen, die oft nach Erreichen der Volljährigkeit und/oder Selbstverantwortlichkeit von den Bewohnern übernommen werden. Innerhalb weniger Jahre entstanden so etwa 150 Plätze. Nicht nur

Heime, auch Jugendwohngemeinschaftsträger wie „Nachbarschaft hilft Wohngemeinschaft e.V." oder Krisendienste wie die Kontakt- und Beratungsstelle für Trebegänger unterhalten inzwischen zahlreiche kleine Wohnungen. Das Betreute Einzelwohnen hat auch konzeptionell Parallelen zum „heilpädagogischen Jugendwohnen" des ehemaligen Wichernheims. Dort leben heute Kleinstgruppen in Ein- Zwei- oder Dreibettwohnungen in eincm hergerichteten Wohnhaus mit einer Kapazität von 30 Plätzen.

Im Projekt „Leben Lernen", früher: Mädchenheim Hauptstraße, können die dort untergebrachten 20 Mädchen kleine Ein- bis Dreizimmerwohnungen nutzen, ein Beratungsladen dient als Treffpunkt. Ganz offensichtlich handelt es sich um das mutigste, fortschrittlichste Modell von Heimerziehung in Berlin

Betreute, einzelne Wohnungen als Baustein einer Verbundeinrichtung existieren inzwischen nebeneinander im Zusammenhang mit vier verschiedenen Einrichtungsformen: neben Heimen, heilpädagogischen Heimen, neben Jugendwohngemeinschaften und Therapeutischen Wohngemeinschaften.

Betreute Jugendwohngemeinschaften

1970 entstand die erste betreute Jugendwohngemeinschaft (Träger war das „Burckardt-Haus") in Berlin (West). Engagierte Sozialpädagogen gründeten den Verein „Aktion 70", um von dort aus gezielt konzeptionelle Aufbauarbeit zu koordinieren. Der Verein errichtete eigene Wohngemeinschaften und ist inzwischen übergreifend Zentrale für die Vermittlung von Plätzen auch in Wohnungen anderer Träger.

Diese Unterbringungsform bildete sich heraus als Alternative zur traditionellen Heimerziehung. Von Anfang an galten Jugendwohngemeinschaften aber nicht als Kleinstheime, denn sie waren und sind konzeptionell völlig anders strukturierte Lebensräume für in der Regel 15 - 20jährige. Folgende Unterschiede zum Heim sind markant:

- Sozialarbeiter treten als Berater auf;
- Berater haben keine erzieherische Funktion;
- Berater befassen sich nicht mit Gutachten, Stellungnahmen der Familienfürsorge und verfassen keine Entwicklungsberichte;
- die Finanzierung erfolgt über pauschale Zuwendungen; die Jugendlichen erhalten den 1,5-fachen Sozialhilferegelsatz;
- alle dort Untergebrachten müssen die Voraussetzungen für die Gewährung von Jugendhilfe erfüllen, Minderjährige werden in der Regel über die Paragraphen 5 und 6 des Jugendwohlfahrtsgesetzes, Volljährige über den BSHG-Paragraphen 72 betreut. Diese neue Regel ersetzte 1984 die liberalere Bestimmung, daß mehr als die Hälfte der Jugendlichen einer Jugendwohngemeinschaft die Voraussetzungen erfüllen müssen. Noch immer gelten aber die

formal außer Kraft getretenen Richtlinien von 1975, ein vorhandener Schubladenentwurf ist bis auf weiteres auf Eis gelegt.

In Berlin (West) gibt es zur Zeit 46 betreute Jugendwohngemeinschaften und die bereits genannten zwei Jugendwohnkollektive ohne sozialpädagogische Betreuung. Insgesamt gibt es über 400 Plätze, wenn man auch jene Einzelwohnungen hinzuzählt, die von Jugendwohngemeinschaftsträgern betreut werden (zur neueren Entwicklung vgl. LESSING u. a., S. 194 ff.). Die Wohnungen werden von freien Trägern betrieben. „Jugendwohnen im Kiez" ist der größte von ihnen. Seit 1981 werden über diesen Verein zahlreiche Projekte realisiert, die Wohnen und Arbeiten – nämlich in Selbsthilfe an der eigenen zukünftigen Wohnung in Kreuzberg – verbinden.

Einige Bezirke unterhalten zusätzlich eigene Wohngemeinschaften im Rahmen der Heimpflege. Allerdings sind Bezirks-Wohngemeinschaften keine Pflichtleistung der Jugendämter. Im Bezirk Schöneberg wird in Kürze eine WG geschlossen: Auf Anweisung des Innensenats mußten zwei Planstellen zur Streichung angeboten werden, entweder Kindertagesstättenberater oder andere aus der Abteilung Jugend. Es trifft nun die beratenden Sozialpädagogen der Wohngemeinschaften, weil Angebot und Nachfrage nach Ansicht des Stadtrats ausgewogen sind. Diese eigenständigen (heilpädagogikfreien) Einrichtungen haben für unsere Untersuchung, die sich mit psychisch gestörten Jugendlichen befaßt, im Gegensatz zu den räumlich ähnlichen Außenwohngruppen (heil-) pädagogischer Heime keine zentrale Bedeutung.

Therapeutische Wohngemeinschaften

Angesichts der recht umfassenden Angebote an Beratung, Therapie und Fremdunterbringung für Jugendliche in Berlin (West) verwundert es, daß kaum Therapeutische Wohngemeinschaften (TWG) eingerichtet wurden beziehungsweise zur Diskussion stehen. Als komplementäres Angebot und als preisgünstige Alternative zur Klinik für Jugendliche und Heranwachsende mit psychischen Behinderungen entstehen zur Zeit knapp 30 Plätze über zwei Träger. Sie sind eine vorläufige Antwort auf die lapidare Feststellung des Senators für Gesundheit in seiner „Psychiatrieplanung" (S. 47), in der es heißt: „Es bleibt also die Forderung, Möglichkeiten zu schaffen, die die Gründung von Wohngemeinschaften für diesen Personenkreis erleichtern".

Tatsächlich gibt es immer noch keine übergeordneten Leitlinien, keine einheitlichen Zuständigkeits- und Finanzierungsregelungen, einmal abgesehen von den enttäuschend geringen Unterbringungsmöglichkeiten. Dies verwundert umso mehr, als der Pflegesatz für einen Platz in einer Wohnung des **Sozialtherapeutischen Hilfswerks e.V.** effektiv niedriger liegt als der Pflegesatz in bescheidenen Schülerwohnheimen. Die anfallenden DM 65.- pro Tag wurden früher von Jugendämtern getragen; in Zukunft soll der Senator für Gesundheit zuständig sein. Neben den beiden Wohnungen des Sozialtherapeutischen Hilfswerks gibt es nur noch eine weitere Einrichtung, die von Konzept und Anspruch her als TWG bezeichnet werden müßte: Das „Heimverzeichnis" des Senators für Jugend und Familie listet das Projekt der **Allgemeinen jugendberatung** als „Sondereinrichtung" auf.

Inzwischen besitzt auch die Klinik „Frohnauer Straße/Wiesengrund" eine therapeutische Außenwohngruppe und eine weitere im Aufbau befindliche, die unter dem Namen „Der Steg" ausschließlich ehemalige Insassen ihrer Klinik aufnehmen.

Da Einrichtungen dieser Art wegen der Zunahme an „psychisch behinderten" Jugendlichen, wegen des objektiven und subjektiven Bedarfs an betreuten Nachsorgeeinrichtungen für diesen Personenkreis wohl Zukunft haben, wurde exemplarisch ein Betreuer einer Therapeutischen Wohngemeinschaft im Rahmen der vorliegenden Untersuchung befragt. Die Mitarbeiter verfolgen einen sozialtherapeutischen Ansatz. Sie sind wegen der Pro-Kopf-Finanzierung auf kontinuierliche Vollbelegung angewiesen.

Zu den TWG-ähnlichen Angeboten gehört das Projekt „teilbetreute Wohngemeinschaften und Einzelwohnen" der **Jugendberatung und -betreuung in Kreuzberg**. Dabei handelt es sich um ein Projekt der **Allgemeinen Jugendberatung** mit 16 Unterbringungsplätzen. Es wurde aus Bundesmitteln finanziert und ist Teil des Modellprogramms „Modellregion Kreuzberg". Die jungen Menschen dieses Projekts kommen über den Jugendnotdienst, über die Krisenstation des Urban-Krankenhauses, über den Jugend- und Sozialpsychiatrischen Dienst, über die Konflikt- und Bildungsberatung und auch als Selbstmelder in die Einrichtung. Der Träger verbindet dort Angebote wie Beratung, Wohnen, Lerngruppen und Kulturarbeit sowie Arbeitsmöglichkeiten und berufliche Orientierung. Es werden ausdrücklich auch ausländische Jugendliche angesprochen. Für die 15 bis 24jährigen wird weniger Psychotherapie als Arbeitstherapie angeboten.

Obwohl (böse Zungen behaupten weil) sich unter den acht Mitarbeitern weder Ärzte noch Psychotherapeuten im engeren Sinn befinden, ist der Ansatz dieses Vor- und Nachsorgeprojekts wegweisend. Die fachärztliche Hilfe erfolgt konsiliarisch. Die Integration von Beratung, Betreuung, Wohnen, Lernen und Berufsorientierung durch eine sozial in den Stadtteil eingebundene „Psychiatrieeinrichtung" wurde auf dem Hintergrund der umfassenden Erfahrungen konzipiert, die der Träger in ähnlichen Projekten gesammelt hatte. Wie in einigen Jugendberatungsstellen läuft die Beratung auch hier nur freiwillig, auf Wunsch anonym, kostenlos und parteilich im Interesse der Betroffenen.

Die **Jugendberatung und -betreuung in Kreuzberg** entspricht am ehesten den im Kapitel „Perspektiven, Pläne und Ideen" vorgestellten Ansprüchen an eine alternative psychosoziale Versorgung. Von diesem Projekt gehen allerdings noch zu wenig Impulse aus zur strukturellen Verbesserung der Kooperation im sogenannten „Psychodschungel".

Die Schutzhilfe

Die Schutzhilfe ist eine besondere Einrichtung des Senators für Jugend und Familie. Dort beschäftigte Sozialpädagogen besorgen bestimmten Jugendlichen Ein- oder Zweizimmer-Wohnungen und betreuen sie ambulant. Dieses Angebot gilt nur für Jugendliche im Alter von 16 Jahren. Mit 17 Jahren kann man nicht mehr neu in die Maßnahme hinein und mit 18 erübrigt sie sich. Zielgruppe sind Jugendliche, die entweder nicht im Heim leben können, weil sie es dort nicht mehr aushalten und durch ständige Auseinandersetzungen mit Heimerziehern verschiedener Heime dort untragbar geworden sind und als nicht-integrierbar gelten, oder weil sie wegen der eigenen Ansprüche und drastisch vorgetragenen Bedürfnisse auf keinen Fall in einer „Einrichtung" untergebracht werden wollen.
Auf diese Weise kommen gleichermaßen „Schwersterziehbare" und „Anspruchsvolle" (sind das etwa Synonyme?) in den Genuß der Schutzhilfe. Oft werden auch minderjährige Mütter betreut.

In Berlin (West) stehen etwa 100 Plätze zur Verfügung, die von sieben Sozialarbeitern betreut werden. Wie bei den Jugendwohngemeinschaften erhalten die Jugendlichen den eineinhalbfachen Sozialhilferegelsatz und die Wohnungsmiete (vgl. IGFH: „Probleme von Kindern und Jugendlichen ...", S. 44 f.). Zwei Drittel der Jugendlichen „in Schutzhilfe" sind weiblich. In der Heimerziehung liegen die Zahlen umgekehrt: Zwei Drittel der Untergebrachten sind männlich.

Krisen- und Notdienste, auch mit Übernachtung
Für Jugendliche stehen in Berlin (West) zur Verfügung:

A Jugendnotdienst Mindener Straße:

Tag und Nacht geöffnet – für Treber, Mißhandelte, für Selbstmelder im Alter von 14-17 Jahren. Der Dienst hat 33 Betten, 15 sozialpädagogische Mitarbeiter im Schichtdienst und 12 psychosoziale Berater. Bis zu zehn Tage kann ein Jugendlicher dort verbringen, ohne daß kostenwirksame Anträge in die Unterbringungsbürokratie geleitet werden müssen. Nach zehn Tagen wird analog Heimunterbringung verfahren: In jedem Fall wird zielstrebig auf Dauerunterbringung in einer anderen Einrichtung oder Rückkehr ins Elternhaus orientiert. Der Dienst ist ständig voll ausgelastet. Anders als in den meisten Heimen wird im Jugendnotdienst Selbstversorgung praktiziert. Der Jugendliche erhält täglich DM 10.-. Junge Volljährige ohne Bleibe müssen in unzumutbaren Pensionen mit Drei- und Sechsbettzimmern leben, für die die Sozialämter täglich DM 12.- für Übernachtungskosten aufbringen. Jugendnotdienst und „Trebervilla" der Kontakt- und Beratungsstelle haben ausschließlich Ein- und Zweibettzimmer. Medizinische Beratung wird von zwei Krankenschwestern und psychologische Beratung von einer Psychologin angeboten. Türkische Mädchen im Alter von 13 bis 17 Jahren mit massiven Familienproblemen sollten sich auch zunächst an den Jugendnotdienst wenden. Dieser schaltet dann aber in der Regel das Projekt **Papatya**, d. h. Gänseblümchen oder Kamille, des türkisch-deutschen Frauenvereins ein. Dort können bis zu acht Mädchen untergebracht werden, die Adresse bleibt aber wegen des drohenden Zugriffs von Vätern oder Brüdern geheim. Im Mittelpunkt der Arbeit von Papatya steht natürlich die Familienberatung.

B Kontakt und Beratungsstelle für Trebegänger (KuB)

Dieser Beratungsdienst hat seit einiger Zeit eine eigene Herberge im City-Bereich mit 12 Plätzen („Trebervilla") und seit geraumer Zeit etwa 20 Wohnungen für Betreutes Einzelwohnen. Eine Krisenunterkunft für junge Volljährige wird zusammen mit anderen Jugendberatern geplant. Die KUB ist nach außen hin nicht als Senatsdienststelle erkennbar, weil der „Berliner Jugendclub e.V." aus Gründen der Vertrauensbildung zwischengeschaltet wurde. Die Einrichtung wendet sich in erster Linie an junge Treber, um sie zu legalisieren und in Familien-, Schul- und Geldfragen zu beraten. Sechs Mitarbeiter in der Beratungsstelle und vier in der Übernachtungseinrichtung, die nicht ohne Vermittlung der Berater aufgesucht werden kann, stehen bezirksübergreifend für die Minderjährigen zur Verfügung. Nur in Ausnahmesituationen können auch bersonders betreuungsbedürftige junge Erwachsene aufgenommen werden. Die Kollegen der KUB beklagen wie alle im „Arbeitskreis Berliner Jugendberatungsstellen" zusammengeschlossenen Dienste über die völlig unzureichenden Hilfsmöglichkeiten für jene über 18-jährigen Heranwachsenden, die keinen Anspruch auf Hilfen nach dem Jugendwohlfahrtsgesetz haben, weil sie nicht in schulischer oder beruflicher Ausbildung sind. Auch die Kontakt- und Beratungsstelle berät nur freiwillig, auf Wunsch anonym und kostenlos. Einige Mitarbeiter engagieren sich im „Verein zur Beratung und Unterstützung junger wohnungsloser Menschen".

C NEUhland

Die ungewöhnliche Buchstabenanordnung steht für „Neuland in der Uhlandstraße". Dort war die Einrichtung in den ersten Jahren ihres Schaffens angesiedelt. Seit dem Sommer des Jahres 1987 hat der Krisendienst neue Räume im ehemaligen Hotel „Nikolsburger Hof" bezogen, in dem auch das heilpädagogische Heim Königsallee eine Außenwohngemeinschaft einrichten konnte. Bei NEUhland handelte es sich zunächst um eine Modelleinrichtung des Bundesministers für Jugend, Familie und Gesundheit. Inzwischen ist aber die Dauerfinanzierung der bewährten Arbeit gesichert. Im Mittelpunkt steht die Krisenintervention bei Suizidgefährdung oder -versuch. Es wird Beratung und Therapie angeboten. Jeder der sechs Mitarbeiter der Beratungsstelle bietet drei Therapieplätze an. Die vertretenen Therapieeinrichtungen, die natürlich auch in Kombination „methodenintegrierend" angewandt werden, sind Themenzentrierte Interaktion, Psychodrama, Gestalttherapie, Gesprächstherapie, Verhaltenstherapie und Familientherapie. Eine Vierbettwohnung mit zwei dort beschäftigten Mitarbeitern ist angegliedert. Die Betreuung erfolgt „rund um die Uhr".

D Oranienetage

Die Mitarbeiter des Kontakt- und Beratungsladens für „Schnüffler" in der Kreuzberger Graefestraße fühlten sich in ihrer Arbeit regelmäßig behindert wegen der fehlenden Krisenübernachtungsplätze für Drogengefährdete und für User. Deshalb mieteten die Berater 1985 kurz entschlossen geeignete Räume in der Oranienstraße an. Das zunächst improvisierte Sleep-In wurde mit Hilfe eines „Netzwerk"-Kredits zur „Oranienetage" ausgebaut. Sechs reguläre und zwei Notschlafplätze wurden eingerichtet. Schließlich gelang auch eine notdürftige Finanzierung: In Absprache mit dem Kreuzberger Jugendamt und dem Senator für Gesundheit wurden die Sozialämter angewiesen, einen Tagespflegesatz von etwa DM 30,- zu übernehmen. Zwei ABM-Kräfte konnten angestellt werden, so daß eine bescheidene Basis geschaffen war. Als diese aber im April 1987 ausschieden, mußte die Etage schließen. Eine sinnvolle Weiterführung des Projekts, das neben der unmittelbaren Zielgruppe zahlreiche „nicht abrechenbare" Nutzer beherbergt hatte, war nur über Pauschalfinanzierung oder notfalls über einen deutlich höher liegenden Tagespflegesatz angezeigt (vermutlich wird die Etage noch im Herbst 1987 wieder öffnen, da die zuständigen Stellen signalisiert haben, daß ein Pflegesatz von etwa DM 55.- möglich sein wird).

Der Trägerverein „für Suchtprävention und Therapie mit Drogenabhängigen" hat schon im ersten Jahr der Existenz seiner Krisenübernachtung 100 jungen Menschen Unterkunft gewährt. Die Kurzzeitbewohner wiesen völlig unterschiedliche Probleme auf: Sie waren drogenabhängig, hatten psychische Probleme oder bereits Psychiatrieerfahrung, sie lebten ohne Obdach und Arbeit, waren perspektivlos und suizidgefährdet und – im günstigsten Fall – einfach nur auf Trebe. Die ständige Vollauslastung der Etage ist insbesondere der Versorgungslücke für Jungerwachsene ohne Wohnung geschuldet. Für diesen Personenkreis verweisen unsere Sozialämter auf einschlägige Obdachlosenasyle und auf unwürdige „Pennerpensionen", die ziemlich zwangsläufig Alkoholabhängigkeit fördern. Die Oranienetage ist ein niedrigschwelliges Angebot mit nur wenigen Wohnregeln. Sie öffnet von 19 bis 9 Uhr. Anschließend kann die Betreuung in den Räumen der Schnüfflerhilfe auf Wunsch fortgesetzt werden. Die extrem schwierige Beratungsarbeit muß wegen des knapp bemessenen Personals oft vernachlässigt werden. Doch auch die nur materielle Hilfe durch Beköstigung, Körperhygiene und Schlafplatz bewirkt eine wichtige zeitweise Entlastung der untergebrachten jungen Menschen.

E Treberladen Mansteinstraße

Einen kleinen Kontakt- und Übernachtungsort für Treber und Wohnungslose im Alter von 16 bis 24 Jahren bietet auch der „Verein der Aktion Hilfe" in der Schöneberger Mansteinstraße an. Seit 1981 stehen hier allabendlich je zwei von ca. 15 Ehrenamtlichen bereit, um bis zu 5 Personen einen Übernachtungsplatz zur Verfügung zu stellen. Den Betroffenen wird darüber hinaus bei verschiedenen Konflikten und bei Behördengängen geholfen. Minderjährigen wird Hilfe bei Verständigungsproblemen mit den Eltern angeboten. Kommen Auskunftsbegehren von den Eltern, wägen die freiwilligen Helfer im Interesse der Jugendlichen ab, ob sie sich auf ihre „Selbstverpflichtung zu schweigen" berufen. Die Arbeit wird zur Zeit von einer ABM-Stelle mitgetragen. Die Haupt- und Nebenkosten für die Ladenwohnung hat das Bezirksamt Schöneberg übernommen. Die Untergebrachten sollen möglichst eine Übernachtungsgebühr beibringen (das Sozialamt zahlt unter Umständen DM 12.-).

Die Familienfürsorge

Jeder Berliner Bezirk beschäftigt entsprechend der Anzahl der dort wohnenden (Problem-)Familien Mitarbeiter in der Fafü. Das sind fast ausnahmslos Sozialarbeiter, die für bestimmte Straßen zuständig sind. Mit unserem Thema Diagnostik/Therapie haben sie indirekt zu tun: Zeigt sich in der Auseinandersetzung mit einer bestimmten Familie, daß ein Kind/Jugendlicher u. U. fremdunterzubringen ist, wird eine Stellungnahme erarbeitet. Handelt es sich um einen „schwierigen Fall", so holt sich die Fafü wie bereits beschrieben Unterstützung von Diagnostikern. Die Aktenführung unterliegt der Fafü; sie kann die mögliche Heimunterbringung aber nicht allein vornehmen. Wenn die „Indikation" und/oder Stellungnahme in Richtung (heilpädagogisches) Heim geht, wird ein weiterer Spezialdienst eingeschaltet. Für selbsttätige ratsuchende Jugendliche gibt es innerhalb dieser Ämter die „Familienfürsorge männlich" oder „Jugendberatung", denn Mädchen dürfen dieses Angebot inzwischen auch nutzen.

Die Familien- und Heimpflege

Bei diesem Dienst handelt es sich um ein weiteres Amt innerhalb der Abteilung Jugend und nicht um einen Nebendienst der Fafü. Wenn Ersuchen auf Fremdunterbringung durch die Fafü eingehen, nimmt die Heimpflege den Fall in die Hand, sucht nach einer geeigneten Einrichtung, macht zum Beispiel dort Besuche mit Unterzubringenden, um ein Gefühl für Wünsche des Minderjährigen bzw. für

Möglichkeiten und Grenzen der Einrichtung zu bekommen. Solange der junge Mensch in der Einrichtung ist, ist die Heimpflege für die Betreuung zuständig, oft begleitet von der Familienfürsorge und unter Umständen auch der **Behindertenfürsorge**, die wir, um die Verwirrung nicht auf die Spitze zu treiben, hier nicht näher beschreiben.

Sonstige Dienste

Um die Liste der noch unvollständig beschriebenen, möglicherweise „zuständigen" Dienste zu komplettieren, zitiere ich aus einem senatsoffiziellen Schaubild „Fremdunterbringung in der Jugendhilfe. Auch in diesem Flußdiagramm von HÄRTEL-HÜTTE-MAGER sind noch nicht alle mitverantwortlichen Verwaltungen erfaßt: Es fehlen die Zentralverwaltungen der einzelnen Fachbereiche Jugend, Familie, Gesundheit, Soziales und Schule; exemplarisch werden die Aufsichtsbereiche der Senatsverwaltung für Jugend im weiteren Schaubild vorgestellt.

Schließlich führen die großen Dachverbände der Wohlfahrt auch eigene Beratungsstellen, die teilweise mit Psychologen und Sozialpädagogen besetzt neben Beratung auch Diagnostik und Therapie durchführen (Beispiel: Jugend- und Familienberatung der AWO, Kaubstraße).

„Zu viele Köche ..."

„Schüler einer bestimmten Schule, die Kopfläuse haben, fallen damit unter die Zuständigkeit eines bestimmten regionalen Jugendgesundheitsdienstes für Schüler. Niemand wird auf die Idee kommen, sie deswegen in der Schulpsychologischen Beratungsstelle anzumelden" meint GUISCHARD (S. 46 ff.) und fragt dann, was wohl zu tun sei, wenn es um einen Schüler geht, der seine Hausaufgaben nicht mehr anfertigt, manchmal auffällig still, dann unruhig überdreht im Unterricht wirkt und sich ständig wegen „Bauchschmerzen" nach Hause schicken läßt. Nicht nur der Betroffene, der u. U. selbst Leidensdruck verspürt und eine zuständige Stelle anlaufen würde, auch Lehrer, Eltern und interssierte Laien stehen vor der ausgesprochen komplizierten Frage, welche Abteilung nun mit welchem Amt und welchen Fachleuten Rat und Hilfe erteilen kann. HAASE-SCHUR (S. 209) gibt eine deutliche Auskunft: „Praktisch kann ein Mensch heute nur dann vom Angebot der sozialen Dienste für sich wirksam Gebrauch machen, wenn ihm sein zentrales Problem – im Sinn einer Diagnose – und die dafür zuständige Stelle bekannt sind." Wie frustrierend, schädlich und kontraindizierend muß es für einen jungen Menschen sein, der z. B. mit seinen 19 Jahren und einer Magersucht zur EFB geht und dort erfährt, daß diese nicht zuständig sei, der einige Türen weiter den JPD findet und dort die gleiche Auskunft erhält, der in der Fafü, beim Schulpsychologen oder beim Psychologen im Arbeitsamt jeweils abgewiesen wird; z. B. aus Altersgründen beim Erstgespräch, das vor drei Wochen verabredet wurde, weil damals versehentlich nicht nach dem Lebensalter der Schülerin gefragt worden ist. Genauso anstrengend und entmotivierend wird ein gezieltes Weiterleiten von Dienst 1 (Schulpsych.) an Dienst 2 und 3 (Familienfürsorge und Heimpflege) sein, besonders dann, wenn diese noch eine Stellungnahme des Jugendpsychiatrischen Dienstes (Dienst 4) benötigen, der aber ambulant keine neurologischen Befunde ermitteln kann und deshalb eine Untersuchung in der Jugendpsychiatrischen Klinik veranlaßt (Dienst 5). Die Odyssee ist damit „natürlich" nicht unbedingt zu Ende. Wurde eine (drohende) psychische Behinderung herausgefunden, muß die Behindertenfürsorge eingeschaltet werden. Eine Unterbringung in einem heilpädagogischen Heim (Dienst 6) scheint oft nicht zu umgehen: Dort führt der Leiter ein Gespräch mit dem „Aufnahmesuchenden", der Psychologe (Nr. 7) kommt etwas später hinzu und hat noch ein paar Fragen, während der Sozialarbeiter die Eltern interviewt – die allerdings vergleichbare Angaben schon der Fafü machen mußten. Das bis hierher Geschilderte gilt in der Tat soweit als „normal". Pech hat der Klient, wenn das Heim einen eigenen Kinder- und Jugendpsychiater (Nr. 8) stundenweise beschäftigt und/oder wenn in der Unterbringungseinrichtung klar wird, daß für diesen „Fall" eine Therapie außerhalb, ambulant in einer Psychologenpraxis (Nr. 9) angezeigt ist. Dann hat er es mit inzwischen neun Diensten bzw. Fachleuten zu tun.

Das Übel liegt in der völligen Zersplitterung und der Arbeitsorganisation unserer sozialen Dienste. Und es kann noch schlimmer kommen: So befürchtet HAASE-SCHUR (S. 210) – jahrelang Leiterin des Referats Familienpolitik beim Senator für Jugend, Berlin – daß „nach dem konditionalen Muster organisierte soziale Dienste auf neue soziale Probleme (Symptome) kaum anders als durch die Einrichtung neuer spezieller Zuständigkeiten reagieren können. Angesichts des breiten Fächers an Dienststellen gibt es mittelfristig wenig Hoffnung auf Zusammenfassung oder Neuorganisation, zumal Kollegen, die dies einerseits selbst beklagen, dann doch nicht ernsthaft an kreativen Modellen mitwirken, weil ein Verlust von Kompetenz, Eigenständigkeit schlimmstenfalls von Arbeitsplätzen mehr gefürchtet wird als eine vernünftige, problem- und klientengerechte Struktur. Das z. Z. durchsetzbare Minimum an abteilungsübergreifender Zusammenarbeit scheint das Modell „Empfohlene Verfahrensregelung" bei BSHG-Therapien in Wilmersdorf zu sein (vgl. „Anstelle eines Nachworts").

Alternative Beratungsdienste

Im Lauf der letzten 15 Jahre haben sich in der Berliner Jugendhilfeszene eine Reihe von kleineren Trägern, Einrichtungen und Läden in Abgrenzung zu den behördlichen Diensten herausgebildet. Man könnte von „Off-Bürokratie-Projekten" sprechen, denn das gemeinsame der oft unauffällig im Stadtteil tätigen Berater und Beraterinnen liegt hauptsächlich in ihrer Bereitschaft, Jugendlichen möglichst sofort eine verbindliche, problemgerechte Hilfe anzubieten, ohne gleich in die Liste objektiv zuständiger Fachdienste zwecks Wegdelegation zu schielen. Typisch für die alternativen Projekte ist auch, daß sie nicht über streng definierte Arbeitsanweisungen oder gar festgeschriebene gesetzliche Grundlagen tätig werden. Sie versuchen ihre Angebote – als Ergänzung zur Beratung – den Interessen der jungen Menschen entstprechend auszurichten und korrigieren in unregelmäßigen Abständen unzeitgemäße Programme. Die Beraterarbeit ist meist nicht in der klassischen Komm-Struktur konzipiert (der Berater sitzt da wo er sitzt und wartet, wer da kommt), sondern beinhaltet neue Formen der aufsuchenden Sozialarbeit, darunter auch Streetwork. Daß Projekte entstanden sind, ist häufig Ausdruck von Betroffenenbewegungen der sechziger und siebziger Jahre. Heute werden häufig auch positive Projektansätze im Jugend- Gesundheits- und Sozialbereich stellvertretend von erwerbslosen engagierten Sozialpädagogen gewagt. Viele Einrichtungen leben in ständiger Angst vor dem Ende: Da keine pauschale Dauerfinanzierung erfolgt, muß gerade im Zeitalter massiver Sparmaßnahmen im öffentlichen Dienst und stagnierender Sozialausgaben ständig mit Personalkürzungen gerechnet werden, was zum permanenten Rechtfertigungsdruck gegenüber den Geldgebern führt und die Arbeit belastet. Um Mißverständnissen vorzubeugen: Hier soll nicht behauptet werden, daß nie Geld zur Verfügung steht. Es gibt natürlich nach wie vor gelegentlich aus aktuellem Anlaß zusätzliche Investitionen auch in bestimmte im weitesten Sinn soziale Projekte. Als Berlin (West) wegen zahlreicher Drogentoter Schlagzeilen machte, konnten Stellen für Drogenarbeit eingerichtet werden. In diesen Monaten erleben wir kostspielige AIDS-Aufklärungskampagnen. Es fehlt aber vor allem an wirksamen Maßnahmen gegen Jugend berufsnot und in Zukunft wird es besonders an Mitteln gegen die zunehmende Arbeitslosigkeit von bereits ausgebildeten Jungerwachsenen mangeln.

A Allgemeine Jugendberatung/Eingetragener Verein

Die „Allgemeine jugendberatung" ist Träger mehrerer besonderer Jugendhilfeprojekte. Dazu zählen betreute Jugendwohngemeinschaften, das bereits beschriebene Psychatriereformprojekt **„Jugendberatung und Betreuung in Kreuzberg"**, der deutsch-türkische **„Jugend- und Frauenladen"** in der Danckelmannstraße und seit 1980 der **„Nachschlag/Jugendhaus im Kiez"** in der Sophie-Charlotten-Straße. Nachschlag und Danckelmannstraße bieten Jugendlichen entwicklungsbegleitende Beratung und arbeiten wie die Konflikt- und Bildungsberatung und JOKER mit den Markenattributen „freiwillig – auf Wunsch anonym – kostenlos – parteilich". In diesen Diensten wird weder an Symptomen gefeilt noch an Problemaspekten gebastelt, sondern unter Berücksichtigung der Gesamtpersönlichkeit der Ratsuchenden ein ganzheitlicher Ansatz versucht. Zu den speziellen Aufgaben des Nachschlags gehört die Förderung von in schulischer

Hinsicht zu kurz gekommenen Jugendlichen. Es werden Lerngruppen zur Vorbereitung auf den Hauptschulabschluß als Fremdenprüfung und zur Stützung des Berufsschulunterrichts angeboten. In der angeschlossenen Werkstatt können darüber hinaus berufsvorbereitende und Arbeitslehre-Fertigkeiten erworben werden. Außerdem organisieren die vier Mitarbeiter (Psychologen, Psychagogen und Pädagogen) auch Kultur- und Freizeitprogramme mit Jugendlichen.

B Konflikt- und Bildungsberatung

Dieses von der Sozialistischen Jugend Deutschlands „Die Falken" ins Leben gerufene Projekt gehört zu den wohl wegweisenden Jugendberatungsstellen in der Stadt. In einer Kreuzberger Fabriketage in der Prinzessinnenstraße – also in einer Region, die inzwischen zu einem neuen Zentrum der Protestbewegung, der Punks und der Off-Kudamm-Szene geworden ist – arbeiten seit 1974 vier Berater (Pädagogen, Psychologen, Soziologen). Zu den dort konzipierten Methoden gehören die „entwicklungsbegleitende Beratung", das Prinzip „Orientierungshilfe statt Therapie" und der Ansatz einer „parteilichen" Stützung von ausgegrenzten, übervorteilten und in ihrem Entwicklungspotential behinderten jungen Menschen mit und ohne Arbeit. Wer den Weg in die Beratungsstelle gefunden hat, trifft auf Mitarbeiter, die nicht stellvertretend für (geschweige: gegen) Jugendliche gutgemeinte Hilfen organisieren, sondern die mit ihnen gemeinsam Lösungsideen und realistische Schritte in Richtung auf neue Perspektiven hin festlegen. Wenn auch der Ansatz- und Mittelpunkt der Beratungen zumeist Probleme und Konflikte „aus der Welt der Arbeit" sind, befaßt sich die Konflikt- und Bildungsberatung selbstverständlich auch mit anderen, oft mit der Sorge um Arbeit verwobenen Problemen der jungen Ratsuchenden. Dazu gehören Konflikte in der Familie, (Berufs-) Schule, Krisen mit Freund und Freundin und auch explizite psychische Störungen einschließlich Prophylaxe. In jedem Fall werden die Jugendlichen als Subjekte mit qualitativ besonderen eigenen Erfahrungen angenommen. In jedem jungen Menschen steckt ein Eigenpotential für die gewünschte Verbesserung der Handlungsfähigkeit. Zur Unterstützung setzt die KBB auf ihr Prinzip der Entwicklungsorientierung als Hilfe fürs Auffinden und zum Erreichen der Ziele der Jugendlichen.

C Jugendberatung JOKER Wilmersdorf

Nicht nur zufällig gibt es eine Reihe von Ähnlichkeiten zur zitierten „KBB": Bei der Gründung der Einrichtung in Wilmersdorf 1977 gaben die Kreuzberger konzeptionell Entwicklungshilfe. Auch hier finden Jugendlichen in Krisen aller Art (ausgenommen sind nur Probleme mit harten Drogen) schnell und unbürokratisch Hilfe. Daß Beratung ein gemeinsamer Prozeß und keine Einbahn-Besprechung ist und daß gerade Jugendliche und Heranwachsende trotz psychisch schwieriger Lebenssituation durchweg nicht auf Psychotherapien fliegen, führte auch die JOKER zu Methoden vertraulicher, intensiver Entwicklungsbegleitung. Zielgruppe sind hauptsächlich die Besucher bezirklicher Jugendfreizeitheime und Regelschulbesucher aus der Umgebung. Spezialisiert haben sich die beiden Mitarbeiter (Pädagogen, Psychologen) auf Unterstützung ausländischer, auch weiblicher Jugendliche und auf Wohnhilfen für junge Volljährige, die preisgünstige Einzimmerwohnungen aus dem Bezirksbestand erhalten können. Weitere besondere Angebote sind das Arbeitslosenfrühstück und die Rechtsberatung. Die meisten JOKER-Kunden kommen aber mit Problemen in der Familie. Zeichnet sich keine Möglichkeit ab, solche Konflikte mit den Eltern gemeinsam zu bewältigen, werden verschiedene Angebote der Fremdunterbringung geprüft und in Zusammenarbeit mit der kommunalen Familienfürsorge „männlich" bereitgestellt. Denn die Jugendberatung ist zwar eine Einrichtung der Abteilung Jugend und Sport des Bezirks, arbeitet aber alternativ zu den herkömmlichen Fürsorgediensten.

D Jugendberatung am Kotti

Daß Behörden nicht nur bürokratische Bremsen hervorbringen, zeigen neben den von Jugendlichen und Freizeitheimerziehern in zähen Verhandlungen errungenen JOKERn vor allem die fünf Kollegen vom Kottbusser Tor. Sie konnten ihr Konzept der aufsuchenden Jugendsozialarbeit einvernehmlich mit der innovativ gestimmten Jugendamtsleitung entwickeln, die ja auch einiges zur Entstehung des schon dargestellten Betreuten Einzelwohnens beigetragen hat. Kernidee der Kotti-Kollegen ist die Errichtung einer im Kiez angesiedelten Außenstelle der Familienfürsorge. Um unmittelbar im Brennpunkt der problembelasteten Jugendlichen tätig werden zu können, zogen die fünf Mitarbeiter der Familienfürsorge „männlich" zusammen mit dem Drogenkoordinator ins Kreuzberg SO 36. Dort können Ratsuchende vertraulich – auf Wunsch anonym – Beratung und Hilfe erhalten. Die verbleibende Restschwelle hin zu den Räumen der Einrichtung soll mit Hilfe eines Streetworkers (auf ABM-Basis) bewältigt werden. Die Sozialarbeiter werden häufig von jungen Menschen mit Familien- und Wohnungsproblemen, von Punks und von Trebern aufgesucht. Neben den üblichen Angeboten der Fremdunterbringung kann hier auch in Ausbildungsprojekte der unmittelbaren Umgebung vermittelt werden. Auch junge Volljährige werden gefördert. Trotz formaler Zugehörigkeit zum Jugendamt entwickelt sich am Kotti möglicherweise ein qualitativ anderes Angebot in Richtung hin auf ganzheitliche Jugendhilfestationen.

E Schülerberatungsstellen und Jugendläden

Für Minderjährige mit sozialen und anderen Problemen gibt es neben den ausdrücklich als Jugendberatungsstellen ausgewiesenen Diensten noch andere wichtige Anlaufstellen, die oft den Übergang zu spezialisierten Einrichtungen vermitteln oder aber selbst verbindlich und intensiv mit Hilfesuchenden umgehen. Die Einrichtungen sind sehr unterschiedlich, haben verschiedene Traditionen, Konzepte und Tätigkeitsfelder. Gemeinsam ist ihnen der engagierte Einsatz für die Interessen ihrer Besucher. Zu den bekannteren Einrichtungen zählen:

- **Jugend- und Frauenladen Danckelmannstraße**
  (Allgemeine jugendberatung e.V.)
- **Jugendladen Fichtestraße** (Förderkreis ausländischer Kinder und Jugendlicher e.V.)
- **Schülerberatung Richardstraße** (Arbeitskreis Neue Erziehung e.V.)
- **Boje** – Anlauf- und Beratungsstelle für Kinder und Jugendliche (D W)
- **Treffpunkt Langer Erdmann** (Verein Stadtteilnahe Volkshochschularbeit)
- **Treberladen Nehringstraße** (Jugendinitiative SCK e.V.)

3. Experteninterviews/Vorbereitung

Mit welcher Methode arbeiten?

Die bisherigen Darstellungen basieren hauptsächlich auf der Analyse der herangezogenen gesetzlichen Grundlagen, Richtlinien und Ausführungsbestimmungen, sowie auf der Auswertung verschiedener Informationsbroschüren, Tätigkeits- und Konferenzberichte.

Zusätzlich waren Dokumente hilfreich, die in Fachkreisen kursieren, aber nicht veröffentlicht wurden (z.B. die „Bestandsaufnahme in Berliner Heimen", der „Zwischenbericht Kommission Heimerziehung", die Diplomarbeit von VON HOFMANN und viele andere mehr). Auch konnte zum Teil auf spannende Fachliteratur zurückgegriffen werden, die auf Untersuchungen aus der Praxis aufbaut (vgl. unbedingt CRAMER oder COBUS-SCHWERDTNER).

Lebendig und wirklichkeitsnah wurden die Ausführungen allerdings erst durch das Feldwissen des Verfassers. Aus der Froschperspektive eines Jugendberaters, der keine Pflichtleistung, sondern eher eine Art Kür seines Bezirksamts anbietet, kann relativ unvoreingenommen die Arbeit von Kollegen beurteilt werden. Dem Vorwurf, bestimmte Verfahren oder Einrichtungen wegen unbegründeter Vorurteile zu negativ gefaßt zu haben, möchte ich entgegenhalten, daß mein „Hintergrund" aus über 200 mehr oder weniger unglücklich verlaufenen Fallgeschichten besteht – die günstigen, Optimismus erhaltenden Karrieren einmal ausgenommen. Die Ausführungen und Bewertungen sind unbestritten subjektiv.

Ein Mittel, um mehr Objektivität in die Einschätzungen zu bekommen, ist eine Untersuchung über systematische Aktenanalysen. Mit etwa 10 - 20 einschlägigen Fällen in der Hand müßte es ohne weiteres gelingen, Vorgänge, Prozesse,

Schwierigkeiten und Erfolge ausreichend zu beleuchten. Einmal abgesehen von der damit verbundenen ziemlich aufwendigen Arbeit, gibt es weitere Hindernisse, die gegen Aktenanalysen sprechen. Ein zentrales Zauberwort heißt „Datenschutz" – eine große Errungenschaft der aufgeklärten Öffentlichkeit in den achtziger Jahren. Datenschutz kann aber auch benutzt werden, um unbefriedigend verlaufene Fallgeschichten zurückzuhalten.

Im Berufsalltag tauschen sich die meisten Kollegen regelmäßig aus, auch einrichtungsübergreifend. Dafür gibt es auch in den sozialpädagogischen Fortbildungsstätten des Senators für Jugend und Familie (Häuser Koserstraße, Schweinfurthstraße, Am Rupenhorn) eigens eingerichtete Supervisionsgruppen. „Fälle" werden oft schonungslos kritisch/selbstkritisch in diesen Kreisen beleuchtet. Es gibt auch einen Konsens zur Frage der Erfolgsgrenzen: Sie liegen gleichermaßen in der „Therapeutenvariable" wie im Faktor „Struktur der Dienste". Fälle wie Frank K. sind bekannt und könnten auch über Aktenanalysen belegt werden.

Vertraut also ein Kollege dem anderen, wird trotz anders lautender Richtlinien jede Akte herübergereicht. Herrscht aber Mißtrauen – und Untersuchungsanliegen sind hoch mit dem Faktor „Mißtrauen" geladen – so werden die Akten geschützt.

Ein weiterer Nachteil der Aktenanalyse ist die mögliche Kluft zwischen dokumentierten Aussagen und realen Abläufen. So ist zu befürchten, daß Mißerfolge in den Akten verschleiert werden. Komplizierte Diskussionen und widersprüchliche Interaktionsabläufe zwischen den Diensten werden nicht dokumentiert. Später sind solche Prozesse nur zu erahnen. Förmliche Anfragen und förmlich kurze Antworten oder „Vermerke" sind dann abgeheftet. Selbst gutachterliche Stellungnahmen (so zur wichtigen Frage, ob ein junger Mensch behindert ist oder nicht) sind oft nicht länger als eine halbe Seite. Das ist die genauso fragwürdige Konsequenz aus der aufgegriffenen Kritik an den kaum lesbaren, zehn bis fünfzehn Seiten langen Gutachten des aufgelösten Hauptkinderheims.

Authentischer wird die Untersuchung durch eine **Befragung**. Es wäre möglich, **standardisierte** Fragebögen, Erhebungsbögen und Skalen (Schätzwertvorschläge) vorzulegen. Oder aber – eine andere extreme Methode – man macht ein **offenes**, verstehendes bzw. narratives Interview. Ich habe die Kompromißform des **teilstrukturierten Interviews** mit Experten gewählt, weil dadurch eine gute Mischung aus vergleichbaren, qualitativen Antworten (auf die Kernfragen an alle) und weiterführenden einrichtungsberufs- und personenabhängigen Fragen möglich wird.

Meine Fragen zielen nicht wie bei der „verstehenden Methode" auf Selbstentfaltung des Gesprächspartners durch seine freien Äußerungen ab, sondern dienen primär dem Informationsgewinn, also der Ermittlung von zusätzlichem Feldwissen. Dabei werden gleichermaßen objektive Daten, Zahlen und Fakten erfaßt wie auch Meinungen, Beurteilungen und Wünsche. Vorgegeben ist nur ein Leitfaden. Das Setting sieht ein intensives Einzelgespräch im Feld vor.

Noch vor Erstellung des Leitfadens wurden drei Hypothesen ausformuliert. Somit handelt es sich um eine **„hypothesengeleitete explorative Untersuchung"** und nicht um eine Felderkundung.

Die teilstrukturierten Interviews fanden Anfang 1986 statt. Gespräche mit Einrichtungen über Konzepte und Praxis wurden zwischen Oktober 1985 und August 1987 geführt.

Drei Thesen

1: Diagnostik bei Jugendlichen mit psychischen Störungen wird isoliert durchgeführt. Erst-Diagnostik wird nicht von den späteren Therapeuten gemacht. Diagnostische Befunde führen zu Indikationen, die in der Regel nicht organisiert werden. Indikationen haben nur dann Bedeutung, wenn dem Diagnostiker konkrete Therapeuten und/oder Einrichtungen bekannt sind und er die Organisation der Indikation oder die Therapie selbst übernimmt.

2: Die mit Jugendlichen befaßten psychosozialen Dienste bedürfen einer neuen Struktur. Doppel-, Dreifach- und Vielfach-Betreuungen sind an der Tagesordnung. Weder die Fachkräfte, geschweige die Jugendlichen haben eine Überblick, wo adäquate Hilfen geleistet werden können.

3: Die Angebote therapeutischer Unterbringung außerhalb der Herkunftsfamilie für Jugendliche mit psychischen Störungen bestehen nach wie vor aus den klassischen kinder- und jugendpsychiatrischen Kliniken sowie den „modernen" heilpädagogischen Heimen, die aber ihre frühere Bestimmung als Erziehungsheime nicht haben abwerfen können.

Es existiert ein beachtlicher Bedarf an neuartigen Kleinsteinrichtungen und Wohngruppen mit heilpädagogischer bzw. sozialtherapeutischer Zielsetzung.

Der Gesprächsleitfaden

A Einführung

(Auf die Dokumentation der vorbereitenden Telefonate und der förmlichen Anschreiben an potentielle Gesprächspartner/innen wird an dieser Stelle verzichtet.)

B Soziographische Daten
1. In welcher Einrichtung arbeiten Sie? Beschreiben Sie bitte Art und Aufgaben der Einrichtung. Wer ist der Träger? In welchem Bezirk welchem „Kiez" Berlins liegt sie?)
2. Wie ist ihre Dienstbezeichnung, als was sind Sie beschäftigt?
3. Welche Fachausbildung und gegebenenfalls Zusatzausbildung haben Sie?

4. Welche Planstellen für psychosoziales Personal, für Ärzte, Pfleger, Erzieher, Psychologen, Psychagogen, Sozialarbeiter und andere gibt es in Ihrer Einrichtung? Sind die Planstellen mit entsprechend Ausgebildeten besetzt?
5. Seit wie vielen Jahren arbeiten Sie auf dieser Stelle und seit wann in diesem Beruf?

C Inhaltliche Interviewfragen
1. Sie haben mit Kindern und Jugendlichen zu tun. Bitte nennen Sie Ihre tatsächlichen Aufgaben/-bereiche. Bitte beschreiben Sie, welcher Personenkreis zu Ihnen kommt – z.B. nach Alter, Symptomatik, sozialer Lage der Familie usw. Bei den Aufgaben würden wir gern unterscheiden zwischen anamnestischen/diagnostischen/gutachterlichen, dann den organisatorischen (Unterbringung) und schließlich den therapeutischen.
2. Im folgenden wollen wir uns ausschließlich mit jungen Menschen im Alter von 12 - 17 Jahren befassen. Mit wie vielen „Fällen" in dem Alter hatten Sie im Jahre 1985 zu tun?
3. Denken Sie bitte an zwei typische „Fälle" – möglichst mit Empfehlung zur Fremdunterbringung: Welche Kurzcharakteristik können Sie zeichnen Probleme der Betroffenen? Welche Fachleute waren befaßt? Worin bestand Ihr Beitrag?
4. Welche Diagnosen wurden von wem gestellt, und welche Art Therapie wurde von wem empfohlen?
Welche Arten von Therapie können Sie – wenn überhaupt – anbieten?
6. Wie gehen Sie mit von Fachkollegen vorliegenden Gutachten um? Ergänzen Sie Diagnosen, Anamnesen und Indikationen, oder setzen Sie neu an mit Ihren Mitteln und Instrumenten?
7. Wie beurteilen Sie in der Praxis das typische Verhältnis von gutachterlicher Empfehlung und tatsächlicher therapeutischer Maßnahme? Wie gestalten sich aus ihrer Sicht die Abläufe? Können Sie Beispiele nennen für das Ineinandergreifen von Empfehlung und Maßnahme oder für eine deutliche Kluft zwischen ihnen?
8. Befaßt sich Ihre Einrichtung mit einer nachträglichen Überprüfung der eingeleiteten Maßnahmen?
9. Das System der psychosozialen Versorgung in Berlin sieht in der Regel vor, daß Diagnosen und Gutachten für Kinder und Jugendliche in der Kinder- und Jugendpsychiatrischen Klinik, im Kinder- und Jugendpsychiatrischen Dienst, in der Erziehungs- und Familienberatung oder von Psychologen in ähnlichen Ambulatorien gemacht werden – die Therapien aber von Psychotherapeuten, Psychologen, Psychagogen der heilpädagogischen Stationen gemacht werden, oder auch von Psychologen in Therapiepraxen. Diagnostiker geben die „Fälle" nach Fertigstellung des Gutachtens ab. Therapeuten finden fertige Gutachten vor und sind gehalten, erfolgreich im Sinn der

vorgegebenen Behandlungsziele zu arbeiten. Wie stehen Sie zu dieser Regelung, welche Vor- und Nachteile sehen Sie?
10. Abschließend möchte ich Sie bitten, ein Ihnen optimal erscheinendes Zukunftsmodell für die inhaltliche und organisatorische Bewältigung der angeschnittenen Probleme zu entwerfen! Ich möchte Ihnen dazu die Stichworte „Neuordnung der sozialen Dienste, Jugendhilfestationen und Prozcßdiagnostik" geben.

Die Auswahl der Interviewpartner

Bei der Suche nach geeigneten Gesprächspartnern wurden folgende Gesichtspunkte berücksichtigt und hoffentlich gut integriert:

1. Die Anzahl muß eingegrenzt sein. Fünf bis zehn Interviews erscheinen als zeitlich noch machbar, auswertbar und doch ausgesprochen aussagekräftig.
2. Alle auszuwählenden Dienste und alle zu befragenden Mitarbeiter müssen in bezug auf bestimmte Kernprobleme der Untersuchung fundierte praktische Erfahrungen besitzen. Diese Kernprobleme sind: Umgang mit psychisch gestörten Jugendlichen im Rahmen von Stellungnahmen und Gutachten oder im Zusammenhang mit der Organisation von Diagnosen und Indikationen oder bei der praktischen Durchführung von heilpädagogischer Behandlung und Psychotherapie.
3. Bei für die Problemstellung wesentlichen Einrichtungen wie Jugendpsychiatrische Dienste und heilpädagogische Heime müssen jeweils **mehr als nur eine** Einrichtung befragt werden, und zwar möglichst Dienste mit unterschiedlichen Konzepten.
4. Neben den traditionellen Diensten sollten auch alternative und moderne berücksichtigt werden – allerdings keine Modellversuche, da sie ohnehin unter Erfolgszwang stehen, wissenschaftlich begleitet werden und leider oft nur eine historische Episode sind, wie die Nichtfortsetzung des erfolgreich verlaufenen Modellstudiengangs „Fachkräfte für die psychosoziale Versorgung" jetzt im Jahr 1987 einmal mehr veranschaulicht.
5. Um nicht nur die Meinung eines bestimmten Berufsstandes zu erfahren, müssen Fachkräfte verschiedener zuständiger Berufe angesprochen werden, wenn die Teamplanstellen unterschiedliche Berufe vorsehen.
6. Die zu untersuchenden Einrichtungen sollten über die ganze Stadt verteilt sein und in typischen Außenbezirken, in der Innenstadt und in sozialen Problembezirken liegen.
7. Es wäre sehr günstig, wenn auch bestimmte Dienste einer Region, die in Beziehung zueinander arbeiten, befragt würden. Mit etwas Glück könnte dabei zu einer Frage oder zu einem Fall die aufgrund unterschiedlicher Aufgabenstellung kontroverse Position deutlich werden.

8. Es sollten Männer und Frauen angesprochen werden.
9. Von Berufsanfängern und von Praktikanten ist wenn möglich abzusehen. Diese Einschränkung erfolgt mit einem weinenden Auge: Sind es doch gerade im Öffentlichen Dienst häufig die Neuen, die konzeptionell und von der Dynamik her engagierte Arbeit anbieten! Leider können aber zahlreiche der Fragen nur nach mehrjähriger Erfahrung fundiert beantwortet werden.
10. Die ausgewählten Dienste/Personen müssen signalisieren, daß sie auf die „kritischen Fragen" ihre in der Arbeit gewonnene persönliche fachliche Meinung und nicht die grundsätzlich affirmative Position der vorgesetzten Verwaltung wiedergeben. Die Gesprächspartner stellen sich dem Interview unvorbereitet. Nach der Dokumentation können sie grobe Mißverständnisse beseitigen, nicht aber alles „glätten" (entsprechend echt und ungeschönt erscheint auch ein Gespräch im Anhang zum Text).

Als „wesentliche Einrichtungen" wurden zunächst zwei Kinder- und Jugendpsychiatrische Dienste, drei heilpädagogische Heime und drei Ämter für Familien- und Heimpflege festgelegt. Bei einem der angesprochenen Kinder- und Jugendpsychiatrischen Dienste wurde nach zwei Wochen Warten auf die Genehmigung von „oben" vereinbart, daß das Interview außerdienstlich stattfindet. Die Sozialarbeiterin eines anderen Kinder- und Jugendpsychiatrischen Dienstes sagte ab, weil man dort „fast nichts mit Heimeinweisungen zu tun hat" und man „die fertigen Gutachten auch nicht an die Therapeuten weitergibt". Zumindest mitverursachend für diese mir nicht glaubhaft erscheinende Behauptung und die damit verbundene Absage war wohl die dort angesprochene Berufsgruppe, die vielleicht vom Tätigkeitsfeld her nicht immer mit solchen Vorgängen befaßt ist. Es sollte in den Jugendpsychiatrischen Diensten zunächst je ein Arzt, ein Psychologe und ein Sozialarbeiter interviewt werden, um unterschiedliches Fokussieren beobachten zu können.

Die Auswahl der Heime erfolgte auf zwei Kriterienebenen:
1. **nach Größe**: je eine kleine, mittlere und große Einrichtung.
2. **nach Ruf und Akzeptanz**: je eine bekannte vollbelegte, „vorbildliche", eine sich um eine neue Wege bemühende, noch aber mit alten Strukturmerkmalen behaftete und schließlich eine schlecht belegte, unbeliebte.

In den Heimen wurden bewußt nur Psychologen angesprochen, weil nur sie im Heim **alle** zur Debatte stehenden Aufgaben kennen und ggf. ausführen. Von den angesprochenen Mitarbeitern in den Ämtern für Familien- und Heimpflege kamen nach explorativen Gesprächen einvernehmlich Absagen. Es wurde deutlich, daß diese Kollegen von der Ausbildung her weder **differenziert** vorbereitet sind auf Unterscheidung von Psychagogik, Heilpädagogik, Verhaltenstherapie usw. noch auf die „wahnsinnigen" Probleme im Spannungsbogen „Diagnostik –

Indikation – Therapie". Bei der Organisation **spezifischer** Indikationen sind Sozialpädagogen offenbar überfordert.

Die Auswahl der Universitätsklinik als Muster für stationäre Jugendpsychiatrie erfolgte willkürlich. Die beiden anderen Kliniken sind hierarchisch in Bezirkskrankenhäuser eingebettet. Man hätte folglich entweder die Chefärzte selbst befragen müssen oder von ihnen autorisierte Antworten aus dem Munde untergeordneter Mitarbeiter einholen können. Beide Wege schienen mir für mein Vorhaben nicht sinnvoll.

Die Entscheidung, zusätzlich eine Therapeutische Wohngemeinschaft zu berücksichtigen, fiel deshalb, weil hier einerseits ein neuer interessanter Ansatz als Ausdifferenzierung der schon traditionellen, beliebten Berliner Jugendwohngemeinschaften gewagt wird und sie andererseits im Innovationskonzept der Gesundheitsversorgung als die Alternative zur Klinik gilt, gesetzt den Fall, man nimmt die Aussagen in der „Psychiatrieplanung für Berlin" wirklich ernst. In der Therapeutischen Wohngemeinschaft trifft man auf sonst nicht in die Stellenpläne der Dienste eingebettete Berufe. Bei den Kollegen handelte es sich um Diplom-Pädagogen.

Die technische Durchführung der Gespräche

Es gab zwei Entwürfe für den Gesprächsleitfaden. Nach zwei Testinterviews mit Kollegen entstand die schließliche Fassung. Die Interviewpartner wußten nur durch ein motivierendes Telefongespräch und durch ein Anschreiben, um was es gehen sollte. Das Anschreiben wurde bewußt etwas oberflächlich und unklar gehalten, damit nicht Vorurteile und Antworten im Sinn meiner Thesen vorprogrammiert wurden. Es kam zu Verabredungen in den Diensträumen der Interviewten und in einem Fall in der Privatwohnung eines Gesprächspartners.

In Aussicht gestellt wurde ein 35 Minuten lang dauerndes Gespräch, nur in einem Fall wurden 55 Minuten daraus. Dieses Interview wird auch exemplarisch am Ende des Buchs dokumentiert.

Alle Gespräche wurden auf Band aufgezeichnet und anschließend wörtlich transkribiert. Vier Interviewpartner wünschten während der Gespräche gelegentliche Abschaltpausen, die bereitwillig gewährt wurden. Es gab sowohl eng an den Leitfaden angelehnte Gespräche als auch weitgehend improvisierte Diskussionen zum Thema – etwas abseits der Standardfragen. In einem Fall entstand nach dem offiziellen Teil ein circa dreistündiges Fachgespräch, in allen anderen Fällen fanden ebenfalls interessante vertiefende Diskussionen nach dem Abschalten des Bandes statt.

Technisch brachte die Durchführung der Interviews keinerlei Probleme. Inhaltlich war die Bandaufzeichnung deshalb eine große Hilfe, weil der Interviewer sich voll auf einen planmäßigen Gesprächsablauf konzentrieren konnte. Fast alle Interviewten äußerten sich spontan und oft über weite Strecken ohne jede Scheu.

Schon vor den Gesprächsterminen hatte ich alle Teilnehmer gebeten, ein bis zwei „entsprechende" Akten mitzubringen, was ohne Ausnahme auch möglich gewesen wäre, aber nur von fünf Kollegen befolgt wurde. Ein Kollege hatte sogar sieben infrage kommende „Fälle" vorher ausgewählt.

4. Experteninterviews: Unkommentierte Auswertung

In diesem Kapitel erfolgt eine sachliche Auflistung der meist nüchternen Daten, die die Experten im Verlauf der Gespräche mitlieferten. Die Fakten und Zahlen wurden zum Teil schematisch aufbereitet, um größere Anschaulichkeit und Transparenz zu erhalten. Das Kapitel kann ohne weiteres von solchen Lesern überflogen werden, die ausschließlich auf die inhaltlichen Antworten, auf meine Kommentare und Verbesserungsvorschläge gespannt sind.

Personelle Ausstattung der Einrichtungen

Erfaßt wurden zwei Kinder- und Jugendpsychiatrische Dienste, eine Abteilung für Kinder- und Jugendpsychiatrie der Universitätsklinik, drei heilpädagische Heime und eine Therapeutische Wohngemeinschaft für Jugendliche und junge Erwachsene. Träger der Dienste sind dreimal das Bezirksamt, zweimal dem Diakonischen Werk angeschlossene gemeinnützige Vereine, einmal ein gemeinnütziger Verein im Deutschen Paritätischen Wohlfahrtsverband und einmal die Freie Universität Berlin.

Die Einrichtungen liegen weit verteilt in verschiedenen Bezirken und Regionen Westberlins. Auf Wunsch einiger Gesprächspartner-/innen erfolgte eine gewisse Anonymisierung der personen- und einrichtungsbezogenen Daten im Hinblick auf eine Veröffentlichung, erstens hinsichtlich des Geschlechts. Alle Interviewten erscheinen deshalb „wie immer" als **männlich**. Zweitens hinsichtlich der Region Berlins, in der sich die Einrichtung befindet. Die Befragten sind in den Berufen beschäftigt, für die sie ausgebildet wurden, eine Ausnahme bildet der **Diplom-Pädagoge** aus der Therapeutischen Wohngemeinschaft; er arbeitet auf einer Sozialpädagogenstelle.

Zwei der Befragten haben keine Zusatzausbildung. Ein Arzt befindet sich in einer Verhaltenstherapieausbildung. Die anderen Befragten nennen abgeschlossene Zusatzausbildungen in Familientherapie, Gesprächspsychotherapie, Gesprächsführung, Verhaltenstherapie und Legasthenietherapie.

In dem einen Kinder- und Jugendpsychiatrischen Dienst gibt es Planstellen für einen Arzt, einen Psychologen und einen „halben" Arzthelfer. In dem anderen gibt es Stellen für einen Arzt und einen Psychologen. In beiden Einrichtungen sind die Stellen auch entsprechend mit Fachkräften besetzt.

In den heilpädagogischen Heimen arbeiten:

Name	Plätze	Psychologen	Psychagogen	Sozialarb. Leiter	Ärzte	Heilpädagogen
City	40	1	-	2	-	1/2
West	56	1 1/4	-	2 1/2	-	1 1/2
Nord	84	1	1	3	2 h / Woche	2

In der **Therapeutischen Wohngemeinschaft** arbeiten:
2 Diplom-Pädagogen auf 2 Sozialpädagogenstellen.

In der **Universitätsklinik** arbeiten:
(Soll/Ist): Ärzte: 11/5; Psychologen: 5/2; Psychagogen: 1 /-.

In einem der Heime sind Leiter- und Sozialarbeiterstellen jeweils mit Erziehungswissenschaftlern besetzt. In einem anderen Heim ist ein Psychologe auf einer halben Psychologenstelle und einer halben Heilpädagogenstelle.

Wurde ehrlich geantwortet?

Gelegentlich ist der Eindruck entstanden, daß nicht alle Antworten/Ergebnisse immer und unbedingt als wiederauffindbare Realität für sich stehen - dies soll vorausgeschickt werden. Vielmehr kann ein Teil der Antworten als „Konstruktion der sozialen Wirklichkeit" (vgl. BERGER u. LUCKMANN) verstanden werden. Diese Vermutung wird mehr als deutlich in einem der sieben Interviews, das auf Wunsch zweimal nacheinander geführt werden mußte: Zunächst ohne Tonband, „frei", dann mit Bandaufzeichnung. Sollte die Probe bewirken, daß nichts Spontanes, für die Vorgesetzten Unerwünschtes dokumentiert wird? Ging es vielleicht um eine Einübung einer offiziösen Darstellung? Erfolgte ein bewußter Bruch mit der „eigentlichen" Sichtweise? Begründet wurde diese Technik aber mit der vorhandenen Unsicherheit, unter den gegebenen Umständen nicht zusammenhängend formulieren zu können – ein ebenfalls plausibler Gedanke. Der Effekt aber war ein erstes flüssiges und dann ein dokumentiertes eher nervös-zerfahrenes Interview mit „Sprachproblemen".

Ähnliche Hintergründe – die hier nicht ausführlich diskutiert werden können – hat wohl der Wunsch nach gelegentlichem Abschalten des Bandes während des laufenden Gesprächs. Benötigten die Interviewten Zeit für „gründliches Überlegen" – wie vorgetragen – oder erfolgte eine „gedankliche Vorzensur"?

Die Aufgaben der Interviewpartner

Aufgaben	Dienst	1	2	3	4	5	6	7
Beratung von Klienten		xx	-	-	xx	-	xxx	xxx
Beratung von Betreuern		xxx	-	-	xxx	xx	xx	-
Krisenintervention		xx	-	xx	xxx	xx	xx	-
Diagnostik		x	xxx	xxx	-	xx	-	-
Gutachten / Stellungnahmen		xxx	xxx	xxx	x	xx	-	-
Organisation von Unterbringung		x	xx	xx	xx	xx	-	xx
Indikation u. Therapie		xx	xxx	xx	xx	xx	-	-
Betreuung		-	-	x	-	xx	xxx	-
Therapie		x	-	-	-	x	-	-

xxx = Hauptschwerpunkte   xx = Schwerpunkte   x = Selten   - = keine Angaben

(Die Reihenfolge der Dienste von „1-7" entspricht der Reihenfolge in der „Expertenliste für Interviews")

Zielpersonen und Aufgaben der Interviewpartner

Die Befragten geben an, in ihren Einrichtungen mit spezifischen Personen und Problemen zu arbeiten. Hier die Angaben im Einzelnen:

Der **Kinder- und Jugendpsychiatrische Dienst in der City** arbeitet mit Kindern, Jugendlichen und Familien. Die zu lösenden Schwierigkeiten sind: „schwerwiegende Probleme, persönliche und psychosoziale Probleme, Spannungen in Schule und Elternhaus sowie Neurosen und Psychosen".

Im **Kinder- und Jugendpsychiatrischen Dienst Süd** erscheinen Kinder und Jugendliche im Alter von 3 bis 18 Jahren. Die Minderjährigen weisen eine Reihe von Problemen auf: „Leistungs- und Schulproblematik, Entwicklungsrückstände, Lese-Rechtschreibschwäche, Enuresis (Einnässen) und eine Reihe von weiteren Symptomen".

In der **Abteilung für Kinder- und Jugendpsychiatrie der Universitätsklinik** erscheinen Kinder vom Vorschulalter an und Jugendliche bis 18 Jahre. Es handelt sich um: „Autisten, Vernachlässigte und Mißhandelte, Schulleistungsprobleme, Lese-Rechtschreibschwache, Anorektische (Magersüchtige) und Bulimie-Fälle (Eßsucht)".

Der **Mitarbeiter des ersten heilpädagogischen Heims** nennt kurz und knapp Jugendliche mit Erziehungsproblemen, Arbeitsstörungen und neurotischen Fehlentwicklungen.

Im **zweiten Heim** werden Kinder und Jugendlliche aus zerrütteten Familien, mit Verhaltensproblemen und -störungen, mit Lernstörungen sowie mit neurotischen und seelischen Störungen untergebracht.

Das **dritte Heim** beherbergt Kinder und Jugendliche mit Schwierigkeiten in der Gruppe und in der Schule.

Die **Therapeutische Wohngemeinschaft** ist befaßt mit jungen Menschen im Alter von 16 bis 25 Jahren. Sie sind psychisch krank, seelisch behindert, kommen aus gestörten Familienverhältnissen, zeigen neurotische Fehlentwicklungen und soziales Fehlverhalten. Es gibt auch „Borderline-Fälle" (habe leider vergessen nachzufragen, was er darunter versteht, denn es gibt mehr als eine Definition).

Anzahl der Klienten im letzten Kalenderjahr in den drei Diensten

		(neu) insgesamt	davon Jugendliche	intensiv
1	JPD City	(über 200) 450	etwa 1/3	20
2	JPD Süd	(etwa 60) 250	etwa 1/2	-
3	Uniklinik	etwa 1000	?	10

Anzahl der Klienten im letzten Jahr (TWG und Heimpsychologen)

		insgesamt	davon Jugendliche	intensiv
4	- City	30	30	-
5	- Nord	55	40	10
6	- West	24	?	16
7	TWG	6	6	6

Exemplarische Fallgeschichten

Das Ausbreiten des gesamten von den Interviewpartnern vorgetragenen Fallmaterials brächte ein neues Buch hervor. Deshalb können hier nur exemplarisch und kurz einige wirklich charakteristische, typische Fälle und Abläufe beschrieben werden.

Der **Pädagoge TWG** berichtet über einen jungen Mann, der „von Baby an in wechselnden Institutionen – Heime, Pflegeeltern, wieder Heim Psychiatrie" war. Die Nervenklinik diagnostizierte zuletzt eine „endogene Psychose aus dem schizophrenen Formenkreis" und empfahl eine Weiterbehandlung in einer Therapeutischen Wohngemeinschaft. Der Heranwachsende war in die Klinik eingeliefert worden, nachdem er seinen Stiefvater, vermutlich unter Drogeneinfluß, tätlich angegriffen hatte. Der Sozialpsychiatrische Dienst mußte trotz der Klinik-Stellungnahme ein Gutachten über die Zugehörigkeit zum „BSHG § 39" anfertigen. Der Mitarbeiter „kann nicht sagen, was in dem Gutachten steht". In der Therapeutischen Wohngemeinschaft machen sich die Mitarbeiter „ein eigenes Bild". Sollten Schwierigkeiten auftreten, arbeitet die Wohngemeinschaft mit einem niedergelassenen Psychiater und Neurologen zusammen.

Zwei der drei Heimpsychologen zeigen auf, wie „Fälle" zu ihnen gelangen; der **Heimpsychologe West** meint, es komme „nicht auf irgendein Gutachten" an, sondern auf „gute Kontakte zu den Sachbearbeitern der Jugendämter", zur Heimpflege. Manchmal liegt ein Gutachten mit psychiatrischer Diagnose vor. Er nennt ein Beispiel:

„Ein 9jähriger Junge kam mit folgender Diagnose zu uns: ‚organneurologisch kein sicher krankhafter Befund. Im EEG wies eine gruppierte abnorme Rhythmisierung auf eine stammhirnnahe Funktionsstörung hin, die als Ausdruck des organischen Anteils der psychomotorischen Unverhaltenheit des Jungen anzunehmen ist.' Dieser Junge sollte regelmäßig Psychopharmaka zu sich nehmen und sollte ‚im Abstand von einem halben Jahr bis ein Jahr EEG-Kontrollen' mit sich geschehen lassen, und wir haben einfach von alledem nichts gemacht, das heißt nur mit sogenannten pädagogischen Maßnahmen gearbeitet, und er hat jetzt seinen Hauptschulabschluß und wird demnächst eine Berufsausbildung beginnen, so daß von diesem psychiatrischen Gutachten nichts übrig geblieben ist. Das gilt auch für andere Fälle, wo ähliche Sachen festgestellt wurden!" *(Die eingeschobenen Zitate entstammen einem Gutachten der Frohnauer Straße/Wiesengrund, m.g)*

Der **Heimpsychologe City** berichtet ausführlich über ein Mädchen, das vor kurzer Zeit in diese Berliner Einrichtung gekommen ist, obwohl ein Gutachten aus der Klinik Frohnauer Straße/Wiesengrund „ein familienanalog gegliedertes Heim in Westdeutschland mit angeschlossenem BB 10-Lehrgang" indiziert hatte. Vor der Unterbringung in diesem City-Heim war das Mädchen bereits in einem

Projekt im Ausland und davor in der großen, modernen, ausdifferenzierten therapeutischen Heimeinrichtung Rendsburg. Während die Frohnauer Straße/Wiesengrund eine „Intelligenz im Bereich der Grenzdebilität" herausfand, diagnostizierten die Psychologen in Rendsburg eine „Intelligenz im oberen Normbereich" (vgl. den ungekürzten Abdruck dieses Interviews im Anhang).

Der **Arzt JPD City** berichtet über den „Fall" eines Jugendlichen, den er selbst als „präpsychotisch" klassifiziert. Der Junge war von der Schule der Erziehungs- und Familienberatungsstelle gemeldet worden und dort ein halbes Jahr lang untersucht und beraten worden, bis die Erziehungs- und Familienberatung schließlich den Kinder- und Jugendpsychiatrischen Dienst konsiliarisch um Rat bat, weil die Psychose sich zu verfestigen schien. Die Schule und der Kinder- und Jugendpsychiatrische Dienst hielten eine klinische Behandlung für angezeigt, die Erziehungs- und Familienberater zogen sich zurück zugunsten der Kollegen vom Gesundheitsamt. Der Jugendpsychiater organisierte nicht die (Zwangs-) Einweisung in die Klinik, weil die Eltern dagegen waren und dann „psychiatrische Hilfe als Gegnerschaft erlebt worden wäre" und Richter das letzte Wort gehabt hätten. Ein weiteres halbes Jahr später hat dann doch die Familie eine Einweisung veranlaßt, und zwar in eine „heilpädagogische Einrichtung mit intensiver ärztlicher, auch medikamentöser Betreuung".

Als letztes Beispiel dient der Fall eines 14jährigen Jungen, der von den Eltern dem **Arzt der Uniklinik** vorgestellt wurde, weil er Schulschwierigkeiten habe und schwänze. Es stellte sich heraus, daß der Junge im vorausgegangenen Jahr über Wochen hinweg auf Trebe war, mal auf dem Knabenstrich und „teilweise im Kindernotdienst, teilweise *(man beachte die Wortwahl, m.g)* in einem Heim im Süden Berlins untergebracht war". Der Junge war mehrmals straffällig geworden. Der Stiefvater hatte den Jungen in der Klinik abgeliefert. Nach einem zehnminütigen Kurzbericht ist der Stiefvater schon wieder verschwunden. Die Mutter war nicht zur Zusammenarbeit bereit. Erst später wurde klar, daß im Bezirksamt ausführliche Akten über den Fall vorlagen. „Es stellte sich heraus, daß der Junge sowohl schulpsychologisch als auch heimpsychologisch untersucht worden war, daß diese Untersuchungen aber aufgrund von Meinungsverschiedenheiten zwischen der Sonderschule, in der er sich in der Zwischenzeit aufhielt, dem Heim und (sic!) dem Bezirk und unterschiedlicher Versorgungskonzepte eigentlich nicht zu irgendwelchen relevanten Entscheidungen geführt hatten, und dann von bezirklicher Seite bei der Mutter angeregt worden war, hier Vorstellung vorzunehmen, aber ohne quasi irgendwelche Informationen weiterzugeben." Es wurde also eine übergeordnete Stelle, ein „Schiedsrichter" gesucht. Der Arzt der Uniklinik berichtet dann über seine Maßnahmen. Seine Diagnose lautete „Reifungsverzögerung, retardiert, Störung des Sozialverhaltens mit sozialisierten und nichtsozialisierten Anteilen, Mißhandlungen." Es wurde ein Einzelfallhelfer eingesetzt, nachdem der Arzt ein halbes Jahr lang selbst die „Krisenintervention" betreut hatte. Die Beschulung erfolgte in einer Kleingruppe. Zuvor war „selbstverständlich" das schulpsychologische Gutachten angefordert worden, um zu sehen, was noch gemacht werden oder ergänzt werden müßte. Der Arzt betont, daß die Klinik-Schriftstücke keine Gutachten, sondern für den Bezirk unverbindliche Stellungnahmen sind.

Therapiemöglichkeiten in den Einrichtungen

In den befragten Einrichtungen wird kaum Therapie durchgeführt. Die Befragten begründen dies mit Personalmangel, Zeitmangel, einem entsprechenden Konzept, mit fehlender Ausbildung und mit entsprechenden Vorschriften. Im Einzelnen kamen folgende Äußerungen:

Die **Heimpsychologen West und City** äußern sich sehr ähnlich: Ein Anspruch, daß Therapie gemacht werden muß, steht im Raum, tatsächlich wird aber eher „Nacherziehung" und „Training zur Handlungsfähigkeit" versucht. Psychologen im heilpädagogischen Heim sind angeblich „zu dicht dran", um sinnvoll Therapie machen zu können, deshalb sollte Therapie, wenn überhaupt, ambulant/-extern stattfinden.

Der **Arzt der Uniklinik** betont, daß keine Zeit für „hochfrequente Betreuung" und für ambulante Therapie zur Verfügung steht, und wenn, dann nur im Zuge von Krisenintervention.

Die **Mitarbeiter des JPD City** könnten Familientherapie und Psychoanalyse machen, haben aber dafür keine Zeit. Folglich begnügen sie sich mit „kurz- oder mittelfristigen Beratungen mit therapeutischer Orientierung".

Vernachlässigte Nachsorge

Der **JPD City** bekommt anläßlich der Verlängerungsanträge für laufende BSHG-Therapien Rückkoppelungen und „mündliche, schriftliche Berichte nach Abschluß der Therapie". Es erfolgen keine gezielten Katamnesen. „Manche Familien melden sich – viele sieht man einmal und nie wieder."

Für den **JPD Süd** ist nach der Therapie- und Maßnahmeempfehlung „das erst mal gelöst". Wenn aber zum Beispiel ein Einzelfallhelfer „nicht greift", erfolgt unter Umständen eine Wiedervorstellung des Patienten und eine Korrektur der Maßnahme.

In der **Uniklinik** wird mit den einzuleitenden Maßnahmen routinemäßig „meistens eine Wiedervorstellung nach einem Jahr" empfohlen.

Beim **Heimpsychologen Nord** wird „unmittelbar nach Beendigung einer Maßnahme oder Therapie sicherlich festgehalten, was erfolgt ist". Solche katamnestische Kontrolle erfolgt Jahre später aber nicht: „Es findet weder Nachbetreuung noch nachträgliche Überprüfung statt."

Der **Heimpsychologe West** berichtet, daß zur Zeit zwei Praktikanten „das nachverfolgen". Wenn Jugendliche in Pflegestellen entlassen werden, wird beobachtet, ob das eventuell scheitert.

Die **TWG** macht immer auf Wunsch Nachbetreuung, denn: „Der Auszug hier ist mit ganz massiven Schwierigkiten verbunden, so daß eine Weiterbetreuung, eine intensive Weiterbetreuung, in der ersten Zeit notwendig ist."

Zur Trennung von Diagnose und Therapie

In der „schwerpunktmäßigen Diagnostik" sieht der **Arzt der Uniklinik** die Möglichkeit, nach einer gewissen Zeit die Klienten wieder „einbestellen" zu können, um zu sehen, was sich in der Therapie entwickelt hat – „eine gewisse Chance der Kontrolle" sei damit gegeben. Der Klinik ist wichtig, daß die Kosten- und Behandlungspläne der BSHG-Therapeuten/Psychologen „detailliert inhaltlich begründet" sind. Ein Problem sieht der Arzt darin, daß die Kinder selbst zu wenig die für sie vorgesehenen Therapeuten „beschnuppern" können.

Der **Arzt der JPD City** spricht sich gegen „verwaltungsmäßige Diagnostik" insbesondere durch Leute aus, „die nie selbst eine Therapie gemacht haben oder überhaupt aus eigener Erfahrung wissen, was für eine Therapie sie empfehlen. Für diese Diagnostiker bilden die Institutionen quasi ein ‚Abwehr-Korsett'. Positiv sieht er „einige Beratungsstellen der freien Träger ohne Aktenführungspflicht, wo relativ flexibel, institutionsgefördert und eventuell mischfinanziert Hilfen angeboten werden können". Die multiprofessionellen Teams „sollten selbständig auch gegenüber den Kostenträgern sein". Eine reine Einzelfallfinanzierung hält er für fatal. Im Verlauf seiner Arbeit hat er gelernt, „daß ein gewisses Maß an niedergelassenen Therapeuten sinnvoll und notwendig ist ... die über BSHG finanziert werden ... über das Angebot der Kassen hinaus in pschosozialen Konfliktfällen".

Der **Psychologe im JPD Süd** möchte „von dieser isolierten Diagnostik wegkommen". Nur diagnostizieren ist ihm zu reduziert und beruflich wenig befriedigend. Die Beratungsstelle „müßte viel mehr therapeutisch arbeiten können". „Ich würde mir für mich jetzt wünschen, die Fälle von Anfang bis Ende zu bearbeiten." Er ist der Ansicht, daß es auch für Klienten günstiger wäre, mit dem Problem nur zu einer Stelle zu müssen, bis es aufgearbeitet ist - und wenn sie „bei der Anlaufstelle Zutrauen gefaßt" haben.

Der **Heimpsychologe City** fände es besser – „wenn schon Therapie als Spezialveranstaltung in Abhebung vom Lebensalltag stattfinden soll" – daß dann Diagnostik und Therapie in einer Hand liegen, „mit einer Validierung von einem Unbeteiligten".

Der **Heimpsychologe Nord** ist der Ansicht, daß der entscheidende Nachteil der Trennung von Diagnostik und Therapie „die Mehrfachauseinandersetzung des Kindes mit Fachleuten ist". Durch den Zwang, sich öfter einbringen zu müssen, wehre es den Diagnoseprozeß ab und bluffe möglicherweise. Kinder benötigen „eine Anlaufstelle mit Vertrauenspersonen, die sich langfristig, zwei, drei oder auch acht Jahre mit diesem jungen Menschen beschäftigen".

Vom **Heimpsychologen West** wird die Forderung aufgestellt, daß vor einer geplanten Unterbringung alle Leute an einen Tisch kommen und Zuständigkeiten klar festlegen sollen, um auch in dem Rahmen zu klären, wer Diagnostik und wer Therapie macht, mit dem Ziel, die Zahl der „Zuständigen" zu minimieren.

„Zukunftswerkstatt"

Die den Gesprächsleitfaden abschließende Anregung „bitte entwerfen Sie ein Ihnen optimal erscheinendes Zukunftsmodell für die inhaltliche und organisatorische Bewältigung der diskutierten Probleme" verfolgte den Zweck, mit etwas Phantasie Alternativen entwerfen zu lassen. Als kleine Hilfestellung wurden die Reizworte „Neuordnung der sozialen Dienste ... Jugendhilfestationen ... und Prozeßdiagnostik" ins Gespräch gebracht. Vier der Angesprochenen machten Vorschläge:

Der **Arzt im JPD City** wünscht sich multiprofessionelle kleine überschaubare Teams in den Bezirken ohne Aktenführungspflicht – flexibel, institutionsgefördert und eventuell mischfinanziert –, die auf keinen Fall durch verkrustete Institutionen in ihrer Arbeit gelähmt werden dürfen, damit ein wirkliches Angebot für die vielen psychosozialen Problemfälle da ist.

Sein Kollege, **Psychologe im Kinder und Jugendpsychiatrischen Dienst Süd**, plant: „Es soll eine allgemeine Beratungsstelle geben, wo Therapiefälle durchgängig bearbeitet werden können." Unabhängig von den einzelnen Abteilungen eines Bezirks sollen dort „interdisziplinär Ärzte, Psychologen und Sozialarbeiter" tätig werden.

Der **Arzt der Uniklinik** fordert „eine besser koordinierte Versorgung, über dezentralisierte Versorgungseinheiten, die Diagnostik, Beratung und kurzfristige Behandlung machen, integriert und abteilungsübergreifend ... Die Bereiche der ambulanten/stationären Versorgung müßten insgesamt durchgängiger werden." Ambulante Teams (Sozialarbeiter, Ärzte, Psychologen) sollen in die Familien gehen. Der Arzt wünscht sich zukünftig mehr Tageskliniken und das Recht auf Verschwiegenheit für bezirkliche Dienste, „die ihre Akten für sich verwahren dürfen".

Vom **Pädagogen TWG** kommt die Idee, „junge Erwachsene bis 25 Jahre sollten wie Jugendliche nach dem Jugendwohlfahrtsgesetz behandelt werden". Auch für (jüngere) Jugendliche muß eine echte Alternative zur psychiatrischen Klinik geschaffen werden. Für diese neuen Einrichtungen wünscht er sich eine „multidisziplinäre Besetzung mit Psychologen, Psychiatern, Sozialarbeitern und Diplom-Pädagogen".

5. Kritische Auswertung der Interviews

Zur Personalausstattung der Dienste

Die erfaßten Dienste sind von unterschiedlichen Trägern eingerichtet und werden von verschiedenen Dachverbänden vertreten. In Berlin (West) sind die Kinder- und Jugendpsychiatrischen Dienste grundsätzlich den bezirklichen Gesundheitsabteilungen zugeordnet.

Eines der Heime gehört seit 1986 zur Abteilung Jugend eines Bezirksamts. Vorher waren alle staatlichen heilpädagogischen Häuser zentralverwaltet und beim Jugendsenat angesiedelt. Zwei der Heime haben als Dachverband das Diakonische Werk, als Träger aber Stiftungsvereine oder Kuratorien, die im „Diakonischen Rat" sitzen. Das Diakonische Werk Berlin fungiert auch direkt als Träger für bestimmte Heime, dazu gehört zum Beispiel die im Adressenanhang empfohlene „Heilpädagogische Jugendpension Wichernheim". Eine Einrichtung gehört einem kleinen Verein, der sich dem Deutschen Paritätischen Wohlfahrtsverband angeschlossen hat, vermutlich auch, um leichter an eine Gemeinnützigkeitsbescheinigung kommen zu können.

Damit sind nach meinem Eindruck die Dachverbände und Sozialeinrichtungsträger in etwa entsprechend ihrer Bedeutung als psychosoziale Arbeitgeber Berlins gut repräsentiert – die Kommunalverwaltungen und das Diakonische Werk als die beiden großen, profilierten Vertreter von Sozialstaatsidee einerseits und christlicher „Innerer Mission" andererseits. Zusätzlich der Deutsche Paritätische Wohlfahrtsverband „dpw berlin" als Beispiel für einen der kleineren auch zur „Liga" gehörenden Dachverbände.

(Zur Komplettierung der Liga-Liste sollen an dieser Stelle auch die „Arbeiterwohlfahrt", der „Caritasverband", das „Deutsche Rote Kreuz" und die „Jüdische Gemeinde" genannt werden.)

Da einige der befragten Fachkräfte gern „halbwegs anonym" bleiben wollten, wurden einige Informationen verändert, zum Beispiel auf eine Geschlechtsangabe verzichtet. Wie gesagt: auch dieser Text wird von der männlichen Orthographie beherrscht, obwohl mehr als die Hälfte der psychosozialen Fachkräfte Frauen sind.

Die befragten Mitarbeiter und auch deren Fachkollegen in den Diensten sind in der Regel auf Planstellen mit Dienstbezeichnungen, die ihrer Ausbildung entsprechen. Eine Ausnahme zeichnet sich in den Therapeutischen Wohngemeinschaften ab: Hier werden alle Sozialpädagogenstellen (das sind nach dem Angestelltentarifvertrag sogenannte BAT IV b-Stellen) von Diplom-Pädagogen besetzt. Sie sind offenbar gezwungen, sich wegen fast gänzlich fehlender Diplom-Pädagogen-(BAT II a)-Planstellen in sozialarbeiterischen, oft auch erzieherischen

Tätigkeitsfeldern zu engagieren – eine Tendenz, die von den behördlichen Personalräten nicht mehr oder nur noch sehr selten abgesegnet wird.

Die Planstellen in den Einrichtungen sind zum größten Teil den Richtwerten entsprechend besetzt. Eine extreme Ausnahme bildet die Universitätsklinik: Seit vielen Jahren ist dort der Lehrstuhl vakant. Deshalb sind mehr als die Hälfte der zum Lehrstuhl gehörenden Planstellen nicht besetzt, was zu massiven Engpässen in der Behandlung von Klienten führt (bei der Fertigstellung dieses Textes wurde der Lehrstuhl ausgeschrieben, über die Besetzung ist jedoch noch nicht entschieden).

In den Heimen fällt auf, daß zwei der drei Einrichtungen keine Psychagogen beschäftigen, obwohl alle Entwürfe für die „in Kürze" zu verabschiedenden Heilpädagogischen Richtlinien ausdrücklich (auf 33 Kinder und Jugendliche) eine „therapeutische Fachkraft (Psychagoge oder Sozialarbeiter mit Zusatzausbildung)" vorsehen. Ausgerechnet in den zwei Heimen ohne Psychagogen haben auch die Psychologen keine Zusatzausbildung, oder sie üben sie nicht aus. Umgekehrt sind die Mitarbeiter der Kinder- und Jugendpsychiatrischen Dienste mit diversen therapeutischen Zusatzausbildungen versehen, obwohl ihre Arbeitsanweisung und ihre Zeit gar keine Therapie erlauben.

Und der **Arzt der Uniklinik** beschreibt seine Alltagsarbeit überraschenderweise nicht als Therapie – im Gegensatz zu den vielen Fachärzten in Psychiatrischen Kliniken, die ihre regelmäßigen Gespräche, Visiten usw. selbstbewußt als Therapie etikettieren. Das liegt vermutlich an seiner Bescheidenheit als Beinahe-Berufsanfänger. Schließlich ist der Arzt erst seit einem Jahr dort beschäftigt.

Alle anderen Befragten sind „alte Hasen". Die Interviewpartner arbeiten durchweg zwischen sechs und zwölf Jahren im Beruf, und zwischen drei und sechs Jahren an „diesem" Arbeitsplatz.

Überprüfung der drei Thesen

„Diagnostische Befunde führen zu Indikationen, die in der Regel nicht organisiert werden" (Kurzfassung der These 1)

Alle angesprochenen Interviewpartner bestätigen, daß Diagnostik in der Regel isoliert von Therapie durchgeführt wird. Die zuständigen Dienste dafür sind die Kinder- und Jugendpsychiatrischen Beratungsstellen oder die Kliniken für Kinder- und Jugendpsychiatrie. Gerade die Erst-Diagnose findet immer in solchen Diensten statt und wird immer durch solche Fachkräfte erstellt, die eben nicht später therapieren. Eine Ausnahme bildet die Erziehungs- und Familienberatungsstelle. Die Therapeuten machen aber (vermutlich/natürlich) noch einmal ihre eigene (Prozeß-) Diagnostik, was der **Psychologe des JPD Süd** auf dem Hintergrund seiner jahrelangen Erfahrung herausstellt.

Daß Indikationen in der Regel nicht organisiert werden, kann so nicht aufrechterhalten werden. Die geschilderten Fälle zeigen, daß dies „manchmal oder häufig" vorkommt. Allerdings wurde deutlich, daß oft ein fragwürdiger Umgang mit Indikationsentscheidungen erfolgt. Denn ein systematisch hergestellter Zusammenhang zwischen „Verordnung" und spezifischer Maßnahme fehlt. Immer wieder beschreiben die Heimpsychologen – die von dieser Berufsposition aus einen sehr guten Blickwinkel für das Indikationsproblem haben – die Brüche zwischen Verordnung und tatsächlicher Behandlung des Falles in der Fremdunterbringungseinrichtung.

Der **Heimpsychologe City** nennt die gutachterlichen Aussagen „ebenso richtig wie trivial", hält Indikationen wie „Herausnahme aus dem Berliner Umfeld" für oft realitätsfremd und solche wie „auf BB 10-Lehrgang orientieren" für überflüssig, weil „das ist eh das, was übrig bleibt, wenn einer sonst nichts schafft".

Der **Heimpsychologe West** schildert ungeniert, daß verordnete Medikation und EEG-Kontrollen einfach nicht gemacht werden.

Die Fälle des **Arztes Uniklinik** bestätigen die Fragwürdigkeit vieler Indikationen: Sie erscheinen ihm nutzlos, wenn die Eltern nicht mitmachen oder wenn Dienste wie die Familienfürsorge und der Schulpsychologische Dienst uneinig, aber gleichermaßen betraut sind. Andererseits hält er die zwei unterschiedlichen zuständigen Instanzen für „eine Chance, für eine gute Kontrollmöglichkeit im Interesse des Minderjährigen". Bestätigt wurde auch, daß Indikationen dann Sinn haben und umgesetzt werden, wenn Diagnostiker Einrichtungen und Therapeuten konkret kennen und persönliche Kontakte herstellen, um einen Fall in zwar andere, aber gute Hände zu geben.

Der **JPD City** berät regelmäßig die BSHG-Maßnahmen-Ausführenden, die Uniklinik macht die Weitergabe an ambulante Therapeuten abhängig davon, ob ein „inhaltlich-differenzierter Behandlungsplan" vorliegt.

„Wegen der Unübersichtlichkeit und häufiger Mehrfachbetreuungen benötigen die psychosozialen Dienste Berlins eine neue Struktur"
(Kurzfassung der These 2)

Alle Gesprächspartner kritisieren die der derzeitigen Struktur unserer psychosozialen Versorgung geschuldeten Abläufe. Die meisten fordern explizit abteilungsübergreifende Anlaufstellen mit interdisziplinär zusammengesetzten Teams. Alle verurteilen die Vielfachbetreuungen und die Vielfalt an Zuständigkeiten. Zwei der Befragten dagegen sehen in der Zuständigkeit von **zwei** Fachleuten auch Vorteile gegenüber nur **einer** alleinverantwortlichen Person.

Daß **Jugendliche** mit psychischen Störungen nicht wissen, wo adäquate Hilfe geleistet wird und wohin sie in der Not gehen können, ist unbestritten. Allerdings erweckten die befragten **Fachleute** den Eindruck, daß sie sehr wohl einen guten

Überblick über das gesamte Angebot an psychosozialen Hilfsmöglich keiten besitzen. Ob und in welchem Maße die zuständigen **Sozialarbeiter** ausreichende Informationen über differenzierte Hilfsmöglichkeiten haben, konnte leider für diese Berufsgruppe nicht überprüft werden. Immerhin brachte einer der angesprochenen **Sozialarbeiter** deutlich zum Ausdruck, daß er genau aus diesem Grund nicht an der „Expertenbefragung" teilnehmen möchte.

Die im Rahmen der sogenannten Zukunftswerkstatt entwickelten Ideen für Fachleute sind durchweg realitätsnah und auf dem konkreten Hintergrund der zur Zeit laufenden Praxis entwickelt. Utopische oder revolutionäre Vorschläge wurden nicht vorgetragen. Die **drei Mitarbeiter aus den jugendpsychiatrischen Einrichtungen** wünschen sich unabhängig voneinander multi-professionelle, ambulante Teams in dezentralisierten, kleinen, abteilungsübergreifend angesiedelten Beratungs-, Diagnose- und Behandlungsdiensten. Auch sind sie sich einig, daß Verschwiegenheit gewährleistet sein muß bzw. keine Aktenführungspflicht angeordnet sein darf. Unklar bleibt, warum solche eher bescheidenen Neuerervorschläge nicht längst Eingang gefunden haben in die von allen Seiten her in Frage gestellten Dienststrukturen.

Der **Heimpsychologe West** würde sich vorerst mit Kooperationsmodellen begnügen, „wo Mitarbeiter der Erziehungs- und Familienberatungsstelle, der Familienfürsorge und Mitarbeiter von stadtteilnahen Jugendhilfeeinrichtungen gleichberechtigt nebeneinander sitzen ... und entscheiden, wie einem Jugendlichen am besten zu helfen ist." Meines Wissens gibt es in Berlin bislang nur einen Vorstoß in dieser Richtung: Die „Empfohlene Verfahrensregelung" bei BSHG-Therapien in Wilmersdorf (vgl. „Anstelle eines Nachworts" im Anhang).

„Es existiert ein beachtlicher Bedarf an neuartigen Kleinsteinrichtungen und Wohngruppen mit heilpädagogischer oder sozialtherapeutischer Zielsetzung" (Kurzfassung der These 3)

Diese These könnte mit Aussagen der angesprochenen Interviewpartner aus betroffenen Diensten eigentlich nicht verifiziert werden, so leid es auch dem Verfasser tut. Die **Mitarbeiter der heilpädagogischen Heime** beschreiben ihre Arbeit und ihre Häuser mittlerer Größe positiv oder „neutral", nicht aber als mit Glanzetiketten versehene Erziehungsheime mit 50er-Jahre Provenienz. Als Ursache dafür sehe ich einmal die „natürliche" Solidarität des Mitarbeiters mit seiner Einrichtung. Kritik an Strukturen und Arbeitsmethoden wird selten von innen vorgetragen, weil Kollegen dies als Nestbeschmutzung empfinden könnten. Unabhängig von dieser Scheu kann aber auch der langsame, kontinuierlich erfolgte Fortschritt in der Arbeit der angesprochenen heilpädagogischen Heime ausschlaggebend für die Identifizierung der Heimpsychologen mit ihrer Tätigkeit sein. Das Heim in der City ist mit seinen drei Innengruppen, die jeweils mit elf Jugendlichen belegt werden, fast schon eine „kleine" Einrichtung. Es wurden drei

Außenwohngemeinschaften aufgebaut, der Verbund verläuft erfolgreich. Auch in die anderen Heime sind im Laufe der Jahre die heilpädagogischen, sozialtherapeutischen und die entwickelten sozialpädagogischen Arbeitsansätze mehr und mehr vorgedrungen. Die inzwischen rund 150 Plätze im Betreuten Einzelwohnen gehören zum großen Teil zu Verbundheimen.

Auch vom **Heimpsychologen West** kommen zur Zeit eben nicht dringende Bitten nach Wohngruppen mit heilpädagogischer Zielsetzung oder ähnlichen Projekten, denn sein Haus bemüht sich seit nun acht Jahren um einen „weitgehenden Verbund verschiedener Angebote, das heißt heilpädagogisches Heim, Heimschule, Förderlehrgänge zur Berufsfindung, Berufsausbildung für schwer vermittelbare Jugendliche, für arbeitslose Jugendliche zwei Kooperativen, im Wohnbereich Differenzierung, das heißt drei Wohngruppen und sieben Einzimmer-Appartments für Jugendliche im Betreuten Einzelwohnen".

Schließlich steht auch der **Arzt der Uniklinik** recht engagiert zu „seiner" Einrichtung, wofür folgende Überlegungen ausschlaggebend sein könnten:
- Die Uniklinik ist von den drei Kliniken traditionell die mit dem besten Ruf. Sie hat immer wieder junges, engagiertes innovationsfreudiges Personal, weil sie Ausbildungsstätte und Klinik in einem ist.
- Die Uniklinik ist die kleinste der drei Kliniken, überschaubar, modern und als einzige auch ständig voll belegt.
- Zwar fehlen nach Ansicht des Arztes weitere Tagesplätze konzeptionell für Berliner Tageskliniken. Da aber „sobald geeignete Räume gefunden sind" („Psychiatrieplanung", 1984, S. 86) in Neukölln eine kleine jugendpsychiatrische Abteilung mit Tagesklinikplätzen eingerichtet wird, sind auch in dieser Frage Verbesserungen in greifbare Nähe gerückt (die Verwaltungsleitung des Krankenhaus Neukölln konnte aber zum Zeitpunkt der Drucklegung dieses Textes im September 1987 noch keine Angaben über den Zeitpunkt der Realisierung der kinder-/jugendpsychiatrischen Einheit machen).

Nur der **Pädagoge TWG** bestätigt den Bedarf an mehr Einrichtungen für Jugendliche mit psychischen Störungen außerhalb der Kliniken und als Alternative zur Klinik.

Wenn auch meine dritte These nicht durch diese in Konkurrenzdienste eingebundenen Kollegen unterstrichen wird, so vermute ich trotzdem auf dem Hintergrund vieler Fachdiskussionen mit Vertretern anderer Jugendhilfeeinrichtungen, insbesondere mit den Mitarbeitern der verschiedenen Berliner Jugendberatungsstellen, daß der „beachtliche Bedarf" besteht, dies aber wohl nicht zusätzlich rein quantitative Versorgungsengpässe sind in Berlin nicht gemeldet – sondern qualitativ. Wenn also zum Beispiel mehr Therapeutische Wohngemeinschaften eingerichtet werden, müssen Klinikplätze oder heilpädagogische Heimplätze abgebaut werden, was „verständlicherweise" nicht von betroffenen Heimmitarbeitern laut gefordert wird. So selbstlos engagiert sich wohl niemand. Wer manövriert sich selbst schon durch konzeptionelle Verbesserungsvorschläge auf die Liste des „Überhangpersonals"?

Emotionen und Engagement bei den Interviewpartnern

Als Indikatoren für diesen „subjektiven Faktor" werden zugrunde gelegt: Dauer und Intensität des Interviews sowie der Vor- und Nachbereitung des Interviews; beobachtete Gefühle und gegebenenfalls geäußerte Gefühle während der Gespräche. Alle angesprochenen Kolleginnen und Kollegen zögerten beim Erstkontakt und waren zunächst durchweg der Ansicht, daß sie „mit dem Thema nicht so viel zu tun" hätten. Während dieser explorativen Gespräche mußte Überzeugungsarbeit geleistet werden, um überhaupt Zusagen für geplante Interviews zu erhalten. Daß nicht alle Angesprochenen auf diese Motivationsversuche positiv reagierten und daß kein Bedrängen auf Beteiligung „um jeden Preis" erfolgte, zeigen die drei Absagen.

Völlig anders stellten sich die sieben Gesprächspartner dann vor, während und nach den tatsächlichen Interviews dar. Verabredet war ein Zeitaufwand von circa einer Stunde, bestehend aus etwa 35 Minuten Tonbandinterview und einer kurzen Vor- und Nachbesprechung. Schließlich dauerten aber alle Gespräche länger als zwei Stunden, zwei Gespräche sogar fast vier Stunden. Die teilstrukturierten Interviews dauerten in der Regel 30-40 Minuten. Ein Tonbandinterview hätte wesentlich länger als 55 Minuten gedauert, wenn ich nicht massiv gebremst hätte.

Dies ist meines Erachtens Ausdruck für eine enorme Betroffenheit, die die Angesprochenen angesichts der Problematik, der beleuchteten Akten, Fallbeispiele und Abläufe bei sich erlebten. Ich hatte den Eindruck, daß sich für die meisten (nach drei, sechs oder mehr Jahren routinierter Praxis) jetzt im Rahmen eines spannenden Fachgesprächs in angenehmer Atmosphäre eine Möglichkeit eröffnete, ungestört und gezielt nachzudenken, Alltagsgewohnheiten in Frage zu stellen und bislang Vertretenes umzuwerfen und „konsequenzlos" neue Pläne schmieden zu können – schließlich war nun das im Interview erwünscht, was sonst ständig als „nicht machbar" im Berufsalltag verdrängt wird.

Die Auseinandersetzung um Vorschriften und Strukturen und um die Kontrolle durch Vorgesetzte oder übergeordnete Ämter brachte verschiedene Gefühle hervor: Resignation, Vorsicht, gewisse Ängste, leichten Zynismus, Bescheidenheit (so in quantitativen Personal- und Gehaltsfragen, bei gleichzeitig großer Lust an der Entwicklung neuer Vorschläge. Und nicht nur bei einem Gesprächspartner spürte ich den ungebrochenen Veränderergeist mit insgesamt optimistischen Gefühlen trotz langjähriger Berufspraxis. Traurige Gefühle kamen nicht in der Auseinandersetzung mit Einzelfällen hervor, sondern wegen strukturell bedingter „vertaner Chancen".

Besonders betroffen erschienen mir zwei Kollegen: Sie wünschten weitere Gespräche zur konstruktiven Planung bedarfsgerechter Unterbringungseinrichtungen und Jugendhilfestationen nach Auswertung der Interviews.

Aussagen zur Jugendhilfepolitik

Psychiatrie-, jugendhilfe- oder allgemeinpolitische Äußerungen konnten im Verlauf der Bandaufzeichnungen kaum festgehalten werden. Gründe dafür sind, daß erstens nicht explizit danach gefragt wurde, und zweitens, daß bei vielen Angestellten eine Scheu besteht, sich öffentlich politisch zu äußern. (Beamte sind ohnehin „zur Mäßigung" verpflichtet, Vorgesetzte der Einrichtungen erwarten häufig, daß sie vor berufspolitischen Äußerungen ihrer Mitarbeiter in der Öffentlichkeit um Genehmigung gebeten werden.) Zur Kompensation wurde aber fast immer die Nachbesprechung genutzt, um noch etwas „politischen Dampf abzulassen". Beschränken wir uns fairerweise auf die Transkripte, so fallen folgende Äußerungen auf:

1. „Dieser Boom der gemeindenahen Psychiatrie (die in ihrer Effizienz sicherlich höher ist als die alte) ist natürlich auch ein soziales Überwachungsinstrument ...", **Arzt Uniklinik**, zur Frage nach einer „modernen" Psychiatrie.
2. Zum Konzept „psychische Störung": „Wenn man die gesamten inklusive gesellschaftlichen Bedingungen sieht und Möglichkeiten für unsere jungen Leute in den sozial schwächeren Kreisen, dann ist ihr Verhalten nichts anderes als eine Resultante darauf" **(Heimpsychologe Nord)**.
3. Daß die Einrichtung insgesamt und er selbst aus einer sozialpolitisch fundierten Sicht an die debattierten Probleme gehen, zeigt der **Heimpsychologe City** an mehreren Stellen des Interviews. (Zur Frage des Arbeitseinsatzes :)
„Ich vermeide bewußt klinische Kategorien, denn ich will die Pädagogik so entwickeln, daß der Jugendliche gleichberechtigte Teilnahme an dem gesellschaftlichen Chancenangebot hat (...) das ist Handlungsmöglichkeiten freisetzen in bezug auf die sozialen Anforderungen".
Im Verlauf des weiteren Gesprächs weigert sich der Kollege, Fragen nach dem Sinn von Gutachten und der Kluft zwischen Diagnostik und Indikation „auf dieser gesellschaftlichen Stufe zu beantworten".
Er wehrt mein Anliegen ab, sich Gedanken zu machen über „die Methoden, über die Verfeinerung des Methodenarsenals, über Probleme, die mit einer gewissen Systematik erzeugt werden". Das hält er für müßig und stellt klar, was er für wichtig hält: „Durch zunehmende, sehr klar definierbare soziale Mangelzustände (keine Zukunftsaussichten) hat der Jugendliche keine Möglichkeiten, in sozial anerkannter Weise etwas Nützliches zu tun, schon als Schüler nicht." Er betont „ein Grundproblem, das große Ganze, den Hauptwiderspruch". Trotzdem läßt er „die Betroffenen nicht im Stich" und ist auch

bereit, über Verbesserungen nachzudenken, aber dann im Kontext von „Prophylaxe und Frühwarnsystemen".
4. Schließlich hat ein weiterer Kollege „politische Ideen" – sie sind bereits als „Leitzitat" auf der ersten Seite dieser Arbeit dokumentiert und erfordern keinen weiteren Kommentar.

6. Perspektiven, Pläne und Ideen

Pragmatische Vorschläge wegen Theoriemangel

Die Ergebnisse der Expertenbefragung führen nicht zu eindeutigen, klaren Perspektiven für den Umgang mit Indikationen bei Jugendlichen mit psychischen Störungen in verschiedenartigen Einrichtungen der psychosozialen Versorgung Berlins. Auch die grundsätzlichen Überlegungen und Bestimmungen im analytischen Teil dieses Textes erlauben noch keine „abschließenden" Positionen.

- Es fehlen ausführliche, detailliertere Analysen unserer Zielgruppe „Jugendliche mit psychischen Störungen"; es wurde kein alternativer Ansatz zur Unterscheidung von eher sozialpädagogischen und eher psychiatrischen Problemen vorgestellt.
- Die Auseinandersetzung mit dem Diagnostik- und Indikationsbegriff wurde nur pragmatisch-organisatorisch, nicht aber inhaltlich geführt. Für die theoretische Diskussion aber müßten die neueren Ansätze aufgearbeitet werden. Dazu einige Hinweise auf Autoren und Ansätze: „Förderungsdiagnostik" (vgl. KORNMANN 1983), „Subjektorientierte Diagnostik" – (vgl. PROBST in KORNMANN 1983). Einen Beitrag zur Analyse der „gesellschaftlichen Organisation psychischen Leidens" leisten KEUPP und ZAUMSEIL (1978).
- Inzwischen ist mir klar geworden, daß Praxisforschung im beschriebenen Feld ausdrücklich auf dem Hintergrund der theoretischen Diskussion um die Professionalisierung psychosozialer Berufe erfolgen müßte (vgl. BONSS, VON KARDORFF und RIEDMÜLLER 1985). – Was Psychotherapie vom Setting her und inhaltlich-therapeutisch für Jugendliche sein kann, ist mit dem Verweis auf HOGH zwar im Ansatz beschrieben, aber nicht ausgeführt.
- Nach der Aufarbeitung solcher Grundlagen müßte dann ein erweiterter Personenkreis in die Befragung einbezogen werden, zwar durchweg praktisch (diagnostisch, therapeutisch und beratend) Tätige, doch nicht nur Personen, deren Perspektiven wie in unserem Fall auf halber Strecke stehen bleiben, weil sie als Planstelleninhaber zu befangen sind, um über den eigenen Arbeitsplatz (mit seinen nach Richtlinien aufgebauten und ausgerichteten Aufgaben) hinaussehen zu können.

Trotzdem soll im Folgenden von vorläufigen Perspektiven die Rede sein. Einige sehr konkrete Vorschläge werden ausgebreitet, um zu provozieren, um heftige Diskussionen in den Einrichtungen und bei den Planungsstäben der Senatsdienststellen, den „Berufsjugendlichen" in den Bezirken, bei den Konzeptemachern in den Spitzenverbänden der freien Wohlfahrt und nicht zuletzt in den Parteien auszulösen.

Die Ideen und Pläne sind - wenn sie nicht unmittelbar aus den Interviews stammen, „geronnenes Feldwissen". Diskutiert wird schließlich immer noch, wenn auch viele Fachleute ein wenig resigniert erscheinen. Konstruktive Auseinandersetzungen werden in vielen Psychosozialen Arbeitsgemeinschaften, in Fachverbänden wie der Deutschen Gesellschaft für Soziale Psychiatrie und in Arbeitsgruppen der Parteien geführt. Die Fortbildungsstätten bemühen sich ständig um praxisnahe, innovative Planspiele. Auch die Jugendhilfetage boten und bieten geeignete Foren zur Verständigung über Perspektiven in der Jugendarbeit.

Tatsächlich gibt es brauchbare und umsetzbare Impulse, die ich gern aufgreife, um pragmatisch Versorgungsangebote durch Neustrukturierungs- und Umwidmungsideen bedarfsgerechter zu entwickeln.

Exkurs II: „Reform-Frust"

Die sozial-(demokratischen) Reformpläne zu Beginn der siebziger Jahre sind aus drei Gründen bemerkenswert:

1. Sie sind unmittelbarer Ausdruck der damaligen Bewegungen, die von unten öffentlich Druck machten. So forderten bewegte Studenten zusammen mit politisierten Krankenpflegekräften 1970 anläßlich der drohenden Schließung des Bethanienkrankenhauses eine „Kinderpoliklinik" eben dort – erfolglos. Trebegänger, ehemalige und damalige Heimjugendliche besetzten ein selbstzuverwaltendes Haus auf dem Bethaniengelände mit Erfolg: Das GEORG-VON-RAUCH-Haus „lebt". Zur gleichen Zeit entstand die Betroffenen- und Sozialarbeiter-Initiative „Aktion `70" zum Auf- und Ausbau betreuter Jugendwohngemeinschaften in Berlin.
2. Die auf diesem Hintergrund entstandenen Planungen in den Amtsstuben und den Parteigliederungen beinhalteten keine radikalen sozialpolitischen, sondern nur wohlfahrtsstaatliche Antworten auf die Misere. Dazu zählen die Ausdifferenzierung und Spezialisierung der Angebote, die Gründung der beschriebenen heilpädagogischen Heime, Versuche (wie im Haus Tegeler See) Außenwohngruppen zu installieren, der Ausbau und Aufbau von großen Einrichtungen und Zentren und die Bereitstellung von mehr Geld, der symbolischen Antwort auf soziale Probleme, die nicht nur einen Versorgungsaspekt haben, sondern einen gesellschaftlichen Hintergrund. Die wohl gigantischste Fehlplanung dieser Zeit war das Hauptkinderheim. Dieses erst 1968 errichtete

Zentrum war als Durchgangs- und Beobachtungsheim mit 400 Plätzen geplant. Alle 0-14jährigen, die kurzzeitig oder grundsätzlich außerhalb der Herkunftsfamilien untergebracht werden sollten, waren für diesen großen Gebäudekomplex vorgesehen. Etwa 1000 Kinder wurden jährlich aufgenommen, 120 Gutachten kamen pro Jahr zustande, die aber wegen fehlenden Zuweisungsrechts unverbindlich bleiben mußten. Die autorisierten Bezirke belegten das Mammutprojekt immer weniger, um den Kindern diesen zusätzlichen Fremdaufenthalt zu ersparen. 1978 befanden sich noch ganze 70 Kinder in der Einrichtung. Das Hauptkinderheim mußte wegen chronischer Unterbelegung und schließlich zur Kenntnis genommener Fehlkonzeption wieder geschlossen werden.

3. Die Planungen erfolgten breit angelegt und gründlich; die Pläne nahmen auch Gestalt an, nämlich die von gedruckten Buchstaben. Davon entstanden Millionen. Man vergleiche nur einmal Dokumente wie „Neustrukturierung der Sozialen Dienste" – Abschlußbericht des Planungsteams. Oder den Abschlußbericht des Senators für Familie, Jugend und Sport „Neuorganisation der Abteilung Jugend und Sport". Oder das Zeitschriftensonderheft „Sozialarbeit als Sozialbürokratie – Zur Neuorganisation sozialer Dienste". Realisiert wurde von alledem (fast) nichts. Einige Familienfürsorgeämter führten Gruppenarbeit und dezentrale Stationen ein – ein bescheidenes, fast selbstverständliches „Reförmchen". Viele Heime schufen attraktive Außenwohngruppen, einige führten das Betreute Einzelwohnen ein. Die „Erziehungsberatungen" genehmigten sich ein zusätzliches „F" und heißen nun „Erziehungs- und Familienberatung". Die Kliniken bauten an oder um – 30 „Wiesengrundplätze" sollen nach Neukölln verlagert werden.

Natürlich beeinflußt die klassische Psychiatrie unverdrossen die gesamte Versorgungsstruktur durch ihre Klassifizierung, durch ihre alte Unterscheidung von psychischen Störungen (Neurosen/Psychosen), Delinquenz, Drogenabhängigkeit und Verwahrlosung, garniert mit modernen Spezialsyndromen, die wiederum zu merkwürdigen Buchstaben wurden: „MCD" steht jetzt häufig in Gutachten, auch „HOPSe" finden sich zunehmend zwischen markanten alten Etiketten wieder. Die Kliniken ihrerseits beklagen, daß die Kassenstruktur neue Ansätze verhindert.

Gar nicht erst ansatzweise versucht wurden detailliert geplante integrierte Projekte wie die Einrichtung von „diagnostisch-therapeutischen Zentren im Amt für soziale Dienste". Übrig blieb stattdessen z. B. ein neues „Beratungszentrum Wilmersdorf", in dem die bekannten alten Einzeldienste der Abteilungen Schule, Jugend, Gesundheit und Soziales nunmehr auf zwei Bürohausetagen verteilt gemeinsame Flure benutzen. Drei Jahre benötigten diese Dienste dann, um immerhin eine gemeinsame „Empfohlene Verfahrensregelung" zur Vorgehensweise bei der Eingliederungshilfe für seelisch Behinderte im Rahmen des BSHG bei indizierter Psychotherapie (vgl. „Anstelle eines Nachworts") verabschieden zu können.

Vorschläge zur Neuorganisation der sozialen Dienste

Interviewer und Interviewte sind sich einig, daß das Tätigkeitsmerkmal „psychologische Diagnostik" als isoliertes Tätigkeitsmerkmal ersatzlos zu streichen ist. Besonderes Personal sollte für Psychodiagnostik nicht vorgesehen und nicht ausgebildet werden. Psychosoziale Arbeit ist nicht eine Summe von Einzeltätigkeiten, sondern eine Ganzheit – die bestenfalls aus „erkenntnistheoretischen" Gründen zerlegt werden darf in Anamnese / Exploration / Diagnostik / Indikation / Beratung / Betreuung / Therapie / Katamnese.

Ein weiterer Konsens existiert in der Frage der Notwendigkeit, die immanente Struktur der beschriebenen wichtigen Dienste so schnell wie möglich zu verändern. Hier sollten meines Erachtens interdisziplinäre Teams abteilungsübergreifend gebildet werden. Eine für Berlin (West) bedarfsgerechte Organisation von jugendpsychiatrischen, heilpädagogischen und sozialen Beratungsdiensten wird auf den folgenden Seiten vorgestellt.

Jugendhilfestationen und Verbundeinrichtungen

Die folgenden Ausführungen regen hoffentlich Widerspruch und Kritik an: auf diese Weise werden sinnvollere, weil menschlichere Vorschläge geboren. Die besten Vorschläge sind nur so gut, wie es uns allen gelingt, sie zu verwirklichen. In diesem Sinne ist mein vorläufiger Entwurf eines Modells für ein System von Jugendhilfestationen und Verbundeinrichtungen zu verstehen. Die zwölf Bezirke von Berlin (West) werden in sechs Großregionen eingeteilt je zwei Bezirke arbeiten zusammen. Das sind nach meinen Vorstellungen: Spandau / Charlottenburg, Wilmersdorf / Zehlendorf, Reinickendorf / Wedding, Tiergarten / Schöneberg, Tempelhof / Steglitz und Kreuzberg / Neukölln. Das Prinzip der Großregion ist nicht neu; es tritt bereits in der Psychiatrieplanung auf, faßt aber zum Teil andere Bezirke zusammen.

Jede dieser sechs Großregionen erhält durchschnittlich sechs **Jugendhilfestationen**, die jeweils im Zentrum eines sogenannten Kiezes liegen. Jugendhilfestationen sind zuständig für junge Menschen, die mindestens die 7. Klasse einer Regelschule besuchen oder sich selbst als Jugendliche definieren und die höchstens 24 Jahre alt sind, wenn die berufliche Orientierung oder Integration noch nicht bewältigt werden konnte, auch älter. Durchschnittlich leben in einem solchen ziemlich konstruierten Kiez etwa 50 000 Berliner.

So entstehen dann 36 mehr oder weniger gemeindenahe, regionale Jugendhilfestationen, in denen interdisziplinäre Teams arbeiten. In je einer dieser Einrichtungen arbeiten in der Regel Jugendpsychiater, Lehrer, Psychologen, Sozialarbeiter und Therapeuten sowie pädagogisch orientierte Berufsberater der Arbeitsämter. Alle sollten bereits brauchbare Zusatzausbildungen haben oder sich in Aufbaustudiengängen befinden. Grundsätzlich wird im Rahmen der 35-Stundenwoche gearbeitet, allerdings besteht Verpflichtung zur Weiterbildung, damit jeder Mitarbeiter die Möglichkeit hat, zu lernen oder zu lehren, auch Lehren bildet fort. An Stelle der genannten Basisberufe kommen auch qualifizierte Diplom-Pädagogen, Psychagogen, Soziologen mit sozialpädagogischem Schwerpunkt und andere Ausnahmeregelungen in Betracht. Die Teams sind geschlechtsparitätisch zusammengesetzt und spiegeln die gesamte Berufstätigen-Altersstruktur wieder. Mit anderen Worten: Die Mitarbeiter sind zwischen 25 und 63 Jahre alt. Die Teams wählen aus ihrer Mitte für circa sechs Jahre eine/n Leiter/in, der/die dann wechselt (Rotation).

Die Jugendhilfestationen als Anlaufstelle, Beratungsdienst, Diagnose- und therapiestation ersetzen zum großen Teil andere Dienste, die bisher auch Jugendliche mitbetreuten. Dazu zählen: Familienfürge „männlich"/Jugendberatung, Heimpflege, Erziehungs- und Familienberater, bestimmte Schüler- und Jugendberatungsstellen, Schulpsychologen/Schullaufbahnberater, Jugendpsychiater und andere, – der Phantasie sind keine Grenzen gesetzt.

Je eine Großregion erhält eine Klinik und Poliklinik für Kinder- und Jugendpsychiatrie mit 20-25 Betten (nur Einzel- und Doppelzimmer) und mit 10-2 Tagesplätzen. Eine Ambulanz ist jeweils angeschlossen. Von den zur Zeit vorhandenen Kliniken und klinikähnlichen Einrichtungen können vier genutzt werden, zwei neue entstehen. In jeder der Kliniken arbeiten psychotherapeutisch ausgebildete oder in Ausbildung befindliche Fachkräfte. In der Ambulanz werden tätig: Ärzte für Kinder- und Jugendpsychiatrie, Krankenpflegekräfte, Sozialarbeiter, Psychologen und andere Therapeuten, alle mit laufenden oder abgeschlossenen Zusatzausbildungen.

Diese Ambulanzen ersetzen den Kinder- und Jugendpsychiatrischen Dienst. Ambulante Therapien werden von dem Mitarbeiter gemacht, der den Erstkontakt zu dem Jugendlichen hattees sei denn, der Jugendliche wünscht es nicht. Zuständig für die Führung der Karteikarten, die in den Diensten als vertrauliche Verlaufsdokumente unter Verschluß bleiben – ist entweder die Jugendhilfestation oder die Ambulanz der Klinik, von der Kontaktaufnahme an bis zur Verselbständigung. Zuständig für den Umgang mit den Aufzeichnungen ist der Jugendliche.

Das Jugendhilfegesetz wird (endlich!) novelliert. Zwar soll das Volljährigkeitsalter nicht wieder heraufgesetzt werden, aber die Norm in der Frage des Zuständigkeitsalters soll von der Frage der beruflichen Eingliederung abgeleitet werden, wie dies bereits im Ausführungsgesetz zum Jugendwohlfahrtsgesetz vorgeschrieben ist.

In jeder Großregion sind etwa zwölf **Verbundeinrichtungen** mit je einem Verbund-Heim als Kinder- und Jugendheim, zwölf betreute Jugendwohngemeinschaften und mindestens 50 weitere Zwei- bis Fünfzimmerwohnungen für junge Volljährige, die zu subventionierten Sozialmieten von der Jugendhilfestation vergeben werden, aber nur „oberflächlich" betreut werden. Zusätzlich entstehen etwa sechs **Sleep Ins**, das sind Krisen- oder Notunterkünfte mit je zwei bis vier Betten.

Die Jugendwohngemeinschaften erhalten ihre alte Struktur nach den Richtlinien von 1975 zurück – nur die Hälfte der Bewohner müssen den Bestimmungen des (alten) Jugendhilfegesetzes entsprechen. Ein bis zwei der Wohngemeinschaften sind aber Spezialeinrichtungen mit therapeutischem Milieu.

Geschlossene Häuser oder Gruppen (Kieferngrund, Jugendhof, Aufnahmeabteilung Frohnauer Straße) werden geschlossen. Nach diesem Modell gäbe es rein rechnerisch 72 statt bisher 109 Verbundheime mit je 20-48 Plätzen, wovon 4-12 Tagesplätze sind. Diese Einrichtungen beherbergen aber in erster Linie ältere Kinder, nicht Jugendliche.

Zum Heim gehört ein Stammhaus. Dort ist ein Café, sind Personalräume und auch ein Teil des Unterbringungsangebots. Die Gruppengröße ist uneinheitlich. Vorstellbar sind alle Gruppenstärken von zwei bis maximal elf.

Es werden auch zusätzliche Möglichkeiten des **Betreuten Einzelwohnens** geschaffen, aber ich persönlich empfehle etwas größere Einheiten. In den letzten Jahren ist eine sehr große Nachfrage speziell nach Einzelwohnungen in Berlin aufgetreten. Auch bei Jugendlichen sind die subjektiven Bedürfnisse in Richtung **Alleinwohnen** gelaufen. Nach den „stressigen" Erfahrungen in Heimgruppen mit 20, 15 oder 12 Minderjährigen und auch in Sechs-Personen-Jugendwohngemeinschaften wünschen sich die Betroffenen das andere Extrem: die Eigenständigkeit im Wohnen und Haushalten. Diese Tendenz zum „Single" sollte meines Erachtens nicht weiter gefördert werden, weil so eine psychische Struktur frühzeitig sich zu verfestigen droht, die sozialen Fertigkeiten wie Kooperation, Rücksichtnahme, für andere Verantwortung übernehmen, sich konstruktiv streiten und ähnliche Fähigkeiten leider nicht mehr fördern hilft. Für späteres Wohnen in Paarbeziehungen, Familien und ähnlichen Gemeinschaften sind sie „menschlich betrachtet" aber zwingend erforderlich.

Objektiv mangelt es an Betreutem Kleingruppenwohnen für je zwei bis drei Jugendliche – natürlich auch mit gemischtgeschlechtlicher Besetzung.

Die **Unterbringung in Westdeutschland** wird drastisch eingeschränkt und auf maximal 250 Plätze in einigen kleinen Einrichtungen Nordwestdeutschlands reduziert. Die westdeutschen Häuser müssen Angebote haben, die in Berlin nicht realisierbar sind – wie Hochseesegeln, Leben auf dem Bauernhof, Flugschulen und andere „abenteuerliche Geschichten". Voraussetzung ist das Einverständnis des Jugendlichen und bei unter 16jährigen zusätzlich das des Personensorgeberechtigten.

Die Verbundeinrichtungen sind nicht hinsichtlich unterschiedlicher Symptomträger binnenzudifferenzieren. Jede einzelne Gruppe sollte vom Integrationsansatz ausgehen.

Heim- und Klinikschulen werden abgeschafft.

Die Verbundeinrichtungen haben bezüglich ihrer Angebotsformen jeweils „Spezialitäten" zu bieten: Vielleicht eine kleine Anlernwerkstatt, eine Gärtnerei, eine Umzugs- und Entrümpelungskooperative, eine Mädchengruppe, eine Gruppe mit Teilnehmern am Zweiten Bildungsweg und anderes mehr. Hilfen für Selbsthilfegruppen (vielen jungen Leuten mangelt es nur an Räumen, damit sie bestimmte Gruppenpläne verwirklichen können) müssen sowohl von den Jugendhilfestationen als auch von den Verbundeinrichtungen angeboten werden.

Die neuen Verbundheime haben Vorläufer in den Projekten „Leben Lernen", „WG ins Leben", und in gewisser Hinsicht auch im Gigant-Verbund Johannesstift, in dem trotz der untragbaren Gesamtgröße originelle Ideen verwirklicht sind.

Jugendliche mit Sorgen, die von sich aus, auf Empfehlung ihrer Eltern, Lehrer, Freunde, Nachbarn usw. eine Jugendhilfestation aufsuchen möchten, haben jeweils die Auswahl zwischen zwei für den Kiez und den Nachbarkiez zuständigen Diensten. Der Jugendliche hat ein Recht, die Jugendhilfestationen zu wechseln, wenn er seine Interessen nicht unterstützt sieht. Die Beratungs- / Therapie- / **Unterbringungskarteikarte** verbleibt dort auch während einer Fremdunterbringung, weil der Jugendliche weiter von seiner Jugendhilfestation betreut wird (Außenkontrolle).

Therapien (einschließlich Diagnosen) werden nicht nur von allen Mitarbeitern einer Jugendhilfestation oder Klinikambulanz gemacht, sondern auch durch Vermittlung an private Psychotherapeutenpraxen im Kiez vergeben (an Psychagogen, Psychoanalytiker, Pädiater, Jugendpsychiater, sonstige Psychotherapeuten des Basisberufs „Psychologe"). Diese Praxen werden sich nach den Gesetzen des Marktes bedarfsgerecht ansiedeln. Seltsamerweise tun dies heute zwar die Psychologenpraxen, nicht aber die niedergelassenen Psychagogen. In Kreuzberg befinden sich eindeutig mehr Kindertherapie-Vereine und Praxen als in anderen Berliner Bezirken. Psychagogen betreiben ihre Praxen aber vornehmlich dort wo sie wohnen. Obwohl in Kreuzberg 18,2% der Minderjährigen Berlins im Alter von 0-15 Jahren leben, arbeiten dort nur zwei von 127 Berliner Psychagogen. In den fünf Bezirken Wedding, Neukölln, Kreuzberg, Spandau und Reinickendorf leben über 50% der Minderjährigen Berlins, es arbeiten dort aber nur 26 Psychagogen, die restlichen 101 Kollegen ziehen es vor, die sieben weniger problematischen Bezirke der Stadt zu versorgen.

Die Verbundheime können und sollen etwa zur Hälfte von gemeinnützigen Trägern und Vereinen betrieben werden. Die andere Hälfte betreiben die bezirklichen Jugendverwaltungen. Konkurrenz belebt das Geschäft.

Abgeordnetenhaus von Berlin Drucksache 10 / **2007**
10. Wahlperiode 05.02.88

Antrag der Fraktion der **AL** über **Einrichtung von Jugendhilfestationen***

Das Abgeordnetenhaus wolle beschließen:
Der Senat wird beauftragt, bis zum 1. Juli 1988 einen Bericht darüber vorzulegen, inwieweit die Einrichtung von Jugendhilfestationen im Sinne einer problemorientierten Vernetzung verschiedener Angebote der Hilfen zur Erziehung vor Ort zur Neuorientierung und Qualifizierung der Jugendhilfe unter Berücksichtigung folgender Gesichtspunkte beitragen kann:

1. Organisation der sozialen Dienste im Bereich der Jugendhilfe
   a) Einrichtung regionaler Arbeitsgruppen vor Ort aller Sachgebiete, die an dem Prozeß der Bereitstellung und Entwicklung von Angeboten der Hilfen zur Erziehung beteiligt sind unter Mitwirkung der Betroffenen und ihrer Bezigspersonen.
   b) Partnerschaftliche Durchführung problemorientierter Jugendhilfe im Stadtteil mit allein einander ergänzenden ambulanten, teilstationären und stationären Hilfen kommunaler und freigemeinnütziger Träger unter Einbeziehung des Lebensumfeldes der Betroffenen und ihrer Bezugspersonen.

2. Konzeptionelle Ausrichtung der Hilfen
   a) Umstrukturierung vorhandener Großeinrichtungen zu Ein-Gruppeneinrichtungen.
   b) Bereitstellung ganzheitlicher entwicklungsbegleitender Hilfen unter Aspekten neuer Lebensformen und Einbeziehung von Ausbildung, schulischer Qualifikation, ausbildungs- und schulbegleitender Hilfen (z. B.: Wohngemeinschaften, Betreutes Einzelwohnen, Zusammenleben von Mutter und Kind, Ausbildung, Wohnen und Stadtsanierung, Nachbetreuung).
   c) Einrichtung ganzheitlicher binnendifferenzierter Hilfen unter Einbeziehung ambulanter, teilstationärer und stationärer Angebote, wie z.B. Kindertagesstätte, 24- Std.-Kindertagesstätte, Kurzzeitpflegestelle, Krisenunterkunft, Beratung, Jugendfreizeitangebote, Tagesheimangebote, Wohngemeinschaften usw.

3. Haushaltstechnische Neuorganisation
   a) Zusammenfassung aller Titel der Hilfen zur Erziehung in einen Titel der Hifen zur Erziehung.
   b) Weitergehende Übertragung als bisher der Wirtschaftsführung, der Aufgaben des Haushaltsvollzugs, an die Einrichtungen.
   c) Lebensnahe Ausrichtung der Wirtschaftsführung nach kaufmännischen Grundsätzen und familien-ähnlicher Haushaltsführung.

Berlin, den 2. Februar 1989   K u h n   W i e l a n d   und die übrigen Mitglieder der Fraktion der AL

(* der Antrag wurde entwickelt von ARMIN EMRICH, MANFRED GÜNTHER und UWE TIETZ)

Was wäre aus Frank K. geworden, wenn ...

Es bleibt zu hoffen, daß auch Frank K. mit einem solchen neuen Modell für Jugendhilfemaßnahmen einverstanden wäre. Sein alternativer Weg durch die Institutionen kann leicht nachgezeichnet werden. Zunächst sucht Frank K. mit oder ohne seinen Vater – seine Jugendhilfestation auf, in der einer der Kollegen wahrscheinlich Gesprächsführung oder Gesprächspsychotherapie beherrscht und ihm ambulant über einige Monate hinweg Therapie anbietet. Wegen der akuten Krise in der Wohnung des Vaters entscheidet sich Frank für einen Umzug in die nächste Therapeutische Jugendwohngemeinschaft, wo er eine qualifizierte Betreuerin schätzen lernt. Eine dritte neue Fachkraft bleibt ihm dann nicht erspart, wenn er nach ersten therapeutischen Erfolgen in die Hauptschule rücküberwiesen wird und einen anderen Lehrer erhält. Neun (oder waren es elf?) Fachleute wären wirklich nicht nötig gewesen. Die Unterbringung im „halbpädagogischen Heim" (Jargon Frank) brachte dem jungen Mann wie vielen Altersgenossen eine verwirrende, überflüssige Erfahrung – und dem Kostenträger eine teure Fehlinvestition.

7. Dokumente

Interview mit einem Heimpsychologen

m.g: Sie haben mit Kindern und Jugendlichen zu tun. Bitte nennen Sie ihre tatsächlichen Aufgabenbereiche. Bitte beschreiben Sie, welcher Personenkreis zu Ihnen kommt – z.B. nach Alter, Symptomatik, sozialer Lage der Familie usw. Bei den Aufgaben würde ich gerne unterscheiden zwischen anamnestischen / diagnostischen / gutachterlichen, dann den organisatorischen (Unterbringung) und schließlich den therapeutischen Aufgaben.

H.E.: Der tatsächliche Schwerpunkt meiner Arbeit liegt darin, die Pädagogik in den drei Heimgruppen dergestalt zu entwickeln, daß sie in bezug auf die individuell mitgebrachten Problemlagen der Jugendlichen eine tendenziell therapeutische Auswirkung hat. Das heißt, daß neben der Befähigung im sozialen Leben altersgemäß gleichberechtigt und gleich fähig teilzunehmen, auch eine spezifische Auseinandersetzung mit der eigenen Lebensproblematik erfolgreich stattfindet - um das mal so allgemein zu sagen. Daß der Jugendliche – über die Hintergründe sage ich gleich noch was – der hierherkommt, einerseits gleichberechtigte Teilhabe an dem gesellschaftlichen Chancenangebot hat, also schulisch das schafft, evtl. auch eine Lehrstelle bekommt und die schafft. Daß abgesehen von dieser Normalentwicklung, die es in Gang zu bringen gilt, auch eine bessere Bewältigung des individuellen Schicksals erfolgt.

Das kann im konkreten Fall heißen, daß Jugendliche enorme Erziehungsprobleme mitbringen, weil sie zu Hause dementsprechend behandelt wurden. Daß sie bei uns lernen, partnerschaftliche Beziehungen zu haben oder, daß Jugendliche, die Arbeitsstörungen oder so etwas haben, lernen, zumindest annähernd normale praktische Auseinandersetzungen mit den Anforderungen zu erwerben. Es ist sicherlich so erst einmal sehr allgemein. Ich vermeide auch bewußt klinische Kategorien erstmal, weil das für uns uninteressant ist. Wie gesagt, wir haben hier eine „neurotische Fehlentwicklung", und die gilt es jetzt „therapeutisch aufzuheben". Das heißt im konkreten Fall immer, Handlungsmöglichkeiten freizusetzen bei den Jugendlichen in bezug auf die sozialen Anforderungen, die er hat. So will ich das erst einmal nennen.

m.g: Der Arbeitgeber wird ja auch allgemein ein paar Aufgaben festgelegt haben. Wie sieht da Theorie und Praxis aus?

H.E.: Ich muß nachher noch ein bißchen zu den tatsächlichen Dingen sagen. Jedenfalls im Geschäftsverteilungsplan steht drin, daß die Diagnostik eine Aufgabe ist, also die diagnostische Abklärung der Jugendlichen. Dann wird die individuelle therapeutische Betreuung als Aufgabe genannt, dann gruppentherapeutische Tätigkeit und Forbildung. Einmal im Monat einen Vormittag für hausinterne Fortbildung, wo ein pädagogisches Schwerpunktthema erarbeitet wird (das letzte war die Frage der Beziehung im pädagogischen Prozeß), das wird dann also theoretisch vertieft und in kleinen Gruppen erarbeitet, wozu ich die Vorlagen mache, um dann Anregungen für die eigenständige Praxis der Erzieher zu geben. Das mache ich und den Punkt decke ich durchaus ab, denke ich. Wir regen auch an und diskutieren Fortbildungen, die die Erzieher außer Haus machen, sozusagen aus eigenem Interesse heraus.

Was ich noch mache, ist die sogenannte Krisenintervention. Wenn also ein Jugendlicher aus der Sicht des Pädagogenteams Verhaltensweisen zeigt, die mit den dort handhabbaren Mitteln nicht zu kontrollieren oder günstig zu beeinflussen sind, dann kommt es schon dazu, daß ich herangeholt werde. Der Jugendliche kommt selber auch zu mir zur Beratung oder auch wegen ganz konkreter Anleitung. Und auch in extremen Situationen, daß jemand wie seinerzeit vom Dach runterspringen will. Dann bin ich also der Krisenintervent, der ihn von der Dachrinne runterholt und das ein bißchen ausklingen läßt, nachbearbeitet. Auch gebe ich Orientierung für Therapieveranstaltungen, die mit dem Jugendlichen außer Haus gemacht werden, helfe da mit anbahnen, versuche auch Therapieempfehlungen herzustellen und dies in den Alltag hier so gut zu integrieren, daß es nicht auseinanderklafft. Lebensgestaltung hier und die Therapieveranstaltung außer Haus ergibt oft leider einen Widerspruch, weil der Jugendliche dann sich selber in einer Sonderrolle sieht.

m.g: Im folgenden wollen wir uns ausschließlich mit jungen Menschen im Alter von zwölf bis siebzehn Jahren befassen. Mit wie vielen „Fällen" in dem Alter hatten Sie im letzten Jahr zu tun?

H.E.: Ich hatte dreißig, könnte ich sagen. Letztendlich indirekt mit dreißig zu tun, indem ich in allen drei Teams in bestimmten Situationen auftrete, Gruppenabende mitmache, gestalte oder mich vorbereite, um Effekte für die Gruppe und damit auch für den Einzelnen zu erzeugen. Da habe ich – denke ich – mit allen zu tun. Und das ist grundsätzlich so, diese Spezialsituationen, daß einer Randale macht oder ein Suizidkandidat ist, irgendwie aufzufangen und verfahrene Konfliktsituationen zwischen einem Jugendlichen und einem oder mehreren Erziehern oder einer Gruppe von Jugendlichen mit einer Gruppe von Erziehern sind aufzuheben. Das sind solche Spezialsituationen, die tauchen im Jahr je nach Qualität der jeweiligen Gruppenarbeit auf, man kann sagen, zumindest einmal im Monat ist eine Sondersituation angesagt.

m.g: Nehmen wir jetzt mal eher typische oder beispielhafte Situationen, Fälle, bei denen von der Aktenlage her bestimmte gutachterliche Empfehlungen schon vorgegeben sind: was muß dann hier mit einer solchen Empfehlung passieren?

H.E.: Es ist so: Es ist nur eine Minderheit von Jugendlichen, wo solche konkreten Gutachten vorliegen. Das sind dann die, die entweder aus anderen Heimen kommen und dort schon so problematisch waren, daß es zu Begutachtungen geführt hat (sei es in einem JPD oder sie waren im „Wiesengrund", oder in der Kinder- und Jugendpsychiatrie „Platanenallee"). Ich würde sagen durchschnittlich 10-15% im Jahr, also konkreter in Zahlen heißt das pro Gruppe ein oder zwei, die mit so einem Gutachten schon ankommen, einem psychiatrischen Gutachten. Es gibt dann sicherlich noch einige mehr, die irgendwo mal im schulpsychologischen Dienst begutachtet worden sind oder anderswo irgendein Therapeut schon mal dran war und einen Therapie- oder Kostenplan gemacht hat.

m.g: Grundsätzlich denke ich, muß doch vor der Unterbringung in einer heilpädagogischen Einrichtung eine gutachterliche Stellungnahme, die in Richtung Heimunterbringung geht, mitgebracht werden?

H.E.: Das steht, glaube ich, in den noch nicht verabschiedeten heilpädagogischen Richtlinien drin. Die Realität sieht so aus, daß Jugendliche entweder direkt aus der Familie unter Vermittlung des Jugendamtes, (Familiensozialarbeiter, dann Heimpflege) hier angedient werden zur Unterbringung. Das ist in der Überzahl der Fälle so, oder sie kommen erst in den Jugendnotdienst und dann zu uns, weil sie fremduntergebracht werden müssen. Das heißt aber noch lange nicht, daß jedes Mal dort irgend jemand ein Gutachten gemacht hat. Da gibt es oft nur den Bericht des Sozialarbeiters, den Fafü-Bericht sozusagen, der das begründet, die Fremdunterbringung. Das ist für mich kein Gutachten, sondern das ist im

Grunde genauso brauchbar wie ein Gutachten. Der Sozialarbeiter faßt seine Erfahrungen zusammen und begründet, wieso so ein Kind da ausreißt.

m.g: Können Sie vielleicht konkrete Fälle zitieren, in denen Maßnahmen gutachterlich nach entsprechender Diagnose vorgesehen waren, die dann aber gar nicht organisiert wurden? Und, wenn es das gibt, warum bitte?

H.E.: Ich habe hier eine Akte zur Hand, von einem Mädchen, das vor einiger Zeit zu uns gekommen ist, das schon in verschiedenen Einrichtungen, Projekten und Maßnahmen war, und zuletzt hier im Humboldt-Krankenhaus, in der Kinder- und Jugendpsychiatrie, ehemals Klinik Wiesengrund. Dort ist ein Gutachten gemacht worden *(mein Gesprächspartner versucht nun, den langen Text zusammenzuziehen. Er zitiert dabei zum großen Teil wörtlich aus der Vorlage)*:
‚Eine 15jährige asthenische Jugendliche mit einer Intelligenz im Bereich der Grenzdebilität, die nur kurzzeitige Frustrationstoleranz besitzt und dann verbal und körperlich zu aggressiven Durchbrüchen neigt. Sie entzieht sich Anforderungen, neigt zur Selbstüberschätzung. Als Ursache sehen wir eine frühkindliche Milieuschädigung, die dann hier als frühzeitige Arbeit der Kindesmutter und schlechte Versorgung des Kindesvaters näher gefaßt ist. Und dann eine weiter bestehende Fehlerziehung durch die jetzigen Eltern, die durch eine ambivalente Erziehungshaltung geprägt ist. Diese disharmonische Entwicklung, die akzelerierte körperliche Entwicklung, die psychisch eher an präödipale und ödipale Entwicklungsschritte fixiert ist, bringt dieses Mädchen regelmäßig in Konflikt mit ihrem sozialen Umfeld. Zusätzlich ist eine intellektuelle Minderleistung für eine desoziale Entwicklung Mitverursacher. Personenkreis § 39 BSHG. Wir empfehlen folgende Maßnahmen: Eine Nacherziehung in einem Kleinstheim, möglichst nach dem Familienprinzip aufgebaute Gruppen, dieses Heim sollte nach Möglichkeit einen BB 10-Lehrgang anbieten. Zweitens: Wir glauben, daß es sinnvoll ist, dieses Mädchen aus dem Berliner Umfeld herauszunehmen, da es sonst immer wieder die Möglichkeit hat, aus dem Erziehungsheim auszubrechen'.

Dies haben wir bekommen, nachdem dieses Mädchen in Westdeutschland war und als letzte Station jetzt zu uns kommt. Die wußten nicht, wo sie sie jetzt noch unterbringen sollen. Da ist sie jetzt zu uns gekommen. Sie war vorher unter anderm in Frankreich in einem Projekt. Und es gibt da noch ein anderes Gutachten, das während der letzten Unterbringung da drüben in Rendsburg geschrieben worden ist von dem dortigen Gutachter, der Psychologe ist. Dort ist sie aufgrund des Wiesengrund-Gutachtens hingekommen und da wird erwogen, es ist etwas differenzierter, da wird geschrieben *(mein Gesprächspartner reiht wieder eine Reihe von Halbsätzen aus dem ihm vorliegenden Gutachen aneinander)*: ‚Günstig ist, wenn sie eine längerfristige Beziehung zu einer Vertrauensperson aufbauen kann, denkbar wäre hier eine betreute, relativ eigenständige Gruppe gleichaltriger Jugendlicher (das paßt eher auf uns). Alleine Wohnen wäre eine Überforderung, aufgrund des gewachsenen Mißtrauens und ihrer Abwehrmechanismen dürfte es längere Zeit dauern, bis sie sich auch emotional öffnen kann. Eingestehen von Schwächen muß möglich werden. Es sollte zur Erhöhung ihrer beruflichen Chancen langfristig erwogen werden, inwieweit ihr ein Hauptschul oder ein vergleichbarer Abschluß ermöglicht werden kann. Und eine solche Maßnahme bedürfte intensiver Vorbereitung und ist bei ihrer derzeitigen Motivationslage im Moment nicht umzusetzen'.

Ja, da war sie in einer Pflege, in einem Pflegeverhältnis irgendwo. Es ist sicherlich etwas dahergestottert, wenn ichs jetzt sage. Nur insgesamt, dieser Psychologe in Rendsburg hat keine Grenzdebilität festgestellt, sondern der sieht die Intelligenz im oberen Normbereich, durchschnittliches Leistungsstreben. Also das heißt, da widersprechen sich die Gutachten recht drastisch. Also gerade bei der Intelligenzbegutachtung ist es ja frappierend, daß sich zwei Gutachten so widersprechen können. Wenn sich jemand in einer Testsituation verweigert, kann das vom Ergebnis her unter Umständen debil wirken. Umgekehrt – besser im Test abschneiden, als man tatsächlich ist – funktioniert natürlich nicht. Durch irgendwelche Tricks gelingt es praktisch nie, überdurchschnittliche Ergebnisse zu erzielen.

Ja, das alles im Gutachten heißt aber auch nur, daß sie eine Vertrauensperson haben soll und daß ihr ein Schulabschluß ermöglicht werden soll, daß das im Moment schwierig ist bei der Motivationslage. Das ist natürlich ebenso richtig wie es trivial ist. Das ist für uns nicht irgendwie erhellend. Es ist so eine Sache, die wir auch dann rauskriegen, wenn wir nicht eigens 'ne eigene Messung machen, sondern das merke ich nach einer Woche, daß es so ist. Und wem tut es nicht gut, eine Vertrauensperson zu haben? Und wem tut es nicht gut, auch bei schwieriger Motivationslage dennoch einen Hauptschulabschluß zu schaffen? Das ist für mich als Aussage, als Maßnahmeempfehlung ebenso richtig wie überflüssig, weil ich das eh weiß. Und der „Wiesengrund" mit seinen etwas analytisch orientierten Gutachten – die auch richtig sind, sicherlich, sie sind auch gut – sehen wir weiter, was da empfohlen wird: Die Naherziehung im Kleinstheim ist ein bißchen familienorientiert und widerspricht dem, was der andere sagt. Der sagt: gleichaltrige Gruppen. Die sagen hier: Herausnehmen aus dem Berliner Umfeld, was jetzt gerade wieder rückgängig gemacht worden ist, nachdem die dort draußen war. Das alles ist für mich eher ... Es spricht nicht gegen Begutachtungen, ich finde sonst die „Wiesengrund"-Gutachten ziemlich gut, bloß eben was wir denn nun tun sollen, das steht da auch nicht. Hier steht konkret nur drin, die empfohlenen Maßnahmen vom Wiesengrund waren Nacherziehung (was immer das ist) in einer nach dem Familienprinzip aufgebauten Gruppe oder so. Der BB 10-Lehrgang, das ist eh das, was übrig bleibt: Wenn einer sonst nichts schafft, kommt er in den BB 10-Lehrgang. Das ist nicht so, daß wir sagen: Oha! Jetzt haben wir endlich einen Hinweis, was wir machen könnten! Genauso ist das mit dem Berliner

Umfeld. Man kann auch das Gegenteil behaupten. Man kann sagen, entweder sie hat nur dann eine Chance, wenn es gelingt, im Berliner Umfeld klarzukommen, weil sie wird das Leben nicht auf dem Dorf verbringen. Es sei denn, daß dort die dörfliche Situation selbst schon die entscheidende therapeutische Bedeutung hat, was ich in dem Fall bezweifle, sonst wäre sie noch da. Es klingt vielleicht jetzt ein bißchen karikierend, wenn ich das so sage, aber nachdem selbst die Intelligenzdiagnostik sich widerspricht, kann man sich das sparen. Mir sind die Empfehlungen wirklich ... Es ist uns nicht hilfreich. Ich will damit nicht sagen, daß generell Wiesengrund-Gutachten oder Gutachten selbst unsinnig sind, nur ist das ein schönes Beispiel: Es kennzeichnet ein bißchen die Situation, daß (nicht in aller Regel, aber doch überwiegend) solche gutachterlichen Empfehlungen für uns nicht irgendwie handlungsleitend sind. Die bringen uns so gesehen erst einmal nichts. Ich kann mir das sparen, in dem Fall müßte man das selber noch mal messen, weil es sich widerspricht. Sonst kann man sich das sparen, Intelligenzmessungen zu machen, wenn man sie irgendwo vorexerziert kriegt, ist das ja in Ordnung. Und für einen Analytiker ...

m.g: Nun gibt es doch einen Kostenträger, eine Familienfürsorge bzw. eine Heimpflege, die die Unterbringung organisiert, und die haben ein teures Heim ausgewählt, ein Spezialheim. Ist dann nicht immer der Anspruch im Raum: Therapie, eine besondere heilpädagogische Maßnahme? Und wird in dieser Richtung jetzt hier etwas gemacht?

H.E.: Hier in diesen beiden Dingen steht es nicht drin. Der Sozialarbeiter, also die Heimpflege, hat sich der Tatsache gebeugt, daß dieses Mädchen unter allen Umständen nach Berlin zurück wollte und auch gute Vorsätze handschriftlich bekundet hat, nämlich: Den Hauptschulabschluß machen zu wollen. Wahrscheinlich wohl wissend, daß das immer gut klingt, daß das Eindruck macht, wenn einer beteuert: Er will nun endlich, aber nur in Berlin! Sie wollte nach Berlin zurück. Und dann hat der Sozialarbeiter sich wahrscheinlich gedacht, nachdem da oben diese Supereinrichtung in Schleswig-Holstein nicht gegriffen hat, daß dann, wenn überhaupt, nur ein heilpädagogisches Heim in Frage kommt, oder – hat er vielleicht gedacht – sonst nimmt sie eh keiner. Das ist auch eine Realität. Ich habe zwar jetzt nicht die ganzen schlimmen Dinge da herausdestilliert, aber man kann annehmen, daß dieses Mädchen in einer anderen Einrichtung nicht genommen würde. Also kommt sie zu uns, und dann zahlt man auch den höheren Preis, um sie überhaupt unterbringen zu können, denke ich.

Dieser spezielle Anspruch, „Therapie" zu machen, wenn er da ist, kann er auch nur auf dem Allgemeinheitsgrad sein, wie es hier dann auch im Gutachten steht, nämlich: Nacherziehung. Man könnte auch genau schreiben: Die empfohlene Maßnahme ist eine Therapie, die zum Erfolg führt. Das könnte man auch schreiben. Das steht hier nicht drin, „Psychoanalyse von 3 Jahren oder aber eine

Gesprächstherapie" oder so etwas, „denn wir glauben, daß dies dann der Hebel ist", das steht da nicht drin. Manchmal steht es drin und dann habe ich gesehen, daß es unter Umständen auch richtig ist. Wir haben es auch angeleiert außer Hause, so etwas gibt es, aber sehr selten. Ansonsten steht ja hier auch nur drin, „heilpädagogisches Heim" (man denkt, die heilen, sonst würden sie ja nicht so heißen, und dann werden sie hier untergebracht). Und wir müssen dann versuchen, dieses Mädchen handlungsfähig zu machen. Sozial und sich selbst gegenüber handlungsfähig zu machen, das kann man.

Wie wir das machen, das ist dann eine eigene Art, über die wir hier reden können. Auf jeden Fall erhält die hier im Haus erstmal nicht „Maßnahmen", die einer therapeutischen Schule zugeordnet werden können. Nicht, daß sich eine Kollegin jetzt hinsetzt und sagt: Mit dieser Gabi machen wir jetzt ein Jahr lang oder ein halbes Jahr lang Gesprächstherapie in der Erwartung, daß sie dann den Hauptschulabschluß packt oder daß sie ihr eigenes Leben so durchschaut, daß sie die Kräfte entwickelt, nun alles selber in Ordnung zu kriegen! Nein, wir machen auch nicht Gestalt oder Psychodrama oder Verhaltenstherapie oder irgendwas, was so schulisch definiert ist. Wir haben auch gar keinen Psychagogen hier. Eine Planstelle ist da, aber es ist eine Kann-Planstelle. Es kann auch ein Sozialarbeiter dafür eingestellt sein.

m.g: Und Diagnostik – machen Sie hier selbst eigene Diagnoseverfahren? Nützen oder ergänzen Sie die bereits vorliegenden Testergebnisse bzw. Urteile?

H.E.: Ja, aus der Praxis heraus schon. Nicht dadurch, daß ich dieselben Tests wiederhole oder überhaupt andere Tests machen würde. Das ist in ganz seltenen Fällen, die man im Grunde auch vernachlässigen kann, daß ich mal einen Test mache, aber ich denke, das Gesamtbild, das gezeichnet wird, ist wichtig. Ein Bild vom Menschen, das auch über das eigene, einzelne Gutachten hinaus sozusagen die ganze Akte zeichnet (da sind ja noch mehr Berichte drin, vom Diakoniezentrum, überall war sie schon).

Daraus versuche ich schon ein Entwicklungsbild zu zeichnen oder für mich selbst erstmal zurecht zu legen, und stelle fest, daß diese Jugendliche in den letzten drei Jahren permanente Abbrüche von „Maßnahmen" hatte, die von außen über sie beschlossen wurden. Ich stelle auch fest, welche charakterlichen Beschreibungen sozusagen drin sind: Hier ist sie „aggressiv" – was ist mit diesen „Durchbrüchen" gemeint? Und versuche dann zu schauen, was findet sich davon hier wieder? Dann läuft da schon sozusagen ein hypothesengeleitetes Beobachten über diese Jugendliche, aber wobei die Betonung auf Hypothesen liegt. Ich versuche also nicht unbedingt, die Bilder bestätigt zu finden, sondern schaue nur: was findet hier sich davon wieder.

m.g: Und die Methode ist beobachten?

H.E.: Ist beobachten, und zwar den realen Prozeß, keine Testbatterie machen. Das ist beobachten, und beobachten heißt also nicht unbedingt, daß ich da im Raum stehe und sie anschaue, sondern das heißt, daß ich mit ihr selber und auch mit den Erziehern über sie rede. In einer realen Situation dabei bin, und dann schaue: Wie reagiert sie, wie wirkt sie auf mich? Und darüber rede ich auch mit den Erziehern, aber auch mit der Jugendlichen selber. Angesichts dieser Kette von Ausbrüchen und Fehlschlägen und der erstaunlichen Tatsachen, daß die Jugendliche immer wieder erneut auftritt: „Und nun aber, jetzt will ich es aber wirklich packen." (Das ist schon zum Ritual geworden.) Angesichts dieser Tatsache führt das nicht zu Maßnahmen, sondern zu einer Haltung ihr gegenüber. Woraufhin ich das gleich gesagt habe, also diesen Effekt angesprochen habe. Daß sie das wahrscheinlich so erlebt, das kennt sie nun schon. Sie wird wieder irgendwo aufgenommen, und jetzt fängt man nun wirklich an, alle investieren Hoffnungen in sie. Sie selber weiß zwar nicht, was sie investiert, ob sie das mitmacht, oder ob sie denkt, wir werden schon bald merken, was sie wirklich für eine ist – denn sie hat ein negatives Selbstbild. All dies habe ich ihr gesagt, und: „Nur eines weiß ich sicher, daß du hier ruhig mehr als einmal anfangen kannst, wenn etwas schiefgehen sollte". Und wir uns ein bißchen Zeit lassen müssen, daß sie erst mal hier das Leben beschnuppern darf ... zwar wird auch sofort ein formaler Gang kommen, habe ich ihr auch vermittelt, natürlich wird sofort Schule kommen! Aber über die inhaltlichen Seiten der Sache reden wir dann sozusagen auf einer anderen Ebene weiter. Der Sinn der Sache ist der, wenn ein Mädchen so viele Fehlschläge hat, dann muß sie natürlich denken, daß wir sie entweder eh schon abschreiben und nur ‚pro forma' etwas mit ihr machen, oder aber wir ganz naiv sind. Und beides, denke ich, tut ihr nicht gut. Zu glauben, wir seien ganz naiv. Oder wenn sie glaubt, wir machen nur ‚pro forma' was mit ihr, wissen aber auch schon, es geht eh in die Hosen. In dieser Spannbreite wird sich das irgendwie bewegen bei ihr. Und das ist eine reine soziale Angelegenheit, daß sie uns einordnen soll, daß sie also das Gefühl hat, sie kann erst mal nichts falsch machen, sondern hat Zeit. Und das ist insofern, wenn man will, so eine Grundhaltung, wo auch mit den Erziehern darüber geredet wird, wie man in so einem Fall rangeht.

Die Erzieher haben die Akte ja auch gelesen, den Riesenberg von Dingen. Die haben natürlich auch ihre Erfahrungen mit solchen Jugendlichen. Sie haben ihre interne Kalkulation, wie aussichtsreich so etwas ist. Jeder hat seine eigene und die Gruppe noch ihre offizielle Kalkulation. Und um möglichst wenig „sekundären Sand" gleich mit ins Getriebe zu kippen, ist es meine Sorge, jetzt hier an dem Punkt die Erwartungen offen zu halten. Das ist das, was sich für uns ergibt aus diesen ganzen Gutachten! Und ein bißchen Erfahrung. Mehr erstmal nicht. So daß es für alle Beteiligten in der Tendenz wirklich offen ist. Mehr nicht.

m.g: Das System der psychosozialen Versorgung in Berlin sieht in der Regel vor, daß Diagnosen und Gutachten für Jugendliche im Jugendpsychiatrischen Dienst, in der Jugendpsychiatrischen Klinik, in der Erziehungs- und Familienberatung, bei den Schulpsychologen oder von Psychologen in ähnlichen Ambulatorien gemacht werden – die Therapien aber von Psychotherapeuten, Psychologen, Psychagogen der „heilpädagogischen Station" gemacht werden, unter Umständen auch von Psychologen aus Therapiepraxen. Diagnostiker geben die „Fälle" nach Fertigstellung des Gutachtens ab. Therapeuten finden fertige Gutachten vor und sind gehalten, erfolgreich im Sinne der vorgegebenen Behandlungsziele zu arbeiten. Wie stehen Sie zu dieser Regelung, welche Vor- und Nachteile sehen Sie?

H.E.: Das kann ich nicht auf dieser gesellschaftlichen Stufe beantworten, wie weit das Vor- und Nachteile generell hat. In der Tendenz würde es mir plausibel erscheinen, wenn jemand, der ein guter Therapeut ist, auch ein guter Diagnostiker ist und umgekehrt, d.h. alles in einer Hand liegt. Das fände ich, wenn schon Therapie als Spezialveranstaltung in Abhebung vom Lebensalltag stattfinden soll (eine Sonderveranstaltung), dann fände ich es besser, wenn es nur in einer Hand ist. Durchaus mit einer Validierung von einem letztendlich Unbeteiligten, das schon. Aber das sind jetzt Aussagen ... ich weiß nicht, ob die auf diesem Allgemeinheitsgrad sinnvoll sind hier im Moment. Weil das mehr eine eindrucksmäßige Aussage ist. Ich rede jetzt hier aus der Sicht desjenigen, der eine Arbeit zu leisten hat, das tatsächliche Leben von Jugendlichen mitzugestalten und so zu gestalten, daß sie von dieser Mitgestaltung unabhängig werden. Das heißt, hier die Entwicklung von Jugendlichen, dort wo sie suboptimal gelaufen ist oder wo sie defizitär, wie immer man es nennen will, schief gelaufen ist, wo sie beschädigt worden ist, da ist etwas wieder gut zu machen, so daß sie tüchtig und selbständig und all das werden, um so ein subjektives Empfinden von *das Leben lohnt sich irgendwie* zu bekommen, das heißt die Dimension der subjektiven Befriedigung im eigenen Leben herzustellen. Da ist unsere Aufgabe. Ich habe das Gutachten natürlich nicht ganz vorgelesen – da steht sicher auch noch mehr drin über RORSCHACH und ÖDIPUS und weiß der Teufel was. Nutzt uns hier wenig, da wir hier nicht eine psychoanalytische Institution sind, die Einzeltherapien macht. Bei uns leben die Jugendlichen wirklich. Sie verbringen eine für sie oftmals sehr, sehr wichtige wirkliche Lebensphase in dem Heim. So ähnlich wie einer, der sozusagen zwei Jahre bei der Bundeswehr verlebt. Und der hinterher auch sagt, daß diese Jahre seines Lebens für ihn unter Umständen besonders schlimm oder toll oder so was waren. Oder einer muß mit seinen Eltern zwei Jahre ins Ausland, kommt wieder zurück und erzählt dann, was das Tolles oder Schlimmes für ihn gebracht hat. So ist auch dies hier eine reale Lebensphase. Wobei wir versuchen, ihr den Character des therapeutisch Besonderen, der Ausnahmesituation, des Uneigentlichen zu nehmen. Wir versuchen vielmehr, die Eigentlichkeit dieser Lebensphase konstruktiv zu nutzen.

Also, die kommen unter Umständen aus einer Familie, wo alles drunter und drüber ging. Da haben wir noch nichts zu gesagt, woher die kommen, die Jugendlichen. Dort ist also alles schief gelaufen, die Eltern sind Säufer oder zerbrochene Familien, nur ein Elternteil übrig oder es sind hochgradig neurotische Hintergründe, wo also geprügelt und geliebt wird ohne Zusammenhänge mit eigenen Handlungen. Oder wo systematisch Motivationen kaputt gemacht worden sind oder wo sadistische Elemente eine Rolle spielen. Sie kommen aus solchen Zusammenhängen, wo sie 13, 14, 15 Jahre lang oder noch länger waren. Nicht immer so dramatisch, aber oftmals auch so dramatisch, wie ich es gerade gesagt habe. Sie kommen hierhin und sollen dann ein, zwei Jahre bleiben. Was heißen soll, das wollen andere. Und sie selber wollen meistens nur aus der aktuellen Notsituation heraus. Haben auch ein Heimimage mitbekommen, das ist schlecht und es ist eine Degradierung und all so etwas. Sie sind aber dann faktisch hier ein bis zwei Jahre. Und unsere Aufgabe ist es, jetzt diese zwei Jahre so zu gestalten, daß der Jugendliche das Gefühl hat, es hat sich gelohnt. Und so etwas ist möglich und dazu helfen uns natürlich jetzt erst einmal diese Gutachten nicht, weil keine konkreten Maßnahmen drinstehen, wie man den Alltag zu regulieren hat. Da steht nicht drin, wie ich einen Jugendlichen, der monatelang, fünf Monate die Schule schwänzt oder ein ganzes Jahr lang; unter Duldung der Mutter, die ihn zum Babyhüten braucht oder irgendetwas anderes, zur Pflege der eigenen Haustiere mißbraucht hat, wie ich mit so einem Jugendlichen umgehe. Da kann ich nicht erst drei Jahre Therapie, Analyse, voransetzen und sagen, anschließend geht er zur Schule. Da muß sofort etwas passieren. Dazu steht naturgemäß in den Gutachten nichts drin, kann auch gar nicht...

m.g: Sind die Gutachten dann nicht überflüssig, ja schädlich, weil sie die Jugendlichen noch einmal reinzwingen in ein bestimmtes Setting, das ihnen persönlich ja nichts bringt und das abgebrochen wird und schlagartig eine Überleitung erfolgt in irgendeine andere spezielle Einrichtung oder zu anderen Spezialisten?

H.E.: Ich denke, sie sind weder generell nützlich noch generell schädlich. Wenn das Gutachten der Grund ist, warum sie hier untergebracht werden, dann entscheidet sozusagen der Ausgang. Das ist nach zwei Jahren. Erst dann läßt sich feststellen, ob es richtig war oder nicht, oder ob das eine Schädigung war oder nicht. Es gibt Situationen, wo nur mit Hilfe eines solchen Gutachtens die Ämter in der Lage sind, irgend jemandem, zum Beispiel einem Sadisten, einem kranken Menschen die persönliche Verfügung über einen Abhängigen zu entreißen. Nämlich die persönliche Verfügung über die eigene Tochter aus den Händen zu winden, um dieser Jugendlichen erstmals im Leben einen menschenwürdigen Umgang zu ermöglichen. Dann war das gut, so ein Gutachten.

Es gibt auch Fälle, wo die Sorge der Etikettierung aufkommt. Da steht dann irgendwas drin – „§ 39" – und dann denkt man, ein Leben lang haftet's ihm an.

So etwas gibt es sicherlich auch, ist aber aus unserer Sicht nicht so sehr das Problem. Das heißt, wenn kein Gutachten kommt, dann ist das für uns im Grunde genommen kein Unterschied, als wenn eins kommt. So daß man eher sagen kann, sie sind in der Überzahl der Fälle überflüssig, was jetzt unmittelbar die Handlungsweise betrifft. Sie sind indirekt oftmals nützlich, weil sie einem beim Hypothesenbilden behilflich sein können und sozusagen, na ja, Futter für die eigene Denkarbeit liefern können. Auch mit dem Ergebnis, daß man sagt, das ist Blödsinn, das brauchen wir wirklich nicht, das Gutachten. Oder es stehen Dinge drin, daß man sagt, aha, da müssen wir doch ein bißchen näher schauen! Es kann Denkanstöße geben. Da kann es nützlich sein.

Also kann ich nicht über Gutachtenmacherei als solche auf allgemeingesellschaftlicher Stufe jetzt mich äußern; jetzt nur aus meiner Sicht, weil ich einen gesellschaftlichen Auftrag bei diesem Jugendlichen erfüllen soll, würde ich eher sagen, eher nützt es dazu nichts. Es ist eher entbehrlich. Der wirkliche Prozeß kann erst das zeigen, was los ist. Okay, ich will mich nicht ignorant äußern. Die Einschätzung der Bedeutung der frühkindlichen Entwicklung für irgendwelche konkreten Situationen, für das, was jetzt hier konkret zehn Jahre später abläuft, die ist sehr schwierig zu leisten. Gott im Himmel, die spielt sicherlich oftmals eine Rolle. Aber oftmals scheint es auch nicht so, ich bin da also nicht so sehr sicher. Ich will da nicht diesen uralten Schulenstreit hier rekapitulieren, wie die Analytiker den Verhaltenstherapeuten etwas vorwerfen und umgekehrt. Aber ich könnte jetzt noch andere Gutachten zitieren, wo ähnliche Empfehlungen drin stehen, die also so global sind und so allgemein, daß sie auch im Grunde unterbleiben könnten. Das nützt uns nicht so sehr viel.

m.g: Es steht in dem zitierten Gutachten noch der Hinweis: „Wir halten sie dem Personenkreis des § 39 für zugehörig". Welche Konsequenzen hat das?

H.E.: Das hat die Konsequenz, daß es zumindest keine Probleme mit der Finanzierung gibt. Es stellt sich für einen Sozialarbeiter nicht das Problem, mühsam für die Zahlung kämpfen zu müssen – möglicherweise bei einem Amtsleiter entgegen den Empfehlungen, nicht mehr so viele heilpädagogische Unterbringungen aus Kostengründen zu machen. Das hat er dann leichter, dann kann er „§ 39" nehmen, die Person muß in ein heilpädagogisches Heim. Das ist dann eine Erleichterung.

m.g: Wird die Unterbringung hier dann aus diesem Topf bezahlt?

H.E.: Nein, das gilt als normale Heimunterbringung vom Jugendamt, die ersetzt im Normalfall die Therapie. Es gibt aber sehr wohl die Möglichkeit, noch eine Zusatztherapie außer Haus damit zu begründen. (Das kann man aufgrund dieses Paragraphen dann auch noch installieren, wenn wir das für richtig halten.)

m.g: Abschließend möchte ich Sie bitten, ein Ihnen optimal erscheinendes Zukunftsmodell für die inhaltliche und organisatorische Bewältigung der angeschnittenen Probleme zu entwerfen! Meine Stichworte: „Neuordnung der sozialen Dienste, Jugendhilfestationen, Prozeßdiagnostik"...

H.E.: Ich habe eine gewisse Abwehr an dem Punkt, wo ich sozusagen mir Gedanken machen soll oder mir machen muß über die Methoden, über die Verfeinerung des Methodenarsenals gegenüber Problemen, die gesellschaftlich mit einer gewissen Systematik erzeugt werden. Durch zunehmende sehr klar definierte soziale Mängelzustände wie zum Beispiel Verschlechterung der Schulausbildung, und, ... keine Zukunftsaussichten, oder daß ein 14, 15, 16jähriger wenig Möglichkeiten hat, in sozial anerkannter Weise etwas nützliches zu tun, schon als Schüler nicht. Diese Möglichkeiten, die werden verschlechtert durch angebliche wirtschaftliche und politische Sachzwänge oder gesellschaftliche Probleme, die der Einzelne weder durchschaut noch beeinflussen kann. Und wir überlegen jetzt, wie wir die Methoden dahingehend verfeinern, um die Auswirkungen all dessen immer kompetenter bekämpfen zu können. Das müssen wir zwar tun, weil wir das große Ganze nicht aus dem Stand heraus verbessern können.

Nur habe ich da – wie gesagt – den „Hauptwiderspruch" drin, so, daß ich auch eine Hemmung habe, jetzt etwa durch „Neuordnung sozialer Dienste" oder ähnliche Überlegungen die Optimierung der Antwortmaßnahmen relativ selbständig und primär zu betreiben. Das ist ein Grundproblem für mich. Auf dieser Ebene. Obwohl man es dann tun muß, weil man die Betroffenen nicht im Stich lassen kann und weil wir dafür bezahlt werden. Wo also ein Stück Arbeitsethos möglich ist, schafft man es dann, unter schlechten Bedingungen dennoch das Beste zu versuchen. Grundsätzlich denke ich, müßte man sich Gedanken machen über ein Früherkennungssystem, Frühwarnsystem. Das wird ja wohl auch ansatzweise gemacht. Wo also man sich vielleicht überlegen muß, wie z.B. eine Anzahl von Lehrern qualifizierter werden in der Früherkennung von Problemen, die zu Hause irgendwo laufen. Dem Kind anmerken, wenn etwas nicht stimmt. Nicht erst wenn es blutüberströmt in den Unterricht kommt oder so etwas. Das müssen nicht nur Lehrer sein. Das kann wer auch immer sein, vielleicht auch der Pfarrer. Ist wurscht, jedenfalls die Sinnesschärfung, die Wahrnehmungsschärfe, und dann auch Formen der Kommunikation zu entwickeln, die im Vorfeld von einer Fremdunterbringung da vielleicht etwas in Gang bringen können. Es gibt auch Familien, wo so etwas nicht möglich ist, aber alles, was im Sinne „Frühwarnsystem" und Prophylaxe ist, das ist auf jeden Fall gut und richtig. Ich will mich jetzt nicht aufschwingen zu Detailvorschlägen, die habe ich jetzt auch nicht parat, aber da zu schauen, finde ich richtig.

m.g: Besten Dank fürs eindrucksvolle Gespräch, wirklich!

Anstelle eines Nachworts

Das Wilmersdorfer kooperative Modell „Empfohlene Verfahrensregelung"

Ineffektive Mehrfachbetreuungen oder kollegenzentrierte Zuständigkeitsgerangel könnten durch eine beherzte Neuorganisation der oft neidisch nebeneinander wirkenden Dienste deutlich reduziert werden. Eine jugendgemäße Möglichkeit wurde im vorangegangenen Abschnitt ausgedacht und vorgestellt. Daß auch ein anderer Weg denk- und machbar ist, zeigt das *Wilmersdorfer kooperative Modell „Empfohlene Verfahrensregelung"*, eine umfängliche Dokumentensammlung. Sie ist offenkundig Ausdruck der Fähigkeit der deutschen Bürokratie, notfalls durch Strukturierung, Systematisierung und Formularformulierung ein quälendes Problem anzugreifen. Ich halte sowohl den Versuch, einen immanenten Konsens zu finden, als auch den nun beschlossenen Weg der Wilmersdorfer für einen Fortschritt. Die Verfahrensregelung war fällig, weil immer wieder unterschiedliche Auffassungen über folgende Fragen den Prozeß der Integration psychosozialer Hilfen bremsten:

- Wer führt verantwortlich die Feder, bestimmt die Schritte, koordiniert die Anträge?
- Müssen z. B. Schüler grundsätzlich (auch) zum Schulpsychologen?
- Wie steht es mit dem Datenschutz, wenn ärztliche Gutachten an den für Eingliederungshilfe zuständigen Sozialarbeiter der Behindertenfürsorge weitergereicht werden sollen?
- Wer bekommt die Behandlungspläne?
- Wer entscheidet im Fall ungelöster Differenzen?
- Welche Eingriffsmöglichkeiten sollen dem Amt für wirtschaftliche Hilfen (Kostenstelle) zugestanden werden?

Nach mehrjährigen Mühen konnte der Wilmersdorfer Weg erprobt und verabschiedet werden. Die Fülle an Vordrucken und die gelegentlich wie eine Karikatur ihrer selbst wirkenden Hinweise für den Umgang mit Formularen dürfen nicht darüber hinwegtäuschen, daß es heute mit diesen Instrumenten tatsächlich schneller geht. Und das Beispiel macht Schule. Auch überbezirklich wird an entsprechenden Ausführungsvorschriften gearbeitet. Ein 20-seitiges Rundschreiben mit dem Titel „Psychotherapie als Maßnahme der Eingliederungshilfe für Behinderte nach dem BSHG" wurde in einer Arbeitsgruppe der Senatsgesundheitsverwaltung in Zusammenarbeit mit Vertretern der Senatsjugendverwaltung, der Senatsschulverwaltung und der Senatssozialverwaltung entwickelt. Im neuen Vorschlag für die Berliner Bezirke befinden sich zum Glück wesentlich weniger Vordrucke ... *(Wilmersdorfer Modell, Adresenliste, Hinweise u. Tipps werden 2018 nicht erneut abgedruckt, weil inzwischen größtenteils irrelevant)*

Literatur

ASPERGER, H.: Heilpädagogik, Wien 1968.
BAUMHOFF, D. / H. DEPIL: Zukunft mit beschränkter Haftung, Frankfurt 1986.
BELSCHNER, W. u. a.: Verhaltenstherapie in Erziehung und Unterricht, Stuttgart 1973.
BERGER, H.: Untersuchungsmethode und soziale Wirklichkeit, Frankfurt 1980.
BERGER, H. und TH. LUCKMANN: Die gesellschaftliche Konstruktion der Wirklichkeit, Frankfurt 1970.
BLANDOW, J., FALTERMEIER, J. und P. WIDEMANN: Fremdplazierung und präventive Jugendhilfe, Eigenverlag Deutscher Verein für öffentliche und private Fürsorge 1978.
BONHOEFFER, M. und P. WIDEMANN: Kinder in Ersatzfamilien, Stuttgart 1974.
BONß, W., VON KARDORFF, E. und B. RIEDMÜLLER: Modernisierung statt Reform, Frankfurt 1985.
BRUDER-BEZZEL, A. u. K. J. BRUDER: Jugend. Psychologie einer Kultur, München 1984.
BUCKERT, F. u. D. SCHWALD: Teilstationäre Gruppen als ergänzende therapeutische Maßnahme in der Heimerziehung, in: Blätter d. Wohlfahrtspflege, 10/1976, S. 248 - 251.
BÜRLI, A. (Hrsg.): Sonderpädagogische Theoriebildung, Luzern 1977.
COBUS-SCHWERDTNER, I.: Von der Jugendhilfe in die Psychiatrie, München 1984.
COHRS, H.W.: Diagnose-Gesamtplan, in: Neue Schriftenreihe der AFET, 29/1979,
COLLA, H. E.: Zum Verhältnis von Pädagogik und Therapie in der Heimerziehung, Referat: IGFH-Jahrestagung 11/1979 Augsburg.
CRAMER, M.: Psychosoziale Arbeit, Stuttgart 1982.
DGSP (Hrsg.): Soziale und psychische Not bei Kindern und Jugendlichen, Loccum 1981.
Diagnosenschlüssel und Glossar psychiatrischer Krankheiten, Berlin 1980
Die Medizin in Berlin (West) 1985/86, Berlin 1985.
DÖRNER, K. und U. PLOG: Irren ist menschlich, Wunstorf 1978.
EMMINGHAUS, W. B. u. a.: Zusammenarbeit von Psychologen und Erziehern im Heim, in: Sozialpädagogik, 19/1977, S. 106 - 113.
ERDHEIM, M.: Adoleszenz zwischen Familie und Kultur, in: psychosozial 17, 6/1983, S. 104 - 116.
EYFERTH, H. u. a. (Hrsg.): Handbuch zur Sozialarbeit/Sozialpädagogik, Neuwied 1984.
Familien- und Erziehungsberatung, Themenheft: Neuer Rundbrief H.2/3, 1981
FREUD, A.: Das Ich und die Abwehrmechanismen, Kindler, München o.J.

FUCHS, W.: Jugend als Lebenslaufphase, in: Jugendliche und Erwachsene 85, (SHELL) Leverkusen 1985.
GOLTSCHE, B. u.a.: Trennung von Therapie und Erziehung; unveröff. o.O., 1977
GÜNTHER, M.: Disziplinierte Schüler durch Verhaltensmodifikation? in: Demokratische Erziehung, 3/1977, und in: ULICH, K. (Hrsg.): Wenn Schüler stören, München 1980, und in: MOLL-STROBEL, H. (Hrsg.): Die Problematik der Disziplinschwierigkeiten im Unterricht, Darmstadt 1983.
DERS.: Alternative Konzepte für „nichtbeschulbare" und delinquente Jugendliche in den USA, in Sozialpädagogik 23, 1981, S. 179-188.
DERS.: Psychosoziale Auswirkungen von Jugendarbeitslosigkeit auf Jugendliche, in: Jugend Beruf Gesellschaft Heft 4, 1981 und in: Jugendarbeitslosigkeit, Bundesarbeitsgemeinschaft Jugendaufbauwerk, Bonn 1982.
GUISCHARD, W.: Organisationsstruktur oder zwischenmenschliche Beziehungen? Zur Zusammenarbeit psychologischer Dienste, in: Neuer Rundbrief, H. 2/3 1980, S. 46 - 54.
HAASE-SCHUR, I.: Realisierungschancen von Neuorganisationen sozialer Dienste, in: „Sozialarbeit als Sozialbürokratie" Neue Praxis, Sonderheft 5/1980,
HELLMANN, L: Probleme der Psychotherapie in der Pubertät und Adoleszenz, in: 3. Arbeitstagung der Wiener Child Guidance Clinic: Probleme der Adoleszenz 1984, Wien 1986.
HOGH, H.: Möglichkeiten und Grenzen der Psychotherapie mit Jugendlichen, Dissertation, FU Berlin 1983.
HOLZKAMP, K.: Jugend ohne Orientierung, in: Forum Kritische Psychologie, H 6/1980
DERS.: We don't need no education, in: Forum Kritische Psychologie, Heft 11/1983,
HOMME, L. u. a.: Verhaltensmodifikation in der Schulklasse, Weinheim 1974.
JANTZEN, W.: Erkenntnis und Mystifikation der Realität, in: JANTZEN, W.: Behindertenpädagogik ..., Köln 1978.
DERS.: Grundriß einer allgemeinen Psychopathologie und Psychotherapie, Köln 1979.
Jugendberatung, Ein Handbuch für die Praxis (Autorengruppe), Berlin 1985.
Jugendhilfe in Berlin, Ergänzbare Sammlung der Rechts- und Verwaltungsvorschriften, Neuwied 1978 ff.
Jugendliche und Erwachsene 85 (SHELL-Studie), Leverkusen 1985.
KAPPELER, M. u. a.: Psychologische Therapie und politisches Handeln, Frankfurt 1977.
KEUPP, H. und M. ZAUMSEIL: Die gesellschaftliche Organisation psychischen Leidens, Frankfurt 1978.
KLAUß, T.: Psychologen im Heim, in: Sozialpädagogik 28/1986, S. 77-83.

KLEIBER, D.: Krankheitsmodelle und psychosoziale Praxis, in: Feldhage, F. J. und M. HOCKEL (Hrsg.): Handbuch der angewandten Psychologie, München 1981.
KORNMANN, R. u. a. (Hrsg.): Förderungsdiagnostik, Heidelberg 1983.
in: LEBER, A. (Hrsg.): Heilpädagogik, Darmstadt 1980.
LEMPP, R.: Erziehungshilfen im Grenzbereich, in: Neue Praxis, H. 3/1983
DERS.: Verhaltensstörungen, in: EYFERTH, H. u. a.: Handbuch zur Sozialarbeit/ Sozialpädagogik, Darmstadt 1984.
LESSING, H. und M. LIEBEL: Jugend in der Klassengesellschaft, München 1975.
LESSING, H. u. a.: Selbsthilfe oder Kontrolle, in: Neue Praxis 15/1985
LÖWISCH, D.J.: Erziehungsphilosophische Grundlegung der Heilpädagogik, 1968.
MEHRINGER, A.: Eine kleine Heilpädagogik, in: Unsere Jugend, H. 4, 27/1975.
MERCHEL, J.: Heimerziehung als „stationäre Einrichtung"?, in: Sozialpädagogik, 28/1986, S. 110-115.
MOLL-STROBEL, H. (Hrsg.): Die Problematik der Disziplinschwierigkeiten im Unterricht, Darmstadt 1983.
MONTALTA, E.: Institut für Heilpädagogik Luzern, in: Vierteljahresschrift für Heilpädagogik, 49/1980
MÜNSTERMANN, K.: Thesen zur Zukunftsperspektive und zur Differenzierung der Heimerziehung, in: Sozialpädagogik 28/1986, S. 106 - 109.
MUSS, B.: Gestörte Sozialisation. Psychoanalytische Grundlagen therapeutischer Heimerziehung, München 1975.
NESTMANN, F. und H. SCHWEITZER: Da muß Tünche drüber, in: Sozialmagazin H. 7, 2/1977, S. 50 - 55.
NISSEN, G.: Psychische Störungen im Kindes- und Jugendalter, Berlin 1986.
NASKE, R. (Hrsg.): Probleme der Adoleszenz, Wien 1986.
RAUCHFLEISCH, U.: Klinisch-psychologische Diagnostik: Zum Nutzen oder Schaden des Klienten?, in: Zeitschrift für personenzentrierte Psychotherapie 4/1985
RESE, D.: Zwei Fallbeispiele, in: Beiträge zur analytischen Kinder- und Jugendlichenpsychotherapie 21, 1976.
RÖTTGERS, E.: Überlegungen zu einer Stadtteilorientierung in der Jugendarbeit, in: Neuer Rundbrief, H. 2/3 1981.
SCHAEFER, C.E. und H.L. MILLMANN: Kompendium der Psychotherapie in Kindheit und Pubertät, Frankfurt 1984.
SCHÄFERS, B.: Soziologie des Jugendalters, Opladen 1982
SCHERPNER, M.: Erziehungshilfen im Verbund. Perspektiven der Reformdiskussion, in: Neue Schriftenreihe der AFET, H. 29/1979
SCHMIDEBERG, M.: Zur Psychoanalyse asozialer Kinder und Jugendlicher, 1932, in: Antiautoritäre Erziehung III, Underground Press, Berlin 1968.

SCHRAG, P. und D. DIVOKY: The Myth of The Hyperactive Child, New York 1979.
Sozialarbeit als Sozialbürokratie, Neue Praxis, Sonderheft 5, 1980.
SPÄTH, K. u. H. SCHWEITZER: Geld und Seele. Therapien im Kinderheim, in: Sozialmagazin, H. 7, 2/1977, S. 44-50.
SPÄTH, K.: Zur Rolle und Funktion von Spezialisten in der Heimerziehung, Referat IGFH-Jahrestagung 11/1979, Augsburg.
DERS.: „Indikation" in der Jugendhilfe – ein Begriff, der in die Irre führt, in: Unsere Jugend 37/1985, S. 231-235.
SPIEL, W.: Aktuelle Probleme der Neuropsychiatrie des Kindes- und Jugendalters, in: Wiener Medizinische Wochenschrift, Supplement Nr. 34, o.O., o.J.
DERS: Zur Problematik eines Diagnoseschemas psychogener Prozesse, in: Wiener klinische Wochenschrift, 93(16)/1981.
ULICH, K. (Hrsg.): Wenn Schüler stören, München 1980.
WURR, R. u. a.: Kriterienwandel bei der Heimeinweisung, in: Neue Praxis, 14/1984.

Erschienen im Verlag AJB, Berlin 1987

II   Aufsätze

Text 4

Diszipinierte Schüler durch Verhaltensmodifikation?

Wachsende Probleme mit verhaltensauffälligen Schülern

Welcher Lehrer hat noch nicht über abweichendes Schülerverhalten geklagt? Ob im Primar- oder Sekundarbereich, heute wird allerorten ähnlich die Frage unangemessener Aktionen und Reaktionen von Kindern und Jugendlichen während der schulischen Ausbildung diskutiert. Besonders stark fällt unbestritten das Disziplinproblem bei Hauptschülern auf. Zahlreiche Lehrerkollegen und noch zahlreicher die jungen Kolleginnen – berichten mit wachsender Resignation über Situationen, in denen Unterricht durch Schülerverhalten verunmöglicht wird; und das im Anschluß an eine pädagogische Ausbildung, die in der Regel unabhängig von den realen Schulproblemen an idealisierten Motivations- und Emanzipationskonzepten orientiert ist.

Der „Praxisschock" zwingt den Lehrer zur raschen Umorientierung. Im schlimmsten Fall wird er nun wieder gern die altbewährten Methoden seiner erfahrenen Kollegen aufgreifen, Methoden, die z. T. etwas verhindern, nicht aber ändern. Ist der junge Pädagoge der zeitlichen und psychischen Belastung einigermaßen gewachsen, so kann die Auseinandersetzung um Schüler-Lehrerinteraktion noch bewußt und reflektiert erfolgen, d. h. er versucht nunmehr auf der Grundlage unmittelbarer Erfahrung sich adäquate Strategien zur Bewältigung der Störungen, zur Realisierung von Unterricht anzueignen.

Eliminiert werden müssen – das fällt dem vormaligen Gegner von Pragmatismus und Theorielosigkeit wie Schuppen von den Augen – der permanente, durch einzelne oder viele hervorgerufene Lärm im Klassenraum und die allgemeine, meistenteils mit Lärm verbundene Hyperaktivität der Schüler. Die Liste unerwünschter Verhaltensweisen ist nahezu unendlich lang: ungeduldiges Verhalten, maulen, quengeln, die Mitschüler stören und behindern; „unangebrachtes" Lachen, verspotten, nachäffen; Unaufmerksamkeit, provokatives „Schlafen", dösen; Beschäftigung mit unterrichtsfremden Dingen, z. B. lesen von Comics, malen, Ablenken anderer, nicht zuhören, schwatzen, dazwischenreden; in die Klasse brüllen, singen ohne dazu aufgefordert zu sein, unsachliche Äußerungen aller Art; Drohungen, tätliches Angreifen und Racheakte gegenüber Lehrer und Mitschüler; sich isolieren, alles allein machen wollen; sich nicht an Absprachen halten; bloßes Kopieren der Arbeitsergebnisse anderer; den Arbeitsplatz verlassen oder besteigen usw., usw. sind nur einige weithin bekannte, erscheinungsmäßig erfaßte Probleme im Unterricht. (Unbestritten ist natürlich, daß einige dieser Aktivitäten unter besonderen Umständen angemessen sein können. Unterrichtsbezogene Kommunikation ist erwünscht, Spontaneität darf nicht ausgeschlossen werden!)

Im Schulalltag aber strapaziert all dies die Nerven, genauer gesagt: die lauten, hyperaktiven Auffälligkeiten tun dies. Tatsächlich bemerken Pädagogen wie Psychologen bei Gelegenheit selbstkritisch, daß sie rein passives Verhalten tolerieren, ja gutheißen, „um der lieben Ruhe willen"[1].

Die Rettung in der Not: Techniken des Lehrerverhaltens

Nicht immer konnte man in der pädagogischen Diskussion ‚Techniken' zur Debatte stellen, ohne durchweg böse Blicke auf sich zu ziehen. Nachdem jahrzehntelang der erzieherische Erfolg fast ausschließlich als Funktion des Zauberworts ‚Lehrerpersönlichkeit' begriffen wurde, faßten gegen Ende der sechziger Jahre als Ausfluß der antiautoritären Studentenbewegung die psychodynamischen Ansätze mehr und mehr Fuß. Nach einer kurzen Phase bewußt libertärer Haltung zahlreicher engagierter Pädagogen („laissez-faire", NEILL) folgte die Zeit der mit den Ergebnissen der schichten-spezifischen Sozialisationsforschung bereicherten Psychoanalyse und Gruppendynamik im Erziehungssektor. Einen merklichen Einfluß auf die pädagogische Praxis haben diese Theorien jedoch nur auf die Kinder- und Schülerläden ausgeübt, abgesehen von bestimmten Ansprüchen und der Sprechweise etlicher Lehrer. Die mangelhafte Handhabbarkeit verurteilt ihre Apologeten, isoliert Hochschulwissenschaft zu betreiben. Gleichzeitig formulieren auch einige Praktiker in Massenauflagen ihre gegen das Schulsystem gerichteten kritischen Thesen und bieten erste Alternativansätze an. Ihr Tenor: gegen Manipulation und Anpassung, für Motivation, für einen ‚handelnden Unterricht'[2]. Hier fehlen aber die notwendigen analytischen Kategorien, leider wird auch gelegentlich hinter fortschrittlich getrimmter Sprache eine perspektivlose Karikatur kapitalistischen Schulalltags geliefert. Nicht geleugnet werden soll aber der tatsächlich positive Effekt, den diese schwer auf didaktische Konzepte und Methoden festzulegenden Ansätze erzielten, als sie die Kritik an der klassischen Pädagogik vorantrieben und extrem autoritäre wie auch integrationistische Erziehungsstile samt Sanktionspädagogik des Feldes verwiesen.

Bleiben auf diesem Hintergrund noch alle der modernen US-amerikanischen Psychologie (Neo-Behaviorismus) entlehnten pädagogischen Konsequenzen zunächst weiter tabuisiert, so ändert sich dieses Bild Anfang der siebziger Jahre radikal.

Als anschauliches Beispiel mag das Prüfverfahren an einem Psychologischen Institut dienen: lautete noch 1971 die „richtige" Antwort auf die Frage, welche Auswirkungen die klassischen Lerntheorien auf die Praxis der pädagogischen Psychologie haben, „keine", so beschäftigen sich schon zwei Jahre später zahlreiche Prüflinge hauptsächlich mit Themen, die in irgendeiner Beziehung zur Verhaltenstherapie stehen.

Sicherlich dürfen wir die im Kontext der Gesprächspsychotherapie entstandenen Methoden und Techniken nicht übergehen. Die Untersuchung von Lehrerverhaltensdimensionen, gruppendynamische und Partnerprojekte, Rollenspiel, Verhaltensmuster aus der klientenzentrierten Therapie (schülerzentrierter Unterricht), Interaktionsanalyse usw. sind Schlagwörter, die neben dem entwickelteren Microteaching-Modell noch heute parallel zur Verhaltensmodifikation dem zukünftigen Lehrer als berufsqualifizierende Didaktiken angeboten werden[3].

Inzwischen zeichnet sich der „Sieg" der explizit verhaltenstheoretisch orientierten Psychologie ab – vergißt man einmal die zunehmende Rezeption von sowjetischen und DDR-Autoren auch in Westdeutschland[4]. Allein in den letzten zwei Jahren sind fünf vielbeachtete Monographien und Sammelreferate auf dem deutschsprachigen Markt erschienen, die der Verhaltensmodifikation in Erziehung und Unterricht das Wort reden.[5]

Was ist, was will Verhaltensmodifikation?

Vorweg ein Wort zur Begrifflichkeit: wir setzen der Einfachheit halber die ähnlichen Begriffe ‚Verhaltensmodifikation', ‚Verhaltenstherapie', ‚Behavior Modifikation Techniques' (BMT) synonym und sprechen im weiteren schlicht von ‚BMT'. Natürlich kann in diesem Aufsatz nicht umfassend abgeleitet werden, aus welchem Schoß BMT kommt, welche Lerntheorie(n) sie hervorbrachten, welche Techniken im einzelnen vorgeschlagen werden, welche Erfolge sie zeigen usw. Wie angedeutet gibt es schon ein Zuviel an einführender Literatur. Vielmehr soll hier einerseits die Diskussion unter denen strukturiert werden, die bereits Kontakt zu diesem Ansatz bekommen haben; andererseits wollen wir anregen, daß die im Erziehungsbereich Tätigen sich schnellstens ein Bild machen, um dem drohenden BMT-Boom gewappnet zu sein.

Die Verfechter der BMT haben quasi unter Zugzwang paradigmatische Fälle aufgegriffen, denn gegen die schwammig vorgebrachten Erfolgsquoten der Psychoanalytiker mußten klar definierte Probleme mit eindeutiger Indikation samt verhaltensmäßig und zeitlich vorhergesagter Wirkung ins Feld geführt werden, um dem attraktiven Vorwurf, Rattenpsychologie zu betreiben, einen beeindruckenden Trumpf zu bieten.

Zur Veranschaulichung führen wir zwei solcher Fälle an. Zunächst ein Beispiel für ‚aversive Kontrolle' (d. i. durch Einsatz unangenehmer Reize), realisiert über einen typischen Vertrag im Sinn des ‚contract management'. Die Verabreichung von reinen Strafreizen wird in der Pädagogik heute generell abgelehnt, weil das unerwünschte Verhalten offensichtlich nur unterdrückt wird, wobei Angst und Vermeidungsverhalten (z. B. Schulschwänzen) entstehen kann. Insofern sticht die Polemik gegen Elektroschocktherapie – die zweifelsohne im klinischen Bereich angewandt wird [6] – für unser Problemfeld nicht. Beliebt ist hier hingegen ein besonderer aversiver Stimulus, nämlich der Entzug eines positiven Verstärkers, z. B. durch Ausschluß aus einer als positiv empfundenen Situation.

KEIRSEY [7] berichtet über den Schüler J. C., der „regelmäßig ein Schlachtfeld aus seinem Klassenzimmer machte". Strafen, Ratschläge, Belohnungen, medikamentöse und psychiatrische Interventionen blieben erfolglos. Ein ‚time-out-contract' wird abgeschlossen.[8] Ein solcher Vertrag nennt in der Regel die als unerwünscht ermittelten Verhaltensweisen des Schülers. Die Äußerung einer solchen Reaktion ist fortan verwerflich; verstößt der Vertragspartner Schüler gegen ihn, wird ein bestimmter Mechanismus in Gang gesetzt.

SHIER [9] schlägt vor, daß das Kind mit einem Zettel zum Sekretariat geschickt wird; von dort aus wird die Mutter davon in Kenntnis gesetzt, daß ihr Kind soeben den Heimweg angetreten hat. Wichtig ist, daß vom Verlassen des Klassenraums an nur neutrale Reize dem Betroffenen begegnen, also keine zusätzlichen Strafen durch Lehrer, Eltern oder Rektor erfolgen. (Ist der zuletzt genannte Personenkreis direkt in den Vertrag einbezogen, gewinnt dieses an sich schon „therapeutische" Mittel an Autorität.)

Umgekehrt sind auch positive Erlebnisse auszuschließen: es vermehrten sich die Wutanfälle des Uwe, der nach Ausschluß in den Biologieraum gesteckt wurde. Biologie war sein Lieblingsfach. Ein Putzkämmerchen „schaffte Abhilfe".

Doch zurück zu J. C. Er bleibt am ersten Tag nur fünf Minuten in der Klasse, weil er den Platz verläßt. Am nächsten Tag fällt nach zehn Minuten sein Stuhl um. Schon am neunten Tag kann er den ganzen Tag bleiben. Den Rest des Jahres verbringt J. C. bei seinen Mitschülern, abgesehen von zwei Ausnahmen. Alle mögen ihn plötzlich, er wird zum Klassensprecher gewählt. Als der Vertrag zurückgezogen wird, tritt das chronische schlechte Verhalten schlagartig wieder auf. Man erneuert den Vertrag, er wird ein weiteres Jahr eingehalten und kann schließlich endgültig fortfallen. Bereits 1969 behauptet KEIRSEY, daß diese Methode über 1000mal erfolgreich praktiziert worden sei.

Vielleicht schon bekannter als der systematische Ausschluß sind die Methoden positiver Bekräftigung. Neben der liebevollen Zuwendung, Ermutigung und bestimmten Aktivitätsverstärkern wie vorzeitiges Spielendürfen mokiert man sich gern über materielle und imaginäre Anreize, hauptsächlich über Chips. Zu diesem ‚token' System[11] unser zweiter Fall: der neunjährige Earl äußert fast alle von uns anfangs aufgelisteten überaktiven Verhaltensweisen. Um sie zu eliminieren, fordert PATTERSON[12] ganz allgemein Aufmerksamkeit, negativ definiert über die operationalisierte Reihe unangemessener Aktionen. Für zehn Sekunden unterrichtsbezogenen Verhaltens erhält Earl einen Candy, später einen Penny. Die Verstärker werden von einem Apparat vergeben, der zusätzlich ‚die‌ Belohnung durch Aufleuchten eines Lichts ankündigt. Die Anzahl der unerwünschten Reaktionen läßt schnell signifikant nach. Bei einer ähnlichen Versuchsanordnung (für 30 Sekunden „gutes Tun" ein Token) wird nach 30 Tagen ausgeblendet, am 56. Tag stagniert das unerwünschte Verhalten bei einer minimalen Äußerungsrate. (Interessenten wird empfohlen, die bereits zitierte Fallstudie der westdeutschen Schulpsychologengruppe um WINKLER zu lesen.)

Bevor wir schließlich die Aussagen in den angeführten euphorischen Erfolgsmeldungen hinterfragen, soll eine interessante Komponente von BMT verraten werden. Auf der Suche nach geeigneten Leuten, die die verstärkenden, löschenden oder strafenden Reize setzen, wurde gleich ein neues Konzept, das der „Entprofessionalisierung" geboren. Nicht mehr die Spezialisten, der Schulpsychologe, Erziehungsberater oder allgemein Verhaltenstherapeut über-nimmt die Arbeit mit der Zielperson, sondern der ‚social agent' vor Ort – denn das Herauslösen aus der natürlichen Umwelt, die Konfrontation mit einer feindlichen Hospitalsituation bringt eine wesentliche Störvariable mit ins Spiel. Das vielversprechende Konzept sieht im Idealfall folgende Konstellation vor: der überwachende Psychologe bildet Verhaltensanalytiker aus und überwacht ihre Tätigkeit als Anleiter und Kontrolleure von sog. Mediatoren. Das sind ganz einfach Lehrer und/oder Eltern, Personen, die die Verstärker in der Hand haben, vielleicht auch Geschwister und Freunde.[13] Problematisch an diesen Hilfstherapeuten ist vor allen Dingen ihre Neigung, Erziehungsgewohnheiten beizubehalten, die in direktem Gegensatz zu BMT stehen. Viele Eltern und Lehrer wären in diesem Sinn zunächst selbst zu behandeln.

Ansätze einer BMT-Kritik aus der Sicht demokratischen Erziehungsanspruchs

Nehmen wir die übergreifende, vorläufige Einschätzung der BMT vorweg. Um potentielle Schwarzweißseher nicht länger zu täuschen: der Autor ist nicht der Ansicht, daß beim jetzigen Stand der BMT-Diskussion ein umfassendes, fundiertes materialistisches Urteil über sie gefällt werden kann – geschweige denn die konkrete Alternative klar wäre, die nicht tolerierbares Schülerverhalten unter den gegebenen gesellschaftlichen Verhältnissen reduzieren hilft. Es wird also nicht das Problem „BMT – ja oder nein?" abgehandelt, sondern es folgt der Versuch, an verschiedenen Ebenen ansetzend Probleme zu skizzieren, aber auch ein Veto einzulegen gegen zu kurz greifende Polemik. Diese skeptische Position ist sich bewußt, derzeit sehr kompromißlerisch zu sein, sich zwischen die Stühle zu setzen: dicht an dicht mit den generellen Erzfeinden der Techniken und jenen Demokraten[14], die eine grundsätzlich affirmative Haltung der Verhaltensmodifikationspraxis gegenüber einnehmen.

Um die Diskussion zu provozieren, reißen wir fünf Themen an:
- Frage der *Effizienz der Techniken* und ihrer Anwendbarkeit
- *Behandlungs- und Lernziele*
- *Macht und Herrschaft in der Therapie* bzw. Manipulation und Anpassung
- *Zur Motivationslage der Schüler* im gegebenen Schulsystem
- *Verhaltensursache und Menschenbild.*

In der sachimmanenten Kritik harrt erst einmal die Frage der tatsächlichen *Wirksamkeit* einer Antwort. Wir wollen nicht noch einmal den Streit innerhalb der westlichen Psychologie-Schulen aufrollen. Es steht fest: unter entsprechend gestalteten Versuchsbedingungen oder in empirisch nicht auswertbaren Pilot-Studien zeigen BMT z.T. verblüffende Erfolge. Selbst wenn der übertriebene Jubel wie in den zitierten Fällen als Verpackung beiseite gelegt wird, kann ein signifikanter Einfluß auf das zu ändernde Schülerverhalten belegt werden. Langzeitstudien erübrigen sich, da der Schülerstatus (und Phasen innerhalb dieses Status`) kurzlebig ist. Im übrigen ist die Wirksamkeit von Feedback in Form der Verstärkung allgemein — auch unter Marxisten — unbestritten.

Daß allerdings oft die erfolgreiche Technik in keinem erkennbaren Zusammenhang mit ihrer Hintergrund-(Lern-)Theorie steht, daß es ‚Placebo-Effekte' gibt, sollte ebenso unbestritten sein.

An dieser Stelle müssen wir einhaken. Therapiert wird z. B. mit Attrappen und unspezifischen Indikationen. Man erkennt sie daran, daß sie wirken und keiner weiß warum. Sachverhalte werden beschrieben, nicht aber erklärt. Der gesunde Menschenverstand schafft ähnliches. Die sogenannte Shaping-Technik ist z.B. alles andere als originell. Nähert man sich in Teilschritten dem Endziel, wird auch in der allgemeinen Pädagogik und Didaktik von Übungseffekt, Entwicklungs- und Lernfortschritt, von etappenweisen Prozessen gesprochen. Selbst bei einer typischen BM-Technik streiten sich die Gelehrten um die tatsächlichen Begründungszusammenhänge: Die Klingelmatte, eine Unterlage für Bettnässer, die – wenn feucht – das Kind weckt, wird teils für klassisches, teils für operantes Konditionieren gehalten. Ein Instrument, das seit fast vierzig Jahren durchschnittlich

90% der Behandelten hilft, wird theoretisch divergierend eingeschätzt, aber dennoch einem bestimmten Ansatz einverleibt! Warum sollte eine bestimmte Methode – und ich bin mir sicher, daß die meisten anderen ähnlich auseinandergenommen und strittig diskutiert werden können – nicht eher vereinbar sein mit einer entwickelteren Theorie als mit dem unmenschlichen Verhaltenstheorem? (Die meisten Apparate dieser Art sind tatsächlich „gefahrlos". Eine Symptomsubstitution findet praktisch nicht statt. Wirklich problematisch sind allein – wie bei der Klingelmatte – die hohen Rückfallquoten. Wer aber prinzipiell einen solchen Automaten ablehnt, schadet zahlreichen Betroffenen und macht sich zum psychologischen Maschinenstürmer.)

Schlecht bestellt ist es um die *Anwendbarkeit* von BMT-Verfahren. Allgemein hervorgehoben wird die leichte Erlernbarkeit. Der Ansatz scheint klar und übersichtlich, eine jahrelange Ausbildung mit „großer Analyse" und Medizinstudium erübrigt sich. Doch was tun mit dem Erlernten? Die frappierenden Fallbeispiele lassen vergessen, daß dort hervorragende Vorbereitungsarbeit, ein Team von Fachkräften, kooperationsbereite sensible Eltern – kurz: viel Aufwand und Auswahl – miteingeflossen sind.

Und trotzdem, drückt man ein Auge zu, dann könnte der mutige Pädagoge den nächsten Schritt angehen und die Ziele der Behandlung festlegen. Unter den ehrlichen fortschrittlichen BMT-Vertretern wird gerade an diesem Teilproblem gearbeitet. Unterstellt wird die Möglichkeit der Indienstnahme von „neutralen" Techniken für demokratische Ziele. Für den Schulbereich müßte gefolgert werden, daß BMT zur Durchsetzung positiver Lernziele im sozialaffektiven Bereich zu fördern sind! Die Bestimmung dessen, was positiv ist, könnte von legitimierten Eltern-, Lehrer- und Schülervertretern vorgenommen werden, von der Gewerkschaft und der SMV.

Allein auch diese Perspektive löst vorerst nicht das Problem der Macht in der Psychotherapie, denn sie setzt voraus, daß bereits ein allgemeingültiges Verständnis von Gesellschafts- und Menschenveränderung akzeptiert ist. Macht und Herrschaft über Abhängige zu verteidigen fällt leicht, vor allem, wenn es sich um nicht mündige handelt.

In der Literatur wird oft von guten Erfolgen bei der Anpassung Schwachsinniger an allgemeingültige Normen und Verkehrsformen durch Zuckerstücke oder ähnliche ‚token' berichtet. Übertragen auf durchschnittlich lernfähige, aber sehr auffällige Kinder dürften ‚token' allenfalls kurzfristig sinnvolle Hebel sein, um an Verhaltensänderungsstrategien heranzuführen, die entweder echte kognitive Komponenten aufweisen und/oder auf Selbstregulierung, auf Befähigung zum Auswählen aus alternativen Handlungsmöglichkeiten abzielen. Bewußte Klienten – und dazu zählen in unterschiedlicher Ausprägung alle Kinder –, die z. B. mit Gummibären beschenkt wurden, drehen den Spieß um und bieten dem Therapeuten gleich eine ganze Tüte davon an!

Daß die Kinder scharf auf ‚pennies' sind, darf in unserer Gesellschaft nicht verwundern. Der Trend, Leistungen, selbst soziale Verhaltensweisen nur noch gegen bare Münze zu liefern, sollte von den Pädagogen nicht zusätzlich stimuliert werden.

Die Geldtherapie vermag ohnehin nur, eine zynische Manipulation des Oberflächenverhaltens zu bewirken, denn
1. wird abgeschätzt, ob die gezahlte Summe eine Anpassung wert ist;
2. hält die Verhaltensänderung oft nur so lang vor, wie die Kasse stimmt.

Man könnte das ganze deshalb auch „positive Erpressung" nennen.

Doch machen wir es uns nicht zu leicht! Allein auf diesem Hintergrund die gesamte BMT als Mittel zur Manipulation, zur Anpassung, zur Sicherung von Herrschaft zu verdammen, hieße in ein neues Extrem zu verfallen.

Selbst eingefleischte Behavioristen haben sich glaubwürdig mit dieser Frage auseinandergesetzt.[15] Sie weisen den Vorwurf zurück, weil erstens die Therapie die Domäne des Therapeuten ist (Sachzwang) und zweitens gerade die BMT in so geringem Maß subtil sind, daß Ansätze von vergewaltigender Manipulation erkannt werden. So gibt auch HOLLITSCHER zu bedenken, daß man den Menschen nicht beliebig durch fortschrittsfeindliche Verhaltens-Ingenieure narren und manipulieren kann; dies zu glauben heißt, die Rolle des Bewußtseins zu verkennen.[16]

Damit stehen wir vor der Kernfrage. Welches Menschenbild, welche Persönlichkeitstheorie bieten uns die Technologen, welches können wir entgegenhalten? Nach wie vor treiben die „platten" Behavioristen ihr Unwesen. Es wird behauptet, die Ratte äußere beim Hebeldruck ein ähnlich zu erklärendes Verhalten wie das Kind, das unaufgefordert in die Klasse redet![17] Noch immer gehen SKINNER und CORRELL von der unbegrenzt möglichen Verhaltensformung durch Dressur aus![18]

Wir würden das Thema verfehlen, wenn an dieser Stelle all das nur angerissen würde, was an adäquater Ursachenforschung und an vertretbaren Meinungen über ein entwickeltes Menschenbild vorliegt. Als Stichworte müssen ausreichen der Verweis auf die gesellschaftliche Determiniertheit des Menschen, auf seine aktiv gestaltende und bewußte Auseinandersetzung mit der natürlichen und gesellschaftlichen Umwelt, auf die sozialen Verhaltensweisen, die psychischen und organismischen Prozesse, die ihn prägen. Z. T. rennt man damit schon offene Türen ein, denn die neue BMT-Generation bezieht sehr wohl die Bedeutung der sozialen Umwelt für das Verhalten mit ein, sie bietet eine erweiterte Verhaltensdefinition an.[19] Die so vollzogene Anpassung an die Kritik kann u. E. nicht die notwendige Umkehrung der Analyseschritte ersetzen: Aussagen über den Menschen als gesellschaftliches Wesen dürfen nicht Anhängsel oder Baustein amerikanischer Verhaltenstheorie sein. Vielmehr sind den Untersuchungen über Ursachen und Therapie abweichenden Verhaltens solche grundsätzlichen Bestimmungen vorauszustellen. Die Methode kann doch erst diskutiert werden, wenn ein Begriff von Normalität entwickelt ist, andernfalls bleiben wir zwangsläufig bei mehr oder weniger differenzierter Reiz-Reaktions-Psychologie stehen. Das Übel dieses Ansatzes kennzeichnet SEVE treffend: „Wenn die experimentelle Psychologie nur die eingeebnete Abbildung der Verhaltensweisen einer wohl psychologischen, aber dem Wesen nach gesellschaftlichen Wirklichkeit sieht, verhält sie sich ein wenig wie der Zuschauer eines Schattenspiels, der die Behauptung, die realen Personen der Handlung hätten in Wirklichkeit eine dritte Dimension, die nicht als solche auf dem Schirm erscheinen könne, ins Reich der bloßen philosophischen Spekulation verweisen würde. Leider gibt es gute Gründe für die Ansicht, daß gerade diese dritte Dimension gebraucht wird, um endlich jenseits der Wissenschaft vom Verhalten die Wissenschaft von der menschlichen Persönlichkeit zu fundieren."[20]

Der Lern- und Lebensprozeß als System von Tätigkeiten ist in seinen Grundzügen erforscht, die Bedeutung der Rolle der Arbeit herausgestellt. Erste Ansätze einer konstruktiven Verhaltenstheorie-Kritik aus marxistischer Sicht liegen vor.[21] Zweifelsohne kann von einer Anpassung des Menschen an seine natürliche und soziale Umwelt gesprochen werden, besonders im Sozialisationsprozeß. Doch dieser Mensch begegnet den Verhältnissen in freier, bewußter Tätigkeit. Die Veränderung des Vorgefundenen durch bewußt menschliche Lebenstätigkeit steht in einer Wechselbeziehung zur Abhängigkeit. Echte Neubildung im Lern-prozeß neben simplen Imitationen wären sonst nicht zu erklären.

Schluß

Eine Reihe von Disziplinproblemen haben sich quasi verselbständigt und bewegen sich außerhalb einer „tieferliegenden" Ätiologie. Der Lehrer sollte feststellen, ob ihm solche Interaktionsvariablen unmittelbar zugänglich sind, um dann transparente Techniken zur Kontrolle und Förderung der Interaktion in der Klasse einzusetzen. Dabei denken wir natürlich nicht an die *Chips&Penny-Pädagogik*, sondern raten guten Gewissens zu Methoden, die gar nicht einmal so spezifisch für die Verhaltenstheorie sind: Genutzt werden kön-nen positive Bekräftigung über soziale Verstärker, Lob und Zuwendung bei sozial positivem Schülerverhalten (notfalls auch ihr Entzug), evtl. sozial-materielle Belohnung durch Ausflüge, Besuch von Kindertheater usw. Dies hilft – bei konsequenter Nichtbeachtung von lässigen, nicht bös gemeinten Störaktionen – das Unterrichtsklima zu verbessern. Hat der Lehrer eine bestimmte Art schulischer Unaufmerksamkeit selbstkritisch als begrenztes Unterrichtsproblem begriffen, muß er den Unterricht ändern, die Schüler motivieren, zum Handeln bringen. Wir erinnern uns an die wirksamen Alphabetisierungsmaßnahmen eines PAOLO FREIRE, dessen Erfolge „nur" fußten auf Behandlung von existentiellen Fragen seiner Schüler im Unterricht: typische Situationen werden aufgegriffen, echte Interessen sind die Grundlage entdeckenden Lernens.

Die meisten Ursachen von abweichenden Verhaltensweisen des Schülers wie des Lehrers liegen offenbar in unseren schulischen und Lebensbedingungen. Um diese Verhältnisse und Strukturen zu ändern, werden wir alles andere als BMT empfehlen!

Anmerkungen
1) So weisen WINKLER, H., et al. zu Beginn ihrer Untersuchung über „Verhaltensänderung in der Sonderschule", in: betrifft: erziehung 1/74 darauf hin, daß sehr selten Kinder als verhaltensgestört bezeichnet werden, die auffällig gehemmt und teilnahmslos sind.
2) Vgl. KUHLMANN, H., Klassengemeinschaft, Berlin (West) 1975; WÜNSCHE, K., Die Wirklichkeit des Hauptschülers, Köln 1972; BECK, J., Lernen in der Klassenschule, Reinbek 1974.
3) In der Literatur spiegeln sich diese Ansätze besonders stark in dem Standardwerk „Erziehungspsychologie" von TAUSCH & TAUSCH, Göttingen 1971, und in dem neuen Modebuch „Techniken des Lehrerverhaltens" von GRELL, J., Weinheim 1975, wider.
4) Siehe dazu das Vorwort von HOLZKAMP/SCHURIG in der westdeutschen Ausgabe von LEONTJEW, A. N., „Probleme der Entwicklung des Psychischen", Frankfurt a. M. 1973.
5) Damit sind gemeint: KUHLEN, V., Verhaltenstherapie im Kindesalter, München 1973; BELSCHNER, W. et al. Verhaltenstherapie in Erziehung und Unterricht, Stuttgart 1973; HOMME, L., Verhaltensmodifikation in der Schulklasse, Weinheim 1974; diesen gegenüber nichts Neues bringen AMMER, C. et al., Veränderung von Schülerverhalten, München 1976; ROST, D. H., GRUNOW, P., OECHSLE, Pädagogische Verhaltensmodifikation, Weinheim 1975; schon älter ist FLORIN, I./TUNNER, W., Behandlung kindlicher Verhaltensstörungen, München 1970.
6) Beeindruckend ist die „Autobiographie eines Entkommenen" in: Kursbuch 28, Berlin (West) 1972.
7) Dieser und andere Fälle in KRUMBOLTZ & THORESEN (eds.), Behavioral Counseling Cases and Techniques, New York 1969.
8) Wäre mit ‚Vertrag über die Ausschlußbedingungen' zu übersetzen; synonym: ‚systematic exclusion'.
9) Vgl. auch SHIERs Aufsatz in KRUMBOLTZ & THORESEN (Anm. 7).
10) Ein Fall von SCHULZE, C., in: BELSCHNER, W. et al., (Anm. 5).

11) Ein ‚token' kann alles mögliche sein, meistens handelt es sich um Gutscheine oder Chips. Eine bestimmte Anzahl kann evtl. eingetauscht werden gegen ‚back-ups', kleine Geschenke, Spielzeug oder Süßigkeiten, auch Wandertage.

12) PATTERSON, G. R., veröffentlichte die größte Anzahl von BMT-Fällen in der Schule. Der zitierte stammt aus BERGIN & GARFIELD (eds.), Hand-book of Psychotherapie and Behavior Change, New York 1969.

13) Vgl. THARP, R. G., WETZEL, R. J., Behavior Modifikation in the natural Environment, New York 1969.

14) Gemeint sind u. a. JAEGGI, E. (vgl. ihren Aufsatz in Das Argument 91) und WELLEN, R., der bei seiner „Verhaltenstherapeutischen Behandlung eines mutistischen Kindes" (Demokratische Erziehung 1/76) nur sehr kurz eine ‚Kritik traditioneller Vorgehensweise' anreißt und zahlreiche Fragen unbeantwortet läßt.

15) Vgl. KANFER, F. H., "Issues and Ethics in Behavior Manipulation", in: Psychological Reports 16, 1965.

16) Vgl. sein Buch „Kain oder Prometheus?", Frankfurt a. M. 1972.

17) So bei BLACKWOOD, R. 0., Operant Control of Behavior, Akron 1971.

18) So CORELL, W., in: Lernen und Verhalten, Frankfurt a. M. 1971. S. 13 ff.

19) Vgl. KANFER, F. H., „Verhaltenstherapie: ein neues Theoriegerüst .." in: Psychologie und Praxis 13, 1969.

20) SEVE, L., Marxismus und Theorie der Persönlichkeit, Frankfurt a. M. 1972, S. 438.

21) Hierzu leistet MAIERS, W. einen interessanten Beitrag (vgl. „Normalität und Pathologie des Psychischen" in: Das Argument 91) Das entwicklungspsychologische Grundlagenwerk stellte LEONTJEW, A. N. vor (vgl. Anm. 4). GLEISS, I. (ebenfalls im „Argument 91") konfrontiert den Verhaltensansatz mit dem Tätigkeitskonzept.

Zuerst erschienen in: Demokratische Erziehung Heft 3, 1977. *Wiederabdrucke erfolgten* in: ULICH, K. (Hrsg.) : „Wenn Schüler stören" München 1980 *sowie* in: MOLL-STROBEL, H. (Hrsg.): „Die Problematik der Disziplinschwierigkeiten im Unterricht" Wissenschaftliche Buchgemeinschaft, Darmstadt 1982; *diese gab nachfragebedingt von dem Aufsatz 1983 einen 16-Seiten Sonderdruck heraus.*

Text 5

Alternative Konzepte für ‚nichtbeschulbare' und delinquente Jugendliche in den USA

Koryphäen oder Konzeptionen?

In der Diskussion um Rahmenkonzepte für Jugendhilfeeinrichtungen prallen in der Regel zwei scheinbar nicht vermittelbare Positionen aufeinander. Die eine behauptet, daß die Erarbeitung, das Aufschreiben und Beschließen möglichst konkreter, letztlich operationalisierbarer Arbeitsziele und -inhalte Bedingung und Herzstück sozialpädagogischer Arbeit sei, Ohne Konzept sei weder ein Arbeitsansatz, noch ein kalkulierbarer Erfolg möglich.

Dem widersprechen die eingefleischten Konzeptfeinde (damit sind in diesem Zusammenhang ausschließlich deren engagierte Vertreter gemeint) mit dem Verweis auf die Bedeutung der Persönlichkeit des Einrichtungsleiters und oft mit dem Postulat der notwendigen, ständigen Veränderung der pädagogischen Lebens- und Behandlungsformen.

Wahrscheinlich machen wir uns die Lösung der spannungsgeladenen Debatte unangemessen leicht durch die Kompromißformulierung »Beide haben recht«. Denn offenkundig kann ich nicht einerseits gegen Konzeptionen auftreten, andererseits aber ständig den Gegenstand Sozialpädagogik als (zu entfaltende) Wissenschaft im Munde führen.

Daß Einrichtungen mit plausiblen Leitlinien trotzdem keinen durchschlagenden Erfolg aufweisen können, geschieht nicht selten. In solchen Momenten wünschen wir uns einen der Großen des Gewerbes herbei: produktive, disziplinierte Jugendkollektive schafft nur ein MAKARENKO, was wäre die humanistische Umerziehung in Vitry ohne Mr. FINDER, wo werden Waisenkinder vergleichbar intensiv geachtet und geliebt wie bei J. KORCZAK?

Welchen Sinn hat diese Einleitung, die doch nur eine allgemeine und bekannte Kontroverse reproduziert? – Sie soll vorbeugen, warnen und nachdenklich machen. Sie soll verhindern helfen, daß der Leser umgehend Kopien der beschriebenen US-Modellschulen anfordert und auch verhindern, daß nach getaner Lektüre als Fazit stehenbleibt, daß auch in den USA ein paar herausragende Pädagogen-Persönlichkeiten tätig sind.

In einem Satz: Meines Erachtens liegt der Sinn der Beschreibung mehr oder weniger vorbildlicher Einrichtungen nicht in Übertragungsversuchen und nicht in Autoritätsverehrung, sondern allein in den Impulsen, die dem Praktiker mehr Mut und Perspektive für die eigene Arbeit geben.

Ent-Deckung der Rechte des Kindes

Seit einigen Jahren wächst in den USA eine neue Bewegung, die sich massiv einsetzt für die Erschließung der ungenutzten Kräfte, die in den Kindern und Jugendlichen stecken. Mitten in Manhatten befindet sich ein kleines, in einem Wolkenkratzer verstecktes Büro mit der ungewöhnlichen Bezeichnung »Kommission Mittel für Jugendliche« (NCRY). Die ehrenamtlichen Mitarbeiter erforschen und organisieren Mitwirkungs- und -bestimmungsmöglichkeiten für US-amerikanische Teenies. Erwachsene nehmen sich einer Sache an, die von den Betroffenen nicht in eigener Regie durchgesetzt werden kann. Denn nach wie vor besteht eine faktische Abhängigkeit der Minderjährigen vom guten Willen der »Großen«. Ein Grund für die permanente Entmündigung ist das geringe Vertrauen, besser: das geringe Zutrauen in die Fähigkeiten der jungen Menschen. Der zweite Grund liegt in der Gesetzgebung. Was uns oberflächlich betrachtet als Selbstverständlichkeit erscheint, wird im Erleben der jungen Leute zur Diskriminierung und Entfaltungsbehinderung. Sie dürfen nicht ihr Elternhaus oder den Wohnort verlassen. Sie haben kein Recht auf Sexualität, auf ihren Körper, ihre Gefühle. Autoritäten der Schule, Polizei und Fürsorge bestimmen, ob sie als »unverbesserlich« oder »schwererziehbar« abgestempelt werden. Das NCRY müht sich um Abhilfe. Die Kommission inspiriert systematisch Programme, die Jugendlichen zu Kompetenzen wie Selbstorganisation und Selbstbestimmung verhelfen. Junge Menschen werden ermutigt, ihre Fähigkeiten und Bedürfnisse zu erkunden und auszuleben.

Überall dort, wo es sich anbietet, sollen sie mitwirken und mitentscheiden: in der Schule, im Gemeinwesen, im Rahmen einer noch zu entwickelnden Sozialarbeit von und für Jugendliche. »Jugend-Partizipation« heißt die Losung der Organisation. Sie treibt einen Aktivierungsprozeß voran, indem sie auf diesem Gebiet Erfahrungen sammelt, veröffentlicht und spezielle Trainingsprogramme entwirft. Dazu zählen: »Teenager beraten ihre Altersgenossen«, »Kinder lehren Kinder«, »Jugendliche geben sich Nachhilfeunterricht« und anderes mehr.

Allein 70 verschiedene Beteiligungsideen sind in dem Handbuch »Neue Rollen für Jugendliche in Schule und Gemeinde« vorgestellt. Durch die konsequente Einbeziehung des Nachwuchses in alle wesentlichen Belange des öffentlichen Lebens hofft die NCRY, als Gegenleistung weniger Sorgen mit Drogenmißbrauch, mit Jugendkriminalität und den unnötigen Generationskonflikten zu haben. Was hier durch die maßgebliche Initiative der 75jährigen ehemaligen Richterin MARY KOHLER für Heranwachsende konzipiert wurde, muß analog auch Kindern generell gewährt werden.

Yale-Professor KESSEN diskutiert mit uns über die unumstößliche Wahrheit, daß Amerikaner Kinder lieben. Aber wie? Nur selten gelingt es, Kinder eben dort anzusprechen, wo sie sich ihrer psychischen Entwicklung nach befinden. Kinder werden als »Kleine« geliebt – nicht als Menschen mit zu fördernder Eigeninitiative, mit einem wirklichen Bedürfnis nach Spiel, Arbeit und Lernen. Kinder haben keine Lobby, oder besser: sie hatten keine, denn zur Zeit bewegt sich etwas in diesem Feld. Der Psychologe R. FARSON (La Jolla) hat mit seinem Taschenbuch »Birthrights« einen Bestseller auf den Markt der Literatur für Eltern, Erzieher und Politiker gebracht. In seinen Augen sind Kinder die Hilflosesten aller Unterdrückten. Aufgrund gewachsener Mythen und stereotyper Sichtweisen haben sich Eltern in die Rolle der Patrone befördern lassen. Sie indoktrinieren, dominieren, tyrannisieren und berauben ihre Kinder und sperren sie regelmäßig ein. Sie mißbrauchen ihre Nachkömmlinge, indem sie an einem Schuldgefühl leiden, das mit totaler Verantwortung einhergeht. Farson formuliert alternative Rechte für die Kinder:

- für einen einheitlichen Moralkodex
- für das Recht, nicht bei den Eltern wohnen zu müssen
- für eine spezielle Umweltgestaltung für körperlich kleine Menschen
- für das Recht auf selbstbestimmte Erziehung und Ausbildung
- gegen jede körperliche Züchtigung
- für sexuelle Befreiung
- für das Recht auf wirtschaftliche Macht
- Wahlrecht und schließlich
- für das Recht auf unvoreingenommene Gerechtigkeit in den Gerichtshöfen.

In seinem leidenschaftlichen Plädoyer macht er einen Kindertraum und eine Antipädagogen-Utopie konkret. Er liefert eine fachlich fundierte Antwort auf die Herausforderung der Rochefort, die in ihrem Roman den spontanen Auszug von Kindergruppen aus Schule und Erwachsenenwelt beschreibt und das Bedürfnis auch junger Menschen ausmalt, ein eigenes Leben selbständig aufbauen zu wollen.

Was ist eigentlich abnormal, was hyperaktiv?

Durchaus im Kontext zur Debatte über Kinderrechte steht eine ähnliche Auseinandersetzung in den USA von heute. Mit der provokativen Fragestellung »Drückt abweichendes Verhalten etwa eine Krankheit aus? – Ist Konformität ein Zeichen für Gesundheit?« greifen zwei Journalisten radikal neue Etikettierungsmythen auf.
    Schon gegen Ende der 60er Jahre hatten sich amerikanische Wissenschaftler Anhänger des Neobehaviorismus – gegen den »labeling approach« gewandt.

Damit war ein Ansatz in Verruf geraten, der den auffälligen, den aufgefallenen Kindern zunächst im Sinn des herkömmlichen, medizinisch-diagnostischen Prozesses bestimmte Syndrome anheftete, dann die »Patienten« wie Kranke mit medizinischen Beschwerden behandelte und folgerichtig im Innern, in der Tiefe liegende Ursachen zu beseitigen suchte. Die scharfe Kritik verbannte einen Großteil der diskriminierenden Etikette (vgl. ULLMANN & KRASNER).

Zugleich aber entstanden neue Benennungen. Die Probleme in der Interaktion mit Kindern wurden umdefiniert, die Psychologensprache wurde ein Stück profaner. Plötzlich wiesen unsere Schützlinge »Fehlangepaßtheit« (maladjustment), »störendes Verhalten« (disruptive behavior), »Hyperaktivität« oder zusammenfassend »Verhaltensdefizite« auf.

Die oben zitierten Journalisten kommentieren diesen Prozeß folgendermaßen: »Die Erfindung neuer Syndrome, die Wiederkehr alter und fast vergessener und die Verfügbarkeit über Forschungsgelder aus neuen Bundesprogrammen, von den Arzneimittelherstellern und aus anderen Quellen, produzierten eine Explosion von Studien zur Behandlung der Lernbehinderung, zur Verhaltensmodifikation, Delinquenzverhütung, Hyperkinese und geistiger Entwicklungshemmung und einer großen Zahl anderer Leiden, wirkliche oder fiktive.« (SCHRAG & DIVOKY, S. 31f.) Gegen SKINNER bringen die Autoren vor, daß sein Glaube an die Allmacht der Verstärkerprogramme die Idee vom autonomen Menschen ad acta lege. Aber auch andere neue »Wissenschaften« werden angegriffen – so der Erklärungsversuch, Delinquente hätten neurologisch bedingte Handlungskontrolldefizite oder litten an einer »hyperkinetisch impulsiven Störung«. Das Konstrukt »minimale cerebrale Disfunktion« wird ebenfalls infrage gestellt. SCHRAG & DIVOKY leugnen nicht die Existenz klar nachweisbarer Mängel wie Hör- und Sprachleiden, organische Hirnstörung usw., die natürlich kompensatorische Programme erforderlich machen. Sie wenden sich aber offensiv gegen eine zunehmende Psychologisierung, soziale Kontrolle und insbesondere Medikation bei spezifischen Formen individueller Widerstandsstrategien des Kindes gegen eine unwirtliche Welt.

Da es in der Bundesrepublik den Trend gibt, US-amerikanische Forschungsergebnisse mit einer gewissen zeitlichen Verzögerung zu adaptieren, befinden wir uns noch ein wenig in der euphorischen Stimmung wegen der Entdeckung des Verhaltensparadigmas. Zum Glück werden extrem flache Positionen wie »die Ratte im Labor äußert beim Hebeldruck ein ähnlich zu erklärendes Verhalten wie das Kind, das unaufgefordert in die Klasse redet« nicht mehr verbreitet. Wenn auch die Bedeutung der sozialen und gesellschaftlichen Umwelt für die Herausbildung abweichender Verhaltensweisen allgemein anerkannt ist, so befinden wir uns doch noch weit entfernt von einer positiven Bestimmung von »Normalität«. Meines Erachtens finden wir aber am ehesten dort erfolgreiche Förderungs- und

Umerziehungsprozesse vor, wo ohne Etikettierung Kinder und Jugendliche als bewußte, aktiv ihre Umwelt sich aneignende Menschen ernst genommen werden. Wie unsinnig bestimmte Bezeichnungen für unerwünschtes Verhalten sein können, zeigt am besten der Begriff »unbeschulbar« beziehungsweise »beschulungsunfähig«. Der Verfasser hat einige Jahre an der Konzipierung und Realisierung eines Schulmodells mitgearbeitet, das Jugendliche unterrichten wollte, die aus der Regelschule wegen »Lernbehinderung«, aus der Lernbehindertenschule wegen »extremer Verhaltensauffälligkeiten« entfernt wurden.

Wohin also mit diesen »undankbaren Geschöpfen«? Wenn die Schüler nicht zur Schule gehen, dann lohnt sich vielleicht der umgekehrte Weg. In dem Maße, wie auf die Lebensbedingungen und die Erfahrungswelt der Jugendlichen eingegangen wurde, waren sie ansprechbar in bezug auf Bildungsangebote.

Stempel wie »lernbehindert« hielten einer kritischen Überprüfung zum Beispiel mit alternativen sprachfreien Tests und originellen Explorationsansätzen nicht stand. Es lag also weder an der »Intelligenz« noch an verselbständigter »Hyperaktivität«. Und für Diskussionen über Beruf und Schule waren sie immer noch eher geeignet als Erzieher, Sozialarbeiter und Lehrer, denn aufgrund der Konkurrenz- und Kompetenzstreitigkeiten der Erwachsenen ist das Modell schließlich gescheitert.

Bei ernsthaft organisierten Versuchen von Zusammenarbeit und gleichzeitigem Interesse an sozialpädagogischen Experimenten – die ein wesentlich größeres Engagement erfordern als typische Unterrichts- und Erziehungsansätze – kann die vermutete »Beschulungsunfähigkeit« zahlreicher Aussteiger und Randgruppenangehöriger vollends widerlegt werden. Dies belegt der folgende Bericht aus einer Bostoner Spezialschule.

Es ist für Besucher wirklich nicht leicht, einen Begehungstermin in dieser Einrichtung zu bekommen. Auch vor eingeflogenen Europäern haben die Mitarbeiter keinen Respekt: so wurde die Reisegruppe der Diakonischen Akademie 1979 kurzfristig ausgeladen, weil offenbar wichtigere Dinge anstanden. Mit diesem Bonus gelang dann im Jahr darauf das gemeinsame Gespräch. Drei Gruppenmitgliedern wurden sogar zusätzliche Unterrichtshospitationen ermöglicht, über deren Eindrücke und Ergebnisse hier nicht berichtet werden soll, da über Strukturen, Inhalte und Ziele der Schule in dieser Zeitschrift Aussagen vorliegen. (im nachhinein meinen wir übrigens, daß das Engagement der Lehrer für die Schüler durchaus ihre Abstinenz gegenüber Sozialtouristen rechtfertigt).

Eltern, Sozialarbeiter und Schüler selbst, die sich um einen Platz in der Einrichtung bemühen, tun dies, obwohl und weil die Kandidaten den Stempel »unbeschulbar, delinquent« aufgedrückt bekommen haben. Also hat sich herumgesprochen, daß hier trotzdem etwas läuft. Lehrer sind nicht gleich Lehrer. So nehmen wir wahr, daß auf ein Korsett von Regeln weitgehend verzichtet wird. Hat sich ein Schüler erst einmal anlocken lassen (man vertritt aus der Not heraus das extrinsische Motivierungsmittel »Dollar« fürs Zur-Schule-Kommen), bleibt ihm immer noch reichlich Spielraum. Er muß nicht an den Unterrichtsstunden teilnehmen, er kann später kommen und dafür eher wieder gehen. Die Türen bleiben geöffnet, von den Gängen her dringt eine angenehme kommunikative Unruhe in die Klassenräume. Kippeln, Rauchen und Dazwischenreden sind erlaubt. Geduldig geht die Lehrerin in der Stunde mit dem bezeichnenden Titel »Diskussion« auf jeden Schüler ein, auch wenn er sich später erst zuschaltet. Keine Indoktrination – die jungen Menschen bringen von sich aus Antikriegsgefühle, Probleme der Rechtsentwicklung und des Rassismus auf den Tisch. Die Beteiligten gehen ernsthaft und kritisch aufeinander ein, nicht »didaktisch«. Im Seitengespräch wird deutlich, daß sich die Lehrer viel Mühe damit gegeben haben, das Imponiergehabe der Schüler umzuorientieren. Waren es früher, scharfe Witze, die Körperkraft oder Prahlerei, so sind es heute eher schon Fähigkeiten wie »gut diskutieren können« und »etwas dazugelernt haben«. Das Selbstwertgefühl wird stimuliert (»Du kannst. etwas«), die Schüler werden trotz diverser Defizite ernst genommen und entwickeln somit ein Bedürfnis, zu reifen und zu lernen.

Der Geschichtslehrer vertraut schlicht auf die Inhalte seines Lehrbuchs »The afroamericans in the U.S.A.«. Es ist MARTIN LUTHER KING gewidmet und nimmt die zu über 60% Schwarzen erregt mit. Lesen und inhaltliche Diskussion wechseln sich ab. Der Lehrer gibt zusätzliche Informationen, versucht auch einen schweigsamen Schüler – der nicht lesen kann – ins Gespräch einzubeziehen.

Die Schülervollversammlung zeigt uns einmal mehr, daß auch diesen Berufskollegen die gewaltige Bedeutung der Mit- und Selbstbestimmung von Jugendlichen geläufig ist. Natürlich werden Themen von den Erwachsenen mitvorbereitet und vorgetragen, doch vermissen wir Rechthaberei und Domestizierungsversuche. Allenfalls wird verhindert, daß alle gleichzeitig diskutieren. Leider sind auch hier die Mädchen sehr zurückhaltend. Die Rolle der doppelt Unterdrückten wird bei Randgruppenfrauen deutlicher sichtbar.

Der Rektor – ein junger Schwarzer – gibt keinen Unterricht, sondern konzentriert sich auf ständige Beratung, Anlaufstelle in allen Notsituationen, er vertritt die Jugendlichen vor Gericht und trainiert die Volleyballmannschaft. Das Kollegium stellt sich als eingespieltes, sich ergänzendes Team dar. Wie wir hören, stehen sie ständig zur Verfügung, geben ihre Telefonnummern an die Schüler und sind auch an Weihnachten nicht böse, wenn ein Hilferuf kommt.

Die White School ist nicht theorielos. Ihre Arbeit wird begleitet vom Erziehungsdepartment der Harvard-Universität, die auch für Lehrernachwuchs sorgt. Der Ansatz widerspricht scheinbar diametral dem Mainstreaming-Konzept; unseres Erachtens findet es hier seine Ausnahme: Alternativschule statt beschulungsunfähige Kids auf der Straße!

The Glen Mills Schools

Der Ort ist auf keiner im Handel erhältlichen Landkarte eingezeichnet. Mitarbeiter der »Trailways« haben nie von ihm gehört, auch »Greyhound« und »Amtrack« haben keine Bushaltestelle gleichen Namens. »Irgendwo in der Nähe von Philadelphia« hatte POLSKY uns in einem Nebensatz mitgeteilt, liege eine Einrichtung, die seine Theorie der Jugendkultur in die Praxis umsetze. Ein Anruf bei ihm bringt keine neuen Erkenntnisse: er selbst war im Rahmen der wissenschaftlichen Begleitung auch erst einmal dort. Immerhin bestätigt er die Existenz der Schule. Also auf nach Philadelphia! Eine Telefonverbindung zum Heim kommt erst von dort aus zustande. Es gibt tatsächlich eine S-Bahn-Verbindung – aber heute nicht mehr. Am nächsten Tag fällt der 9-Uhr-Zug aus; um 12 Uhr, nach gut einer Stunde Fahrt, erteilt der Schaffner die überraschende Auskunft, daß wir Glen Mills bereits passiert hätten. Halt nur auf Wunsch. Also schnell raus und zurücktrampen. Tatsächlich gibt es ein Bahnhofsgebäude, es ist allerdings nicht in Betrieb, die Fenster sind mit Brettern vernagelt. *Os mundi?* Ein paar verstreute Häuser, Wald, Wiesen, ein Bach: in dieser Idylle liegt also das 1828 eröffnete, bis 1974 gefürchtete Großheim für Kriminelle – eine geschlossene Einrichtung für 240 rechtmäßig verurteilte Jungen im Alter von 14-17 Jahren.

Plötzlich bemerke ich, daß der Rasen unter meinen Füßen schon zum Gelände gehört, eine Farm mit einigen arbeitenden Jugendlichen wird sichtbar, 200 Meter weiter liegen im großen Oval 10 Wohnhäuser, an den Kopfenden ein Rathaus und eine Kapelle (die, wie ich später erfahre, hauptsächlich für Film- und Diavorführungen genutzt wird). Zäune gibt es nicht, die Türen der Häuser sind nicht verschlossen, Jugendliche liegen auf dem Rasen. In einiger Entfernung ist eine Football-Trainingsgruppe undeutlich zu sehen, aber ganz gut zu hören. Endlich werde ich mit einer US-typischen Form konfrontiert: Empfang, Interview, Begehung werden vom Public-Relations-Manager und Co-Director SAM CONSTANZA gestaltet. »Executive Director« COSIMO D. FERRAINOLA*, der seine Karriere als Hochschulprofessor 1975 aufgab, um hier seine und POLSKYs Ideen in die Tat umzusetzen, macht gerade eine Dienstreise. Es befinden sich nur wenige Jugendliche auf dem Gelände.

Warum laufen die Jungen nicht weg? Ich erinnere mich an die Ausführungen des Richters STRASBURG**. Er glaubt nicht, daß sich Kriminelle freiwillig »behandeln« lassen. Er zitiert eine Studie, die belegt, daß die Rückfallquote dann gering ist, wenn die Maßnahmen besonders drastisch war. Also bietet sich als Konsequenz nur die Einkerkerung der »chronisch Delinquenten« an?

Die Anstrengungen und Erfolge der 100 Glen Mills-Mitarbeiter widerlegen diese traditionelle Herangehensweise, die doch nur Ausdruck der Hilflosigkeit und des Pessimismus etablierter Erwachsener ist. Die Schule setzt auf ihr ganzheitliches Trainingsprogramm, das den Alltag der verurteilten Jungen über gemeinsame Vereinbarungen voll durchstrukturiert. Ein Großteil des Tages wird mit Arbeiten, Lernen und Sporttreiben verbracht. Diese Tätigkeiten fließen ineinander. Die Jungen beteiligen sich an Renovierungsarbeiten und berechnen dabei Flächen und Flüssigkeiten. Sie arbeiten in der Druckerei/Setzerei und sind mit Schriftsprache konfrontiert. Das technische Zeichnen im Spezialsaal ist zweckgerichtet und macht Spaß, möglicherweise ist hier der Entwurf für das neue Restaurant-Zentrum entstanden. (Selbstverpflegung wird nicht angestrebt, meines Erachtens ein Problem wegen geschlechtsspezifischer Rollenzuweisung, die Reinigung der Räume wird aber selbst gemacht). Arbeiten lernen und dabei Spaß haben steht im Mittelpunkt. Schweißen, Drucken, Zimmern, Keramik, Kfz-Reparatur und Landwirtschaft, Mauern, Klempnern und Elektroarbeiten – all das ist unter fachlicher wie pädagogischer Anleitung möglich. Besonders stolz sind die Insassen, wenn sie zum Beispiel Druckaufträge (Visitenkarten, Einladungen usw.) aus der Nachbarschaft erhalten. Wer zusätzlich Kulturtechniken einüben will, kann in Tutor-Kleingruppen Unterricht erhalten. Alle bekannten Sportarten sind beliebt und werden gründlich trainiert. Verschiedene Sportplätze und eine Halle stehen zur ständigen Verfügung, das Schwimmbad ist außerhalb, öffentlich.

»Im ganzen Land bekannt« sind die Battling Bulls – eine überragende Footballmannschaft, die nicht nur wegen ihrer physischen Leistungen einen außergewöhnlichen Stellenwert im Heimbetrieb einnimmt.

Aber die eigentliche Philosophie der Glen Mills-Praxis ist der besondere soziale Gedanke, der sich hinter dem Begriff »Angeleitete Gruppeninteraktion« (Guided Group Interaction, GGI) verbirgt.

Unter professioneller Leitung wird der Gruppendruck als aktives Prinzip zur Entwicklung von reiferem Verhalten und Disziplin genutzt. Die „peer group" arbeitet an den Verhaltensproblemen ihrer Mitglieder. Die Berater betonen deutlich die Einbeziehung ihrer Studenten (Begriff für die Verurteilten) in deren soziale Belange. Ausdruck und Instrument des positiven Normengebäudes der Schule sind die Elitetruppenmitglieder: die *Battling Bulls*. Dieser Club ist identisch mit dem Studentenrat des Hauses. Er ist Promotor für die Entfaltung von mehr Verantwortlichkeit und Persönlichkeitsherausbildung unter den Studenten. Aufgenommen wird, wer in der Lage ist, andere wirksam mit Problemen zu konfrontieren und sich selbst offen konfrontieren zu lassen, wer positives Verhalten vorbildlich zeigt und wer ein aufrichtiges Interesse am Gelingen des Gesamtprogramms demonstriert... GGI findet täglich zweimal explizit statt. Schon vor der Schule, von 9-10, dann wieder abends für eine Stunde mindestens, finden Gruppensitzungen statt; zwölf Jungen sitzen an einem Tisch, ein bis zwei Erzieherberater nehmen teil. Das Verfahren berücksichtigt ständig, daß die peer group, dominiert vom Anführer, in jedem Fall der entscheidende Verhaltensverstärker ist, sei es in Richtung auf Delinquenz, sei es als Druckausübung für positive soziale Werte.

Polskys Diamant

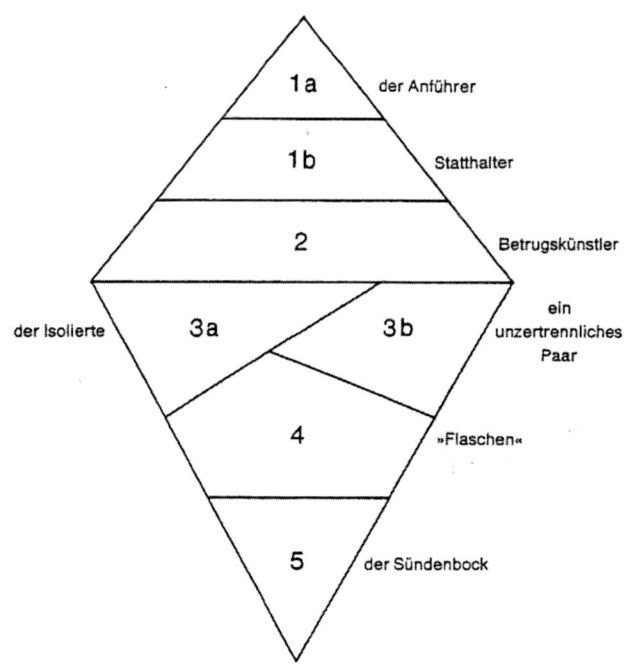

```
        1a     der Anführer
        1b     Statthalter
         2     Betrugskünstler
                         ein
der Isolierte  3a   3b   unzertrennliches
                         Paar
         4     »Flaschen«
         5     der Sündenbock
```

Erläuterungen zur Abbildung POLSKYs Diamant:

Der Diamant versucht, die typische/idealtypische Zusammensetzung einer mittelgroßen männlichen Jugendgruppe beziehungsweise Bande zu veranschaulichen. Zur Gruppe gehören in der Regel:

1a. Ein harter Bursche, der größte, stärkste, gelegentlich auch der kleinste. Manchmal ist er ein ruhiger Anführer; wenn er spricht, hören alle zu; er modelliert das Gruppennormverhalten.

1b. Die rechte Hand des Anführers (gegebenenfalls mehrere), unterstützt ihn sehr – gewöhnlich verbal; macht manchmal die »Dreckarbeit« für den Anführer.

2. Gewöhnlich ein kleiner Junge, der in der Gruppe durch Betrügereien überlebt; er setzt sich ständig über Dinge hinweg, macht Handelsgeschäfte; er hat den Schutz der Mächtigen.

3a. Ein Einsamer; hält sich zurück als Schutz vor Angriffen stärkerer Jungen.

3b. Untergruppe zweier schwacher Jungen (Dyade), die sich gegenseitig unterstützen und beschützen; wenn sie nicht zusammen sein können, gehören sie zu den Isolierten.

4. Schwacher Junge, Angehöriger der Gruppe von Leuten mit niedrigem Status, unsolidarische Streber; kindlich-regressiv; gibt seinen Sitzplatz, seine Zigaretten ab, um in Ruhe gelassen zu werden.

5. Schwächstes Gruppenmitglied; alle hacken auf ihn ein. Der »Neue« muß immer erst durch diesen »Schlauch«, steigt aber schnell zu den »Punks« der Gruppe 4 auf; ein echter Sündenbock kommt nie aus seiner Rolle heraus.

Der Code der Subkultur zwingt ihre Mitglieder zur rigiden Konformität. Ein Einstieg in die Riten, wirksamer Umgang und Vertrauensbasis sind für die Berater nur über intensive Teilnahme am internen Fortbildungsprogramm zugänglich. Zahlreiche Materialien, ein Gruppenleiterhandbuch und das GGI-Konzept sind neben dem Buch »Cottage Six« Pflichtstoff für alle Erzieher, Lehrer und Sozialarbeiter. In den Texten werden insbesondere gruppen-dynamische und jugendsoziologische Erkenntnisse verarbeitet und in einen hauseigenen Ansatz transformiert. »Natürlich« unterziehen sich die Berater einer ständigen, täglichen Supervision.

Die Verbindung von Arbeit Lernen und Wohnen, die Rolle der Disziplin und die Methode, Normen von den Jungen selbst beschließen und kontrollieren zu lassen, weckt Erinnerungen. Kennen Sie MAKARENKO? Der PR-Spezialist verneint. Und ergänzt, daß sie auch FREUD nicht besonders beflügelt; wichtig sei eben POLSKY.

POLSKYs Verdienst liegt in der systematischen Erforschung von Strukturen der spezifischen Jugend- und Bandenkultur (»Youth Culture«). Die Bestimmung von Rollen für die einzelnen Jungen und die Einordnung in das obige Schema dienen ausschließlich der Realitätsabbildung. Die Jungen werden nicht einfach vom Erwachsenen diagnostiziert, sondern Erwachsene versuchen nachzuvollziehen, welche Rollen ihre Schützlinge faktisch untereinander einnehmen. Es wird gesetzt, daß die Hierarchie und die Statusverteilung als solche nicht änderbar/beeinflußbar durch Erzieher ist. Jede Jugendgruppe bildet also spontan diese typische Struktur heraus und lebt sie mit sehr unterschiedlichen Zielvorstellungen aus. Hier setzt POLSKY an: er will seine Kenntnisse über die lebendigen Rollen in der Bande nutzen zur Umerziehung. Wenn also Anführer und Stellvertreter entscheidend sind für Aktionen, Kriminalität, schlaffes Herumhängen oder sportlichen Ehrgeiz, dann konzentriert der Pädagoge sich auf diese Personen, die die Funktion des Hebels zur Beeinflussung der anderen besitzen.

Das soziologische Untersuchungsergebnis wird gruppenpädagogisch genutzt. In den regelmäßigen gruppen(dynamischen) Sitzungen werden die Schlüsselfiguren besonders beachtet. Darüber hinaus will POLSKY aber erreichen, daß die Probleme der Jungen nicht als ausschließlich an soziale Rollen und kulturellen Background gebunden interpretiert werden, sondern sehr wohl auch entwicklungsgeschichtlich, im tiefenpsychologischen Sinn individual-diagnostisch, abgeklopft werden. Werden neurotische Persönlichkeitsstrukturen deutlich, bemühen sich gruppenübergreifend tätige Sozialarbeiter (mit Zusatzausbildung in Psychiatrie) um den Fall, ohne ihn aus seiner peer group herauszunehmen. Ein solches Ineinandergreifen unterschiedlicher Hilfsangebote macht das therapeutische Milieu einer Einrichtung aus. Die wissenschaftliche Begleitung – konkret: Mitarbeiter der Columbia Universität New York – forschen zur Zeit zur Frage »Komplementarität abweichender Peer-Wertsysteme und sozialer Organisation mit individueller Psychopathologie der Jungen«. Dieses Problem ist um so dringender, als eine Differenzierung von Jugendlichen aus der Verwahrlostenszene und delinquenten Jugendlichen aus der (neurotisierten) Mittelschicht in den Einrichtungen des Strafvollzugs und der Jugendhilfe praktisch unmöglich ist. Schließlich zielen POLSKYs Studien nicht auf nur eine Institution ab, sondern gelten als Angebot und Hilfsmittel für alle Häuser, die mit dem spezifischen sozialen System delinquenter Jungen in der Fremdunterbringung zu kämpfen haben.

Im Kontext seiner kritischen Würdigung MAKARENKOs formuliert KUPFER (S. 254): »Eine pädagogische Theorie, die von der Heimerziehung aus auf die Pädagogik insgesamt ausstrahlt und den tiefen Zusammenhang der Erziehung für „Normale" und für Außenseiter klären hilft, ist bisher noch nicht sichtbar.« Das hier ausgebreitete Material modifiziert diese vielleicht absolut nach wie vor korrekte Behauptung. Die Übertragbarkeit der Ansätze Makarenkos liegt insbesondere dort, wo er sozialpsychologische Gesetzmäßigkeiten des Zusammenlebens von jungen Menschen aufgedeckt hat. Seine Methodik der Kollektiverziehung geht davon aus, daß die Gruppe der soziale Ort der Kooperation ist, in der durch gemeinsame Aufgaben- und Zielstellung sowie gemeinsame Tätigkeit (Praxis) die einzelnen Mitglieder kommunikativ handeln. Beim Versuch der gemeinsamen Ausrichtung stößt die Gruppe auf die Werte und Normen der jeweiligen Gesellschaftsordnung. Als weitgehend gesellschaftsunabhängig kann die Gruppenstruktur angesehen werden – vergleiche etwa die soziale Position und Stufung bis zum »Kommandeur« bei MAKARENKO mit der Hierarchie in Form eines Diamanten (Spitze: »Leader«) bei POLSKY. In Bøgholt bei Arhus ist es dem MANNSCHATZ-Schüler RASMUSSEN gelungen, wesentliche Teile der Kollektiverziehungsidee auf dänische Heimverhältnisse zu übertragen. Die Produktion dort – ähnlich wie in Glen Mills – entspringt einem allgemeinen pädagogischen Menschenbild. Der feine Unterschied zwischen den Einrichtungen in der westlichen Welt und denen in der Sowjetunion liegt nur im Arbeitszweck: während hier die Produktion entweder für den persönlichen Bedarf oder für bekannte Auftraggeber organisiert wird, nimmt sie in der Sowjetunion industrielle Form an!

Wenn auch die Ziele bei der Normierung von Einstellungen und Persönlichkeitseigenschaften kaum vergleichbar sind, besticht doch die Ähnlichkeit der Herangehensweise. Weder die Mitarbeiter der WHITE-School, noch POLSKY oder MAKARENKO würden etwa wie SKINNER behaupten, daß die Erziehung als äußerliche Instanz in der Lage ist/sein soll, menschliche Qualitäten herauszubilden... Entscheidend für sie ist vielmehr die Art und Weise der Normenfindung und Vermittlung, das heißt, die Form der Einbeziehung und Beteiligung der Betroffenen an der Planung ihrer Lebensverhältnisse.

Diesen Aspekt betont, wie wir sahen, auch der exponierte Kinderrechtskämpfer FARSON, indem er Rechte auf Selbsterziehung und politische Macht auch für Kinder fordert!

Gehen wir einmal davon aus, daß es uns den Angehörigen des großen Heeres sozialpädagogischer Praktiker – nicht gelingen wird, in den Kreis der Koryphäen zu gelangen. Dann bietet sich doch die bescheidene Alternative an, Teile der vorgestellten Modelle und Ideen den eigenen, konkreten Arbeitsverhältnissen angepaßt zu übertragen und das implizierte Menschenbild aktiv zu leben.

Anmerkungen

1. FARSON, R.: Birthrights. Penguin, New York 1978.
2. GÜNTHER, M.: Disziplinierte Schüler durch Verhaltensmodifikation? In: Demokratische Erziehung 3/1977.
3. KORCZAK, J.: Wie man ein Kind liebt. Göttingen 1974.
4. KUPFFER, H.: Die Pädagogik A. S. Makarenkos; in: Sozialpädagogik 4/5 1975.
5. MAKARENKO, A, S.: Eine Auswahl. deb, Berlin(West) 1974.
6. POLSKY, H. W.: Cottage Six. Krieger, New York 1977.
7. RASMUSSEN, H.: Socialpaedagogik. Munksgaard, Kopenhagen 1974.
8. ROCHEFORT, C.: Zum Glück gehts dem Sommer entgegen. Frankfurt 1980.
9. SCHRAG, P./DIVOKY, D.: The Myth of the Hyperactive Child. Laurel, New York 1975.
10. STRASBURG, P. A.: Geschlossene Unterbringung von gewalttätigen Jugendlichen?, in: Sozialpädagogik 2/1980.
11. ULIMANN, L. P., KRASNER, L.: A psychological approach to abnormal behavior. E. Cliffs, New Jersey 1969.
12. VERFASSERGRUPPE: Die Arbeit mit jugendlichen Verhaltensgestörten; Das Heim in Vitry; Le photodrame, in: Sozialpädagogik 3/79.

* Im Text von 1981 hatte ich diese Namen noch verwechselt
** Leiter Jugendhilfe, beim Besuch am 24.07.1980 in seinem New Yorker Büro

Erschienen in: Sozialpädagogik 23. Jg., 1981

Text 6

Freiwilliges Helfen als Lebensprinzip

Beobachtungen bei freiwilligen sozialen Diensten in USA und Kanada

Besonders auffällig typisch für die von uns besuchten Sozial- und Jugendhilfeeinrichtungen in der Provinz Quebec/Kanada und Neu England/USA waren Art und Ausmaß der Einbeziehung unbezahlter Helfer in die praktische Arbeit.

Oft hatten wir sogar den Eindruck, daß ohne ihre Hilfe Angebote dieser Art nicht hätten verwirklicht werden können. Dies beeindruckte uns gerade deshalb, weil wir bei uns zu Hause nach erreichtem Höhepunkt des »Psychobooms« beginnen, die zunehmende Professionalisierung der Kinder- und Jugendfürsorge in Frage zu stellen. So wird an sozialpädagogischen Hochschulen intensiv über die Berücksichtigung der Interaktion zwischen der sozialen Umwelt und dem hilfesuchenden Individuum diskutiert. Kräfte zur Beseitigung psychosozialer Leiden liegen in diesem Feld brach.

Der Bietenhausener Pädagoge SPÄTH beklagte auf der IGFH-Jahrestagung '79 die zunehmende Therapeutisierung und Spezialisierung in Heimerziehung und Sozialarbeit. Er glaubt, daß das gemeinsame Erleben und Handeln von Kindern und Erziehern durch spezialisierte Profis verhindert wird. Zwar trifft sein Plädoyer für die Gruppenerziehung gegen abgehobene Alleswisser und professionelle »Mackentöter« nicht exakt den Kern unserer Kontroverse um »Volontäre«, deutet aber in diese Richtung.

Sind uns die US-Amerikaner, wie so oft, wieder einmal voraus? Umweltbedingte Störungen sollen von eben dieser Umwelt auch beseitigt werden – diese Faustregel überrascht. Eltern, Nachbarn, Freunde, letztlich alle Angehörigen eines Gemeinwesens sind aufgerufen, Abhilfe bei »Drop-outs« zu schaffen. Das Konzept von THARP/WETZEL, Verhaltensmodifikationen in der natürlichen Umgebung zu organisieren, ist ein neueres US-amerikanisches Forschungsergebnis. Laien werden als Mediatoren genutzt, um unmittelbar therapeutische Prozesse an Ort und Stelle voranzutreiben. Die Fachleute spielen eine nur zugeordnete schulende und beratende Rolle im Hintergrund – oft meilenweit entfernt vom Krisenherd. Damit wurden unerwartete Erfolge erzielt und das Netz sozialer Betreuung um ein vielfaches verdichtet!

Unsere anfängliche Begeisterung für Ansätze dieser Art ließ leider in dem Maße nach, wie uns immer massiver die sozialen Probleme auf der Straße, im nordamerikanischen Alltag begegneten. Selbst in westdeutschen Ballungszentren treffen wir kaum vergleichbar unsoziale Lebensbedingungen an.

Vermutlich liegt eine Ursache für das Engagement unbezahlter Helfer gerade im relativ großen, sichtbaren sozialen Elend der sogenannten Randgruppen und Aussteiger. Das staatliche Netz psychosozialer Betreuung und Versorgung scheint wesentlich weniger eng geknüpft zu sein als das unsere. Öffentliche Dienste der Provinz oder der Kommunen sind kaum zu finden. Die vorhandenen Einrichtungen sind über konfessionelle oder private Initiativen entstanden. Eine sozialstaatliche Entwicklung, wie in einigen hochindustrialisierten Ländern Westeuropas, hat in Nordamerika nicht stattgefunden. Der Mangel öffentlicher Angebote provozierte die Bereitschaft der Freiwilligen.

Der zweite Grund mag an der geringen Einbezogenheit der Bürger am Parteien-und Gewerkschaftsleben liegen. Als Wahlvereine mit inhaltlich nicht nennenswerten Unterschieden bieten die Parteien keine echten Alternativen in der Sozialpolitik. Die Trade-Unions richten ihre Aktionen sehr eng auf unmittelbare materielle Bedürfnisbefriedigung aus. So führt wahrscheinlich der menschliche Wunsch nach konstruktiver Mit- und Umgestaltung der sozialen und gesellschaftlichen Umwelt zum Engagement über die bezahlte Arbeit hinaus. Breitgefächerte, verantwortungsvolle Einsatzmöglichkeiten liegen für Angehörige aller Berufsgruppen, für Hausfrauen und Lernende vor der Haustür.

Exemplarisch möchten wir die unterschiedlichen Arbeitsweisen der Freiwilligen in den Projekten Bridge und Place sowie in der Vermittlungsstelle Benevolat vorstellen.

Die Rolle der Freiwilligen in der Beratungsstelle »Bridge«/Boston

Gerade für das gefächerte Verbundsystem Bridge ist die Einbeziehung der Volontäre von existentieller Bedeutung. So arbeiten in der Zahnbehandlungsstation im Bridge-Keller ausschließlich ehrenamtliche Ärzte und Helfer. Auch die Ausstattung – Behandlungsstühle und andere teure Geräte – wurden als Spenden eingebracht. Die Motive der Freiwilligen sind bescheiden: helfen wollen, die Qualifikation auch dort sinnvoll einsetzen, wo sie dringend benötigt wird, nämlich in der Arbeit mit Kindern und Jugendlichen, die den Weg zu einem niedergelassenen Zahnarzt niemals finden würden; über Gespräche möchten die Helfer aktiv beitragen zur Erneuerung des verlorenen Vertrauens in die Erwachsenenwelt.

Am Steuer des »Free medical van« sitzt ein Sozialarbeiter der Bridge – die Beratung und Behandlung wird hauptsächlich von freiwilligen Ärzten, Pflegern und Krankenschwestern durchgeführt.

Ja, sie machen dieses Hobby gern, haben sich auf Anzeigen hin gemeldet, sind bereit, zu diesen ungünstigen Abendzeiten mit Trebegängern umzugehen. Die Probleme sind oft nicht einmal medizinisch-fachlicher Natur: viele Jugendliche möchten ein Sandwich, andere etwas Wärme, im übertragenen und im Wortsinn.

Ein Assistenzarzt aus der Bostoner Uniklinik begründet seine Einsätze auf dem Bus mit der anderen, weniger sterilen Atmosphäre im Bridge-Betrieb, mit seinem sozialen Engagement, das er nirgendwo unterbringen kann, weder für Carter, noch für Anderson; der Gedanke an einen Präsidenten Reagan macht ihn verbittert-resignativ. Ende der Zukunftsvision vom Sozialstaat. Ob die anderen 50 medizinischen Helfer ähnlich an die Dinge herangehen, wagt keiner zu beurteilen. Deutlich wird, daß zahlreiche Mitarbeiter über die Gemeinde herausgeforderte christliche Nächstenliebe umsetzen, andere ihr weltlich-soziales, kooperatives Menschenbild verwirklichen möchten.

Schließlich gehört zur Bridge das Programm zur zeitweisen Unterbringung bei freiwilligen Pflegeeltern. 18 Familien oder Alleinstehende haben sich durch Ankündigungen in der Kirchengemeinde oder durch »Mund-zu-Mund-Propaganda« anwerben lassen. Die Eignung der Interessenten wird durch Gespräche und einen Hausbesuch ermittelt. Warum nehmen diese Menschen solche Risiken auf sich? Von einem »Pflegevater« hörten wir, daß seine eigene Tochter lange auf der Straße gelebt hatte und ihr durch Bridge geholfen worden sei, wieder in ein geregeltes Leben zurückzufinden. Er möchte deshalb seinerseits gerne anderen Kindern helfen und hat in seiner 10jährigen Mitarbeit bei Bridge 200 Jugendliche beherbergt. Eine alleinstehende Frau – ihre zwei Söhne sind erwachsen – hat in den letzten fünf Jahren 100 Jugendliche für 1-3 Nächte aufgenommen.

Was wird von den »Eltern« erwartet? Nur Essen und Schlafgelegenheit, keine Beratung. Wichtig ist, daß sie ein Herz für die meist sehr verängstigten Kinder haben. Da Bridge vorher das Problem durchleuchtet, ob es sich um Drogen, Alkohol, Familienschwierigkeiten oder anderes handelt, fühlen sich die Gastgeber gestützt. Wenn die Jugendlichen reden wollen, können sie es tun. Im anderen Fall werden sie in Ruhe gelassen. Beratung leistet nur Bridge. Dies ist den Pflegeeltern eine große Beruhigung, da sie sich sonst überfordert fühlen würden. Sie bekommen zwar Schulungsangebote (zum Beispiel Rechte der Jugendlichen, Drogen und Alkohol, Einführung in Jugendpsychologie, Familienberatung, Programm der Bridge). Diese sind jedoch freiwillig und nicht sehr gut besucht. Wichtiger ist den Gasteltern der ständige Kontakt mit den Mitarbeitern von Bridge beim Hinbringen und Abholen, Verbindung untereinander und der regelmäßige Informationsbrief von Bridge, der außer an die Gasteltern an 1200 andere Personen verschickt wird. Bei gemeinsamen Treffen werden allgemeine Probleme, aber keine Fallgeschichten besprochen. Die Pflegeeltern berichteten uns, daß nicht nur die Jugendlichen, sondern auch sie selbst einen Gewinn durch diese Tätigkeit haben. Eine Mutter von zwei Kindern im Alter von 9 und 11 Jahren sagte, daß sie durch diese Tätigkeit wertvollen Einblick in Probleme von heranwachsenden Jugendlichen bekommen habe, was ihr für das Verständnis ihrer eigenen Kinder hilfreich sei. In einer anderen Familie half der Wegläufer den Kindern bei den Schulaufgaben – und als er nach ein paar Wochen wiederkam, waren beide Teile stolz, daß es gefruchtet hatte.

Mehrere Eltern berichten in ähnlicher Weise, daß sie über die Mithilfe ihrer eigenen Kinder sehr froh seien, da die Jugendlichen oft lieber mit Gleichaltrigen sprechen möchten.

Werden manche Bewerber auch abgelehnt? Dies kommt auch vor. Im Grunde wird dies schon beim ersten Gespräch entschieden. Gründe sind ungünstige häusliche Gegebenheiten, Homosexuell-Sein oder wenn zu starker Einfluß auf die Jugendlichen genommen und Druck ausgeübt wird. Wenn sich durch Berichte von Jugendlichen herausstellt, daß ein »Heimplatz« ungeeignet ist, werden die »Eltern« zuerst mündlich, dann schriftlich gemahnt. Dann teilt man ihnen telefonisch mit, daß es nicht sinnvoll sei, weitere Kinder zu schicken. Zum Abschluß bekommen sie noch einen Dankbrief.

Wenn jemand selbst nicht mehr in der Lage ist, einen Jugendlichen aufzunehmen, muß dies zwei Wochen vorher bei Bridge gemeldet werden. Es ist auch durchaus möglich, einmal abzusagen, wenn man sich außerstande sieht, im Augenblick jemand aufzunehmen.

Wurden auch schlechte Erfahrungen gemacht? Es ist schon vorgekommen, daß am Morgen die Brieftasche fehlte oder daß der Jugendliche sich in der Nacht fortgestohlen hat. Aber in den allermeisten Fällen sind die Kinder doch froh, einen Unterschlupf zu finden, so daß es sehr gut geht und die Eltern ermutigt werden, weiterzumachen.

Die Gemeinde der Freiwilligen in der Drogenberatungsstelle »Place«/Boston

Hier führen die Helfer die gesamten unmittelbaren Dienste am »heißen Draht« und im Aufnahmezentrum durch. Das Alter der Freiwilligen liegt zwischen 21 und 60 Jahren; von Beruf sind sie Lehrer, Anwälte, Kunsttischler, Sekretärinnen, Studenten und Geschäftsleute. Einige von ihnen planen eine Laufbahn als Berater, andere finden es einfach lohnend, diese Teilzeitarbeit zu machen.

Die Erfahrung lehrt, daß Freiwillige durchaus die für effektive Krisenintervention nötigen Beratungsfähigkeiten lernen können. So hat jeder Telefon-Berater einen achtwöchigen Trainingskurs absolviert und nimmt teil an der wöchentlichen Supervisionsgruppe. Die Berater der Aufnahme müssen noch zusätzlich lernen. Dank des ausgeprägten Gemeinschaftssinns bezieht Place seine Freiwilligen voll ins Projekt ein. Zusätzliche Wochenendseminare werden veranstaltet, die Organisationsziele gemeinsam überarbeitet.

Ständig werden neue Helfer gesucht; dies geschieht mittels wöchentlicher Orientierungstreffs. Geworben wird in U-Bahnen, Zeitungen und im Fernsehen. Die Motive der cirka 40 Freiwilligen (Place hat nur sieben Festangestellte) werden hart auf die Probe gestellt: »Du willst etwas tun? Das hier ist Arbeit, sinnvolle Arbeit, auch eine Sache, die Dir persönlich etwas bietet. Wir müssen Dir nicht dankbar sein. Du tust es für Dich und die Sache. Du bist ein neuer Genosse in einem spannenden Team. Überlege es Dir gut, schau Dir die Arbeit genau an, denn Du mußt Dich für ein halbes Jahr verpflichten.«

Benevodat – ein »Arbeitsamt« für freiwillige Helfer in Montreal

Diese Zentrale hat die Aufgabe, freiwillige Helfer zu rekrutieren und auf Tätigkeitsfelder nach Eignung zu verteilen. Sie steht mit 200 Organisationen in Verbindung. Insgesamt sind für die Verwaltung (Buchhaltung, Öffentlichkeitsarbeit, Bibliothek) 15 Personen fest angestellt – acht Vollzeit-, sieben Halbzeitbeschäftigte – mit entsprechender Bezahlung. Alle anderen Mitarbeiter – insgesamt 3 200 – arbeiten vollkommen unentgeltlich und verteilen sich auf 157 Organisationen mit den verschiedensten Programmen, zum Beispiel:
- Tel-aide (Telefonseelsorge),
- Alternativ (Drogenhilfe),
- „Große Brüder und Schwestern" (Patenschaftsprogramme),
- „Bürgerliche Patenschaften" (Hilfe für Frauen, die gerade aus der Haft entlassen worden sind),
- Weihnachtspaketaktion für einsame Menschen,
- Fahrbare Bibliothek (für alte oder behinderte Menschen),
- Transportdienste,
- „Rollender Topf" (hier sind 100 freiwillige Helfer angestellt vom Koch über den Chauffeur bis hin zum Tellerwäscher),
- Mithilfe in Krankenhäusern,
- Förderunterricht oder Hausaufgabenhilfe in Schulen,
- Werbung für Spenden,
- und anderes mehr.

Wie gewinnt man freiwillige Helfer?

Es wird ständig geworben durch kostenlose Anzeigen in der Zeitung, über Fernsehen und Radio.

Wer sich bereiterklären möchte, ruft bei der Zentrale an. Darauf wird ein Termin für ein persönliches Gespräch vereinbart, bei dem der Betreffende angibt, welche Art der Mithilfe und welche Zeiten er anbieten kann. Er wird dann an eine entsprechende Organisation weitervermittelt und seinen Möglichkeiten gemäß eingesetzt.

Was ist die Motivation für freiwillige Mithilfe?

1. Der Wunsch, zu helfen.
2. Das soziale Gewissen (»Der Staat kann nicht alles tun!«).
3. Freie Zeit (Studenten in Semesterferien; Pensionäre; Frauen, deren Kinder erwachsen sind).
4. Der Wunsch nach Kommunikation, Interessen mit anderen zu teilen.
5. Alte Familientradition.

Die Helfer arbeiten bisher ohne jegliche Entschädigung. Es laufen jedoch Verhandlungen, daß der Staat einen Unkostenersatz leisten soll, etwa für Benzin oder Verpflegung. Die wichtigste Voraussetzung für Mitarbeiter ist, daß sie zuhören, sich in den andern einfühlen und dies dem andern zu erkennen geben können. Ein Großteil der gewonnenen Freiwilligen wird an das Centraide vermittelt – einer Organisation, die nicht nur konkrete Hilfe anbietet, sondern auch Forderungen an die staatliche Sozialpolitik stellt.

Möglichkeiten und Gefahren der freiwilligen sozialen Dienste

Beim Versuch, die in Nordamerika beobachteten Ansätze zusammenfassend zu würdigen, fallen zunächst bedeutsame Vorteile der Programme ins Auge. Bürger – sozialpädagogische Laien mit den üblichen Vorurteilen und Verkürzungen bei der Beurteilung von Armut oder Kriminalität – bekommen einen konkreten Einblick in persönliche Konflikte ihrer Mitmenschen. Ein freundschaftliches Gespräch mit einem Drogenabhängigen führen, die Geschichte eines Wegläufers verfolgen, bringt unter Umständen ein tiefes Verständnis für gesellschaftlich Ausgegrenzte. Durch reißerische Berichte der Boulevardpresse bestärkt, haben Durchschnittsbürger bislang argumentiert, daß extreme Lebensverhältnisse gleichsam selbstverschuldet entstehen. So verändert sich im Prozeß der freiwilligen Hilfe die Persönlichkeit des Helfers; er entwickelt neue Einstellungen, macht neue Erfahrungen und wird gleichermaßen gefördert wie der Hilfesuchende, der seinerseits die verschiedenartigen Fähigkeiten wie die improvisierten Hilfsangebote zu nutzen versucht. Die persönliche, intime Atmosphäre in dieser Interaktion bringt beiden Seiten ein im Vergleich zu den Interaktionen im üblichen Produktions- und Dienstleistungsbereich alternatives Erleben. Oft erkennt der Helfer die Gründe seines Scheiterns zum Beispiel in der Kindererziehung, kann jetzt bei einem Nichtverwandten neu ansetzen und Fehler wiedergutmachen. Findet der Einsatz des Volontärs in seinem Stadtteil, seiner Nachbarschaft und seinem Milieu statt, so wäre ein Weg gefunden zurück zur echten Kooperation, zum tatsächlichen Sozialverhalten des Menschen vor Ort, das in der materialisierten Warengesellschaft weitgehend verkommen ist. Der Laienhelfer überwindet auf diese Art die Haltung des Geldspenders, der sich mit einem schlichten Griff ins Portemonnaie ein gutes Gewissen verschafft. Durch die Auseinandersetzung mit Verursachungsfaktoren, die beispielsweise bürokratischen oder ökonomischen Ursprung haben, erkennt der Bürger die Notwendigkeit, gesellschafts-politische Gegenstrategien zu formulieren und Mitstreiter zur Durchsetzung angemessener Lebensbedingungen zu werben. In jedem Fall wird der freiwillige Helfer jetzt gebraucht, denn bei aktueller Not wäre es zynisch, einen »Antrag« auf staatliche Mittel abzuwarten.

Etwas widersprüchlich scheint uns die Frage des Trainings der Helfer zu sein. Während er durch die Schulung für sich und den Klienten lernt und durch harte Absprachen und Bedingungen seine egoistischen und Mitleidsmotive ausgeschaltet werden, steht auf der anderen Seite die Gefahr, den ausgebildeten Fachleuten der Sozialarbeit Konkurrenz zu machen, ja ihnen letztlich die Arbeitsplätze zu rauben. Vielleicht entsteht sogar ein neues zugkräftiges Argument für die notorischen Gegner der psychosozialen Dienste: »Was ihr nach langem Studium mühsam vermitteln wollt, schafft doch ein Laie genau so gut nach einem 8-Wochen-Kurs!« Damit wird die geniale Idee der Laieneinbeziehung zum Bumerang. Hellhörige Politiker sehen ungeahnte Möglichkeiten zur Kostendämpfung.

Schließlich liegt das Hauptproblem bei der Frage »Ausbau eines Systems freiwilliger Helfer« unseres Erachtens darin, daß sie vermengt wird mit aktuellen Haushaltsproblemen, konkret: daß unser Ansatz eine Verschleierungsfunktion bekommt und die sozialen Dienste im Zuge der Mängelverwaltung das Nachsehen haben. Also warnen wir vor einer US-Entwicklungs»hilfe«: dpa meldete am 23. 3.81: Reagan habe in seinen jüngsten Gesprächen mit einigen europäischen Regierungsmitgliedern darauf gedrängt, sie sollten ihre Wirtschaft wieder in Ordnung bringen, wie er selbst durch Verringerung der Staatsausgaben etwa im sozialen Bereich. Und wir sollten bestimmt den Anfängen wehren, wenn neuerlich offensiv-dreiste Demagogen gegen sozialstaatliche Bestrebungen wettern. »Auf den Punkt« bringt es »Die Welt«:

»Das neue soziale Netz fängt Gerechte wie Ungerechte auf. Asoziale und verurteilte Rechtsbrecher, Militär-Drückeberger, Porno-Produzenten und Anarchisten, Hascher, Ehebrecher und Bundesminister, Schwule und Arbeitsscheue hatten es noch nie so gut wie im modernen Deutschland der sozialliberalen Koalition« (B.C., 15.03.1981). Nicht nur zur Beseitigung menschlich-individueller Krisen, auch zur Verhinderung der von B.C. gewünschten Rückwärtsentwicklung benötigen wir noch zahlreiche Helfer.

mit MÜLLER-SCHÖLL, MARGARETE in: Sozialpädagogik 23. Jg., 1981

Text 7

Psycho-soziale Auswirkungen von Arbeitslosigkeit auf Jugendliche

Ausführliche und verallgemeinerbare Berichte, Erhebungen oder Untersuchungen über arbeitslose Individuen aus psychologischer Sicht liegen nur in bescheidenem Umfang vor. Bedeutsam sind die eher soziologischen Studien aus Marienthal und Detroit [1]. Systematische Untersuchungen über die Folgen von Arbeitslosigkeit im Erleben und im Bewußtsein von Jugendlichen liegen nur in analytischer, nicht aber in empirischer Form vor. Nach dem jetzigen Erkenntnisstand gibt es kein spezifisches psychisches Syndrom für die Arbeitslosigkeit. Die subjektive Verlaufsform und mögliche Verarbeitung der Jugendarbeitslosigkeit kann nur beurteilt werden in Kenntnis der konkreten individuellen Lebensgeschichte eines jeden Betroffenen[2]. Daraus folgt, daß die fallbezogene, entwicklungsbegleitende Interpretation und Hilfe nötig ist und „typische" Muster nachgeordnete Bedeutung haben. Unbestritten gilt heute unter Sozialpädagogen und Psychologen, daß der Beruf ein wichtiges Element sozialer und personaler Identität ist und die Lebensperspektive des Heranwachsenden eine zentrale Dimension seines Sozialisationsprozesses darstellt[3]. Unbestritten ist auch, daß die Arbeitslosigkeit massive Auswirkungen auf die Persönlichkeit des Menschen zeigt.

Statistische Befunde

In verschiedenen Langzeitstudien – so in einer US-amerikanischen der Jahre 1910-1969 – konnte nachgewiesen werden, daß in Rezessionsphasen des Konjunkturzyklus („Krise") die Aufnahmerate psychiatrischer Krankenanstalten zunimmt. Umgekehrt zeigte sich, daß die Rehabilitation psychisch Kranker, also die Rückführung ins „normale" Leben, besonders gut in Hochkonjunkturphasen gelingt. Als weiteres Indiz für unsere These kann auch der medizinsoziologische Befund genommen werden, der zweifelsfrei feststellt, wie stark der Krankenstand bei Arbeitern abhängig ist von der wirtschaftlichen Situation des Staates. Je höher die Arbeitslosigkeit liegt, desto niedriger ist der Krankenstand. „Die Sorge, nicht als vollwertige Arbeitskraft zu gelten, die Angst, durch Kränkmeldung die Sicherheit des eigenen Arbeitsplatzes zu gefährden, läßt es ratsam erscheinen, notwendige Heilbehandlungen bis an die Grenze des Möglichen hinauszuschieben"[4].

Allgemeine Befunde

Bei der Auflistung von Persönlichkeitsproblemen jugendlicher Arbeitsloser werden immer wieder folgende Aspekte betont: Die Anwendung erworbener Fähigkeiten und Fertigkeiten wird verwehrt; man ist herausgerissen aus notwendigen Kooperationszusammenhängen; Isolation tritt ein; dem Jugendlichen wird der Erwachsenenstatus verwehrt; die existentielle Absicherung kann nicht, zumindest nicht selbständig erfolgen; das Anspruchsniveau nimmt ab, Planungen werden weitgehend eingestellt, eine allgemeine Orientierungslosigkeit tritt ein; der Jugendliche erlebt inmitten einer entscheidenden Sozialisationsphase einen faktischen Stillstand; die persönliche Notlage wird oft verstärkt durch die individuelle Schuldzuschreibung – dies allerdings eher in ländlichen Gegenden, in denen der „mangelnde Wille, die Faulheit oder Dummheit" als Stempel zur Ausgrenzung der nicht völlig Angepaßten dienen; Verunsicherung und Angstbereitschaft nehmen zu, das Selbstwertgefühl schwindet; Resignation und Motivationsverlust gehen oft einher mit deutlichem Konkurrenzdenken; „Die Jugendlichen können kein Selbstvertrauen entwickeln aufgrund des Bewußtseins, daß sie etwas leisten und daß sie gebraucht werden, da die Leistung stets identisch ist mit dem Verkauf der Arbeitskraft. Die fehlenden Möglichkeiten der Entwicklung einer realistischen und zugleich attraktiven Zukunftsperspektive bewirken Resignation bei den Jugendlichen im Hinblick auf ihre berufliche Zukunft. Es entsteht ein Gefühl des Versagens und des Überflüssigseins"[5]. Sicherlich gelten die meisten Symptome gleichermaßen für Jugendliche und für Erwachsene (Senkung des Anspruchsniveaus, Verringerung der Handlungsbereitschaft, Zeitzerfall, Zerbrechen der Widerstandskraft, Verlust der Autorität, Gebrochenheit und Entvitalisierung, Beeinträchtigung der sozialen Identität und Realitätsverlust im extremen Fall[6].

Auch die Beobachtungen der drei großen Psychotherapeutenverbände DGSP, DGVT und GWG erfassen schwierige Menschen unterschiedlichen Alters. In einem Offenen Brief zum Problem der Arbeitslosigkeit beklagen die Therapeuten ein Anwachsen von Problemen infolge von Angst vor Entlassung und tatsächlichem Arbeitsplatzverlust: „Tendenzen zur Selbstaufgabe werden verstärkt, was sich insbesondere im Suchtbereich ausdrückt. Selbsttötungsversuche und depressive Symptome nehmen zu. Selbstwertzweifel aufgrund von sozialem Abstieg und Verlust von Berufs- und Lebensperspektiven gehören zu den Folgen".

Fallbeispiel 1: Andreas macht nicht mehr mit

Es war kein Musterknabe, aber immer durchschnittlich in den Leistungsfächern der Hauptschule, gut im Sport, sehr gut im Fußball. Jetzt ist er 14 Jahre alt und die Eltern wissen wie die Lehrer keinen Rat mehr. Andreas zieht sich zurück, schwänzte ein paarmal die Schule, will jetzt gar nicht mehr gehen, obwohl er noch nicht wiederholen mußte und u. U. ein befriedigendes Abschlußzeugnis mitnehmen könnte! Neuerdings weigert er sich, das Fußballtraining zu besuchen und niemand weiß warum. Je näher der letzte Schultag rückt, desto undurchsichtiger verhält sich der Junge. Vor kurzem brachte ihn die Polizei nach Hause: Warenhausdiebstahl. Der Mutter hat er mindestens zweimal Geld aus dem Portemonnaie genommen. Manchmal steht er in der übernächsten Kneipe am Flipper. Wenn er so weitermacht, bekommt er sicherlich keine Arbeit. Welcher Meister nimmt schon einen Vorbestraften, einen ohne Abschluß, .einen schweigsamen, lustlosen Knaben ohne jeden Antrieb. Andreas verschließt sich zunächst mit aller Kraft der psychologischen Exploration; an eine Testuntersuchung ist überhaupt nicht zu denken. Der Psychologe muß den Jungen aufsuchen, dort sein, wo Andreas sich die Zeit vertreibt, auf der Straße mit einem Nachbarjungen beim Fußballspiel, beim Frühstück in der Familie, am Abend beim Flirt mit Mädchen. Nach etwa siebenwöchigen Bemühungen um ein klareres Bild von der Problematik des Andreas stellt sich die Frage, ob er Symptome einer gedanklich vorweggenommenen Arbeitslosigkeit aufweist. Seine Freunde sind allesamt Sonderschüler. Seines Wissens werden dort „ganz offiziell" keine Anforderungen mehr an die Größeren in den Abschlußklassen gestellt. Die Gemeinsamkeit der Gruppe: sie alle haben „keinen Bock, auf gar nichts". Andreas deutet an, sein Leben gelebt zu haben, von einer Zukunft ist ihm nichts bekannt!

Antizipation einer drohenden Gefahr

Unter Antizipation verstehen wir hier die gedankliche oder psychische Leistung der Vorwegnahme eines vielleicht eintretenden Ereignisses. Bekanntlich setzen sich Kinder bei Gelegenheit mit Berufswünschen auseinander. Der Erwachsene erhält auf Anfrage oft stereotype Antworten des Kindes: Traumberufe werden genannt (Weltraumpilot, Stewardess, Bundesligafußballprofi), häufig wird der Beruf des Vaters/der Mutter genannt, sehr beliebt sind auch bescheidene, aber lustbetonte Tätigkeiten, die im Milieu wahrgenommen und gedanklich modelliert werden (Postzusteller, Gärtner, Feuerwehrangestellter, Eisverkäufer, Friseuse, Modeverkäuferin, Kfz-Mechaniker usw). Öffentlichen Einfluß auf die vorberufliche Sozialisation des Schülers nimmt dann der Arbeitslehreunterricht. Damit entstehen auch die ersten Brüche in der Entwicklung des lernenden Menschen. Denn die ursprüngliche, einem neuen Menschenbild entsprechende Idee dieses Faches, Lernen und Arbeiten zu verbinden, handlungsorientierten Unterricht anzubieten und polytechnische Bildung zu fördern, konnte aufgrund der wirtschaftlichen Lage der Bundesrepublik nicht durchgehalten werden. In Kenntnis der zu Beginn der 70er Jahre auch bei Jugendlichen steil ansteigenden Arbeitslosenzahlen mußte die Projekt- und Werkstattarbeit teilweise abgebaut werden zugunsten von Berufswahlunterricht. Wenn – wie an den Berliner Mittelstufenzentren – dieses Fach alternativ zur zweiten Fremdsprache angeboten wird, spürt der Jugendliche die Weichenstellung überdeutlich. Seine Zukunftsprobleme fließen direkt in die schulischen Angebote ein. Wer sich „Französisch" zutraut, hat es fast schon geschafft, wer Arbeitslehre macht (Restschüler), hat sich fast schon auf „keine Lehrstelle" eingestellt!

Resignative Tendenzen im Schülerverhalten werden jetzt verstärkt.

In einer Untersuchung des Verfassers stellten Lehrer der 7. Klassen eine Liste mit folgenden unerwünschten Schülerverhaltensweisen auf, die ihren Unterricht verunmöglichen: „nicht zuhören, Unaufmerksamkeit („dösen"), dazwischenreden, unsachliche Äußerungen tun, maulen, quengeln, sich fremden Dingen zuwenden (malen, Comics lesen), Mitschüler stören, bedrohen, tätlich angreifen; lachen, verspotten, nachäffen; ungeduldige Vorwegnahme der Lernergebnisse, rechthaberisches Beharren auf eigenem Standpunkt, völlig unsachliche Äußerungen liefern, Nichtbefolgen von Arbeitsanweisungen und Absprachen, alles allein machen wollen, sich isolieren, die Durchsetzung der eigenen Meinung erzwingen; abschreiben, kopieren der Arbeitsergebnisse; unbedingt die eigene Leistung hervorheben und um Anerkennung der individuellen Leistung werben ohne Rücksicht auf Leistungen der anderen; den Unterricht verlassen; gar nicht erst erscheinen!" Ein Teil der Schüler begibt sich offenbar vehement in die Konkurrenzsituation, beginnt einen rücksichtslosen Kampf ums bessere Zeugnis, um die bessere Lehrstelle, um die Möglichkeit, sich möglichst individuell zu qualifizieren.

Der andere Teil – und das ist die übergroße Mehrheit der Hauptschüler sowie die Gesamtheit jener Sonderschüler, die wegen der Verhaltensprobleme sicherlich zeitweise lerngestört, nicht aber wirklich lernbehindert sind – übt sich in Passivität, „hängt frustriert durch" oder wird aggressiv gegen Mobiliar und Personen. Als Ursachen für die Herausbildung solch neuer Schülerpersönlichkeiten werden die verschiedenen Aspekte der Institution Schule, Auswirkungen der Wohn- und Lebensverhältnisse heute und die Betonung der technokratisch strukturierten Bildung anstelle wertorientierter Erziehung diskutiert. M. E. werden die von unseren Schulen gesetzten Anpassungsanforderungen z. T. auch deshalb nicht erfüllt, weil die beruflich-soziale Lebensperspektive der Schüler von ihnen als unsicher erlebt wird. Eine gewisse Anzahl von bislang unbekannten Verhaltensabweichungen und psychischen Störungen der heutigen Schülergeneration resultiert direkt aus der Antizipation von Jugendberufsnot. Vor allem das Desinteresse am tradierten „für's Leben lernen" ist der tatsächlich ungewissen und wenig attraktiven Zukunft geschuldet. Die immer wieder gut gemeint von Erwachsenen geforderte Vorsorge kann gerade von jüngeren Jugendlichen psychisch nicht geleistet werden, da sie in ihrer Persönlichkeitsentwicklung andere und für die Betroffenen aktuell wesentlichere Prozesse durchleben, nämlich die Erscheinungen und Folgen der Pubertät.

Fallbeispiel 2: Erich lebt in den Tag hinein

Vor sieben Jahren wurde der jetzt 19jährige Erich massiv auffällig. Ein schwacher Regelschüler mit gelegentlichen Ausbrüchen, Aggressionen und Schulstreik entweder durch Wegbleiben oder auch völlige Passivität in der Klasse. Bei den Lehrern stellte sich Hilflosigkeit ein. Halb lachend, halb wütend-resignativ berichtet ein Lehrer über sein Trauma mit Erich: Irgendwann stellte er zum ersten Mal demonstrativ sein Hörgerät ab, kommentierte eine Frage an ihn mit „Sendepause". Erich wurde dem schulpsychologischen Dienst vorgestellt; dieser nahm Kontakt zur Familienfürsorge auf, die bereits eine Akte zur sechsköpfigen Familie des Erich angelegt hatte. Der Vater war Frührentner, war nach einer langen Zeit der Arbeitslosigkeit aufgrund verschiedener ärztlich attestierter Gebrechen vorzeitig vom Arbeits(losen)alltag auf Dauer beurlaubt worden. Das Geld reichte hinten und vorne nicht. Der älteste Sohn hatte einen Job als Hilfszimmermann, Gerüstbauer und Bauhelfer, doch als er Kostgeld abgeben sollte, war er lieber ganz ausgezogen. Die Tochter galt als „geistig behindert", besuchte zeitweise eine kinderpsychiatrische Klinik, dann ein Kinderheim. Als Maßnahmen für (besser gesagt: gegen) Erich wurde der Schulwechsel beschlossen, denn die Leistungen, Fähigkeiten, Intelligenz usw. sprachen dafür. Die Familienfürsorge sollte in Vorverhandlungen mit den Eltern treten mit dem Ziel der Heimunterbringung nach JWG/FEH im Falle der weiteren Verschlechterung der schulischen und allgemeinen Situation bei dem Jungen. Tatsächlich fällt Erich auch in Zukunft auf – jetzt durch Diebstähle. Auch durch mutwillige Zerstörungen, Schulschwänzen und als Initiator „unerwünschter Aktionen" wird Erich mehr und mehr aktenbekannt. Schließlich (mit 14) beginnt seine Laufbahn als Strichjunge. Die Sozialarbeiter überzeugen den Vater von der Notwendigkeit der Heimunterbringung. „Wider Erwarten" setzt Erich im Heim die Diebstähle fort, findet dort geschickte Mitarbeiter und landet einen mittelgroßen Coup – 5 Mille aus der Ladenkasse. Da hilft nur noch die FE, geschlossene Unterbringung für zunächst zwei Monate. Erich wechselt mit den Heimen natürlich auch die Schulen. Zu diesem Zeitpunkt weiß der angesprochene Lehrer leider nicht, in welcher Klasse sich der Junge befindet; nur das Schulbesuchsjahr läßt sich gerade noch feststellen. Erich selbst kann natürlich auch nicht weiterhelfen. Schließlich will er ja so schnell wie möglich arbeiten, d. h. Geld verdienen gehen. Er hat keine Vorstellungen von einem ihm angenehmen Arbeitsplatz.

Eine Lehre „will" er nicht beginnen, weil dabei nicht genug Lohn gezahlt wird. Mit dem Abgangszeugnis der 8. Klasse (Sonderschule für Lernbehinderte) beginnt Erich einen Job als Verkaufshelfer in einem Lebensmittelladen. Nach zwei Wochen fliegt er, weil er zwar in den ersten Tagen übereifrig herumwirbelte, dann aber sichtlich nachließ und schließlich mehr Zigaretten drehte als Kisten schleppte. Die Entlassung bedeutet keinen Einschnitt in sein Leben. Der junge

Mann fühlt sich (wie er vorgibt) wohl, hat keine besondere Zukunftsangst. Was geht in ihm vor?

Vermutlich lebt Erich seit Jahren vorbewußt nach dem abgewandelten SHAW-Motto: „Wieso an die Zukunft denken, wenn es keine Zukunft gibt, an die es sich zu denken lohnt?" Schließlich arbeitet sein Vater auch nicht, ein Modell steht nicht direkt zur Verfügung. Dieser hat ihm sogar einige Tricks zum außerberuflichen Gelderwerb gezeigt, denn wenigstens in einem Fall konnte dem Vater Hehlerei im Zusammenhang mit vom Jungen gestohlenen Waren nachgewiesen werden. Erich antizipiert seine Arbeitslosigkeit schon als Schüler, er verhält sich nicht konstruktiv im Hinblick auf eine vage Zukunft, die schon „irgendwie" (wie bei den Eltern) geschafft werden wird. Er kennt zwar den Ausdruck „no future" als Sonderschüler nicht, verhält sich aber seit seinem 12. Lebensjahr spätestens in diesem Sinn. Dadurch, daß er sich seine Persönlichkeit einrichtet auf eine Tagelöhnerkarriere, verhindert er tatsächlich ein Leiden an den kaum änderbaren Verhältnissen. Alle Erwachsenen, Sozialpädagogen, Lehrer, die etwas anderes behaupten, haben tatsächlich unrecht angesichts der durchschnittlichen Erfahrungen ähnlicher Familien. Die massive Häufung ungünstiger Lebensbedingungen führt hier entweder zur „lustvollen" Resignation, die nicht als solche erlebt wird, oder aber zur belastenden Illusion. Im Falle des sozial, psychisch und organisch defizitären Erich hätte m. E. nur eine beschützende Einrichtung Erfolgschancen gehabt.

Die Bedeutung der Perspektive für die psychische Entwicklung des jungen Menschen

Der weitverbreitete Motivationsverlust und im schlimmsten Fall der Zerfall der Identität von Jugendlichen basiert auf tatsächlicher oder drohender Arbeitslosigkeit, denn damit wird die Biographie des Heranwachsenden empfindlich gestört. Hier der Versuch, die genannten Auffälligkeiten auf einen psychologisch-theoretischen Begriff zu bringen: Die individuelle biographische Perspektive als Voraussetzung für Handlungsfähigkeit und Identität fehlt; ein Selbstentwurf; ein ansatzweise bewußtes Verhältnis zu sich selbst und grob umrissene Vorstellungen von dem nächsten Lebensabschnitt ist nicht oder nur rudimentär vorhanden. Die subjektive Erfahrung von der gesellschaftlichen Nutzlosigkeit führt in Isolation oder Aggression. Der junge Mann ist dabei in der patriarchalischen Gesellschaft besonders berührt, muß er doch an Familiengründung und -ernährung denken; Die junge Frau kompensiert das Problem durch ihren Rückzug an den Herd/ins Heim; durch Diskussion von „Lohn für Hausarbeit" und „Entlohnung von Müttern, die auf Berufstätigkeit verzichten" wird den Mädchen die Berufsnot etwas schmackhafter gemacht.

Wo anders könnte der Jugendliche sich Perspektiven aneignen, seine Selbstverwirklichung planen, als im Prozeß der vorberuflichen Bildung, die überleitet zur beruflichen Ausbildung und schließlich Berufstätigkeit als Facharbeiter im weitesten Sinn, möglichst von Fort- und Weiterbildung ständig begleitet? Der Arbeitsmarkt setzt die Schranken für die private Lebensplanung; gleichzeitig ist der junge Mensch auch ausgeschlossen von der Gesamtplanung in seiner Umgebung, in seinem Staat. Beides – die objektive Behinderung an der privaten Lebensgestaltung und die Nichteinbeziehung in politische Entscheidungsprozesse schlägt sich in der Psyche nieder, führt zu „psychischer Verelendung". Fehlt die Perspektive, können auch keine lebenswichtigen produktiven Bedürfnisse entfaltet werden. Dieser Ansatz unterstellt, daß die Arbeit, das Handeln oder Tätigsein wesentlichen Einfluß hat auf die psychische Entwicklung des Individuums.

Exkurs: Persönlichkeitsentwicklung und Arbeit

Die Arbeit ist eine Grundform menschlicher Lebenstätigkeit. Während das kindliche Spiel und die Lerntätigkeit des Schülers die Arbeit funktionell vorbereiten, Ist sie für den Erwachsenen der wesentliche Entfaltungsspielraum; sie wird in der Auseinandersetzung der Person mit der Umwelt realisiert und hat potentiell kreativen Charakter. Arbeit wirkt aufgrund der Verbindung mehrerer günstiger Prozesse, nämlich psychophysische Aktivierung, Übung von Fähigkeiten und Fertigkeiten, Erlebnis des Nützlichseins und des Qualifiziertseins, Ausleben des Bedürfnisses nach Kooperation und Kommunikation, wenn sie, wie fast immer, in Gruppen stattfindet; ggf. dient sie der Ablenkung und Rehabilitation bei Menschen, die aus anderen Zusammenhängen heraus psychisch labil oder gestört sind.

Der junge Mensch hat also ein objektives Bedürfnis nach Arbeit, d. h. nach aktiver Auseinandersetzung mit Dingen, Personen und Problemen der Umwelt. Die Arbeit erfordert und ermöglicht Sozialbeziehungen und Zusammenwirken, entfaltet die Sprache und ist konstitutiv für psychische Prozesse. Die Antizipation von Produkten macht den Menschen aktiv, denn er will sich in ihnen vergegenständlichen. Wird er von der Möglichkeit zu arbeiten isoliert, können massive psychische Probleme entstehen, die durchaus vergleichbar sind mit den Auswirkungen der sensorischen und sozialen Deprivation (vgl. z. B. die Fallstudien zum Hospitalismus oder das Problem der Verwilderung bei KASPAR HAUSER). Die Leistungsfähigkeit wird ebenso verändert wie die Gesamtpersönlichkeit. Die Unsicherheit entwickelt sich zur Angst, wenn es an entwicklungsbegleitender Beratung und Förderung auf realistischer Grundlage mangelt. Denn das Ziel der Förderung wäre die selbsttätige Handlungsregulation des Individuums. Ob es schließlich bewußt „aussteigt", alternativ tätig wird oder eingepaßt in herkömmlicher Weise arbeitet, ist sekundär[7].

Fallbeispiel 3: Karriere

Peter plant, in etwa drei bis vier Jahren über Abendkurse „seinen Techniker zu machen". Er sieht gelassen in die Zukunft. Peter ist rückblickend mit seiner Jugend, mit den letzten fünf Jahren zufrieden, zumindest kann er nichts Gegenteiliges sagen. Er ist 20, seine Freundin 22. Diese Beziehung läuft mit regelmäßigen Unterbrechungen seit nunmehr drei Jahren. Da beide ziemlich rücksichtslos reden, wenn nicht gerade andere reden, gibt es Überschneidungen; das aktive Zuhören läßt zu wünschen übrig, Mißverständnisse treten auf. Mit den Rollen hat Peter speziell Schwierigkeiten: Seine Freundin praktiziert ein Stück Emanzipation der Frau, ist reichlich selbstbewußt, erweckt den Eindruck, durchaus ohne „ihn" leben zu können. Peter hat in dieser Frage ausnahmsweise einmal seine Eltern zum Vorbild. Dort dominiert in Sachfragen der Vater, der auch in den wichtigen Dingen wie Wohnung, Auto, Reisen das letzte Wort hat. Obwohl das Verhalten der Freundin Nachteile für ihn bringt, stellt er sich der Auseinandersetzung, mit anderen Worten, er liebt sie verbal trotz ihrer „Macke", tatsächlich aber wohl wegen ihrer Ablehnung der tradierten Rolle. Sie arbeitet als Fotolaborantin, eine Tätigkeit, die unangenehmer ist, als sie klingt, aber doch geringe kreative Freiräume öffnet.

Peter ist natürlich nicht arbeitslos, er war es nicht und rechnet auch nicht mit Durststrecken, höchstens nach Abschluß der Lehre als Feinmechaniker für eine kurze Zeit. Der Betrieb (auf Betreiben des Landesarbeitsamtes wurden zahlreiche zusätzliche Lehrstellen eingerichtet) untersteht der öffentlichen Hand und wird ihn wie auch die anderen Lehrlinge auf keinen Fall als Facharbeiter übernehmen. Peter hat keine Angst. Er verreist mal mit einem Freund, dann wieder mit der Freundin. Manchmal kommt ein bißchen Langeweile auf, aber nur, wenn niemand aus dem Freundeskreis greifbar ist.

Warum ist Peter ein „Fallbeispiel"? Die familiäre Situation ist stabil. Der Vater hat einen sicheren Arbeitsplatz, die Mutter könnte auch in ihrem alten Beruf arbeiten, zieht es aber vor, an zwei Wochentagen in einem Geschäft zu helfen. Seit etwa 23 Jahren geht es Stück für Stück aufwärts, Beförderungen des Vaters, eine kleine Erbschaft als Grundstock für Bausparen und Eigenheimplanung, Kinder, die nicht aus der Reihe fallen. Oder doch? Auf Befragen nennen die Eltern einige aus ihrer Sicht massive Erziehungsschwierigkeiten bei Peter. Er sollte Abitur machen, schaffte dann aber „nur" den 10. Klasse-Abschluß mit einer befriedigenden Note. Das hat Nerven gekostet! Wo doch der Vater genau weiß, was es bedeutet, nicht studieren zu können – wegen Geldmangels, damals. Peter hätte „gekonnt", wollte aber scheinbar nicht, denn an „Dummheit" hat es auch nicht gelegen. Zwei Jahre Schwitzen ums Sitzenbleiben, dann der Schulwechsel und alle Hoffnungen dahin. Peter war an einem Einbruch beteiligt. Drei Sechzehnjährige wollten nur 'mal sehen, was in einer Baubude alles verstaut wird, wurden erwischt und sind mit einer Verwarnung davongekommen. Peter ist monatelang ohne

Führerschein gefahren. Das hat die Eltern zur Weißglut gebracht. Erst fällt er zweimal durch die Auto-Führerscheinprüfung, dann kauft er sich ohne zu fragen ein Motorrad und fährt. Die Maschine wurde angekettet, der Schlüssel versteckt, doch Peter konnte alle Hindernisse überwinden. In der Mechanikerausbildung scheint er ganz gut aufzupassen. Schließlich der Ärger mit der Freundin! Übernachtet erst in Peters Zimmer, natürlich ohne Erlaubnis und benutzt dann noch „stundenlang" das „elterliche" Bad. Das brachte ihr Hausverbot, sie kommt aber immer wieder. Gelegentlich haben die Eltern überlegt, ob sie sich an einen Erziehungsberater wenden solln. Der Rausschmiß stand auch einmal an. Aber jetzt läuft es eben so und man kann ihm mit seinen 20 Jahren auch nicht mehr so viel sagen („seinerzeit wurden wir mit 21 volljährig"). Peter plant: z. B., daß er vorläufig nicht heiraten will. Er plant den Besuch von Veranstaltungen, geht zu den Falken, dann zur IGM-Jugend, ist aber kein Aktivist und kein Parteienfreund. Peter plant den Kauf eines etwas größeren und neueren Motorrades, denn die alte Karre hält nicht mehr allzulang. Im Sommer geht es wieder nach Holland, dort sind „dufte Leute", die Fahrt ist kurz, das Wetter mittelmäßig und die Preise vertretbar, wenn man zeltet. Peter hat keine gewichtigen Probleme. Immer zu wenig Geld, oft Streitigkeiten mit der Freundin (machen ihm aber auch etwas Spaß) und leider mit den Eltern, die „nichts kapiert haben, vergessen haben, was ihre Bedürfnisse vor zwanzig Jahren waren".

Peter ist u. E. ein gutes Beispiel für einen Jugendlichen, der unter ziemlich günstigen häuslichen Verhältnissen, eingebunden in verschiedene Freundschaften, mit etwas Glück und Fleiß im entscheidenden Augenblick eine positive Karriere aufbaut. Streiche, über die Stränge schlagen, Opposition gehören dazu. Die Gefahr echten psychischen Hinabgleitens tauchte nur selten auf. Entwickelt hat sich Peter im Spannungsfeld angemessener Antriebskräfte und positiver Zukunftserwartung auf dem Hintergrund leichter überdurchschnittlicher sozialer Verhältnisse im Milieu und der staatlichen Initiative zur Schaffung zusätzlicher Lehrstellen für jugendliche Hauptschulabsolventen. Ausschlaggebend war, daß der sozialtechnisch gut informierte Vater den gesamten Bewerbungs- und Vorstellungsprozeß des Jungen organisiert hatte. In der elterlichen Wohnung wurden systematisch Personaltests geübt. So erhielt Peter auf zwölf Bewerbungen drei Zusagen und konnte sich sogar einen ihm persönlich sympathischen Arbeitsplatz auswählen.

Arbeitslosigkeit und „narzißtische Kränkung"

Parallel zum Massenproblem der Jugendarbeitslosigkeit als Produkt unserer spezifischen gesellschaftlichen Situation und mit den oben z. T. dargestellten psychischen Auswirkungen wird eine Diskussion um einen angeblich neuen Sozialisationstypus „Narziß" geführt. Auch hierfür werden die gesellschaftlichen Verhältnisse als bestimmend angesehen, denn diese bewirken eine neue Ziel- und Wertorientierung der Jugendlichen. Die neue Jugendpersönlichkeit wird beschrieben als stumpf, gefühlskalt, unsozial und verantwortungslos. Sie ist zu Triebaufschub nicht in der Lage. Ein schwaches Ich kollidiert mit seinem hohen Anspruch. Das Ergebnis: Realitätsverlust, Egozentrismus, Unstrukturiertheit und diffuse Kommunikation. Gelegentlich wird der sichtbare, latente materielle Konsum bzw. der „Überfluß" für diesen „Defekt", der Arbeits- und Beziehungsstörungen zur Folge hat, verantwortlich gemacht. Aussteiger, Jugendliche mit alternativen oder mythisch-religiösen Lebensweisen oder z. B. „Teds" (Jugendliche Cliquen, die sich entsprechend der „Halbstarken" der fünfziger Jahre kleiden und benehmen) sollen so entstanden sein.

Das hilflose Ausleben der scheinbar „eigenen Bedürfnisse", die infantile Selbstbezogenheit und ähnliche, tatsächlich beobachtbare Phänomene sind aber weder typisch für die Jugend generell noch im Zusammenhang mit Lehrstellenmangel und Jobverlust zu sehen. Die Auseinandersetzung um den „Narziß" wird doch eher in Schichten geführt, die nicht vollständig abhängig und ausgeliefert sind, die aufgrund ihrer leicht privilegierten sozialen Herkunft und günstigerer Bildungsmöglichkeiten auch teilweise am sogenannten Überfluß partizipieren konnten. Denn der typische, durchschnittliche Hauptschulabsolvent leidet gerade deshalb auch an den Verhältnissen, weil seine Konsummöglichkeiten eingeschränkt sind.

Ohne Moos nichts los...

Die hochindustrialisierte, spätkapitalistische Gesellschaft ermöglicht nicht nur einigen wenigen, den Genuß von moderner Technik, abwechselungsreicher Freizeit, guter Kleidung und Urlaubsreisen, um nur einige unserer Errungenschaften zu nennen. Die Lebensbedingungen haben sich in der Nachkriegszeit kontinuierlich bis etwa ins Jahr 74 hinein verbessert. Mehr menschliche Bedürfnisse (quantitative und qualitative) konnten befriedigt werden – und neue, künstliche Bedürfnisse wurden über massive Werbung und Suggestion geschaffen. Gerade Jugendliche unterliegen den schwankenden Trends im Freizeitverhalten und Gruppennormen. Die Teilnahme an Veranstaltungen, nehmen wir Rockkonzerte oder das Bowling-Spiel, der Besitz von Kleidung oder Kleinkrafträdern kann den sozialen Status wesentlich bestimmen. Unsere Freizeitangebote werden immer kostspieliger, oft auch monotoner. Spielhallen bieten Flipper und Kicker, Sportzentren ermöglichen gegen Geld die Benutzung von Tischtennisplatten und Squashplätzen. Während nun der Lehrling seine geringe Absbildungsbeihilfe kompensiert durch seinen Status als zukünftiger Facharbeiter, muß der arbeitslose Jugendliche eher über sein Konsumverhalten nach außen demonstrieren, daß er „dazu gehört". Da kaum unentgeltliche Treffpunkte oder Veranstaltungen für diesen Personenkreis geboten werden, müssen die Kneipen, Discos und Treffs der kommerziellen Kultur angesteuert werden. Aber woher das Geld nehmen, wenn nicht stehlen? Die wachsende Jugendkriminalität ist sicherlich auch auf diesem Hintergrund zu sehen. Man nimmt sich das Vorenthaltene einfach. Die Kaufhäuser breiten ihre Waren schließlich aus, damit sie auch konsumiert werden.

Die Angebotsform vieler Jugendfreizeitveranstaltungen und der Versuch, die unangenehmen Gedanken gewaltsam zu stoppen, sind auch mitverantwortlich für den übermäßigen Alkoholgenuß und die Benutzung härterer Drogen. Durch die so entstandene Abhängigkeit kommt der Jugendliche in einen schwer zu durchbrechenden Kreislauf: Für Drogen benötigt er Geld, da er keines verdient, muß er es durch Diebstahl oder durch „Strichen" besorgen, was auch „erfolgreich" über längere Zeit durchgehalten werden kann; schließlich wird die Abhängigkeit durch erneuten Drogenkonsum ausgeprägt.

Ausblick

Ober diesen Beitrag sind sicherlich diejenigen Sozialpädagogen enttäuscht, die klar umrissene psychische Problemfelder als Korrelate und Konsequenzen der Jugendberufsnot gesucht haben. Denn gezeigt werden sollte, daß verschiedene, die durchschnittliche oder „normale" Sozialisation durchbrechende Verhaltens- und Erlebensweisen des betroffenen Jugendlichen auftreten können. Im Zentrum des Problems steht außerdem nicht das im engeren Sinn psychische Ereignis, sondern das soziale: durch die drohende oder bestehende Arbeitslosigkeit und den Ausbildungsplatzmangel wird dem Heranwachsenden die Möglichkeit genommen, sein Leben irgendwie zu planen. Aktivität und Zeitplanung scheinen überflüssig zu sein, eine allgemeine Orientierungslosigkeit ist die Folge. Der Jugendliche wendet sich von der Erwachsenenwelt ab und schließt sich im günstigen Fall noch einer informellen Gruppe Gleichaltriger an. Dort werden Riten verabredet, die die Brücke zu den Erwachsenen völlig beseitigen. Gleichzeitig bleibt der Jugendliche objektiv abhängig von den materiellen Werten, den Wohnformen und den Einschätzungen der Elterngeneration. Als besonders fatal wird jetzt vom Jugendlichen die Stagnation in seiner Persönlichkeitsentwicklung erlebt. Da die Jugend als entwicklungsorientiert gilt und gerade in dieser Phase die Weichen für ein so oder so geartetes produktives Leben gestellt werden, tritt für den längere Zeit Arbeitslosen ein verheerender biographischer Bruch ein. Er hatte erwartet, daß seine Selbstbestimmungsmöglichkeiten jetzt erweitert werden und muß einsehen, daß er sich mit unumstößlichen äußeren Bedingungen abfinden und arrangieren soll. Der Jugendliche, der objektiv ausgegrenzt wird, spiegelt zwangsläufig individuell und psychisch diese gewaltsame Unterdrückung seiner aktuellen und perspektivischen Wünsche mit den geschilderten Auffälligkeiten. Eine Gesellschaft, die den prinzipiell vom Menschenbild her nicht nötigen Entwicklungsstillstand der meisten ihrer Mitglieder zeitlich immer weiter vorverlegt, muß damit rechnen, daß neuartige kollektive Reaktionsformen und Staatsverdrossenheit zu zusätzlichen heute noch nicht bekannten Konfliktarten führt.

Anmerkungen:

1. WACKER, A.: Arbeitslosigjkeit; Frankfurt 1976
2. GRUNDNIG in: Lieber arbeitslos als ausgebeutet? Köln 1980
3. Bericht über Bestrebungen und Leistungen der Jugendhilfe - 5. Jugendbericht, Teil B 3; in: Drucksache 8/3658, Bonn 1980
4. WACKER, A. (dito)
5. BURGER/SEIDENSPINNER: Jugend unter dem Druck der Arbeitslosigkeit, München 1977
6. HEINEMANN, K.: Arbeitslose Jugendliche, Darmstadt 1978
7. KOCH/RODCHOLL in: Arbeit und Arbeitslosigkeit als pädagogisches und therapeutisches Problem, Köln 1980

Erschienen in: Jugend – Beruf – Gesellschaft Heft 4, 1981; Wiederabdruck in: Bundesarbeitsgemeinschaft Jugendaufbauwerk (Hrsg.) : „Jugendarbeitslosigkeit – Angebote der Jugendsozialarbeit zur Lösung eines drängenden Problems"; Bonn 1982

Text 8

„Lasst uns zusammenarbeiten..."

Vorurteile verhindern effektive Erziehungshilfen für schwierige Schüler

Was hindert eigentlich Schule und Jugendhilfe – in Berlin auf Landesebene inzwischen von einer Senatsverwaltung geleitet – an alltäglicher, wirksamer Zusammenarbeit?
Warum fühlen sich Schulpädagogen kaum oder gar nicht angesprochen, wenn zu einem gemeinsamen Kongreß nach Bremen eingeladen wird?
Sind es unterschiedliche Auffassungen oder nur die Arbeitsbedingungen?
Sind es tatsächliche Differenzen oder nur Vorurteile?

Unterschiedliche Berufsgruppen in Clinch

Tatsache ist, daß die angesprochenen Berufsgruppen nicht miteinander klarkommen. Auf der einen Seite stehen die Studienräte, Lehrer, Rektoren, Schulpsychologen, Schulräte usw. – ich nenne sie im folgenden kurz »Lehrer« –, auf der anderen, ebenso isoliert, die Erzieher, Sozialarbeiter, Psychologen, die Mitarbeiter der Jugendfreizeiteinrichtungen, der Familienfürsorge, Erziehungsberatung, der Kinder- und Jugendheime – ich nenne sie zusammenfassend »Sozialpädagogen«.
Letztere grenzen sich von den Lehrern ab: sie seien zu rigide, nur auf Bildung und Wissensvermittlung aus, zensurengeil, leicht von Strebern zu bluffen, wohlwollend gegenüber sozial angepaßten, von Eltern und Kollegen empfohlenen jungen Menschen (»Pygmalion-Effekt«). Lehrer seien außerdem zu strukturierend, zu didaktisch und mit Scheuklappen gegenüber den brennenden psychosozialen Problemen ausgestattet. Schließlich wird behauptet, alle Lehrer seien faul, hätten das halbe Jahr sowieso Ferien und während der Schulzeit nur Halbtagsdienste, der Nachmittag wird zum Segeln genutzt. Ein besonders beängstigendes Bauwerk ist die Mauer zwischen Lehrern von Heimkindern und den Heimerziehern. Die einen schlagen angesichts drastischer Schulsanktionen die Hände über dem Kopf zusammen, die anderen belächeln und boykottieren die im Heim entwickelten Erziehungspläne. Denn auch der Lehrer hat sein festgefügtes Bild vom »Kollegen« Sozialpädagogen. Er hält weder etwas von seiner Ausbildung, noch

von seiner alltäglichen Praxis. Der Erzieher zum Beispiel gilt als ahnungsloser Sponti, als ständiger Kaffeetrinker, als Langschläfer, wenn in der Jugendförderung beschäftigt. Im außerunterrichtlichen Bereich wird er liebevoll »Pausenclown« genannt, im Freizeitheim »Schließer« wegen des großen Schlüsselbundes. Vor- und Nachbereitung ihrer Arbeitsphasen kennen Sozialpädagogen angeblich nicht, sie sind einfach nur da, verwalten das Chaos, und das soll dann die »Arbeit« sein. Besonders kritisch sehen Lehreraugen die Psychologen im Jugendamt. Diese tun noch weniger, lassen gelegentlich mal junge Leute einzeln zu sich kommen, fallen dann prompt auf deren Tricks herein, unterstützten die gerissenen Jugendlichen in ihren durchsichtigen Interessen und beziehen dafür oft sogar mehr Einkommen als die tapferen Schulmeister! Ja, auch das liebe Geld spielt eine tragende Rolle in unseren Konkurrenzen: Futterneid, Statusfragen und eine sorgfältig gestaffelte Akademikerhierarchie gibts auch heute, 1984.

Alle Jugendprofis haben dieselben Probleme!

Ich bilde mir ein, die Vorurteile ganz gut zu kennen, weil ich in den befeindeten Feldern gearbeitet habe: in Schulen, Heimschule, Kinderheim, im Schulpsychologischen Dienst, in der behördlichen Jugendberatung sowie in den Ausbildungsstätten der beschriebenen Berufsgruppen. An allen Vorurteilen ist auch was dran, sie haben »rationale Kerne«. Zahlreiche Lehrer sind tatsächlich ignorant, zum Beispiel gegenüber Versuchen, unmotivierte Schüler im Kontext unserer neueren gesellschaftstypischen Skandale zu akzeptieren (GARSKI, Kreisel-Turmbau, Bestechungs-und Parteispendenaffären).

Solche Lehrer betonten weiterhin die relative Chancengerechtigkeit und übersehen, daß insgesamt eben nicht ausreichend Chancen auf Aufstieg, vermittelt über ausreichende Lehrstellen und Jobs generell, gegeben sind. Der schlechte Schüler antizipiert das, d. h. er nimmt den vermuteten späteren Mißerfolg unbewußt vorweg durch Leistungsgleichgültigkeit oder -verweigerung.

Demgegenüber berücksichtigen die gutwilligen Sozialpädagogen sehr wohl die ungünstigen Umweltbedingungen der frustierten jungen Leute, tun dies aber oft hilflos, lassen sich ausnutzen oder flüchten in Abgrenzungen mit Hilfe von wenig fundierten Schlagworten, wenn ein Jugendlicher trotz »monatelanger« Betreuung doch seinen Weg unbekümmert weiter geht. Sozialpädagogen der Praxis lesen wenig und sind meines Erachtens weniger informiert über neuere Trends und Facts. Aber was solls, wichtiger als die jeweiligen Macken der Mitarbeiter sind doch die Ziele in der Arbeit mit »unserer« zukunftslosen Jugend. Und daß ich mich privat eher mit Lehrern als mit Psychologen verstehe, interessiert hier nicht.

Was tun?

Die Veranstalter des 6. Jugendhilfetags jedenfalls haben es trotz großer Mühe nicht geschafft, Vorurteile auszuräumen und gemeinsame Wege zu finden. Der Grund: wir, die Profis in Schule, Familienarbeit und Jugendhilfe haben noch nicht begriffen, daß die Probleme überall die gleichen, oft dieselben sind, nämlich Jugendberufsnot (Problem Nr. 1!), lernunwillige Schüler, Drogenmißbrauch, Delinquenz, Anfälligkeit für obskure religiöse Sekten und für abartige Ideologien.

Nehmen wir z. B. die stadtbekannten Skinheads (übrigens keine Eintagsfliegen, in England schon seit Ende der 60er Jahre bekannt). Ein vierzehnjähriger Knabe mag plötzlich deren Uniform, rasiert sich die Haare ab und übernimmt naiv-blind die rechtsradikale Doktrin. Alle ihn »umzingelnden« Erwachsenen (Eltern, Lehrer, Freizeitheimfreaks...) sind entrüstet und beginnen gemeinsam, die Ausgrenzung des vermeintlichen Jungfaschisten unumkehrbar zu machen.

Argumente, Statements, Vorwürfe wollen plötzlich die vielschichtigen Gefühle unseres Jung-Skin »überzeugen«. Er blockt ab, verschließt sich und wendet sich jetzt noch stärker seiner Peer-Group und dem dort tonangebenden Fascho-Glatzkopf zu (vermutlich der einzige wirklich gefährliche, ggf. mit Polizei/Justiz zu konfrontierende einer solchen Gruppe). Der Effekt für uns (wir, die es immer so gut meinen): wir sind den jungen, ungefestigten Menschen los, können ihn unter Umständen jahrelang nicht mehr mit sorgsam dosierten Alternativen zum Skin-Leben konfrontieren, können nicht unseren »Stil« modellhaft anbieten. Unaufdringliche, engagierte Erziehungshilfen greifen immer noch, allerdings doch eher bei den 11-15jährigen als bei älteren Jugendlichen. Dies ist meine Kernthese, da bin ich optimistisch, trotz und wegen der verbreiteten No-Future-Stimmung bei vielen Schülern und einigen Kollegen! Diese, die großen »Kids« wurden nicht ohne Grund »Lücke-Kinder« getauft, denn es gibt für sie wenig gezielte, wohlwollende Unterstützung, Interessenvertretung und Orientierungshilfe. Die Leistungsgesellschaft verlangt gerade vom Teenager massiv schulisches Wissen; gleichzeitig beherrschen Verbote (»dafür bist Du noch zu jung«) den Alltag des nachdenklichen, Bewußtsein und Ansprüche entwickelnden Menschen in der Pubertät. Mit dem Schulstreß, den Verboten und vor allem mit sich alleingelassen rutscht er so in eine Karriere des »Aggress« und verstrickt sich in nicht mehr umerziehbaren Spleens. Die Angebote des Sozialstaats erreichen ihn nicht mehr, wir sind draußen. In einem Beitrag zum Thema »psychologische Beratung für Jugendliche« in Bremen hat mich die Hilflosigkeit des dortigen schulpsychologischen Dienstes überrascht, der zum Beispiel in Berufsschulen geht und (erfolglos) mit Methoden der Gesprächsführung, des Spiels und der themenzentrierten Beratung versucht, die große Schar problembelasteter Schüler an den Dienst heranzuführen.

Lebenswerte Werte?

Im Februar 1980 ist der Berliner Landesschulrat BATH mit 30 provokanten Thesen an die Öffentlichkeit getreten. Sehr schnell haben sich damals die Pädagogen in zwei verbittert kämpfende Lager gespalten, in die Anhänger und die Gegner der BATH-Werte. Emotionen entfachten angesichts vielzitierter Negativbeispiele für Positionen der unverarbeiteten Vergangenheit („die Liebe zur Heimat und zum Vaterland ist ein wichtiger Integrationsfaktor"). Dabei fände ich es viel konstruktiver, den von BATH an vielen Thesenstellen treffend beschriebenen Zustand unserer Jugend und unserer Pädagogik zur Kenntnis zu nehmen und dann über einen zeitgemäßen Erziehungsauftrag zu reden. Wem dazu »nichts einfällt«, sollte konsequent sein und den Erziehungsdienst quittieren.

Erschienen in: Sozialpädagogik 26.Jg., 1984

Text 9

Jugendberatung als unbürokratische Orientierungshilfe

Die JOKER eines Berliner Bezirksamts

In Berlin-West befassen sich rund zehn Einrichtungen speziell mit Schüler- oder Jugendberatung. Keine davon ist wie die andere: das liegt an unterschiedlichen Konzeptionen, Schwerpunkten, Zielgruppen und Trägern. So werden zum Beispiel Schülerberatungen betrieben vom Arbeitskreis Neue Erziehung in Neukölln und vom Diakonischen Werk (Boje) im Wedding. Ein gefächertes Angebot von vier verschiedenen Beratungsdiensten hat die »Allgemeine Jugendberatung e. V.« aufgebaut, neben der Telefonberatung »Mondo X« die älteste derartige Initiative in der Stadt. Mit Trebegängern befaßt sich die Kontakt- und Beratungsstelle (Träger Jugendclub e. V./Senator f. Jugend). Die Familienfürsorge Kreuzberg hat eine neue Jugendberatungsstelle außerhalb des Rathauses angesiedelt, für den »Kiez« eine vielversprechende Idee. Im Bezirk Wilmersdorf gibt es seit acht Jahren eine besondere Einrichtung »Jugendberatung in Freizeitheimen«, die in diesem Beitrag ausführlich beschrieben werden soll.

In den großen Jugendfreizeitheimen des sonst eher gutbürgerlichen Bezirks Wilmersdorf häuften sich Mitte der siebziger Jahre Auseinandersetzungen, Unruhe und Konflikte. Die Mitarbeiter beobachteten zunehmende Delinquenz und setzten angesichts der Problemlawine im Jugendamt durch, daß zunächst provisorisch ein unterstützender mobiler Beratungsdienst installiert wird. Seit 1983 gibt es hierfür zwei Planstellen (Pädagoge u. Psychologe). Über zwei Stationen – eine im Haus der Jugend, die andere im Beratungszentrum – erfolgt eine offene Form von Jugendberatung, das heißt Problemlösung dort, wo Konflikte auftauchen, mobile, stadtteilbezogene Hilfen für hauptsächlich Freizeitheimbesucher. Bei der Auswahl der Mitarbeiter wurde darauf geachtet, daß beide Geschlechter vertreten sind und daß fundierte Kenntnisse in den Feldern Wohnen/Mieten, Fremdunterbringung, Ausländerfragen (Türkisch), schulische und berufliche Bildung/Qualifizierung, soziale Hilfen und Mädchenarbeit vorliegen.

Zielgruppe

JOKER berät alle jungen Menschen im Alter von 12 bis 24 Jahren, unabhängig von sozialer Herkunft, Schulbildung oder Nationalität. Zu uns kommen hauptsächlich Hauptschüler, Lehrlinge, Jungarbeiter und Erwerbslose. Das Durchschnittsalter liegt bei 17 Jahren; aber auch Heranwachsende bemühen sich häufig mit Sorgen zu uns, etwa um Jugendhilfemaßnahmen trotz formaler Volljährigkeit zu erwirken. Intensive Hilfen benötigen unseres Erachtens auch Mädchen in der schwierigen Übergangsphase zur Frau, denn sie haben die rechtloseste Stellung in Familie, Beziehung oder Clique. Ihre Minderwertigkeitsgefühle und sexuellen Probleme, ihre Berufswahlkonflikte werden gezielt in Einzelberatung und Gruppenarbeit angegangen. Ausländische Mädchen stehen »ganz unten«: sie müssen starke Kontrollen durch Eltern und Brüder sowie drastische Strafen bei kleinsten Verfehlungen über sich ergehen lassen.

Aber auch männliche Ausländer, hauptsächlich Türken, nutzen unsere Angebote, denn sie werden trotz langjährigem Aufenthalt im »Gastgeberland« und guter Deutschkenntnisse weiterhin diskriminiert.

Aber ganz ohne Ausgrenzung geht's auch bei uns nicht: Drogenabhängige und Asylanten können nicht betreut werden; Jugendlichen mit massiven psychosomatischen Störungen und Psychosen empfehlen wir andere qualifizierte Spezialeinrichtungen.

Unsere Beratungsangebote

Der Begriff »Allgemeine Jugendberatung« umschließt alle Probleme (seelische, existentielle, materielle) sowie alltägliche Sorgen und Nöte. Dazu gehören auch Krisen- und Konfliktberatung, also Soforthilfe ohne Wartezeit.

Zur Verdeutlichung von Angebot und Nachfrage einige Daten aus unserer Statistik des Jahres 1985 (siehe Tabelle auf der nächsten Seite).

Unser Beratungsansatz

- *Freiwilligkeit*

Wir beraten nur Jugendliche, die freiwillig zu uns kommen. Dieser Grundsatz ist sowohl entscheidend für das Vertrauensverhältnis als auch ein wichtiger Schritt zur aktiven Selbsthilfe und Selbsttätigkeit des Jugendlichen. Jede Maßnahme, sei es ein Gespräch mit den Eltern, dem Lehrer oder der Weg zur Familienfürsorge, findet nur mit ihm und auf seinen ausdrücklichen Wunsch statt. Wir helfen, indem wir gemeinsam das Problem und die Ursachen erarbeiten, um dann Lösungsmöglichkeiten und einzelne Handlungsschritte aufzuzeigen. Entscheiden und Handeln muß der Jugendliche selbst!

- *Parteilichkeit*

Jugendliche sind sehr sensibel. Sie spüren sofort, ob sie als Person mit ihrem Anliegen ernst genommen werden, oder ob die Beratung neben Eltern, Schule, Ausbildung nur der verlängerte Arm einer dieser Erziehungsinstanzen ist. Wir lehnen daher jede offene oder versteckte erzieherische/ Zielsetzung ab. Beratung heißt für uns, den Jugendlichen bei der Realisierung ihrer Ziele eine Orientierungshilfe zu geben und sie bei der Durchführung praktisch zu unterstützen. Ein Meinungsaustausch, eine kritische Auseinandersetzung ist die Grundlage der Beratung; aber sie muß in einer gleichberechtigten, offenen Diskussion stattfinden, aus der sich der Jugendliche das heraussuchen kann, was für ihn annehmbar ist. Die speziellen Lebenserfahrungen und Erlebnisse der Jugendlichen prägen ihr Verhalten und ihre Auffassung. Hier sollte Jugendberatung ansetzen, um zu verhindern, daß eingeengte, moralisierende Pädagogenansprüche zum Maßstab werden. Parteilichkeit heißt auch, für die in der Regel ständig von Erwachsenen erzogenen bevormundeten und rechtlosen Jugendlichen eine Art Sozialanwalt zu sein, sie vor unrechtmäßigen Übergriffen der Eltern oder Institutionen zu schützen, ihnen beizustehen in ihrem Existenzkampf um Selbständigkeit und Identität. Ziel ist dabei immer die Stärkung der Selbsttätigkeit und des Selbstbewußtseins.

- *Verschwiegenheit – Anonymität*

Ein Vertrauensverhältnis entwickelt sich nur dann, wenn der Jugendliche die Gewißheit haben kann, daß über den Inhalt seines Gespräches nichts gegen seinen Willen nach außen dringt. Wir führen keine Akten; auf Wunsch kann der Jugendliche auch völlig anonym bleiben. Aufzeichnungen machen wir nur mit Zustimmung des Jugendlichen und halten sie unter Verschluß. Es gibt allerdings eine Ausnahme bei diesem Grundsatz: Vor Gericht besitzen Pädagogen/ Psychologen leider kein Zeugnisverweigerungsrecht. Diesen Hiweis geben wir Jugendlichen fairerweise, sie sollten bei Straftatbeständen besser den Anwalt konsultieren.

- *Ruhe – Zeit*

Um den ersten Schritt in die Beratung zu machen und sich jemandem anzuvertrauen, müssen Jugendliche zunächst ihre Ängste und Hemmungen überwinden. Jede Hektik, jede Büroatmosphäre erinnert sie an Schule, Arbeitsamt, Sozialamt, degradiert sie zu Bittstellern und macht ein intimes Beratungsgespräch unmöglich. Beratung braucht Zeit, Ruhe und Geborgenheit ausstrahlende Räume. Da wir verschiedene Freizeitheime betreuen, wissen wir, daß Beratung zwischen Tür und Angel, in Büros oder Küchen, bei lauter Musik und klingelnden Telefonen nicht viel mehr sein kann als eine erste Kontaktaufnahme mit Informationen und Tips. Dennoch ist dieses erste Kennenlernen wichtig, weil es den Jugendlichen den Weg in die Räume der Beratung erleichtert, eine erste Verbindlichkeit herstellt, und wir darüber hinaus anderen Freizeitheimbesuchern bekannt werden.

Praktische Hilfe – konkrete Angebote

Jugendberatung beschränkt sich nicht auf eine möglichst umfangreiche Palette abrufbereiter informationen auf allen Gebieten. Ratschläge und Gespräche reichen oft nicht aus, um Jugendlichen weiterzuhelfen. Wir halten es auch gar nicht für erstrebenswert. alles sofort wissen zu müssen. Den Jugendlichen würde damit nur eine Überautoriät suggeriert, die eher Angst als Vertrauen einflößt. Viel wichtiger ist, daß der Jugendliche ein ehrliches Interesse spürt, zum Beispiel wenn der/die Berater/in sich seinem speziellen Problem widmet und sich unter Umständen sogar gemeinsam mit ihm/ihr sachkundig macht. Praktische Hilfe kann der gemeinsame Weg zum Sozial- oder Arbeitsamt sein. Wichtig dabei ist nur, daß der Jugendliche nicht überbetreut oder bevormundet wird, daß ihm nicht Arbeiten abgenommen werden, die er auch allein schaffen könnte. Rückschläge und Versagen sind normal und berechtigen uns nicht zu moralischen Vorhaltungen. Nur so findet der Jugendliche den Mut, erneut unsere Hilfe in Anspruch zu nehmen (um ggf. erneut versagen zu dürfen ...).

Wir haben die Erfahrung gemacht, daß zusätzliche eigene Angebote eine wichtige Ergänzung zur Allgemeinen Jugendberatung darstellen. Die Nützlichkeit der Angebote steht im Vordergrund und wird deshalb von den Jugendlichen als eine große Hilfe empfunden. Wir bemühen uns, die traditionelle Trennung von Beratungsgesprächen und konkreten Angeboten zu überwinden und sprechen uns gegen weitere Spezialisierung aus, weil dies junge Menschen vor ständig neue Schwellenängste und Vertrauensprobleme steilt. Gradmesser für unseren Beratungsansatz sind einzig und allein die Jugendlichen: ihr Kommen oder Wegbleiben, ihre Weiterempfehlung sind das beste Korrektiv für unsere Arbeit.

JOKER in Zahlen

```
Beratungsgespräche insgesamt:    497    Ratsuchende insgesamt:    144
Rechtsberatung d. Anwältin:       94    Rechtsuchende insgesamt:   43
nach Geschlecht:      männlich:   79    weiblich:  65
Ausländer insg.: 30   männlich:   19    weiblich:  11
es erschienen
einmal:              63    2-5 mal:  57    6-10 mal: 14    11-20 mal: 11
```

Die von Jugendlichen am häufigsten vorgetragenen Probleme

Problemfeld	in % insg.	deutsch männl.	deutsch weibl.	ausländ. männl.	ausländ. weibl.
1. Eltern, Familie, Beziehungen	28	7,5	16	2	2,5
2. Wohnen, Trebe, Unterbringung	24	8	7,5	5	3,5
3. Arbeit, Ausbildung, Job	20	9,5	5	5	0,5
4. Schule, Qualifizierung	8	4	2	2	0
5. Soziales, Geld, Verträge	16	8	2,5	4,5	0

Unsere speziellen Angebote

Im letzten Jahr haben wir fünf besondere Angebote vermittelt:
a. Rechtsberatung. Intensive Aufklärung und Beratung in allen rechtlichen Fragen, bei Auseinandersetzungen mit Polizei/Justiz bieten die JOKER, unterstützt durch eine Rechtsanwältin, seit vielen Jahren an einem Abend pro Woche.
b. Schülerhilfen. Neben herkömmlicher Schularbeitshilfe bieten wir auch Nachhilfeunterricht für Lehrlinge an.
c. Wohnungsvermittlung. Durch verbindliche Absprachen mit einer anderen Abteilung des Bezirksamts gelingt es uns häufig, kleine Sozialwohnungen an besonders bedürftige junge Menschen zu vermitteln.
d. Führerscheinprojekt. In Kooperation mit dem Institut für Verkehrspädagogik an der Technischen Universität Berlin bieten wir insbesondere arbeitslosen Jugendlichen einen subventionierten Führerschein Kl. III an, der im Rahmen einer pädagogisch betreuten Gruppenfahrausbildung erworben werden kann.
e. Arbeitslosenfrühstück.

Zum Beispiel das Frühstück

Der Ansatz: Junge Wilmersdorfer ohne Job, ohne Ausbildungsplatz sollen nicht länger anonym und isoliert ihrem »Schicksal« nachtrauern, sondern im Kreise anderer Betroffener in der Gesprächsgruppe ähnliche Sorgen erfahren und schließlich (mit unserer Unterstützung. möglichst in Selbsthilfe) neue Schritte in Richtung Erwerbstätigkeit tun. Im Rahmen eines wöchentlichen, offenen Jour-Fixe soll sowohl gut und ausgiebig gefrühstückt werden als auch eine Summe von individuellen Wegen zur perspektivischen Aufhebung der Arbeitslosensituation gefunden werden.

Besonders wirksam ist die kontinuierliche Einbeziehung eines Sozialberaters, der im Auftrage des »Internationalen Bundes für Sozialarbeit« beim Arbeitsamt damit beschäftigt ist, hauptsächlich Jugendliche ohne qualifizierte Schulabschlüsse in berufsfördernde Maßnahmen zu vermitteln.

Für uns ist Tätigkeit, egal ob handwerkliche, künstlerische oder theoretische eine Grundform menschlichen Lebens. In der Tätigkeit setzen wir uns mit Dingen, Personen und Problemen unserer Umwelt auseinander. Sie erfordert Zusammenwirken und Sozialbeziehungen; durch die hergestellten Produkte (auch Dienstleistungen) verwirklicht sich der Mensch und erlebt, daß er für die Gemeinschaft nützlich ist. Neben der körperlichen und geistigen Aktivierung werden auch Fähigkeiten und Fertigkeiten erlernt. Diese objektive Bestimmung steht nicht im Gegensatz dazu, daß einige unserer Frühstücksgäste es nicht besonders eilig bei der Arbeitssuche haben. In unserer Gesellschaft wird Arbeit mit Erwerbstätigkeit gleichgesetzt. Diese hat für die Mehrheit der abhängig Beschäftigten eine Form angenommen, die in vielen Bereichen weit entfernt ist von »kreativer Naturaneignung«.

Lust auf Arbeit haben subjektiv nur wenige. Das liegt an verschiedenen Ursachen: Die Chance, einen interessanten Ausbildungsplatz zu finden, ist gering, der soeben aus der Schule Entlassene hat keine konkreten Vorstellungen vom Berufsalltag, will seine »Freiheit« erhalten, hat Angst vor Sachzwängen, Vorgesetzten und starkem Leistungsdruck; vierzig Stunden pro Woche bedeuten – besonders für Berufsanfänger und für Jugendliche, die durch Phasen längerer Arbeitslosigkeit »verwöhnt« wurden – eine gewaltige persönliche Einschränkung und Freizeitreduzierung; der entfremdete Charakter der Arbeit in den meisten Tätigkeitsfeldern verhindert wirkliche Lust, die Orientierung an dem Dolce Vita der Reichen, an Stars, die ununterbrochen konsumieren, aber nie sichtbar arbeiten, führt zum Realitätsverlust und zum Trend, spielerisch das Leben meistern zu wollen. Schließlich tragen auch die oft niedrigen Löhne für stupide Arbeit nicht gerade zur Arbeitsmotivation bei.

Der Jugendliche errechnet sich zum Beispiel geringe Differenz zwischen möglichem Lohn und Sozialleistungen, und zieht dann »bis auf weiteres« den Zustand der Erwerbslosigkeit vor. Diese Haltung in der Frühstücksrunde aufzubrechen, gehört mit zu unseren schwierigsten, frustrierendsten Aufgaben. Erfolge zeigen sich dann, wenn es gelingt, über intensivere Einzelberatung, durch Orientierung auf Weiterqualifizierung, Umschulung oder neuartige Arbeitsfelder die vorhandenen verdeckten Interessen zu beleben.

Kollegiale Zusammenarbeit und Beratung

Vorrangig ist die Kooperation mit den Kollegen/innen in Jugendförderungseinrichtungen unseres Bezirks; sie wird entwickelt über Teambesprechungen und -Beratung, die fallbezogen oder themenzentriert läuft. In den Freizeitheimen initiieren wir kleinere Fortbildungen (Ausländerrecht, Ausbildungsplatzsituation und ähnl.) und gestalten ein Mitarbeitertreffen für Abenteuerspielplätze. Wir haben eine Jugend-Arbeitsgemeinschaft ins Leben gerufen, in der interessierte Mitarbeiter aus dem Jugendfreizeit-, Spielplatz-und Amtsbereich Grundsatzfragen der Praxis zur Verbesserung der Handlungsfähigkeit diskutieren. Weitere wichtige Ansprechpartner für gegenseitige Beratung und Helfer für von uns betreute Jugendliche sind z. B.

- der Jugendnotdienst; die Kontakt- und Beratungsstelle mit ihrer »Trebervilla«
- Neuhland (vorübergehende Unterbringung)
- Aktion 70 (Vermittlung von Jugendwohngemeinschaftsplätzen)
- Arbeitsamt: Jugendsozialwerk (normale und besondere Maßnahmen zur beruflichen Eingliederung)
- zahlreiche außerbetriebliche, alternative und Sonderausbildungsstätten (Lehrsteilen für sonst chancenlose ...)

Schließlich sind wir vor kurzer Zeit initiativ geworden, um die wenigen ähnlich arbeitenden Schüler- und Jugendberatungsstellen in Berlin an einen Tisch zu bringen; unser gemeinsames Problem: welche Chance und Perspektive hat der ratsuchende sozial nicht privilegierte junge Mensch angesichts der „neuen Armut"? Nur unser gemeinsames sozialpolitisches Engagement könnte die Lage der Jugendlichen verbessern und ihre Rechte erweitern helfen?

Literatur

Bürger beobachten die Polizei (Hg.): Ungezielt, Berlin 1983.
Der Senator für Schulwesen, Jugend und Sport (Hg.): Jugend in Berlin, Berlin 1982.
GLUNTZ. U. u. a.: Jugendberatung, Berlin 1977.
GÜNTHER, M.: Psychosoziale Auswirkungen von Arbeitslosigkeit auf Jugendliche, in: BAG-JAW (Hg.): Jugendarbeitslosigkeit. Bonn 1982.
HAGEMANN-WHITE, C.: Sozialisation: Weiblich – männlich? Hg. von der Sachverständigenkommission Sechster Jugendbericht, Opiaden 1984.
Statistisches Bundesamt (Hg.): Zur Situation der Jugend in der BRD, Mainz 1985.

(mit SUDFELD, LILO – Erschienen in: Sozialpädagogik Jg. 29, 1987)

Text 10

Halb Berlin hält sich für „jugendlich"

Wer ist eigentlich „jugendlich"? Begriffe wie „Jugendbewegung" (entstanden bereits um die Jahrhundertwende im bürgerlichen Milieu und Anfang der 70er Jahre angesichts ganz anderer Aktionen wieder aufgegriffen) oder „Jugendunruhen" (seit Zürich aktuell wohl bis ins Jahr 2000) beschreiben nur sehr vage den jeweils handelnden Personenkreis, der offenbar ein breites Altersspektrum umfaßt. Zur Bewegung gehören oft 30-Jährige, die dann zum Maßstab werden und dann den unter 18-Jährigen (den Jugendlichen im eigentlichen rechtlichen Sinn) nicht selten den Status eines ‚Kids' bescheren.

Die meisten Soziologen bewegen sich bei der Festlegung des Jugendalters in der Spanne vom 12. bis 25. Lebensjahr. Die in diesem Kapitel vorgestellten Initiativen und Projekte richten sich etwa an diese Altersgruppe. Oft sind rechtlich enge Grenzen gezogen, denn das „Forever Young"-Gefühl allein reicht leider nicht aus, um kostenwirksame Jugendhilfe zu erhalten. Für junge Erwachsene (21-25 Jahre) und selbst Heranwachsende (18-20 Jahre) stellen die sozialpädagogischen Einrichtungen der Berliner Jugendhilfe nur spärliche Angebote bereit. Denn nicht die gelungene berufliche Integration des jungen Menschen, sondern das formale Alter gilt als Kriterium: wer 18 ist, soll selbst klarkommen. Wer an ein kombiniertes Arbeits- und Wohnprojekt vermittelt werden will, muß minderjährig sein – ein Anachronismus angesichts des heutigen Durchschnittsalters von 18,5 Jahren bei Auszubildenden. Vor zwei Jahrzehnten, als erst mit 21 die Jugendhilfe endete, betrug das Lehrlingsdurchschnittsalter noch 16,5 Jahre.

Organisierte Jugend – alternative StellvertreterInnen-Politik

Jugendpolitik wird entweder von oder für Jugendlich(n) entwickelt. Traditionll befassen sich organisationsabhängige Verbände wie zum Beispiel DAG- oder Schreber- oder Katholiken-Jugend mit diesem Metier. Mit Ausnahme der Sportjugend haben dise Gruppen in den letzten Jahrzehnten massiv an Mitgliedern verloren. Gleichzeitig versuchen die Parteien, eigene Nachwuchsgliederungen aufzubauen und (alle Jahre wieder erfolglos) zu steuern. Nicht ganz ins Raster passen zum Beispiel Organisationen wie die sozialistischen „Falken", doch auch sie leiden gleichermaßen an mangelndem Zulauf. Einer der Gründe ist sicherlich die permanente Herausbildung von Funktionären, die ihren Einfluss bis ins hohe Alter behalten – ein Blick in die bezirklichen Jugendwohlfahrtsausschüsse oder Verbandsvorstände spricht Bände! Paradoxerweise bestreitet niemand unter den Aktiven ernsthaft, daß Stellvertreterpolitik im objektiven, theoretisch erahnten, wohlwollend kopierten Interesse der Jugend scheitern muß. Ein neuer Weg wird von dem „AL-Jugendbereich" eingeschlagen: eine Einmischung ins Parteiinterne scheint wegen chaotischer, interner Strukturen nicht zu drohen, und eine Überalterung soll durch fixe Grenzen (26) verhindert werden. Fraglich bleibt, ob konsequente, nichtprofessionelle Jugendpolitik von den Betroffenen selbst auch kontinuierlich vorgetragen wird: Denn typisch für Jugendaktionen ist das spontane, an aktuelle Anlässe gebundene Engagement wie beim Schulkampf 88/89 oder bei der derzeit erstarkenden Antifa-Bewegung.

Selbstverwaltete und Jugend-Selbsthilfe-Projekte

... haben nicht mehr das politische Gewicht wie noch vor zehn Jahren. Über die Ursachen läßt sich spekulieren. Eine famose, beispielhafte Errungenschaft der Siebziger verstrickt sich intern in fatale Widersprüche und droht zu zerbrechen: das THOMMI-WEIẞBECKER-Haus. Neue selbstverwaltete Projekte oder Jugendzentren sind in den letzten Jahren nicht entstanden. Die Selbsthilfebewegung ist zwar innerhalb kürzester Zeit rapide angewachsen, sie erfaßt allerdings nur „Erwachsene" und nicht wie in den USA auch Jugendliche.

Angebote der Jugendhilfe

Kommunale oder Freie-Träger-Jugendhilfe war bis vor wenigen Jahren erst einmal mit Einrichtungen wie „Häuser der Jugend" oder Kinder und Jugendheime verbunden. Aus der Kritik an den zu großen, nicht ausreichend von der Zielgruppe genutzten Freizeitstätten resultieren einige neue Ansätze: zahlreiche kleine Läden entstanden für spezielle Nutzergruppen (Ausländer, Mädchen, Schüler, Treber usw.) Große Freizeitstätten wurden umkonzipiert in „altersübergreifende Freizeit- und Kulturzentren". Daneben bildeten sich einige Anlauf- und Beratungsdienste für Jugendliche heraus, die z. T. an Cafés oder offene Jugendtreffs angegliedert wurden. Daß Heime denkbar ungeeignet für familien- und schulgeschädigte „Teenager" sind (dieser altmodische Terminus erfaßt m. E. exakt die zu betreuende Altersgruppe), war eine späte, jetzt aber konsequent umgesetzte Erkenntnis der Verwaltung. Betreute Jugendwohngemeinschaften, Außengruppen und Kleinsteinrichtungen wurden geschaffen. Selbst totgesagte Mammuteinrichtungen zeigten Bereitschaft zu neuem Denklen. So liegt das diakonische Johannisstift mit seiner geschickten Ausdifferenzierung der Heime voll im Trend.

Es wurden Arbeitskooperativen, Betreutes Einzelwohnen, eine Jugendberatung für den Kiez und natürlich Wohnaußengruppen geschaffen. Andere Wohnheime wurden umfunktoniert in modellhafte Jugendwohneinrichtungen, so „Leben Lernen" und „WeGe ins Leben". Die Nachfrage der Betroffenen geht aber hauptsächlich in Richtung auf Einzelbetreutes Wohnen. Ob ein vor Jahren noch beispielhafter „BEW"-Senatsdienst namens „Schutzhilfe" die Neunziger ungebrochen erleben wird, hängt vom Ergebnis der dort heftig geführten Streitigkeiten um die ideale Trägerschaft ab.

Perspektiven

Es fehlen insbesondere Therapeutische Wohngemeinschaften für 16-25-Jährige mit angemessener unbürokratischer Finanzierung (vgl. Beitrag > „Psycho").

Strukturell benötigt unsere Jugendhilfe dringend die radikale Neuordnung ihrer Ämter. Das rasche Wegdelegieren von Probelmträgern, rationalisiert mit dem Gummiargument der Nichtzuständigkeit auf der einen, die klientenverwirrende Mehrfachbetreuung auf der anderen Seite, haben Ausmaße angenommen, die zu tatsächlicher Ineffektivität der Dienste trotz der hohen fachlichen Standards führten. Engagierte alternative Jugendhelfer haben deshalb den Senat aufgefordert, das Konzept „Jugendhilfestationen" zu prüfen. Das sind (im Fachjargon) problemorientierte vernetzte Angebote vor Ort, insbesondere Orientierungs- und Qualifizierungshilfe sowie Dienste, die direkt mit therapeutischen, teilstationären oder Wohneinrichtungen kooperieren. Wer Hilfe sucht, soll entwicklungsbegleitend Betreuung von Allround-Profis erhalten, ohne erst über x Schwellen diverser psychosozialpädagogischer Spezialdienste stolpern zu müssen – zweifellos ein Fortschritt.

Text 11

Psychosoziale,

psychologische und auch explizit pathologische Probleme treten bei jungen Menschen in großer Zahl auf und werden von offizieller Seite nicht geleugnet: So spricht der 5. Jugendbericht der Bundesregierung bereits 1978 von ca. 25% psychisch- oder verhaltensauffälligen Schülern! Damit wird deutlich, daß nicht nur eine klitzekleine Minderheit psychische Macken hat, sondern inzwischen wir alle – mehr oder weniger ausgeprägt, zumindest aber phasenweise – mit psychischen

Problemen belastet sind. Woher sie kommen, ist längst kein „endogenes" Geheimnis mehr und in der Szene unumstritten: Sie resultieren aus unseren spezifischen gesellschaftlichen Verhältnissen – der spätkapitalistische postmoderne Wohlfahrtsstaat macht's möglich.

Trotzdem hat die – was soziale Dienstleistungen anbelangt – wohl hochentwickelte Großstadt Berlin West gerade für Jugendliche und Heranwachsende nur wenige qualifizierte Psychoangebote, die ihrerseits strukturelle Schwächen aufweisen und deshalb die Zielgruppe oft nicht erreichen.

Die ambulanten Dienste sind häufig Bestandteil der Bezirksämter (Jugendamt, Gesundheitsamt, Schulpsychologischer Dienst im Amt für Volksbildung) und somit kaum attraktiv für ratsuchende potenzielle Nutzer. Niedergelassene Therapeuten sind nie auf Jugend spezialisiert; um auf dem Pschychologenpraxenmarkt konkurrenzfähig zu bleiben, bieten sie sich als „Gemischtwarenhandlung" an. Denn der seit ca. 20 Jahren laufende Kampf um die Anerkennung der Psychotherapeutenleistungen durch Gesetzgeber und Krankenkassen ist immer noch nicht zu Gunsten der ausgebildeten Psychologen entschieden.

In Berlin gibt es nur fünf niedergelassenen Fachärzte für Kinder- und Jugendpsychiatrie, darunter eine enpfehlenswerte Praxis mit zwei Ärzten, die selbst auch Psychotherapie für junge Menschen anbieten. Vier Kliniken hat die Stadt. Zwei relativ große weniger beliebte mit Aufnahmepflicht: „Wiesengrund" incl. Ambulanz und WGs „Der Steg" und „Spandauer Nervenklinik"; die kleine Uniklinik „Platane" mit Ambulanz und dem Schwerpunkt Eß- und Magersucht und nicht zuletzt das „Mosse" incl. Tagesklinik, das auf tiefenpsychologischer Grundlage seiner speziellen Klientel hilft.

Die Fortschreibung der Psychiatriereform hat in Berlin für Jugendliche offenbar nicht stattgefunden. Gäbe es nicht eine Reihe von Initiativen engagierter Fachleute an der Basis (vergleiche Entstehung von Einrichtungen wie Neuhland", „Wildwasser", „Mädchenhaus", „Mitte 6", „Joker", „Arbeitskreis Orientierungs- und Bildungshilfe", „Jugendberatung Spandau", „Sozialtherapeutisches Hilfswerk" u.v.a.), so würden die massiv auftretenden psychischen Sorgen der jungen Generation ausschließlich administrativ beantwortet. Und was das heißt, zeigt die dringend nötige Einrichtung weiterer Therapeutischer Wohngemeinschaftsplätze für diesen Personenkreis. Jugend- und Gesundheitsverwaltung schieben sich seit Jahren den schwarzen Finanzierungspeter gegenseitig zu. Auf der Strecke bleiben die Betroffenen.

(Texte 11 und 12 sind erschienen in: Stattbuch 4, Berlin 1989, S. 244-259)

Text 12

Hilfen für junge Volljährige nach SGB VIII § 41
oder:
Das merkwürdige Mauern der Jugendämter beim Förderhilfe-Skat mit Halbstarken. Mit einer kleinen aktuellen Untersuchung der Praxis im Land Berlin.

1975: Ein sogenannter Sozialstaat verläßt seine fast reife Saat

Am 1.1.1975 wurde das Volljährigkeitsalter nach genau 100-jähriger Festlegung neu bestimmt - alle damals im Bundestag vertretenen Parteien einigten sich auf den Wert achtzehn. Dadurch fielen die Heranwachsenden Empfänger von Leistungen über Nacht aus der Förderungswürdigkeit. Das Recht auf Erziehung und erzieherische Hilfen war für sie nun passé. Dass sich sichtbare Bedürftigkeit häufig nicht nach der Gesetzeslage richtet, ist Fachleuten bekannt. In dieser Situation beschränkte sich der Gesetzgeber aber darauf, Regelungen für solche jungen Erwachsenen zu suchen, die in Heimen oder Pflegestellen leben und deren Entwicklung offensichtlich stark gefährdet wäre, wenn sie von heute auf morgen dem harten Überlebenskampf der auf sich selbst gestellten Volljährigen ausgeliefert wären. Also wurde das JWG geändert, die §§ 6 (3) und 75a wurden eingefügt. So konnte ein Heiminsasse die Jugendhilfe weiter genießen, wenn es die Zeit bis zum Abschluss einer schulischen- oder Berufsausbildung erforderte oder Berufstätigkeit vorlag. Für 18, 19, und 20-Jährige war aber nun grundsätzlich die Chance verbaut, neu und erstmalig Jugendhilfemaßnahmen zu erhalten. Das SPD-geführte Bundesministerium vergab die Möglichkeit, in Anlehnung an den JGG § 105 eine offene Übergangsregelung für Heranwachsende zu gestalten (wenn der „Entwicklungsstand eines Jugendlichen" oder eine typische „Jugendverfehlung" vorliegt). In Berlin (West) beschloss im September 1976 das Abgeordnetenhaus „Volljährigenbetreuungsvorschriften". Sie präzisierten für unseren fraglichen Personenkreis, dass es bei der Förderung um „pädagogische Angebote mit Bildungscharakter" ging. Diejenigen jungen Menschen, die diese Bedingungen nicht erfüllten, also Arbeitslose oder Leutchen, die einen Job gefunden hatten, fielen aus - Heimerziehung und betreutem Jugendwohnen heraus. Man kümmerte sich um schon aktenmäßig Erfasste. Wer als Heranwachsender erstmalig beim Jugendamt auftauchte, um z. B. selbst einen Förderantrag zu stellen, wurde in der Regel wieder weggeschickt - auf jeden Fall aber, wenn bereits Kontakte zum Sozialamt bestanden. Es muss aber erwähnt werden, dass ganz besonders pfiffige, fortschrittliche Senatsbeamte wie der Ressortleiter Brunnert in der Jugendberufshilfe die Position vertraten, dass im Zuge einer „Fortentwicklung einer Beratungsmaßnahme" nach § 6 (3) JWG i. V. m. § 75a JWG die Finanzierung einer Ausbildungsmaßnahme im Projekt bei bereits 18-Jährigen erfolgen kann, wenn eine Beratung beim Minderjährigen begonnen hat (z. B. Orientierung auf Ausbildung...), aber erst der Volljährige auf die Vorschläge eingeht!

In den heilpädagogischen Heimen – damals die Einrichtungen mit der schwierigsten Klientel - wurde in vielen Fällen durch individuelle Argumentation gegenüber dem Kostenträger das Schlimmste verhütet. Wenn ein Jungerwachsener einigermaßen guten Wille zeigte, gelegentlich mal wieder Lehrherren anrief oder sich z. B. um den nachträglichen Erwerb der Realschulreife (Abendform) kümmerte, dann setzten sich Erzieher und Heimleiter sowie zuständige SachbearbeiterInnen massiv ein und erreichten die Fortsetzung der Jugendhilfe - in Einzelfällen auch mal bis zur Vollendung des 24. Lebensjahres bei Betroffenen, die in Abständen immer wieder mal halbherzig eine Schul- oder Berufsausbildung nachmachen wollten (Das Vorhandensein von erkämpften Rechten schließt den Missbrauch derselben nicht aus). Denn das Problem diverser „Einzelfallentscheide" war, dass diese Fälle immer ein Wohlverhalten (Szenesprache: „Schleimen") voraussetzten, das die Heime oder WGs leicht erkennbar festlegten. Unangepasste, Erziehernerver, Hausordnungsverletzer, ungeliebte Spezis und Jugendliche mit Stolz bzw. mit demonstrativem Selbstwertgefühl flogen (und fliegen!) raus.

Erst *gefährdet*, jetzt *gestört*

Der „nichtkontinuierliche Verlauf der Maßnahme" führte zum Abbruch und damit – man kann Drogen drauf nehmen – ins Sucht-/Knast-/Obdachlosenmilieu. Apropos Knast: Um „Gefährdete", nämlich potentielle „Kriminelle" vom schlechten Weg abzubringen, dafür gab es schon immer den Gefährdetenparagraf 72 im Bundessozialhilfegesetz. Heute heißt er „Hilfe zur Überwindung besonderer sozialer Schwierigkeiten".

Diese – wie Sozialhilfe grundsätzlich – nachrangige Hilfsmöglichkeit schloss damals fraglos einen Teil der beschriebenen Gesetzeslücke. Aber um die Auslegung des 72er gab und gibt es reichlich Streit. Zu interpretieren ist die (Bundes-) Verordnung zur Durchführung des § 72 BSHG („VO"). Darin lesen wir, dass der Personenkreis besondere Lebensverhältnisse aufweisen muss.

Im VO-Paragrafen 1 (2) Nr. 5 erscheint als konkretes und für unser Anliegen wesentliches Kriterium die „Verhaltensstörung". Denn entsprechend einer „Gemeinsamen Ausführungsvorschrift" der Senate für Soziales und für Jugend war „das Jugendamt zuständig für die Gewährung der Hilfe nach § 72 BSHG in Verbindung mit § 1 (2) Nr.5 der Verordnung zur Durchführung des § 72 BSHG für verhaltensgestörte junge Volljährige, sofern sie diese Hilfe durch das Jugendamt wünschen". Aber, unklar selbst für Profis mit vielen Fachausbildungen: Was ist/was etikettiert das ungeliebte Label verhaltensgestört? Einen Weg aus der Definitionsnot weist uns Praktikern in der Hauptstadt zum Glück ein amtliches Rundschreiben des Jugendsenats. Darin wird der „72-er" erläutert: Kernaussage zum Thema Verstörung ist, dass es sich bei der gesetzlich verlangten erheblichen nicht nur um eine vorübergehende handeln darf. Trotzdem: Eine weite Auslegung ist angezeigt. Das Dokument - eher Empfehlung als Vorschrift – meint, dass der Begriff „alle Ausprägungsgrade und Formen von Störungen des Verhaltens in der Beziehung zu den Mitmenschen und zur Gemeinschaft abdeckt, die zu einer Ausgliederung aus der Gemeinschaft führen können oder das Leben in der Gemeinschaft erheblich erschweren". Demnach gehren zum Personenkreis auch *junge volljährige Trebegänger*.

Der § 72 BSHG als Notanker zur Sicherung von Förderhilfen für Jungerwachsene mit Betreuungsbedarf, die erstmalig beim Jugendamt vorsprechen (wenn z. B. eine 19-jährigen jungen Libanesin, die sich erst jetzt vom KV nach einschlägigen Misshandlungen loslöst und in einem Jugendhilfeausbildungsprojekt mit Wohnbereich einer fremden Stadt die Verselbständigungschance erhalten soll) wurde von einigen Kommunen bewusst häufig geworfen. Andere sahen nicht die Notwendigkeit, das JWG zu unterfüttern, indem sie auf diese Weise einen angemeldeten dringenden Erziehungshilfebedarf gewähren.

Lassen wir Zahlen sprechen:

Am Stichtag 30.06.88 waren über das Kreuzberger Jugendamt laut Fremdunterbringungsstatistik des Senats **sechsundsiebzig** Heranwachsende über BSHG § 72 in Fremdunterbringung und/oder in Ausbildungsprojekten; der kaum weniger problematische Bezirk Tiergarten/Moabit förderte am selben Tag ganze **vier**.

Förderung – sprich Zuordnung zur Berechtigtengruppe – erfolgte wohl willkürlich. Engagierte KollegInnen versuchten angesichts solcher Verhältnisse Öffentlichkeit herzustellen. Anlässlich der Tagung „Armut und Obdachlosigkeit im 750. Jahr" erschien eine Presseerklärung des „Arbeitskreises Jugendberatung"; 16 involvierte Ausbildungsprojekte, Not- Krisen- und Übergangswohneinrichtungen sowie Beratungsstellen forderten eine JWG-Novelle mit einem Paragrafen, der den im Stich gelassenen jungen Volljährigen – den Spätzündern – *angemessene* Hilfeleistungen gewährt. Erwachsene Fachleute träumten laut von einem Gesetz, das klar Ansprüche für Bedürftige fixierte, damit geizige Amtsdirektoren zur Leistungsvergabe gezwungen werden konnten. Wie stets in Jugendhilfeangelegenheiten reagierte die Presse nicht, wohl aber das Süßmuth-Referat, damals gerade verantwortlich für den „neuen" JHG-Entwurf. Die obersten Berufsjugendlichen gestanden nun *jedem jungen Menschen ein Recht auf Förderung seiner Entwicklung* zu.

Dieser sehr großen Altersgruppe (von 0 bis unter 27) sollten positive Lebensbedingungen geboten werden. Erstmalig wurden umfassende Heranwachsendenansprüche fixiert. Es galt, *Benachteiligungen zu vermeiden und abzubauen.* An vielen Orten wurde über entsprechende Passagen in der Vorlage diskutiert. Es lag damals ein § 29 vor, auf den wir Jugendberater an der Basis über Arbeitskreise, über fachliche Dienstwege und politische Bündnisse Einfluss nahmen und alternative Formulierungen entwickelten. Aus dem JHG wurde das KJHG, aus dem § 29 wurde der § 41 in der Fassung vom 01.01.91; die nochmalige Überarbeitung veränderte ihn in die heutige Fassung vom 01.04.93.

Das neue KJHG kann Heranwachsenden helfen
Oder: *Der große Bluff beim Einigungspoker*

Das SGB VIII ist seit dem 3. Oktober 1990 in den neuen Ländern, seit dem 1.1.1991 in allen deutschen Ländern gültig. Und ungültig. Nicht nur die uns erregenden §§ 41 (1) und (3) – sind bis zum 31.12.94 zu „Kann-Bestimmungen" entschärft. *Achtung: In der SGB-VIII-Fassung vom April 93 sind der § 41 (2) sowie der § 27 (4) entfallen. Ein § 35a Eingliederungshilfe für seelisch Behinderte wurde eingefügt!* Artikel 10 der KJHG-Überleitungsvorschriften) will es so. Tatsächlich kommt *kann* von können und die Ämter können mehr machen als sie wollen; Dussel denken, daß sie nicht dürfen. Zumindest 1991 wurde so nahezu allerorten verfahren.

Ein § 41 wurde ignoriert, mangelndes Geld und fehlende Soll-Vorschriften führten zunächst zur Abstinenz, in den kommunalen Haushaltsansätzen waren ohnehin noch keine entsprechenden Titel eingebaut. Wozu auch, der BSHG § 72 – letztlich leibte er und lebt! Überdies hatten sich einige Spezialeinrichtungen, so die **Treberhilfe Berlin** in Mitte, Kreuzberg und Wedding, das **Betreute Wohnen für junge Männer** im Wedding oder die **Betreute Frauenwohngruppe** in Lankwitz um nur beispielhaft große Anbieter zu nennen – konzeptionell korrespondierend mit echten Obdachlosenasylen sogar auf den leidigen § 72 ausgerichtet.

Jahrelange Verhandlungen mit der sich nicht zuständig erklärenden Jugendbehörde führten zu solchen Anpassungen, mit der Behörde für Gesundheit und Soziales ließ sich wesentlich konstruktiver über Pflegestütze für die Unterbringung notleidender Heranwachsender verhandeln. Nur die ganz im Sinn der Position des Autors aufgebaute Verbundeinrichtung **Haus Tegeler See** im Wedding – ein Produkt aus Umwidmung und Ausdifferenzierung eines heilpädagogischen Heims – hat konsequent darauf bestanden, als Einrichtung der Jugendhilfe möglichst nur nach § 41 SGB VIII unterzubringen.

Die Untersuchung: *Kann* man denn noch KJHG Art. 1 § 41 bekommen?

Ob und wie das Jahr 1992 eine neue Praxis zur Welt brachte, hat der Verfasser mit Hilfe einer Umfrage ermitteln wollen und soeben ausgezählt. Es wurden 23 Projekte in Berlin angeschrieben, die Wohnhilfen und/oder Ausbildung in Jugendhilfe anbieten. Elf – fast die Hälfte – haben sich beteiligt, auf Wunsch ging's auch anonym. Gefragt wurde nach Anzahl und Rechtsgrundlage der in 1992 *neuaufgenommenen* jungen Volljährigen.

Meine Hypothese war insofern extrem pessimistisch, als ich mit weniger als 5 Prozent KJHG-Unterbringungen gerechnet habe. In Kreisen, die es wissen müßten, in den Jugendberatungen der Sozialpädagogischen Dienste, hieß es, nur vereinzelt seien Berliner Bezirke (davon gibt es 23) dazu übergegangen, das neue Gesetz im Interesse der *zu alten Jugend anzuwenden*.

Rund 200 Fälle wurden gemeldet, vermutlich gab es doppelt so viele im Kalenderjahr. Sie wurden angeblich untergebracht nach vier gesetzlichen Grundlagen mit ähnlichem Effekt, nämlich

⇒ nach BSHG § 72 = 78 Prozent;
⇒ nach BSHG § 39 i. V. m. § 40 = **3 Prozent;**
⇒ nach KJHG Art. 1 § 13 = **5 Prozent;**
  nach KJHG Art 1 § 41 i. V. m. § 34 = **14 Prozent.**

Die Überraschung ist insofern perfekt, als erstens inzwischen 14 Prozent *„Hilfe für junge Volljährige"* erhalten (zehn Bezirke waren so frei ...) und zweitens bereits fünf Bezirke den bisher wenig beachteten § 13 SGB VIII herangezogen haben, was weise ist, denn gerade sozialpädagogische Hilfen (Jugendsozialarbeit) *sollen* altersunabhängig *junge Menschen* fördern, berufliche Ausbildung und bei Bedarf Unterkunft *können* angeboten werden.! So sehen es die Buchstaben des Gesetzes vor. Auch wenn sie nach meiner Kenntnis bisher noch niemand eingeklagt hat vor zuständigen Verwaltungsgerichten. (Betroffene bitte bei MÜNDER melden.)

Wohl vorsorglich möchte der Berliner Ausführungsgesetzentwurf aufräumen mit dieser recht langen Zeitspanne bis zur Feier des 27. Geburtstages. Das AG beabsichtigt – analog § 41– die Angebote in der Regel bis zur Vollendung des 21. Lebensjahres zu befristen. Gründe (wie Geld) werden nicht angeführt. Im Vorgriff zum AG (das bei Redaktionsschluss im Oktober 1993 noch nicht verabschiedet war) hat die Senatsverwaltung ein formloses Rundschreiben, Übertitel „Finanzierung sozialpädagogisch begleiteter Berufsausbildungen im Rahmen des KJHG" an alle 23 Bezirksämter geschickt um als „jugendhilferechtliche Erläuterung" den Dezentralen klar zu machen, dass nur in begründeten Einzelfällen Maßnahmen nach § 13 übers 21. Jahr hinaus verlängert bzw. ganz neu begonnen werden können. „Die restriktiven Einschränkungen bezogen auf das Lebensjahr sind erforderlich, da sich die Jugendsozialarbeit in Abgrenzung zur Jugendarbeit nur an bestimmte junge Menschen richtet", orakelt der ansonsten bemühte Autor. Natürlich wird gleichzeitig der 41er-§ erläutert. Die Kann-Ermessensregelung bis 1995 wird, man höre, nicht mit Finanzierungsproblemen begründet. Vielmehr soll in der Übergangszeit den öffentlichen Trägern Zeit eingeräumt werden, entsprechende Einrichtungen und Dienste vorzubereiten. Fehlen die Dienste? Platzquantitäten sicherlich, aber die tatsächliche Ablehnung von Heranwachsendenanträgen durch die Leitenden ist doch offenbar übers Jahrzehnt gerettete JWG Politik. Wen kümmert denn da die Rundschreiben-Position: „Die Qualifizierung als Übergangsvorschrift bedeutet für die Ermessenshandhabung, dass das Ermessen im Laufe der Übergangszeit immer weiter reduziert wird und sich der Soll-Verpflichtung nähert"?

Achtzehn? - Nicht doch! ... Zwanzig? - Weg! Wir passen!

Ein Abteilungsdirektor aus Neukölln definiert das Kann-Dilemma für seinen Einflussbereich anders. Leistungen gibt es, wenn ein individuelles Erziehungs- und Entwicklungsdefizit besteht und wenn die Persönlichkeitsentwicklung und die Fähigkeit zu eigenverantwortlicher Lebensführung so defizitär ist, dass der junge Mensch offensichtlich ohne erzieherische Hilfen scheitern müßte.

„Es ist auch nicht Aufgabe des Staates, einen erwachsenen Bürger zu bessern" – es sei denn, „Drogenmissbrauch, Prostitution oder Abrutschen in die kriminelle Szene" manifestieren sich. Dann greift zumindest in diesem Bezirk das KJHG. Anders richtet sich traditionell Kreuzberg aus: In einem Papier „Das neue KJHG" heißt es, eine Weiterführung der Hilfe über das 21. Lebensjahr hinaus „kommt insbesondere in den Fällen in Betracht, in denen wegen eines späten Hauptschulabschlusses die Ausbildung erst nach Vollendung des 21. Lebensjahres abgeschlossen wird..."

Das wird teuer! Denn in Zukunft sind die Bezirke schließlich wieder im Mittelpunkt aller KJHG-Leistungsfinanzierung ihrer Nachwuchsbewohner, gleich ob jung oder älter, ob Heim oder betreutes Einzelwohnen. Die neuen Ausführungsvorschriften für Betreutes Jugendwohnen des Stadtstaats unterstreichen das eindeutige KJHG: „Das unterbringende Jugendamt bleibt nach der Unterbringung für Leistungen ... gemäß § 85 (1) und § 86a SGB VIII sowie für die Erhebung des Kostenbeitrags zuständig".

Der BSHG § 97 gilt nicht fürs Jugendwohnen. Für den BSHG § 72 auch nur dann, wenn nicht Länderrichtlinien etwas anderes fixieren. Im Übrigen gilt für die Sozialhilfe: örtlich zuständig ist der Träger der Sozialhilfe, in dessen Bereich sich der Hilfesuchende tatsächlich aufhält. Analog hatten die alten Berliner Wohngemeinschaftsvorschriften bestimmt, dass „nach dreimonatigem ununterbrochenem Aufenthalt in derselben Wohngemeinschaft der Betreuungsvorgang an das für die Einrichtung örtlich zuständige Jugendamt abgegeben werden soll", d. h. wenn ein kommunal neuer Lebensmittelpunkt etabliert ist.

Vorläufiges Fazit

Der Beratungs- und Maßnahmenbedarf bei Jugendlichen hat sich in den letzten sieben Jahren radikal verändert. Betrachten wir die fein-differenziert geführte interne Statistik einer in der Westberliner City gelegenen niedrigschwelligen allgemeinen Jugendberatung, so zeigen sich signifikante Veränderungen bei Besuchern und ihren Wünschen. 1986 betrug das Durchschnittsalter 16;2 Jahre, 1992 war es 17;9. In 1986 benötigten 14% Wohnhilfen für Volljährige und 28% berufsqualifizierende Maßnahmen. Diese beiden Zahlen haben sich in 1992 ziemlich exakt umgekehrt (35% : 13%)! Konstant blieb die Nachfrage nach Fremdunterbringung für Minderjährige (36%). Der Anteil der weiblichen Ratsuchenden stieg von 19% auf 45%. Ausgezählt wurden ca. 1400 „Fälle" und 4200 z. T. entwicklungsbegleitende Beratungen. Mit anderen Worten: Wird unbürokratische Orientierungshilfe ohne spezielle Angebote in einer Großstadt offen für Jugendliche bereitgestellt, melden sich zur Hälfte Volljährige. Ein Drittel der Leute sucht mehr oder weniger schwach betreute Unterbringungsplätze. Würden bedarfsgerecht dezentrale Jugendhilfestationen (vgl. GÜNTHER 1987 und WINTER) aufgebaut, wären die absoluten Zahlen höher.

Warum das KJHG nicht einfach die JGG § 105-Position übernommen hat, ist schwer nachvollziehbar. Geht es um Recht und Unrecht bei straffällig gewordenen Heranwachsenden, so erhalten die Richter einen hilfreichen Ermessensspielraum. Die Stellungnahmen der Jugendgerichtshilfen empfehlen in der Regel, dass die Täter wie Jugendliche behandelt werden sollen. Das fährt – man kann es fast täglich mit über den Rücken laufenden Schauder der Presse entnehmen – jetzt z.B. im Umgang mit gewalttätigen Rechtsradikalen zu absurden Szenen vor Gericht. Täter, die bei Prozessbeginn oft schon 21 sind, bereuen ihre unmenschlichen Taten nicht, ja lassen sich von Anhängern im Gerichtssaal feiern. Die Strafen sind den Regeln der Jugendjustiz entsprechend mild. Wäre nur das SGB VIII so großzügig!

Bewußte, geplante neue Delikte folgen unverzüglich aus derselben Szene. Nachahmer anderenorts werden motiviert, eine „Kette der Gewalt" kann entstehen. Für den Schriftsteller PETER SCHNEIDER steht das „zivilisatorische Minimum auf dem Spiel". Deshalb fordert er, gegen den links-sozialpädagogischen Strom schwimmend: „Es kommt zuallererst darauf an, dass die zivile Gesellschaft alle Kräfte mobilisiert, um das existenzbedrohende Übel abzustellen. Erst nachher wenn die Gewalttäter in Gewahrsam gebracht sind, kann und soll man sich den Kopf darüber zerbrechen, dass es sich ja eigentlich um Kinder handelt", dass Gefängnisse „sich noch nie als der geeignete Ort für eine Resozialisation erwiesen haben." (vgl. auch MÜNDER 1993) Ein weiteres Manko des SGB VIII ist, dass im Fall der §§ 41 und 13 die Länder nicht ausdrücklich aufgefordert sind, die Rahmenvorgaben auszugestalten. Denn Metropolen haben andere Sorgen als Flächenstaaten. Die jeweilige Pflichtschulbesuchszeit ist ein Faktor. Nicht nur das Berliner Ausführungsgesetz zum KJHG (Entwurf), nein auch entsprechende Texte aus Hessen oder Hamburg versäumen es, die „Hilfen für junge Volljährige" zu präzisieren oder gar zu entwickeln. Das ist insbesondere deshalb absolut unhaltbar, weil im § 41 nicht nur traditionelle Hilfen im engeren Sinn angelegt sind, sondern auch völlig neuartige Beratungs- und Unterstützungsangebote im Zuge der Nachbetreuung. Es ist Aufgabe der Länder, hier Klarheit und konzeptionelle Kerne zu schaffen. Ohne einen bedarfsgerechten Ausbau von Jugendberatung, ohne Einrichtung Flexibler Betreuung und hinausreichender Jugendsozialarbeit bzw. Streetwork wird der prosaisch-positive Paragraf Eins im Sozialgesetzbuch VIII „Kinder- und Jugendhilfe" zu einem der gewaltigsten Szene-Lacher des 21. Jahrhunderts.

Literatur, Gesetzestexte und Drucksacken

BIRK, U.-A., MÜNDER, J., WETH, H.-U.: „Hilfen nach BSHG § 72 ...", Frankfurt 1984
BSGH, München 1991; darin: „Verordnung zur Durchführung des § 72 des BSHG".
GÜNTHER, M.: „Jugendliche im Berliner Psychodschungel", Berlin 1987
GÜNTHER, M. / SUDFELD, L.: „Jugendberatung als unbürokratische Orientierungshilfe",
   in: Sozialpädagogik 29 (1987)
LAUBER, K.: „Auswirkungen der Herabsetzung des Volljährigkeitsalters", München 1980
MÜNDER, J. u. a.: „Frankfurter Lehr- und Praxiskommentar zum KJHG", Münster 1991
MÜNDER, J.: „Die Notwendigkeit neuer Perspektiven", Jugendhilfe 31 (1993)
SCHELLHORN, W. / WIENAND M.: „KJHG", Neuwied 1991
SCHNEIDER, P.: „Erziehung nach Mölln", in: ‚Deutsche Jugend' Kursbuch 113,
   Berlin 1993
SCHOLZ, R./AXER, P.: „Kinder- und Jugendgesetze des Bundes", Stuttgart 1993,
   darin auch: KJHG, JGG
WINTER, H.: „Jugendhilfestationen", in: Jugendhilfe 31 (1993)
Bundesministerium für Jugend, Familie, Frauen und Gesundheit: „Achter Jugendbericht", Bonn 1990
Sen Arb Soz Berlin & Sen Jug Fam Berlin: Gemeinsame Ausführungsvorschriften
   vom 24.01.1978
Sen Jug Berlin: Wohngemeinschaftsvorschriften vom 10.12.75
Sen Jug Berlin (Frau SCHELENZ): Rundschreiben Nr. 4 – 1980
Sen Jug Berlin: Volljährigenbetreuungsvorschriften v. 12/1992

Sen Jug Berlin: Ausführungsvorschriften für Betreutes Jugendwohnen vom 17.08.1993

Sen Jug Berlin (Herr MENKEL): „Finanzierung sozialpädagogisch begleiteter Berufsausbildungen im Rahmen des KJHG" vom 27.09.1993

Jug LFB Kreuzberg (DICK, DIETER): „Das neue KJHG" von 09/1990

Jug Dir Neukölln (STEINIG): „Entscheidungskriterien bei Erziehungshilfen nach § 27, § 41 und § 13 KJHG" vom 03.09.1993

Fraktion der Alternativen Liste Berlin: Große Anfrage über „Unterstützende Maßnahmen der Hilfe zur Verselbständigung von Jugendlichen und jungen Erwachsenen im Rahmen der Jugendhilfe" von 07/1982 und Antwort DR. LAURIEN von 08/1982 (Drucksache 9/661).

Erschienen in: „Jugendhilfe" 31. Jg., 1993

Text 13

Leistungsangebote für junge Volljährige

Theorie und Praxis des § 41 SGB VIII, einer umstrittenen Pflichtaufgabe der Jugendhilfe

Die ehemalige Bundesministerin für Frauen und Jugend, Dr. ANGELA MERKEL, kommentierte in der Informationsbroschüre des Ministeriums für Frauen und Jugend zum Kinder- und Jugendhilfegesetz (Bonn 1992) den damals noch neuen Paragraphen 41 wie folgt:

„Die Hilfen, die das Jugendamt oder die freien Träger anbieten, enden also nicht mit der Volljährigkeit. Nach dem Jugendwohlfahrtsgesetz konnte das Jugendamt Hilfe nur dann gewähren, wenn und solange eine schulische oder berufliche Bildungsmaßnahme fortgeführt wurde. Das bedeutete: Eine pädagogische Unterstützung für junge Volljährige, die erst nach dem 18. Lebensjahr eine Berufsausbildung beginnen können, in eine andere Bildungsmaßnahme wechseln oder ihren Ausbildungsplatz verlieren, war nicht möglich. Diese Einschränkungen fallen nach dem Kinder- und Jugendhilfegesetz weg. Die Jugendhilfe lässt damit künftig die Jugendlichen nicht mehr im Stich, die noch nicht in der Lage sind, ein eigenständiges Leben zu führen, weil sie ohne ein stützendes Elternhaus in Heimen groß geworden sind. Sie haben Schwierigkeiten, sich in die Gesellschaft zu integrieren. Wenn ihnen keine Starthilfe gegeben wird, ist die Abhängigkeit von der Sozialhilfe oder eine kriminelle Karriere vorgezeichnet." (S. 29)

Rhetorisch stellt ANGELA MERKEL sich selbst die Frage: „Bekommen nur die ‚Problemfälle‘ Hilfe?" und antwortet sehr eindeutig:

„Nein. Nach dem Motto Ausbildung und Beschäftigung statt Sozialhilfe können nach dem Kinder- und Jugendhilfegesetz auch junge Volljährige gefördert werden, die sich mit dem Einstieg in die Berufs- und Arbeitswelt schwer tun, weil sie zum Beispiel nach dem Schulabgang nur „gejobbt" haben und mit 19 merken, wie wichtig eine Lehre für sie wäre. Oder junge Erwachsene, die sich erst spät vom Elternhaus gelöst haben und auf sich allein gestellt erst einmal in ein „tiefes Loch" fallen. Auch bei Konflikt- und Krisensituationen in bestehenden Familienstrukturen und Lebensgemeinschaften sind nach dem Kinder- und Jugendhilfegesetz für junge Erwachsene ambulante und teilstationäre Hilfen möglich." (S. 31–32)

Soweit die zentralen Orientierungen auf und von der Bundesebene. Für das Land Berlin schließt hier fast nahtlos das Rundschreiben der Senatsverwaltung für Jugend und Familie vom 27.09.1993 an. Auch hier finden wir eine klare Stellungnahme zur Hilfegewährung für junge Volljährige vor. Zur Geschichte des Paragraphen wird hier noch einmal erläutert, welchen Sinn und Zweck der Übergang von der „Kann-" zur „Soll-Bestimmung" hat. Nach in Kraft treten des KJHG am 01.01.1991 war der § 41 übergangsweise als Kann-Bestimmung geregelt. Hierdurch sollte den Trägern der öffentlichen und freien Jugendhilfe Zeit gegeben werden, die notwendigen Dienste und Einrichtungen bereit zu stellen, die für junge Volljährige nötig sind.

Als Beispiel sei hier erwähnt, dass es Jugendlichen kurz vor der Volljährigkeit und jungen Erwachsenen nahezu unmöglich war (und ist), einen Platz in einer Jugendwohngemeinschaft zu erhalten, da man von dieser Altersgruppe befürchtete, dass sich der junge Volljährige nach kurzer Zeit wieder von der WG trennen würde, evtl. zum Freund oder zur Freundin zieht oder sich eine eigene Wohnung sucht. So hatten und haben es junge Erwachsene schwer, eine Unterbringung zu finden, da die Befürchtungen einer schnellen Ablösung und der damit verbundenen Unruhe in der Jugendwohngemeinschaft auch heute noch vorhanden sind.

Doch die Träger der Jugendhilfe in Berlin waren nicht ganz untätig. Das seit 1995 leicht aufblühende Angebot gab zu Hoffnung Anlass. Allerdings gibt es noch immer nur wenige Einrichtungen und Dienste, die explizit im Sinne des § 41 SGB VIII tätig werden.

Welche juristische Bedeutung muss der seit dem 1.1.1995 geltenden Soll-Bestimmung des § 41 nun gegeben werden? Dazu das obengenannte Rundschreiben:

„Die Soll-Verpflichtung bedeutet für den öffentlichen Jugendhilfeträger einen Verpflichtungsgrad; eine Leistungsablehnung ist innerhalb eines eng begrenzten Ermessens zulässig, wenn ein atypischer Sachverhalt dies ausnahmsweise erlaubt. Ist solch ein vom Regelfall abweichender Sachverhalt nicht gegeben, so kann sich das ohnehin eingeschränkte Ermessen ‚auf Null' reduzieren, so dass ein Anspruch des jungen Volljährigen entsteht, der vor dem Verwaltungsgericht eingeklagt werden kann."

Mit anderen Worten: wir haben es beim § 41 mit einem Leistungsparagraphen zu tun! Somit besitzt der genannte Personenkreis einen Rechtsanspruch auf dieses Jugendhilfeangebot. Theorie und Praxis klaffen gewaltig auseinander und dies wird immer wieder und ausschließlich mit einem (juristisch irrelevanten) Sachverhalt begründet, mit der (tatsächlich) schwierigen Finanzlage, z.B. der Stadt Berlin.

Spricht das Bundesgesetz noch eine eindeutige Sprache, so bekommen alle nachrangigen Behördenkommentare und Richtlinien eine zunehmende Schieflage, eine andere Gewichtung. Hier sind die Ausführungsvorschriften der Senatsverwaltung zum § 41 SGB VIII, einige Rundschreiben in den Bezirksämtern und die internen Absprachen/Vorgaben in einem Sozialpädagogischen Dienst zu nennen, die bei uns Praktikern zu erheblichen Verunsicherungen führen. So müssen wir vermuten, dass gesetzlich wohl wasserdichte Bestimmungen zunehmend außer Acht gelassen werden, um willkürlich der vorrangigen Haushaltslage, sprich den geforderten Einsparmaßnahmen gerecht zu werden. Denn für die Finanzierung der KJHG-Angebote sind Kommunen und Kreise, in Berlin die Bezirke verantwortlich, die ja bekanntlich nahe an der Pleite sind.

Konkrete Erfahrungen zeigen, daß die Verunsicherung der MitarbeiterInnen in einzelnen Bezirksämtern seltsame Stilblüten treiben: Häufig wird berichtet, dass jungen Volljährigen, die erstmalig den ASD aufsuchen, (bewusst?) eine falsche Rechtsauskunft gegeben wird. Den Betroffenen 18 bis 20-Jährigen wird vermittelt, aufgrund ihres Alters könne ihnen nicht geholfen werden.

Anträge auf Jugendhilfe (nach § 41, was Betroffene aber mitnichten wissen müssen) werden gar nicht erst entgegengenommen; Aufklärung über das bereits für 15-Jährige geltende Sozialantragsrecht unterbleibt; geduldige, nach Alternativen suchende Bittsteller werden „folgerichtig" an das Sozialamt verwiesen. Ist der Betreffende noch Schüler, muss er auch beim Träger der Sozialhilfe mit einer sichern Ablehnung rechnen, da er dem Arbeitsmarkt schließlich nicht zur Verfügung steht.

So wird unseres Erachtens deutlich, dass mangelnde Informationen und fehlende Standards für alle Jugendämter die Gefahr in sich bergen, dass es zum Anstieg der psychosozialen Verelendung von jungen Menschen kommt. Gleichzeitig machen wir Praktiker die Erfahrung, dass Jugendliche sozusagen immer jünger werden, – bedingt durch die familiären und gesellschaftlichen Rahmenbedingungen, wie zum Beispiel die längeren Schulbesuchszeiten, den Mangel an Ausbildungsplätzen, die verstärkte Jugendarbeitslosigkeit, die Wohnungsnot, durch Gewalt geprägte Lebensumstände, durch einen Struktur- und Wertewandel sowie eine immer schneller fortschreitende „Automatisierung". Dies alles trägt dazu bei, dass Bindungen und Abhängigkeiten beispielsweise von der Herkunftsfamilie länger aufrecht erhalten werden und es für die Heranwachsenden zunehmend schwieriger wird, eine eigenständige Persönlichkeit zu entwickeln, denn die Verselbständigung erfolgt nur mangelhaft und ziemlich verzögert. Ausgerechnet die Justiz misst den schwierigen Lebensumständen junger Volljähriger mehr Bedeutung bei als die Jugendhilfe.

Der Jugendgerichtsgesetzparagraf 105 eröffnet Staatsanwälten und Richtern einen hilfreichen Ermessensspielraum. Straftäter in Alter zwischen 18 und 21 Jahren werden bei der Strafbemessung in der Regel wie Minderjährige behandelt und immer von besonderen Jugendinstanzen gehört. Dies bedeutet, dass die Straftaten der Heranwachsenden „wohlwollend" geprüft und ggf. mit pädagogisch durchdachten Strafen (Weisungen, Diversion, Täter-Opfer-Ausgleich) sanktioniert werden.

Übrigens meinen wir, dass die Arbeit mit jungen Volljährigen (und damit verbunden die Umsetzung der Hilfen nach § 41 KJHG) eine hohe Fachlichkeit voraussetzt. Ein differenziertes Fachwissen, verbunden mit Gesetze ergänzenden Standards sind u. E. derzeit dringend gefordert, schlimme Zeiten kündigen sich an. Die Gefahr der sukzessiven Einschränkung bis hin zur Abschaffung des § 41 KJHG sind gegeben. Deutlich erkennbar wird dies an einem Schreiben eines Jugendamtsdirektors, der Hilfen für junge Volljährige nur gewähren will, wenn „Drogenmissbrauch, Prostitution oder Abrutschen in die kriminelle Szene" manifest geworden sind. Eine ebenfalls eindeutige Sprache spricht das Empfehlungsschreiben „Hilfen für junge Volljährige, Nachbetreuung - Empfehlungen und Hinweise" des Deutschen Städtetags vom 20.9.1995. Was sonst nur hinter vorgehaltener Hand zu hören und zwischen den Zeilen zu lesen ist, ist in diesem Schreiben mehr als unumwunden formuliert:

„Die Kostenexplosion im Bereich der Heimerziehung, insbesondere im Bereich der Hilfen für junge Volljährige, ist im übrigen zu einem großen Teil auf die Handhabung des § 41 und nicht auf die Formulierung der Bestimmung zurückzuführen. Die Praxis der Jugendhilfe verzeichnet in den letzten Jahren einen Anstieg der Hilfen zur Erziehung in Einrichtungen der Jugendhilfe oder in einer sonstigen betreuten Wohnform, mit der gleichzeitig ein überproportionaler Kostenanstieg dieser Hilfeform einhergeht. Dieser Entwicklung muss sowohl durch eine präzisere Anwendung der geltenden Rechtsvorschriften als auch durch eine Veränderung der Finanzierungsinstrumente entgegengetreten werden."

Die Änderungsabsichten des Deutschen Städtetags konzentrieren sich auf eine „restriktivere Fassung des § 41 KJHG" (Novelle) und zwar wesentlich in folgenden Punkten:

- Zwanzigjährigen, die erstmals Jugendhilfe in Anspruch nehmen wollen, ist diese grundsätzlich nicht zu gewähren. Da bei diesen Menschen die zur Verfügung stehende Zeit nicht ausreichen würde, Persönlichkeitsdefizite mit Mitteln der Jugendhilfe auszugleichen.
- Hilfen sollen nur bis zum 21. Lebensjahr gewährt werden und in begründeten Einzelfällen für einen begrenzten Zeitraum von 6 bis maximal 12 Monaten (!) darüber hinaus fortgesetzt werden.
- Die Fortführung der Hilfe über das 21. Lebensjahr hinaus, muss eine Ausnahme sein, die nur in besonderen Einzelfällen in Betracht kommt. Denn wenn erkennbar ist, dass die Hilfe ihr Ziel bis zum 21. Lebensjahr nicht erreicht, darf keine Leistung gemäß § 41 gewährt werden.

- Ferner soll „sorgfältig differenziert und geprüft werden", ob im Einzelfall eine Hilfe nach § 41 SGB VIII bei jungen Menschen gewährt werden kann, die sich schon für längere Zeit außerhalb des Elternhauses aufgehalten haben und demnach eine „eigenverantwortliche Lebensführung" praktiziert haben. Da „in der Regel, die fehlenden Wohnung und/oder die fehlenden Geldmittel" der Anlass sind die Hilfe zu beantragen.

Der weitere Tenor dieses Empfehlungsschreibens bezichtigt die Jugendämter als Verschwender von Steuermitteln in Bezug auf § 41-Angebote. Der vorherrschenden Jugendverelendung wird hier nicht im Ansatz Rechnung getragen, da die auch Sichtweise des Deutschen Städtetags nur finanzieller Natur ist.

Der ausschließlich auf Finanzen fixierte Blick birgt viele Gefahren in sich. Denn wenn Menschen in jungen Jahren zunehmend weniger oder überhaupt nicht mehr geholfen wird, dann werden wir einen rapiden Anstieg feststellen bei Jugendlichen ohne Schulabschluss, der Jugendarbeitslosigkeit, der Jugendobdachlosigkeit, der Verwahrlosung von jungen Menschen sowie dem Alkohol- und Drogenmissbrauch und schließlich der Jugendkriminalität. Letztendlich wird die Reintegration der Betroffenen in die Gesellschaft mit zunehmendem Alter und Verhärtung ihrer Verelendung immer schwieriger. Jedoch hätten die alten und ewigen Gegner des § 41 ihr Ziel erreicht. Bei einer Novelle des SGB VIII würden Heranwachsende förmlich „richtige Erwachsene" – die Jugendämter verlören ihre Zuständigkeit. Zu einem späteren Zeitpunkt werden andere Institutionen des Staates gefordert sein und zwar auch finanziell. So stehen wir lediglich vor einer Art „Verschiebebahnhof" zwischen Jugend- und Sozialämtern, den Arbeitsämtern und auch den Diensten des Gesundheitswesen. Und ob diese später keine oder weniger finanzielle Mittel aufwenden müssen, um den Betroffenen in geeigneter Weise zu helfen, ist mehr als fraglich.

Wir hoffen im Ansatz verdeutlicht zu haben, welche Gefahren die sukzessive Aushöhlung des § 41 mit sich bringt. Alle für die Jugendhilfe Zuständigen und Verantwortlichen möchten wir hiermit auffordern, die aktuell geplanten Einsparungen und Umdeutungen zu überdenken. Mit dem Arbeitskreis und allen engagierten Fachleuten, für die die Buchstaben des Gesetzes auch in Sparjahrzeiten Gültigkeit besitzen, fordern wir von den verantwortlichen Dezernenten, den Jugendamtsdirektoren, den „Wirtschaftlichen Hilfen" und nicht zuletzt von uns selbst, den zuständigen Basisdiensten:

1. Die Aufrechterhaltung des § 41 SGB VIII im vollen Umfang, damit weiterhin Durchsetzung und Anwendung dieser Soll-Vorschrift gegeben sind.
2. Dringend benötigt werden flächendeckend Fachdienste wie Jugendberatungsstellen, da die Arbeit mit Jugendlichen und jungen Volljährigen im Rahmen

der §§ 41, 11, 13, 27 und 28 eine hohe Professionalität, gekoppelt mit engagierter Interessenvertretung erfordert.
3. Darüber hinaus muss ein gleicher Informationsstand gegeben sein bei allen Mitarbeitern, die mit Jugendlichen und jungen Volljährigen arbeiten. Dies ist von besonderer Bedeutung, um der gegenwärtigen Verunsicherung bei der Handhabung des § 41 entgegen zu wirken. Örtlich entwickelte Richtlinien müssen – man lese und staune – legal sein.
4. Die Jugendhilfeplanung (§ 80 SGB VIII) muss stärker in die Pflicht genommen werden, damit in adäquater Weise der Bedarf für junge Volljährige ermittelt und angemessene, geeignete und bedarfsgerechte Einrichtungen geschaffen werden können.
5. Daran anknüpfend fordern wir die Gründung von entsprechenden zentralen Arbeitsgemeinschaften (§ 78 SGB VIII), damit durch und über den Jugendhilfebereich die dringend notwendige Kooperation zwischen den Arbeitsämtern, den Ministerien und Senatsverwaltungen und den freien Trägern der Jugend- Sozial- und Gesundheitshilfe verstärkt werden kann.
6. Von zentraler Bedeutung ist eine bedarfgerechte Budgetierung des § 41 in Haushaltsplan der Kommunen, um den Leistungsanspruch verwirklichen und auch künftig jungen Menschen eine Zukunft bieten zu können.

Anmerkungen

1. Bundesministerium für Jugend (1992): Informationsbroschüre zum Kinder- und Jugendhilfegesetz, Bonn.
2. Deutscher Städtetag (1995): Hilfen für junge Volljährige, Nachbetreuung – Empfehlungen und Hinweise. Empfehlungsschreiben vom 20.5.1995.

(mit GOJNY, THOMAS und GABI MARANCA, erschinen in: Jugendhilfe 34. Jg. 1996)

Text 14

Was ist eigentlich Jugendberatung – Ein Muss oder nur Luxus?

1. Problemstellung

Dieses Positionspapier wurde nicht verfaßt, um mit allen Mitteln die unabweisbare Notwendigkeit von bestimmtem Berliner Jugendberatungsstellen zu untermauern, sondern es ist ein Versuch, der Heimunterbringungsszene sachlich und nüchtern die Berater-Lage zu erläutern. Zielstellung ist allerdings schon, den KollegInnen im sozialpädagogischen Wohnen die Vorteile von spezifischer Jugendberatung so schmackhaft zu machen, daß sie zu Mitstreitern werden beim Versuch, solche Dienste strukturell und flächendeckend einzuführen bzw. zu erhalten.

Ein erster Schritt ist getan: In der HEZ 4/98 erschienen unsere *Qualitäten*. Der Berliner „Arbeitskreis Jugendberatung und Wohnen" hatte der Zeitschrift stichwortartig aber umfassend Arbeitsansätze, Angebote und Zuständigkeiten überlassen. Wer nun nicht so genau weiß, wo man diese entwickelte Art Beratung überhaupt bekommen kann, mag sich zunächst noch einmal mit den existentiellen Grundlagen von professioneller Jugendberatung in Berlin befassen. Nur wer Rechtsgrundlagen, Verwaltungsreform-Produktkatalog und unterschiedliche Bezirksstrukturen kennt, kann bei der Auswahl geeigneter Beratungsdienste Treffer setzen.

Bekannt sein sollte auch der historische Hintergrund und der aktuelle Streit, den insbesondere sparwütige Amtsleiter gegen uns anzetteln. Folgende Positionen prallen gegeneinander:

- In Abständen werden wir JugendberaterInnen damit konfrontiert, keine „Pflichtaufgaben" der Jugendhilfe abzudecken; der Begriff „Pflichtaufgabe" erscheint aber nicht im SGB VIII, sondern stammt aus der Zeit der Begründung des Reichsjugendwohlfahrtsgesetzes 1922/23.
- Jugendberatung sei bedarfsweckend und erzeuge hohe Kosten. Tatsache ist, daß nur ein Bruchteil unserer Beratungen zu kostenwirksamen Hilfen zur Erziehung nach den §§ 27–35a; 41, oder nach § 13 SGB VIII führt, alle anderen Beratungen sind präventiv ausgerichtet, konfliktlösungsorientiert, meistens Soforthilfe und vor allem Krisenintervention.
- Ob eine Jugendberatung von einem Bezirksamt getragen und finanziert bzw. bei überregionaler Zuständigkeit vom Landesjugendamt (in eigener Trägerschaft oder mithilfe von Zuwendungen für einen freien Träger) wird, ist

sicherlich mit abhängig vom politischen Willen. Allerdings haben Bundes- und Landesgesetz gleich an mehreren Stellen auf den Ansatz Jugendberatung hingewiesen.

- Der Kern- und Klammerparagraf 27 des SGB VIII erklärt, daß Hilfe zur Erziehung insbesondere nach den §§ 28-35 gewährt wird; *insbesondere* verweist eindeutig darauf hin, daß weitere, andere, spezifische Hilfen anzubieten sind. Eine solche Hilfe kann (institutionelle oder unabhängige) ganzheitliche Jugendberatung sein. „Durch Konzepte und Methoden offensiver, mobiler und lebensweltorientierter Jugendhilfe sollen Leistungen stärker angebotsorientiert ausgestaltet werden" – sagt kein geringerer als KJHG-Kommentator WIESNER (S. 118), leitender Ministerialrat für Kinder- und Jugendhilfe im Bundesministerium für Familie und Jugend.

2. Hintergrundanalyse: Jugendberichte der Bundesregierung

Die Diskussionen um Jugendberatung und Jugendberatungsstellen in den 70er Jahren wollen wir nicht rekonstruieren. An dieser Stelle sollen für Interessierte die entscheidenden, zentralen politischen Orientierungen der Sachverständigengutachten zum 5. und 8. Bundesjugendbericht vorgetragen werden- denn diese zwei Berichte setzten und setzen Zeichen für die Jugendhilfe der Zukunft.

1980 gab die Bundesregierung ihren 5. Jugendbericht heraus, der im Kapitel Erziehungshilfen die Grundzüge der Reformen und Entwicklungen im Bereich der Erziehungshilfen, was den damaligen Stand anging, zusammentrug. Im Abschnitt „Tendenzen im Bereich der offenen Erziehungshilfen" beschreibt der 5. Jugendbericht kurz die Situation in den *Erziehungs- und Jugendberatungsstellen*. In diesem Abschnitt wird sowohl von einer quantitativen Zunahme der Erziehungsberatungsstellen als auch der sogenannten Jugendberatungsstellen berichtet. EFBs sind von 507 auf 639 innerhalb von sechs Jahren angewachsen, Jugendberatungsstellen von 108 auf 307 im selben Zeitraum. Letztere sind angeblich eine Reaktion auf die Drogenproblematik der 70er Jahre. Außerdem reagieren sie auf das Problem Jugendberufsnot.

Die Autoren fordern, daß nicht nur institutionell abgesichert wird, was öffentlich Beunruhigung erzeugt, sondern wünschen sich aktivierende und emanzipierende Ansätze von Sozialarbeit. Schon damals war klar, daß im Prinzip den *Eltern* diese Hilfe zur Erziehung angeboten wird. „Dies kann geschehen in der Form von Erziehungsberatung, Jugendberatung (....). Das Kind bleibt bei all diesen Maßnahmen in der Familie".

Die Problematik der Verbindung von Erziehungs- und Jugendberatung wird wenig später analysiert: Man stellt fest, daß sich Jugendberatungsstellen entweder nur auf die Zielgruppe der *Drogenkonsumenten* konzentrieren und damit begrenzt tätig werden oder aber, wenn nicht problemspezifisch eingegrenzt wird, Jugendberatung in die Erziehungsberatung integriert ist. „Damit wird jedoch wiederum unterstellt, daß Identität der Interessen und der Problemwelt von Eltern und ihren Kindern steht." Entscheidend sei, ob Kindern oder Jugendlichen *eine eigene Problemdefinition* zugestanden wird. Im übrigen bemängelt der Bericht, daß in Westdeutschland nur wenige (wohl insgesamt nur zwei) Beratungsstellen speziell für *Kinder* geplant und zugänglich sind.

In München, Hannover und Berlin fanden Ansätze von professioneller Jugendberatung statt; die „Konflikt- und Bildungsberatung" in Kreuzberg war sicherlich eine der ersten Dienste dieser Art. Ihr Fokus Bildungsproblematik und Jugendarbeitslosigkeit war auch mit einer Eingrenzung verbunden; ihre Nähe zur Verbandsverwaltung der „Falken" barg die Gefahr der Instrumentalisierung. Die Jugendberatung im bezirklichen Haus der Jugend „Anne Frank" Wilmersdorf war nur mit zwei halben Honorarkräften ausgestattet und hatte fachpolitisch zunächst kaum Bedeutung.

Der 8. Jugendbericht, herausgegeben 1990, schildert die Situation zehn Jahre später: „Jugendberatung hat sich als sinnvoll erwiesen, wenn sie integrierter Bestandteil verschiedener Maßnahmeangebote ist oder als offene Anlaufstelle institutionell eng an Maßnahmen angebunden ist. Sie setzt in der Regel an der Problematik Schule, Ausbildung, Beruf an, wird jedoch meist allgemeine Lebensberatung im Prozeß des Heranwachsenden mit all den damit verbundenen Krisen. Der Zugang über die Berufsproblematik ist für viele Jugendliche schwellenmindernd, frei von Stigmatisierung und erleichtert weitergehende Gespräche. Häufig arbeiten die Jugendberatungsstellen mit spezialisierten Diensten, wie *Drogenberatung oder Schuldnerberatung* zusammen bzw. geben an sie ab (...) Jugendberatungsstellen bzw. offene Anlaufstellen mit integrierter Jugendberatung haben durch offene Angebote, durch aufsuchende, stadtteilorientierte Arbeit und auch enge Zusammenarbeit mit den Sozialen Diensten der Jugendämter erfolgreich sogenannte *Dunkelzifferjugendliche* aufgespürt und damit zur Verdeutlichung des Problemausmaßes beigetragen."

Der 8. Jugendbericht macht später deutlich, daß diese Beratungsstellen unter ständigem Legitimationsdruck stehen, mit wechselnden ABM-Kräften zum Beispiel ausgestattet sind oder von kommunalen Landeszuschüssen nur zum Teil finanziert werden. Sie sind – öffentlich oder frei – relativ teuer und schwer in ihrem Erfolg zu messen.

Weder im Zuge des 5. noch im Zuge des 8. Jugendberichtes hat die Bundesregierung eindeutige Konsequenzen gezogen. Formen von Jugendberatung wurden somit nicht institutionalisiert, letztlich war es den Kreisen, Kommunen oder Ländern überlassen, Angebote bereitzustellen oder auch nicht. Vor allem fand keine Selektion statt im Hinblick auf eine mögliche Ansiedlung solcher Dienste: Weder die *Jugendarbeit,* noch die *Erziehungs- und Familienberatung,* noch die *Sozial-*

pädagogischen Dienste wurden explizit benannt als mitverantwortlich oder zuständig für qualifizierte interessengeleitete Jugendberatung. Parallel wurde allerdings eine Debatte geführt um das neue Kinder- und Jugendhilfegesetz. Die Ergebnisse sind mehr oder weniger bekannt.

3. Das KJHG (genauer und im engeren Sinn das SGB VIII) von 1990

Auf dem Hintergrund zahlreicher bereits existierender Jugendberatungsstellen oder Diensten für Jugendberatung in den Jugendämtern waren die Vorgaben und Positionen des KJHG 1990 recht enttäuschend. Zwar wird an zwei Stellen des Bundesgesetzes ausdrücklich von *Jugendberatung* gesprochen, daraus aber Verpflichtungen für kommunale Dienste herzuleiten, ist etwas gewagt. Zunächst wird fast beiläufig im ersten Paragraphen des Leistungskapitels (§ 11 Abs. 3, 6. Punkt) der Spiegelstrich „Jugendberatung" formuliert, und zwar hier als Teil der *Jugendarbeit*. Damit war sozusagen allen in der Jugendarbeit Tätigen (Synonyme sind *Jugendförderung* oder *Jugendpflege*) ein kleines Bonbon gegeben worden: Fortan konnten Kollegen der Jugendarbeit sagen, daß auch in ihrem Tätigkeitsfeld Jugendberatung angesiedelt ist – uns zwar als integrierte Beratungsfunktion, auch in Jugendverbänden. Über Größe, Form und Inhalt wurde im Gesetz leider nichts weiter gesagt, so daß letztlich diese *erste* Rechtsposition (ohne Begründung eines individuellen Rechtsanspruchs auf bestimmte daranhängende Leistungen) ziemlich im Sande verlaufen ist. Denn jedes kommunale Jugendamt kann zum Ausdruck bringen, daß ihre Jugendförderung natürlich auch bedarfsgerecht Jugendberatung anbietet – es müssen eben nur Jugendliche kommen und die flexibel-multifunktionalen Fachkräfte im Amt oder in einer Außenstelle erreichen; entsprechende Jugendfragen würden nach Kräften beantwortet werden....

Beim Versuch, Jugendberaterteams mit Leuten aus verschiedenen Ämtern (VI, III, ggf. IV) zu besetzen, brechen in der Regel Konkurrenzen und andere Spannungen auf – Ansätze waren in Charlottenburg, Prenzlauer Berg und Wilmersdorf – immer mit einem Bein am Abgrund.

Im Grunde genauso konsequenzlos blieb der Begriff Jugendberatung im SGB VIII § 28 (zweite Rechtsposition). Dort heißt es: „Erziehungsberatungsstellen *und andere Beratungsdienste* und Einrichtungen sollen Kinder, Jugendliche, Eltern und anderen Erziehungsberechtigte bei der Klärung und Bewältigung individueller und familienbezogener Probleme und der zugrunde liegenden Faktoren, bei der Lösung von Erziehungsfragen sowie bei Trennung und Scheidung unterstützen." Implizit wird hier zwar von Jugendberatungseinrichtungen gesprochen, wer das wie und wo (im Rahmen von Erziehungsberatung) tun soll, bleibt nebulös. Trotzdem sollten diese beiden gesetzlichen Fixierungen benannt werden, um uns zu ermöglichen, eine offensive Gesetzesinterpretation vorzunehmen.

Das Erwähnen von Jugendberatung im Gesetz ist gleichbedeutend mit der Forderung, solche aufzubauen und einzurichten. Aber das Wo bleibt offen. Strukturell ist die Ansiedlung „ein weites Feld"; wenn der örtliche Träger der Jugendhilfe der Ansicht ist, daß das nicht im Amt, sondern beim freien Träger geleiste werden soll, so wäre dem Gesetz auch genüge getan.

Übrigens gibt es dritte Rechtsposition im KJHG, die nach Jugendberatung verlangt. „Der junge Volljährige soll auch nach Beendigung der Hilfe (gemeint ist eine Hilfe zur Erziehung nach den §§ 27 bis 40 KJHG) bei der Verselbständigung im notwendigen Umfang *beraten und unterstützt* werden." Ähnlich wie bei den anderen beiden genannten Paragraphen ist auch hier im § 41 (3) völlig unklar, wer die Beratung wo tun soll. Klar ist nur, daß das örtliche Jugendamt in diesem Zusammenhang (zur Verselbständigung in der Entlassungs- und Nachbetreuungsphase) sogar Kosten, Heimkostensätze oder Fachleistungsstunden übernehmen kann.

An anderer Stelle, im § 8, formuliert das SGB VIII mit anderem Blickwinkel einen nach WIESNER sehr harten Rechtsanspruch: Es führt aus, daß Kinder und Jugendliche das Recht haben, sich in allen Angelegenheiten der Erziehung und Entwicklung an das Jugendamt zu wenden. „Kinder und Jugendliche könne ohne Kenntnis des Personensorgeberechtigten beraten werden, wenn die Beratung aufgrund einer Not- und Konfliktlage erforderlich ist und solange durch die Mitteilung an den Personensorgeberechtigten der Beratungszweck vereitelt würde". Wer diese *Krisenintervention* realisiert, darüber kann man spekulieren: Die Jugendförderung, die Sozialpädagogischen Dienste oder die Erziehungs- und Familienberatungsstellen könnten es tun, denn wenn im Bundesgesetz von „Jugendamt" gesprochen wird, ist immer das Gesamt gemeint: Verwaltung, (alle Abteilungen bzw. Ämter in Berlin, incl. Außenstellen) *und* der Jugendhilfeausschuß!

Als vier Jahre nach Inkrafttreten des SGB VIII das Berliner Ausführungsgesetz zum KJHG zur Debatte stand, fiel auf, daß sich der Gesetzgeber kaum Gedanken gemacht hatte über die Ausdifferenzierung von wichtigen Beratungsdiensten, z. B. „Jugendberatung". Davon waren der Arbeitskreis Jugendberatung und natürlich alle bezirklichen Jugendberatungsdienste enttäuscht. Das noch unter Federführung von Senator Krüger zustande gekommene Landesgesetz fordert zwar eine *Beteiligung* von Kinder und Jugendlichen im § 5, läßt aber die alte Forderung nach echten *Kinder- und Jugendbüros* zur Kannbestimmung verkümmern. Auch der parlamentarische Vorstoß der SPD 1988 zur Einrichtung von Kinderbeauftragten wurde nicht vorangetrieben. Über das SGB VIII -Bundesgesetz hinausgehend ist im Berliner Recht u. a. die Position *„Aufsuchende Jugendsozialarbeit"*, § 13 AG KJHG: Das Jugendamt hat Vorsorge zu treffen, daß es diese Angebote bei akutem Bedarf auch kurzfristig ermöglichen kann."

Die Berliner Praxis – *acht* Jugendämter hatten damals im Bereich der Ämter III Jugendberatungen eingerichtet, Charlottenburg (einziger Bezirk mit zwei festen Streetworkern) und Prenzlauer Berg stellten *integrierte* Dienste bereit, Wilmersdorf hatte einen ämterübergreifenden hinausreichenden Jugendberatungsdienst JOKER und eine Fachkraft ‚Fafü m' mit Kommstruktur – zeigte, daß die Bezirke durchaus den ihnen zur Verfügung gestellten Spielraum für eigene Entscheidungen nutzten. Als dann Neukölln (Jugendamt *grün* regiert) Jugendberatung im Amt III einstellte, obwohl ein grüner Alternativentwurf zum AG solche niedrigschwelligen Angebote vorsah, wurde die Verunsicherung in allen Diensten groß: Wie würden engagierte, fortschrittliche Jugendberatungen in Zukunft noch ein so wichtiges Arbeitsfeld legitimieren können?

Nicht unerwähnt bleiben soll auch die Position des SGB VIII, § 13, zur Jugendsozialarbeit. Während sich die Absätze 2, 3 und 4 hauptsächlich mit Arbeitsmaßnahmen befassen, sagt der Absatz 1 leicht verschlüsselt etwas über Jugendberatung aus. „Jungen Menschen die zum Ausgleich sozialer Benachteiligungen oder zur Überwindung individueller Beeinträchtigungen in erhöhtem Maße auf Unterstützung angewiesen sind, sollen im Rahmen der Jugendhilfe sozialpädagogische Hilfen angeboten werden, die ihre schulische und berufliche Ausbildung, Eingliederung in die Arbeitswelt und ihre soziale Integration fördern".

Aber was sind *sozialpädagogische Hilfen*? Das KJHG hat eine Reihe von Begriffen, die zum Ausdruck bringen können, daß Berater tätig werden. Im Gesetz gibt es Angebote, Leistungen, Hilfen und Unterstützung. Eine säuberliche semantische Trennung erfolgt nicht. Das KJHG will nicht mehr wie das alte JWG *Maßnahmen* beschreiben. Es ist im Kern ein Gesetz zur Organisierung der Angebote und Leistungen der sogenannten *Hilfe zur Erziehung*. Diese sind in erster Linie in den §§ 27 - 41 festgehalten, Leistungen allgemein in den §§ 11 - 41.

4. Darf, kann, soll, muß?

Ob nun eine Jugendberatungsstelle etwas anbietet, etwas leistet, Jugendliche und Heranwachsende unterstützt, ihnen selbstverständlich hilft oder ein Programm zur Linderung bestimmter Nöte bereitstellt, das ist wohl nicht entscheidend, will man analysieren, wie bedeutsam ein Passus im Gesetz ist.

Vielmehr müssen wir unterscheiden, ob es sich um eine „ist-zu" Formulierung handelt oder um eine „Soll-" oder „Kannbestimmung". Wenn wir nun die bereits zitierten Paragraphen abklopfen auf ihre Rechtsverbindlichkeit, so zeigt sich folgendes Bild:

- § 8 Abs. 2 gibt Kindern und Jugendlichen ausdrücklich das Recht, sich in allen Angelegenheiten an das Jugendamt zu wenden, ohne Einschränkung. Handelt es sich beim § 8 Abs. 3 nun um eine Kannbestimmung? Die Wörter „können beraten werden" sind hier sicher umgangssprachlich gemeint, denn sie stehen in Verbindung mit einer Bedingung: „Wenn die Not- und Konfliktlage es erfordert." Wer sich aber wortwörtlich an den Text hält, wird darauf bestehen, daß hier nur eine Kannbestimmung auf Beratung, nicht aber auf „Hilfe zur Erziehung" verbrieft ist.

- § 11 sagt im Absatz 1 aus, daß Angebote zu stellen sind. Dies ist die härteste Rechtsanspruchsform. Der Absatz 3 nennt ja die Schwerpunkte dieser Angebote, so daß ganz logisch Jugendberatung ein wichtiges zu stellendes Angebot ist (es wundert nur, daß es nicht entsprechend flächendeckend in der deutschen bzw. Berliner Jugendarbeit bereitgestellt wird). Berlin sichert übrigens Arbeitsgrundlagen der Jugendförderungen durch die Bestimmung, daß 10% aller Jugendhilfemittel dorthin fließen müsssen (§ 48 (2) AG-KJHG).
- § 13 Abs. 1 ist eine Sollbestimmung. Es geht um Hilfen, die die Integration fördern sollen. Schwerpunkt ist die Jugendberufshilfe. Praktisch bedeutet dies, daß nahezu alle anspruchsberechtigten Hilfesuchenden gefördert werden „sollen"; bei einer Kannbestimmung wären es vielleicht zwischen 2 und 20% - je nach Haushaltslage. Der Gestaltungsauftrag unterliegt einem *gebundenen Ermessen*, ein individueller Rechtsanspruch besteht nicht, kann nur über § 27 herangeholt werden...
- Im § 28 wird sehr klar zum Ausdruck gebracht, daß „(...) und andere Beratungsdienste (...) Jugendliche (...) bei der Klärung und Bewältigung individueller und familienbezogener Probleme (...) unterstützen sollen." Man sollte meinen, es handelt sich um eine hochrangige *Soll*aufgabe der Jugendhilfe. STÄHR (in: HAUCK) sieht das aber anders: „Die Sollformulierung in der Vorschrift ist auf die Aufgabe bezogen, sie kennzeichnet jedoch das Angebot nicht als Soll-Leistung". Das stört uns insofern nicht, als § 27 den Rechtsanspruch auf eine § 28-Leistung miteinschließt.
- Beim § 41 ist es anders, er wird nicht von § 27 geklammert und besagt: Dem jungen Volljährigen *soll* Hilfe für die Persönlichkeitsentwicklung gewährt werden (*alle* Hilfen außer Familienhilfe und Tagesgruppe!); der junge Volljährige *soll* bei der Verselbständigung beraten und unterstützt werden. (Die preiswerteste Form der Unterstützung und Hilfe ist mit Sicherheit die Beratung bzw. die „Unterstützung")
- § 13 AG KJHG Berlin: Zwei Infinitive weisen eindeutig auf ein „Muss" hin, *aufsuchende Arbeit* ist anzubieten!

5. Der Berliner Produktkatalog

Schicken wir – um Mißverständnisse zu vermeiden – voraus, daß ein solches Werk natürlich kein Bundesgesetz zu Fall bringen kann. Dennoch ist er schon jetzt die zweite sehr wichtige Arbeitsgrundlage für öffentliche Dienste in Berlin und die entscheidende im nächsten Jahrtausend. Das ist insofern fatal, als sich die Jugendberatungen in den Ämtern Jug III überhaupt nicht in die Debatte um entsprechende Produkte eingemischt haben und somit leer ausgingen. Im Produktkatalog, *Fachgebiet: Jugend, Familie, Sport, Bereich: 116 - Familienunterstützende Hilfen* - befindet sich kein einziger Satz, geschweige ein Produkt, das sich mit Jugendberatung befaßt.

Die Amtsleiter Jug III bzw. die von ihnen gewählten Mentoren haben offenbar dieses Tätigkeitsfeld übersehen, ignoriert, nicht wahrhaben wollen oder für die Zukunft liquidieren wollen.

Ausnahmen: Die Zielgruppe „straffällige junge Menschen" wird erfaßt. Das Produkt 63106 beschreibt die Mitwirkung und Betreuung in jugendgerichtlichen Verfahren. Damit hat zumindest die Jugendgerichtshilfe eine Existenzberechtigung auf Produktebene. Daß die Sozialpädagogischen Dienste über Rechte und Pflichten ihrer Klientel beraten dürfen, ist auch klar. Besonders herausgestrichen wird dies im Produkt 63063. Auch *junge* Menschen sollen entsprechend beraten werden. Besser noch trifft das Produkt 63103, das was moderne Jugendberatungen tun: Die hier beschriebene Beratung erfaßt psychosoziale, den individuellen Problemlagen entsprechende Beratungen sowie Informationsvermittlung, Aufklärung über soziale Leistungen und Unterstützung in Verfahrensfragen. Kinder, Jugendliche, junge Volljährige und Familien sind die Zielgruppe. Des weiteren wird in diesem Produktbereich nur noch über Produkte wie *Stellungnahmen* angedeutet, daß sich diese auch für (oder im Interesse von) Jugendlichen verfassen lassen.

Was in den Ämtern Jug III (demnächst: Ämter „Jug 4"!) nicht gewollt oder verschlafen wurde, findet sich auch im Produktbereich der Jugendförderung nicht wieder.

Im Produktkatalog: *Bereich 103 - Allgemeine Förderung von jungen Menschen und ihren Familien* - kann man nur an einer einzigen Stelle mit viel Phantasie hineindenken, daß Jugendberatung zu leisten ist.

Gemeint ist das Produkt 63043: *Jugendsozialarbeit*. Sie ist zu leisten *im Amt* für Jugend- und Familienförderung oder in deren *Einrichtungen,* -das wäre dann Produkt 63057. Dabei geht es um die Organisation und Durchführung von ambulanten sozialpädagogischen Hilfen zur Förderung der sozialen Integration durch Hilfen zur schulischen und beruflichen Orientierung und Befähigung. Zielgruppe sind junge Menschen.

Gäbe es das *Unikat* Jugendberatung JOKER Wilmersdorf nicht, so wäre diese Analyse jetzt beendet. Die JOKER wurden neben Kinderschutzteam Kreuzberg oder JAZ Zehlendorf als erhaltenswerte Unikate in Berlin akzeptiert und produktmäßig entwickelt, damit diese später budgetiert werden.

Jetzt steht das *Sach- und Fachgebiet Jugendberatung* mit acht Produkten, mit klarer Produktdefinition, mit einer guten gesetzlichen Herleitung, mit einer präzisen zusammenfassenden Darstellung der Zielgruppe, mit entwickelter allgemeiner Zielsetzung sowie mit ersten Vorschlägen für Qualitätsziele im Berliner Produktkatalog. Die Produktgruppe Jugendberatung JOKER (Unikat) war zunächst angesiedelt im Bereich *Familienunterstützende Hilfen*, zusammen mit den Sozialpädagogischen Diensten. Die Mentoren der Sozialpädagogischen Dienste stemmten sich dagegen und auch aus JOKER-Sicht sprach einiges dagegen. So wurde der Dienst im Produktbereich *Fachberatung* angesiedelt.

Die JB JOKER hat heute zwei psychosoziale Beratungs(haupt-)produkte, zwei spezielle Fachberatungsprodukte sowie Stellungnahmen, Kurzberatung, Öffentlichkeitsarbeit und Ausbildung als weitere kleine Produkte.

6. Für ein neues Produkt Jugendberatung!

Da die Wilmersdorfer Jugendberatung JOKER bezirkliche Besonderheiten widerspiegelt, konnte ihre Produktliste nicht generell für alle vorhandenen und geforderten Jugendberatungsstellen als Arbeitsgrundlage dienen. Deshalb habe ich im Auftrag des Arbeitskreises eine allgemeine Definition entwickelt. (Da der Berliner Produktkatalog jährlich fortgeschrieben, d.h. verbessert, gestrafft, der Praxis angepaßt wird, müßte die Jugendberatungslobby in Abständen entsprechend Druck auf Amtsleitungen und sogenannte *Mentoren* machen):

Definition:
- Spezialisierte Jugendberatung auf der Grundlage umfassender Kenntnisse der aktuellen Hilfsmöglichkeiten. Jugendberatung aufgrund einer Not- und Konfliktlage zur Klärung und Bewältigung jugendspezifischer sowie individueller Probleme.

Auftragsgrundlage:
- §§ 8, 11, 13, 27, 28, und 41 SGB VIII sowie § 13 AG KJHG Berlin.

Zielgruppe:
- Jugendliche und junge Volljährige im Alter von 14 bis 27 Jahren in besonders schwierigen Lebenssituationen und Rechtslagen.

Allgemeines Ziel:
- Jugendliche und junge Volljährige in ihrer individuellen und sozialen Entwicklung fördern und dazu beitragen, Benachteiligungen zu vermeiden und abzubauen.

Qualitätsziel:
- Kritische Parteinahme und Akzeptanz der jungen Menschen bei der Beratung und Hilfegestaltung zur Konfliktlösung;
- Psychische Stabilisierung, Stärkung des Selbstwertgefühls und Motivationsförderung hin zur Selbständigkeit und eigenverantwortlicher Lebensführung.

Leistungsumfang:
- Kurzinformation, telefonische Beratung, Zuständigkeitsprüfung;
- Allgemeine Jugendberatung, sozialpädagogische Beratung, psychosoziale Beratung, ggf. psychologisch-therapeutische Beratung, Familiengespräche;
- Rechtliche Beratung, Beratung im Rahmen der Leistungsgesetze gem. § 36 SGB I;
- Trebegängerberatung auch außerhalb des Zuständigkeitsbereichs;
- Lebensweltorientierte praktische Hilfe und Unterstützung; Wegebegleitung;
- Übergangsbegleitung Schule-Beruf;
- Krisenintervention, Notversorgung.
- Einleitung einer vorläufigen Maßnahme, Inobhutnahme;
- Einleitung und Vermittlung von erzieherischen Hilfen;
- Einleitung von Leistungen der Jugendberufshilfe;
- Einleitung und Vermittlung von Mutter-Kind-Hilfen;
- Einleitung von Hilfen für junge Volljährige; Nachsorge;
- Einleitung und Vermittlung von Maßnahmen bei jungen Volljährigen mit Verhaltensstörungen und zur Verhinderung von Obdachlosigkeit gem. § 72 BSHG;
- Unterstützung bei der Wohnungssuche;
- Hilfeplankonferenzen: Je nach Zuständigkeitsvorgaben Teilnahme, Moderation, Federführung, Aufstellen von Hilfeplänen;
- Fallbesprechungen, ggf. Teilnahme am Fachteam;
- Stellungnahmen, Amtshilfe.

Qualitätsindikatoren:
- Offene Sprechzeiten an mindestens zwei Spätnachmittagen pro Woche;
- Soforthilfe in massiven Not- und Krisensituationen; Wartezeit für Erstgespräche maximal 30 Minuten; umfassendes Beratungsgespräch innerhalb von drei Werktagen;
- Beratungsdauer bei Bedarf mindestens 30 Minuten ermöglichen;

- Verkehrsgünstige Lage, Anbindung an ÖPNV;
- Räume gut auffindbar und ansprechend eingerichtet;
- regelmäßige Überprüfung der „Kunden"-Zufriedenheit.

7. Bundsstatistik erwartet Jugendberatung

Fachleute werden überrascht sein, daß ein schlichtes Instrument der Registrierung von Hilfen indirekt deutlich macht, was der „Bund" von der Jugendhilfe am Ort erwartet: Ich meine die Bundestatistik der Jugendhilfe -Teil I, 1 Institutionelle Beratung. Für bestimmte Dienste ist die Bundesstatistik nach §§ 98 und 99 (1) 2. SGB VIII Pflicht. Der Vordruck setzt gem. § 99 an bei verschiedenen *Anlässen* des Beratungsvorgangs, das sind (vgl. StaLa Bln 5151 Tl1):

Entwicklungsauffälligkeiten, Beziehungsprobleme, Schul-/Ausbildungsprobleme, Straftat des Jugendlichen/jungen Volljährigen, Suchtprobleme, Kindesmisshandlung, sexueller Missbrauch, Trennung/Scheidung der Eltern, Wohnungsprobleme, sonstige Probleme mit und in der Familie.

Auf diesem Hintergrund wird noch einmal klar, daß Fachleute mit Beratungsschwerpunkt Jugendberatung, ob von öffentlicher oder freier Jugendhilfe getragen vorgesehen sind für den professionellen Umgang mit schwierigsten Klientelen:

- Alle unsere schwierigen Zielgruppen haben gemeinsam den Bedarf an psychosozial fundierter Beratung
- die meisten Ratsuchenden weisen Entwicklungsauffälligkeiten auf
- darunter befinden sich Immigrantenkinder mit „zwei-Kulturen-Sozialisation"
- Dunkelzifferjugendliche werden von uns (hinausreichend) aufgespürt oder besuchen uns „auf Empfehlung"
- Jugendliche Psychofälle an der Schnittstelle zur jugendpsychiatrischen Beratung
- Schülerinnen und Schüler mit massiven Auffälligkeiten und Beratungsbereitschaft (Freiwilligkeit!)
- depressive, introvertierte junge Menschen und präsuicidale
- aggresiv gestörte, gewaltbereite junge Menschen mit neurotischen Anteilen und Verwahrloste

8. Freie Träger

In meinem Referat gehe ich nicht ein auf die Auswirkungen der oben geführten Diskussionen auf verschiedenartigste Jugendberatungsstellen freier Träger in Berlin.

Die „KBB" (Konflikt- und Bildungsberatung) der *Falken* in Mitte gibt es noch immer, wenn auch mit veränderter Zielsetzung und an einem anderen Ort noch heute, nach wohl 25 Jahren. Nach wenigen Arbeitsjahren geschlossen wurde die diakonische Anlauf- und Beratungsstelle für SchülerInnen im Wedding, „Boje".

Die Jugendberatung der *pro familia* mußte nach kurzer Zeit schon eine der beiden Stationen aufgeben und sich personell verkleinern. Wie einzelne Vereine wie „Aktion 70", „Evang. Klubheim e.V.", „Neues Wohnen im Kiez", „pro max", „Treberhilfe", „Independent Living", „Anti-Kummer-e.V." die „Jugendwohnplatzvermittlung", der „Verein für Suchtprävention" „HTS" oder „Bülow '89" tatsächlich im Hinblick auf moderne, bedarfsgerechte, parteiische und/oder systemische Jugendberatung arbeiten, ist sehr verschieden, aber jeweils konzeptionell entwickelt und nachvollziehbar aufgeschrieben. Scheinbar durchdachte, stabile Konzepte werden aber immer häufiger über Nacht den veränderten Finanzierungsbedingungen angepaßt oder umdefiniert.

Die Neuköllner „Schülerberatung" sowie „Neuhland", „Allgemeine Jugendberatung e.V." und „Arbeit-Bildung-Wohnen, abw" sehen sich nicht mehr als Teil des Arbeitskreises Jugendberatung (und den damit verbundenen *Qualitätsstandards*), sondern glauben, besondere *andere* bezirksübergreifende Ansätze zu verfolgen.

Bei der Aufteilung von Erziehungs- Jugend- und Familienberatungs-Diensten, die *nur im Bezirk* arbeiten bzw. für das ganze Land tätig sind, haben sich *freier Träger* unterschiedlich orientiert, oft aus taktischen Gründen.

Die Finanzierungsgrundlage für diese freien Träger scheint aber zunehmnd abhanden zu kommen, während sich die freie-Träger-EFB zusammengeschlossen haben und angesichts drohender Schließungen eine beachtenswerte, dynamische Flucht nach vorn antreten: Sie fordern zur Realisierung des Wunsch- und Wahlrechts nach § 5 SGB VIII die Hälfte der Mittel und pro Bezirk (also in Zukunft zwölf) örtlich mitzuständige Insitutionen neben den dann zwölf Bezirks-EFB und möchten rechtsverbindliche Fixierungen.

Ob im Land Berlin dezentrale *Jugendhilfestationen* (vgl. GÜNTHER 1987), z.B. in der Variante des Modellversuchs von Mecklenburg-Vorpommern noch eine Chance haben, weiss ich nicht; „Casablanca" in Pankow trägt zwar diesen Namen, ist aber nur für explizite ambulante Hilfen des SGB VIII zuständig.

9. Andere Träger, Mischkonzepte, Ausblick

Wenn schon die ämterübergreifende Zusammenarbeit in einem Bezirk so schwer ist, um wieviel schwerer muß dann die wohlwollende Kooperation verschiedener Ämter mit freien Trägern in einer gemeinsamen Einrichtung sein? Prenzlauer Berg ragt mutig hervor mit seinen drei Assen *TRIAS* – ein Verbund von KollegInnen aus Ämtern III, VI, zuzüglich „Jobbörse" der „Allgemeinen Jugendberatung e.V". Heftige Glückwünsche sind angezeigt, damit dieses Modell die Verwaltungsverschlankungsreform überlebt.

Als Mischkonzepte im weiteren Sinn ist aber auch der Ansatz der *KuB* zu betrachten: Arbeitgeber der Geschäftsführung sind sowohl das Landesjugendamt, als auch der Verein „Berliner Jugendclub e.V." Die KuB steuert nebeneinander Angebote wie Treberberatungshilfe in Schöneberg, Sleep In am Zoo, Übernachtungseinrichtung in Wilmersdorf und einen Beratungsbus, der am Alexanderplatz und am Zoo eingesetzt wird.

Die ausgesprochene Tendenz des Landesjugendamts ist, sich perspektivisch völlig aus praktischen, sozialarbeiterischen Aktivitäten zurückzuziehen; grosse Schritte dahin waren vor Jahren die Abgabe der zentralverwalteten heilpädagogischen Heime an die Bezirke, ein weiterer die Auflösung der *Schutzhilfe* in der Alten Jakobstraße. Ob der Beratungsdienst im Jugendnotdienst und ein Großteil der Übernachtungsplätze Tschaikowskistraße in bezirkliche, freie Träger oder JAW-Verantwortung gegeben werden, ist noch offen, kann kommen, muss aber nicht ... . Hintergrund ist die kommunale Zuständigkeit für Inobhutnahme – zentral durch das Landesjugendamt der Einheitsgemeinde Berlin müßte allenfalls ein Metropolen-Trebernotdienst für NichtberlinerInnen bereitgestellt werden.

Die Anstalten Öffentlichen Rechts (neben dem großen Jugendaufbauwerk ist auch noch das „Pestalozzi-Fröbel-Haus" mit einer speziellen Heimeinrichtung auf dem Jugendhilfemarkt vertreten) hängen auch vom politischen Willen ab. Sie könnten rationell weitere Aufgaben übertragen bekommen, sind aber wegen des Subsidiaritätsgebots (d. h. der Staat muss *echte* freie Träger der Jugendhilfe angemessen fördern) immer nur beschränkt ausbaufähig. Senate kommen und gehen, Konzepte von gestern werden morgen auf den Kopf, günstigstenfalls auf die Füße gestellt.

Im Moment sind die Behörden mit Formaldebatten befaßt, die nichts als lähmen: Soll eine Abteilung Jugend nur *ein* „Leistungs- und Verantwortungszentrum" (LuV) haben und *vier* Organisationseinheiten („Einheit des Jugendamts") oder sind auch *vier* LuV erlaubt?

Angesichts der enormen Schwierigkeiten, die bei der Umorganisation der Bezirke und ihrer Dienste auf die zu unterstützenden, betroffenen Jugendlichen zukommen, kann unsere Sofortforderung nur sein, im Zuge des Zusammenschlusses pro Bezirk (durchschnittlich 330.000 Einwohner – eine neue „Sozialarbeiter-

Plafondierung" müsste vorausgehen wg. objektiv unterschiedlicher „Bedarfe") mindestens sechs bis zwölf besonders herausgehobene JugendberaterInnen einzusetzen für einen ganzheitlichen, niedrigschwelligen Interessenansatz und mit Bereitschaft zur hinausreichenden Tätigkeit oder Streetwork-Koordination.

10. Literatur

ARBEITSKREIS JUGENDBERATUNG UND WOHNEN: „Aufgabenkatalog und Qualitätsstandards in der Arbeit mit Jugendlichen" (BRACHAUS/ROHLING), in: HEZ 4/1998
„Leistungsangebote für junge Volljährige" (GOJNY/GÜNTHER/MARANCA) in: Jugendhilfe H 5, 1996
BORG-LAUFS, M.: Therapie in der Erziehungsberatung; in: Verhaltenstherapie und psychosoziale Praxis 2/3 1998
DEUTSCHER BUNDESTAG: 5. Jugendbericht der Sachverständigenkommission, Drucksache 8/3685 von Februar 1980 (S. 170-192);
8. Jugendbericht der Sachverständigenkommission, Drucksache 11/6576 von März 1990 (S. 107-158)
GÜNTHER/PULZ/SCHRUOFFENEGER: „Das Berliner AGKJHG"; Alternativentwurf 1994
GÜNTHER, M., SUDFELD, L.: „Jugendberatung als unbürokratische Orientierungshilfe" in: Sozialpädagogik H 1, 1987
GÜNTHER, M.: „Jugendliche im Berliner Psychodschungel" Berlin 1987; DERS.: „Rechte junger Menschen" Berlin 1997
LIGA-FACHAUSSCHUSS „FAMILIE UND JUGEND" u.a.: Positionspapier zur Weiterentwicklung und Zukunftssicherung der EFB im Land Berlin (unveröff.) Juni 1998
HAUCK, K.: SGB VIII – Kommentar (Loseblatt) Berlin
WIESNER, R.: SGB VIII – Kommentar München 1995

Erschienen in: Heim Erzieher Zeitschrift, Hefte 1 (Kapitel 1-5) und 2 (Kapitel 6-10) 1999

Text 15

Beziehungen zwischen Jugendsozialarbeit und Polizei.
Eine Zwischenbilanz zur Lage der modernen Jugendgewaltprävention: Rechte, Probleme, Prozesse, Perspektiven

Einleitung

Vor wenigen Wochen wurde in Zehlendorf ein 7-jähriger Junge erschlagen. Der ermittelte, mutmaßliche Täter ist aktenkundig und bei *vier* Behörden (Justiz, Polizei, Schulverwaltung und Jugendhilfe) gut bekannt. Trotzdem kam es zu der schrecklichen Gewalttat. Außenstehende, die Familien, BürgerInnen und die Presse fragen sich: Hätte man nicht *präventiv* etwas tun können, das diese Tat verhindert hätte? Zuvorkommen statt verfolgen?

Nicht selten scheitert eine geplante Prävention an der fehlenden druckvollen Konsequenz aus den abgestimmten Erkenntnissen. Aber die Diskussion über einen tatsächlichen Neuzugang zu einem wichtigen Teilaspekt unserer hiesigen Schwierigkeiten, nämlich die rollengerechte Abstimmung zwischen Jugendsozialarbeit auf der einen und Polizei jeder Art auf der anderen Seite, scheint nun endlich voranzukommen. In den 70er und 80er Jahren des vorigen Jahrhunderts hatten engagierte, der kritischen Theorie verpflichtete westdeutsche Pädagogik-ProfessorInnen das Eindringen von Polizei in die Alltagsverhältnisse der (jugendlichen) Bürger engagiert zu verhindern versucht. HELMUT LESSING u. a. formulierten: „Der polizeiliche Begriff der Prävention stellt mit seinem derzeitigen Inhalt nur einen bestimmten Aspekt des Prozesses dar, der die Veränderungen des innerstaatlichen Gewaltapparats in der Bundesrepublik im vergangenen Jahrzehnt kennzeichnet".

Heute steht die „Szene" offenbar vor einem Aufbruch: Andere und neue Formen von Gewalt (z. B. Angriffe auf ErzieherInnen und LehrerInnen), Hasskriminalität, Rassismus und Fremdenfeindlichkeit als schwer in Frage zu stellende Grundhaltung zahlreicher junger Menschen im Feld der Jugendhilfe nehmen zu. Gleichzeitig geben jüngere, anders ausgebildete SozialpädagogInnen und jüngere, differenzierende und modernen Präventionsgedanken verpflichteten (von der Jugendsozialarbeit zunehmend akzeptierten) MitarbeiterInnen diverser Polizeibehörden Hoffnung, dass eine *angemessenere* Kooperation über schlichte Amtshilfe hinaus wächst.

Zum Hintergrund

Ein Jahr lang traf sich zweimonatlich ein Arbeitskreis des Deutschen Forums Kriminalprävention (DFK), dem insgesamt 16 renommierte Fachkräfte aus den Bereichen Fachhochschulen, Hochschulen und Fortbildungsstätten, aus Geschäftsstellen von Koordinationsdiensten der Jugendsozialarbeit, aus Landespräventionsräten sowie zwei Vertreter der Praxis – ein Polizist und ein Jugendsozialarbeiter aus einem „Good-practice"-Projekt – angehörten. Um zu verhindern, dass der sehr umfangreiche Fächer der unterschiedlichsten Jugendhilfeleistungen in die schwierige Debatte gelangte, einigte man sich auf den Fokus Jugendsozialarbeit. Zu diesem Arbeitskreis hatte das DFK gemeinsam mit der Bundesarbeitsgemeinschaft Katholische Jugendsozialarbeit eingeladen.

Die Arbeitsergebnisse liegen seit Anfang 2005 vor. Hintergrund für diese waren die Positionen des 7. Deutschen Präventionstags „Forum Jugend". Eine Arbeitsgruppe des Präventionstages hatte damals die folgenden Rahmenbedingungen für die Kooperation von Polizei und Sozialarbeit im Rahmen von (Kriminal-) Prävention formuliert:

- einvernehmliche Definition des Präventionsbegriffs durch und für beide Berufsfelder,
- klare Rollentrennung auf der Grundlage eines noch zu erarbeitenden Rollenkonzepts,
- Kooperationsszenarien im Rahmen eines regionalen und kommunalen Sicherheitskonzepts nur auf der Grundlage von Zielvereinbarungen unter Beachtung gesetzlicher Vorgaben.

Der Arbeitskreis befasste sich vor diesem Hintergrund mit den folgenden Fragestellungen:

- Ansätze, Ziele, Rahmenbedingungen und Rechtsgrundlagen der Jugendsozial arbeit sowie der Jugendhilfe insgesamt,
- wesentliche Rechtsgrundlagen der Polizeiarbeit,
- Grundgedanken zur Fortbildung kriminalpräventiver Akteure:
  Ein Weg zur professionellen Netzwerkarbeit. Mindestinhalte von Aus-, Fort- und Weiterbildungsmaßnahmen,
- Chancen und Nutzen von Kooperation am Ort – Empfehlungen für die praktische Zusammenarbeit.

Im Folgenden werden die Arbeitsergebnisse des Arbeitskreises vorgestellt.

Die ersten Schritte: Respektierung der jeweiligen Arbeit und Rollenklärung

Grundvoraussetzung für eine Kooperation ist gegenseitiger Respekt, Wertschätzung und Fingerspitzengefühl. Hierbei ist die gegenseitige Akzeptanz auf der Beziehungsebene genauso wichtig wie die Akzeptanz auf der Sachebene. Jede Seite sollte sich bemühen, die Aufgaben und Arbeitsmethoden der anderen Berufsgruppe wert zu schätzen. Problemlösungen sollten *gemeinsam* zwischen den beiden Berufsgruppen entwickelt und arbeitsteilig umgesetzt werden. Unabhängig vom jeweiligen Arbeitsaufwand sollten gemeinsame Erfolge oder Misserfolge als Konsequenz kooperierenden Zusammenwirkens verbucht und in der Öffentlichkeit vertreten werden. Empfehlenswert ist es, in den Kreisen, Städten und Gemeinden all- bzw. überparteiliche Einrichtungen zur Konfliktvorbeugung und -bearbeitung zu schaffen, um Kooperationsprobleme zu überwinden. Die Kooperation kann nur dann gelingen, wenn beide Berufsgruppen aufeinander zugehen und den konstruktiv-kritischen Dialog suchen. Im Rahmen dieses Dialoges ist es möglich, Vorurteile zu benennen und sie systematisch durch Vertrauensaufbau zu minimieren. Um einer Rollenfusion zwischen Polizei und Jugendsozialarbeit entgegenzuwirken, empfiehlt es sich, eine eindeutige Rollenzuweisung für die jeweilige Berufsgruppe zu erkennen, zu akzeptieren und anzuwenden.

Polizei bzw. Sozialarbeit wissen jeweils sehr wenig über die tatsächlichen Aufgaben, Arbeitsweisen und Rechtsgrundlagen der „anderen Seite", einmal ganz abgesehen davon, dass manche Akteure u. U. die eigenen Rechtsgrundlagen nicht präzise rezipiert haben.

Arbeits- und Rechtsgrundlagen der Polizei

Das Polizeirecht umfasst die Vorschriften über Aufgaben und Befugnisse, über die Organisation und über das Verfahren in polizeilichen Angelegenheiten. Allerdings ist das Polizeirecht Ländersache. Somit gibt es 16 unterschiedliche Länderregelungen. *Zentral* arbeiten nur das Bundeskriminalamt und die Bundespolizei (vor Juli 2005: Bundesgrenzschutz).

Handlungsleitend für die Polizei ist die so genannte Gefahrenabwehr. Wenn diese durch andere Behörden nicht wahrgenommen werden kann (z. B. weil das Jugendamt nicht nachts arbeitet), wird die Polizei im Zuge der Eilzuständigkeit tätig. Dabei muss sie nach dem sogenannten Legalitätsprinzip Straftaten (sie unterliegt dabei dem „Verfolgungszwang") und nach dem Opportunitätsprinzip Ordnungswidrigkeiten erforschen und Anordnungen treffen, um die Verdunkelung der Sache zu verhüten. Die Polizei meldet ihre „Forschungs"-Ergebnisse der Staatsanwaltschaft bzw. der zuständigen Behörde. Die Polizei muss Straftaten auch verhüten und verhindern und hat Vorsorge zu treffen – hier befinden wir uns im Kontext „Vorbeugende Bekämpfung von Straftaten", mithin im Bereich der Prävention. Positive Generalprävention richtet sich durch Norm- und Werteverdeutlichung an *alle* Menschen, die negative Generalprävention will durch Abschreckung *potentielle Rechtsbrecher* beeindrucken. LIEVEN macht sich in einer Würdigung allerdings ein wenig lustig darüber, dass die Polizei zeitweise einen „besonderen pädagogischen Impetus" entdeckt habe und dass der Begriff „Prävention" eine zu hohe Wertschätzung erfahren habe mit der Konsequenz, dass man sich „kaum vor präventiven Bemühungen retten" könne. „Das gesamte Leben, so scheint es, ist der Prävention untergeordnet".

Die Polizei ist ständig auf der Suche nach Informationen; also kontrolliert sie im Rahmen allgemeiner Präsenz. Auch Vernehmungen, Durchsuchungen oder Telefonüberwachung gehören zu den Arbeitsmethoden, z. T. zwangsweise gegen den Willen der Betroffenen. Diese Vorgaben und Regeln machen die Polizei in bestimmten Szenen entsprechend unbeliebt. Das Legalitätsprinzip erschwert scheinbar die Zusammenarbeit, wenn es um Straftatbestände geht. Bei reinen Ordnungswidrigkeiten wird dies häufig lockerer gehandhabt.

Arbeits- und Rechtsgrundlagen der Jugendhilfe

Während die Rechtsbasis der Ordnungsbehörden in den Ländern öffentlich diskutiert wird, ist das „KJHG" (formalrechtlich ist der KJHG-Artikel 1, das SGB VIII, gemeint) öffentlich weitgehend unbekannt. Rechtsprofessor UWE WESEL schreibt z.B. in seinem Klassiker „Fast alles was Recht ist" keinen Satz zum Jugendhilferecht. Jugendhilfe umfasst verschiedenste Arbeitsbereiche und Handlungsfelder, die bundesweit im SGB VIII, im Jugendgerichtsgesetz (JGG) und im neuen Jugendschutzgesetz, das inzwischen den Medienschutz mit erfasst (JuSchG), ihre bundesgesetzlichen Grundlagen haben. Leistungen des SGB VIII gelten auch für AusländerInnen, die sich rechtmäßig in Deutschland aufhalten. Die Fachaufsicht über alle Leistungen und Angebote der Jugendhilfe übt der überörtliche Träger, die Landesjugendbehörde, aus. Jugendsozialarbeit ist eine Soll-Leistung für junge Menschen, die zum Ausgleich sozialer Benachteiligungen oder zur Überwindung individueller Beeinträchtigungen auf Unterstützung angewiesen sind. Ziel ist die soziale, schulische und/oder berufliche Integration. Ausbildungsangebote oder Unterkunft zu diesem Zweck durch die Jugendhilfe sind dem SGB III (Arbeitsförderung) gegenüber *nachrangige* Kann-Leistungen. Auch das betreute Jugendwohnen im Sinn des § 13 SGB VIII ist nur eine Kann-Leistung. Die Polizei wird namentlich im § 81 SGB VIII nur als eine der Einrichtungen erwähnt, mit der die Jugendhilfe zusammenzuarbeiten hat. Das hat Bedeutung vor allem in den Bereichen Kriminalprävention, Drogenbekämpfung,

Verkehrssicherheit und Jugendschutz. Aber auch Krisenintervention ist ein Thema, denn Minderjährige können sich jederzeit mit der Bitte an die Polizei wenden, eine Inobhutnahme zu organisieren. Die Polizei hilft dann, den Weg zum nächsten Tag- und Nachtnotdienst zu finden.

Jugendsozialarbeit ist parteiisch und fungiert anwaltschaftlich auf Seiten der jungen Menschen. Sie akzeptiert die KlientInnen als Personen. Das bedeutet nicht zwangsläufig die Akzeptanz ihrer Haltungen oder Meinungen. Jugendsozialarbeit soll sich an der Lebenswelt der Klientel orientieren. Von Prävention ist in den genannten Gesetzen (noch) nicht die Rede. Ländergesetze können weitergehende Angebote setzen, z. B. Streetwork, konkretisieren die Handlungsgebiete aber sehr unterschiedlich. Das Berliner Ausführungsgesetz zum KJHG z. B. benennt auch Leistungen wie „aufsuchende Jugendsozialarbeit" sowie „schulbezogene Jugend- und Jugendsozialarbeit". Darüber hinaus geben sich die Länder Verwaltungsvorschriften, die aber die freien Träger nur indirekt betreffen. Die neuartigen Leistungsvereinbarungen enthalten schließlich sehr konkrete Festlegungen, vor allem zu Kosten und Finanzen auf der Basis geforderter, vertraglich festgelegter Qualität. Rahmenvereinbarungen zwischen den Landesjugendämtern und den Spitzenverbänden der freien Wohlfahrtsverbände stehen im Hintergrund.

Aus-, Fort- und Weiterbildung

Die Aus-, Fort- und Weiterbildung hat eine qualitativ hochwertige, theoretisch jeweils auf aktuellem Stand fundierte Praxis der Polizeiarbeit bzw. (Jugend-) Sozialarbeit zu gewährleisten. Darüber hinaus muss sichergestellt werden, dass die VertreterInnen beider Professionen zur gedeihlichen und die jeweilige Sacharbeit förderlichen Kooperation befähigt werden, damit die Schnittmenge der Aufgabenstellungen, nämlich Prävention und Intervention, nicht nur aufgrund jeweiliger Zuständigkeit wahrgenommen wird, sondern mittels Nutzung von Synergieeffekten erfolgreicher bewältigt werden kann. Dies setzt kognitiv Grundkenntnisse der Arbeit der „anderen Seite" sowie einen ständigen Informationsaustausch über beiderseitige aktuelle Entwicklungen und emotional eine grundsätzliche Akzeptanz der Arbeit der „anderen Seite" voraus. Unstrittig wird es sein, Opferhilfe und Opferschutz einvernehmlich zu fördern. Einblicksmöglichkeiten in die Praxis des Anderen zu gewähren, ist da schon schwieriger. Beispielsweise könnten gemeinsam kriminologische und sozialpädagogische Grundlagen studiert werden. Wenn ein Dozentenpaar aus beiden Professionen zusammengesetzt ist, erleichtert das zudem wesentlich die Vertrauensbildung.

Fachpolitische Forderungen des Arbeitskreises

1. Es ist sicher zu stellen, dass PolizistInnen für die Dauer von Hospitationen und Praktika dem Legalitätsprinzip *nicht* unterliegen.
2. Bedingung dafür, dass die zuständige Ordnungsbehörde oder Sozialbehörde Krisen mit eigenen Kräften bearbeitet, ist eine ausreichende personelle Ausstattung für eine Rund-um-die-Uhr-Erreichbarkeit, da menschliche Krisen sich in der Regel nicht an Bürodienstzeiten halten.
3. Empfohlen wird die flächendeckende Einführung von JugendsachbearbeiterInnen bei der Polizei, soweit noch nicht vorhanden.
4. Gefordert wird die Ausbildung von sachkundigen AnsprechpartnerInnen für Kriminalprävention in der Polizei sowie in der öffentlichen und freien Jugendhilfe.
5. Vernetzung, Kooperation und Entwicklung gemeinsamer Strategien in Bezug auf Kinder- und Jugenddelinquenz auf allen politischen Ebenen: Dies muss sowohl in der Öffentlichkeitsarbeit als auch in politischen Erklärungen zum Ausdruck kommen.
6. Es wird empfohlen, in den Kreisen, Städten und Gemeinden Einrichtungen zur Konfliktvorbeugung und -bearbeitung zu schaffen, um Kooperationsprobleme zu überwinden.
7. Die Institutionen Polizei und Jugendsozialarbeit müssen über organisatorische Strukturen verfügen, die ihren MitarbeiterInnen den Austausch und die Zusammenarbeit ermöglichen und erleichtern und die Kooperation als festen Bestandteil der Arbeit verankern (Präventionsbeauftragte, Clearingstellenmodelle), die Polizei und Jugendhilfe vernetzen helfen.
8. Nötig ist der Ausbau des Systems der kommunalen Räte, in denen VertreterInnen aller erforderlichen Professionen beteiligt werden: Die MitarbeiterInnen dieser Gremien machen Präventionsmanagement.
9. Es sind die organisatorischen, finanziellen und personellen Rahmenbedingungen einer kontinuierlichen Fort- und Weiterbildung zum Themenfeld Kriminalprävention zu schaffen.
10. Gefordert wird seit langem die Überprüfung der Einführung eines Zeugnisverweigerungsrechts für SozialarbeiterInnen in der Jugendhilfe.

Ausgewählte aktuelle Vorhaben

Der Aachener „Wirbelsturm"
Seit 1997 arbeitet in Aachen das kleine Projekt „Wirbelsturm gegen Gewalt". Ein Treffpunkt mit Angeboten in Bereichen wie Sport/Fitness, Tanz und Hausaufgabenbetreuung steht zur Verfügung, in dem auch bedarfsorientierte Beratungs-

angebote, wie Konfliktberatung stattfinden. Personell handelt es sich um ein Kooperationsangebot: Ein Jugendsozialarbeiter des IN VIA e.V. und ein Polizist der Kripo/Vorbeugung stehen drei Mal pro Woche am späten Nachmittag zur Verfügung. Im Jahre 2004 gab es 65 „TeilnehmerInnen" aus 20 Ländern im Alter von 12 bis 23 Jahren. Für die Jugendlichen und für Schlüsselpersonen ist eine Informations-CD hergestellt worden.

Landesarbeitskreis Jugendhilfe-Polizei NRW
Bereits seit über 20 Jahren wirkt in NRW ein Landesarbeitskreis „Jugendhilfe-Polizei". Es existieren außerdem örtliche Arbeitskreise zu Kinder- und Jugendschutz und zahlreiche kommunale „Präventive Räte". Die Zusammenarbeit verbessert sich kontinuierlich.

„Sport gegen Gewalt" (Niedersachsen)
Das Gremium „Prävention Rheiderland" (Bundespolizei, Kreisjugendpflege, Polizei, Sportbund und Sportjugend des Landkreises Leer) koordiniert das Gewaltpräventionsprojekt „Sport gegen Gewalt". Von 2004 bis 2006 arbeitet es unter dem Dach des „Bündnisses für Demokratie und Toleranz – gegen Extremismus und Gewalt". Stärkung der Sozialkompetenz von Kindern und Jugendlichen, Förderung und Nutzung der durch den Sport vermittelten Werte wie Teamfähigkeit, Toleranz, Fairness und Multikulturalität, Aspekte der Gewaltprävention sowie die Integration von Randgruppen sind einige der hervorgehobenen Ziele dieses Pilotprojektes. Integraler Bestandteil ist das Präventionsprojekt FAUSTLOS, ein Curriculum mit ca. 50 „Lektionen" für Kinder im Grundschulalter, die von entsprechend trainierten ErzieherInnen oder LehrerInnen vermittelt werden.

Fortbildungen zum Thema „Anti-Aggressionstraining"
In zahlreichen Bundesländern finden heute der Nachfrage entsprechende Kurse zum Thema Gewalt statt. Fachkräfte, betroffene BürgerInnen oder junge Menschen mit Weisungen durchs Jugendgericht nehmen teil. Sehr häufig werden die Trainings gegen Aggressivität gemeinsam von Polizei- und JugendhilfemitarbeiterInnen geleitet, was effektiv zur Akzeptanz beider Berufsgruppen beiträgt. Neu ist, dass Präventionsprojekte, die ihr Wissen aus einschlägiger Fachliteratur und entsprechender Praxis weltweit gewonnen haben, nun ihre Angebote mit eingetragenem Warenzeichen schützen wollen und veräußern. Ursprung vieler gruppendynamischer Programme ist eine offene „geschlossene" Einrichtung für jugendliche Straftäter – GLEN MILLS in der Nähe von Philadelphia. Was dort entwickelt wurde, ist zum Teil übertragbar auf Europa und nutzbar. Für evaluiertes sozialpägagogisches Wissen dieser Art sollte aber kein „Copyright" vergeben werden.

Clearingstelle, Diversionsbüro
In Berlin arbeitet die Clearingsstelle Jugendhilfe-Polizei. Sie gibt u. a. periodisch kleine Rechtsberater zu spezifischen Themen heraus. Der Träger SPI koordiniert auch die sozialarbeiterische Tätigkeit in den sechs Diversionsbüros, die sich in den Polizeiabschnitten befinden. Ende August 2005 fand in Berlin die Fachtagung „Viele Köche verderben den Brei?" statt, auf der der aktuelle Stand der Beziehungen zwischen Jugendhilfe, Polizei, Schule und Justiz erörtert werden sollte. Ziel war vor allem, das Bewusstsein über Möglichkeiten und Grenzen von Kooperationen zu schärfen. Der Veranstalter – die Clearingstelle Jugendhilfe/Polizei des SPI in Zusammenarbeit mit der Friedrich-Ebert-Stiftung, unterstützt vom Weißen Ring, von der Jugend- und Familienstiftung Berlin und dem DFK – wollten Spielregeln und Perspektiven für eine verbesserte Kooperation der Beteiligten in verschiedenen Handlungsfeldern entwickeln. Etwa 160 TeilnehmerInnen lernten sich „interdisziplinär" kennen und hielten gemeinsam fest, was benötigt wird, um die z. T. verfahrene Situation zu entkrampfen. Das zentrale Einstiegsreferat hielt MICHAEL MATZKE zum Thema „Institutionenbezogene Entwicklungstendenzen in der Prävention von Jugenddelinquenz". Seine Position: „Funktional sind unter Zusammenarbeit bzw. Kooperation Kontakte an so genannten Schnittstellen, also sachlich notwendigen Berührungspunkten und/oder sich überschneidenden Arbeitsfeldern der jeweiligen Institution gemeint, die nicht nur geeignet sind, der jeweils eigenen Aufgabenstellung zu dienen (...), sondern auch zugleich die Tätigkeit der anderen Institution, welche kontaktiert wurde, bei der Erfüllung von deren Aufgabenstellung zu fördern.(...) Zusammenarbeit ist also ein ‚egoistischer' wie auch ‚altruistischer' Prozess zugleich, bei dem durch Synergie (...) die eigene Arbeit als auch die der anderen Institution wirksam(er) bewältigt werden kann."

Weitere Planungsvorhaben
In einem nächsten Schritt sucht der Arbeitskreis nach Personen, die sich an den skizzierten oder an anderen Vorhaben beteiligen möchten. Möglichkeiten hierfür gibt es zur Genüge. So hat das DFK die Polizei des Landes NRW angeschrieben mit der Bitte zu prüfen, in wie weit durch die Aus- und Fortbildungsinstitute und Akademien des Landes im Wege von Einzelveranstaltungen oder durch curricular neu implementierte Unterrichtseinheiten die Empfehlungen umgesetzt und die Zusammenarbeit gefördert werden können. Ziel ist die Sensibilisierung der Zielgruppen in Nordrhein-Westfalen. Der dortige Landesarbeitskreis Jugendhilfe und Polizei hat soeben beschlossen, die DFK Broschüre zu nutzen und noch im Jahr 2005 eine Auftaktveranstaltung mit allen Fortbildungskräften des Landes durchzuführen. Weitere Anregungen erfolgen insbesondere durch die BAG Jugendsozialarbeit, die im Rahmen einer Arbeitsgemeinschaft „Jugendhilfe und Polizei" an einer Stellungnahme arbeitet, durch den Landespräventionsrat NRW, der sich

möglicherweise für ein Pilotprojekt stark machen wird, und durch die BAG Katholische Jugendsozialarbeit, die eine Aktionswoche zum Thema mit vorbereitet und einen Workshop für Projektentwicklung zusammen mit der BAG Jugendsozialarbeit und dem DFK einrichten will.

Annäherungsprozesse: Eine Zwischenbilanz

Die Präventionsakteure – gleich ob aus dem Tätigkeitsfeld Polizei, Justiz, Jugendhilfe, Schule oder psychosoziale Arbeit – stellen sich offensichtlich in den letzten Jahren langsam neu auf. Neu ist die grundsätzlich vorhandene Bereitschaft zur Zusammenarbeit sowohl themen- als auch fallbezogen. Es geht gleichzeitig um Abstimmungen über die Notwendigkeit und Bedeutung universeller Gewaltprävention – in diesem Feld gibt die Jugendhilfe die Impulse - als auch um gut koordinierte Schritte zur Verhütung des Schlimmsten im Konfliktfall, einem Bereich, in dem die Polizei Zeichen setzt. Zu berücksichtigen sind dabei möglichst auch neuartige Zugänge wie die Überlegungen zur lebenswelt- und sozialraumorientierten Prävention, wie sie z. B. JOCHEN THOMAS WERNER (2003) propagiert. Diese erste Zwischenbilanz erscheint mir nicht entmutigend. Viele weitere dezentrale Vorhaben sind auf Bundesebene oftmals relativ unbekannt. Zu vermuten ist also, dass bundesweit an vielen regionalen Stellen bereits neu und anders, gut und besser kooperiert wird.

Literaturhinweise

BEHRENDES, U. (1996): „Polizeiliche Zusammenarbeit mit Ordnungsbehörden und sozialen Diensten im Rahmen der Gefahrenabwehr und eines ganzheitlichen Präventionsansatzes", in : KNIESEL, M./KUBE, E./MURCK, M. (Hrsg,): „Handbuch für Führungskräfte der Polizei". Lübeck
DFK (Hrsg.) (2004): „Förderung von Vernetzung und Kooperation insbesondere durch Aus-, Fort- und Weiterbildung am Beispiel von Polizei und Jugendsozialarbeit in der Gewaltprävention" Bonn
GÜNTHER, M. (1981): „Alternative Konzepte für „nichtbeschulbare" und delinquente Jugendliche in den USA, in: Sozialpädagogik 23/1981
LESSING, H., LIEBEL, M. u. M. NOWICKI (1984): „Jugendpolizei" in: EYFERTH, H., OTTO, H.-U. u. H. THIERSCH: „Handbuch Sozialarbeit/Sozialpädagogik" Neuwied
LIEVEN, J. (2004): „Über ein besonderes Verhältnis", in: AJS Forum 1/2004
MATZKE, M. (2005): „Institutionenbezogene Entwicklungstendenzen in der Prävention von Jugenddelinquenz", Vortrag vom 27.08.05 in Berlin

MÜNCHMEIER, R. (2001): „Kriminal-/Prävention und Jugendsozialarbeit". In: BAG KJS (Hrsg.): „Jugendsozialarbeit und Polizei als Partner – Präventives Handeln gegen Gewalt und Fremdenfeindlichkeit, für Demokratie und Toleranz". Düsseldorf
SCHMITT-ZIMMERMANN, S. (2000): „Soziale Arbeit und Polizei". Neuwied
WERNER, J. TH.: „Aufruf zu einem Paradigmen Wechsel – von der instruktiven zur konstruktiven Kriminalprävention", 5/2003 *(als download über www.kriminalpraevention.de)*
Wieben, H.-J. (2001): „Polizei, Sozialarbeit und Kriminalprävention – Trendwende und neue Chancen", in : BAG KJS: „Jugendsozialarbeit und Polizei als Partner" Düsseldorf

Erschienen in: „Jugend – Beruf – Gesellschaft" (56.) Heft 3/2005: „Kooperation von Jugendsozialarbeit und Polizei"

Text 16

Die Rolle und Wirkung des Sports in der Kinder- und Jugendgewaltprävention

Ein erster Überblick über Modelle und Erkenntnisse aus Deutschland

Das DFK hat vor zwei Jahren eine gezielte Internetrecherche durchgeführt, um explizit als deutsche Sportpräventionsprojekte laufende Angebote zu erfassen – gefunden wurden 70. Nach kritischer Sichtung erfolgte eine allgemeine Einschätzung der Bedeutung dieser Angebote. Im Hintergrund standen Arbeitsergebnisse des DFK-Projekts „Primäre Prävention von Gewalt gegen Gruppenangehörige" [1]. *Der Text hier greift auch Gedanken zur Rolle und Bedeutung des Kampfsports in der Gewaltprävention auf und zeigt zur Veranschaulichung zwei dezentrale Mehr-Ebenen-Verbund-Programme sowie ein sportorientiertes Beratungs- und Betreuungsprojekt.*

Grundannahmen zur präventiven Wirkung von Sport

Im Kontext sozialpädagogischer Maßnahmen gewinnen körper- und bewegungsbezogene Konzepte der Gewaltprävention durch Sport zunehmend an Bedeutung. Sie verfolgen als Ziele, jungen Menschen neue Perspektiven aufzuzeigen und das Abrutschen in Delinquenz zu verhindern. Wichtig ist, Kinder und Jugendliche auf der Beziehungsebene durch Sport zu erreichen. So wird ihnen ermöglicht, ihre Grenzen auszutesten, Regeln akzeptieren zu lernen und Fairness zu praktizieren. Diese positiven Kompetenzen stellen unverzichtbare Voraussetzungen für die Integration junger Menschen in Gleichaltrigengruppen und Gesellschaft sowie für ihre Kommunikationsfähigkeit dar. Sport ist für viele Jugendliche ein Ausdruck ihres Lebensgefühls. Hier wird nicht nur Kraft, Ausdauer und Einsatz abverlangt, sondern auch eine Balance zwischen Nähe und Distanz, Beziehungen können entstehen. Sport ist Erfahrungs- sowie Übungsraum zwischen Konkurrenz und Solidarität. Die Relevanz besteht in der Vermittlung von Normen und Werten für die aktuellen Jugendkulturen. Aggressionen und motorischer Bewegungsdrang können „gesteuert", vorhandene körperliche Fähigkeiten eingesetzt sowie Schwellenängste abgebaut werden. Das Selbstwertgefühl kann gestärkt werden, Eigenverantwortung sowie Selbstständigkeit wird stimuliert.

Die These von einer universalpräventiven Wirkung des Sports

Um aber Aussagen über geeignete Maßnahmen zur Vorbeugung von delinquentem Verhalten insbesondere Gewaltverhalten – zu machen, werden detaillierte Kenntnisse über die Ursachen davon benötigt. Diese werden überwiegend mit Langeweile, Frustration, Aggressionsstau und/oder Orientierungs- bzw. Perspektivlosigkeit beschrieben. Also gilt es, Jugendliche an eine sinnvolle Freizeitgestaltung, heranzuführen und ihnen Perspektiven aufzuzeigen. Sport wird öffentlich ständig als probates Mittel zur Gewaltprävention und Integration gelobt. Aber kann Sport *allein* diese Wirkungen erreichen? Sport ist im Rahmen einer Gesamtstrategie ein wichtiger „Baustein" zur Vorbeugung von Gewalt und Delinquenz bei Kindern/Jugendlichen. *Wegen fehlender Projekt-Evaluation* sind valide Aussagen über das Gelingen nicht vorhanden. Wir gehen davon aus, dass „Sport pur" nicht schon gewaltpräventiv wirkt. Nur in Verbindung mit qualifizierten pädagogischen Interventionen ist Wirkung zu erreichen. Sport treiben ist nicht per se erzieherisch, fördert nicht per se soziales, faires und kameradschaftliches Handeln. Deshalb ist eine Vernetzung zwischen Sport anbietenden Trägern und anderen Institutionen wünschenswert. Präventionsprogramme sollten neben Freizeitsport auch individuelle lebensweltorientierte Hilfen vermitteln sowie Beratungs- und Betreuungsangebote zur Verfügung stellen. Bekanntlich ist der organisierte Sport in weiten Bereichen am Wettkampf- und Leistungsdenken orientiert. Oft werden in Gruppen mit Jungen noch die dem tradierten Männerbild entnommenen Werte wie Dominanz, Stärke, strenge Selektion und Bestleistung reproduziert. Heute bevorzugen aber viele Jugendliche Sportarten, die ohne Zwang, absolute Pünktlichkeit oder fixierte Kontinuität auszuüben sind. Ein universalpräventiver Sportansatz sollte nicht mit Sozialpädagogik und offensichtlicher Anti-Gewalt-Orientierung überladen sein, sondern nur implizit und in kleinen Schritten soziales Lernen vermitteln. Jugendliche stehen der Pädagogik oft skeptisch und ablehnend gegenüber. Sport als Alternative zu Gewalthandeln und der Einsatz von Sportarten zur Opferprophylaxe ist in der Regel didaktisch entwickelt, denn es werden selektiv nicht selten gefährdete oder als delinquent bekannte Zielpersonen angesprochen.

Präventionspotenziale des Sportwesens

HALM stellte Befunde zur Präventionswirkung des Amateursports vor[1] und erläutert sie am Beispiel Fußball. Das Präventionsmittel „Sport" kann s. E. selbst leicht zum Austragungsfeld von Konflikten werden und damit die Erwartungen seitens Politik und Öffentlichkeit an eine gesellschaftlich integrative und gewaltpräventive sowie möglichst völkerverständigende Wirkung relativieren. Zum Integrations-Effekt wird in HALMs Expertise festgehalten, dass ein gewisses Präventionspotential z. B. im Hinblick auf Gewalt gegen Angehörige anderer ethnischer Gruppen wirkt, Sport jedoch auch als Ausdrucksmittel ethnisch-kultureller Identität Grenzen zwischen Menschen verfestigen kann. Aber eine Wirkungsevaluierung fehlt gänzlich. Also müssen formelle und informelle Netzwerke zwischen Sport und Wissenschaft ausgebaut und Präventionsprojekte stärker als Erkenntnisgegenstand der Sportwissenschaft, Kriminologie und verwandter Disziplinen etabliert werden. Der Studie „Jugendarbeit in Sportvereinen"[2] ist zu entnehmen, dass Vereine protektiv wirken, was die Herausbildung leichter Delinquenz bei Kindern und jüngeren Jugendlichen angeht; jedoch verflüchtigt sich diese Schutzfunktion im Verlauf der Jugendphase – eine Präventionswirkung im Sport ist nicht per se vorhanden. Betrachtet man den Erfolg spezieller Sportprojekte und -maßnahmen, so werden zwei mögliche Ansätze für sportbezogene und gewaltpräventive Vorhaben unterschieden:

- strukturelle Maßnahmen, die hauptsächlich der Verbesserung des Miteinanders im organisierten Sport dienen und so ein Präventionspotential entfalten
- pädagogisch-orientierte Maßnahmen, die das Präventionsziel zum Anlass sportlicher Betätigungen nehmen

Die strukturellen Ansätze intervenieren zumeist bei Schiedsrichtern oder Trainern. Zusätzliche Konfliktschlichter werden eingesetzt, Trainer zu Mediatoren mittels Kommunikations- und Verhaltenstraining ausgebildet, Schiedsrichter kulturell sensibilisiert. Zielgerichtete, langfristige und kontinuierliche Maßnahmen verbessern das Miteinander und helfen Vorurteile abzubauen. HALMs DFK-Expertise kommt zu dem Schluss: Sport alleine bringt's nicht – gewaltpräventiv wirkt er nur in Verbindung mit pädagogischen Intentionen und Interventionen. Wettbewerb ist grundsätzlich problematisch, wenn Vorurteile abgebaut werden sollen. Das gilt in besonders hohem Maße für den interethnischen Kontakt im Fußball. Dort kann ein Ansatz, der dem gemeinsamen Spiel Vorrang vor der Wettbewerbskomponente gibt, am ehesten präventiv wirken.

Sportvereine sollen verstärkt niedrigschwellige Angebote machen, um eine bessere Heranführung randständiger Gruppen an Sportangebote zu ermöglichen. Die Förderung der Vernetzung von Vereinen und Verbänden mit freien und kommunalen Trägern der sozialen Arbeit ist ebenso wünschenswert wie die Vernetzung von Schul- und Vereinssport. Solche Programme sollten neben den Sportangeboten auch individuelle alltags- und lebensweltorientierte Hilfen sowie weiterführende Beratungs- und Betreuungsangebote zur Verfügung stellen. Vereine der Zuwanderer müssen durch die Sportverbände aktiv gestärkt, d. h. professionalisiert werden, nur so eröffnet sich die Perspektive für eine Integration deutscher Sportler in segregierte Vereine. Notwendig ist die interkulturelle

Sensibilisierung des Sportwesens, die am einfachsten durch die Partizipation von Zuwanderern in den Entscheidungsstrukturen der Sportkreise sowie der Regional- und Bundesverbände zu gewährleisten ist.

Rolle und Bedeutung des Kampfsports in der Gewaltprävention

Viele Jugendliche interessieren sich für solche Sportarten – warum sollten sie nicht als ansprechendes Medium für die Vermittlung auch pädagogischer Angebote genutzt werden? Deeskalationsübungen z. B. können spielerisch ins Trainingsprogramm aufgenommen und pädagogisch entsprechend umgesetzt werden. Kampfsportarten zielen auch ab auf die Stärkung des Zusammenwirkens von Körper und Geist. Es existieren verschiedenste Übungen, die die mentale Leistungsfähigkeit (z. B. Konzentration) stärken und gleichzeitig die Motorik verfeinern können. Kinder und Jugendliche lernen hier ihre tatsächliche Kraft realistisch einzuschätzen und damit angemessen umzugehen. Durch Partnerübungen werden soziale Kompetenzen wie Respekt, Verantwortung und Rücksichtnahme erworben. Man bekommt Raum für das Erleben und Ausleben eigener aggressiver Impulse, direkte Erfolgserlebnisse über Körper- und Technikbeherrschung sind gut möglich. Die Polizei und der WEISSE RING in Goslar brachten die Aktion „Kraft gegen Gewalt" in die Hauptschulen [3]. Sie bestand im Kern aus einem „Fitnesspaket" und der Ausbildung zum Streitschlichter – flankiert vom Besuch besonderer Sportereignisse. Die Auswertung nach einem Jahr ergab, dass sporttreibende Schüler weniger Opfer werden und bei Gewalttaten mehr Zivilcourage einfordern. Fazit: Wer Sport treibt und aktiv ist, hat keinen Grund zur Gewaltausübung.

Es gibt jedoch auch begründete Bedenken gegenüber „gewaltpräventiven" Kampfsport. Sie richten sich gegen die teilweise mangelhafte (pädagogische) Qualifikation der Kampfkunstlehrer, gegen eine Fixierung auf das „Kämpfen" sowie gegen pädagogisch-philosophischen Intentionen (oft dem asiatischen Kulturraum entlehnt), die meist gar nicht verwirklicht werden können. Auch kann Kampfkunst zur Bildung eines „harten" Menschen- und Männerbildes propagiert und die Bemühung um die Emanzipation von überkommenen Rollenklischees konterkariert werden.

Eine Ergänzung des Kampftrainingsprogramms durch Übungen zum Umgang mit Konflikten und Gewalt ist unabdingbar. Andere Sportarten sollten mit angeboten werden, um eine Fixierung aufs Kämpfen zu verhindern. Geleitet werden sollten die Kurse durch eine pädagogische und eine Sport-Fachkraft! Einige Präventionsprojekte haben Kampfsportarten mit zum Inhalt: So das *„Boxtraining für Jugendliche"* in NRW, der Ansatz *„Aggressionsabbau und Gewaltprävention durch Ringen im Schulsport"* in Bayern, das Programm *„Kampfsport gegen Gewalt"* in

Sachsen, die Judo-Gruppe *„JSV Speyer – Eine starke Gemeinschaft gegen Intoleranz & Gewalt"* und das *„Gewaltpräventive und integrative Boxprojekt Marktheidenfeld"*.

Andere beispielhafte Präventionsprogramme im Zusammenhang mit Sport

2001 startete das Saarland die Initiative „Wir im Verein mit Dir e.V."[4] als gemeinsames Projekt der Ministerien für Bildung, für Inneres u. Sport und des Landessportverbands. Die Errichtung eines „Multifunktionsfeldes" an sozialen Brennpunkten in Städten und Gemeinden will Grundschulkinder Sportvereine empfehlen, die gute, kompetente Jugendarbeit leisten. Es schult Jugendtrainer, Erzieher, Lehrer und Eltern im Hinblick auf Umgang mit Minderjährigen. Diese Kooperation zwischen Sport-, Kulturvereinen und Schulen wurde gefördert und ein „Erlebnispädagogischen Zentrum Saar" für 10- bis 18-Jährige aufgebaut. Kinder sollen möglichst früh in Sportvereine gebracht werden, nicht nur, um Nachwuchssorgen der Sportvereine zu mindern, sondern auch vor allem, um sie durch Sport im sozialen Lernen zu unterstützen. Nach zwei Jahren zeigte sich, dass durch die Initiative jede besuchte Großgemeinde zwischen 10 bis 50% der Kinder in Vereine geführt hat, 150 Kooperationen zwischen Schulen und Vereinen geschaffen und 30 Fortbildungsveranstaltungen durchgeführt wurden, weitere 70 Veranstaltungen wurden angefragt.

Das Projekt *„KICK – Sport gegen Jugenddelinquenz"* entstand 1991 auf Initiative der Berliner Polizei und der Sportjugend Berlin[5]. Es verfolgt das Ziel, durch Sportangebote und sozialpädagogische Methoden dem Abgleiten von Minderjährigen in die Kriminalität entgegenzuwirken. Dies soll durch eine stark vernetzte Zusammenarbeit von Jugendhilfe, Sportvereinen und Polizei innerhalb eines Stadtbezirkes ermöglicht werden. An den Standorten wird versucht, Jugendliche zu einer sinnvollen Freizeitgestaltung anzuregen und langfristig in Sportvereine zu vermitteln. Gerade weil Körperlichkeit eine bedeutsame Rolle im Lebensalltag Jugendlicher spielt, sieht das Projekt vor, Körper und Bewegung zum Medium von Sportpädagogik und Sozialarbeit zu machen. Beratung, Betreuung, Vermittlung und Vernetzung sind dabei wesentliche ergänzende Methoden. Die Angebote stehen allen offen, auch straffällig gewordene Jugendliche werden auf freiwilliger Basis an das Projekt vermittelt. Das Projektangebot wird von ca. 40% der von der Polizei vermittelten Jugendlichen angenommen. Die Betreuungsangebote nehmen 95% der von Mitarbeitern beratenen Jugendlichen an. Frühzeitig von der Polizei vermittelte Jugendliche sind sehr gut integrierbar und für sozialpädagogische Angebote erreichbar.

In Anschluss an Aktionstage „Sport gegen Gewalt" wurde im niedersächsischen Landkreis Leer auf Initiative des BGS das Gremium „Prävention Rheiderland" gegründet. Dieses Gremium hat das Gewaltpräventionsprojekt „Sport gegen Gewalt"[6] vorgestellt, ein integratives Konzept, das von 2004 bis 2006 unter dem Dach des „Bündnisses für Demokratie und Toleranz – gegen Extremismus und Gewalt" umgesetzt wird. Stärkung der Sozialkompetenz von Kindern und Jugendlichen, Förderung und Nutzung der durch den Sport vermittelten Werte wie Teamfähigkeit, Toleranz, Fairness und Multikulturalität, Aspekte der Gewaltprävention, die Integration von Randgruppen sowie Bildung eines Netzwerkes sind einige Ziele dieses Pilotprojektes. An allen Schulen, in den Kindergärten, Vereinen und Verbänden sowie in Jugendzentren der Region finden Veranstaltungen und Projekte, Seminare sowie jährliche Aktionstage zu „Sport gegen Gewalt" statt. Integraler Bestandteil ist „Faustlos" für Kinder. Ziele sind, besser mit Ärger und Wut umgehen zu können sowie als sozial-affektives Lernziel „Empathie" zu erwerben. Zum Gesamtprojekt gehört die Weiterbildung von Jugendleitern und Vereinsvertretern zu Themen wie „Konflikt in der Jugendgruppe" oder „Kinder stärken gegen Alkohol und Drogen".

Fazit

Untersuchungen zeigen, dass die präventive Wirksamkeit von Sport ohne Vernetzung relativ gering, im Gesamtkontext aber durchaus bedeutsam ist. Im Schul- und Vereinssport, der insbesondere für männliche Jugendliche attraktiv ist, bietet sich die Chance, regelgeleiteten Umgang mit körperlicher Kraft zu erlernen. Sport ist mit dem sozialen Umfeld zu vernetzen, entsprechende Präventionsvorhaben sind möglichst als Mehr-Ebenen-Konzepte anzulegen. Bedeutsame Module wären:

- Auseinandersetzung mit vorurteilsbedingter Gewalt
- Trainer und Schiedsrichter als Konflikt-Mediatoren ausbilden
- Einüben von Fairness
- Kooperation mit Präventionsräten, Jugendamt und Schule.

Über Sport ist das Integrationspotenzial von Minderheiten zu aktivieren, um die soziale Anerkennung zu erhöhen. Gefördert werden sollten multiethnische Vereine (mit hohem Minderheitenanteil) ebenso wie Vereine mit attraktivem Breiten- und Freizeitsport, wenn sie auch auf die Einbindung von Problemminderjährigen ausgerichtet sind.

Anmerkungen

1 HALM, DIRK „Präventionspotentiale des Sportwesens", in: DFK: „Primäre Prävention von Gewalt gegen Gruppenangehörige", BMJ Berlin 2006
2 Ministerium für Sport NRW, Düsseldorf 2001
3 WEBER, INGRID: „Lieber auf den Boxsack als auf den Mitschüler hauen" in: „WEISSER RING" Heft 2-2006
4 www.wir-im-verein-mit-dir.de
5 www.kick-projekt.de
6 www.sport-gegen-gewalt.info

Die Internetrecherche im Hintergrund wurde dankenswerterweise von der Juristin und damaligen Kriminologie-Studentin SUSANNE GYZICKI gefertigt.

Erschienen in: „forum kriminalprävention" Heft 2, 2006

Text 17

Gewalt an Schulen.
Empfehlungen der Ministerpräsidentenkonferenz.
Vorschläge für die länderübergreifende Präventionsarbeit

Bereits im Jahr 2003 hatte die Ministerpräsidentenkonferenz ein wirklich umfassendes Programm zur Gewaltprävention in den Feldern Erziehung/Familie/Schule beschlossen. Nach der Bluttat von Erfurt – ein geplantes Massaker, eigentlich kein Amoklauf – stand die große Frage im Raum, wie wir, Pädagogik und Gesellschaft, es mit der Erziehungsverantwortung, mit der Wertevermittlung und nicht zuletzt mit dem Opferschutz halten. Eine Vielzahl von Forderungen und Empfehlungen, von Vorschlägen und Hinweisen auf vorhandene Programme wurden ausgebreitet und zum Teil umgesetzt. Trotzdem geschah vor einem Jahr eine ähnlich aufrüttelnde Gewalttat in Emsdetten. Im Land Berlin hatten die Vorfälle rund um die Rütli-Schule, ebenfalls in 2006, spürbaren Einfluss auf das Präventionsgeschehen.

Natürlich müssen wir – das Berliner G/K-Team – die vielen angebotenen Handlungsansätze im Hinblick auf ihre Umsetzbarkeit überprüfen. Auch wenn einige der MPK-Forderungen „blauäugig" erscheinen (oder zu allgemein oder zu strategisch), liefern sie doch viele *Impulse* für die weitere Arbeit im Bereich schulische Gewaltprävention/Krisenintervention. Die lange Liste der damals festgeschriebenen Positionen kann möglicherweise auch mithelfen, heute klarer und ohne erneute Grundsatzdebatten über Sinn und Unsinn bestimmter Ansätze in unseren Berliner Schulen – die auf Grund ständiger frustrierender Alltagserlebnisse verständlicherweise wenig von „großen Strategien" halten – an die mühsame Kleinarbeit zu gehen. In meinen wenigen Monaten Berufspraxis an etwa 15 bezirklichen Grundschulen war/bin ich immer wieder überrascht, wie engagiert, vielseitig, umsichtig und zielgerichtet sich die jeweiligen Schulleitungen in Abstimmung mit anderen „Präventionsagenten" um das *Zuvorkommen* kümmern. Beim folgenden 5-Punkte-Überblick handelt es sich um den Versuch, die MPK-Empfehlungen zur *schulischen* Prävention zusammenzufassen.

1. Zur Präventionsfunktion von Schule

Gefordert wird die Schaffung einer Anti-Gewalt-Kultur an Schulen, die ein sofortiges Vorgehen von Lehrkräften und Mitschülerinnen und -schülern bei Gewalttätigkeiten einschließt wie die Entwicklung zunächst schulinterner Verarbeitungsformen nach Gewalttätigkeiten, z. B. Runder Tisch mit allen Betroffenen, bei Mobbingprozessen innerhalb der Klasse oder bei der Durchsetzung des Verbotes des Mitbringens von gefährlichen Gegenständen. Die erwünschte Einführung von schulischen „Präventionsteams", ggf. mit verstärkter Einbindung der Polizei an Grundschulen und im Sekundarbereich zur Stärkung sozialer Kompetenzen der Schülerinnen und Schüler ist in Berlin damals sofort umgesetzt worden. Dazu gehört auch die Zusammenführung der Zuständigkeiten für schulische Prävention in der Verwaltung mit Unterstützung von Fachkräften in den nachgeordneten Schulbehörden.

Weitere Wünsche der Länderchefs sind die individuell gehaltene Beschreibung und Beurteilung des sozialen Verhaltens der Schülerinnen und Schüler in Anhängen zum Zeugnis, die Durchführung von Maßnahmen zur Vermeidung von unentschuldigtem Fernbleiben vom Unterricht in Kooperation mit der kommunalen Jugendhilfe, lokalen Präventionsräten, freien Jugendhilfeeinrichtungen und Polizei sowie die Bereitstellung von Maßnahmen, um Schulverweigerern eine Rückkehr in die Schulausbildung zu ermöglichen.

Verstärkt werden sollten die Arbeit mit Einzelnen oder Gruppen durch Schulpsychologen, Beratungslehrkräfte und Sozialpädagogen zur frühzeitigen Diagnostik von psychosozialen Störungen, die Einübung von Konfliktaustragungs- und -bewältigungsformen (*Mediation*, Coolnesstraining etc.) sowie die Angebote für ein gezieltes Deeskalationstraining. Durch die Vermittlung einer umfassenden Medienkompetenz sollen die Schülerinnen und Schüler zu einer kritischen Begegnung auch mit gewaltverherrlichenden Darstellungen befähigt werden. Verbessert werden sollen die Zusammenarbeit zwischen Erziehungsberechtigten, Schule und Betreuungseinrichtungen (School-Worker-Modell) und die regionalen Kooperationsnetzwerke sowie die *unspezifische* Primärprävention zur Stärkung des Selbstvertrauens, der Toleranz und zur Wertevermittlung.

Sowohl die Einrichtung und Durchführung von Streitschlichtungsprogrammen einschließlich Regelungen zum Opferschutz als auch die Ausbildung von sozial talentierten Schülerinnen und Schülern zu Mentoren oder Helfern insbesondere für den Freizeitbereich (*Prävention durch Sport*, Musik und Kunst) zur Stärkung der Eigenverantwortung der Schülerinnen und Schüler ist gerade in Berlin engagiert betrieben worden – im „Konfliktlotsenprogramm". Die geforderte flächendeckende Einrichtung von Schülerinnen- und Schülerclubs in Zusammenarbeit mit dem örtlichen Jugendamt zur Begegnung und Hilfe bei Problemlagen aller Art scheitert offenbar weiterhin an der Zuständigkeitsfrage: handelt es sich um ‚schulbezogene' oder um Schulsozialarbeit?

2. Zum Erziehungsauftrag der Schulen

Als wesentlich wird die Erarbeitung eines Erziehungskonsenses von Lehrkräften, Eltern und der Schülerschaft, der Bildungserwerb und Werteerziehung schlüssig verbindet gesehen (Abschluss von Bildungs- und Erziehungsverträgen zwischen den Beteiligten) und die Arbeit in gemeinsamen Kernteams von Schule und Jugendhilfe gesehen.

Die MPK verlangt die Ausschöpfung der pädagogischen Sanktionsmöglichkeiten der Lehrkräfte sowie die Stärkung ihrer Rechtsposition, wenn der gemeinsam erarbeitete Konsens nachhaltig durch Schülerinnen oder Schüler verletzt wird und die Erhöhung der Rechtssicherheit bei den Lehrkräften zur Verhängung, Durchsetzung und Kontrolle von Sanktionsmaßnahmen im Rahmen der Schulgesetze. Vorschriften, z. B. für das Verbot des Mitbringens von Waffen usw. in die Schule oder für die Möglichkeit von Taschenkontrollen durch die Lehrkräfte sind entsprechend zu überarbeiten. Weitere Wünsche: Fachbezogene und überfachliche Festschreibung von curricularen Vorgaben zur Wertevermittlung und verstärkte Mitwirkung der Schülerinnen und Schüler bei Lernarrangements, Übernahme von einzelnen Aufgaben und Verantwortung durch Schülerinnen und Schüler, Einrichtung von Tutorensystemen, „ältere Schülerinnen und Schüler betreuen jüngere" – wohl ähnlich dem für Berliner Grundschulen beschlossenen ‚BUDDY'-Konzept.

3. Zur Integrationswirkung von Schule

Folgende MPK-Empfehlungen sollen helfen, Probleme der Schüler nichtdeutscher Herkunft zu lösen:

- Besondere Fördermaßnahmen für leistungsstarke und lernschwache Schülerinnen und Schüler
- Interkulturelles Lernen als Aufgabe aller Schulen (lernintegrativer Bestandteil) durch die Gestaltung des Schullebens (Projektarbeit, Ausstellungen usw.)
- Kulturvermittlung und Verbesserung der Sprachkompetenz für Kinder und Jugendliche mit Migrationshintergrund durch interkulturelles Lernen als Beitrag zur Gewaltprävention
- Erarbeitung geeigneter Lehr- und Lernmaterialien, Einstellung zweisprachiger Lehrkräfte, auch nichtdeutscher Herkunft
- Durchführung von Projekten gegen Gewalt, Intoleranz, Fremdenfurcht, Ausländerfeindlichkeit und politischen Extremismus

- Öffnung von Schule durch die Einbeziehung von Fachleuten, durch kooperative Migrationsarbeit
- Migrantinnen und Migranten zur Beratung und Mediation auch im Rahmen der Elternarbeit
- Erlebnispädagogische Projekte als schulisches Zusatzangebot
- Flächendeckende bedarfsorientierte Angebote zur Ganztagsbetreuung
- Kooperation mit der Ausländersozialarbeit

4. Einbindung der Lehrerbildung

Einvernehmen herrschte in der Frage der ganzheitlichen Lehrerausbildung (insbesondere erweiterte pädagogische und psychologische Kompetenz), die den Konzepten und Maßnahmen zur Gewaltprävention an Schulen Rechnung trägt. Diesem Ziel sollen Veranstaltungen der Lehrerfortbildung zur Erweiterung der gewaltpräventiven Erziehungskompetenz (Sofortreaktion, Interaktionsübungen), die Aus- und Fortbildung der Lehrkräfte zur Verbesserung der diagnostischen und fördermethodischen Kompetenzen, die Einführung von interkulturellem Lernen als verpflichtende Fortbildung für Lehrkräfte und die Stärkung der Kooperation der Lehrerschaft mit Sozialarbeitern, Psychologen, Jugendhilfe, Polizeibeamten und Justiz dienen.

5. Für eine verantwortliche Einzelschule!

Großen Wert legten die Ministerpräsidenten damals auf die Stärkung der Verantwortung von Schulleitung, Lehrerschaft und Eltern durch die Erweiterung der schulischen Gestaltungsmöglichkeiten per Übertragung von Verantwortung für finanzielle, materielle und personelle Ressourcen. Gefördert werden sollten Maßnahmen zur Stärkung des Wir-Gefühls und zur Herstellung einer ‚corporate identity' der Einzelschulen, wie z. B. die Entwicklung eines eigenen Schulprofils, die (behutsame) Öffnung von Schuleinzugsbereichen, das Schließen von Partnerschaften mit in- und ausländischen Schulen und die Kooperation mit außerschulischen Partnern. Bei schulordnungsrechtlichen Maßnahmen sollen die Rechte und Bedürfnisse der Betroffenen beachtet werden, z. B. durch Anhörung der Eltern betroffener Schülerinnen und Schüler, Information und Entscheidung der zuständigen Schulkonferenz (Klassenkonferenz) und durch den Einsatz schulexterner Fachkräfte (Schulpsychologen, Sozialpädagogen, spezialisierte Lehrer) bei der Entscheidung über das Fehlverhalten betroffener Schülerinnen und Schüler.

Einer „Verwahrlosung" des öffentlichen Raums Schule sowie einer Duldung von Sachbeschädigungen und Schmierereien ist, so die Länderchefs, *konsequent* entgegenzutreten. Zur Vermeidung von unentschuldigter Abwesenheit vom Schulunterricht ist von der Einzelschule das Thema „Schulschwänzen" im Schulprogramm zu bearbeiten, in geeigneten Fällen mit den Eltern schulschwänzender Kinder eine Vereinbarung über ein einvernehmliches Verhalten von Elternhaus und Schule zu schließen und die Zusammenarbeit mit kommunalen Schul- und Jugendhilfeträgern sowie der Polizei zu fördern und zu intensivieren.

Schluss

In den vergangenen Jahren haben Experten in großer Zahl den vom Umfang her kaum fassbaren Forderungskatalog der MPK auf wesentliche, entscheidende Aspekte zusammenzufassen versucht. Immer wieder wird dabei betont, dass *Mehr-Ebenen-Ansätze* z.B. nach M. CIERPKA fruchten, denn es geht nicht um die „strenge" Ausrichtung von Schulen nach nur *einem* Konzept. Die folgenden „strategischen Empfehlungen" habe ich vor einiger Zeit im *Deutschen Forum für Kriminalprävention* mit den Schulforschern W. MELZER (Leipzig) und W. SCHUBARTH (Potsdam) abgestimmt:

1. Schule hat Chancen und Perspektiven zuzuweisen, denn (antizipierte) Jugendarbeitslosigkeit erzeugt häufig psychosoziale Probleme und ggf. Gewalt. Eine entscheidende *Gelingensbedingung* für Gewaltprävention ist die Reform der Schule im Sinn von Optimierung der Kultur und Verbesserung des Klimas an Schulen. Dabei stehen nicht materielle Rahmenbedingungen im Vordergrund wie Klassen- oder Schulgröße. Die unbefriedigenden Arbeitsbedingungen führen aber häufig zur Lehrer*überlastung* und damit indirekt zum Problem „Schule als Ort der Gewalt": Da Lehrer*handeln* und *-professionalität* eine zentrale Rolle spielen, muss verhindert werden, dass gesundheitlich beeinträchtigte Fachkräfte unsere Schulkultur negativ beeinflussen.
2. Zu den *evaluierten* Präventionsleitlinien gehören: Prävention frühzeitig und zielgruppenbezogen ansetzen, soziale Identitätsentwicklung fördern, Gewaltstopp-Regeln und Grenzen festlegen; außerdem eine partnerschaftliche Interaktionskultur zwischen Schülern und Lehrern, mehr demokratische Partizipation („offene Schule") und systemisch vernetzte Kooperation entwickeln.
3. Wir können auf zahlreiche Programme verweisen, die entweder bereits evaluiert sind oder über die zumindest sehr guten Erfolgsberichte veröffentlicht wurden, wie: Sozialtraining in der Schule, Coolness Training, Eine Welt der Vielfalt, Betzvata, Faustlos, Eigenständig Werden, Prävention im Team, Fit for Life, Lions-Quest Erwachsen werden, Soziales Lernen (LERCHEN-

MÜLLER), Konstanzer Trainingsmodell, SchiLF, OLWEUS, Erziehende Schule (Kreter), Lebenswelt Schule… und zusätzlich auf weitere system- oder gemeinwesenorientierte Ansätze.

Darüber hinaus sollten Kollegien über Kompetenzen in Sachen Streitschlichterprogramme/Peer Education, Konfliktlotsenausbildung oder Schulmediation verfügen. Und zur Unterstützung der Umsetzung ist Supervision von außen angezeigt.

Erschienen in: Sen BWF Berlin (Hrsg.): Bildung für Berlin. Gewaltprävention im Miteinander – Berlin; September 2007; *online: www. berlin.de/sen/bwf/bildung/hilfe und praevention/gewaltpaevention/handlungsempfehlungen*

Text 18

Möglichkeiten und Grenzen der Erziehungs- und Familienberatungsstellen.
Eine Erhebung zu Rahmenbedingungen, zur Prävention und zur Kooperation

Die große Bedeutung der primären Prävention durch u.a. gelungene Erziehungsprozesse in den Familien ist unstrittig. Hierbei nehmen im staatlichen Unterstützungssystem die Erziehungs- und Familienberatungsstellen (im Folgenden immer als EFB abgekürzt) eine wichtige Funktion ein. Das von der WHO bereits 1956 formulierte Idealverhältnis von Kapazitäten an EFB zur Einwohnerzahl ist in der Bundesrepublik Deutschland bis heute nicht erfüllt. Dabei nehmen angesichts veränderter Lebensumstände und Familienstrukturen Erziehungsfragen und -probleme deutlich zu. EFB werden – nicht zuletzt durch die Auswirkungen der Kindschaftsrechtsreform aus dem Jahre 1998 und des Gesetzes zur Ächtung von Gewalt aus dem Jahre 2000 – immer stärker in Anspruch genommen. Dies geht leider einher mit Einschränkungen in der Finanzierung. In mehreren Bundesländern wurden EFB-Mittel für das Jahr 2004 zurückgefahren. Zu den Qualitätsstandards ist festzustellen, dass es trägerübergreifend einen hohen fachlichen Konsens über Standards gibt. Im März 2004 wurden von der Jugendministerkonferenz zusätzliche moderne Online-Beratungsangebote beschlossen. Der Aufsatz beschreibt zunächst den Untersuchungsansatz des DFK. Von den über 1000 Beratungsstellen haben 60% an der Erhebung teilgenommen. Wir stellen die Erhebungsergebnisse zu Fragen der Prävention und Kooperation, der Wartezeiten und der zukünftigen Möglichkeiten vor. EFB erfüllen einen bundesgesetzlichen Auftrag und bieten sich u. E. auch für werbende, niedrigschwellige, hinausreichende und somit offensiv präventive Angebote für potentiell gefährdete Familien und Jugendliche an.

1. Problemskizze

Nach Auskunft der „Bundeskonferenz für Erziehungsberatung e. V. (BKE)" betreffen ca. 70% der EFB-Arbeit Einzelfallberatung, zumeist von Müttern. 15% der Tätigkeit fallen auf übergreifende Tätigkeiten, insbesondere auf die Zusammenarbeit mit Kindergärten, Schulen und die Einbindung bei Veranstaltungen, sowie die Erarbeitung von Materialien. Als Problem erweist sich dabei, dass von den EFB teilweise als „präventive Arbeit" bezeichnete Tätigkeiten oft nicht weiter ausgebaut wurden. Der Ausbau einzelfallübergreifender Ansätze ist aus der Sicht der BKE wünschenswert, insbesondere mit dem Ziel, eigene präventive Angebote im Rahmen der *Familienbildung* und bezogen auf Erziehungsfragen anbieten zu können. Dabei stellen Scheidungskinder ein zentrales Problem dar, was bei Fremdunterbringung besonders deutlich wird – dort kommen rund 75% der Kinder aus Scheidungsfamilien. Die EFB-Finanzierung erfolgt unterschiedlich, in der überwiegenden Mehrzahl pauschal, daneben als Entgeltfinanzierung pro Beratung.

Ein Problem vieler EFB ist die Aufgabenüberschneidung mit anderen Jugendamts- oder freie-Träger-Diensten. Kooperation und Vernetzung sind deshalb in besonderer Weise gefordert sowie eine verbesserte Zuständigkeitsklärung, um Doppelarbeit möglichst zu vermeiden. Die EFB arbeiten auf der Basis des § 28 SGB VIII und müssen multidisziplinär zusammengesetzt sein (Psychologen, Sozialarbeiter, Therapeuten).

2. Zum Hintergrund

Erziehung, Erziehungsverantwortung und der Stellenwert, den Erziehung in unserer Gesellschaft hat, sind zentrale Themen des MPK-Papiers „Ächtung von Gewalt und Stärkung der Erziehungskraft von Eltern und Schule" und sollen u.a. Schwerpunkt von Öffentlichkeitsmaßnahmen zur Umsetzung dieses Papiers sein. In diesem Kontext sind die Bereitschaft und die Fähigkeit zur Wahrnehmung der Erziehungsaufgabe und zur Vermittlung von Sozialkompetenz wichtig. Zielgruppen sind dementsprechend primär die Eltern, aber etwa auch ErzieherInnen und LehrerInnen. Von Bedeutung sind in diesem Zusammenhang die bestehenden bzw. erforderlichen Unterstützungsangebote für Erziehende. Insbesondere Eltern müssen oft als „ungelernte" Kräfte ihre Erziehungsaufgabe wahrnehmen. Erziehung erfolgt zumeist durch „Trial and Error". Fehlendes Wissen führt häufig zu Verunsicherungen, normale Erziehungsschwierigkeiten werden als persönliches Problem und eigenes Versagen empfunden. Eltern brauchen deshalb Informationen und – je nach Bedarf – unterschiedlich intensive und ausgestaltete Unterstützungsangebote. Es gibt bereits viele Angebote auch der direkten professionellen Beratung. Weit über 1000 einschlägige Beratungsstellen stehen dafür bundesweit zur Verfügung. Diese Angebote werden aber von vielen Erziehenden, auch oder gerade wenn sie Probleme haben, nicht in Anspruch genommen.

Der Appell an die Erziehungsverantwortung muss deshalb mit der Motivierung von Erziehenden einher gehen, sich Beratung und Unterstützung zu holen. Gleichzeitig sollten die Zugangsstrukturen der Dienste so gestaltet sein, dass sie den potentiell Betroffenen in möglichst unkomplizierter Weise offen stehen.

Allerdings hätte eine entsprechend verbesserte Orientierung eine *erhöhte Nachfrage* für die Beratungsstellen zur Folge, der dann auch zu entsprechen sein müsste. Die Frage der bedarfsindizierenden „werbenden" Anstrengungen von EFB wird fachöffentlich kontrovers diskutiert. Könnte der dadurch zunehmenden Nachfrage keine Leistung folgen, wären entsprechende Sensibilisierungsmaßnahmen eher kontraproduktiv.

Vor diesem Hintergrund hat das DFK im Rahmen einer Studie die aktuelle Situation der EFB, ihre inhaltlichen Schwerpunkte, sowie vor allem ihre finanziellen und organisatorischen Rahmenbedingungen für ihre Arbeit erhoben. Der Zeitraum nach dem „Amoklauf von Erfurt" (2004-2005) wurde dabei besonders beleuchtet: Etwaige Veränderungen innerhalb der letzten zwei Jahre, sowohl in Bezug auf die Nachfrage, als auch auf die personelle und finanzielle Ausstattung waren von besonderem Interesse. Es galt die Frage zu klären, was Beratungsstellen brauchen bzw. wünschen, um ihre Arbeit noch besser, zielgerichteter und erfolgreicher erledigen zu können. Im Folgenden werden entsprechend spezifische Problempunkte dargestellt. Die Recherche wurde in Abstimmung mit der Bundeskonferenz für Erziehungsberatung durchgeführt. Bei der BKE handelt es sich um den freiwilligen Zusammenschluss der Landesarbeitsgemeinschaften der Erziehungs-, Jugend- und Familienberatung auf freiwilliger Basis.

3. Zum DFK-Fragebogen und zum Rücklauf

Die Erhebung sollte insbesondere Auskunft über die Nachfrage nach Erziehungsberatung, Finanzierungsprobleme, Aufgabenstellungen im Zusammenhang mit Prävention, der Wahrnehmung präventiver Aufgaben durch die EFB, insbesondere frühpräventiver bzw. primärpräventiver Art sowie die Einschätzung der zukünftigen Situation der Erziehungsberatung geben und nicht zuletzt über die personelle Situation in Zeiten „knapper Kassen".

Von den insgesamt 1109 verschickten Fragebögen sind 652 bearbeitet zurückgesendet worden. Dies entspricht einer Rückmeldequote von 59%, was als eine sichere Basis für die Analyse angesehen werden kann. Nach dem sehr positiv zu bewertenden bundesweiten Rücklauf war es von Interesse, ob es Unterschiede im Antwortverhalten nach Bundesländern gibt. Es ist ja durchaus plausibel, dass je Bundesland unterschiedliche Verhältnisse existieren, die sich auf den Umgang mit dem Fragebogen auswirken. Dies gilt etwa im Hinblick auf die unterschiedliche Förderungspraxis oder auch angesichts der differierenden Problembelastungen. Für alle Bundesländer zeigte sich eine hohe Bereitschaft, sich an der Befragung zu beteiligen.

4. Rahmenbedingungen

Erziehungs- und Familienberatung ist zwar eine gemäß dem SGB VIII vorzuhaltende Leistung, wie effizient diese erbracht werden kann ist jedoch von den jeweiligen Rahmenbedingungen abhängig. Zunächst war von Interesse, wie sich die Nachfrage nach Erziehungs- und Familienberatung innerhalb der Jahre 2001 (282.057) bis 2003 (301.650) entwickelt hat. Die Daten der Bundesstatistik ergeben eine 6,9 % Steigerung. Die EFB-eigene Erhebung reproduziert die Daten der gesetzlichen Statistik.) Als Indikator hierfür dient die Anzahl der bei der Bundesstatistik gemeldeten Fälle. 563 der EFB gaben hierzu Auskunft. Es stellte sich heraus, dass sich die Nachfrage im genannten Zeitraum bundesweit um 7% erhöht hat. Im selben Zeitraum sind die Haushaltsmittel der EFB im bundesweiten Schnitt um 2,5% gestiegen. Die verschiedenen Finanzierungsmodelle der EFB konnten nicht im Detail sondiert werden. Es war jedoch festzustellen, dass 65% der befragten EFB angaben, Unterstützung durch das jeweilige Bundesland zu erhalten. (Hier sollte im Hinterkopf sein, dass nur noch jedes zweite Bundesland Förderrichtlinien für Erziehungsberatung hat, es also für eine finanzielle Förderung keine rechtliche Grundlage gibt. Es gibt Länder, die nie gefördert haben: z. B. Niedersachsen, Länder, die nach einer anfänglichen Förderung diese eingestellt haben: z. B. Brandenburg, sowie Länder, die ihre Förderung nach Einführung des SGB VIII eingestellt haben: z.B. Baden-Württemberg. Hintergrund ist der Rechtsanspruch auf die Leistung nach § 28 SGB VIII, der die kommunale Finanzierungspflicht nach sich zieht. Daraus ergibt sich, dass man kaum erfolgreich an die Länder die Erwartung richten kann, die Finanzierung zu erhöhen oder langfristig beizubehalten. Wichtig ist vielmehr den Übergang zu gestalten: d.h. den Kommunen frühzeitig deutlich zu machen, dass sie in die Finanzierungsverantwortung eintreten müssen. Anderes kann nur gelten bei den „präventiven Aufgaben" der EFB, die ihre Rechtsgrundlage in § 16 (2) 2 SGB VIII haben. Hier ist die Förderung nach § 74 SGB VIII das angemessene Instrument. Die Anregung des DFK könnte dahin gehen, dass die Länder ihre Präventionsanstrengungen verstärken. Aufgrund der bevorstehenden Kürzung innerhalb der Landeshaushalte lässt sich die Verunsicherung im Hinblick auf zukünftige Erwartungen verstehen, was noch vertiefend dargestellt wird. Auf die Frage, wie sich die finanzielle Situation innerhalb des Zeitraums 2001 bis 2003 entwickelt habe, konstatierten knapp 61% der Antwortenden eine finanzielle Verschlechterung der EFB.

Ein ähnliches Bild ergibt sich bei der Entwicklung der Planstellen. Hier gaben nur 32% der EFB an, dass es innerhalb des genannten Zeitraums eine Veränderung der Planstellenanteile gab. Bei denjenigen Stellen, die eine Veränderung der Planstellenanteile berichtet haben, sind in 63,5% der Fälle Planstellen bzw. Planstellenanteile abgebaut worden, während knapp ein Drittel einen Zuwachs vermeldet. Die Nettoveränderung der Planstellen nach Bundesländern zeigt eine prinzipielle Verringerung der Planstellen. Ausnahmen sind hier Schleswig-Holstein, Thüringen, das Saarland und Brandenburg, wo leichte Zugewinne zu verzeichnen sind. Setzt man zu dieser Entwicklung in Beziehung, dass die Nachfrage, wie oben erwähnt, im selben Zeitraum gestiegen ist, zeichnet sich hier eine Verschlechterung der Beratungssituation ab.

5. Prävention

Unter dem Aspekt Prävention haben wir es bei den EFB mit Einrichtungen zu tun, die ihre Ressourcen zwischen präventiven (vor allem im Sinne der universellen oder Primärprävention), beraterischen und therapeutischen Angeboten aufteilen müssen. Das wirft die Frage auf, inwieweit Aufgaben im Zusammenhang mit primärpräventiven Anliegen im Zentrum der EFB stehen können und welchen Stellenwert die Prävention innerhalb der EFB hat.

Bei der Einschätzung des Zeitanteils, der für Maßnahmen an Prävention zur Verfügung steht, ist zumeist die sogenannte einzelfallübergreifende Arbeit von Relevanz, die wiederum einen hohen Anteil primärpräventiver Maßnahmen zum Inhalt hat. Man unterscheidet in diesem Zusammenhang diejenigen Fälle, in denen Personen mit ihren Problemen zu den EFB gehen, was eng mit der sogenannten sekundären Prävention assoziiert ist, und die Aktivitäten der EFB, die sich nicht auf einen einzelnen Fall beziehen, sondern darüber hinausgehen und darauf ausgerichtet sind, bereits im Vorfeld tätig zu werden. Hier spielen Bemühungen um eine verbesserte Kooperation und Vernetzung eine Rolle, die noch zu thematisieren sind.

Die Erhebung zeigt zu diesem Themenfeld, dass 52% der Dienste *weniger als 10%* ihrer Ressourcen in die präventive Arbeit investieren! 44% antworteten, dass der Zeitanteil zwischen 10 und 30% liegt. Ein kleiner Teil ist der Meinung, dass der Zeitanteil mehr als 30% beträgt. Nicht beantwortet wurde die Frage von ungefähr 8%. Es sollte daher geprüft werden, ob und ggf. in welchem Umfang die Präventionsarbeit ausgebaut werden kann oder ob die EFB aus noch zu benennenden Gründen hierzu nicht in der Lage ist.

Die Position des Gewaltberichts ist hierzu eindeutig: Als Maßnahme zur Stärkung von Elternverantwortung und der Erziehungskompetenz sollen Ehe-, Familien-, Lebens- und Erziehungsberatungsstellen gefördert werden. Zu beachten seien die Weiterentwicklung von Elternkompetenztrainings, Integration neuer Themen in die Arbeit wie z. B. Hilfen zum Erwerb größerer Medienkompetenz der Eltern und der Einsatz von Familienbildungsangeboten, die auf Höchstmaß an Wirkung auszurichten seien. Bildungsferne Familien, Familien in besonderen Problemsituationen und sozial und wirtschaftlich weniger begünstigte Familien müssten dabei besonders berücksichtigt werden. Aus diesen Gründen wäre aus Sicht des DFK ein wesentlich stärkeres präventives Engagement der EFB zu begrüßen.

6. Kooperation

In verschiedenen Tätigkeitsfeldern empfiehlt die MPK eine gezieltere Zusammenarbeit von Diensten. Eine wichtige fachliche und moderierende Rolle könnten EFB z.B. bei der Umsetzung der Empfehlung „Kooperationsangebot für Schule und Eltern gemeinsam mit kommunalen Stellen, Polizei, Vereinen, außerschulischen Einrichtungen u.a. zur Vermittlung von Informationen und Beratungen für Erziehungsberechtigte z. B. bei Schulversagen ihrer Kinder, bei schulordnungsrechtlichen Maßnahmen" spielen.

Der MPK-Gewaltbericht fordert auch den „Ausbau von Netzwerken der Kooperation in der Region". Erziehungs- und Familienberatungsstellen sind nicht isoliert, sondern im regionalen Netz anderer sozialer Dienste zu sehen. Aufgrund von Kooperationen ist es möglich, die Hemmnisse von Ratsuchenden abzubauen und sie für die eventuelle Notwendigkeit von Beratung zu sensibilisieren. Innerhalb des Fragebogens war es möglich, anhand einer Liste anzugeben, mit welchen Akteuren die jeweiligen EFB zusammen arbeiten. Es konnte bewertet werden, ob es sich hierbei um häufige oder seltene Kontakte handelt. Als Ergebnis war es möglich, Ranglisten zu erstellen, mit welchen Akteuren am häufigsten kooperiert wird.

Hierbei zeigte sich bundesweit der folgende Trend: Kooperationen sind insbesondere dort anzutreffen, wo sozial auffälliges Verhalten schnell registriert werden kann, z. B. in Schulen (93%), Heimen und anderen betreuten Wohnformen (85%) sowie in Kindertagesstätten (83%). Bei den weiteren möglichen Kooperationsakteuren zeigen sich im Vergleich der Bundesländer zum Teil erhebliche Unterschiede in der Rangliste. Häufig genannt wurden hier zusätzlich Ärzte und Kliniken (64%), andere Erziehungsberatungsstellen (50%) und Schulpsychologische Dienste (42%).

7. Wartezeiten

Moderne Beratungsansätze verlangen auch „Sofortberatung" und moderne Prinzipien in der psychosozialen Versorgung beinhalten „Niedrigschwelligkeit". Schwerpunkt der fachlich hochqualifizierten EFB-Arbeit soll u. a. die „Krisenintervention" sein. Diese Vorgaben können nur umgesetzt werden, wenn die einzelnen Dienste Kapazitäten für offene Sprechzeiten und sofortige Hilfen in akuten Krisen bereitstellen. Dies müsste zur Not zu ungunsten von psychotherapeutischen Hilfen im Setting der „Komm-Struktur" realisiert werden. Konzepte wären zu überdenken und mit dem Ziel zu korrigieren, mehr Angebote im Interesse aller drei Präventionsarten herauszustellen: universelle, indizierte und selektive Ansätze bzw. primäre, sekundäre und tertiäre.

Der Fragebogen der DFK-Erhebung wollte auf diesem Hintergrund in Erfahrung bringen, wie die durchschnittliche Wartezeit zwischen Anmeldung und Beratung zu veranschlagen ist. Als Möglichkeiten standen zur Auswahl: ‚weniger als eine Woche', ‚bis zu zwei Wochen', ‚zwei bis vier Wochen' und ‚mehr als vier Wochen'. Eine Wartezeit ‚mehr als vier Wochen' gaben 22% der EFB an. Im Bereich ‚zwei bis vier Wochen' lagen 46%. Bis zu zwei Wochen' gaben 24% der Befragten an und der kleine Rest von 8% verteilt sich auf ‚weniger als eine Woche' bzw. auf Missings, d.h. fehlende Antworten. Wartezeiten sind auch ein Indikator, um zu prüfen, ob EFB überlastet sind. So gilt eine Wartezeit von größer als vier Wochen als Indiz für eine Überlastung, unter der Bedingung, dass die Planung auch effizient durchgeführt worden ist.

Die EFB wurden also ergänzend um eine Einschätzung gebeten, ob es einen Wandel der Wartezeiten innerhalb der letzten drei Jahre gegeben hat. Als mögliche Antworten standen zu Verfügung: ‚Wartezeiten haben sich erhöht', ‚sind gesenkt worden' und ‚sind gleichgeblieben'. 39% gaben an, dass die Wartezeiten sich erhöht haben. 12%, dass sie reduziert werden konnten und 46% berichteten, dass sich die Wartezeiten nicht geändert hätten.

Wenn man sich vorstellt, dass eine sozial schwache, bildungsferne Familie im Konflikt *etwa drei Wochen* auf qualifizierte fachliche Beratung – sei es zu Trennungs-/Scheidungsfragen, sei es zu massiven Erziehungsproblemen oder Schulverweigerung – warten muss, so wird deutlich, dass so strukturierte Dienste der Erziehungs- und Familienberatung kaum einen Beitrag zur Verhütung des Schlimmsten leisten können Je eine offene Sprechstunde an zwei Wochentagen wäre aus dieser Sicht das Minimum an vorzuhaltenden Soforthilfeangeboten.

8. Zukünftige Möglichkeiten

Abschließend wurden die EFB befragt, wie sie die zukünftige Entwicklung einschätzen. Insbesondere die finanzielle Situation und die Entwicklung des Bedarfs sind hier von Belang. Ca. 90% der befragten EFB gehen von einer zukünftigen finanziellen Verschlechterung aus, denn es wird aufgrund von Verknappungen der Haushalte der Länder erwartet, dass auch die finanziellen Zuwendungen der Bundesländer erheblich geringer ausfallen werden. Dies erscheint den EFB besonders bedrohlich, da ebenfalls fast 90% der Dienste eine Erhöhung des Bedarfs an Erziehungs- und Familienberatung vermuten. Die abgeschlossen Beratungen sind entsprechend der Bundes-Statistik von ca. 200.000 im Jahre 1993 auf ca. 300.000 im Jahre 2003 angestiegen. Als zukünftige Problemherde werden ferner die Konsequenzen von Trennung/Scheidung für die Kinder angesehen, die bedrohlich für die Stabilität der Lebenswelt der Kinder sein können. Weiterhin wird der ‚Sozialraum Schule' als der Ort genannt, an dem erhöhter Bedarf an Erziehungs- und Familienberatung entsteht. An Schulen verbringen Kinder einen Großteil ihrer Zeit, und hier erlernen sie soziale Spielregeln sowie kulturelle Grundlagen für den weiteren Lebensweg. Außerdem wurde von vielen EFB als zukünftig wachsendes Problem das häufigere Auftreten von Gewalt und Aggression genannt.

(mit BRAUNERT, SEBASTIAN); erschienen in: forum kriminalprävention, (2 Teile) Hefte 4, 2007 und 1, 2008

Text 19

Schulentwicklung: Fachpolitische Ziele und Gewaltpräventionsarbeit in Berlin sowie Schwerpunkte und Vorhaben zur Krisenintervention

*Am 9. März 2010 teilte der Landtag von Baden-Württemberg presseöffentlich mit, dass – nach Klärung des Handlungsbedarfs von **Winnenden** – zum Ausbau der Schulpsychologischen Dienste zusätzliche jährlich 30 Mio € bereit gestellt werden sollen. Neben 100 neuen Schulpsychologen sind 250 weitere Beratungslehrkräfte geplant. Deren Arbeit wird zukünftig von einem neuen Kompetenzzentrum aus gesteuert. Außerdem wird die Schulsozialarbeit ausgebaut und die mobile Jugendarbeit verstetigt. Es sollen mehr Anti-Aggressions-Trainer sowie Streetworker zur Verfügung gestellt werden und das OLWEUS-Programm soll flächendeckend in den Schulen zur Anwendung kommen.*

Berlin: Gewaltprävention seit dem Erfurter School Shooting 2002

Und welche Signale gehen von der größten und Hauptstadt Deutschlands aus? Die Berliner Bildungssenatoren des letzten Jahrzehnts sind bemüht gewesen, Schule zu entwickeln und Gewaltprävention zu fördern. Der Amoklauf am Gutenberggymnasium in **Erfurt** im April 2002 löste den Alarm aus und führte zu neuen Strategien. Im Folgejahr baute die Behörde ein Schulpsychologenteam „Gewaltprävention und Krisenintervention" (im folgenden mit G/K abgekürzt) auf, für jeden der 12 Bezirke eine Fachkraft, dazu in der Zentrale eine Koordinatorin. Überschattet war diese weitsichtige Maßnahme vom Einsparen aller Verhaltenstherapeuten in den Beratungszentren. Die Außenstellen der Bildungsverwaltung in den Bezirken büßten folglich über 20 Psychologenstellen ein und erhielten zwölf dazu. Das G/K-Team fand schnell zu seinen Aufgaben; es wurde nun Dreh- und Angelpunkt des Gewaltmeldewesens und alle Schulen des Landes übermittelten ihm nun viele ihrer Vorfälle; die G/K-Berater kümmerten sich um „Fälle", Opfer und Täter, und unterstützten die erweiterten Schulleitungen sowie die sog. Schulhilfekonferenzen. In kurzer Zeit wurde das auf Dauer maßgebliche Instrument der „Notfallpläne" entwickelt. Jede Schule bekam einen Ordner, in dem nach Schweregrad des Vorfalls präzise farblich unterschieden Schritt für Schritt beschrieben wird, was wann zu tun ist. Die Präventionsbeauftragten der Polizei wurden eng einbezogen. Inzwischen sind die Notfallpläne in einigen Bundesländern übernommen worden. In Berlin finanziert die UNFALLKASSE den Druck der Dokumente.

Eine Schule stürzte trotzdem ab

2006 gab es in der Hauptstadt den Brandbrief des Kollegiums der **Rütli-**Hauptschule im Bezirk Neukölln. Verbindungen zwischen Lehrkörper und Schülerschaft schienen gekappt. Ein GAU stand vor der Tür – Schwänzen, Gewalt, Mobbing, Vandalismus und der Kollegen-Krankenstand drohten auszuufern; Bezirk wie Senat *mussten* konstruktiv, schnell und nachhaltig agieren, denn die Sensationspresse schlich sich auf den Pausenhof. Vier weitere G/K-Schulpsychologen sollten als Sofortmaßnahme die Problembezirksarbeit verstärken (neben Neukölln auch Mitte, Friedrichshain-Kreuzberg und Lichtenberg). Das Gewaltvorfälle-Meldewesen wurde präzisiert und verpflichtender gestaltet. Heute spricht man von einem vorbildlichen „Campus Rütli-Modellprojekt", bestehend aus einer Sekundarschule, einer Grundschule und einer Kita. Es liegt bekanntlich in einem sozialen Brennpunkt oder Kiez von Neukölln. Eine Task Force ist zur Stelle: Streetwork. Armutsinseln sind entstanden, Exklusion und Segregation schreiten voran. Dort erhalten nun alle Schulen, die es wollen, Wachschutz, obwohl vergleichende Analysen vorher keine entsprechenden Extremzahlen im Hinblick auf Schulfremde, eindringende Täter beigebracht hatten. Das kostet aber 200.000 € jährlich. Nicht nur in Berlin hat ein qualitativ-positives Umdenken stattgefunden. Ein gesellschaftlicher Erziehungsauftrag wird wieder erkannt und ein systemischer Ansatz implementiert – denn die Verursachung von Gewalt ist schließlich ‚systemisch' bedingt. *„Ändert man die Umstände, so ändern sich auch die Gewohnheiten. Dies ist Erziehung."*

(ROUSSEAU, Emile I). Auf neuere Gewaltentwicklungen wie massives Mobbing, Cyber-Bullying, Happy Slapping und die Zunahme extremer Bedrohungssituationen (Amok-Drohungen, Trittbrettfahren) wurde zügig mit Fortbildungsangeboten des G/K-Teams reagiert. Kern und Herz der G/K-Aktivitäten des Landes Berlin war und ist die Auseinandersetzung mit geeigneten, verständlichen, in allen Schulen durch das dortige Personal umsetzbaren **Notfallplänen**. Seit 2004 liegt eine qualifizierte Form vor. Hierin wird die Bedeutung der Krisen(interventions)teams hervorgehoben. Mehr als 10% unserer Schulen haben Kooperationsverträge mit der Polizei abgeschlossen.

Tatsächlich wäre es wenig, aber bekannt ist, dass weit über 50% der Schulen auch ohne diese Form verbindlich mit Polizei und ihren Präventionsbeauftragten zusammenarbeiten. Eigenständige, gemeinsam mit Lehrern, Schülervertretern und Eltern beschlossene Schulregeln oder Hausordnungen liegen inzwischen häufiger vor. Und alle G/K-Schulpsychologen der Stadt besitzen die mehrwöchige Zusatzausbildung zum Notfallpsychologen.

Flächendeckende Programme und temporäre Projekte

Die Idee, neben den Notfallplänen zumindest *ein* Präventionsprogramm flächendeckend im Land zu installieren konnte deshalb rasch umgesetzt werden, weil sich ein Sponsor fand. So begannen im September 2006 die Trainings von je zwei Lehrern aus allen Grundschulen der Stadt beim Programm-Träger „BUDDY e. V." (Schüler helfen, lehren, coachen, beraten und mediieren Schüler). Zwei Jahre lang sollten sie (sowie alle G/K-Schulpsychologen und Suchtprophylaxe-Koordinatorinnen der Bezirke) VODAFON-finanzierte Coachings erhalten. Zunächst beteiligten sich tatsächlich 7/8 der Grundschulen, heute sind es vielleicht noch 1/8 – wobei Lichtenberg eine positive Ausnahme macht. Diese Vorgehensweise hatte zwei Nachteile: 1. relativ gut verbreitet war bis dahin der Ansatz „**Konfliktlotsen**" in den Schulen der Stadt, ca. 20% der 5./6. Klassen, sowie ca. 10% der 9./10. befassten sich in irgendeiner Form mit schulischer Mediation.

Dann aber lenkte man alle Kapazitäten (Lehrerinnen haben für BUDDY-Arbeit gar keine Stundenermäßigung erhalten) in das aufgesetzte Muss-Programm, womit wir beim zweiten Manko wären, denn was Pflicht ist, wird ggf. halbherzig gemacht oder passiv boykottiert. Weniger die Qualität des Programms und die Kompatibilität mit dem voraus gegangenen Mediationsansatz sind zu kritisieren als vielmehr die Art und Weise der Implementierung. Um es positiv auszudrücken: Wünschenswert wäre das Nebeneinander möglichst wirkungsevaluierter Gewaltpräventionsprojekte, auf für Schulen freiwilliger Basis, aber mit der Verpflichtung, zumindest *eines* der Angebote im dezentralen Schulprogramm zu fixieren. Weitere Ansätze: In der Bundeshauptstadt ist die Interventionszentrale gegen Häusliche Gewalt (BIG) seit vielen Jahren sehr aktiv und setzt ein neues Präventionsprojekt an interessierten Grundschulen um.

Gut angenommen wurde die Anti-Mobbing-Fibel des LISUM Brandenburg-Berlin. Bedauerlicherweise wird in die Mediationsarbeit mit jüngeren Schülern kaum noch investiert (PAX AN; TUT WAS). Aber genutzt werden könnten in Berlin natürlich auch das Netzwerk ETEP (Entwicklungstherapie/Entwicklungspädagogik, darüber wurden im letzten Schuljahr Verhaltensauffällige an 111 Schulen betreut), FAUSTLOS, FAIRPLAYER (ähnlich dem „Sozialtraining in der Schule"), DENKZEIT (85 Förderungen stark aggressiver Schüler im letzten Jahr), Lions Quest, OLWEUS, MindMatters – Mit psychischer Gesundheit die Schulqualität fördern (BEK), Starke Eltern – Starke Kinder, Abseits (ProPK), TESYA (Trainings zum Umgang mit aggressiv handelnden Kinern und Jugendlichen), No Blame-Approach, Self Defense/Coolness-Trainings incl. Eltern-Kind-Settings wie ‚Starke Kinder machen Schule' und Stopp Tokat oder PIT, alles Konzepte, die in der Stadt zwar nicht weit verbreitet, aber an einzelnen Schulen, über erschwingliche Freie-Träger-Angebote zugänglich oder in Erziehungs- und Familienberatungsstellen bekannt sind. Quer zu diesen muss noch KICK erwähnt werden: Träger Sportjugend/Polizei stimmt mit Jugendhilfe und auch Schule bezirkliche Projekte ab (Sport gegen Jugenddelinquenz/KICK School Team). Es begann 1991 in Kreuzberg und ist jetzt in acht Bezirken vertreten). Des Weiteren begann 2008 eine kleine ‚Amoklagen-Leaking'-Pilotstudie, die zu NETWASS führte, ein neuer Netzwerk-Vorschlag von SCHEITHAUER. Eher unbekannt bei uns sind FIT FOR LIFE, LERCHENMÜLLER, CIERPKAS Mehrebenen-Modell, KTM, FARSTA, EFFEKT, ABSCHIED VON HASS UND GEWALT und TRIPLP.

Amoklagen, Technische Prävention

Heute stehen wir in Berlin vor der Bewältigung einer weiteren Ausbau-Stufe der schulischen Gewaltprävention. Das Gut-Aufgestellt-Sein zur Verhütung des Schlimmsten ist nach dem Vorfall in **Ansbach** neu beleuchtet worden. Wir benötigen mehr Vorkehrungen im Bereich der technischen Prävention (z. B. für die Amokalarmierung) und mehr Handlungskompetenz auf Seiten der Lehrkräfte und der Schulsozialpädagogik. Alarmsignalgebung (unterschieden vom Feueralarm), Lautsprecheranlagen, Klingeltöne, Klassenverschluss und (sonst verbotenes) mobiles Telefonieren stehen auf dem Prüfstand. Die Berliner Notfallpläne werden im Hinblick darauf gerade überarbeitet. Den meisten Präventionsakteuren ist klar, dass Schulen Krisenteams benötigen. Berliner Grundschulen arbeiten zwar nicht 4, sondern 6 Jahre lang, hatten aber trotzdem noch keine ernsthaften Bedrohungslagen (allerdings ein paar hinterhältige Trittbrettfahrer-Ankündigungen). Deshalb sollte konzentriert der erste Schritt in den Oberschulen getan werden. Hier benötigt jede gleich wie große Einrichtung ein fest installiertes und gut geschultes Krisenteam, damit Kollegien *gemeinsam* Probleme zu lösen im Stande sind.

Entsprechend wurden in den letzten Monaten Schulleiter durch zuständige Polizeivertreter und Schulpsychologen eingestimmt auf die Arbeit mit neuen Instrumenten zur Bewältigung von Großschadensereignissen, auch Hinblick auf die extrem schwierigen, folgenschweren Gefährdungsanalysen. Die Rolle der Schulsozialarbeiter/innen, in Abgrenzung zur schulbezogenen Sozialarbeit – wird permanent bedeutsamer und erfährt zunehmend inhaltliche wie finanzielle Beachtung aus der Sicht des Leistungsträgers. Das SGB VIII macht klare Vorgaben, was die „Soll" und „Kann"-Angebote angeht. In diesem Feld haben sich Schule und Jugendhilfe früher unversöhnlich gegenüber gestanden, Reste des Konflikts existieren noch heute, anachronistisch wenn man bedenkt, dass diese Ressorts seit 25 Jahren einer gemeinsamen Senatsverwaltung unterstehen. 1994 entwarf dann SPD-Senator KRÜGER ein Berliner Ausführungsgesetz Kinder- und Jugendhilfe, das hinausreichende und schulbezogene Jugendsozialarbeit vorstellte – einmalig in Deutschland. Differenzierende Handlungsempfehlungen für die verbindliche Kooperation zwischen diesen Abteilungen und ihrer Außenstellen gibt es aber trotzdem erst seit wenigen Jahren, fundiert im Schule-Jugendhilfe-Rundschreiben 1/2006. Dieser wichtige Handlungsleitfaden wurde 10/2009 überarbeitet. Der dringend nötige permanente Wissenstransfer wird über die sog. Regionale Fortbildung gewährleistet. Jeder Bezirk kann dieses Angebot nutzen, alle Lehrerinnen und Lehrer sind als potentielle User online erfasst und erhalten neben den umfangreichen fachlichen Weiterbildungsangeboten viele spezielle Veranstaltungen im Bereich Soziales Lernen, Gewaltprävention und Konfliktmediation. Die Landeskommission gegen Gewalt, angesiedelt beim Senator für Inneres, veranstaltet Fachkongresse, den jährlichen Landespräventionstag mit Preisverleihungen und veröffentlicht in Abständen inhaltlich wertvolle Broschüren zu Präventionsfragen, stellte aber ihren Newsletter ein.

Kindeswohl/Kinderschutz

In Kinderschutzfragen erfolgt eine gut strukturierte Kooperation etwa seit 2008, wir sprechen vom Berliner Netzwerk Kinderschutz, das ein nutzerfreundliches Hotline-System zentral und bezirklich ´Tag und Nacht´ besitzt. Durch die Einführung des Begriffes ‚Gefährdungsrisiko' in den § 8 a SGB VIII (Schutzauftrag, 2005) kamen neue Anforderung auch aufs Schulpersonal zu. Das Land Berlin brachte dazu im Januar 2009 ein ausdifferenzierendes Landesgesetz heraus, das über Fachtagungen dezentral gut bekannt gemacht wurde, denn ‚Gefährdungseinschätzungen' müssen fast täglich erfolgen. Noch ungeklärt – auf Bundesebene – sind Fragen des Datenschutzes und der Verschwiegenheitsverpflichtung. Im März 2010 beschloss der Senat, dass Kinderschutzarbeit in den kommenden zwei Jahren mit jeweils 91.000 € pro Bezirk noch einmal verstärkt wird. Das für den Sommer 2009 angekündigte eigenständige Kinderschutzgesetz des Bundes verzögert sich wohl nun nach der Regierungsumbildung. Übrigens arbeiten die Berliner Jugendämter seit gut 12 Jahren ‚regionalisiert'. Ein Bezirk ist in 6-10 Regionen aufgeteilt und darin haben die Jugendämter Außenstellen, die auch die Soziale Gruppenarbeit (manchmal schulbezogen) steuern. Die schulbezogene Jugendsozialarbeit wiederum wird bezirkszentral koordiniert. Eine Paralleleinteilung der regionalen Zuständigkeiten des Schul- Polizei- und Psychiatriewesens existiert leider nicht. Im Feld der Zusammenarbeit von Justiz/Polizei/Jugendsozialarbeit kann die Stadt auf ein modernes Diversionsmittlerwesen verweisen, in jeder Polizeidirektion befindet sich eine Fachkraft. Nachdem die Jugendjustiz Neukölln damit begonnen hatte, im Schnellverfahren, also innerhalb von 3–8 Wochen, solche Beschuldigten (junge Wiederholungstäter) zu verurteilen, bei denen die Beweislage übersichtlich und die Strafwartung maximal 4 Wochen Arrest beträgt, ist dieses Modell der beschleunigten Verfahren nun 2010 – spät aber konsequent – auf ganz Berlin übertragen worden. Es gilt als Vorreiter in Deutschland; beispielhaft ist aber auch schon seit längerem das Haus des Jugendrechts in Stuttgart Bad-Cannstadt, das ähnlich wie im vorbildlichen Rotterdam Jugendhilfe, Polizei und Justiz in kleinen Teams zusammenarbeiten lässt.

Ein Hinweis am Rande: Soeben hat der Gesetzgeber das Abgeordnetenhaus das Landesimmissionsschutzgesetz geändert; es enthält nun die Privilegierung von Kinderlärm; Grund: eine kinderfreundliche Stadt sieht Kindergeräusche als adäquat, zumutbar und als Ausdruck selbstverständlicher Entfaltung.

Schulentwicklung in Berlin

Die letzen 10 Jahre „Hauptstadt-Schulpolitik" waren turbulent. Zahlreiche strukturell und politisch wichtige Vorhaben im Bildungsbereich wurden angegangen *und* umgesetzt. Die „verwaltete Schule", in Abgrenzung zu den aktuell umstrittenen, oft missionarischen Reformpädagogik-Einrichtungen, hat sich als lernfähig erwiesen und verbessert alternativlos ihre Bildungsversorgung. Die wichtigsten Neuerungen zuerst: Im letzten Jahr – 2009 - begann das Pilotprojekt **Gemeinschaftsschulen.** In jedem Bezirk hat mind. *eine* Schule mit diesem Konzept (Klassen 1-13) die Arbeit aufgenommen. Neu seit 2010 ist, dass die Aufnahmekriterien, ins Schulgesetz aufgenommen wurden (§ 17a Öffnungsklausel für Gemeinschaftsschulen). Das Vorhaben wird wie vereinbart 2013 kritisch überprüft und evaluiert werden. Der neue Schultyp erfährt eine große Akzeptanz unter den Berliner Eltern und Schülerinnen und Schüler, wie die Übernachfrage an einigen der 16 Gemeinschaftsschulen zeigt. Aktuell kommt hinzu, dass für *alle* Berliner Oberschulen nun eine historisch bedeutsame Reform in Angriff genommen wird, die auf nur *zwei* Schultypen hinaus läuft: Sekundarschule oder Gymnasium. Die Umwandlung aller Haupt-, Real- und Gesamtschulen in neue **Integrierte Sekundarschulen** (ganztags) absorbiert in diesen Tagen alle (Lehr-)Kräfte. Die zuständige Bildungsabteilung arbeitet intensiv an Curricula, Schulentwicklungsfragen, Lehrerinnenmotivation, Personalentscheidungen und vermittelt ihre Reformidee auf abendlichen Eltern- und Bürgerforen. Die dezentral gefragten Bezirksschulämter bewältigen schnellstmöglich die nötigen baulichen Veränderungen und Umzüge. So stehen dann im Land zwei gleichrangige Abiturwege zur Wahl: 12 Jahre in einem der 90 Gymnasien (12 davon ganztags), 13 Jahre in den Oberstufen der Sekundarschulen. Es entfallen hoffentlich Großprojekte mit über 900 Schülerinnen und Schüler. Es gibt reichlich Widerstand gegen diese Reform. Die Gesamtelternvertretung sowie die FDP- und CDU-Opposition, befürchten eine Niveauverschlechterung durch die Abschaffung der Realschulen. **Grundschulen** durften natürlich nicht untätig zusehen. Sie beschulen in unserem Land 6 Jahrgänge, trotzdem existieren aber zahlreiche „grundständige Gymnasium" ab

Klasse 5 für Eltern, die dies wünschen. In Folge der PISA-Studie wurden gleich mehrere Grundschul-Reformen mit dem neuen Schulgesetz 2004 begonnen. Kern ist die Neugestaltung der flexiblen Schulanfangsphase (Saph) mit dem „Jahrgangsübergreifenden Unterricht (JüL)" für die Klassen 1 und 2 oder 1 bis 3. Sie wird begleitet vom Programm „Zusatzstunden für Sprachunterricht-Deutsch als Fremdsprache, DaF" und (gibt es auch in der Oberstufe) „Deutsch als Zweitsprache/Zielsprache (DaZ)". Die Vorschul-Angebote in Schulen wurden abgeschafft. Gemäß dem „Berliner Bildungsprogramm" (auch 2004, für Kitas) soll Jugendhilfe in Zukunft konzentrierter *vor* der Schule erziehen *und* bilden. Etwa zeitlich parallel wurden viele kommunale Kitas an Freie Träger übergeben – sie hatten Subsidiarität angemahnt; also betreiben sie heute 2/3 der Häuser, der Rest gelangte in die Hand von fünf neuen Eigenbetrieben des Landes. Zwangsläufig führte so viel Neues zu Reibungsverlusten; denn gleichzeitig wurde das Schuleintrittsalter auf $5^{1/2}$ Jahre gesenkt. Beeinträchtigte Schüler konnten nun (Elternwahl) entweder in allgemeinen Schulen gefördert oder in ‚Schulen mit Sonderpädagogischem Förderschwerpunkt' unterrichtet werden. Die ‚Lernbehinderten'-Integration ist in manchen Bezirken bereits zu über 70% in anderen erst zu unter 10% erfolgreich. Aktuell beginnt parallel die Arbeit an der **„Inklusion"** – das wäre die vollständige Einbeziehung aller Behindertengruppen. Alles Heterogene ist dann Teil der Gruppe: eine Pädagogik der Vielfalt. Heute hat Berlin über 300 *offene* Ganztagsgrundschulen mit Schulhorten für den Nachmittag, bei Bedarf bis 18 Uhr, dazu gibt es 64 *gebundene* Ganztagsgrundschulen (Lehrkräfte bis 16 Uhr); die übrigen sind *verlässliche* Halbtagsgrundschulen mit Angeboten von 7:30-13:30.

Bewegungen in den Gewalt-an-Schulen-Zahlen Berlins

So scheint es, als sei kaum Zeit für zielgerichtetes Soziales Lernen, für Anti-Mobbing-Unterricht, Rechtsberatung oder Ausbau und Weiterentwicklung der individuellen schulischen Regelsysteme im Sinn von MELZERs Schulklima-Verbesserung; der Schein trügt. Die Gewaltpräventionsspezialisten in den schulpsychologischen Diensten haben sich in diese Prozesse eingeklinkt und sehen ihren Ansatz als einen Baustein unter vielen bei der Neugestaltung von Zusammenlebens- und Lernbedingungen in den integrierten Oberschulen. Das Zahlenmaterial ist schwer zu interpretieren. Ein belastbarer Vergleich der Bezirkszahlen kann aus statistischen Gründen nur grob erfolgen; Personal wurde zwischenzeitlich verstärkt, wo sich Gewaltvorfälle massierten. Gewalt an Schulen hat in der Stadt von 2002 bis 2009 stark zugenommen, was aber auch dem Meldeverhalten geschuldet sein kann – **Aufhellen der Dunkelziffer**. Die jährlichen Statistiken werden vom Sen BWF als Gewaltberichte der Presse vor- und ins Netz gestellt.

Die allgemeinen Zahlen für Gewalt an Schulen sind im Jahr 2008/09 im Vergleich zum Vorjahr um 16% angestiegen.

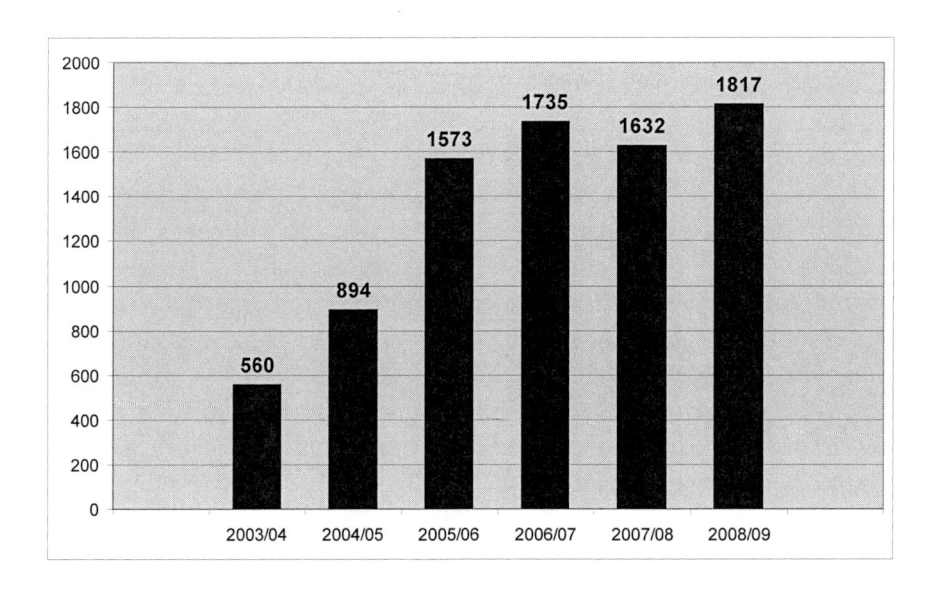

Jahr	Anzahl
2003/04	560
2004/05	894
2005/06	1573
2006/07	1735
2007/08	1632
2008/09	1817

Denn nach der Gewalttat in **Winnenden** gab es viele Amokdrohungen und Trittbrettfahrer. Der neue Gewaltbericht 2008/ 2009 weist aus: Zunahme der Meldungen von 1632 auf 1817. 65% (etwa 1170) davon betreffen „Körperliche Gewalt". Der Anstieg erfolgte erst im 2. Schulhalbjahr, also nach dem Amoklauf. Als Sofortmaßnahme geht es jetzt wie gesagt um die Verbesserung der Amoklagen-Bereitschaft. Interessant ist, dass die Gewaltvorfallrate gemessen in einer Schüler-Schultyp-Relation bei den neuen Gemeinschaftsschulen am relativ höchsten ist. Zur Situation der Schulpsychologie im Berlin: Im Nachgang zur Bezirksfusion 2000 sind Stellen wesentlich reduziert worden. Die Schüler-Schulpsychologen-Quote ist mangelhaft. 18 vorhandene Gewalt- und Krisenfachleute tun was sie können - empfehlen würde ich viele weitere ¾- Stellen, z.B. für einzelne, schwierige große Oberschulen. Bezirke mit mehreren sozialen Problembereichen oder Brennpunkten benötigen hochqualifizierte Interventionsakteure. Gut sind Initiativen, die die Handlungskompetenz aller Kolleginnen und Kollegen im Fach „Schule" erhöhen. Regionale Fortbildungen und Trainings in den Schulen nehmen dabei eine herausragende Rolle ein. Hauptwidersacher (was mehr Angebote und deren Nutzung angeht) sind *fehlende* Zeit, kaum Freistellungen und generell zu wenig MitarbeiterInnen. In *solchen* Sicherheitsbelangen sollte man m.E. nicht übertreiben. Fatal wäre das Gegenteil.

Perspektiven

Der Abteilungs-Vizeleiter des Sen BWF, ARNZ, referiert auf dem 15. Deutschen Präventionstag in Berlin (Motto „Bildung – Prävention – Zukunft) zum Thema „Neue Chancen für erfolgreiche Prävention durch die Reform der Schulstruktur". Vermutlich geht es um **gewaltpräventive Effekte** – denn durchdachte Reformen werden das Schulklima verändern und in Folge höchstwahrscheinlich mehr Sicherheit schaffen. Kurzfristig befürchten viele LehrerInnen jedoch, dass die Neuerungen auch zu Verunsicherungen und Streit beitragen. Schulen, die die Inklusion vorantreiben, könnten verstärkt mit Mobbing zu tun haben. Die Sekundarschulbildung könnte sich demnach in den kommenden 2-3 Jahren zunächst negativ auswirken: Im Blick sind die neuen 7. Klassen, zusammengesetzt aus den ehemaligen Haupt- und Realschülern, was ein *gewaltiges* Konfliktpotenzial in sich trägt; neue ausgewählte Schulleitungen müssten Zeit haben, um sich und ihr Regelsystem dort zu etablieren. Sie wären gut beraten, wenn sie den Einschnitt auch dafür nutzten, um zeitgleich kompetente Krisen(interventions)teams im Sinn der Berliner Notfallpläne ins Leben zu rufen.

Literatur

Bundeszentrale für gesundheitliche Aufklärung (Hrsg.) : „Achtsamkeit und Anerkennung", Köln 2006

DJI (Hrsg.) : „Strategien der Gewaltprävention im Kindes- und Jugendalter" München 2007

GRUMMT, R., SCHRUTH, P. U. T. SIMON : „Neue Fesseln der Jugendhilfe. Repressive Pädagogik", Hohengehren 2010

GÜNTHER, M.: „Lexikon Jugend – Alter", Berlin 2010

HAGEDORN, O. : „Unterrichtsideen Konfliktlotsen" Klett 1999

HENTSCHEL, A. u.a. (Hrsg.) : „Jugendhilfe und Schule" Wiesbaden 2008

MELZER, W., SCHUBARTH, W. u. F. EHNINGER: „Gewaltprävention und Schulentwicklung", Bad Heilbrunn 2005

PORTMANN, R. : „Brutal daneben", Wiesbaden 2007

ROBERTZ, F.J., LORENZ, A. : „Amokdrohungen und zielgerichtete Gewalt an Schulen", Unfallkasse Berlin 2009

ROBERTZ, F.J., WICKENHÄUSER, R. : „Der Riss in der Tafel" Berlin 2007

SAAD, F. : „Der große Bruder von Neukölln", Freiburg 2008

SCHEITHAUER, H., BONDÜ, R. : „Amoklauf" Freiburg 2008

SCHUBERT, B.: „Gewalt und Mobbing an Schulen" Stuttgart 2010

Senator für Bildung, Wisenschaft und Forschung (Hrsg.):
  „Berliner Anti-Mobbing-Fibel" 2005
DERS.: „Berliner Schule: 1. Infobrief für Eltern der 6. Klassen", 11-2009
DERS.: „Das Berliner Bildungsprogramm" Berlin 2004
DERS.: „Echt krass" 1994
DERS.: „Gefühle ausdrücken, erkennen, mitfühlen" (HAGEDORN, O.) 2003
DERS.: „Kinder fördern und schützen!" = Schaubild „Kooperation von Schule, Jugend- und Gesundheitshilfe" 11-2009
DERS.: „Notfallpläne für die Berliner Schulen" o.O., o.J. = ergänzbarer Ordner seit 2003 – überarbeitete Neufassung ab Sommer 2010
DERS.: GÜNTHER, M.: „Gewalt an Schulen. Empfehlungen der Ministerpräsidentenkonferenz" in: Bildung für Berlin. Gewaltprävention im Miteinander, September 2007
weitere div. Texte, z.B.: „Gewaltbericht 2008, 2009" *über die Webseite* www.berlin.de/sen/bwf/bildung/hilfeundpraevention

Erschienen in: forum kriminalprävention Heft 2/2010

Text 20

Zur Situation der schulischen Krisenintervention in den Bundesländern sowie stratetische Empfehlungen zur Gewaltprävention an Schulen. Schwerpunkte und Vorhaben zur Krisenintervention und Gewaltprävention der Kultusministerien der Bundesländer

Vor einem Jahr, im November 2009 veranstaltete der Berufsverband Deutscher Psychologen (BDP) in Düsseldorf eine zentrale Fachtagung „Krisenintervention in Schule". Da alle Bundesländer fachlich vertreten waren, konnte eine interessante Synopse gefertigt werden, aus der ich im Folgenden zitiere.

Zehn Bundesländer besitzen einschlägige Verwaltungsvorschriften zur Sache. Notfallpläne wie in Berlin besitzen drei Länder, vergleichbare *Wegweiser* acht Länder; nur drei Bundesländer haben noch keine spezifischen Schulpsychologen für Gewaltpräventionsfragen. In sechs Bundesländern existieren noch überhaupt keine funktionsfähigen schulinternen Krisenteams.

Thüringen
Seit 2002. Offenbar im Kontext „nach Erfurt", liegt den Schulen des Landes das Arbeitsmaterial „Umgang mit Krisen und Notfällen an Schulen" vor.

Schleswig-Holstein
Seit Juli 2006 arbeitet das Bildungswesen des Landes mit dem „Notfallwegweiser für die Schulen bei Krisen und Unglücksfällen"

Sachsen-Anhalt
Die Protokolle der BDP-Tagung weisen keine entsprechenden Dokumente aus diesem Bundesland aus. Zwei besonders ausgebildete Psychologen bilden das Krisenteam des Landes.

Sachsen
Der Südosten der Republik besitzt einen „Ablaufplan Krisenintervention", herausgegeben von der Bildungsagentur Sachsen, ein Info „Erstintervention für Schulpsychologen" und die handreichung „Gewaltprävention: Ablaufplan für Schulleiter bei besonderen Vorkommnissen".

Saarland
Das kleine Land hat 2007 eine Handreichung „Bewältigung von Bedrohungswahrnehmungen" herausgegeben. Dort sind – ähnlich wie Berlin – die Ordner „Hinsehen und Handeln – Notfallpläne" verteilt.

Rheinland-Pfalz
Hier wurde in Zusammenarbeit mit der Unfallkasse eine „Handreichung für den Umgang mit Krisensituationen an Schulen" herausgegeben. Es existiert Gewaltmeldepflicht.
Nordrhein-Westfalen
NRW hat Notfallpläne, es begnnt mit dem Aufbau einer Kooperationsstruktur auf der Basis einer „Empfehlung zur schulpsychologischen Krisenintervention"; darüber hinaus existiert ein Merkblatt für LehrerInnen „Trauma – was tun in der Schule?"
Niedersachsen
Gemäß dem Arbeitstitel „Im Notfall handlungsfähig bleiben" wirken die vier regionlen Krisesninterventionsteams der Landesschulbehörde.
Mecklenburg-Vorpommern
Hier ist eine Handreichung zur Krisenintervention des staatlichen Schulamts im Umlauf, dem liegt ein Meldeformular an. Außerdem arbeiten die Norddeutschen mit einer „Handreichung für den Umgang mit Gewaltvorfällen an öffentlichen Schulen". Alle Schulpsychologen decken die Notfallpsychologie mit ab.
Hessen
Auch in Hessen vermittelt die Zentralverwaltung ihre Orientierungen seit 2007 über Leitfäden: 1. „Handeln in Krisensituationen" und 2. „Gefahrenvorsorge".
Hamburg
Hier arbeiten die Schulen mit dem „Krisenordner: Handlungsleitfaden". Ab 2010 sollen Schulkrisenteams über eine Leitstelle zum Einsatz kommen.
Bremen
Das kleinste Bundesland besitzt seit 2008 ein Meldeverfahren mit dem Titel „Verfahren bei besonderen Vorkommnissen in Schulen. Seit 2009 sind die „Notfallpläne" eingeführt.
Brandenburg
Brandenburg arbeiet seit 2009 mit eigenen Notfallplänen und mit einem vom polizeipräsidenten 2009 herausgegebenen „Handbuch Antibullying".
Berlin
Die Situation in der Hauptstadt (Stadt und Land als Einheitsgemeinde mit zwölf Bezirken zugleich) wurde in fk 2-2010 umfassend dargestellt. Es sei daran erinnert, dass Berlin Notfallpläne seit 2005 besitzt, mit einem die Schulen verpflichtenden Meldeverfahren auf dem Niveau eines Rundschreibens. Flankiert werden die Kooperationsbemühungen von einer Handlungsempfehlung Jugendhilfe – Schule.
Bayern
Das südliche Land bietet ein polizeiliches Sicherheitskonzept „Zusammenarbeit zwischen Schulen und Polizei" an. Betroffene Schulen sollen sich über das KuMi-Portal „Gewaltprävention" im Internet informieren. Die acht Regierungsbezirke stellen jeweils „Krisen-Interventions- und -Bewältigungsteams Bayrischer Schulpsychologinnen und Schulpsychologen (KIBBS)" bereit, alle Mitarbeiter dort besitzen Zusatzausbildungen in Notfallpsychologie.
Baden-Württemberg

Der Südwesten nimmt in vielen Fragen eine Vorreiterrolle ein wie auch dortigen Konsequenzen nach Winnenden zeigen. 39 neue Handlungsempfehlungen sehen vor, die Schulsozialarbeit auszubauen und die Mobile Jugendarbeit zu verstetigen. 100 neue Schulpsychologen werden innerhalb von drei Jahren eingestellt. 250 weitere Gewaltpräventionsberater und Beratungslehrer werden benannt bzw. zunächst ausgebildet (ein neuer Studiengang „Schulpsychologie" soll eingeführt werden); ein Kompetenzzentrum des Landes wird die Gewaltprävention an Schulen koordinieren. Das kostet etwa 30 Mio. Euro pro Jahr.

Auch inhaltlich legt sich das Land fest. Auf die vorhandenen Strukturen soll flächendeckend das Mehr-Ebenen-Programm von OLWEUS gesetzt werden. Außerdem wird den Schulen das direkte Alarmierungssystem mit Pager angeboten, die Schulträger können aber selbst entscheiden, ob sie das Signal verwenden wollen.

Es handelt sich um das einzige Land, das einschlägige Verwaltungsvorschriften zum Thema erlassen hat, Titel „Gemeinsame VV des KuMi, des InnMi und des UmweltMi über das Verhalten an Schulen bei Gewaltvorfällen und Schadensereignissen"; zeitgleich wurde ein „Rahmenkrisenplan zur VV" herausgegeben. Aber die m. E. nötige Verankerung der Gewaltprävemntion an Schulen im Landesgesetz, flankiert von umsetzbaren Positionen eines differenzierenden Ausführungsgesetzes, hat auch dieses Bundesland nicht in Planung.

Strategische Empfehlungen zur allgemeinen Gewaltprävention an Schulen

Die folgenden drei „strategischen Empfehlungen" habe ich bereits 2006 im DFK mit dem Schulforscher WOLFGANG MELZER aus Leipzig abgestimmt:

- Schule hat Chancen und Perspektiven zuzuweisen, denn (antizipierte) Jugendarbeitslosigkeit erzeugt häufig psychosoziale Probleme und ggf. Gewalt. Eine entscheidende *Gelingensbedingung* für Gewaltprävention ist die Reform der Schule im Sinn von Optimierung der Kultur und Verbesserung des Klimas an Schulen. Dabei stehen nicht materielle Rahmenbedingungen im Vordergrund wie Klassen- oder Schulgröße. Die unbefriedigenden Arbeitsbedingungen führen aber häufig zur Lehrer*überlastung* und damit indirekt zum Problem „Schule als Ort der Gewalt": Da Lehrer*handeln* und -*professionalität* eine zentrale Rolle spielen, muss verhindert werden, dass gesundheitlich beeinträchtigte Fachkräfte unsere Schulkultur negativ beeinflussen.

- Zu den *evaluierten* Präventionsleitlinien gehören: Prävention frühzeitig und zielgruppenbezogen ansetzen, soziale Identitätsentwicklung fördern, Gewalt-

stopp-Regeln und Grenzen festlegen; außerdem eine partnerschaftliche Interaktion zwischen Schülern und Lehrern, mehr demokratische Partizipation („offene Schule") und systemisch vernetzte Kooperation entwickeln.
- Wir können auf zahlreiche Programme verweisen, die entweder bereits evaluiert sind oder über die zumindest sehr guten Erfolgsberichte veröffentlicht wurden, wie Sozialtraining in der Schule, Coolness Training, Eine Welt der Vielfalt, Betzavta, Faustlos, Eigenständig Werden, Prävention im Team, Fit for Life, Lions-Quest Erwachsen werden, Soziales Lernen (LERCHENMÜLLER), Konstanzer Trainingsmodell (KTM), SchiLF, OLWEUS, Erziehende Schule (KRETER), Lebenswelt Schule und zusätzlich auf weitere system- oder gemeinwesenorientierte Ansätze.

Gegen das Schulschwänzen – eine Problematik, die mit Delinquenz signifikant korreliert – sollten die Ländern klare, transparente Maßnahmen abstimmen und über Schulbehörden umsetzen. Darüber hinaus sollten Kollegien über Kompetenzen in Sachen Streitschlichterprogramme/Peer Education, Konfliktlotsenausbildung oder Schulmediation verfügen. Diese Ansätze wirken im Hinblick auf wesentliche Verbesserung der Kommunikations- und -Konfliktlösungskompetenz; die Studien, die auch deren Wirkung im Hinblick auf Gewaltprävention untersuchen, sind kaum belastbar. Übrigens fordern in Berlin der Landeselternausschuss und die Grüne Partei eine unabhängige Ombudsstelle „Gewalt". Ich glaube, zwei weitere Kräfte für die zentrale Arbeit und Intensivierung der Kooperation der qualifizierten Gewaltprävention in der Senatsverwaltung (in Richtung des „Kompetenzzentrums" in B-W) wäre effektiver. Ganz offenkundig hilft der Ausbau der Fachdienste, hilft die Auseinandersetzung mit Präventionsprogrammen, die Entwicklung des Sozialen Lernens und die gezielte Verbesserung des **Schulklimas**, der Gewalt zuvor zu kommen. Bedenkenträger haben wir zwar auch, aber nur noch sehr wenige malen das Gespenst des *Präventionsstaates* an die Wand. Denn wer Amokläufe oder Massaker oder School Shootings tatsächlich zur Kenntnis genommen hat als eine auch in Deutschland in Jahresabständen drohende Lebensgefahr, wird alles tun, um die bestmögliche Kooperation der Kräfte (in Jugendhilfe, Justiz, Schule und Polizei, einschließlich Freier Träger und besonderer Stadtteilarbeiter) voranzutreiben. Was zählt ist die intelligente proaktive Gestaltung von Wissenstransfer, Kooperation und Vernetzung. Ohne professionelle Bedrohungsanalyse werden wir in einigen Jahren zum Spielball tatsächlich aggressiver, lebensbedrohender bzw. bluffender Schüler werden. Und last not least: Zur Unterstützung der Umsetzung von Krisenarbeit ist dringend Supervision von außen angezeigt.

Literatur

BAIER, D., PFEIFFER, C., SIMONSON, J. u. S. RABOLD: Jugendliche in Deutschland als Opfer von Gewalt, KFN, Forschungsbericht Nr. 107, 2009

BDP (Hrsg.) Protokolle Fachtagung am 13.11.2009 – unveröff., Bundeszentrale für gesundheitliche Aufklärung (Hrsg.): Achtsamkeit und Anerkennung. 2006

DFK (HRSG.) : Gelingensbedingungen für die Prävention von interpersonaler Gewalt im Kindes- und Jugendalter (SCHEITHAUER/ROSENBACH/NIEBANK), BONN 2008

DJI (Hrsg.): Strategien der Gewaltprävention im Kindes- und Jugendalter. München 2007

GÜNTHER, M.: Gewalt an Schulen. Empfehlungen der Ministerpräsidentenkonferenz. In: Bildung für Berlin. Gewaltprävention im Miteinander (Hrsg.: Sen BWF Berlin/Online), September 2007

HENTSCHEL, A. u.a. (Hrsg.) : Jugendhilfe und Schule. Wiesbaden 2008

HURRELMANN, K. U, BRÜNDEL, H.: Gewalt an Schulen. Weinzeim 2007

MELZER, W., SCHUBARTH, W. u. F. EHNINGER: Gewaltprävention und Schulentwicklung, Bad Heilbrunn 2005

ROBERTZ, F.J., LORENZ, A.: Amokdrohungen und zielgerichtete Gewalt an Schulen. Unfallkasse Berlin 2009

ROBERTZ, F.J., HOFFMANN, J. , ROSHDI, K.: Ergebnisse der ersten Studieüber deutsche School Shootings. In. Deutsche Polizei, 5 - 2009

SCHEITHAUER, H., BONDÜ, R. : Amoklauf. Freiburg 2008

SCHUBERT, B.: Gewalt und Mobbing an Schulen. Stuttgart 2010

TRENZ, C.: Qualitätsmerkmale von Gewaltprävention, Erkenntnisse aus der Evaluationsforschung. in: www.gealtpraevention-tue.de

Erschienen in: „forum kriminalprävention" Heft 4, 2010

III Kommentare / Leserbriefe

Text 21

Krieg der Knöpfe? – Disziplin und/oder Motivation

Als Psychologe und Mitglied der in *betrifft: erziehung* über Verhaltensveränderung diskutierenden Lehrergruppe möchte ich einige Ergänzungen liefern, die die Aufbereitung ihres ‚Themas' betreffen. Zunächst eine Kleinigkeit: Dem Redakteur unterläuft das Malheur, als Leitzitat ausgerechnet die Worte einer Westberliner Lehrerin anzuführen, die weder eine Gesamtschule von innen gesehen hat, noch unsere seit einem Jahr laufende Diskussion über ‚Behavior Modification Techniques' oder Verhaltenstherapie in der Schule verfolgt hat. Die Diskussionsbeiträge der ‚Liesel' zeugen gerade von einer ziemlichen Ferne zur Schulwirklichkeit, aus der das andere extrem idealistischer Strategie folgt: Der Antiautoritarismus. Liesel arbeitet in einer Waldorfschule.

Ein zweiter Mangel des „Lehrer-Forums" hat technische Gründe: Es ist zu fragen, ob die Tonbandprotokollausschnitte das *Wesentliche* wiedergeben. Von größerer Bedeutung für die Auseinandersetzung um den BMT-Ansatz scheint mir jedoch eine Frage zu sein, die *zufällig* nicht während der Diskussionsrunde auf den Tisch kam. Das wäre weiter nicht schlimm gewesen, wenn b:e dann hätte Kommentatoren zu Wort kommen lassen, die neben dem Komplex ‚Motivation' das u. E. zentrale Problem des *Menschenbildes* bzw. der *Persönlichkeitstheorie* angesprochen hätte. VT-Techniken beziehen sich mehr oder weniger direkt auf die klassischen Lerntheorien, selbst wenn diese nicht stringent voneinander ableitbar sind (wie LENNERTZ fälschlich meint). Ihre lebenden Väter sind SKINNER und EYSENCK. Beide gehören zur Schule des Behaviorismus, Schöpfer der vulgärmaterialistischen Verhaltenspsychologie. Diese Psychologen-Gruppe setzt Persönlichkeit gleich mit beobachtbarem Verhalten. In diesem Zusammenhang geht zwar auch die Umwelt mit ein, jedoch nur als formal-soziale Instanz. Der Mensch wird als ‚höhere Ratte' gesehen.

Ein sich wissenschaftlich nennendes Menschenbild muß hingegen vom arbeitenden Menschen in seiner konkreten Umwelt ausgehen (hier: Lernarbeit in der Schule als notwendige Voraussetzung für ‚Erwachsenenarbeit'). Der Mensch muß als tätiges Wesen begriffen werden, das nicht nur Objekt seiner Umweltsituation ist, sondern sich diese aktiv aneignet und sie umgekehrt durch sein Tun verändern kann. Psychotherapeutische Methoden sollten daher abgeklopft werden auf ihr Verhältnis zu den drei Kriterien des materialistischen Menschenbildes:

- gesellschaftliche Determiniertheit (die äußeren Einflüsse werden wirksam über die ‚innere' Persönlichkeit)
- bewußte, tätige Auseinandersetzung mit der natürlichen und gesellschaftlichen Umwelt (zum Zweck der Aneignung und Veränderung derselben)
- Mensch als Ganzheit von organismischen und psychischen Prozessen (daraus folgt: Einbeziehung naturwissenschaftlicher, soziologischer und psychologischer Erkenntnisse).

Lernen heißt demzufolge Aneignung gesellschaftlicher Erfahrungen und Wissen und Können einerseits und Tätigkeit, Veränderung des Subjekts im Prozess der Tätigkeit andererseits. Dabei entstehen nicht nur Modifikationen, ‚Anpassungen' und ‚Manipulationen', sondern auch echte Neubildungen in der Persönlichkeit durch Kooperation und Kommunikation zwischen dem bewußten, schöpferischen Subjekt und der sozialen Umwelt. Dies ist der Rahmen, in dem dann z. B. Verstärkungsmechanismen wirken.

Die Kommentare von DREWS und LENNERTZ sehen zwar richtig das Problem der Lernziele, des Curriculums dem Anpassungsvorwurf übergeordnet, doch fehlt gerade die Einordnung solcher Ziele in eine richtige, konstruktive Theorie. Für unser Problem (Verhältnis zur BMT) würden wir schlußfolgern: neben der exakten Überprüfung der Ergebnisse und ihrer umfassenden empirischen Auswertung bedarf es einer entwickelten Interpretation der Phänomene. Denn die beeindruckende Effektivität zahlreicher Techniken zwingt uns einerseits, die Auseinandersetzung mit ihnen voranzutreiben; zum andern müssen wir zeigen, daß sie mangelhaft erklärt werden.

Natürlich ist die Verstärkung ein zentraler Vorgang im Lernprozeß und natürlich wollen wir das Erfolgs- und Mißerfolgsprinzip nicht leugnen. Doch Lernprozeß ist mehr als nur Konditionierung: Kern dieses Vorgangs ist die Aneignung, die Tätigkeit, die Einheit von Lernaktivität und Lernmotivation. Dieser Ansatz, der von dem bedeutenden sowjetischen Psychologen LEONTJEW entwickelt wurde und der auch den neuesten Arbeiten HOLZKAMPs zugrunde liegt, erfaßt einen grundsätzlich anderen Menschen als der Behaviorismus. Wenn gleichzeitig noch die auf anderer Ebene ablaufenden Prozesse der Erziehung zur Selbstkontrolle und zur Kollektivität mitdiskutiert werden, liegt ein umfassendes Instrumentarium zur sinnvollen Einordnung und Nutzung verhaltenstherapeutischer Techniken im Schulbereich vor.

Wozu dieser Kommentar bzw. Leserbrief? Das „betrifft: erziehung" – Heft 1/1974 – war ein Themenheft zu „Verhaltensveränderung in der Schulklasse. Disziplin und/oder Motivation". Einer der Beiträge hieß „Mißverständnisse über Schule", Autoren (Gesprächsaufzeichnung) waren ein „Lehrer Forum". Es diskutierten die Psychologen GRAUER (PI, fürs b:e) und BROCKMANN (PI, mit LISCHKE Betreuer der Diplomarbeit von m.g) mit fünf ausgewählten Lehrern für die b:e. Es wurde vorgetäuscht, dass es sich um das Forum („Pädagogischer Ausschuss") einer Gesamtschule handelt – konkret ging es um es die THOMAS-MANN-Oberschule im Märkischen Viertel – in der m.g als (noch Student in den letzten Zügen) Berater arbeitete. Aus der TMO erschienen ADELHEID, NORBERT, CHRISTINE und ECKART zum Redaktionsgespräch. GRAUER lud ihn, den Studenten m.g nicht ein, sondern statt seiner noch eine „LIESEL" aus einer Waldorfschule. So begründet sich die frustrierte Wut, die im langen „Leserbrief" – der einer Gegendarstellung gleicht – zum Ausdruck kommt. Mithilfe des Ausschusses und unter Einbeziehung von SchülerInnen entwickelte m.g eine Liste erwünschten und unerwünschten Schülerverhaltens im sozialen und affektiven Bereich (Toleranz, Einstellung gegenüber Unterricht, Entwicklung von gesellschaftsbezogenem Verhalten sowie Selbständigkeit) und operationalisierte diese, was neuartig war und zu einem vielbeachteten Ansatz wurde. Die Bremer Sonderpädagogenschule um KORNMANN ging z. B. explizit darauf ein. Dieser Kommentar oben ist also die allererste „Fach-Veröffentlichung" des Studenten m.g. – kurz vor seinem Diplom.

Erschienen in: betrifft: erziehung Heft 4, 1974

Text 22

„Kinderschutz – ohne Gesetz"
(zu: SCHÖNHERR, Tagesspiegel 4. Oktober 2014)

Der Tagesspiegelartikel „Kinderschutz – ohne Gesetz" vom 4. Oktober 2014 bemüht sich umfänglich um Fakten, Informationen und Eindrücke, die der Autorin und ihren Kronzeugen zum Thema Kinderschutz in Deutschland nach 1990 (neue Gesetzgebung) vorliegen. Bedauerlicherweise hat niemand aus dem Feld der Kinderschutzfachkräfte – ob Hochschullehrer oder zusatzausgebildete Kinderschutzfachkräfte der Praxis – diesen Text gegengelesen, sonst wären die gravierenden Missverständnisse zur Gesetzeslage nicht so stehengeblieben.

Was Frau SCHÖNHERR in weiten Teilen des Textes bespricht ist nicht „das Kinderschutzgesetz". So etwas haben wir in Deutschland unter dem Namen nicht. „Bundeskinderschutzgesetz" hieß tatsächlich ein *Artikelgesetz* aus dem Jahr 2012. Vor allem schiebt dieses mit den §§ 8 b und 79 a neue Positionen in das damit neugefasste SGB VIII (bereits 2003 wurde die „Herausnahme" gem. § 43 aus dem SGB VIII genommen und der Kinderschutz über den eingefügten § 8 a gestärkt). Leider wurde dieser so wichtige Name für ein (nur) Artikelgesetz verplempert – das meine nicht nur ich, sondern auch der „Vater des Kinder-und Jugendhilfegesetzes", REINHARD WIESNER. Artikelgesetze bringen nur zum Ausdruck, dass man einige vorhandene Gesetze ändern muss, und das wird von da aus festgelegt. Anschließend sind sie historisch eher irrelevant, man kann sie auch nicht novellieren. Frau SCHÖNHERR bezieht sich in ihren Ausführungen auf das nicht vollkommene SGB VIII (Kinder- und Jugendhilfe) und hätte auch das „KKG" aus 2012 mit besprechen können, das sie aber nicht kennt. Genau so wenig ist sie in ihren Recherchen auf die vor wenigen Jahren institutionalisierte „Insoweit erfahrene Fachkraft (Kinderschutz)" gestoßen, auf die „Insefa", verankert in eben diesem „Gesetz zur Kooperation und Information im Kinderschutz (KKG)", § 4 (2) sowie im SGB VIII § 8 b. Auch in diesem Kontext hätte die Wikipedia Deutschland gut geholfen.

Der Kinderärztevertreter im Interview zeigt in meinen Augen eine sehr engagierte, sympathische Position. Nur: was hat diese mit der Position der Kinderärzte in den Praxen zu tun? Diese verdienen heute wenig und müssen sich das Vertrauen der Eltern sichern, die ja auch in die öffentlichen Jugendgesundheitsdienste gehen könnten. Eine Kinderschutzmeldung ist immer mit der Frage verbunden „verstoße ich gegen meine Verpflichtung, Privatgeheimnisse als Arzt nicht offenbaren zu dürfen und mache mich dann strafbar gem. § 231 StGB"? Kinderärzte wurden in manchen Bundesländern früh proaktiv versorgt mit Infomaterial für den Notfall, so in Hamburg und Schleswig-Holstein schon Anfang des Jahrtausends. Sehr dicke Adressenordner „Prävention" wurden an diese verschenkt, ob sie benutzt wurden ist fraglich.

Auch hier sagt der Gesetzgeber, dass die Verwendung der Fachkräfte durch die Ärzte, Psychiater usw. freiwillig ist. Es handelt sich um hochsensible Situationen, auch bei Lehrern, die etwas mitbekommen haben und häufig vom misshandelten Schüler gebeten werden, dies eben n i c h t der Jugendhilfe zu melden, also nichts mit Behörden gegen die Eltern zu unternehmen. Die Kinderschutzfachkraft kann in solchen Fällen differenziert beraten und vermitteln. Sie hat gut aufbereitete Vordrucke sowohl für das Jugendhilfefeld als auch für Schulen zur Verfügung. Wenn das Jugendamt keine Meldung erhält, kann es nicht entsprechend tätig werden.

Ich gebe Frau SCHÖNHERR völlig Recht, dass die Jugendämter zu viel Verwaltung machen und zu wenig bewegliche Praxis. Das hat sich verschärft, seit es auf Wunsch der technikinteressierten SozialarbeiterInnen Computer in den Amtsstuben gibt und die Schreibkräfte in den Kanzleien abgeschafft wurden. Vielleicht würden einige Jugendhilfe-Beamte auf den Deal eingehen: zwei Hausbesuche pro Woche, aber auch zwei Monitore für den PC.

„Insoweit erfahrene Fachkräfte" wurden und werden überall ausgebildet, in Sachsen-Anhalt, Berlin oder Brandenburg existieren sie so flächendeckend, dass die Weitergebildeten heute nicht besonders viel zu tun bekommen.

Frau SCHÖNHERR legt den Finger in eine Wunde, die aber schon grundsätzlich 1990 aufgerissen wurde: CDU/CSU haben damals erreicht, dass der entscheidende § 27 (1) im SGB VIII besagt: E l t e r n haben ein Recht auf Angebote und Leistungen der „Erzieherischen Hilfen". Unverrückbar, im Rücken das Grundgesetz, Art. 6, hielt man fest: nicht die Kinder haben den Anspruch auf Hilfen! Die Mängel des deutschen Kinderschutzes basieren auf diesem Paradigma und wohl auch auf die im Tagesspiegel angedeuteten ideologischen Bedenken der „Liga" gegen Hausbesuche und gegen andere im VON DER LEYEN-Gesetzentwurf vorgesehenen Eingriffe. Es sind nicht die „Freien Träger", geschweige der Kinderschutzbund, der in der Aufzählung unlogisch mit erscheint, sondern es sind die Lobbyisten der sechs Dachverbände, die in der „Liga der freien Wohlfahrtsverbände" zusammengeschlossen sind (Caritas, Diakonie, Arbeiterwohlfahrt, Paritäter, Rotes Kreuz und Jüdische Gemeinde).

Der Artikel wäre klar, offensiv und diskutierbar, wenn Frau SCHÖNHERR diese befragt hätte. So aber verwirrt sie uns Leserinnen und Leser mit Informationen über ein nicht vorhandenes „Kinderschutzgesetz". Das ist Unsinn, denn es geht wie gezeigt um das SGB VIII und um angemessene Novellen und Änderungen ebendort im Sinn der gefährdeten Kinder und Jugendlichen.

Erschienen im: Tagesspiegel, 14.10.2014

IV   Ghostwriting

Text 23

**Stärkung der Erziehungskraft von Familie und Schule.
Zum Stand der Umsetzung des Programms der Regierungschefs der
Länder zur ‚Ächtung von Gewalt und Stärkung der Erziehungskraft
von Familie und Schule' vom Juni 2003**

In ihrer Juni-Sitzung 2003 haben die Regierungschefs der Länder das Deutsche Forum für Kriminalprävention beauftragt, die Umsetzung des von ihnen beschlossenen Programms zur „Ächtung von Gewalt und Stärkung der Erziehungskraft von Familie und Schule", das nach der schrecklichen Gewalttat am Gutenberg-Gymnasium in Erfurt gemeinsam von Ländern und Bund erarbeitet wurde, fördernd zu begleiten. Dies gilt insbesondere hinsichtlich der für notwendig befundenen engen Zusammenarbeit und Abstimmung aller mit dieser Thematik und ihren zahlreichen Fassetten befassten Einrichtungen und Institutionen sowie der Initiierung notwendiger Absprachen zum Zweck von Vernetzung, Bündelung und Koordination. Diesem Auftrag soll das DFK in enger Abstimmung mit dem Deutschen Jugendinstitut (DJI) und mit der Projektleitung Polizeiliche Kriminalprävention des Bundes und der Länder (ProPK) entsprechen - auf der Basis vorhandener personeller und finanzieller Ressourcen, die alles andere als üppig zu nennen sind.

Grundsätzlich und kurz zusammengefasst kann das DFK als das unabhängige Zentrum der gesamtgesellschaftlichen Prävention in Deutschland bezeichnet werden. Es übernimmt eine zentrale Funktion in sozialen, ethischen, interkulturellen und erzieherischen Fragen im Interesse einer sicheren, kriminalitätsarmen und lebenswerten Gesellschaft, in der jeder Einzelne wie alle Institutionen verantwortlich zur Vermeidung von Risiken und zur Gestaltung des Zusammenlebens beitragen. Insofern ist das Forum mit dem Auftrag der Ministerpräsidenten in seinem Grundverständnis angesprochen und gefordert.

Der Bericht der Arbeitsgruppe mit dem Titel „Gewaltprävention", im Folgenden „*Gewaltbericht*" genannt, zeigt sowohl einen konzeptionellen Handlungsbedarf bezüglich der Gewaltprävention als auch die Notwendigkeit verstärkter Vernetzung und Koordinierung auf. Um hier zu sachgerechten Empfehlungen für zielführende nächste Umsetzungsschritte zu kommen, bedurfte es zunächst einer möglichst vollständigen Erfassung aller laufenden Projekte bzw. Initiativen im Bereich der Gewaltprävention, unter Berücksichtigung dazugehöriger Erkenntnisse durch Evaluation, falls vorhanden. Denn maßgebliche Ziele für die weitere Umsetzung des Programms sind:

➢ Neue Wege zu erproben und zu evaluieren,
➢ Ergebnisse zu transferieren, z.B. an Zieleinrichtungen und -personen
➢ und eine nachhaltige, professionelle Öffentlichkeitsarbeit zu fördern.

Im „Gewaltbericht" haben die Ministerpräsidenten insgesamt 176 Einzelvorschläge bezogen auf fünf Problem- und Tätigkeitsfelder vorgelegt. An diesen Empfehlungen knüpft das DFK für die Erhebung der einschlägigen Maßnahmen und Programme an. Ein wichtiger Schritt ist die Überprüfung per Abfrage, ob, wo und in welchem Umfang den Empfehlungen nachdrücklich gefolgt wird, vor allem in der jüngsten Zeit – nach dem „Amoklauf von Erfurt". Im Frühjahr 2004 verschickte das DFK deshalb unterschiedliche Abfragen an verschiedene Institutionen und Behörden: Angeschrieben wurden die einschlägigen Bundesministerien, die Fachministerkonferenzen, alle Spitzenverbände der freien Wohlfahrtspflege in Deutschland, alle Landes- und -Regionalverbände dieser Träger und schließlich weitere zentral auf Bundesebene arbeitende, unabhängige Organisationen, die sich auch mit Gewaltpräventionsfragen befassen. Insgesamt wurden 124 Initiativen und Einrichtungen in die Abfrage einbezogen.

Bereits im Jahre 2003 hatte das DFK damit begonnen, sich einen Überblick über Ansätze, Konzepte und Maßnahmen im Sportbereich zu verschaffen. Kontakte zum DSB und seinen Landesverbänden sowie eine systematische Internetrecherche beförderten eine Fülle von Erkenntnissen, die auch Teil der Berichterstattung an die MPK sind.

Als weiterer Schritt wurde ab Dezember 2003 die konzeptionelle Vorbereitung einer Öffentlichkeitskampagne zur Thematik sowie eine Erhebung der Ressourcensituation bei den Präventionsakteuren veranlasst. Noch 2003 beschloss der Vorstand des DFK, die Werbeagentur „connect" mit vorbereitenden Analysen zur Öffentlichkeitskampagne zu betrauen.

Im Jahr 2004 haben wir des Weiteren eine systematische Erhebung vorgenommen und 1100 Erziehungs- und Familienberatungsstellen (EFB) in Deutschland befragt. Damit sollte erreicht werden, dass eine flächendeckend tätige und zuständige Institution, die u. a. im Zuge ihrer einzelfallübergreifenden Tätigkeit ausdrücklich damit befasst ist, für mehr Erziehungskompetenz von Eltern zu sorgen,

1. sensibel für dieses dringende Thema bleibt und
2. quantitativ ermittelt und diskutiert werden kann, in welchem Umfang EFB jeweils Beratung machen, Psychotherapien anbieten, als Präventionsakteure fungieren und Kriseninterventionen leisten.

Das DFK hat diese Untersuchung in enger Abstimmung mit der Bundeskonferenz Erziehungsberatung (BKE) in Führt umgesetzt. Auf die Ergebnisse – speziell zum Thema Prävention/Kooperation – komme ich im Einzelnen noch zu sprechen.

Das Deutsche Jugendinstitut hat daneben (über fünf Expertisen in wichtigen Handlungsfeldern der Kinder- und Jugendhilfe) Ergebnisse dazu erhoben, ob und wie das Konstrukt Männlichkeit (im Sinn von „Gender") eben dort praktisch und konzeptionell Berücksichtigung findet. Denn der Aspekt „Männlichkeit" ist ein im Kontext der Gewaltphänomenologie und spezifischer Präventionsansätze ein unstreitig zentraler.

Bei der sehr schwierigen Gesamtauswertung der Antworten auf die umfängliche Abfrage und entsprechender Berichterstattung musste natürlich eine Schwerpunktsetzung erfolgen. So haben wir davon abgesehen, Bundesland für Bundesland zu sichten und zu beschreiben. Die Zusammenstellung zielte ab auf einen Überblick über alle bestehenden, laufenden Maßnahmen – in Bereichen, in denen eine große Fülle von Projekten existieren, notgedrungen exemplarisch. Ausgewertet wurde dies alles unter dem Gesichtspunkt, ob es angesichts der vorgegebenen 176 Empfehlungen Probleme und Defizitbereiche gibt. Diese Empfehlungen, im Gewaltbericht „Einzelvorschläge" genannt, beziehen sich auf 5 Handlungsbereiche und 22 Tätigkeitsfelder.

Die Handlungsbereiche betreffen

1. die Stärkung der Erziehungsverantwortung von Familien
2. die vorschulische und schulische Erziehung für ein gewaltfreies Miteinander
3. die Wege zur Integration junger Menschen in die Gesellschaft
4. die Verantwortung von Medien, Kultur und Politik für Gewaltfreiheit
5. Gewaltbekämpfung und Opferschutz als öffentliche Aufgabe.

Zunächst haben wir überprüft, ob überhaupt auf unsere Fragen präzise geantwortet worden ist, um dann zu bewerten, ob in Deutschland spezifische Verstärkungen der Programme zur Eindämmung von Gewalt benötigt werden oder ob die Angebote letztlich ausreichen.

Dem DFK ist eine Bewertung der gemeldeten Maßnahmen und Initiativen im Sinn von Wirksamkeit, dem Grad der Zielgruppenerreichung, Akzeptanz etc. nur dort möglich, wo die Zulieferungen entsprechende Aussagen treffen. Dies ist leider eher selten der Fall und eigene Erkenntnisse, die entsprechende Wertungen erlauben würden, liegen im DFK nicht vor. Selbst bei Hinweisen auf Projektevaluationen wurden weder Hinweise auf Zwischenergebnisse noch auf abschließende Bewertungen gegeben. Soweit möglich wurden diese durch das DFK recherchiert und eingearbeitet.

Entsprechend der Vielzahl von Einzelvorschlägen, die das BMFSFJ fachlich betreffen (Themen: Familie/Jugend, Frauen/Gleichstellung), erfolgte von dort die umfangreichste Zulieferung. Sehr ausführlich haben aber auch die Innenressorts, der Kultusbereich und die Justizministerkonferenz geantwortet. Das auszuwertende Material umfasst ca. 1200 Seiten. Hinzu kommt der Bericht „Präventionsstrategien zur Gewalt und Deliktbereitschaft von Kindern und Jugendlichen", also kurz der „*Präventionsbericht*", der im Mai 2004 von der Jugendministerkonferenz beschlossen worden ist und von ihr als Antwort auf unsere Abfrage vorgelegt wurde.

Andere Fachministerkonferenzen haben ebenfalls ergänzend zu ihren Antworten auf den *Präventionsbericht* verwiesen und zur Beantwortung unserer Abfrage Bezug genommen (Kultusministerkonferenz, Justizministerkonferenz und Innenministerkonferenz). Da im Verlauf der Auswertung noch viele weitere wichtige Programme, Gesetze usw. aufgelegt worden sind, haben wir uns bemüht, diese ebenfalls zu erfassen und hier vorzustellen. Informationsquelle waren zumeist Presseveröffentlichungen von Ministerien.

Bei der Auswertung des erfreulich guten Rücklaufs ging es insbesondere um die Frage, für welche Einwirkungs- und Interventionsbereiche zur Effektivierung der Gewaltprävention möglicherweise noch Handlungsbedarf besteht, wie sich der aktuelle Standard gewaltpräventiver Maßnahmen darstellt und welche Synergien durch eine Vernetzung und Bündelung der unterschiedlichen, notwendig einzubindenden Präventionskompetenzen erreicht werden können, auch durch eine engere Koordinierung der Aktivitäten.

Zusammenfassung der Zulieferungen des Bundesministeriums für Frauen Senioren, Familie und Jugend

In seiner umfassenden Zulieferung hat das BMFSFJ eine Fülle an Daten über Initiativen und Programme zurückgemeldet. Es hat ganz grundsätzlich darauf hingewiesen, dass die Bekämpfung von Gewalt und Gewaltverherrlichung nicht nur eine staatliche Aufgabe ist, sondern in gesamtgesellschaftlicher Verantwortung liegt. Die geförderten Projekte und die eigenen Programme des BMFSFJ unterstützen die Anliegen der Gewaltprävention in diesem Sinne. Herausgestellt werden insbesondere in zentraler Steuerung befindliche Angebote aus den Bereichen ‚wissenschaftliche Begleitung von zentral initiierten Projekten', – oft in der Verantwortung des DJI, das auch die „Arbeitsstelle Kinder- und Jugendgewaltprävention" betreibt-, Forschungsvorhaben, z. B. zu „Gewaltproblemen in Familien türkischer Herkunft", Modellprojekte, z. B. zu Interventionsansätzen im Scheidungsgeschehen, Förderung von einschlägigen Fortbildungsvorhaben, z. B. Multiplikatorenschulungen zur Vernetzung und niederschwelligen Familienbildung, Programme zur finanziellen, steuerlichen oder beruflichen Entlastung von Familien, Aktionsprogramme und Initiativen wie „Lokale Bündnisse für Familie", periodische Elternbriefe, Förderung von (mobilen) Elternschulen und vieles mehr.

Zusammenfassung der Zulieferungen der Fachministerkonferenz Jugend

Die Jugendministerkonferenz hat uns als Rückantwort den bereits erwähnten *Präventionsbericht* überlassen. Er ist eine Auswertung des Abfrageprotokolls der interkonferenziellen AG „Präventionsstategien zur Gewalt und Deliktbereitschaft von Kindern und Jugendlichen" aus 2001, von der JMK in 2004 beschlossen.

Der *Präventionsbericht* liefert auf 125 Seiten entsprechend umfangreiches Material über Aussagen der Länder zur Umsetzung der Empfehlung und Handlungsstrategien zur Vermeidung von Kinder- und Jugenddelinquenz. Die in den Jahren 2001 bis Anfang 2004 zusammengetragenen Informationen über Präventionsprogramme überschneiden sich selbstverständlich in weiten Teilen mit den Ergebnissen der neueren DFK-Abfrage.

Allerdings haben wir auch einige Informationen in diesem Dokument gefunden, die unsere Rechercheergebnisse ergänzen. ProPK hat im Oktober 2004 für die IMK eine Analyse des Präventionsberichts angefertigt. Darin heißt es: „Der Bericht der JMK bringt zwar keine neuen Erkenntnisse, da er sich auf bereits durchgeführte und erprobte Maßnahmen bezieht, ist in seiner Stofffülle jedoch beeindruckend. Aus Sicht der Polizei sind nicht nur die Informationen über die Maßnahmen und Programme anderer Instanzen und Institutionen interessant, sondern vor allem auch die Gedanken und die Forderungen nach Frühzeitigkeit, Nachhaltigkeit und Vernetzung, die aus der Sicht der polizeilichen Kriminalprävention gar nicht genug betont werden können. Auch insofern wird den fachlichen Gesichtspunkten der Polizei im Bericht der JMK Rechnung getragen".

Zusammenfassung der Zulieferungen der Innenministerkonferenz und der Kultusministerkonferenz

Auch KMK und IMK verweisen auf den o. g. Präventionsbericht. In den Ländern werden danach Maßnahmen zur Sensibilisierung der Eltern entwickelt in Bezug auf Schulschwänzen und medialen Gewaltkonsum. Verwiesen wird auf die Bemühungen zum Ausbau der Ganztagsbetreuung bei beschränkten finanziellen Möglichkeiten. Zunehmend werden Kindertagesstätte und Schule zur Zusammenarbeit verpflichtet. In den Schulen wird an der Entfaltung einer „Anti-Gewalt-Kultur" gearbeitet. Exemplarisch seien Programme zur Schulverweigerer-Reintegration, Konfliktlosen oder Mediation, Deeskalation und Streitschlichtung genannt sowie Selbstbehauptungskurse (oft privater Träger). Medienkompetenz, Vorbereitung von Heranwachsenden auf Elternrolle und Wertevermittlung gelangen in die Curricula. Es wird vermehrt Lehrerfortbildung zum interkulturellen Lernen angeboten. Die Polizei wird zunehmend präventiv in Grundschulen tätig, die dringend nötige Kooperation zwischen Schule und Jugendhilfe wird vorangetrieben.

Maßnahmen zum Spracherwerb von Kindern mit Migrationshintergrund werden entwickelt, die Ganztagsschulbetreuung wird verstärkt, unterstützt etwa vom Invest-Programm „Zukunft und Bildung" des Bundesministeriums für Forschung und Bildung. Es gibt zahlreiche Projekte gegen Intoleranz, Gewalt und Ausländerfeindlichkeit. Die koordinierende Zusammenarbeit von Polizei, Justiz, Jugendhilfe, Schule und Kommune wird zunehmend als wichtig erkannt und entsprechend gefördert.

Die Zulieferungen der anderen Bundesministerien und Fachministerkonferenzen, zusammengefasst:

- Die Bund/Länderprogramme über Maßnahmen zur Verbesserung der Wohnsituation von Familien in Problemquartieren laufen koordiniert.
- Netzwerke zur Umsetzung der gesetzlichen Maßnahmen zur Bekämpfung häuslicher Gewalt sind im Aufbau.
- Es werden vielfältige Maßnahmen zur Stärkung von Elternkompetenz geleistet.
- Die Finanzierung von Kuren für berechtigte Mütter und Väter im Kontext häuslicher Gewalt erfolgt inzwischen durch die Gesetzliche Krankenversicherung.

- Ärzte und Therapeuten werden gezielt weitergebildet in Früherkennung von Kindesmisshandlungen.
- Das Gewaltschutzgesetz sichert das entschiedene Vorgehen gegen Täter und verbessert den Opferschutz.
- Die Vernetzung von Anti-Gewalt-Programmen nimmt zu.
- Die Verbesserung der Sicherheit in Problemwohngebieten wird angegangen.
- Das Justizmodernisierungsgesetz bewirkt eine zügigere Durchführung des Ermittlungs- und Strafverfahrens.
- Das Opferreformgesetz bringt mehr Opferinformationsrechte im Strafverfahren.
- Eine Verbesserung der sexuellen Selbstbestimmung erfolgte durch die Änderung des § 131 StGB.
- Prävention im Bereich „Sport" erfolgt z. B. über das Projekt „Sport in Schule und Verein"
- Das Innenministerium Baden-Württemberg berichtet über umgesetzte Maßnahmen der ProPK: So wurde eine Broschüre erstellt, Titel „Wege aus der Gewalt". Zielpersonen sind die Polizei, Eltern und andere Erziehungsberechtigte, ein PC-Spiel zur Gewaltprävention für Kinder wird herausgegeben, das Medienpaket „Abseits" für Grundschulen wurde und wird vertrieben sowie das Arbeitsplakat „Toleranz" für die weiterführenden Schulen. Außerdem wurden zwei Kinderbücher zum Umgang mit Gewalt und zur Toleranz gegenüber fremden Kulturen herausgegeben. Schließlich gibt es den Pro-PK-Internetauftritt „Opferschutz" mit Informationen über bestehende Hilfs- und Beratungsangebote

Zusammenfassung zu Abfragen und Rücklauf „Wohlfahrtsverbände und andere zentrale freie Träger"

Die angeschlossenen sechs Spitzenverbände wurden von uns befragt, weil sie ca. 90.000 Einrichtungen und Dienste bereithalten, vor allem in den Sektoren Jugend, Familie und Krankenpflege. Die Freie Wohlfahrtspflege bietet umfassende soziale Hilfe auf gemeinnütziger Grundlage. Die Verbände unterstützen und koordinieren auch ca. 30.000 Selbsthilfegruppen sowie 2.000.000 ehrenamtliche Helferinnen und Helfer.

Das DFK hat an 90 Landes- und Regionalzentralen der Ligaverbände geschrieben und einen „Verbandsfragebogen" und einen „Projektfragebogen" zur

Weiterleitung an unmittelbare Präventionsprojekte unter dem Dach des Trägers übersandt. Während die zentralen Fragebögen vor allem nach Koordinierungs- und Vernetzungsleistungen in den fünf Handlungsfeldern fragten, wollten wir von den Projekten bzw. Programmen erfahren, wie Konzeption, Finanzierung und Planung aussehen.

Die AWO (Niedersachsen) z.B. betont den Einsatz von Prozess- und Wirkungsevaluation. Sie engagiert sich in den einschlägigen Feldern Kinder- und Jugendhilfe, Kindertagesstätten, Jugendsozialarbeit, schulbezogene Arbeit und Elternhilfen. Herauszuheben sind Angebote des Coolness-Trainings und des Anti-Aggressions-Trainings sowie Angebote gegen häusliche Gewalt. Zum Teil bemühen sich die Landeszentralen auch um Bündelung und Vernetzung von Maßnahmen und Akteuren. Typische AWO-Projekte richten sich gegen sexuellen Missbrauch, gegen häusliche Gewalt und gegen Gewaltverhalten von straffällig gewordenen Kindern- und Jugendlichen.

Die Landeszentralen des Deutschen Paritätischen Wohlfahrtsverbands verweisen darauf, dass sie „nichts eigenes" machen, dafür aber der Kinderschutzbund unter ihrem Dach Elternkurse organisiert („Starke Eltern – Starke Kinder") und in der Aktion Jugendschutz (Bayern) tätig sei. Von den DPWV-Projekten ist „Wildwasser" (gegen den sexuellen Missbrauch von Mädchen) bundesweit prominent. Es gibt Beratungsstellen in vielen Städten Deutschlands. Aus Thüringen wird von zwei Jugendkriminalitätspräventionsprogrammen berichtet, darunter „Hauen ist doof".

Von den Landesverbänden des Diakonischen Werkes erhielten wir konkrete Antworten aus Bayern, Brandenburg und Rheinland-Pfalz. In Bayern wurden unter dem Diakonie-Dach in den letzten zwei Jahren allein 36 Projekte „universeller Prävention" umgesetzt, dazu gibt es sechs neue in Planung befindliche Angebote. Die Diakonie Rheinland-Pfalz hat für Jugendhilfeeinrichtungen Empfehlungen zum Umgang mit aggressivem Verhalten entwickelt und es unterhält zwei Kinderschutzdienste in Städten.

Das deutsche Jugendrotkreuz, Saarland, meldet drei Programme: Eines für Streitschlichter, die Kampagne „Bleib cool ohne Gewalt" und die Schulsanitätsdienste.

Unsere DFK-Erhebung zur Situation der Erziehungs- und Familienberatungsstellen (EFB) bezüglich Rahmenbedingungen der Arbeit, Prävention und Kooperation

Das von der WHO bereits 1956 aufgestellte Wunschverhältnis von Erziehungsberatungskapazitäten zur Einwohnerzahl ist weiterhin nicht erfüllt. Wegen veränderter Lebensumstände und Familienstrukturen nehmen Erziehungsprobleme indessen zu. Gleichzeitig stagniert die Finanzierung oder wird heruntergefahren. Die Kindschaftsrechtsreform von 1998 und das Gesetz zur Ächtung von Gewalt aus dem Jahr 2000 erfordern darüber hinaus zusätzliches Fachpersonal. Bei den EFB gibt es trägerübergreifend einen hohen fachlichen Konsens über Qualitätsstandards. Seit 2004 gibt es Online-Beratungsangebote. Nach Auskunft der „Bundeskonferenz Erziehungsberatung" besteht ca. 70% der Arbeit der Erziehungs- und Familienberatungsstellen aus Einzelfallberatung, zumeist von Müttern, 15% der Tätigkeit entfällt auf so genannte einzelfallübergreifende Tätigkeit, insbesondere auf Zusammenarbeit mit Kindergärten, Schulen und auf Veranstaltungen in vergleichbaren Einrichtungen, sowie auf die Erarbeitung von Material. Das Problem besteht darin, dass diese, von den EFB als „präventive Arbeit" bezeichnete Tätigkeit oft nicht weiter ausgebaut wird, weil sie die Nachfrage erheblich erhöhen würde und die Dienste dann überlastet wären. Der Ausbau der einzelfallübergreifenden Tätigkeit ist aus der Sicht der Bundeskonferenz indessen wünschenswert, insbesondere mit dem Ziel, eigene, bezogen auf Erziehungsfragen präventive Angebote im Rahmen der Familienbildung anzubieten. Das zentrale Problem aktuell sind die Scheidungskinder. Besonders deutlich wird das bei Fremdunterbringungen als erzieherische Hilfe. Rund 80% der Kinder in solchen Maßnahmen kommen aus Scheidungsfamilien.

Zur Umsetzung des MPK-Auftrags wurde in Kooperation mit der Bundeskonferenz für Erziehungsberatung (BKE) im Wege einer Befragung die Situation der Erziehungs- und Familienberatungsstellen (EFB) erhoben. Diese flächendeckend vorhandenen Dienste erfüllen einen bundesgesetzlichen Auftrag und sind somit potenziell ideal für die Umsetzung zentral vorgegebener Präventionskonzepte. Die wichtigsten Ergebnisse der Studie zeigen:

- Die Nachfrage nach Erziehungs- und Familienberatung ist innerhalb des Zeitraums von 2001 bis 2003 beständig gestiegen.
- Die Haushaltmittel für EFB sind nur unangemessen geringfügig gewachsen.
- EFB-Tätigkeiten bestehen primär aus Einzelfall- und Familienberatung sowie Einzelfall- und Familientherapie, sowie aus Krisenintervention.
- Die von den Jugendämtern als besonders relevant eingestuften Kriseninterventionsleistungen sind nicht im Vordergrund des EFB-Handelns.
- Offene, niederschwellige Sprechstunden werden nicht ausreichend angeboten.
- Aufsuchende Angebote, wie z. B. schwierige Kinder in den Tagesstätten beobachten und behandeln, werden nicht erwähnt.

➤ Hinweise auf Konzepte, die Beratungsstunden außerhalb der Dienste, z. B. in „Kieztreffpunkten" anbieten, fehlen ebenfalls in den Rückmeldungen.

➤ Für einzelfallübergreifende Arbeit, d. h. für primärpräventive Angebote und Leistungen wird nur ein geringer Zeitanteil von weniger als 10% eingeplant.

➤ Empfohlene Maßnahmen zur Familienbildung oder für Elternschulungen bieten die EFB aufgrund knapper finanzieller wie personeller Ressourcen nur in unzureichendem Maße an.

DFK-Recherchen zu Präventionsprojekten im Zusammenhang mit Sport

Mit dem Ziel, zu klären, welche Präventionsanteile Sport unter welchen Umständen beinhalten kann und wodurch sich wirksame Angebote des Sports als Prävention ausweisen, verschaffte sich das DFK mit Hilfe einer systematischen Internetrecherche im Tätigkeitsfeld des Deutschen Sportbundes und seiner Landesverbände eine Fülle von Erkenntnissen über spezifische Präventionsansätze, Konzepte und Maßnahmen im Bereich „organisierter Sport". Um die gewonnenen Grundannahmen abzugleichen wurden zusätzlich die Ergebnisse der DFK-Arbeitsgruppe „Primäre Prävention von Gewalt gegen Gruppenangehörige – insbesondere: junge Menschen", Teil „Sport und Prävention" herangezogen.

Da der Sport die an ihn gestellte Anforderung, gesamtgesellschaftliche Probleme bewältigen zu helfen, tatsächlich schwer erfüllen kann, ist die Förderung der Vernetzung von Vereinen und Verbänden mit freien und kommunalen Trägern der sozialen Arbeit wünschenswert. Aus demselben Kalkül heraus ist die Vernetzung von Schul- und Vereinssport voranzutreiben.

Präventionsprogramme im Zusammenhang mit Sport sollten neben den Sportangeboten auch individuelle alltags- und lebensweltorientierte Hilfen sowie weiterführende Beratungs- und Betreuungsangebote zur Verfügung stellen. Vereine der Zuwanderer müssen durch die Sportverbände aktiv gestärkt, d.h. professionalisiert werden. Nur eine Professionalisierung eröffnet die Perspektive für eine Reintegration deutscher Sportler in segregierte Vereine. In unmittelbarem Zusammenhang mit dieser Forderung steht die Notwendigkeit der interkulturellen Sensibilisierung des Sportwesens, die am einfachsten durch die Partizipation von Zuwanderern in den Entscheidungsstrukturen der Sportkreise sowie der Regional- und Bundesverbände zu gewährleisten ist.

Untersuchungen zeigen, dass die präventive Wirksamkeit von Sport ohne Vernetzung mit der Sozialpädagogik relativ gering, im Gesamtkontext aber durchaus bedeutsam ist. Im Schul- und Vereinssport, der insbesondere für männliche Jugendliche attraktiv ist, bietet sich die Chance, regelgeleiteten Umgang mit körperlicher Kraft zu erlernen. Sport ist mit dem sozialen Umfeld zu vernetzen, entsprechende Präventionsvorhaben sind möglichst als Mehr-Ebenen-Konzepte anzulegen. Bedeutsame Module wären:

➢ Auseinandersetzung mit vorurteilsbedingter Gewalt
➢ Trainer und Schiedsrichter als Konfliktmediatoren ausbilden
➢ Einüben von Fairness
➢ Kooperation mit Präventionsräten, Jugendamt und Schule.

Über Sport ist das Integrationspotenzial von Minderheiten zu aktivieren mit dem Ziel, die soziale Anerkennung zu erhöhen. Bund und Länder sollen multiethnische Vereine (mit hohem Anteil an Minderheiten) stärken, qualifizieren und fördern. Förderungswürdig sind auch Vereine mit attraktivem Breiten- und Freizeitsport, wenn sie auch auf die Einbindung von Kindern und Jugendlichen, insbesondere Problemgruppen ausgerichtet sind.

Zum Umsetzungsstand der DFK-Initiative für eine bundesweite, nachhaltige professionelle Öffentlichkeitsarbeit zur Gewaltprävention

Konzeptentwürfe zu Öffentlichkeitsmaßnahmen zur „Ächtung von Gewalt und Stärkung der Erziehungskraft von Familie und Schule" wurden – *ich sagte es bereits* – in Kooperation mit der Werbeagentur „connect" entwickelt.
Leitgedanken sind, das Thema „Erziehung" ohne Belehrungen und Schuldzuweisungen öffentlich positiv zu besetzen, um sowohl die familiäre Erziehungsverantwortung zu fördern als auch Maßnahmen der vorschulischen und schulischen Erziehung für ein gewaltfreies Miteinander. Entwickelt werden soll eine Image-Kampagne, bei der u.a. erziehende Menschen in den Mittelpunkt rücken. Nicht nur die pädagogische Arbeit von Eltern, sondern auch die der ErzieherInnen, SportübungsleiterInnen oder der LehrerInnen soll als positive gesellschaftliche Leistung wahrgenommen, anerkannt und geschätzt werden. Als Auftakt könnte die Senisibilisierung für Erziehungskompetenz in den Mittelpunkt gestellt werden.
Die Connect-Analyse favorisiert die Zusammenführung und Koordination bereits bestehender oder geplanter Kampagnen, an denen thematisch betroffene Bundesministerien beteiligt sind. So wird empfohlen, auf die stärkere Bündelung und Vernetzung folgender bereits laufender Kampagnen und Initiativen, mit dem Ziel der Förderung von Synergieffekten hinzuwirken:

- ➤ „Stark durch Erziehung"
- ➤ „Mein Kind ist unschlagbar"
- ➤ „Kinder stark machen"
- ➤ „Bündnis für Familie"

Nachdem die Gremien des DFK die beschriebene Strategie befürwortet haben, ist die Konkretisierung des Auftrags und eine Präsentation zur kampagnenübergreifenden Zusammenarbeit unter Einbeziehung von Prominenten und Möglichkeiten der Medienkooperation zu verfolgen.

Erste Allgemeine Erkenntnisse aus der Auswertung (zunächst zusammenfassend)

Die Rückläufe bzw. unsere Auswertungsergebnisse zeigen eine große Fülle von Maßnahmen zur Gewaltprävention und eine beachtliche, kaum überschaubare Vielzahl von Präventionsakteuren! Allerdings zeigt sich, dass die Vernetzung der Projekte, Programme, Maßnahmen und Vorhaben noch unzureichend ist. Vernetzung hieße, die besten Kompetenzen zusammenzuführen, Best-Practice-Projekte zu fördern und möglichst flächendeckend unter Berücksichtigung der je relevanten Zielgruppen anzubieten. Die Koordinierung von (möglichst Mehr-Ebenen-) Ansätzen sollte dezentral in Kommunen und Kreisen erfolgen.

Als Erfordernis von besonderer Bedeutung erweist sich die Evaluation. Es bedarf großer Anstrengungen auf diesem Feld, denn die fehlenden Wirkungsüberprüfungen sind in Deutschland noch immer ein markanter Schwachpunkt im Präventionsgeschäft. Und entscheidend ist schließlich die Weiterentwicklung von Primärprävention im Sinn einer Stärkung der Alltagskompetenzen.

Der Schlussbericht an die Ministerpräsidentenkonferenz soll solche und andere Einschätzungen auf breiter Erkenntnisbasis belegen und entsprechende Empfehlungen herausstellen. Zu den 176 Einzelvorschlägen der Ministerpräsidenten vom Juni 2003 erfolgen *wie gesagt* umfangreiche Umsetzungen. Tatsächlich gibt es zu allen Vorschlägen bereits entsprechende Initiativen in den jeweils zuständigen Politikressorts bzw. Tätigkeitsfeldern. Die Auswertung der Ergebnisse der DFK-Umfragen belegen dies anschaulich. Die Menge der in der Bundesrepublik Deutschland umgesetzten oder z. T. in der letzten Planungsphase befindlichen Vorhaben, Projekte, Modellversuche, Angebote, Leistungen und Programme ist überaus beeindruckend, die Variationsvielfalt und -breite ebenfalls. Die Gesamtmenge vorhandener Umsetzungen – länderübergreifend erfasst – erscheint ausreichend, wenngleich in den einzelnen Bundesländern unterschiedliche Schwerpunktsetzungen und auch spezifische Vorgehensweisen festzustellen sind.

Ausgesprochen positiv und erfreulich zeigt sich, dass ein Umdenken eingesetzt hat: Prävention wird zunehmend als Daueraufgabe, als gesamtgesellschaftliches Konzept begriffen unter Prüfung der je eigenen Verantwortlichkeit. Es werden zunehmend Angebote zur Niveausicherung einer Basisstabilität entwickelt. Fundierte Wirkungsevaluation von Präventionsprogrammen findet zwar noch zu selten statt. Programme werden inzwischen aber häufiger von Prozessevaluation begleitet. Es zeichnet sich ab, dass zunehmend Frühprogramme zur Stärkung sozial-affektiver Kompetenz und zur Resilienzbildung angeboten werden. Sie könnten verhindern helfen, dass die Anfälligkeit für sozialschädliche und delinquente Verhaltensweisen zunimmt.

Vielleicht wäre es in Zukunft auch hilfreich, primärpräventive Bemühungen deutlicher von kriminalpräventiven Maßnahmen zu unterscheiden. Das müssen jedoch die weiteren Arbeiten bei der Umsetzung des MPK-Papiers zeigen.

Aus dem Bereich der Innenbehörden sind umfangreiche Programme zur Gewaltprävention über Polizei-Projekte bzw. über spezielle Zusammenarbeitsansätze Sozialarbeit/Polizei entstanden. Grundsätzlich darf keine Verweisung der Problematik auf rein polizeiliche Lösungsansätze erfolgen, denn Prävention muss gesamtgesellschaftlich geleistet werden.

Im Feld „Prävention und Sport" wird deutlich, dass nur die detaillierte Kenntnis und Berücksichtigung der Ursachen von Gewalt und der damit verbundene Einsatz pädagogischer Interventionen zu einem signifikanten Präventionserfolg von bestimmten Sportaktivitäten führen kann.

Ansätze von gezielter Jungenarbeit und geschlechtsspezifische Prävention sind nur mangelhaft entwickelt. Delinquenzprobleme bei unter 14-Jährigen werden zu wenig und nicht systematisch beachtet. Die Berücksichtigung unterschiedlicher Erziehungseinflüsse und -ergebnisse bei Jungen und Mädchen erfolgt nur zögernd. Mädchen werden durchgängig prosozialer erzogen; die motorisch expansiveren Jungen werden immer wieder faktisch in ihrem eher aggressiven Rollenverhalten gestärkt. Auf der Basis der Tatsache, dass über 90% aller Gewalttaten von Menschen männlichen Geschlechts begangen werden, ist die Betonung, Entwicklung und Umsetzung von Jungenarbeit zwingend.

Leider besteht keine Meldepflicht im Kontext häuslicher Gewalt. Opferhilfen bedürfen des weiteren Ausbaus. Die Empfehlungen im Bereich der Opferhilfen werden offenbar noch nicht umfassend von den angeschriebenen Ministerien umgesetzt. Durch die gezielte, engagierte jahrzehntelange Arbeit des WEISEN RINGS kann dieses Defizit kompensiert werden.

Wenn auch die große Anzahl bereits beendeter, jetzt laufender und in Zukunft geplanter Projekt beeindruckt, so muss doch vor allem auf mehr Kontinuität dieser Vorhaben geachtet werden. Das plötzliche Auslaufen gut angelaufener Modelle wg. Geldmangel oder das Nichtfortsetzen solcher Angebote, weil sie z. B. auf ABM-Personal basierten, sind Hindernisse und Versäumnisse der „Präventionsbürokratie", die strukturell und systematisch einer Revision unterzogen werden sollten.

Gewalt in Schulen ist nicht nur ein Thema der schlecht ausgestatteten oder vom Niveau des Abschlusses her „einfachen" Ausbildungsstätten. Das System Schule – mit seiner in Deutschland eher durch Leistungsdruck geprägten Struktur ist ebenso ein Faktor wie der familiäre Hintergrund des potenziellen Gewalttäters bzw. seiner individuellen Persönlichkeit, oft im Kontext mit Erfahrungen mit Gewalt in den Medien, bis hin zu „harten" Computerspielen.

Der seit Mai 2004 vorliegende, von der Jugendministerkonferenz beschlossene Bericht über Präventionsstrategien in den Ländern, zeigt ebenfalls umfangreiche Umsetzungsvorhaben in Bezug auf viele der Empfehlungen der Ministerpräsidenten.

Das DFK hat sich die Aufgabe gestellt, in enger Zusammenarbeit mit den Landespräventionsräten und vergleichbaren Ländergremien, mit ProPK und mit dem DJI die Entwicklung eines gesamtgesellschaftlichen Präventionsansatzes voranzutreiben.

Das DFK fördert seinen Möglichkeiten entsprechend die Vernetzung und Kompetenzbündelung bestehender Einrichtungen, um Effizienz zu erhöhen. Das DFK hilft, Parallelstrukturen abzubauen und Synergieeffekte zu bewirken. Modellprogramme im Bereich der primären Prävention (Erziehung/soziales Lernen) sowie Wissenstransfer in Bildung und Wissenschaft sollen gefördert werden.

Was offenbar fehlt, sind adäquate umfassende, systematische und flächendeckende Koordinierungsleistungen. Die nötigen Vernetzungen erfolgen regional sehr unterschiedlich. Es fehlen auch allgemeine, übertragbare Kriterien für die Förderung vermutlich relevanter, erfolgreicher Maßnahmen.

Die grundsätzlich geforderte Evaluation – und das ist u.E. im Wesentlichen Wirkungsevaluation – für jedes neue, laufende Projekt erfolgt immer noch zu selten.

(Prof. FRIEDRICH LÖSEL wird in einem der Foren des heutigen Tages ausführlich diskutieren, welche Gewaltpräventionskonzepte in der europäischen Praxis evaluiert sind und sich demnach bewährt haben. Die Vorstellung empirischer Evaluationsergebnisse soll uns helfen, eine Zukunft der gewaltfreien Erziehung zu gestalten.)

Grundsatzfragen nach den Gelingensbedingungen für erfolgreiche, nachhaltige Angebote im wichtigen primärpräventiven Bereich oder in der Frühprävention werden selten oder gar nicht beachtet. Sogenannte Mehrebenenkonzepte berücksichtigen diese Faktoren jedoch schon weitgehend.

Primärprävention erfolgt noch nicht ausreichend spezifisch; die Angebote sollten vor der 3. Grundschulklasse erfolgen; entwicklungswissenschaftlich betrachtet erfolgt ein guter Schutz vor aggressivem Verhalten vor der „Trotzphase", zwischen fünf und acht Jahren.

Soziale Kompetenztrainings werden zunehmend in Deutschland von freien oder kommerziellen Trägern angeboten, ein Markt entsteht, es wird zunehmend mit „eingetragenen Warenzeichen" gearbeitet, ohne dass damit Hinweise auf die Qualität gegeben sind. Empfehlenswert sind gut strukturierte, kognitiv-behaviorale Kompetenztrainings für Kinder mit bereits bestehenden Verhaltensproblemen. Das zeigen Evaluationsberichte aus den USA. Mehrebenenprogramme erscheinen besonders erfolgversprechend.

‚Tripl P (Positive Parenting Program)', ‚OLWEUS' (auch zur Bullying-Prävention) und ‚Faustlos' sind z. B. in diesem Sinn bewährte bzw. erfolgversprechende Programme, die aber trotzdem nicht in allen Bundesländern verbreitet sind und deshalb noch nicht bedarfsgerecht angeboten werden. Weitere multimodale Verhaltenstrainings bei aggressiven Kindern sind stärker als bisher bekannt zu machen, weiter zu entwickeln und auszudifferenzieren. Sie beinhalten Rollenspiele, Entspannungstechniken sowie begleitende Eltern- und Familienberatung. Ziel der Bemühungen muss es sein, so viel wie möglich Menschen zu befähigen, ihre zwischen- und überpersönlichen Probleme und Konflikte gewaltlos zu lösen und solche Lebensbedingungen zu gestalten, die Gewaltverhalten auf ein absolutes Minimum reduzieren – objektiv und subjektiv.

Vorgetragen von Prof. Dr. RUDOLF EGG, damals DFK-Vorstandsvorsitzender, auf der Europäischen Fachtagung „Gewaltfreie Erziehung" am 20.10.05 in Berlin, Leitreferat 9 Uhr

V Glossen

Text 24

Salute 4. Juli! Bummm. Zum 212. Unabhängigkeitstag der USA machten die Amis wieder ordentlich Krach

Help! I need some body-guard. Help! Den Krach verkrafte ich nicht. Die Amis beballern mein geliebtes, lauschiges Lichterfelde. Plötzlich, doch pünktlich zur Schlußmaiwoche aller Jahre nach HITLERstod fällt ein Schuß in mein offenes Ohr. Um 7 Uhr 7 donnert die erste Kanonenplatzpatrone der Saison. Sie proben Knallen zum Unabhängigkeitstag, fast 40 Tage lang mit riesengroßen Kanonen, vor dem 4. Juli. Sie donnern wie Wotan, fast täglich zehn bis 50 mal, in zunächst nicht absehbaren Abständen, aber mit monoton penetranter Detonation. Alle Jahre wieder hoffe ich beim ersten Mal: „Das kann nicht real sein, ich träume!"

Eine Umfrage unter Anliegern ergab einige Verbesserungsvorschläge. Ältere deutsche Kriegsveteranen wünschen sich alles etwas zackiger, schneller, leiser und rationeller, etwa tak tak tak tak – Alabama Alaska Arizona Arkansas. Alte Antiimperialisten mögen's vice versa lieber. AFN-verwöhnte und -verseuchte Kinder drängen hingegen auf ein modernes Arrangement. DJ RICK DELYSLE soll im Rap-Rhythmus zum Drum-Computer (50 Beats) einen sich reimenden US-Staaten-Sprechgesang singen, sprechen. Soulfans fordern zur Fete Black Music. Der braune JAMES, alias The senile Sex-Machine, der jüngst am Deutscheneinheitstag bei Pankow REAGANs Mauer-Abreiß-Trauma positiv zitierte, BROWN könnte Salute in seinen neuen *I'm real*-Wix einmixen. Und Lichterfeldes Dancefloor-Teenies schreien nach den BEASTIE BOYS. Rap-Violence am Unabhängigkeitstag, das wäre eine Show!

Die phantasielosen Besatzer läßt das alles kalt. Kurz nach Tschernobyl, als der Objektivismus und die Zahlenmanie begannen und alle Geigerzähler blitzartig ausverkauft waren, ergatterte ich im Sonderangebot einen Phonmeter, d. h. Krachmesser; beim Maximalausschlag 95 Dezibel erbrach der Zappelanzeiger am Anschlag. Bumm! Bummdi bumm! Zwei Fensterscheiben, ein Trommelfell. Oh ließen sie doch das Halbblut GEORGE KRANZ leise vor lauter taumelnden Unabhängigkeitsfanatikern trommeltanzen, *din daa daa din doo doo*.

Nein, wir kriegen kein Pardon. Heuer feiern SIE also alle Jahre wieder Indieabhängigkeit mittels Amigeballer. Circa 20 Generalkanonenproben und ein furioses Finale. Es klappt perfekt. Vorweg vielleicht PETER SCHILLING: Der Count-Down läuft ... völlig los gehelöst ... Und dann, aber echt, wer's nicht glauben will konim' hören: „Bumm California. Bumm Colorado. Bumm Connecticut. Bumm Delaware. Bumm Floridaboy. Bumm Georgia. Bumm Hawaii. Bumm Indiana!" 50 mal Bumm plus Ländle, das ein Spieß pro Schuß herausbrüllt.

Der Leser lernt: niemand auf der Hiphop-Welt weiß besser als wir blasmusikbesessenen Lichterfelder, wie viele Staaten die Staaten haben. Echt eingehämmert, bummbastisch, BAD! Wir bitten die Barracken, die ANDREWS und MC NAIRS, please Ami, ballyhoo at home.

Erschienen in Tageszeitung (taz), Thema „Alliierte in Deutschland", am 5. Juli 1988

Text 25

„Hilfe! Jugendhilfe. Thron zu sein bedarf es wenig, HARMSlos König, KLEINlich queenig. Das grüne Bündnis PULSiert und kümmert sich wieder um die multikulturelle Jugend.

Zum Geleit: Hiermit komme ich ausgesprochen gern der Bitte der *Stachel*-Redaktion nach zu analysieren, erstens, ob und warum die BündnisGrünen wieder einen Jugendhilfe-Arbeitskreis (AKJH) haben und zweites, ob es Zweck hat, so was aufzubauen, nur weil in Zeitungen so viel über Ganggewalt steht – bzw. nur, weil ca. 20.000 Profis in Hilfeeinrichtungen & Schulen irgendwie Sympis sind und wählen dürfen. Drittens, ob und warum wieder nichts dabei herauskommt.

I Worum geht's?

Jugendhilfepolitik (JHP) ist nicht Jugendpolitik ist nicht Jugendarbeit. Jetzt wissen *Sie* schon mehr als 99,5 % der Mitglieder dieser Partei über unser Reizthema. Jugendhilfepolitik ist (aktuelles Beispiel) Auseinandersetzung um die Art der Einbeziehung von Minderjährigen in die Planung neuer wichtiger Einrichtungen und Dienste, die vielleicht fertig sind, wenn diese Kids Kinder kriegen. Offene Frage: Sollten dazu extra zusätzlich auch noch Büros oder Ombudsleute bereitgestellt werden? JHP kann auch sein

- Entwickeln von Verbundeinrichtungen (Heime auseinandernehmen)
- von dezentralen Stationen (Verwaltung auseinandernehmen)
- von Andenken alternativer Jugendarbeit (Jugendverbände auseinandernehmen)
- privatisieren von öffentlichen Häusern (Nutznießer = A&A, – Autonome u. Antifa – oder C&A – AWO und Caritas?)

Tätigkeitsfelder der Jugendhilfe sind: Kitas, Jugend(kultur)arbeit, Jugendsozialarbeit, Familienfürsorge, Erziehungshilfen (Heime, WGs, Notdienste) sowie andere moderne Ideen, z. B. Arbeit gegen Gewalt oder was für Mädchen.... Und eben Planung von all sowas.

Merke: Was Jugendhilfe heißt, hilft auch Kindern. Näheres im Gesetz „SGB VIII". Jugendarbeit (JA!) ist das, was Verbände wie Falken oder Schreber oder Naturfreunde in den 50er Jahren gemacht haben. Nicht selten versuchen ebendiese das gleiche heute, gleiche Mittel, gleiche Leute. Jugendarbeiter erkennt man am Haarausfall, an kurzen Hosen und daran, daß sie für die SPD in den örtlichen Jugendhilfeausschüssen sitzen, ohne genau zu wissen, warum.

Jugendförderung (JF) ist das mit Aktivkohle angereicherte neue Wort für Jugendpflege (Jpf). (Jugendpfleger erkennt man am Haarausf ... (siehe oben).

Jugendpolitik (JP) ist doppeldeutig, schwer definier- aber leicht entflammbar. Der Begriff wird gleichermaßen von rührigen Erwachsenen wie von echt Betroffenen beansprucht. JP kann demzufolge erstens das sein, was ein Jugendbereich (JB) einer Partei macht. (Jusos, Julis, Juunions, Jureps, Jupis, Komsomol usw.) Ein gewissa Macha HAMMABACHA besetzte einst dieses Politikfeld für alle alternativen Oberschüler kollektiv-positiv mit dem Motto „Bereich? – Bin Icke!" Ganz gemein war damals ein Typ vom Jugendhilfebereich, der dem JB eine 500.-DM-Spende für den Fall zusicherte, daß umgehend eine halbe Seite Programmatik rausgegeben wird.

Jugendpolitik beginnt wohl damit, daß ältere Jugendliche plötzlich Politik machen. Jeder Art: Verkehr, Tierversuche, 1. Mai, Frauen, Rassismus, BAföG, Medien. Jugendpolitiker dieser Sorte erkennt man daran, daß sie keinerlei konstruktive JHP entwickeln und abgöttisch von JUTTA DITHFURT schwärmen. Schließlich helfen sie sich selbst, ggf. der Menschheit. Auf keinen Fall aber den gleichaltrigen Randgruppen oder den Skinheads, den bösen, zu einem besseren Leben mit ihrer Hände Arbeit... logo. Sie verbreiten – je nach Partei – mehr oder weniger konkrete Utopien und zwingen die Alten (die, Nomen est Omen, HAMMERBACHER versunken-lächelnd Grufties nannte, weil er mit dieser Jugendszene *ooch nich soo ville am Hute hatte*), sich zu rechtfertigen, sich zu echauffieren, sich zu entlarven als das, was sie wirklich sind, aber gerade als Grüne nie nie sein wollen: Gewachsene. Gelegentlich wurde auch in der AL eine grüne Yuppie-Sippe gesichtet, „Forever Young" vor sich hinpfeifend.

Jugendpolitik bedeutet ugs. aber auch oft einfach Jugendhilfepolitik, sozusagen abgekürzt. JHP machen heißt ALBERTSCHWEITZERmäßig Sich-Einsetzen für Benachteiligte, Verhaltens- und Affekt-Gestörte, Straffälliggewordene, psychisch Sonderbare, Treber, Punx, Drogisten und sonstewen, Hauptsache irgendwie arm dran. Bezeichnend für die Aktionen des senioren Jugendpolitikers ist, daß selten er selbst vom Dilemma betroffen ist, sondern eher ziemlich Minderjährige. Aber Achtung, Ausnahmen: Geht es um einen Kita/Hort/Krippenplatz oder um eine Legastenietherapie für's alternative alter Ego: Für Laura oder Feliks, für Paul oder Schackeline, oder geht es um die Einrichtung, den Arbeitsplatz des Jugendhelfers, um das Projekt, wo wieder mal 30% der Staatsknete gestrichen wird oder um eine neue Rahmenkonzeption nebst Pflegesatzvereinbarungsversuch für den „Nachbarschaft hilft hebräischen Hirtenkindern e.V.", so treten viele unserer Freunde als Jugendhilfefachleute auf, obwohl sie selbst und ihre KollegInnen oder Anverwandten total betroffen sind von dato Jugend- und Familiensenators neuen Machenschaften. Typische Anlässe, die die schlaffe Flamme des alten Internationalisten, des Ikea-, La Gomera- sowie HÄAGEN&-DAZS-Sozialarbeiters, des Aktion-70-Sympathisanten (100.-DM-Spende jährlich gegen Quittung fürs Finanzamt) hell laut und heftig auflodern läßt.

Alles klar? Einfacher wird's, wenn wir schlicht unterscheiden in *Jugendhilfefritzen* auf der einen und *Jugendliche* – die sich als solche politisch artikulieren – auf der anderen Seite. Wie gezeigt werden konnte, haben die beiden Personengruppen originär nichts miteinander zu tun. Beim Anblick vieler Fritzenbiografien wird dennoch klar: auch sie waren mal jung. Aber kehren Sie bitte diese Erkenntnis nie öffentlich vor Jugendlichen in die Prophetie um „ihr werdet auch mal erwachsen" – Messergefahr! Ein grüner Jugendhilfebereich (JHB) wäre also wie wir sahen eine Ansammlung netter, psychosozial-pädagogisch verbildeter politisch denkender männlicher Mütter THERESAs, ohne Glauben an jenes höhere Wesen (Wessi-Version) oder mit (Bündnis) Bart.

II Warum es den alten Jugenhilfebereich geschafft hat und andere Fragen

Von 1980 bis 90 gab es den Bund hilfloser Helfer in der AL, den JHB. Wir bastelten an Programmatik und planten Plattformen (kommt von platt) und Positionen für öffenliche Auftritte, stark und stellvertretend für junge Sozialfälle und verdrängten von der Fast-Aktion zum Beinahe-Auftritt, daß BumBum EMRICH unsere Nr. 1 war, der Mann mit dem sozialnetzzerschmetternden Aufschlag. Als der Klopper wg. Meniscus einen Break kassierte, schrieben wir schnell eine bescheidene Broschüre und forderten alles Mögliche (wie man munkelt nicht die einzige AL-Broschüre, die nur ihre Verfasser gelesen haben).

Leider stellten direkt darauf wir wirselbst die Senatorin für Sowas, die dank ihrer eigenartigen verbindlichen Oben-Attitüde unser Programm wohlwollend entgegen nahm und uns erst in Geschmeichelt-Sein-Stimmung, dann in Hypnose und schließlich in tiefen Frust „versetzte". Das hat gewirkt! Gerade gestern (Okt. 93) schrieb mir der fiese PETER: „Schön, daß es den Jugendhilfebereich wieder gibt!" – Stinkefinger! Der neue Arbeitskreis Jugendhilfe will niemals mehr ein Bereich sein und fordert vorsorglich: Never ever wieder das Senatsjugendressort, auch wenn geschenkt und zusätzlich. Nie wieder großes Einäugigenringen aller Geschlechter um Staats- und Senatspeamtenpensionsposten. „Thron zu sein bedarf es wenig, HARMslos König, KLEINlich Queenig".

Wieder werden wir 20 wunderbare Mitglieder und noch mal 10.000 netteste WählerInnen der Psy-szene verlieren („Du, die Kitastreikkiste kann ich echt so keinstückweit mit nach außen umsetzen oder so, Du, gell"). Vor uns liegen die Mühen der Ebenen. Der neue Arbeitskreis braucht gerade Dich, Du junger Lichtblick, Du Leut mit Wut, Illusion und Ausdauer/Frauenpower. Woran wir schaffen? Gerade an einem Ausführungsgesetz gegen Krawattenbart KRÜGER (Toscana oder Treptow, das ist hier die Frage).

Was sonstige und artähnliche Parteien tun, äh, schreiben, darf nicht unerwähnt bleiben, wenn wir uns wieder etwas extra ausdenken: In ihrem 51-Seiten Grundsatzprogramm opfert z. B. die historisch mit der Jugendbewegung verwobene SPD (sie brachte ELLA KAY, ILSE REICHEL und RUDI SCHARPi hervor) *eine* Seite für Kinder und Jugendliche. Vertreten werden die bekannten Allgemeinplätze zu Ausbildung, politischer Bildung und Kitabildung. Nachdem einige der 16 ½-jährigen Hirten der früher deutschsprachigen Arbeiterpartei rote Ohren im Wiederholungsfall versprochen haben, verzichtet sie zu ihrem Glück auf den Terminus *Kids* (dt. = Bambileine!). Höhepunkt ist die Forderung über die Grenzen Europas hinaus: Junge Leute sollen „selbständig und mit allen demokratischen Rechten ihre Interessen vertreten können".

Ebenfalls 1990 – ebenfalls auf fast 50 Seiten – entwickelten die Bundes-Grünen ihr Wahlprogramm und schafften das Jugendhilferätsel in einem Dreisatz, was zeigt, daß es sich um eine besonders radikale und begabte Partei handelt: Frechweg fordern sie „Bundesmittel für den bedarfsgerechten Ausbau von Formen gesellschaftlicher Kinderbetreuung" sowie „Elternmitbestimmung über pädagogische Konzepte" – Finger weg, Kinder!

Die Berliner CDU war auch fleißig. Ein eigener KJHG-Ausführungsentwurf entspricht dem des KRÜGERsenats, für leseschwache wurde er liebevoll gekürzt und statt 20% für Jugendarbeit will die CDU 25%. Alternative überlegen, ob sie noch mehr wollen, auch wenn der Nachwuchs tendenziell undankbar wirkt: 30% für JA! und 85% für andere Jugendhilfetöpfe (KRÜGERs Reaktion auf die CDU-Bitte um 25%: im neuesten Entwurf sind nun 10% vorgesehen).

Schließlich gibt es wie ich höre immer noch Jusos in der Berliner SPD und sie wollen sich vielleicht wieder ins Gespräch bringen mit ihrem „Jugendpolitischen Sofortprogramm" von Mai 93. Warum sich Jusos – neben der Beschäftigung mit echt wichtigen Problemen wie „bezahlbarer Wohnraum" und „Berufsausbildung als Zugangsberechtigung zur Hochschule" für kleine Kindergruppen in Kitas einsetzen, wo doch TuWaKi Tom ‚Kid' KRÜGER die Notwendigkeit von 18 Küken pro Gluckkasten pädagogisch gerechtfertigt hat, das bleibt mir ein Rätsel. Früher sagte man, daß Jusos kleine Kinder fressen – heute lieben oder kriegen sie sie.

These zum Abschluß. Dem GrünBündnis rate ich persönlich lieber/besser die Markenzeichenschwerpunkte „Demo, Kratie, Verkehr, Fahrräder und Unwelt" kräftiger zu entwickeln als arg alte Allmachtsfantasien („wir sind die junge

Garde...") jugendhilfepolitikmäßig abzuwickeln. Systematisch-planmäßig läuft das sowieso nicht. „Aber die neue und rechte Gewalt!?" werden Sie mir entgegenhalten, „wollen wir HumanistInnen uns da ohne moderne Antwort blamieren?" Politisch rate ich: Nein! Wenn Sie aber dabei an Knete für US-importierte Antigewaltprogramme für/gegen Streetfighters denken – das läßt halt heiße Steine dampfen, während die Straßenwerker kurzfristig und überplanmäßig ausbrennen. (Oder Bücher schreiben.) „Und warum den AK?", werden Sie, nachdenklicher geworden, jetzt fragen ... „Hauptsache, wir werden drüber geredet haben", sprach der/die dynamische SozialarbeiterIn.

Und nun zum Schluß die Werbeeinblendung, sowie d e r Tip für geile Leute mit Langeweile: > Arbeitsgreis Jugendhilfepolitik; Teilnahme nach Lustprinzip. Zweimonatlich am vierten Dienstag ab 19.00 im Preußischen Landtag.

nicht erschienen in:
„Stachlige Argumente", 1993, weil, quod erat demonstrandum, „zu enigmatisch";

deshalb hier endlich des Rätsels leichte Lösung, in the order of their appearance:

HARMslos= Dr. GERD HARMS, Staatssekretär Jugend Berlin, Grüner.
KLEINlich queenig= ANNE KLEIN, Senatorin für Jugend und Frauen, Grüne.
PULSiert= CHRISTIAN PULS, Abgeordnetenhaus, Jugendpol., Bündnis 90,
Macha Hammabacha= MICHAEL HAMMERBACHER, Vorsitz Grüne Jugend Berlin,
BumBum EMRICH= ARMIN EMRICH, lauter Aktivist, vom Jugendhilfefall zum
  Jugendhilfeausschusschef und Dipl.-Päd.
Fieser PETER= PETER F., wohl wenig konstruktiver Bereichs-Grüner
Krawattenbart TOM ‚Kid' KRÜGER= THOMAS KRÜGER, Jugendsenator Berlin,
  nach KLEIN; trug langen Bart – die Amts-Krawatte war dadurch fast unsichtbar; posierte nackt auf'm SPD-Wahlplakat.

P.P.S.: Jugendarbeit heute in Berlin erhält *keine 7%* aus dem dem Haushalt der Jugendhilfe, und da sind schon Koordinatoren-Beamtengehälter mit eingerechnet.

Text 26

„Ach was muss man oft von blöden..."

TOM ‚Kid' * KRÜGER, der Senator, mimt im Osten den Vibrator.
Er schnappt manchen Jugendklup sich – EffDeJot muß weg da, wuppdich.
TOMs Parole: „Stand vom Wohle, daß der Osten sich in hole!"
Westen wimmert. Wöhe, wehe, wenn ich auf den LÖHE sehe!

KLAUS will viel Ballast verlieren, notfalls *Fritz* privatisieren.
Rings am Ort tun **A**lle klagen. Frau LAURIEN haßt KRÜGERs Blagen:
„Wer soll lehren nun die Jugend von der Wissenschaft, der Tugend?"
Liberale werden munter, hol'n der Jugend einen runter.

Bündnis legt noch schnell ein Ei: „Kinder brauchen Vollkornbrei!"
„Zukunft", „Future", „Jugend mit..." – Was die *ßeene* will ist Shit.
Rackericke, Rickeracke, Fakegeld für uns' Jugend – Kacke!
Unplanmäßig Mittel? Danke. Werft Beamte in die Panke!

* in einer anderen Version ‚TuWaKi' statt Kid, weil THOMAS KRÜGER die Kampagne ‚TuWaKi-Preis' (Tu was für Kinder!) der Gruppe „Kids beraten den Senator" mitgeformt hatte.

Das kreativ gecoverte Gedicht von „WILHELM FUSCH" alias m.g wurde zuerst gezeigt – untermalt von den entsprechenden Zeichnungen aus „Max und Moritz" – per Power Point anlässlich einer ganztägigen Vortragsveranstaltung zum damals neuen AG-KJHG Berlin, die m.g im vollbesetzten Saal „Haus Schweinfurthstraße" am 02.11.1994 (Wiederholungstermine folgten im Folgejahr noch zweimal) allein gestaltete.

Text 27

„Die Lage soll ruhig sein!" oder „Nieder mit NATO und Fedaijin, alle Macht dem Gaddafin!"

*Ungewöhnlicher Umzug am Sonnabend, 19.03.11,
wie immer am Kudamm. Und am Zoo. Es gab Tote.*

Aus vielen Teilen Kreuzbergs und Nordneuköllns, aus der Afrikanischen im roten Wedding (dort fungiert die Libysche als Sacksacke) sowie aus der Rigaerstraße sind sie angereist: Eine angenehme, angemeldete Demo, um das Schlimmste zu verhüten. Im Marsch Menschen mit bis zu 100% biodeutscher Migrationsgeschichte, bis auf ein paar Jemänner. Eine Demo pro GADDAFI!

Wunderschöne Fantasiekostüme säumen die Hochglanzstraße. Immer wieder stoppt der Zug, um mitgebrachte dunkelsandbraune No-Häring-Maghribzelte aufzuschlagen. In dschungelkaki geht DIRK BACH daher; nein, es sind die Gebrüder H&M BRODER; ich höre wie der eine sich fragt: „Die sind hier wofür? – Egal, wir sind dann dagegen!"

Auch Ossis bearmern den Umzug. („Ob8! 8er Reihen!"). Das Schicksal der Wüstenikone ist ihnen alles andere als urst Wurst. Die perrückte PETRA PAU (,Die Roten') trägt vermittelnd das Mahnschild „Tranquillo. Gegen Todesopfer." Die Faust in der Tasche, d'accord mit Staatspazifistinnen wie uns ANGELA. Der Hauptfeind hier ist SARKOZZI und es heißt von gewöhnlich wohl desinformierten Greisen, er beabsichtige wg. unserer La Belle CARLA PRUNI eine Übergangspräsidentin hübsch in die Wüste zu schicken. Gesichtet wird auch das CHRISTIANLE STRÖBEL, ein semimodernes Herrenstadtrad schiebend. Zählt er nur versonnen Personen, zollt er Präsenz am alternativen Ort, oder zeigt er etwa kess „Solidarität mit…"? Seine hanfumherschweifenden Haschrebellen sind auch da: „Hai sein, frei sein, Terror muss dabei sein!"

Wie gesagt, ganz glanzartige Anzüge im Umzug: viel Weiß, Lametta, Kordelmützen (Made in Deko-Bärend), teils Modelle aus der aktuellen MICHA-EDEL MACHTS-HALT-SCHE-Kollektion (©Chi-Bo), auch Geselbstes. Vereinzelt warnen paramilitante Nichtraucher vor einem Come-back der SENUSSI-Monarchie. Wohl ironisch zeigt ein Monstrant das Foto des SPD-Chefs mit der Unterschrift „SIEGMAL!".

Da wandert die BADER-BIOHOF-Bande. So viele Wegetarier waren noch nie am Damm. „Händel weg vom Araber" fordert ein Breitband-Intransparent. Ein Aufschrei, Jubel, Freudestaumel: Laut ALJAZEERO haben die arabischen Verfassungsgegner einen der ihren vom/in den Himmel geholt. Falsches Etikett am

Flieger. Pech? Tot als nichtiger Schwanenflaum? „Gewichtiger denn der Thai im Prenzl-Berg", meinen *versprengte* Maoisten. Wo bleibt denn bloß der HOHN-BANDIT? – Bei den *anderen*, heißt es; beim TAGESSPITZEL werbe er für „mehr Verständnis für Menschen die sich revolutionär befreien". Das ist umstritten; war/ist der MUAMMAR nicht ein ölig-lustiger „Schtonk"-Diktator, so einer wie weiland CHCHAPLIN? Und/oder: sind demnächst auch die Saudiere und Kuwciten dran?

Plötzlich ein Lauffeuer (?) und es schnattert und twittert total im bunten Umzug: ! Knutschist: tot. Unser Knutsch! (Aber *Es lebe Gaddafi!*). I share Gossip: nun ist unser Berlinsponsor Nr. 1 volle Kanne abgetaucht? Sehe ich da ‚Ich habe alle lieb'-Innen-Min. MIELKE? Gewährt dem Lover die Bitte: er sei in obiger Runde der Dritte. Der Demotzug, gerade nach eigenen Angaben noch *Tausende* zählend (Polizeisprecher unisono: „Genau. Die Hälfte!") spaltet sich und engagiert sich zweigeteilt. Die meisten ziehen rüber zum Zoo und eilen zur *„improvisierten Pressekonferenz des Bärenkurators"* (k e i n Scherz).

„Es lebe Lübiehn"! ruft Co-Veranstalterin Schwester HAIDER, aus Tria (oder aus Königs Wüstenhäuschen?) lauthals in die zoobesucherreduzierte Teilmenge. „Li-Bü-En" stottern zwei sirysche StudentYnnen. „Libien ginge ja auch irgendwie sozusagen im Grunde genommen", wird gemurmelt; nur bitte bitte nie wie "Lübbi", denn so heißt ja unsere gehasste globalisierte Konsensmilch.

Inzwischen im Zentralzoo: *„persönliches Abschiednehmen, Blumen und Botschaften niederlegen"* (Org.-Text *tsp*). Tränen, Trauer, Tratsch. Schwere Vorwürfe erhebt PETRA® gegen die Gefängnisleitung: Der Zusammenschluss wider Willen mit anderen Gefangenen (weißen anderer Delikt-Provenienz) habe zu eben jenem Stress geführt, der im Orientierungs- und Showlustverlust endete. P. schweigt aber verl/o/e/gen, was das eklige Araber-Dissen angeht.

Ich tagträume von einem lebensgefährlichen Lebewesen. Es liegt friedlich auf einem Mittelmeerfelsen im piwarmen Wasser, dreht sich 3x im Kreise, Krise und… Abdank. Was für ein Tod!

Derweil verbreiten westliche Nachrichter über das nördliche Gaddafrika: *„Die Lage soll ruhig sein!"* Befehl oder Rechtsqualität? „Schon morgen wird es wieder freundlicher, weil Vollmond und Musikantenstadl" – mutmaßt der MDR. GutdankKNUT: Letzterer wird (nationaler Todesfall) ausfallen.

Am Straßenrand preisen behütete Anzugmännchen superschöne (ungestempelte) Briefmarken aus Lybien an („die letzen in kompletten Sätzen") sowie bereits abgestempelte KNUTe; Winterschluss ist nicht nur Eisbärs ENDE.

Eine Arbeit für die „Wahrheit" – Teil der taz – März 2011. *Sie prüfte, lehnte aber ab, weil, und befand, dass keine (also nicht nur e i n e) Geschichte erzählt wurde. Stimmt.*

VI BUCHREZENSIONEN

Text 28

MELZER, WOLFGANG, WILFRIED SCHUBARTH und FRANK EHNINGER: „Gewaltprävention und Schulentwicklung"

Der Dresdener Schulpädagogikprofessor MELZER, sein wissenschaftlicher Mitarbeiter EHNINGER sowie der Pädagogikprofessor SCHUBARTH (Potsdam, früher Greifswald) berichten insbesondere über zehn eigene Untersuchungen auf dem Gebiet der Gewaltforschung; praxisbezogen werden Empfehlungen für Präventionsmodelle gegeben, ebenso eine Anleitung für die Umsetzung von Schulentwicklungsprozessen.

Schließlich schlagen sie Implementierungsstrategien vor: die systematische Verknüpfung von Schulentwicklung und Gewaltpräventionsarbeit. Zwingend fordern sie *erstens* die *Arbeitsziele* präzise zu fassen und *zweitens* die *Arbeitseffektivität* genau zu überprüfen. Für die in Schulen einzusetzende *Steuergruppe* ist Diskussionszeit bereitzustellen. Voraussetzung und Ziel gleichermaßen in diesem Netzkonzept ist die *verantwortliche Einzelschule*!

Auf diesem Hintergrund bemühen sich die Autoren um ein entwickeltes Gesamtmodell bzw. 3-Ebenen-Modell entsprechend dem sozialökologischen Ansatz (Individuum/Institution/Gesellschaft). Beleuchtet werden vor allem die Sozialisation, die Entwicklung sowie die biophysischen und personalen Voraussetzungen. Im Hinblick auf die *Erklärung von Gewaltverhalten* werden Ursachen gesucht in der Familie, der Schule, in den Peer groups und im Selbst der Betroffenen. Im Zentrum des Schemas zur Gewalterklärung steht die – hier von Schülern ausgeübte – *Gewaltemergenz*. D. h. es wird geprüft, auf welcher Ebene und in welcher Qualität Gewalt erscheint.

Das Modell mag in dieser dichten Zusammenfassung recht soziologistisch erscheinen – es wird aber in den facettenreichen Texten, über die vielen Beispiele aus eigener und fremder Forschung immer wieder anschaulich belegt. Das Buch zeigt eine enorme Vielfalt von Zugängen, es ist geschickt und motivierend gegliedert, es enthält u. a. konkrete Tipps zur Gewaltprävention und eine Sammlung von ca. 30 besonders empfehlenswerten Programmen/Konzepten. Viele Flussdiagramme sowie einige Karikaturen erleichtern die Lektüre.

(Nur) zwei der sechs Kapitel werden mit Resümees abgeschlossen, (nur) zwei mit Anregungsaufgaben bzw. Zielfragen zur Lektüre und Diskussion. Es gibt einen Analyse- und einen Handlungsteil. Während neben zahlreichen Originaltexten und Aufsätzen auch die einschlägigen BKA-Studien zum Thema zur Kenntnis genommen wurden, fehlt die Berücksichtigung des 1. Periodischen Sicherheitsberichts und die Einbeziehung relevanter Artikel aus dem *forum kriminalprävention*. Auch wurden die sieben Studien der Arbeitsstelle für Kinder- und Jugendkriminalität des DJI nicht herangezogen – vermutlich, weil für die Autoren der spezifische Focus „Schule" dominierte. Sie berufen sich im Wesentlichen auf Arbeiten von H. G. Holtappels, H.-G. Rolff, H.-D. Schwindt, P. Dalin und H. Fend. PISA- und Shell-Studien wurden selbstverständlich ausgewertet.

Zusammenfassend sind die Autoren der Ansicht, dass Schule als tagtägliche Sozialisationsinstanz für *alle* der beste Ort für gelingende Gewaltpräventionsarbeit ist. Qualität von Schule und Unterricht müssen zunehmen; Wissensvermittlung *und* Förderung sozial-affektiver Kompetenz sind nicht durch typisch deutschen Leistungsdruck, sondern durch *Unterstützung* der Schüler zu erreichen.

Dieses hervorragend strukturierte Lehr- und Handbuch sollte in Hochschulen verbreitet sein und allen Lehrerkollegien zur Verfügung stehen. Es ist ein absolutes Muss für Präventionsagenten im Feld Schule.

Zuerst erschienen in: forum Kriminalprävention Heft 3, 2005
Wiederabdruck in: Jugendhilfe 46, Heft 3, 2008

Text 29

PORTMANN, ROSEMARIE: „Brutal daneben"
Ratgeber Gewaltprävention für Schule und Jugendarbeit

Auf 140 Seiten breitet PORTMANN ihren Praxisratgeber aus; elf zu kopierende Arbeitsblätter helfen bei der unmittelbaren Umsetzung der Vorhaben im Unterricht. Der Titel ist wohl der beliebten Fernsehsendung „genial daneben" entlehnt. Vor dem umfangreichen Praxisteil mit vielen Übungen zur Sozialkompetenzförderung, vor den kenntnisreichen Tipps zur Verbesserung des Schulklimas und zur Motivation von Lerngruppen im Hinblick auf Gewaltprävention steht die Theorie. Gut verständlich und auch ausführlich differenzierend befasst sich PORTMANN mit Gewalt generell, mit Gefährdungsfaktoren sowie mit der (Medien-) Position, dass Gewalt zunimmt. Abgedruckt wird auch die wichtige Liste „Motive für Gewalt" aus dem in einer älteren fk-Ausgabe rezensierten Buch von MELZER, WOLFGANG, WILFRIED SCHUBARTH und FRANK EHNINGER „Gewaltprävention und Schulentwicklung".

Darüber hinaus gibt es wichtige Hinweise zur Frage der Migration, der rassistischen und der extremistischen Gewalt. Ein solches Buch gehört trotz der recht teuren 20 € in die Hand eines jeden Schul-Präventions-Akteurs, wg. der vielen Stärken und der wenigen Schwächen, die nun auch erwähnt werden sollen:

- so spricht die Autorin fast immer von „Maßnahmen", wenn die Leistungen der Jugendhilfe gemeint sind; diese verordnet aber (außer bei Ausbildungsprojekten, bei der Inobhutnahme und der Herausnahme) seit vielen Jahren nicht Maßnahmen, sondern stellt den Anspruchsberechtigten Angebote der erzieherischen Hilfen zur Verfügung.
- statt ‚Rollenspiele' zu empfehlen, (deren unprofessioneller Einsatz m. E. nicht selten nach hinten losgeht), sollte sie besser von ‚pädagogischen Rollenspielen' sprechen.
- ihr Rollenspielbeispiel, der ‚Heiße Stuhl', wird reduziert definiert und beschrieben.
- die Massaker von Erfurt und Emsdetten und das geplante von Köln werden schief ‚Amokläufe' genannt.
- die Analyse der rückläufigen Raufunfälle an Schulen stammt nicht von PFEIFFER, sondern von der Unfallkasse.
- auf drei Seiten erfahren wir, was ‚Täter-Opfer-Ausgleich (TOA)' ist; die wohl ebenso wichtige ‚Diversion' wird aber nicht erwähnt.

- kleinlich betrachtet wurde der Plural von ‚Buddy' wieder mal in ‚Denglisch' gebildet (viel schlimmer: in einem Artikel von/für Streetworker in einer anderen Fachzeitschrift las ich kürzlich über „Tacks und Graffitis" während eine Kollegin die Dinger „takes" nannte – unsere Schulen lehren aber doch ab Klasse 3, spätestens ab Klasse 5 Englisch).
- warum schreibt die Autorin immer „Paragraf" statt „§" ?
- Erkenntnisse durch das Drucken von grün auf hellgrün (auf der Lay-Out-Ebene) gewinnt man nicht, eher umgekehrt.
- den Anhang „Im Internet" sähe ich gern ergänzt durch www.schulische-praevention.de, www.kriminalpraevention.de und www.berlin.de/sen/bwf/ bildung/hilfeundpraevention/gewaltpraevention/handlungsempfehlungen.

Zurück zum Positiven. Demokratiepädagogik mit Zielen wie Toleranz und Zivilcourage ist wohl die entscheidende Orientierung der Schulpsychologin ROSEMARIE PORTMANN. So verstehe ich den Absatz über den ‚VICTOR-KLEMPERER-Jugendwettbewerb' keineswegs als eine kleine Schleichwerbung mitten im Inhaltstext, sondern an dieser Stelle richtungsweisend als Ausdruck des auch dringend nötigen politischen Engagements.

Erschienen in: Jugendhilfe 46, Heft 3, 2008

Text 30

ULRIKE HINRICHS: „ZuRecht finden"
Lexikon und Rechtsratgeber für Jugendliche

Wer hilft Minderjährigen Opfern, wer Beschuldigten bei der Auseinandersetzung mit Eltern, Polizei, Justiz und Jugendamt? Pädagogische Fachkräfte und Juristen im Feld der Jugendsozialarbeit machen sich zunehmend Gedanken über Möglichkeiten, an junge Menschen heran zu kommen mit dem Vorhaben, ihnen ihre Rechte, ihre Pflichten und die Folgen von Delinquenz veranschaulichen zu können. Dahinter steckt nicht selten die Prognose, Rechtskunde gebildete Minderjährige (ohne einschlägige Karriere, Gefährdete sowie Delinquenten) mieden danach eher Konflikte oder Straftaten in Kenntnis der Konsequenzen. Außerdem könnten Opfer (tatsächliche und potenzielle) zielstrebig aus der Bedrohung treten. Somit wäre diese Strategie Teil aktiver Gewaltprävention - situativ wie generell. Das ist der Ansatz der Cottbusser Richterin SIGRUN VON HASSELN, und bei ULRIKE HINRICHS Lexikon schimmert Ähnliches durch.

Eine Reihe weiterer Autoren, siehe Liste am Ende dieses Textes, versuchen sich ebenfalls engagiert als Ratgeber und Interessenvertreter der jungen Generation, werden aber, und das ist das Dilemma, von den objektiv Betroffenen nicht zur Kenntnis genommen. Anwälte werden oft erst aufgesucht, wenn es brennt, zur ‚Verhütung des Schlimmsten' und dann wird es aber richtig kostspielig. In der Not gelangen Eltern und ihr beschuldigter Nachwuchs eben nicht bei den guten Jugendrechtsberatern, sondern bei geschäftstüchtig werbenden Strafverteidigern.

Folgende Arbeitsansätze in dieser Literaturnische sind populär: Es werden in Abständen Bücher und Broschüren in jugendgemäßer Optik herausgebracht. Außerdem beobachten wir Versuch, Rechtskundeunterricht zu vermitteln über spezifische „Pakete". Orte der Belehrung können Jugendfreizeitstätten oder Schulen sein bzw. explizite „Jugendrechtshäuser" und über Angebote wie „Anwälte gehen in die Schule", so auch vom SPI in Berlin, das auch die Sammlung „Infoblätter" quasi als Periodikum herausgibt. Des Weiteren wurden eine Zeit lang spezifische, interessenvertretende Konzept-Jugendberatungsstellen betrieben, im günstigsten Fall mit professioneller Rechtsberatung im Schlepptau; die meisten wurden wegen mangelhafter gesetzlicher Fundierung im SGB VIII (vgl. § 11 (2) 6.) als teure ‚Kann-Betriebe' wieder geschlossen..

Zurück zur Rezension: 2009 erschien der Text „ZuRecht finden". Die Autorin beteiligt sich als Rechtsberaterin für Jugendliche des ‚Berliner Anwaltsvereins' (im Problem-Bezirk: Mitte). Hinrichs gliedert ihr Buch in 22 Abschnitte, und das sind die Buchstaben des Alphabets. Sie erfasst insgesamt 168 Stichworte – für ein Lexikon nicht gerade viele. Damit ist ein Schwachpunkt des Textes erfasst: HINRICHS reiht Wörter wie „Festnahmerecht", „Untreue", „Pinkeln in der Öffentlichkeit" oder „Handyleihe" alphabetisch ein, obwohl sie eigentlich niemand dort suchen würde. So ist es nötig, das Buch von A-Z durchzulesen, um auf Themen und Inhalte zu stoßen, die für den Einzelnen persönlich relevant sind. Jedem Stichwort ist eine (künstliche) Frage, ein Beispiel, voran gestellt, immer in Du-Form. Das macht das Buch leicht lesbar und hilft den Jugendlichen, einen Kontext herzustellen. Lay-Out, große Buchstaben und Zeichnungen machen die Vorlage auch zu einer jugendgerechten Angelegenheit. Es entstehen dadurch aber 280 „aufgelockerte" Seiten, was ins Portemonnaie schlägt: 20 € sind für die avisierten 12-20-Jährigen einfach zu teuer. Also ist es doch ein Produkt für Schlüsselpersonen, Jugendgerichtshilfe, andere Sozialpädagogen, Präventionspolizisten, Krisenteams an Schulen und viele andere Agenten der Kriminalprävention.

Jugendliche kritisierten am Text, dass sich allein 25 Begriffe mit Drogen befassen. Dadurch entstehen Doppelungen und Redundanzen. Viele der Drogen lernt man hier erst kennen durch die Darbietung im Text. Ältere Schüler loben andererseits ein übersichtliches Lay-Out und viele wichtige „Kästchen", in denen Gesetze ganz konkret gezeigt und/oder erklärt werden. Hinrichs suggeriert, Kinder und Jugendliche hätten tatsächlich und ohne Mühe sehr viele Rechtsansprüche, z.B. dem Jugendamt oder auch der ermittelnden Polizei gegenüber, versäumt aber aus meiner Sicht, die hohen Hürden in der Praxis mit aufzuzeichnen (Jugendämter unter Kostendruck bei den Hilfen zur Erziehung, Polizei geht gradlinig und konsequent vor und nutzt hervorgehobene Rolle im Kontext des Legalitätsprinzips), die unüberwindlich sind, wenn man ohne Person des Vertrauens in den Clinch geht. Ein Beispiel macht wohl deutlich, wie HINRICHS ansetzt: Der Schwangerschaftskonflikt wird ausführlich beschrieben. Dann heißt es bei der Autorin, »Bei jugendlichen Mädchen ab dem 16. Lebensjahr kann man in der Regel annehmen, dass sie ohne Einwilligung der Eltern über einen Abbruch entscheiden können«. »Kann man in der Regel annehmen« ist Sozialarbeit, nicht Juristerei, mit klaren Rechtsgrundlagen, die an dieser Textstelle leider nicht nachgewiesen werden. Jugendliche (und Ärzte!), die sich nach diesen Zeilen verhalten würden, wären rechtlich nicht abgesichert.

Es gibt bedauerlicherweise keine Verweise auf andere Initiativen oder andere konkurrierende Literatur. Tatsächlich kann man im Feld der juristischen Jugenderater nicht wirklich von Konkurrenz- Aktivitäten sprechen, sondern von sich örtlich bemühenden Fachkräften, die mit viel ehrenamtlicher Arbeit und großen Schwierigkeiten versuchen, wirkungsvolle Netzwerke aufzubauen. Kooperationen finden multiprofessionell in Präventionsräten und anderswo statt. Polizei, Justiz, Schule und Jugendhilfe wissen: Erfolge in Richtung Zurückdränger der Delinquenz und dezimieren der Rückfälle benötigen Zusammenarbeit. So bemühen sich neben engagierten Rechtsanwälten wie Hinrichs auch andere bekannte Initiativen um Minderjährige in Rechtsnot: Das SPI, Clearingstelle Jugendhilfe/ Polizei z. B. hat über 50 seiner „Infoblätter" als „Umsichten"-Ratgebersammlung (früher nur als Downloads, heute auch gedruckt) herausgegeben. Die „Kinderrechte" – ‚Starterpack' der „National Coalition für die Umsetzung der Kinderrechtskonvention" – sind ebenfalls in 2010 heraus gekommen: fünf einschlägige Broschüren und weiteres beachtenswertes Material *zur Sache*. Der ‚Berliner Rechtshilfefonds Jugendhilfe' hat vor wenigen Jahren seine Arbeit aufgenommen, um junge Menschen und Familien, denen Jugendhilfe-Rechtsansprüche vorenthalten werden, zu beraten und bei Aussicht auf Erfolg gerichtlich zu vertreten. Ein ähnliches Projekt, „Habakuk", arbeitet in Stuttgart. Diese und insgesamt 10 andere Träger aus NRW, Bremen, Bayern, Sachsen-Anhalt, haben sich zusammengeschlossen in der „Netzwerkstelle Ombudschaft Jugendhilfe". Da Hinrichs die bereits vorliegende Literatur zum Thema ignoriert (es gibt weder ein Literaturverzeichnis noch Adressen von Anlaufstellen oder Hinweise auf die zentrale Bundeskonferenz Erziehungsberatung (BKE)-Jugendberatung-Online, möchte ich abschließend auf verschiedene andere Texte aus den letzten 11 Jahren verweisen:

- BAGLJÄ/IGFH (Hrsg) : „Rechte haben - Recht kriegen", Weinheim 2003
- BMJ (HRSG.): „Ich habe Rechte", Berlin 2004
- GÜNTHER, MANFRED: „Fast alles, was Jugendlichen Recht ist", Berlin 2003
- STADTJUGENDRING MAINZ : „Recht So", Eigenverlag 2009
- TERPITZ, WERNER u. JOCHEN TERPITZ : „Rechte der Jugendlichen von A – Z", München 2000
- VON HASSELN, SIGRUN : „Jugendrechtsberater – Geld – Familie – Schule – Freizeit", München 2006

Erschienen in: Jugendhilfe 48, H 5, 2010 und in forum kriminalprävention 1/2011

Text 31

Kunkel, Peter-Christian: „Jugendhilferecht"
Systematische Darstellung für Studium und Beruf. 2010

Kunkels 480-Seiten-Werk erscheint in der 6. Auflage 2010. Die 5. aus 2006 sowie die 3. aus 1999, als es noch „Grundlagen des Jugendhilferechts" hieß, lagen mir zum Vergleich vor. Für Volljuristen, Jura-Studenten und Referendare wohl nur bei spezieller Schwerpunktsetzung interessant ist das vorliegende Buch zum Jugendhilferecht vor allem für Verwaltungsfachkräfte, Freie-Träger-Dienste und Studierende der psychosozialen Arbeit sehr nützlich und vielleicht unumgänglich. Es ist in seiner Diktion klar, eindeutig und verständlich – auch für Nichtjuristen.

Der Autor ist Professor an der Hochschule für öffentliche Verwaltung Kehl und war früher u. a. im Landesjugendamt Rheinland-Pfalz tätig. Dem entsprechend stellt er auch das Jugendhilferecht zum einen von der rechtlich-theoretischen Seite, andererseits von der praktischen Arbeitsseite her dar. Das Buch beginnt mit einer kurzen Einführung zur *Entwicklung* des Jugendhilferechts. Es folgt ein Kapitel zu den *Grundsätzen* des Jugendhilferechts, in dem insbesondere das Rangverhältnis von Jugendhilfe und den Leistungen nach dem SGB II und SGB III thematisiert werden. Anschließend behandelt der Autor die Tätigkeitsfelder der Jugendhilfe von der Förderung in der Familie über Tageseinrichtungen bis zu Aspekten der Pflege und Vormundschaft. Im Hauptteil folgt dem Kapitel „Die Organisation der Jugendhilfe" das Kapitel „Verfahren" nebst Datenschutz, und zum Schluss kommen „Die Kosten".

Im Anhang, der 40 % des Buches ausmacht, finden sich neben *Lernzielkontrolle mit Lösungen* zahlreiche Übersichten und Prüfschemata sowie Rechtsquellen, Muster und Verwaltungsvorschriften. Besonders umfangreich fällt das *Glossar* in Nomenklaturform aus – eine Stärke des Textes, denn so ermöglicht er uns rasches, inhaltlich exakt zugeordnetes Finden.

Gewöhnungsbedürftig ist das Schriftbild der eingefügten Tabellen und Übersichten. Zum einen ist die Schriftart sehr uneinheitlich, zum anderen sind die Übersichten zuweilen zu klein gedruckt. Dies trifft insbesondere auf eingescannte Dokumente zu wie z.B. den Muster eines Pflegekindervertrages (S. 373 ff). Ausklappbare Doppelseiten würden Abhilfe schaffen. Schöne, einprägsame Übersichten bringt das Buch auch in Fülle, z.B. „Aufgaben der Jugendgerichtshilfe" (S. 197).

Mir sind wieder wie 2006 einige Tabellen aufgefallen, die so gar nicht auf die DIN-A-5-Seiten passen. Spalten werden zu schmal, Hinweise werden mehrzeilig grotesk getrennt („gilt nicht wg. § 1 Abs. 4 BDSG i.V.m. § 61 Abs. 2 SGB VIII" finden wir in einer schmalen Spalte in **neun** Zeilen wieder!). Schaubilder wie „Tätigkeitsfelder der Jugendhilfe" (S. 103) oder „§§ 16-21" (S. 107) bzw. „Örtliche Zuständigkeit" (S. 256-258) sind leider nur mit der Lupe zu erfassen. Diese Kritikpunkte (auch das Einrücken von Textteilen in ohnehin schmalen Spalten) sind aber primär den Layoutern des Verlags vorzutragen.

Begrifflich erfahren wir anfangs korrekt „SGB VIII = Art. 1 KJHG" (S. 21). Wenig später stolpert diese „Einordnung": „Das KJHG wurde als Achtes Buch in das Sozialgesetzbuch (SGB VIII) eingeordnet" (S. 29). Nun würden Erzieher kirre: War es nicht gerade noch umgekehrt? – Ach so, KUNKEL meint hier genau genommen *die Kinder- und Jugendhilfegesetzgebung* – und nicht das KJHG, das ja als Artikelgesetz *größer* als das SGB VIII ist, das ganz vorn in ihm steckt...

Zur Politischen Ausrichtung der „systematischen Darstellung" stellte bereits 2008 die Rezensentin KLEINEMANNS fest: „*Im Übrigen stößt der Leser auf Passagen, die mit der Darstellung des Rechts rein gar nichts mehr zu tun haben, sondern politische Ansichten des Autors darstellen. Insbesondere fällt dies im Abschnitt über die Tagesbetreuung für Kleinkinder auf, der sehr stark an das Modell „Hausfrau und Mutter" erinnert. Die Zielgruppe dieses Buches wird aus ihm ihren Nutzen ziehen und sonstige Passagen mit dem nötigen Sachverstand kritisch hinterfragen.*"

Zu viel des Subjektiven habe auch ich an manchen Stellen vorgefunden, so KUNKELs Auslassung über die „bürokratische Sprachpädagogik", „Migrationshintergrund" angeblich an Stelle von „Ausländer" zu setzen. (vgl. S. 86, Anm. 55). PETER-CHRISTIAN KUNKEL müsste den Unterschied kennen, polemisiert also. Wir wissen, dass sich andere deutsche Systemiker des Jugendhilferechts in ihren Einführungen und Kommentaren ebenfalls fachpolitisch positionieren; wenn man so will, zeigen uns vergleichbare Texte von MÜNDER, OBERLOSKAMP oder WIESNER eine eher gesellschaftskritische Sichtweise.

Erschienen in Jugendhilfe 49, Heft 1, 2011

Text 32

ULRICH STASCHEIT (Hrsg.): Gesetze für Sozialberufe - Textsammlung

Seit etwa 20 Jahren erhält man von dem emeritierten Frankfurter Sozialrechtsprofessor STASCHEIT regelmäßig, mindestens in 18-Monats-Abstand, alle Gesetzte, die *wir* ggf. benötigen. Zur Zielgruppe zähle ich Mitarbeiter der gesamten psychosozialen Versorgung, insb. Jugendhilfe sowie Fachhochschulen und Universitäten. Es geht auch und gerade um Fachkräfte, die eine gewisse Gesetzesphobie pflegen. Sie bekommen ganz praktisch alles Erdenkliche in nur einem Paket!

Das Werk ist auf dünnstem Papier gedruckt, umfängliche 2663 Seiten stark und wiegt 1,6 kg. Und es wächst jährlich! Die faktisch 19. Auflage heißt plötzlich „1. Auflage" und bringt die »Gesetze für Sozialberufe« auf den Stand vom 25.08.2011. Neu aufgenommen wurden:

- ✓ Hartz-IV-Reform
- ✓ Bundesfreiwilligengesetz
- ✓ relevante arbeitsrechtliche Gesetze

Aus Platzgründen musste auf die umfangreichen Tarifverträge für den öffentlichen Dienst verzichtet werden. Diese sind unter online unter www.gew.de/Tarif verträge im Wortlaut auf jeweils neuestem Stand zu finden.

Wer die aktuellen Rechtsgrundlagen beim Studium und auf den vielfältigen Arbeitsfeldern der Jugend-, Familien und Gesundheitsversorgung sucht, braucht eine Gesetzessammlung, die alle Vorschriften schnell zugänglich macht.

Die Sammlung enthält 122 Gesetze und Verordnungen. Akribisch besorgt uns Stascheit gewaltige Bündel von relevanten, einschlägigen Gesetzen in Papierform. Das ist m.E. *nicht* altmodisch: Zwar haben viele der rechtlich engagierten Fachkräfte das Internet entdeckt und ‚laden herunter', suchen ‚pdf-Dateien' auf Bundesebene und über die Landesministerien, tragen diese auch zusammen, aber drucken sich in der Regel doch die Texte dann auch aus. Nun - der dicke Block des Nomos-Verlags ist im Vergleich preisgünstiger, selbst wenn man *nur* die Papier- und (Laser)Druckertinte-Kosten rechnet, ohne die Arbeitszeit der Sekretärin fürs Fotokopieren. Diese Buchform wird sich also halten, anders als die *Loseblatt-Sammlungen* an Gesetzen, bei denen oft schon nur eine der z. B. *vierteljährlichen Nachlieferungen genau so teuer ist wie der vorliegende Sammelband.*

Weil *inhaltlich* schwer rezensierbar (Scherz), schauen wir nicht in den Text, sondern ins Inhaltsverzeichnis: Es ist zu umfassend und lang, um hier ganz abgedruckt zu werden. Aufgeführt werden 122 Gesetze und Ordnungen, davon in 40 Fällen nur Auszüge daraus, die nicht mehr in 24 Kapitelblöcken, sondern streng alphabetisch gezeigt werden. Logisch, dass man es auch hätte anders gliedern können, denn Juristen haben keine einheitliches Klassifikationssysteme für die drei großen Bereiche Privatrecht, Strafrecht und Öffentliches Recht.

In meinen Augen fehlt nichts, aber das ist natürlich Ansichtssache! Als ich vor etwa 15 Jahren vor dem Werk saß und das BTMG vermisste, habe ich STASCHEIT angerufen. Er sagte eine kritische Prüfung zu. Ein Jahr später waren die Betäubungsmittel aufgenommen. Auch die Düsseldorfer Tabelle, die man in anderen Sammlungen immer vermisst (Empfehlungen) steht in aktueller Fassung bereit.

Kritisiert wird von Nutzern hin und wieder, dass das Papier *zu* dünn ist. Der zweite Kritikpunkt ist, dass dort etwas fehlt, wo der Autor Gesetze wie das BGB *gekürzt* hat. Eine Alternative wäre eine 2-bändige, erweiterte Ausgabe mit etwa je 1600 Seiten, aber die Kosten würden dann auch deutlich ansteigen. In diesem Jahr kostet das Werk ab Hausverlag Nomos nur 19,90 statt 27, ein Grund dafür wurde nicht angegeben.

P.S. Andere Dienste und Organisationen haben „den STASCHEIT" schon früher gelobt; Der ‚Berliner Flüchtlingsrat' 2008: „Die Auswahl ist bestens zu gebrauchen, denn sie enthält tatsächlich alle für die soziale Beratung relevanten Gesetze und Verordnungen." Und der ‚Rechtsdienst der Lebenshilfe' meinte 2007: „Er lässt keine Wünsche offen. Ein konkurrenzlos günstiges Angebot für alle Praktiker der Anwendung des Sozialrechts sowie für die Lehre und Ausbildung."

Erschienen in: Jugendhilfe 49, Heft 1, 2011

Text 33

ANDREAS MÜLLER: „Schluss mit der Sozialromatik! Ein Jugendrichter zieht Bilanz"
(in Zusammenarbeit mit CARSTEN TERGAST)

MÜLLER, Richter in Bernau bei Berlin, ist der interessierten Fachöffentlichkeit im Feld Jugendjustiz seit Jahren wohlbekannt. Durch Talkshow-Auftritte im seriösen TV kennen ihn außerdem Millionen Mitmenschen.

Sein druckfrisches Buch, erschienen am 10. September 2013 unmittelbar nach einem Auftritt sonntags bei GÜNTHER JAUCH/ARD, kommt daher als wilde Mischung aus Autobiografie, KIRSTEN HEISIG-Verehrung, DVJJ- und CHRISTIAN PFEIFFER-Schelte und einer Handvoll guter, auf jeden Fall gut gemeinter Vorschläge zur Verbesserung des deutschen Jugendgerichtsrechts. Des Weiteren erinnern Passagen an den Stil des erfolgreichen Dichterjuristen FERDINAND VON SCHIRACH und an den Text von HEINZ BUSCHKOWSKY (nein, Neukölln ist *nicht* überall, wohl aber von Bernau aus gut wahrzunehmen). Mit pseudostatistisch belegter THILO SARRAZIN-Polemik hat das alles zum Glück nichts zu tun. Und ein ‚Richter Gnadenlos', ein Rechtsbeuger wie der Rechte RONALD SCHILL ist unser ANDREAS MÜLLER mitnichten. Um es zusammenzufassen: MÜLLER ist anstrengend, aber sympathisch; er begründet keine „neue Rechte" im Gerichtswesen, sondern bemüht sich, auf der Basis eben seiner Erfahrungen vernünftig und konsequent den neuen Herausforderungen der Jugenddelinquenz zu begegnen.

Macher MÜLLER ist nicht zu hart, er war nicht zu mild, er ist nicht wild und nicht arrogant; allerdings ein wenig zu selbstgerecht, in einigen Fragen etwas naiv und im Übrigen recht widersprüchlich. Die Widersprüchlichkeit zieht sich auch durch den Text. Ursache ist meines Erachtens sein bedauernswerter Versuch, zwei fragwürdige zentrale Kategorien zu bilden, um diese umgehend holzhammermäßig zu zerschlagen: Es geht um seine Gegenüberstellung einer angeblich existierenden *linken* sowie einer *rechten Sozialromantik* – Pseudokategorien oder gesellschaftliche Syndrome einer so pseudopsychologisch diffamierten deutschen Justiz, die entscheidend sind für die Rechtfertigung des marktschreierischen Buchtitels.

Zum Buch: Ich glaube, es ist gar keins. Zwar wird ein Buch definiert als ein gebundener, unabhängig herausgegebener zusammenhängender Text mit mehr als 49 Seiten. MÜLLER nebst Co-Autor haben etwa 235 Seiten abgeliefert, aber der kritische Leser findet im roten Flexi-Cover mehrere ganz unterschiedliche Text-Arten vor, die z. T. unverbunden sind, er findet zahlreiche Wiederholungen vor, so das mantrahaft wiederholte Bekenntnis, ein Anhänger/Freund/Weggefährte/Bewunderer KIRSTEN HEISIGs zu sein sowie umfänglich vorangestellte und später wortgleich eingefügte Privatangelegenheiten, für die vorab nicht unbedingt 25 Seiten nötig gewesen wären, denn zusammenfassend sagen sie uns (mit seinen Worten): Vater soff, Bruder kiffte.

Normalerweise glätten Co-Autoren solche unsystematischen, aufgeregten Einlassungen eines noch übenden Autors; hier aber versagt der genannte CARSTEN TERGAST; es ist nicht zu erkennen, welchen Beitrag er geleistet hat beim Aufzeichnen von MÜLLERs merkwürdigen Manuskripten. TERGAST, ein 40-jähriger ehemaliger Buchhändler, ist ein M. A. der Literaturwissenschaften und heute freier Journalist sowie Autor mit dem Schwerpunkt Ghostwriting, der monografisch immerhin auch ein Buch selbst (über HORST LICHTER) auf den Markt gebracht hat.

Ein weiteres Beispiel für Chaos in Lektorat und Verlag: Die wichtigen MÜLLER-Themen wie Schnelligkeit, Generalprävention und Erziehungsrichter werden plötzlich unterbrochen von einem auch interessanten Kapitel, in dem sich der Autor auf einmal leidenschaftlich für die Freigabe von Cannabis einsetzt (S. 155-170). Das ist ein wichtiger eigenständiger Beitrag, wie ihn z.B. die Zeitschrift *Jugendhilfe* gut und gern präsentieren könnte. Aber ANDREAS MÜLLER packt auch das in seine jugendrichterliche Bilanz – mit dem vielleicht positiven Effekt, dass die ihm bis dato zugeneigte Lesergruppe der Spießer nun (*wie im Rausch*) von ihm eins aufs dumpfe Haupt kriegt.

Das Buch hat 18 Kapitel. Nach der Ausbreitung der Familiensaga folgt die Beschreibung eines interessanten, frühen Verfahrens in Frankfurt/Oder, das er meistern musste. Es geht dann chronologisch weiter: die für ihn unerträgliche Arbeit in Strausberg wird beschrieben und dann der als Glück empfundene Wechsel nach Bernau (alles noch zunächst in Abordnung aus Münster/NRW), wo er in den letzten 16 Jahren wirkte.

Wie ein Exkurs erscheint mir seine Polemik gegen Statistiken. MÜLLER führt aus, dass der in Statistiken behauptete Rückgang der Jugendkriminalität zu Nachlässigkeit im Umgang mit derselben führe. Viel provokativer und witziger finde ich da die Position in einem Aufsatz eines NRW-Polizei-Kriminologen der forderte, das Personal der Polizei zu reduzieren, damit die Justiz das auch alles bearbeiten kann, was ermittelt wird...

Im Folgenden beginnt die Auseinandersetzung mit den Inhalten, mit dem Alltag, mit Notwendigkeiten, mit Fällen, die die Probleme anschaulich machen sollen sowie mit strukturell ansetzenden Forderungen. Bevor und während ANDREAS MÜLLER seine vier wichtigen Themen entwickelt, müssen wir allerdings seine Einlassungen zum Thema *Sozialromantik* ertragen. Die behauptete *rechte Sozialromantik* scheint mir ein völliger Schmarren zu sein; es erfolgt an keiner Stelle auch nur der Versuch einer plausiblen, beispielhaften Erklärung. Spekulation: Offenbar will MÜLLER sich selbst heute in der politisch ungefährlichen ‚Mitte der Guten' positionieren. Denn nachdem er 2002 einmal für die PDS kandidiert hatte, hat er mit Sicherheit mittelgroße Angst, nach der heftigen Kritik an von ihm unterstellter *linker Sozialromatik* nun in die entgegengesetzte *rechte,* national-autoritäre Schublade gesteckt zu werden. Ich unterstelle, ANDREAS MÜLLER (52) möchte mit dieser massenkompatiblen Kategorie wohl den Alt-68ern eins auswischen, weil diese bezüglich einiger Jugendrechtsfragen (in Umkehrung der damals herrschenden Lehrmeinung) radikal sozialpädagogische Orientierung und täterakzeptierende Gutmütigkeit keilförmig in die Justiz trieben.

Während weitere Buchkapitel eindrucksvoll an Fallbeispielen seine unorthodoxe Praxis vorführen und Menschen wie ich vor Neid erröten, weil der Kleinstadtrichter in Hirtenfunktion so konsequent seine Schäfchen hütet, nehme ich später skeptisch zur Kenntnis, dass sich der mutige Praktiker nun übermütig mit der Theorie, der Forschung und einem Bundes-Fachverband anlegt. Möge doch ein jeder in je jenem Metier glänzen, das er/sie meistert. Aber ANDREAS MÜLLER ist besessen von der Idee, die Deutsche Vereinigung für Jugendgerichte und Jugendgerichtshilfen und CHRISTIAN PFEIFFER seien eine unrühmliche Seilschaft zur Desinformation der Nichtjuristen-Bevölkerung sowie des eigenen Nachwuchses, also der Jugendgerichts-Agenten aller Art.

Seit 1990 finden Polizei und Justiz andere Tatvorwürfe vor als früher in Deutschland. Es geht um brutalste „unfaire" Gewalt, um junge Rechtsradikale und um Straftäter mit Migrationshintergrund, die nicht selten aus Bürgerkriegsgebieten stammen, heute aber als Kinder mafiöser arabischer Clans intensiv und dreist Delinquenz zelebrieren. Es geht um Einfach-, Mehrfach-, Wiederholungs- oder Intensivtäter, für die aber inzwischen differenziertere Justizangebote vorliegen als noch vor 20 Jahren: Clearing, Täter-Opfer-Ausgleich, Warnschuss-Arrest, Jugendhilfe als U-Haft-Vermeidung, Anti-Gewalt-Trainings und andere. Ob das alles ausreicht, ist strittig. Den Leiter der Kriminologischen Forschungsstelle Niedersachsen in Hannover und ehemaligen SPD-Landesjustizminister reduziert er ein wenig auf dessen preisgekröntes Dissertationswissen aus dem Jahr 1984 und grenzt sich ab vom damaligen Forschungsergebnis, dass Freiheitsentzug eher zu Rückfällen führe als erzieherische Weisungen. Müller schwankt: damals sei die Erkenntnis womöglich korrekt gewesen, heute aber falsch, kontraproduktiv und *sozialromantisch*. Eine der Konsequenzen, die Diversion (Opfer-Täter-Mediation ohne Staatsanwaltschaft) lehnt MÜLLER aber ab; er hat die DVJJ verlassen, weil diese dem Guru PFEIFFER hörig sei. Als Beleg zeigt er auf, dass KFN und DVJJ eine gemeinsame Adresse in Hannover besitzen. Es entsteht im Folgenden etwas wie eine Verschwörungstheorie: die Protagonisten bundesdeutscher Jugendjustiz-Diskussion steckten unter einer Decke und ihr wichtigstes Ansinnen sei, Durchblicker wie HEISIG oder MÜLLER zu desavouieren. Dabei hat CHRISTIAN PFEIFFER neben seinen anerkannten Studien immer wieder selbst für Irritationen unter mit ihm sympathisierenden Kollegen gesorgt, weil er bisweilen seltsame Rückschlüsse zog („Töpfchen-PFEIFFER"), Schnellschüsse abgab, die er bereute (Einsatz in Sebnitz, der nicht verstanden wurde (Rolle des Katholizismus im Emsland im Kontext Jugendgewalt) oder unvermittelt die Offene Jugendarbeit ablehnte.

Die spannenden strittigen Themen sind die von MÜLLER geforderte Orientierung auf Generalprävention, auf den Erziehungsrichter, auf fließende, stufenfreie Zeiten in Arrest- und Jugendstrafe-Zeiten sowie scheinbar auf das Thema „schnelle Prozesse". Letzteres ist aber gänzlich unstrittig, mir ist niemand bekannt, der langsame oder späte Entscheidungen wünscht – sie passieren und werden gerechtfertigt mit Arbeitsüberlastung, die auch die „Guten" zermürbt.

Auch das *Neuköllner Modell zur besseren und schnelleren Verfolgung von jugendlichen Straftätern* ist nicht strittig. Schade, dass MÜLLER nicht einmal den Miterfinder STEPHAN KUPERION in diesem Zusammenhang hervorhebt, denn zu sehr ist er bemüht, *alle* guten Ideen der verstorbenen Frau HEISIG zuzuordnen. KUPERION wird aber immerhin (mit HEISIG und MÜLLER) auf der einzigen Foto-Illustration des Buches gezeigt.

Tote sollte man nicht tadeln. Zu KIRSTEN HEISIG, der Jugendrichterin, die etwa 3 Jahre in Berlin-Neukölln gearbeitet hat und die sich wohl in Folge einer endogenen Depression 2010 umbrachte, möchte ich nur anmerken, dass es – vielleicht anders als bei MÜLLER – Diskrepanzen zwischen Sein und Schein gibt. Nehmen wir ihre oft zitierten Veranstaltungen im Neuköllner Rathaus, anberaumt für die Eltern von insbesondere arabischstämmigen Migrantenkindern, in denen die Richterin diesen frontal ins Stammbuch reden wollte. Die zahlreich erschienene Presse berichtete, vergaß aber zu erwähnen, wer dort eigentlich (neben ihr) saß, nämlich vor allem interessierte Sozialpädagogen sowie Funktionäre und Oberhäupter der sogenannten Communities insbesondere türkischer Provenienz. Im letzten Kapitel wird alles Inhaltliche noch einmal auf 24 Seiten zusammengefasst – natürlich nicht ohne vielfaches Lob in Richtung KIRSTEN HEISIG.

Die DVJJ hat kürzlich fachöffentlich Stellung bezogen zum Buch, weil sie schließlich ebendort massiv vorgeführt worden ist. In deren Namen merkt THERESIA HÖYNCK an, (vor allem angesichts der Behauptung MÜLLERs, den *linken Sozialromantikern* käme es auf das eine oder andere zusätzliche Opfer nicht an): Diese Bemerkung sei unerträglich, denn man setze sich für Zurückhaltung bei stationären Sanktionen ein, *weil* dies dem Opferschutz diene. Generalpräventive Effekte seien sehr wohl erwünscht, so HÖYNCK, aber Vorrang habe natürlich die Spezialprävention. Deutlich abgrenzen muss sich die Hochschullehrerin in der Frage des von MÜLLER erträumten umfassend zuständigen Erziehungsrichters. Sie hält dies zwar aus Laiensicht für plausibel, fachlich aber für unsinnig. Die justizielle Macht sei – auch im Interesse des Kinderschutzes und der Jugendhilfe – beschränkt. Der Erziehungsrichter sei eine absolute Erhöhung der Möglichkeiten der Justiz. „Das angedeutete Bild des strengen, aber guten Vaters, der seine Schützlinge auf Kurs hält, verkennt die komplexen Ursachen von Kriminalität". Schließlich betont die DVJJ-Kurzgutachterin, dass man sich im Übrigen völlig einig sei in den Fragen „Zeit für Prävention sowie bessere Vernetzung für Jugendrichter".

Inzwischen hat auch PFEIFFER auf das Buch reagiert und nennt es „Gruselliteratur" – verständlich angesichts des frisch-wilden Durcheinanders, das den fachlich beleckten Leser nicht selten den Kopf schütteln lässt.

Fazit. MÜLLERs große Leistung besteht vor allem darin, weiter zu erinnern an die Notwendigkeit schneller Verfahren, egal ob für Jugendliche oder Erwachsene und in der Fokussierung der Opfer, die nicht selten unbeachtet, diskreditiert, traumatisiert „wie Täter" dastehen. Ich mag das Buch nicht, wohl aber ANDREAS MÜLLER. In meinen Augen ist er ein netter Kerl, ein Guter. Seine Unmittelbarkeit beeindruckt, sein Mut, sein unbürokratisches Verhalten, seine Moral und Nachhaltigkeit. Wir benötigen in Deutschland überall, ob in Frankfurt an der Oder oder in Frankfurt am Main, dringend mehr von diesen ‚Überzeugungstätern'. Sie sind Sand im Getriebe und sauberes Gewissen zugleich. Nicht jeder muss in der engagierten berufsständischen Vereinigung wirken; manche Menschen bestehen nur als Einzelkämpfer, die dann, logisch, auch portionierte Selbstgerechtigkeit raus lassen. „Der Kettenraucher", so sagt die ZEIT, „nimmt seinen Job ernst. Er brennt für seine Aufgabe." Und der Streit bzw. die Diskussionen zwischen DVJJ-Funktionären wie HÖYNCK, Forschern wie PFEIFFER und Praktikern wie MÜLLER werden ja unter Einbeziehung der Politik Auswirkungen haben und fruchtbar sein.

Wenn wir im rezensierten Text Sätze lesen wie „Ich bin per Gesetz der oberste Erzieher in meinem Kiez" oder „Ich hatte ihn für zwei Jahre in den Knast gesteckt; einige Zeit, nachdem er wieder draußen war, lud er mich zu seinem Geburtstag ein und bedankte sich" gibt es für den Rezensenten keinen Zweifel mehr: Der wahre Sozialromantiker ist ANDREAS MÜLLER selbst.

Literatur
Die Zeit: Der Abschrecker, 10. Oktober 2013; S 2
DVJJ/THERESIA HÖYNCK: Anmerkungen zum Buch von ANDREAS MÜLLER „Schluss mit der Sozialromantik", 4 S., DVJJ Nürnberg, 14. September 2013
www.wikipedia.org: KIRSTEN HEISIG; aufgerufen am 27. Oktober 2014

Erschienen in: Jugendhilfe 51, Heft 6, 2013

Text 34

LANGER, INGHARD und LANGER, STEFAN:
„Jugendliche begleiten und beraten"

Um es vorweg zu nehmen: Das Vater&Sohn-Buch weckt die Erwartung, dass es sich systematisch und vertieft mit der Frage der schwierigen, weil altersgruppenabhängigen Beratung, Orientierung und Entwicklungsförderung (im Vorfeld von Psychotherapien) bei Jugendlichen, also 14-18-Jährigen, und im erweiterten Sinn bei 13- bis 21-Jährigen befasst.

Tatsächlich finden wir ein Methodenbuch vor, das umfänglich das Arsenal an Techniken von ROGERS und SATIR vorstellt.

Es ist trotzdem ein gutes, strukturiertes und mit Schautafeln operierendes Werk, das Anfängern in der Jugendarbeit/Jugendberatung/Jugendhilfe wertvolle Instrumente in die Hand gibt. Aber diese bleiben wie gesagt beschränkt auf den Ansatz der Gesprächsführung bzw. der *nichtdirektiven* Verfahren, die sich aus für mich nicht nachvollziehbaren Gründen traditionell als *humanistische* etikettieren.

Bei den Autoren handelt es sich um den Hamburger Psychologie-Professor INGHARD LANGER und um seinen Sohn STEFAN LANGER, einem Sozialpädagogen, der in einer *Praxis für interpersonale Beratung* tätig ist.

Der Text liefert 132 Seiten netto, dazu eine differenzierende Gliederung, ein kleines Literaturverzeichnis und ein ausführliches, hilfreiches Sachregister. Die vier Fallbeispiele am Ende sind komprimiert gehalten. Die ca. zehn Abbildungen bzw. Tabellen lockern den Text auf und in einem Fall versuchen sich die Autoren mit naiv wirkender Handarbeit.

Ich selbst habe über 18 lange Jahre hinweg eine Konzeptjugendberatungsstelle entwickelt und allein in dieser Berufsphase rund 4500 „Fälle", also junge Menschen beraten. Der Konzeptkern bestand aus dem Paradigma „Orientierungshilfe und Entwicklungsbegleitung *statt* Therapie", wie es vor mir bereits GLUNTZ u.a. auf den Weg gebracht hatten. Gesprächsführungstechniken im engeren Sinn führten nicht unbedingt weiter. Die meisten Jugendlichen kannten bereits andere psychosoziale Profis – sei es aus Heimen, Gefängnissen, Freizeitstätten oder aus dem Jugendamt. Damit waren ihnen Herangehensweisen bekannt und sie konnten auch ein wenig mit ihren Beratern „spielen". Bei uns zeigte sich, dass die organische Verknüpfung mit Rechtsberatung das Eis hat brechen helfen. Natürlich haben wir auch von ROGERS profitiert, insbesondere mit dem verbindlichen Einsatz von Empathie und Authentizität. Pädagogische Rollenspiele konnten die

Prozesse gelegentlich vorantreiben, konfrontative Methoden wurden selten und vorsichtig gesetzt. Anders als in der Jugendarbeit haben sich unsere BeraterInnen im Setting bemüht, Kumpelhaftigkeit zu vermeiden.

Das Buch bemüht sich, eine Fülle von Aspekten der Pubertät zu zeigen. Anwendungsbeispiel und Rekurse auf Einzelschicksale machen das anschaulich. Dass Kinder durch Kontaktabbrüche zu Straßenkindern werden (es wird bezogen auf Hamburg von 50 gesprochen) halte ich aber für eine Sommerlegende, bezogen auf *Jugendliche*.

Bei der Analyse sozialpädagogischer Probleme im letzten Kapitel wird ein Text des Autors MICHAEL WINKLER aus 1988 herangezogen – die zitierte Literatur im Gesamttext könnte *aktueller* sein. Der theoretische Ansatz selbst erscheint mir hilfreich und interessant: Über ausgebreitete drei Dimensionen des „sozialpädagogischen Problems" wird Handlungskompetenz gefördert – dabei handelt es sich eben um den Ansatz von WINKLER, nicht um das von LANGER und LANGER:

- Mangel an Aneignungsobjekten (führt zu materieller Armut)
- Aneignungsobjekte müssen selbst gesucht werden (bewirkt Orientierungsarmut)
- misslungene Aneignung falscher Realitäten (Verwahrlosungstendenzen tauchen auf)

Die Autoren verfolgen also ein Aneignungskonzept und sehen die zentrale Aufgabe der Sozialpädagogik darin, Klienten Handlungsmöglichkeiten zu vermitteln und sie zur Fortführung adäquater Aneignung zu motivieren. Berater haben herauszufinden, ob sich die problematischen Reaktionen ihrer (jugendlichen) Klienten durch psychische, sozialpädagogische oder Beziehungs-Probleme fehlstrukturiert haben.

Erreichen wollen sie mit ihren Methoden, dass die Klientel infolge der sozialpädagogisch fundierten Begleitung wieder positives Selbstwerterleben und ein Lebensgefühl „Ich bin" erreicht. Zur Schreibweise im Text ist kritisch anzumerken, dass das KJHG, ein altes Artikelgesetz aus dem Jahre 1990, im Text durchgängig mit dem SGB VIII (die Rechtsgrundlage, mit der wir tagtäglich arbeiten) verwechselt wird. Etwas peinlich ist auch, dass die dort im Gesetzeskern gezeigten „Erzieherischen Hilfen" (Angebote und Leistungen) für „Maßnahmen" gehalten werden. Rechtsgrundlagen sind offenbar nicht die Stärke der Autoren, denn sie verzichten auch auf einen Diskurs zur Frage, ob so geartete Jugendberatung im Kontext von § 11, 13 oder 28 des SGB VIII zu entwickeln ist.

Zuerst erschienen in: Trialog 14, 2013; Wiederabdruck in: Jugendhilfe 52. Jg., H 4/2014

Text 35

RUDOLF BIEKER: „Soziale Arbeit studieren"
Perfekt: ‚Der Leitfaden für wissenschaftliches Arbeiten und Studienorganisation'

Nur widerwillig wagen sich Studierende an Texte heran die vorgeben, ihnen entwickelte Hilfen für das Studieren *an und für sich* zu liefern. Während manche (häufig Männer) in der Szene davon ausgehen, das alles doch ohnehin gut im Griff zu haben, beklagen andere, dass solche Lehrbücher über das Lernen oft nur Teilaspekte der verschiedenartigen Probleme behandeln, die auf motivierte Hochschulanfänger zukommen. Schließlich geht es um *Metaliteratur*, die nichts Inhaltliches bringt, sondern wenn überhaupt Aspekte, Gedanken und Suggestionen zu „Lernen leicht gemacht".

Aber RUDOLF BIEKER bietet mehr. Der prächtige Text mit dem schlichten Titel „Soziale Arbeit studieren" untertreibt: Was der Autor auf 250 Seiten zeigt, ist viel mehr und geht auch über das Feld der Sozialen Arbeit weit hinaus – ob Lehramt, Psychologie, Erziehungswissenschaften und Soziologie, ob Gesundheits- oder Religionswissenschaften, Kulturmanagement, Linguistik oder Literaturwissenschaften – dieses verständliche und konkrete Lehrbuch aus der Reihe „Soziale Arbeit Grundwissen" hilft dem wissenschaftlichen Nachwuchs *diverser* Disziplinen. Je nach Interessenlage kann sich der Studierende an gut abgegrenzte Kapitel halten wie:

- Klausuren und mündliche Prüfungen bewältigen
- Seminarvorträge halten
- Schriftliche Arbeiten erstellen (darunter fällt auch Planung, Themenklärung, Literaturauswertung, Gliederung, Manuskripterstellung, Zitieren, Layout und Schlusskorrektur)
- Wissenschaftliches Arbeiten im Studium *und*
- Soziale Arbeit studieren

Zur Überraschung des Rezensenten, der mit drei abgeschlossenen Studiengängen und hohem Alter nicht unerfahren an diese Sache gegangen ist. schließt das Buch mit einer für ihn/mich neuartigen Technik ab im Kapitel

- Studieren mit Portefolios.

Es wäre ein Leichtes für den Professor (Lehrgebiet: Theorie und Strukturen sozialer Dienste/Sozialverwaltung) aus Mönchengladbach gewesen hier ganz affirmativ, quasi positivistisch eine angesagte Methode zu skizzieren, denn kluge Beurteilungskriterien hätten mir in diesem Kontext gar nicht vorgelegen; aber Fehlanzeige! BIEKER stellt das Portefolio zwar positiv, aber recht kritisch und bisweilen distanziert vor, denn evaluiert ist das ganze wohl noch nicht und die Apologeten versprechen mehr als sie halten können. Über diesen besonderen Ansatz hinaus empfiehlt BIEKER dann - ebenfalls nicht bedingungslos – übrigens das Fertigen von „Lerntagebüchern".

Ich habe mich bei der verhältnismäßig spannenden Lektüre auch daran gemacht, Antworten auf ganz spezielle und im Umgang mit meinen Studenten immer wieder auftauchende Fragen beim Fachmann zu finden und siehe da, im Stichwortverzeichnis (und natürlich entsprechend im Text) wurde ich ausnahmslos fündig:

Arbeiten mit Sekundärquellen, Lexika, Wikipedia und Suchmaschinen, europäisches Fußnoten- und US-amerikanisches Zitieren nach Haward, Rechtsquellen sowie Fachzeitschriftenartikel, selbstverantwortetes Lernen, Lernkartei, Exposé und Exzerpt, Plagiat und Power Point, Datenbanken, Projektstudium und Prüfungsangst, „Ich", „Wir" oder stilistisch „der Verfasser" – das und vieles mehr wird verständlich, nicht zu kurz und nicht zu lang, einfühlsam sowie sachgerecht vorgestellt.

Besonders gefreut habe ich mich über den Abschnitt *Gruppenarbeit*, denn die 3-4-köpfige Studiengruppe halte ich (schon seit meinem Arbeitslehre/Wirtschaft-Studium an der PH Berlin 1975) für *das* herausragende Instrument zur erfolgreichen Bewältigung einer Hochschule, und da *dieses* Lehrbuch etwas teuer geraten ist, könnte ein Studienkollektiv auch vorteilhaft *gemeinsam* beim Kauf „zuschlagen"...

Weil es sich bei dem rezensierten Text um die 2. Auflage handelt, dürfen wir davon ausgehen, dass Ungenauigkeiten oder Fehler bzw. missverständliche Äußerungen inzwischen fast vollends den Text verlassen haben; aber nicht alle Stichwörter finden wir auf der angegebenen Seite; so etwas verrutscht schon mal. Das Glossar erscheint mir dünn und willkürlich. Auch hätte das Werk einen stabileren Einband verdient. Die 5 Anlagen sind von unterschiedlicher Qualität: hervorragend die Positionen zu „Aufführung der Quellen im Literaturverzeichnis", überflüssig (an dieser Stelle) die Kommaregeln.

Wenn ich reflektiere, welche damals so hypermodernen Instrumente mir meine Ruhr-Uni-Bochum vor fast 50 Jahren in eigenständigen Methodenseminaren für Anfänger angeboten hat, so denke ich an die SQ3R (Methode zum Lesen und Exzerpieren von wissenschaftlichen Texten) und an *Programmiertes* Lernen (wir Psychologen mussten ein programmiertes Lehrbuch kaufen, dass aus Lay-Outer-Sicht nur aus Kästen und farblich unterlegten Lern-, Frage-, Aussage- und Feedbacksätzen („natürlich" in englischer Sprache) bestand und in dem jedes Kapitel abschloss mit *Zielfragen zur Lektüre und zur Diskussion)*." Diese Art der Operationalisierung von (wichtigen, lesenswerten) Inhalten ist wohl heute in den Sozialwissenschaften ziemlich „out". Mit *Multiple Choice* kriegt man keinen Bachelor, sondern unter guten Umständen eine Million (allerdings spielen altmodische Karteikarten, A6, A5 oder A7, systematisch gelocht für die Stricknadel oder nicht, trotz PC und I-Mac weiterhin eine wichtige Rolle). Mit den von RUDOLF BIEKER vorgestellten Techniken und Methoden ist, und da möchte ich einen kleinen Gesamtrückblick wagen, wohl wirklich ein praxistauglicher großer Wurf zum damals wie heute *leidvollen* Komplex ‚Studienorganisation' gelungen.

Erschienen in: Jugendhilte 52. Jg., 6/2014

Text 36

MICHAEL MACSENAERE, KLAUS ESSER, ECKHART KNAB, STEPHAN HILLER (Hrsg.): „Handbuch der Hilfen zur Erziehung"

Ein neues HzE-Handbuch, umfänglich und widersprüchlich

Vorweg: Wer auf 624 Seiten 107 Autorinnen und Autoren in 92 Aufsätzen zu Wort kommen lässt, liefert auch zahlreiche aktuelle und sehr brauchbare Beiträge zur Diskussion der EzH in Deutschland seit dem nun 25 Jahre alten SGB VIII; als Anspruch wird formuliert, den aktuellen Status Quo der ganzen Bandbreite der Erzieherischen Hilfen darzustellen und obwohl alle vier Herausgeber dem katholischen Umfeld entstammen, schlägt sich dies ideologisch nicht in den Artikeln nieder. Vielleicht wäre weniger mehr gewesen, denn manchmal steht das Ziel im Weg.

Das Buch ist umfänglich gegliedert in acht große Teile: Einführung, Juristische Perspektive; Hilfearten, Gewährungsgrundlagen; Akteure; Politik, Verwaltung; (Sozial-) Pädagogische Ansätze; Interdisziplinäre Kooperationen; Organisation, Struktur sowie Lehre, Forschung. Wer das alles bewältigen will, muss a) Erfahrung haben b) das Gesetz kennen und c) schreiben können...

So zählen zu den Autoren auch einige europaweit Prominente wie WIESNER, MARTIN H. SCHMID, RÜCKER, RAUSCHENBACH, ULRIKE und FRANZ PETERMANN, HINTE, BERNZEN und ARTICUS. Sie zeigen im Sammelband solide Einschätzungen, an dieser Stelle aber nicht neue, originäre Texte. Sogar die »Privat-Gewerblichen« kommen zu Wort. Nur ein Beitrag muss mit »Thema verfehlt« zurückgewiesen werden, das ist der sach- und fachfremde Aufsatz »Aufgaben der ZWST in der Erziehungshilfe«, denn die Zentralwohlfahrtsstelle zeigt gar keine Leistungen in diesem Handbuch-Focus. Beschrieben wird vielmehr die interne Jugendarbeit, also Vereinsangebote – offenbar sogar außerhalb des § 11 SGB VIII (Eine Nachfrage bei der Pressestelle ergab auch nur, dass die Vereinigung der Juden in Deutschland eingeladen worden waren, einen Beitrag abzuliefern).

Der IB – obgleich beim Paritäter – kommt gesondert zu Wort. Waren die Herausgeber hier mehr als politisch korrekt, zeigten sie im Umgang mit dem Osten wenig Gnade: kein einziger Beitrag entstand in den fünf neuen Ländern, die nun auch nicht mehr so neu sind, kein Beitrag von Projekten der Volkssolidarität oder z.B. des Humanistischen Verbandes in Ost-Berlin. Dabei hat doch die Ex-DDR das SGB VIII im Rückblick sogar drei Monate länger als Rechtsgrundlage!

Zu den besonders gelungen Artikeln gehört der von PETRA WINKELMANN zu den gemeinsamen Wohnformen für Mütter/Väter und Kinder, der von CLAUDIA

BUSCHMANN zum Staatlichen Wächteramt, auch PLUTO/VON SANTEN zur Sozialen Gruppenarbeit und der von NORBERT BECK zu § 35a. Herausragend nach meinem Dafürhalten ist BRINGEWATs Text zu den Gewährungsgrundlagen. Hier diskutiert ein Autor und hat Thesen. Leider endet der Artikel abrupt – er wurde wohl gekürzt. Auch GÜNDERs Beitrag zu § 34 ist zu kurz geraten angesichts der herausragenden Bedeutung des Gegenstands. CAROLA KUHLMANNs Einlassungen zur Jugendhilfe seit 1945 ist schwer zu bewerten, da sie – wie ich bereits angedeutet habe – scheinbar weder die DDR noch die neuen Länder im (fernen?) Osten kennt – grotesk. ROBERT SAUTER kümmert sich nur oberflächlich um die Beschreibung der »17 Landesjugendämter«. Wer nachzählt, wird sehen: so viele haben wir gar nicht, obwohl es doch zwei sind in NRW! Da wüssten doch die jungen Leserinnen, warum das so ist und wohin der Zug fährt...

Was mir fehlt, neben der kurzen Beschreibung des § 42, Herausnahme, ist die kritische Darstellung der §§ 8a und 8b sowie eine Auseinandersetzung um heutige Praxis der neuen »Insoweit erfahrenden Fachkraft Kinderschutz« (wird nur kurz bei Nitsch zu § 28 erwähnt). Wenig praxisbezogen ist der Beitrag von Thomas Heckner zu »Erziehungshilfe und Schule«; angesichts der alles in allem nicht ausreichenden Zusammenarbeit von Verschmelzung zu sprechen ist gewagt. Hier und an anderen Stellen hätte ich auch erwartet, dass einmal klare Worte zum Dilemma »Föderalismus in Deutschland« gesagt worden wären, denn das ist enorm relevant in Fragen von Schule/Bildung und von Polizei/Inneres, die schließlich auch pädagogische Angebote abliefern. Über den guten Beitrag von BIRGITTA GAHLEITNER zu Resilienz hinaus wünschte ich mir Beiträge zu den Gelingensbedingungen von positiver Sozialisation (Autoren wären z. B. EISENHARDT oder SCHEITHAUER) und Beiträge zur Gewaltprävention mittels Hilfen zur Erziehung (beispielhafte Programme, und/oder LÜDER vom DJI als Kritiker; im Buch wird nur HEIM OMER gezeigt, warum?). Die höchst komplizierte Materie »§13 i.V.m. §27« bleibt unerwähnt.

Technisch war ich nicht amüsiert über die Arbeit des Lektorats und der Fahnensichter: Auf den Seiten 231-234 wird ein nicht existieren – des SGB XIII (also: dreizehn!) vorgestellt, sowohl in der Kopfzeile als auch im Text. Niemandem ist aufgefallen, dass Jugendhilfeplanung zwar keine Erzieherische Hilfe ist, aber trotzdem Teil unseres SGB VIII. Eine Redaktion hat auch nicht in dem Sinn stattgefunden, dass eine Vereinheitlichung der Sprechweise erfolgt wäre. So geht es begrifflich durcheinander, häufig wird von »Maßnahmen« gesprochen (krass bei PLANKENSTEINER), die keine sind, sondern wie es das Gesetz will: Hilfen, Aufgaben und Leistungen, also Angebote. Ebenso häufig wird ein »KJHG« herangezogen, das schon seit 1990, spätestens seit 1996 keine Bedeutung mehr hat; schließlich wollte das Artikelgesetz nur das SGB VIII präsentieren. WINKELMANN (wurde gekürzt?), ZERFAß, PLAßMEINER und BERNZEN verzichten auf Literaturlisten und zitieren umständlich »europäisch«. DÖRNHOFF arbeitet gar nicht mit Literatur oder

Internet. Ob das Wort Klärungsbedarfe (WALKENHORST) eine Existenzberechtigung hat, wage ich zu bezweifeln, ebenso die Wortfindung »Managerialismus«, gefunden bei MATZNER/MUNSCH. Mir reichen da schon die strapazierte »Ambulantisierung« sowie »(Re)Subjektivierung«. In der langen Liste der Autorinnen bleibt manchmal unklar, ob die Personen hauptberuflich an der Hochschule zugange sind oder doch eher in einer Rechtsanwaltskanzlei.

Fazit
Da das Handbuch zu jedem der Leistungsparagrafen nacheinander einen Beitrag zeigt, ist es sehr gut geeignet für Studierende und Praktiker, die genau jene Aufgaben zu erledigen haben: Analyse der Strukturen und Akteure einerseits, andererseits der Praxisfelder, beispielhaft und vorbildlich im Hinblick auf alle einzelnen Erzieherischen Hilfen.

Erschienen in: Jugendhilfe 53, Heft 2 - 2015

Text 37

SCHLEGEL/VOELSKE (GHrsg.): „Juris Praxiskommentar"
darin: LUTHE, ERNST-WILHELM u. NELLISSEN, GABRIELE:
„SGB VIII - Kinder- und Jugendhilfe"

Der gänzlich neue, nun erstmals erschienene Text behandelt alle SGB VIII-Paragrafen ausführlich, geht auch auf entfallene Paragrafen ein wie z. B. *Herausnahme* gem. § 43 (alt) und berücksichtigt die neuesten Änderungen des SGB VIII insbesondere durch das *Kinder- und Jugendhilfeverwaltungsvereinfachungsgesetz* vom 29. August 2013 sowie durch Art. 5 des *Gesetzes zur Reform der elterlichen Sorge nicht mit einander verheirateter Eltern* vom 16. April 2013. Ein weiterer Schwerpunkt sind die Änderungen durch das *Kinderförderungsgesetz*, die mit Wirkung vom 1. August 2013 in Kraft getreten sind.

Praktisch erscheint mir, dass im Anschluss an die Kommentierung des § 8a SGB VIII das KKG, *Gesetz zur Kooperation und Information im Kinderschutz*, eingefügt und erläutert wird. Im Anhang des Kommentars finden wir die *Kostenbeitragsverordnung* Stand: 12/2013, die auf den § 75 SGB VIII bezogenen *Grundsätze für die Anerkennung von Trägern der freien Jugendhilfe* sowie Auszüge aus dem BGB, i. e. §§ 1626 (14 wichtige Paragrafen aus dem Bereich der §§ 1626-1851, aber, merkwürdig, ohne den § 1631a), dem FAmFG (zwölf Paragrafen aus dem Feld der §§ 155-213, etwas willkürlich), acht Paragrafen aus dem JGG (aber ohne § 105, dieser auch relevante fehlt, schade), und dem AdvermiG (abgedruckt werden die §§ 4, 5, 9, 10, 11 und 13). Anders als das KKG werden diese Anhang-Bestimmungen nicht kommentiert.

Der Text wird abgeschlossen durch ein 15-Seiten Stichwortverzeichnis. Sehr beachtenswert und somit Referenz für zukünftige Veröffentlichungen ist in meinen Augen die direkte Anbindung einer E-Book-Leselizens und des Online-Zugangs zum Text. An der Abfassung waren 19 Bearbeiter/innen beteiligt. Aus meiner Sicht hervorzuheben sind die Passagen zu den *Erzieherischen Hilfen* gem. §§ 27-35, um die sich die Mitherausgeberin NELLISSEN selbst engagiert gekümmert hat. LUTHE kommentierte den Anfang, nämlich die §§ 1, 3, 4, 5, 7 und 10. HILDEGUND SÜNDERHAUF kommentierte die sicher auch wichtigen §§ 16-21, PETER SCHRUTH die §§ 11-15 und 50 – der darin enthaltene § 13 *Jugendsozialarbeit* ist in meinen Augen eine besondere Herausforderung! MELANIE KÄßLER ist die Autorin zu den aktuell sehr angesagten Kinderschutzpositionen; sie kommentiert die §§ 8a und 8b, das KKG sowie die §§ 72a, 82 und 83.

Auch der Beitrag der KATHARINA VON KOPPENFELS-SPIES beinhaltet mächtige Herausforderungen, denn sie kümmerte sich um die umstrittenen §§ 35a (Eingliederungshilfe für seelisch Behinderte Kinder und Jugendliche) ff bis zum § 41 (Hilfe für junge Volljährige, Nachbetreuung). Die in § 42 beschriebene *Inobhutnahme* hätte auch mit der §§ 8a/8b-Kommentierung verknüpft werden können; im LUTHE/NELLISEN wird sie aber von GUIDO KIRCHHOFF erfasst, der sich auch um die §§ 61–65 sowie um § 68 kümmert.

Die Liste der durchweg engagierten Bearbeiter/innen soll hier komplettiert werden: es sind des weiteren HANS-MARTIN BREGGER, ANGELA BUSSE (zu den §§ 43–49, – nicht die wie im Verzeichnis fehlerhaft angekündigt zu §§ 37–49), FRANK EGER, TOBIAS FRÖSCHLE, HERMANN HEUßNER, KLAUS KROME, BURKHARD LANGE, JÖRG REINHARD, STEPHAN RIXEN, EGBERT SCHNEIDER, KLAUS STREICHSBIER und KERSTIN TELSCHER.

Eine Bewertung des über 1600 Seiten starken Dokuments steht mir nicht zu. Bei der Auswahl aus den aktuell lieferbaren SGB VIII-Kommentaren werden Käufer auf den Umfang achten (ein solches Werk bieten sehr viel und hat seinen Preis) und auf die hier mitarbeitenden Autoren; sie konkurrieren mit „dem Münder", der immer als progressiv galt, „dem Kunkel", einem eher konservativen, was aber beides beim Konflikt mit dem Jugendamt weder fachlich noch taktisch weiterhilft. Weit verbreitet ist heute vor allem WIESNER, der „Kronzeuge", denn wer beteiligt war an der Ausformulierung vieler Postionen des damals, 1990, neuen Gesetzes, muss schließlich wissen, wie es gemeint war und ist. WALTER SCHELLHORN, Non plus ultra, was das BSHG/SGB XII angeht, wird in der Jugendhilfe weniger herangezogen und die diversen Loseblattsammlungen (früher sehr kompetent und verbreitet: KRUG/GRÜNER/DALICHAU sowie HAUCK u. a.) haben an Terrain verloren, weil nicht das Basiswerk, wohl aber die Nachlieferungen vielen Dienststellen viel zu kostspielig geworden sind.

Ich schließe meine kurzen Eindrücke zum vorliegenden Text ab mit einer wohl vollständigen Liste der aktuell käuflichen SGB VIII-Kommentare, damit sich alle kritischen Leser/innen der „Jugendhilfe", mit mehr oder weniger Geld im Haushalt für Fachliteratur, selbst eine Vorstellung von diesem Marktsegment und der Konkurrenten machen können. Das soll bitte die inhaltlich auf zwei Zeitschriftenseiten unmögliche Rezension der unterschiedlichsten, sorgfältig zusammengestellten Einschätzungen und Texte im LUTHE/NELLISSEN kompensieren.

Andere Kommentare zum SGB VIII mit Überarbeitungen nach 2012; Texte älteren Datums werden an dieser Stelle nicht gezeigt, weil viele wesentliche Änderungen (so die §§ 8a, 8b, Einführung des KKB, der neue § 36a) dort noch keine Berücksichtigung hätten finden können:

I Aktuelle Auflagen von Fachbüchern
- „WIESNER SGB VIII – Kinder- und Jugendhilfe. Kommentar"; 5., überarbeitete Auflage Oktober 2015. 2085 S. München; ISBN 978-3-406-66634-6. 90 €
- „Frankfurter Kommentar zum SGB VIII: Kinder- und Jugendhilfe": MÜNDER/MEYSEN/TRENCZEK (Hrsg.); 7. Auflage, Baden-Baden 2013. 959 S.; ISBN 978-3-8329-7561-6. 60,00 €
- „Sozialgesetzbuch VIII, Kinder- und Jugendhilfe: Lehr- und Praxiskommentar": KUNKEL (Hrsg.); 5. Auflage, Baden-Baden 2014. 1311 S. ISBN 978-3-8487-0798-0. 98 €
- „SGB VIII, Kinder- und Jugendhilfe – Kommentar": SCHELLHORN/ FISCHER/MANN/SCHELLHORN/KERN (Hrsg.); 4. Auflage, Köln 2016; 900 S. ISBN 978-3-472-07977-4. 68 €
- „Kommentar zum Sozialrecht: SGB I bis SGB XII, SGG, BAföG, BEEG, Kindergeld (EStG), UnterhaltsvorschussG, WoGG": KNICKREHM/ KREIKEBOHM/WALTERMANN (Hrsg.); 4. Auflage München 2015. 3143 S. ISBN 978-3-406-65698-9. 229 €

II Loseblatt-Texte
- JANS/HAPPE/SAUBIER/MAAS: „Kinder- und Jugendhilferecht – Kommentar"; Stand: 52. EL 2015. Stuttgart; 250 €
- FIESELER/SCHLEICHER/BUSCH/WABNITZ (Hrsg.): „GK-SGB VIII – Kinder- und Jugendhilferecht, Gemeinschaftskommentar zum SGB VIII"; Grundwerk mit 61. EL 2015. 4200 S; Luchterhand, ISBN 978-3-472-03165-9. 198 €
- KRUG und RIEHLE (Hrsg.): „SGB VIII Kinder- und Jugendhilfe – Kommentar"; Luchterhand. 167. EL 2015. 298 €
- JAHN: „Sozialgesetzbuch (SGB) für die Praxis"; 12 Ringbuch-Bände, 272. EL. 2015; 14000 S.; darunter der Band von Jung: „VIII Kinder- und Jugendhilfe – Kommentar"; Freiburg. 298,53 €
- HAUCK / NOFTZ / STÄHR: „Sozialgesetzbuch (SGB) VIII: Kinder- und Jugendhilfe"; 3616 S.; letzte EL März 2016. 184 €

Zuerst erschienen in: Jugendhilfe Heft 2, 2015; Wiederabdruck in: Trialog 17, 2016

Text 38

SCHÄFER, CHRISTA: „Die partizipative Schule"
Mit innovativen Konzepten zur demokratischen Schulkultur

Hintergrund

Gegenstand des Buches ist die Frage, wie Schule noch mehr zum Ort für demokratische Teilhabe werden kann durch Verbesserung von Bildungs- und Partizipationsangeboten. Vorbildlich wird eine Online-Ausgabe hinzugefügt. Teilweise erscheint der Text als semiprogrammiertes Lehrbuch. Die verschiedenen Rollen von Schülern, Lehrern und Schulleitungen auf den Ebenen Klasse und Schule werden eindrucksvoll vorgestellt.

Bei der Autorin handelt es sich um eine freiberuflich agierende Diplom-Pädagogin und ehemalige Gymnasiallehrerin. Sie betreibt in Berlin u.a. das Mediations-Zentrum, ist systemische Beraterin, Coach, Sozialmanagerin sowie Trainerin und editiert verantwortlich den „Edu-Blog". CHRISTA SCHÄFER ist im Vorstand der Deutschen Gesellschaft für Demokratiepädagogik und führt für die Bildungsverwaltung Weiterbildungsangebote und Buddy-Seminare durch. Schäfer hat sich der Demokratiepädagogik leidenschaftlich verpflichtet. Im Hintergrund ihrer Aktivitäten steht das Bund-Länder-Programm „Demokratie leben & lernen" und das Schulentwicklungskonzept von H.-G. ROLFF.

Präsentation

Das neue Buch wurde Ende 2015 in der Stadt-Bibliothek von Berlin-Tiergarten vorgestellt. Konsequent „las" die Autorin nicht, sondern bezog die 30 Gäste mutig mit deren Erfahrungsberichten zur partizipativen Schule ein – so wurde die Lesung zum Workshop. Im Oktober 2016 beraumte sie eine Video-Online-Lesung an. Gemeinsam mit BERNHARD BÖHM sprach Frau DR. SCHÄFER mittels „heyeevent.de", aber die Nachfrage nach dem neuartigen Experiment ließ noch zu wünschen übrig.

Übrigens gerät die Rezension nicht weniger streng, weil der Rezensent mit der Autorin im „Buddy-e.V."-Kontext kollegial hervorragend zusammengearbeitet hat: es werden keine Gefälligkeiten abgeliefert. Wer aber eine längere und rundum positive Rezension zu diesem Buch lesen möchte, greife zu MARIANNE KLEINER-WUTTKE, online im „socialnet".

Inhalte

Neben der ausführlichen Einleitung liefert das Buch vier Inhaltskapitel („Grundlagen der partizipativen Schulentwicklung", „Partizipative Schulentwicklung praktisch umgesetzt", „Partizipativ leiten" und „Projektmanagement in einer partizipativen Schule") sowie zum Schluss ein 4-Seiten-„Blitzlicht zur Selbstreflexion". Die Weiterentwicklung einer Anerkennungs- und Wertschätzungskultur scheint SCHÄFERs Hauptanliegen zu sein; die Autorin stellt zu diesem Zweck das mir vorher unbekannte „Appreciative Inquiry (AI)" vor, eine US-Methode mittels wertschätzender Interviews und als Beitrag zur Veränderung der „inneren Haltung". Weitere empfohlene, auch formale Ansätze, Hilfen für Kleingruppenarbeit sowie Workshop-Methoden sind *Open Space, Jigsaw, Peer-Education, Zukunftswerkstatt, Parlament, Klassenrat, Feedback-Kultur, Einsatz von „Steuergruppen", World Cafe* und einige andere. Die umfänglichen Angebote erscheinen wie ein herzhafter Frühstückskorb, aus dem sich die Lehrkraft nach Lust und Zeit einzelne Delikatessen entnehmen kann. Was mich bei der Lektüre am meisten begeistert, ist der ausgebreitete Optimismus der Autorin im Hinblick darauf, dass wir die Schule als Lernort der Demokratie nutzen können und unseren Nachwuchs durch Verantwortungsübernahme und Anerkennung gerade dort kräftig fördern können.

Beim Thema Klassenrat zeigt SCHÄFER zum Beispiel auch im Detail formale Bedingungen (wie den Stuhlkreis) und verweist auf Nutzung geeigneter Räume. Denn solche Veranstaltungen müssen (wie der Elternabend) doch unbedingt in offener Runde stattfinden, in der sich LehrerInnen einreihen; auf Frontalunterricht ausgerichtete bestuhlte Bänke und Tische verhindern das hehre Einbeziehungsziel nicht selten. Sehr konkret wird die Klassensprecherwahl entwickelt. So zeigt CHRISTA SCHÄFER an zahlreichen Stellen des Textes, wie es funktionieren kann und dass es funktionieren kann. Kooperative Lernformen, permanentes soziales Lernen und Feedbackkultur sind einige der „Zauberwörter", die SCHÄFER zu Entntwicklungsinstrumenten macht: „Wenn eine Feedback-Kultur als Strategie demokratischer Veränderung etabliert werden soll, so muss der Feedbackprozess breit und auf Gegenseitigkeit angelegt werden, und es sind Feedbackbögen für die verschiedenen an Schule beteiligten erforderlich: Schulleitungen können sich Feedback von den PädagogInnen der Schule holen, und umgekehrt. Lehrkräfte erhalten Rückmeldung von den SchülerInnen und umgekehrt, Eltern geben der Schulleitung Rückmeldung, die Schulleitung gibt der Gesamtelternvertretung Rückmeldung und vieles mehr". SCHÄFER zeigt, dass Lernen Anteilnehmen heißt; Lernpotenziale gelangen in den Mittelpunkt und nicht wie sonst wohl allerorten die Defizite der abhängig Beschulten.

Kritik

CHRISTA SCHÄFER verzichtet ohne Not auf Motivation von „fremden" Lesern; ich habe nicht den Eindruck, dass auf diese Weise nun auch anders aufgestellte Pädagogen für die Sache gewonnen werden können; die Sprache der Lektüre richtet sich eher an bereits gut vorinformierte Mitstreiter, denn diese Lehrerinnen und Erzieher verstehen die „positivistische" Schreibweise - damit meine ich SCHÄFERs Diktion, keine Alternativen bzw. Gegenpositionen aufzugreifen. Im Kapitel „Konfliktmanagement" wird leider nur MARSHALL ROSENBERG und seine „Gewaltfreie Kommunikation" vorgestellt; die ebenfalls bedeutenden DAN OLWEUS, MANFRED CIERPKA, WOLFGANG MELZER, FRANZ PETERMANN, HERBERT SCHEITHAUER oder WILFRIED SCHUBARTH fehlen leider. Gewalt an Schulen wird nicht thematisiert. Im Hauptteil wünschte ich mir auch einen Bezug zu Positionen, Minderjährige (und „Täter") einzubeziehen bei der Festlegung von Regeln und Sanktionen für den Fall, dass Unterrichtsstörungen zur Diskussion stehen und Abhilfe geschaffen werden soll – schließlich promovierte die Autorin über *verhaltensproblematische* SchülerInnen. Auch wird die Rolle von VertrauenslehrerInnen nicht beleuchtet. Weitere Kinderrechte wären zu benennen für den Fall, dass sie Schulbezug besitzen wie die Religionsfreiheit – dahinter stehen radikalpartizipative Chancen (man beachte unsere Situation als Einwanderungsland), u.z. schon fast 100 Jahre lang. Kinder haben zwar kein Recht auf Taschengeld, trotzdem sollte dieses Problem unbedingt an Schulen unter Einbeziehung aller Betroffenen zur Diskussion kommen.

Dass 16 föderale Bundesländer 16 Schulgesetze aufweisen, bleibt abgesehen von dem ausgewerteten Aspekt „Klassensprecherwahl" unerwähnt. SCHÄFER bezieht sich nicht nur auf Berlin und Umgebung - es wird aber nicht ganz klar, welche Länder empfehlenswerte Teilhabe-Positionen in den Landesgesetzen zeigen, Ausnahme: Manche Bundesländergesetze beziehen Klassensprecher auf Elternabenden mit ein. Neben den Systemen, Vorhaben und Konzepten fehlen lebende, praktische Schul-Beispiele. Tipp: Vorbildliche Schulen werden z.B. in den Kauf-Videos von REINHARD KAHL („Archiv der Zukunft") vorgestellt; SCHÄFER hätte auch eingehen können auf unseren „Volks-Hochschul-Philosophen" RICHARD DAVID PRECHT. In Berlin wirkte eine Zeit jahrzehntelang die radikaldemokratische Schülerorganisation KRÄTZÄ, Mitautorin des Films „Demokratische Schulen", auch sie bleibt unerwähnt. Warum befinden sich auf dem Titelfoto - wir sehen fünf spielende Kinder – ausschließlich Mädchen?

Sprachlich wird es gelegentlich kurios. So lautet bei SCHÄFER das Kapitel 2.2. „Partizipative Schulentwicklung", das Unterkapitel 2.2.1. lautet „Partizipation und Schulentwicklung" und 2.2.4. lautet später „Partizipation in der partizipativen Schulentwicklung". Die Zitierweise finde ich ungebräuchlich; so wird an einer Stelle ganz allgemein von „neuerer Management-Literatur" gesprochen, andererseits wird der „uralte" ROGERS erwähnt und einbezogen. Manche Autoren werden mit Vornamen zitiert, manche mit Titel, andere nicht. Einige Adjektive schreibt die Autorin betonend *groß*, so „Mediativ" oder „Aktiv". Und gibt es wirklich Wörter wie „delegativ" oder „DemokratieAudit"?

Zusammenfassung

SCHÄFER sagt „Partizipation fördert und fordert Lernen". Ausprobieren kann nicht schaden. Ich wünschte mir, dass der Teilhabe-Ansatz gleichberechtigt neben anderen im weitesten Sinn „Präventionsstrategien" wie *Lions Quest* oder *Fairplayer* gehandelt wird. Aktuell gibt es kein anderes Werk auf dem Markt, das so konsequent systemisch den Teilhabegedanken im Regelschulkontext unterstreicht. Das Buch ist lehrreich, unterhaltsam und differenzierend und das Werk glänzt mit klar beschriebenen (didaktischen) Instrumenten, den umfänglichen Methoden und Techniken sowie mit zahlreichen Schaubildern und Grafiken. Die Fülle an Handlungsempfehlungen und Ideen haben mich sehr beeindruckt! Auch kleinere Vorhaben und kompakt vorgestellte Projekte können uns gut helfen, Schritte in Richtung Beteiligung zu gestalten. Wie wir auf dem Hintergrund jahrzehntelanger Praxiserfahrungen in allen Schultypen haben feststellen können, ist eine wesentliche Gelingensbedingung die Haltung der Schulleitung; diese muss Werte leben, *Leadership* zeigen und Visionen vorstellen; ist diese nicht im Boot, scheitert Demokratiepädagogik ohne Rücksicht auf engagierte „Basiskräfte". Umso wichtiger sind Berater von außen und Coaches sowie Qualitätsentwickler. Selbstverständlich sollten partizipative, systemische Konzepte curricular in die Lehrerausbildung gelangen. Schließlich bleibt angesichts von Büchern wie diesem die Hoffnung wach, dass entwickeltes Demokratiebewusstsein bei Minderjährigen gut in der Lebenswelt Schule wachsen kann. Je mehr davon und umso früher dies geboten wird, desto schwerer haben es später die sich gerade heute mit gutem Erfolg aufblasenden Populisten beim Bauernfang.

Erschienen in: Trialog 16, 2017; blz H 7/8 2017

VII Filmkritiken

Text 39

„Die Lehrerin" Fernsehspielfilm (*arte*) von TIM TRAGESER

Das öffentlich-rechtliche deutsche Fernsehen hat die Gewaltprävention für sich entdeckt und das ist gut so. Im August zeigte *Arte* den Fernsehspielfilm „Die Lehrerin" zur besten Zeit um 20:15 Uhr und im Oktober zeigte die *ARD* zur gleichen Zeit das eindrucksvolle, preisgekrönte Cyber-Mobbing-Drama „Homevideo", über das ich an dieser Stelle nicht berichte. ‚Stern.de-online' hat am 19.10.11 eine umfängliche, positive Kritik dazu veröffentlicht. Wenn zu dieser Sendezeit ausdrücklich Themen wie ‚Gewalt an Schulen' gezeigt werden, ist das Bildungsfernsehen pur, einerseits unterhaltsam – Krimi-Plots vergleichbar – zum anderen lupenreine Prävention, anschaulich, auf alle Bevölkerungsgruppen abzielend, spannend und lehrreich. Wer sich die Zeit nimmt, bekommt eine Gewaltproblematik gezeigt, repräsentiert und interessant gemacht über hoch kalibrige Schauspieler und dadurch z. B. völlig anders als bei „XY Ungelöst"-Demo-Filmen. Die Fernsehanstalten zeigen mit dem zweiten, wohl noch besseren Film, dass sie gewillt sind, diese Verantwortung mit zu tragen. Sie wissen, dass einige ältere Kinder und jüngere Teenager um 8 Uhr abends an den Bildschirmen sitzen. Da „Homevideo" auf Sexualität basiert (nicht auf „Sexualproblemen"), brandaktuell eingreift in die Debatte um Portale wie ‚I share Gossip' oder ‚Happy Slapping'-Handy-Spiele, findet es noch mehr Interesse und kann helfen, Lösungen zu entwickeln bzw. abschrecken: Durch den negativen (aber unwahren) Filmablauf können bei vergleichbaren Ereignissen im realen Leben zuvorkommende Strategien greifen; das ist kriminologisch besonders wertvoll. Der ‚Spiegel' hält das für „höchste TV-Kunst", die ‚Süddeutsche Zeitung' sagt „stark besetzt – ein besonderer Film".

Zur Story der „Lehrerin" (Regie: TIM TRAGESER, Drehbuch: LAILA STIEHLER): Das Amoklauf-Drama zeigt mit ANNA LOOS, MERET BECKER und AXEL PRAHL hervorragende deutsche Mimen und wird von den Produzenten als „Fernsehfilm der Woche" vorgestellt. Das bringt *auch* Quote. Die Biologie-Lehrerin Andrea (A. L.) ist seit 15 Jahren im Schuldienst und hat „Burn-Out".

Katja (M.B.), die neue Deutschlehrerin, kommt als ziemlich chaotische Quereinsteigerin in die Schule.

Ein Gewaltpräventionsdrama nimmt seinen Lauf und nichts und niemand kann im Film dem Täter zuvorkommen. Die Story zeigt einen Mitschüler-Todesschützen (,School Shooting') als Reaktion und Rache für ,Bullying', wie wissenschaftlich korrekt das Mobben an Schulen zu bezeichnen wäre. Das gemobbte Opfer beabsichtigt, den bösen Zyniker-Täter zu erledigen. Katja wirft sich reflexartig in den Gewehrschuss. Aber nicht die involvierten Schüler, sondern die *Lehrerinnen* werden fortan im Plot präsentiert: ein mitreißender Frauenfilm. Katja, dieser stark künstlerisch angehauchte JANIS-JOPLIN-Fan, wird ins Koma geschossen und muss sterben. Andrea verbarrikadiert sich mit ihren Schulkindern und folgt damit unbewusst-besonnen der richtigen Strategie im Fall einer Amok-Lage. Aber nur für sehr kurze Zeit, denn als jemand an die Tür klopf und sagt „Polizei – alles raus" traut sie dieser Botschaft *ungeprüft* – und hat gehörig Glück, es war tatsächlich die Polizei, hier Freund und Helfer! Was in echten Amok-Lagen zu tun ist, lernen in diesen Monaten gerade Berliner Schulbedienstete über aktualisierte Notfallpläne in neuartigen Krisenteams.

Später nehmen wir teil an einer Schulkonferenz. Alle LehrerInnen sind zugegen und die Rektorin stellt dem Kreis der Ratlosen, Trauernden und Ängstlichen *einen* (einzigen) leitenden Schulpsychologen vor: Es ist ein Mann namens *Weininger*. Nicht doch, ich erkenne ihn gleich, mag ihn sehr: fettige mittellange Haare, eine zu lange Lederjacke und eine künstlich tiefer gelegte Stimme, die eher haucht als betont – das kann nur Kommissar *Frank Thiel* aus dem ,Münster-Tatort' sein. Die Goldrandbrille (zu zierlich für diesen kräftigen Nasenrücken) vermag ihn nicht zu verkleiden. PRAHL/*Thiel*, sorry: Weininger, bleibt in meinen Augen hier der passive, ruhige TV-Serienpolizist, der sich schlussendlich aber mit seinem durchblickend bescheidenen Gehabe durchsetzt. PRAHL hat sensationell in den Filmen „Halbe Treppe" und „Die Polizistin" gewirkt. Ein Schulpsychologenchef mit Therapiekompetenz ist er nicht, denn ihm fällt nichts ein. Niemand aus dem Kollegium, und somit ist die Schilderung stimmig, will sich von diesem Psychologen beraten lassen. Alternativen (Frauen? ein anderer Mann?) werden nicht angeboten – in dieser Gefahrenlage wäre unsere professionelle deutsche Wirklichkeit *nach Winnenden* weiter. Ganze Teams gehen an belastete Schulen in Not und anonyme Beratung ist auch möglich für entkräftete MitschülerInnen, PädagogInnen, anderes Schulpersonal sowie natürlich für Eltern, denn in den meisten Bundesländern stünden geschulte Notfallpsychologen bedarfsgerecht zur Verfügung.

Lehrerin Drea übernimmt nach dem Vorfall Katjas wohl akut traumatisierte Klasse 8. Sie selbst und viele SchülerInnen der *Realschule* sind psychisch am Ende. Hört Andrea nun erst Recht auf mit ihrem *Lehramt*, dem Stress, geplagt von ihren protestantischen Über-Ich-Schuldgefühlen? Bekommt sie evangelisch betrachtet Vergebung, wenn sie ihre Unzulänglichkeit eingesteht? (Man muss unbedingt erwähnen, dass sie angestrengt darüber nachdenkt, ob sie ‚böse' gewesen wäre oder ob *sie* sich *ebenfalls* schützend vor einen ihrer Schüler geworfen hätte.) Ja und nein, Drea schlüpft in eine Art Mutterrolle und überwindet so ihren Frust. Sie entwickelt eine reformpädagogische Schulgartenidee – Jugend pflanzt junge Pflanzen – mit Neuanfang-Symbolik.

Weininger (A. P.) wird in einer Rezension (NIKO VON FESTENBERG, Spiegel-Kultur) als „Schutzengel mit viel Geduld" beschrieben. Als Schulpsychologe sehe ich das aber *ganz* anders. Warum und wie kann er überhaupt später in Andreas Kurort am Meer auftauchen? Diese filmische Freiheit erzeugt womöglich öffentlichen Neid und Unverständnis Lehrkräften gegenüber (denen ohnehin oft Mitschuld *an Allem* attestiert wird), denn andere Berufsgruppen kennen einen solchen *hinausreichenden, aufsuchenden* Schutzengel-Psychoservice nicht. PRAHL bzw. die Filmregie wurde übrigens von einem unserer Berliner Notfallspezialisten gecoacht, der Star macht aber offenbar „sein Ding". So murmelt er alias Weininger angesichts einer danieder liegenden Lehrerin die lakonische Frage: „Alles in Ordnung?" und enttarnt sich damit als Scharlatan. Spiegeln, eine ROGERS-Technik der Gesprächsführung, das ginge schon, um Vertrauen zu gewinnen und um zu klären, ob Botschaften korrekt verstanden wurden. Fachleute würden W-Fragen stellen, auf die sie eher komplexe Antworten erhielten und würden mitnichten Suggestiv-Botschaften ausstreuen mit schlichter ja/nein-Alternative. Das Drehbuch will es aber anders und kündigt uns im Kontext Erfolge an: Drea wächst schließlich, auch mit Hilfe des Notfallpsychologen; die Herausforderungen, das schlechte Gewissen, gepaart mit *Anspruch,* drängen sie zum Weitermachen, trotz oder wegen des „Burn-Outs".

Zusammenfassend möchte ich festhalten, dass dieser Kriminologie-Krimi (der im Übrigen federleicht spielt mit einer Imagination: noch im Koma *lebt* Katja und mischt sich ein wenig ins Geschehen ein) sehr beeindruckend ist, fantastisch gute Frauendarstellerinnen zeigt (die Schulleiterin ist sehr authentisch), keine abgehobenen Perspektiven liefert und (leider/zum Glück) nicht happy endet. Via Lernen am Modell wird uns verängstigten Betrachtern aber entwickelter Lebenswille und ein Krisenkonzept vorgeführt, das ich deute als *jedem die Chance geben, ein weiteres Mal zu scheitern.*

Die Filmkritk „Die Lehrerin" war eine Auftragsarbeit für die blz, – Berliner Lehrerezeitung;
dem eigenwilligen Redakteur WILL gefiel sie nicht;
der begehrte Text ist dann erschienen in: forum kriminalprävention 4/2011, Wiederabdruck in: Jugendhilfe Heft 6 2011; Wiederabdruck in: Trialog 13, 2012

VIII INTERVIEWS

Text 40

MANFRED GÜNTHER im Gespräch mit Dr. HEINZ KINDLER
Herausforderung Kinderschutz

Im Anschluss an die große Fachtagung ‚Kinderschutz und Schutz der Kindheit – Rolle der Psychologischen Familien- und Lebensberatung' des Caritasverbands der Diözese Rottenburg-Stuttgart mit den geladenen Gastreferenten und Workshop-Leitern Dr. HEINZ KINDLER, MANFRED GÜNTHER und Dr. DANIEL HAJOK am 11. Juni 2015 in der Akademie zu Stuttgart-Hohenheim führte der Berliner Pädagogische Psychologe, Mediator u. Jugendhilferechtler GÜNTHER (m.g) ein vertiefendes Gespräch mit dem Münchner Wissenschaftler und Rechtspsychologen Dr. KINDLER (H.K.), das wir im Folgenden dokumentieren.

m.g :
Eine Reihe von Fachkräften sieht die zunehmende, anhaltende Kinderschutz-Verbesserungsdiskussion als – unnötigen – Reflex auf zugespitzte Medienberichte: passiert ein Amoklauf, gibt es mehr Geld für explizite Gewaltpräventionsprojekte z.B. in der Jugendarbeit, wird ein Jugendhilfe-Kind spektakulär misshandelt, verschärft die Politik die entsprechenden Gesetze und entwirft flächendeckend „Frühe Hilfen" für Risikofamilien bei gleichzeitigem Abbau von Stellen in den für den Boulevard weniger attraktiven Tätigkeitsfeldern – ist da etwas dran?

H.K. :
Natürlich reagiert Politik auf öffentliche Meinung. Das muss sie auch. Richtig ist zudem, dass es für Politik im Widerstreit der Expertenmeinungen manchmal schwer ist, sinnvolle von weniger sinnvollen Veränderungen zu unterscheiden. Im Kinderschutz hat es mit der Einführung des § 8a Sozialgesetzbuchs VIII und dem beginnenden Aufbau „Früher Hilfen" allerdings insgesamt eine fachlich sinnvolle Entwicklung gegeben. Ob diese ohne Medien so bzw. so schnell erfolgt wäre, kann bezweifelt werden. Aber auch mir gefallen natürlich manche grob vereinfachenden Medienberichte nicht. Dass eine Diskussion über die Verbesserung des Kinderschutzes überflüssig wäre, kann ich nicht finden. Ich sehe – trotz aller Fortschritte – noch keinen Anlass zur Selbstzufriedenheit im Kinderschutz. Nur

zwei Beispiele: Die Befunde deuten darauf hin, dass es uns bislang schwer fällt, das Schädigungspotenzial bei *chronischer Vernachlässigung* ernst genug zu nehmen. Weiter war die Fachdiskussion in den letzten Jahren zu sehr auf das Erkennen von Gefährdung verengt. Es gelingt noch nicht gut genug, misshandelte und vernachlässigte Kinder in ihrem weiteren Entwicklungsverlauf gut genug zu unterstützen und zu fördern.

m.g :

Von 2009-2011 wurde intensiv gestritten über Hausbesuche – als Terminus im Gesetz und Pflichtinstrument in bestimmten Situationen – durch amtliche „Familienunterstützende Hilfen". Die Freien Träger, nicht primär die Jugendämter, haben dies erfolgreich zurückgewiesen: es würde die Jugendämter gar nicht in die Risiko-Wohnungen bringen, sondern das Band der Zusammenarbeit zerschneiden. Wie ist Ihre Position bitte?

H.K. : (*lächelt*)

Ich neige der Position zwischen den Stühlen zu. In der Mehrzahl der Fälle ist es sinnvoll, Veränderungen für Kinder über Zusammenarbeit mit den Eltern erreichen zu wollen. Eine solche Zusammenarbeit setzt allerdings zunächst ein zumindest grob angemessenes Bild vom Ausmaß der Gefährdung voraus. Eltern selbst sind hier nicht immer die beste Informationsquelle. Wichtig ist vielmehr der ergänzende eigene Eindruck einer Fachkraft. Darüber hinaus ist anzuerkennen, dass es manchmal Eltern gibt, die auf Angebote zur Zusammenarbeit nicht oder nur scheinbar eingehen und die Misshandlung, Vernachlässigung oder innerfamiliären sexuellen Missbrauch nicht von selbst beenden wollen oder können. Deshalb brauchen wir im Kinderschutz je nach Phase der Fallbearbeitung und dem Ausmaß der Gefährdung ein angemessenes Niveau an Kontrolle! Zugleich müssen wir aber in jedem Fall für Zusammenarbeit werben. Hier helfen keine starren Vorschriften, wohl aber Leitlinien und gut ausgebildete Fachkräfte.

m.g :

Ihr Kollege im Deutschen Jugendinstitut Dr. CHRISTIAN LÜDERS hat noch in den Jahren 2007–08 Möglichkeiten gesehen, über gut zusatzausgebildete Fachkräfte quasi im Spagat auch mal gleichzeitig Hilfe anzubieten und Kontrolle auszuüben. Welche Rolle würden Sie, wenn Sie das Sagen hätten, heute den „insoweit erfahrenen Fachkräften", auch ieFK genannt, zuweisen,– nur beratend, im eigenen Team und/oder, nur im fremden Team, auch Fälle übernehmend oder in der Regel in der Fallarbeit – und warum?

H.K. :

Nach dem Willen des Gesetzgebers sind die ieFK beratend tätig, wenn Fachkräfte oder Einrichtungen, die mit Kindern oder Eltern arbeiten, konkrete Hinweise auf Vernachlässigung, Misshandlung oder sexuellen Missbrauch wahrnehmen.

„Insoweit erfahrene Fachkräfte" können dann, je nach Bedarf, bei verschiedenen Fragen helfen. Liegt überhaupt ein konkreter Hinweis auf Gefährdung vor? Wie können die Eltern, wie das Kind einbezogen werden? Ist die Situation ingesamt als Kindeswohlgefährdung einzuschätzen? Wie kann auf das Annehmen von Hilfe hingewirkt werden und wie ist gegebenenfalls eine Mitteilung an das Jugendamt zu formulieren? Das wären beispielhaft wichtige Fragen. Die Fallverantwortung trägt eine insoweit erfahrene Fachkraft aber nicht. Also muss sie selbst auch nicht das Spannungsverhältnis zwischen Hilfe und Kontrolle ausbalancieren.
Denn dies ist die Aufgabe der fallverantwortlichen Fachkräfte in Fällen einer möglichen Kindeswohlgefährdung. Einen unversöhnlichen Widerspruch sehe ich darin nicht. Der besteht nur im Rahmen einer bestimmten Theorie von Hilfebeziehungen, die aber dem Machtungleichgewicht zwischen Erwachsenen und Kindern in Familien nicht Rechnung tragen kann. Ich aber glaube daran, dass ein gegenüber der Familie transparenter Umgang mit ihren Aufgaben für Fachkräfte ethisch geboten ist. Weiter nehme ich an, dass Kontrolle allein nur sehr begrenzt Veränderung bewirken kann. Irgendwann muss für nachhaltige Veränderung ein Moment der Zustimmung und Bejahung seitens der Eltern hinzutreten.

m.g :
Die meisten Kinder und Jugendlichen sind Schülerinnen und Schüler: Jugendhilfe-Schule-Kooperation wird zwar unbestritten gesetzt, aber wo hakt es im föderalen Deutschland und was tun, um zu mehr Verbindlichkeit zu gelangen?

H.K. :
Eine Form der Kooperation ist sicher Schulsozialarbeit. Als Ort, an dem sich Kinder und Jugendliche im Alltag befinden, hat Jugendhilfe an Schulen ein großes Potenzial, um junge Menschen in Krisen und bei Belastungen zu erreichen. Ob sie dieses Potenzial verwirklichen kann, hängt von mehreren Faktoren ab, etwa von der Langfristigkeit der Arbeit, da Vertrauen zumindest bei einem Teil der Kinder und Jugendlichen Zeit zum Wachsen braucht. Ein anderer Erfolgsfaktor scheint Vernetzung und *Lotsenwissen* zu sein, da Schulsozialarbeit mit vielen Problemen in Berührung kommt, die nicht an der Schule gelöst werden können. Dies gilt aber natürlich nicht immer. Gerade in den letzten Jahren haben mehrere Längsschnittstudien gezeigt, dass Probleme mit Gleichaltrigen lang anhaltende Belastungen nach sich ziehen können. Die Bearbeitung solcher Probleme kann in Schulen gelingen, und ebenso eine gewisse Mentorenfunktion, die für die Entwicklung von Selbstvertrauen und Interessen sehr wichtig sein kann. Aber das sind alles nur Beispiele. Fehlt Schulsozialarbeit, kann die Verständigung zwischen Jugendhilfe und Schule, etwa darüber, was wir mit Gefährdung meinen, sehr schwer werden. Zudem holpern Kooperationen leicht aufgrund der unterschiedlichen zeitlichen Taktung beider Systeme und dem durch das Datenschutzrecht gebahnten einseitigen Fluss von Informationen.

m.g:
Ärzte, Kinderärzte und Kinderpsychiater und die Deutsche Akademie für Kinder- und Jugendmedizin DAKJ greifen in die Kinderschutz-Diskussion ein und schlagen unter anderem Kinderschutzgruppen in Kliniken vor. Sie sind mit dem § 8b des SGB VIII in der jetzigen Form wohl unzufrieden und gehen davon aus, dass unsere Fachkräfte die Verschwiegenheitsverpflichtung in der Medizin sozusagen nicht begreifen. Das gerade aktualisierte Fachbuch „Deutschland misshandelt seine Kinder" aus der Feder von Charité-Ärzten schlägt erneut heftig auf die Jugendämter und ihre Versäumnisse ein; halten Sie diese Sprechweise für angemessen oder für Polemik beziehungsweise für durchsichtige Berufsgruppenschelte?

H.K.:
Die Kinderschutzgruppen in Kliniken sind in ihrem Hauptanliegen nach keineswegs als Kritik an der Jugendhilfe zu verstehen. Vielmehr sind sie ein Zeichen der verstärkten Auseinandersetzung in der Medizin mit ihren ureigenen Aufgaben im Bereich des Kinderschutzes, etwa bei der Diagnostik von Verletzungen und Mangelversorgungszuständen bei Kindern. Gleichzeitig wächst an vielen Orten die Einsicht, dass Kinderschutz eine multidisziplinäre Aufgabe darstellt. Das Buch „Deutschland misshandelt seine Kinder" will, glaube ich, kein Fachbuch sein, sondern steht in einer Tradition von Polemik, die aufrütteln will. Medizinische Fachkräfte werden darin genauso heftig angegriffen wie die Jugendhilfe, weshalb sich auch mehrere medizinische Fachgesellschaften ausdrücklich distanziert haben. Ich glaube, dass öffentliche Polemik dem Kinderschutzsystem nicht gut tut und den Problemen, die wir zugegebenermaßen haben, inhaltlich nicht gerecht wird.

m.g:
Kommunen und prominent auch der „Deutsche Städtetag" fordern Einschränkungen bei den für sie zu teuer gewordenen Hilfen zur Erziehung, Abschaffung des § 41 SGB VIII „Hilfe für junge Volljährige" und Eingrenzung der auch kreativ genutzten „sonstigen betreuten Wohnform" gemäß § 34, während seriöse Fachkräfte den Ausbau der Leistungen fordern – wie die Ausdehnung der Eingliederungshilfen auch auf körperlich und geistig behinderte Minderjährige. Bitte teilen Sie uns Ihre Befürchtungen in diesem Kontext mit.

H.K.:
Ach, so viele Befürchtungen habe ich im Moment gar nicht. Es überwiegen die Hoffnungen, dass beispielsweise die sogenannte große Lösung, also alle von Ihnen genannten „Behinderungsarten" in die Jugendhilfe stecken, tatsächlich kommt. Im übrigen erkenne ich ausdrücklich an, dass Leistungssysteme, auch die Jugendhilfe, in einer Demokratie rechenschaftspflichtig sind; sonst fordern wir Kritik heraus. Das Problem besteht darin, dass die Praxis der Jugendhilfe harte

Wirksamkeitsbelege nicht ohne die Forschung erbringen kann, die sich aber nicht so sonderlich für die Jugendhilfe interessiert.

m.g :
Bitte versuchen Sie doch einmal in etwa fünf Sätzen festzuhalten, welche besonderen Impulse Sie bzw. das dji in die Kinderschutzdebatte einbringen möchten, also jene Ziele, die Ihnen am Wichtigsten sind.

H.K. :
Ein Impuls betrifft eine verstärkte Beachtung von *Vernachlässigung*, der mit Abstand häufigsten Gefährdungsform, für die unsere bisherigen Hilfekonzepte zu wenig spezifisch sind. Ein *zweiter* Impuls betrifft die Weiterentwicklung von Kinderschutzdiagnostik, so dass die Fachkräfte besser erkennen können, welche Prozesse im Einzelfall in Richtung Gefährdung arbeiten und sie passgenauere Hilfevorschläge formulieren können. Ein *dritter* Impuls betrifft meine Überzeugung, dass wir mehr darüber lernen müssen, was eigentlich aus Kindern wird, die eine Kinderschutzintervention erleben. Orientierung hierzu ist nötig, um Fort- oder auch Rückschritte zu erkennen. *Viertens* denke ich, dass wir mehr über die Psychologie von Fachkräften in schwierigen Praxissituationen, etwa im Kinderschutz, erfahren sollten. Diese Arbeit fordert den ganzen Menschen, aber sie überfordert ihn auch schnell. Das können wir uns zunehmend weniger leisten. Mein *letzter* Impuls ist, dass ich gerne über verschiedene Forschungsmethoden das Repertoire an Erfolg versprechenden Hilfestrategien im Kinderschutz erweitern möchte, auf der Mikroebene, also beispielsweise im Gespräch, aber auch auf der Ebene komplexer Hilfekonzepte.

m.g :
Herr Dr. KINDLER, ich danke Ihnen sehr herzlich für diese engagierten Worte!

Das Gespräch wurde abgedruckt in: Bischöfliches Ordinariat/Caritas Stuttgart (Hrsg.): Dokumentation 2015 (darin siehe: Fachtagung „Rosebud"); online-download: www.dicv-rottenburg-stuttgart.caritas.de

ANHANG

A Titel, Ort und Jahr von 20 weiteren bereits veröffentlichten Texten – ohne Wiederabdruck hier in diesem Buch

Text

41 „Behavior Modification Techniques zur Kontrolle von Schülerverhalten" (Diplom-Arbeit) Berlin 1974 (109 S.)
42 „Chile – Revolutionärer Weg und Imperialismus" (mit KARIN RÖHRBEIN und JOHANNES JAHN): in: Konsequent Heft 41, 1974, S. 36-50
43 „Helfende Angebote für Vorschulkinder, Jugendliche und Familien" (AUTORENGRUPPE); in: Sozialpädagogik Jg. 22, 1980, S. 90-100
44 „Jugend in Wilmersdorf 1984. Empirische Studie zum Zeitbewußtsein und Problemverhalten der Jugendlichen" (KURT KERSTEN, Co-Autor m.g) Berlin 1984 (41 S.)
45 „Psychodiagnostik, ambulante Therapie und Unterbringung in heilpädagogischen oder klinischen Einrichtungen" (Wissenschaftliche Hausarbeit) Berlin 1986 (91 S.)
46 „Die Jugendhilfe verändern" (AutorInnengruppe), Hrsg. AL Berlin 1988
47 „Das Berliner Ausführungsgesetz zum Kinder- und Jugendhilfegesetz (AG KJHG)" (mit CHRISTIAN PULZ und OLIVER SCHRUOFFENEGER) für die Fraktion Bündnis 90 Grüne (AL) UFV (Hrsg.), Berlin 1994 (38 S.)
48 „Rahmencurriculum für Zertifikatskurse Jugendsozialarbeit". Berufsbegleitende Qualifizierung für Mitarbeiter und Mitarbeiterinnen aus verschiedenen Bereichen der Jugendsozialarbeit – im Auftrag des Ministeriums für Bildung, Jugend und Sport Brandenburg, 24. Februar 1994 (als .pdf *online* über die Homepage des Autors) (11 S.)
49 „Rechte junger Menschen", Vorwort INGRID STAHMER, Berlin 1997 (68 S.)
50 „Synopse der Landesgesetze, Verordnungen, Verwaltungs- und Ausführungsvorschriften, Richtlinien, Rundschreiben und Empfehlungen (Jugendhilfe/Berlin)" DIN-A 3, 2x jährlich von 1987-1998
51 „Förderung von Vernetzung und Kooperation insbesondere durch Aus-, Fort- und Weiterbildung am Beispiel von Polizei und Jugendsozialarbeit in der Gewaltprävention" (Bericht des Arbeitskreises) DFK Bonn 2004 (20 S.)
52 „Jugendkulturarbeit: Prävention pur?" Interview mit dem Publizisten KLAUS FARIN (2004)

Text

53 „Kooperation Jugendhilfe und Polizei bei der Gewaltprävention" in: „forum kriminalprävention" Heft 4, 2004; *Wiederabdruck* in: „Entwicklungen im Jugendstrafrecht Polizei – Strafvollzug", DVJJ, Erlangen 2005
54 „Erhebung zur Situation der Erziehungs- und Familienberatungsstellen. Rahmenbedingungen, Prävention, Kooperation" 2005 (61 S.) (SEBASTIAN BRAUNERT, Co-Autor m.g): Bonn (link zum download *online*: www.kriminalpraevention.de/dfk-publikationen.html)
55 „Ächtung der Gewalt und Stärkung der Erziehungskraft von Familie und Schule" (Ghostwriter-Text *für* RUDOLF EGG) in: „forum kriminalprävention", Heft 4, 2005
56 „Prävention von häuslicher Gewalt im schulischen Bereich" (mit UKRIKE KREYSSIG u. a.) BMFSFJ (Hrsg.): Materialien zur Gleichstellungspolitik Nr. 105, Berlin 2007
57 „Primärprävention und Erziehungskompetenz" mit SEBASTIAN BRAUNERT, in: „Jugendhilfe" Jg. 46, Heft 2, 2008
58 „Sportinsel La Palma" in: Blog „La Palma aktuell", 14.03.2015 (1) sowie 15.03.2015 (2)
59 „Zum internationalen Frauentag San Juan de Dios" in: „La Palma aktuell", 05.03.2016
60 „Pädagogisches Rollenspiel", Springer, Wiesbaden 2018
61 „Antisemitisches Mobbing an Berliner Eliteschule" für: „diesseits" 12/2018

Beteiligte Co-AutorInnen

Name, Vorname	*Text*	*Name, Vorname*	*Text*
BRAUNERT, SEBASTIAN	18, 57		
dito, (m.g war Co)	54	MATZKE, MICHAEL	51
EGG, RUDOLF	23, 55	MÜLLER-SCHÖLL, ALBRECHT	
GIZYKI, SUSANNE	16	(m.g war Co)	43
GOJNY, THOMAS	13	MÜLLER-SCHÖLL, MARGARETE	8
JAHN, JOHANNES	42	PULS, CHRISTIAN	47
KAHL, WOLFGANG	20	RÖHRBEIN, KARIN	42
KERSTEN, KURT (m.g war Co)	44	SCHRUOFFENEGER, OLIVER	47
KREYSSIG, ULRIKE (m.g war Co)	56	SEITZ, NORBERT	23, 55
MARANCA, GABI	13	SUDFELD, LILO	9

B Rezensionen zu Texten von m.g

Von den 60 veröffentlichten Schriften wurden die fünf Monografien vielfach rezensiert; fünf Aufsätze wurden ebenfalls von Rezensenten bedacht. Die folgende Liste gibt Hinweise auf die Titel und die RezensentInnen sowie auf den Erscheinungsort. Außerdem werden einige der Rezensionen (manchmal gekürzt) beispielhaft mit abgedruckt.

zu Text 1
„Fast alles was Jugendlichen Recht ist" (2003)

ASTRID BACHE
Die Rechte und Pflichten von Kindern und Jugendlichen genau zu kennen, ist eine gute Orientierung für den Lebensalltag. Dies gilt sowohl für die Minderjährigen und jungen Erwachsenen selbst, aber auch für Eltern, pädagogische Fachkräfte oder Studierende. Der Humanistische Verband Deutschlands hat ein spezielles Handbuch erarbeitet: „Fast alles was Jugendlichen Recht ist": Hier finden Sie alle gesetzlichen Regelungen für Kinder und Jugendliche aufgeführt und kommentiert.

Das Besondere an dieser Handreichung ist, dass sie auch mit Blick auf den jugendlichen, mündigen Leser geschrieben wurde. Das bedeutet, dass sich hier Heranwachsende über ihre Rechte und Pflichten in Staat und Gesellschaft informieren können. Humanistinnen und Humanisten wollen somit ihren Beitrag leisten, dass aus jungen Heranwachsenden bewusste, selbstbestimmt handelnde Erwachsene werden, die ihre Rechten und Pflichten gleichermaßen wahrnehmen. Aber auch für Fachkräfte der Jugend- und Sozialarbeit, Pädagog/-innen und Eltern ist das vorliegende Buch eine wertvoller Begleiter durch die Rechtspraxis im Alltag.
aus: „Fachkräfteportal der Kinder- und Jugendhilfe"; online: www.jugendhilfeportal.de/material/fast-alles-was-jugendlichen-recht-ist-ein-rechtsberater-nach-altersgruppen-fuer-betroffene-fuer-elte/

zur Text 1-Anlage
JOKERs Taschengeldtabelle

BERLINER MORGENPOST, 27. Juni 2009
Für alles gibt es eine Verordnung – sogar für das Taschengeld. Das „erhält der junge Mensch zur freien Verfügung", heißt es in der Allgemeinen Verordnung zum Jugendunterhalt. „Es ist für die Erfüllung individueller Wünsche bestimmt." Und: „Eine Kürzung ist in der Regel unzulässig."

Aber bevor Berliner Eltern nun aufschrecken – diese Senatsverordnung bezieht sich auf Minderjährige im betreuten Wohnen. Wie Eltern mit dem Thema Taschengeld umgehen und – vor allem – wie viel sie ihrem Nachwuchs zahlen, ist immer noch ihnen selbst überlassen. Allerdings gibt es hilfreiche Orientierungspunkte. Der Berliner Schulpsychologe MANFRED GÜNTHER hat auf Basis der Senatsverordnung eine Taschengeldtabelle erarbeitet (siehe Grafik). Er rät zu einer jährlichen Staffelung, beginnend mit dem ersten Schuljahr. „Vor der Einschulung scheint mir Taschengeld nur sinnvoll, wenn das Kind es wünscht, und es auch schon die Cent zusammenrechnen kann", sagt er und schlägt 50 Cent für den Anfang vor. Ab der ersten Klasse und spätestens mit sieben Jahren sollten Kinder aber regelmäßig und verlässlich einen festen Betrag zur freien Verfügung haben. Beginnend mit einem Euro pro Woche, kann das Taschengeld dann bis auf 5 Euro im 6. Schuljahr steigen. Danach rät GÜNTHER zur Umstellung auf 14-tägige Auszahlung. Monatliches Taschengeld hält er für problematisch, denn das führe immer wieder zu „kleinen Pleiten".

Kinder sollen lernen, selbstständig und eigenverantwortlich mit Geld umzugehen. Sie sollten nicht vom guten Willen und den Launen ihrer Eltern oder Großeltern abhängig sein. Zeugnisgeld und ähnliches soll es immer zusätzlich geben – wer das vom Taschengeld abzieht oder es verrechnet, der entzieht seinen Kindern die Motivation. Außerdem rät der Jugendexperte dazu, Teenagern ab der 10. Klasse zusätzlich zum Taschengeld monatlich einen Festbetrag für Kleidung und Drogerieartikel zu geben, anfangs 40 Euro, bis zur 13. Klasse könne der dann bis auf 60 Euro wachsen. Das Geld sollten Eltern auf ein verzinstes Girokonto der Kinder überweisen, spätestens ab dem 14. Lebensjahr. Mit einer auf 120 Euro begrenzten EC-Karte lernen die Jugendlichen dann schnell, mit größeren Beträgen umzugehen.

Die Taschengeldtabelle ist natürlich nur eine Orientierungshilfe. „Um Sozialneid zu vermeiden, sollte man sich auf Elternabenden abstimmen", rät GÜNTHER. „Kinder werden trotzdem gern behaupten, dass ihr Klassenkamerad mehr bekommt – so wie sie auch gerne behaupten, dass alle anderen später nach Hause kommen dürfen." Übrigens: Einen Rechtsanspruch auf Taschengeld hat der Nachwuchs trotz allem nicht. Weitere Infos: MANFRED GÜNTHER, „Fast alles was Jugendlichen Recht ist".

SVEN STEMMER (Blog: väterzeit-de), gesehen am 30.08.2018
Taschengeld – wieso, weshalb, wie viel? Wie gerecht muss Taschengeld sein?
MANFRED GÜNTHERs Taschengeldempfehlungen

Folgende Tabelle* wurde von dem Pädagogen MANFRED GÜNTHER entworfen. Seine Empfehlungen werden vom Deutschen Jugendinstitut und von verschiedenen Ministerien unterstützt. Die Zahlen wurden 2018 letztmals aktualisiert.

Wenn Ihre Kinder reif genug sind und es selbst wollen: Bieten Sie ihnen an, sich Jeans und T-Shirts selber zu kaufen. Dann sollten Sie zusätzlich ein Bekleidungsgeld vereinbaren, das aber nur für diesen Zweck verwendet werden darf.
Ab wann und wie viel sollten Sie zahlen?

Natürlich können Kinder erst lernen mit ihrem eigenen Geld umzugehen, wenn Sie in entsprechenden Kategorien denken. Der Berliner Schulpsychologe MANFRED GÜNTHER sagt dazu: „Vor der Einschulung scheint mir Taschengeld nur sinnvoll, wenn das Kind es wünscht, und es auch schon die Cent zusammenrechnen kann." Für den Anfang schlägt er 50 Cent vor. Spätestens ab der ersten Klasse bzw. mit sieben Jahren sollten Kinder dann regelmäßig und verlässlich einen festen Betrag bekommen, z.B. können Sie mit einem Euro pro Woche beginnen und auf 5 Euro im 6. Schuljahr steigern. Manche Eltern bevorzugen eine altersabhängige Staffelung, z. B. bis zum zehnten Lebensjahr ein Euro pro Jahr, danach zwei Euro pro Lebensjahr.

Ab der sechsten Klasse schlägt GÜNTHER eine 14-tägige Auszahlung vor, damit die Kinder lernen, auch über etwas längere Zeiträume zu planen. Bei monatlichem Taschengeld kommt es aber häufig zu „kleinen Pleiten".

Wichtig ist, dass Sie das Geld verlässlich und unaufgefordert auszahlen. Sie sollten es weder zur Strafe kürzen, noch zur Belohnung anheben. Geldgeschenke, Belohnungen oder selbstverdientes Geld sollten Sie nicht gegen rechnen.

Und noch ein Tipp für die Eltern: Verständigen Sie sich darüber, wer für die Zahlung zuständig ist und ob sie aus der Haushaltskasse finanziert wird. So können Sie nicht gegeneinander ausgespielt werden und vermeiden Streit untereinander. *vgl. S. 100
https://www.vaeter-zeit.de/vater-taschengeld/wann-und-wieviel-taschengeld-sind-sinnvoll.php

Die Taschengeldtabelle wurde außerdem rezensiert durch:
U. LANGMEYER und K. WINKELHOFER: *Taschengeld und Gelderziehung* (S. 57–69). Wissenschaftliche Texte, DJI, München 2014

zu Text 2
„Wörterbuch Jugend – Alter. Vom Abba zur Zygote" (2010)

PETER F. APPENHEIMER: „Erziehung zur Demokratie ist Gewaltprävention"
Klein aber fein. Es ist bemerkenswert, was für Schätze in dem kleinen, schmalen Wörterbuch mit etwas mehr als 100 Seiten zu finden sind. Ganz entspannt erklärt der Autor, warum er das Wörterbuch geschrieben hat. Schon allein sein freundlich-ironischer Stil verführt zum Weiterlesen, und davon gibt es eine Menge: etwa 700 Stichwörter, 49 erklärende Karikaturen von KLAUS STUTTMANN, ein Vorwort von AUSTROFRED, ein Nachwort von ERNST VOLLAND (beide Kabarettisten). Es lohnt sich sehr, es in die Jackentasche zu stecken, unterwegs zu schmökern und zu schmunzeln. Aus MANFRED GÜNTHERs Sammlung hier einige Stichwörter und Anmerkungen zur Gewaltprävention.

ARABBOY ist ein Intensivtäterdrama der Berliner Journalistin GÜNER YASEMIN BALCI. (Das Buch zog mich ebenso in den Bann wie das Theaterstück. Gleiches gilt für die „Fortsetzung" ARABQUEEN. Die aktuellen Erfahrungen mit den STRASSENKINDER/Dealerkindern in Berlin zeigen, wie wichtig ein ANWALT DES KINDES auch für kindliche Straftäter ist. Sie haben ja sonst kaum jemanden, der ihnen beisteht. Die BERGMANN BOYS und die THIRTY SIX BOYS sind oder waren „internationale" Jugendgangs aus Kreuzberg. Preisfrage: Welcher Prominente war mit in der CLIQUE der 36 Boys? Hätte ich nie gewusst: Der heutige Sternekoch *TIM RAUE* aus dem Hotel Adlon, inzwischen selbstständig. Nicht alle von ihnen waren gut aussehende CHILLER. Es ist bekannt, dass KINDER und JUGENDLICHE in der GROSSEN TROTZPHASE (heute: PUBERTÄT) schwierig sind und als HALBSTARKE (vielleicht noch) schwieriger werden. Daher gleich noch ein Beispiel: *HÜSEYIN EKICI* (Darsteller des „*Arabboy*" und seit kurzem als „*Orkan Kurtoglu*" in der ARD-Serie Lindenstraße zu sehen) wurde mal von der Jugendrichterin *KIRSTEN HEISIG* verknackt, und blieb „dank" des Job-Centers (Werden dort wirklich sinnvolle Ausbildungs- und Arbeitsplätze vermittelt?) im HOTEL MAMA bei seiner Mutter wohnen.

Womit wir bei der Gewaltprävention angekommen wären, um deren Kosten heftig gestritten wird. Fragen Sie mal die Herren HEINZ BUSCHKOWSKY (Bürgermeister von Berlin-Neukölln) und THILO SARRAZIN (Ex-Finanzsenator in Berlin), wie viel sie dafür ausgegeben haben (NULL ERZIEHUNGSFÄHIGKEIT). Die Antwort fällt zuungunsten der Politik aus: So gibt es für Jugendliche leider zu wenige DROP-IN CENTERS (Jugendcafés) und Schulsozialarbeiter (EDUCATION WELFARE WORK).

Auch wenn alle wissen, dass die Inhaber der ELTERLICHEN SORGE oft Unterstützung durch die JUGENDHILFE benötigen. Dagegen würde so mancher liebend gern RABENELTERN das KINDERGELD streichen und die Polizei belasten. Ist ja eine originäre Aufgabe der Polizei, schwänzende SCHÜLER/-INNEN dorthin zu bringen, wo sie hingehören, in die Schule oder?!

In das Bild passt, dass SOKRATES ständig in den Mund gelegt wird, was er *nicht* sagte: „Die Jugend liebt heute den Luxus ... hat keinen Respekt mehr ...". Dementsprechend fordert BERNHARD BUEB (Ex-Chef vom Elite-Internat Schloss Salem) von Erziehern und Lehrern Führung und Strenge. Man müsse Kindern mehr (Selbst-) Disziplin abverlangen. *AMY CHUA* (US-Buchautorin) lässt grüßen. Doch um Kinder und Jugendliche, neudeutsch KIDS, für eine demokratische Gesellschaft zu erziehen, kann nicht bedingungsloser Gehorsam dafür Grundlage sein. Demokratische Erziehung ist ein schwerer und mühseliger Weg und die beste Gewaltprävention! Kinder und Jugendliche müssen überzeugt werden.

Vielleicht erinnern Sie sich beim Lesen an ihre Jugendzeit, zumindest mir ging es so. Hatte ich die berühmten Kirschen in Nachbars Garten geklaut, wurde ich nicht kriminalisiert, obwohl mir bei Planung und Ausführung der Straftat durchaus kriminelle Energie unterstellt werden konnte. Sicher: Die gesellschaftlichen Bedingungen haben sich seit damals erheblich verändert. Darüber nachzudenken bietet Ihnen MANFRED GÜNTHER manchmal offen, manchmal versteckt, Anregungen für (präventive) Hilfen und Unterstützung der heutigen Jugend: Ohne erhobenen Zeigefinger und in jedem Fall vergnüglich!

erschienen in: Forum Kriminalprävention 1, 2011;

PETER F. APPENHEIMER, *länger als die Rezension im fk als „Buchtipp des Monats" in: Jugendhilfe Jg. 48, 6/2010 „Lehrreiches vergnüglich – Vergnügliches lehrreich"*

books.google.de

„Eher ein Comic dank der vielen Zeichnungen des STUTTMANN (TAGESSPIEGELBerlin). Wer sich über Mode- und Musik-Tics junger wie alter Leute amüsieren kann, hier ist eine Spielwiese. Wohl immer und überallhin verschenkbar. Unglaublich, wie viele Begriffe es gibt, die sich auf den Kampf der Generationen beziehen. Außerdem erscheinen die nötigen Fachdefinitionen aus Psychologie und Medizin. Das einzige Wörterbuch, das man (in einer Woche) lustgewinnend durchlesen kann. Dagegen ist das Wörterbuch der Jugendsprache ein Schmarren."

online, siehe: books.google.de

Dorothea Dohms
Vorbemerkung

Der 60jährige Autor, nach eigenem Bekunden eher kein „Spezialist für Jugendkulturen", verweist in seinem Vorwort auf die natürliche Altersvergesslichkeit. Da sei, trotz Diktafon und Google, einem kleinen Wörterbuch, kaum größer als ein Taschenkalender und daher in der Westentasche unterzubringen, der Sinn nicht abzusprechen.

Der Ursprung des hier vorliegenden Lexikons lag in einem nur sechs Seiten umfassenden Stichwortverzeichnis im Anhang der vor 13 Jahren erschienenen Broschüre „Rechte junger Menschen". Bereits dort waren die Hinweise auf die, einzelne Altersgruppen betreffenden, Gesetze gepaart mit Begriffen aus der Jugendkulturszene, mit Wortspaltereien und Sarkasmen. 6 Jahre später erschien dann das Buch „Fast alles, was Jugendlichen Recht ist". Auch dieser Titel enthielt ein kleines „Lebensalter-Lexikon" mit diesmal 333 „lustig-ernsten" Einträgen, deren kontinuierlicher Ausbau in den folgenden Jahren sich schließlich zu einem eigenständigen Wörterbuch mit „700 (Di)Lemmata" auswuchs und vom Autor empfohlen wird zur vergnüglichen Lektüre allen alten und jungen „Geburtstagskindern…, Erzieher/innen, Sozialpädagog/inn/en, Eltern, Lehrkräften…, Comedy- und Kabarettbegeisterten". Da es nicht ganz einfach ist, einem Wörterbuch eine inhaltliche Zusammenfassung abzuringen, hier also stattdessen einige Ausgewählte Inhalte:

Altersgruppen

Bei „Akzeleration" wundert sich der Autor über die Diskrepanz zwischen früherem Heranwachsen und immer später eintretendem Erwachsenwerden. Hingegen ist die „Midlife Crisis", von 1974 bis 1989 ein häufig behandeltes Thema, inzwischen eher zu vernachlässigen: „Wir haben einfach andere Probleme". Die „Alt-68er" stellen in einigen Bundesländern das halbe Lehrerkollegium. Und das „Alter" erhält – neben einer nicht so ernst gemeinten („Kumpel" im Sinne von „Alldehr") – gleich vier ernsthafte Erklärungen, dem Eingangsbegriff „Abba" nicht unähnlich. Ein „Best Ager, eigentlich 50+, kann auch danach noch gut aussehen. Und landet in den USA schließlich doch in „God's waiting room" („Gegenden, z. B. in Florida, mit großem Rentneranteil"), um dort vielleicht über die „Lost Generation" (von allen Epochen beklagte „Jugend von heute", die „zu nichts zu gebrauchen ist") zu sinnieren. Hierhin passen auch die Begriffe „Rentner-Bravo" für „Apotheken-Umschau", „Sarghüpfer" („unter englischen Ärzten verbreitete Bezeichnung für alte kranke Menschen") und der „Sechsbeiner" („Mensch-Rollator-Einheit"). Die „Grauen" – gemeint sind die Panther – und ihre „ideelle Gesamtrentnerin *Trude Unruh*" kommen hier gar nicht gut weg. Hingegen zeigt uns die „Großmutter-Hypothese", dass in Haushalten mit Omas (und Opas) in der Nähe die Geburtenrate von Kindern bzw. Enkeln steigt, während sie fällt, je weiter weg Oma und/oder Opa wohnen.

Der Buchstabe „J" – Jugend und Berlinerisches

Prozentual entschieden umfangreicher als etwa in herkömmlichen Wörterbüchern sind die Eintragungen unter dem Buchstaben „J", denn hier tummeln sich nicht nur die „Jugend" mit ihren Komposita, sondern auch eine stattliche Anzahl von bekannten Berliner J-Wörtern.

Er könne, so der Autor, „etwa 90 zusammengesetzte Hauptwörter... im Kontext Jugend... definieren, belasse es aber bei", in seinen Augen wichtigen, „14 Wörtern". Wie etwa „Jugendberufshilfe", „Jugend(gerichts)hilfe", „jugendnetz-berlin", Jugendstraße" (Rütlistraße, Neukölln), „JUMZ" („Jugend mit Zukunft", ein Finanzierungsprogramm des Berliner Jugendministeriums) Aber auch „Jugendbewegung", „Jugendkultur", „Jugendstil" und „Jugendweihe", „Mobile Jugendarbeit" (aufsuchend, hinausreichend, Street Work). Von den markanten Begriffen Berliner Ursprungs seien genannt die „Jummipuppe" („adipöser Teenager"), der „Jemietsmensch" („krasser Egoist"), die „Jewitterzieje" („zänkische Frau") und der Satz „Jroßmutta is die Älteste, also jut" als Schlusspunkt eines Disputs, vergleichbar dem Lateinischen „Roma locuta, causa finita". Im weiteren Alphabet finden sich noch der „Fannkuchen mit Beene" (kleiner Dicker, XXL"), das „Hallelujameechen" („weibliche Angehörige der Heilsarmee"), das „Heemeken" („von Heimchen, also kleine Dünne"), „Olleken" (hier übersetzt mit „liebe Frau"), „Pachulke" („ungehobelter Mensch"), die „Schlotterlotte" („eine reiche Freundin"), die „Strunze" („Frauenzimmer") und der „Steppke" („ein kleiner Junge"). Noch einmal zurück zur Jugend und Jugendszene. Hier finden sich Erklärungen zu den Begriffen „Chiller" („gutaussehender Junge"), „Dating" (Verabredungen, „ein Muss ab etwa 13"), „Elfen Couture" („teure Mode für den Nachwuchs") und „Forever 21" („Mode für junge Frauen"). Das „Girlie" („Backfisch") darf ebenso wenig fehlen wie „Gruftie" (u. a. als Bezeichnung für „gruftnahe über 30-Jährige"). „Ipschig" bedeutet „klein" und eine „Ische", eigentlich jiddisch für „Gattin", steht hier, leicht abwertend, für „Frau/ Freundin", während hingegen das „Männeken" manchmal noch für „Burschen" oder „Männer" in Gebrauch ist.

Kinder

Wo soviel Jugend ist, da dürfen auch die Kinder mit ihren Komposita nicht fehlen. Sachlich geht es zu bei den Erläuterungen etwa zu „Kinderbeauftragte", „Kindergeld", „Kinder in Not e. V.", „Kinderschutz", „Kinder- und Jugendplan des Bundes", „Kinderuniversität", „Kinderwelten" (ein Qualifizierungsprojekt der Berliner FU für Kita- und Grundschulpersonal) und „Kindesrecht". Nicht ganz so ernst zu nehmen sind z. B. der Eintrag zur „Kinderbadewanne" („Ob die Krise eine Kinderbadewanne ist, wissen wir nicht", so die Kanzlerin 2009, eine Zeit-Konjunktur-Grafikkurve beschreibend), der Spruch „Kinder haften für ihre Eltern" (gemeint ist die tatsächliche Haftung und die Anspielung auf ein Baustellenschild), die gemütliche Berliner Anrede „Kinnerkes", der „Kinderteller" (im Restaurant ein zusätzlicher leerer Teller, manchmal kostenlos, oftmals mit 2 Euro berechnet) oder der bekannte „Kindskopf" („älterer Mensch mit Kindermanieren").

Die Schönen Künste

Wo Jung und Alt sich ein lexikalisches Stelldichein geben, da dürfen auch die Schönen Künste nicht fehlen. Vertreten ist hier die Musik mit den *Back Street Boys, Beach Boys, Boy George*, das „Motto kleiner und großer Rockmusikphilosophen: Live fast, die young", *Modern Talking* (mit den „schönen Mannsbildern *Dieter Bohlen* und *Thomas Anders*"), der Kultsong der Popgruppe *The Who* („My Generation"), *NKOTB* (New Kids On The Block), der Hit „One Life Stand" der Elektro-Dance-Formation *Hot Chip*, die Superhits der *Pet Shop Boys*, der „legendär doofe Titel ‚Poor Boy' " der deutschen Band *The Lords*, die *Sugarbabes* und – immerhin – die *Wise Guys*. Und natürlich das „schöne Liebeslied der *Beatles*" („When I'm 64"). Die Bildende Kunst, man liest es staunend, ist sogar vertreten mit *Joseph Beuys*, „seiner Zeit so weit voraus, dass er z. Z. noch weitgehend unverstanden" ist. Was man dagegen in der Literatur unter „Arschkind Pose" zu verstehen hat, kann man bei der gleich mehrfach erwähnten HELENE HEGEMANN („Axolotl") erfahren. NICK HORNBY darf in dieser Kategorie ebenso wenig fehlen, wie etwa ROBERT GERNHARDT oder der Satz von SOPHIE ROIS: „Ich selbst bin schon nicht von mir". Sogar ERNST JÜNGER hat seinen Eintrag – nicht weit entfernt von THOMAS STEPHANs „Justitia in Jugendhand". Beim „Lolita-Syndrom" wird tatsächlich auf VLADIMIR NABOKOV verwiesen, und der „Roman unserer Kindheit" von GEORG KLEIN ist – nach Auffassung des Autors offenbar zu Unrecht – beim Leipziger Buchpreis an der „hippen HEGEMANN", die wegen ihrer „Abkupfereien nicht mehr präsent-tragbar" schien, vorbeigezogen. Gelobt wird MANFRED BOFINGER („Von Kindern und Riesen") und das „absolut beste Aufklärungsbuch aller Zeiten: Wild Thing – Sextipps for Boys and Girls". Eher ein Pflichteintrag gehört der *Bravo*, der „Mutter aller Jugend-Musik-Mode-Kino-Zeitschriften".

Die Zehnte Muse
Zum guten Schluss noch ein paar kleine Leckerbissen der eher unernsten Art. Wer oder was ist ein „Adulescens facinorosus"? Ein „Halbstarker". Und was eine „Domiseda"? Eine „Anhängerin der Lehre EVA HERMANs, Deutschlands Vorzeigemutter". Was sind die „Freerange Kids"? „Kinder in Freilandhaltung". Und wie erklärt man das „Frühenglisch"? „9-Jährige: ‚Ich weiß es! Flower Power heißt Blumentopf!'" Was wohl sollte man verstehen unter dem Begriff „Gerontotrophium"? Ein „Altenheim". Und was ist „Infantil"? Ein „Anpassungsdefekt bei Erwachsenen". Und was meint man, wenn von „Verzwergten Menschen" die Rede ist? Die „ehemaligen Eingeborenen der DDR (ARNULF BARING)". Das Wort vom „Krampfadergeschwader", angeblich eine Bemerkung *Günter Oettingers* über eine Gruppe älterer Damen, katapultierte diesen seinerzeit nach Brüssel. Und nicht ausgespart wird im „Null"-Artikel („die Erziehungsfähigkeit von einem Teil der Migranten-Eltern tendiert zu Null") des Neuköllner Bürgermeister HEINZ BUSCHKOWSKY, der als „bieder, uninspirierter Bezirkspummel" hier sein Fett abkriegt. Nicht minder *Die Grünen*: Unter dem Stichwort „Süßigkeiten" erfahren wir, dass RENATE KÜNAST seinerzeit sich für ein Werbeverbot in der Nähe von Schulen stark machte, ihr ehemaliger Staatssekretär jedoch inzwischen Leitender Referent beim US-Konzern „Mars" ist. (...)
erschienen in: „Socialnet" Rezensionen, 15. April 2011; Wiederabdruck mit freundlicher Genehmigung von © Prof. Dr. HARRO KÄHLER, Redaktion.

NETZWERK LERNEN
Es geht ums leidige Lebensalter, um Moden, Musik und mehr... Sind Punk-Klamotten verschlissen oder industriell gefertigt? Was ist dressing down und warum verkleiden sich die Rapper so komisch? Die Jugend verzichtet inzwischen darauf, der kommerziellen Industrie, den Brands und Labels zu entkommen, es wäre aussichtslos. Schriftsprachlich

fällt auf, dass Teens beim Übertragen von US-Moden und Codes oft nicht korrekt kopieren; die Ergebnisse klingen albern oder sehen krass grottig aus. In diesem Wörterbuch geht es um Jugend- und Alten-Kulturen; es fixiert einen kleinen, originellen Teil der nüchternen wie enigmatischen Begriffe aus der Szene, aber auch aus Unrecht und Recht!

Der wahre Hintergrund der Entstehung dieses Lexikons war, dass der Autor alt wurde und sich nicht mehr alles Neue merken konnte. Schon vor Jahren erschien erstmalig ein 66-(Di-)Lemma-Verzeichnis. Darin wurden wichtige Alters-Begriffe aus der Broschüre definiert, so die in Gesetzen verbrieften Altersgruppen. Hinzu kamen weitere Wortspaltereien, Sarkasmen und Zeitgeister. Heute, 2010, umfasst das nun eigenständige Wörterbuch über 700 frech definierte Einträge zu ‚Jugend + Alter' versehen mit kommentierenden Zeichnungen des bekannten ‚KS'.

Zu empfehlen ist dieses lehrreiche Machwerk allen Menschen, ob jung, mittel oder älter. Engagierte Schüler/innen, Erzieher/innen, Eltern, Lehrkräfte, schlaue Studis, leicht weise Greise sowie vor allem: Comedy- und Kabarettbegeisterte kommen garantiert auf ihre Kosten. Mögen Sie sich im Wortreich vergnügen!
erschienen bei: netzwerk-lernen.de, online, gesehen am 10.08.2017

zu Text 3
„Jugendliche im Berliner Psychodschungel"

URSULA LANG
Das fachbuch beginnt ganz unsachlich mit einer provokation: ein experte der psychoszene fordert zusätzliche kriseneinrichtungen für atomunfälle und die schließung des öffentlichen dienstes! Anschließend wird es „ernst"!

Auf knapp 130 seiten schildert MANFRED GÜNTHER die psychosoziale versorgung von jugendlichen in der weltmetropole Berlin. Der bericht beginnt mit zahlen zur unterbringung außerhalb der familie, z.b. in pflegefamilien, heilpädagogischen heimen, wohngemeinschaften, betreutem einzelwohnen, psychiatrie usw. Stark ausgebaut wurden in den letzten jahren ambulante maßnahmen, Es handelt sich um beratungsstellen (jugendpsychiatrischer dienst, schulpsychologischer dienst usw.) und krisenunterkünfte (kinder- und jugendnotdienst) sowie psychologische praxen, in den denen therapie oder einzelfallhilfe angeboten wird.

In einem nächsten schritt skizziert er die zuständigen abteilungen der jugendämter in ihren über- und unterordnungsverhältnissen sowie die gesetzlichen grundlagen und ausführungsvorschriften für fremdunterbringungen bzw. für die inanspruchnahme ambulanter hilfen. Anschließend wird eine expertenbefragung vorgestellt, die der autor in berliner jugendhilfe- und psychiatrieeinrichtungen durchgeführt hat. GÜNTHER überprüft drei thesen. Die erste lautet:

‚Diagnostik führt zwar zu spezifischen indikationen und empfehlungen, jedoch wird deren therapeutische durchführung nicht organisiert'.

Der autor favorisiert im interesse der klientInnen die einheit von diagnostik und therapie. In seiner zweiten these kritisiert er die unübersichtlichekt der psychosozialen dienste für die benutzerInnen. So kommt es zu doppel- und vielfachbetreuungen, die keinem nützen, sondern nur verwirren. M. GÜNTHER schlägt eine radikale neuordnung der sozialen dienste vor und fordert die einrichtung von jugendhilfestationen. Diese stellen in den jeweiligen bezirken einen verbund von ambulanten und staatlichen maßnahmen dar, mit klaren und durchschaubaren zuständigkeiten für die jugendlichen klientInnen. Die dritte these formuliert einen erheblichen bedarf an kleinsteinrichtungen und wohngruppen mit heilpädagogischer bzw. sozialtherapeutischer zielsetzung.

Auch wenn die drei thesen nicht gleichermaßen verifiziert oder falsifiziert werden konnten, hat mir sehr gut gefallen, wie der autor den prozeß seiner expertenbefrgung offenlegt. Die leserInnen können mit nachvollziehen, was es bedeutet, eine befragung zu machen, teilstrukturierte interviews durchzuführen und diese anschließend auszuwerten.

GÜNTHER versucht nicht, durch die menge der befragten personen zu beeindrucken, sondern er führt vor, was die befragten antworten, wie man diese antworten deuten könnte, auf was sie verweisen etc.. Dabei vergißt er nicht, darauf hizuweisen, an welchen stellen im interview geschwiegen wurde, wo es lebhaft zuging usw..

Mir ist beim lesen des buches deutlich geworden, wie die tendenz zur spezialisierung im psychosozialen sektor (für jedes neue problem wird ein neuer spezialdienst angesiedelt: es gibt heute eigene beratungsstellen im falle von spielsucht, schnüffeln, alkoholproblemen, drogen, sexuellem mißbrauch, schulversagen, trebegang usw.) zur hoffnung verführt, mit diesen spezialenrichtungen der klientel immer angemesene beratung und therapeutische unterstützung gewähren zu können. Tatsächlich wird dadurch ein eingeschränkter blick auf die persönlichkeit in ihrer konkreten lebenspraxis möglich. Zugleich wird damit einer psychosozieln praxis vorschub geleistet, die in ihren maßnahmen, empfehlungen zwangsläufig zu kurz greifen muß.

Ich finde, die broschüre ist ein ausgezeichnetes nachschlagewerk für alle, die im psychosozialen sektor arbeiten. Im verhältnis zum anspruchsvollen inhalt hätte ich dem autor für seine arbeit einen verleger gewünscht, der eine ansprechendere ausgabe des buches hätte anbieten können. (…)
erschienen in: berliner lehrerzeitung (blz), Ausgabe 10, Oktober 1988

BRITTA GRASHORN
„Odyssee für ‚Auffällige' "
Als Elfjähriger zeigt Frank k. zum erstenmal „auffälliges" Verhalten. Während einer Auseinandersetzung schlägt der Grundschüler seine Lehrerin. Der schulpsychologische Dienst „empfiehlt" Frank eine Sonderschule für Lernbehinderte. Einige Jahre später stirbt seine Mutter. Franks Vater kommt mit dem inzwischen 14jährigen nicht mehr klar, fühlt sich überfordert. Die Familienfürsorge schaltet sich ein. Nun beginnt für den Heranwachsenden das, was MANFRED GÜNTHER in seinem Buch „Jugendliche im Berliner Psychodschungel" beschreibt: die Irrfahrt durch das Labyrinth von Behörden, sich widersprechenden Diagnosen, Unterbringungs- und Therapiemöglichkeiten. (…)

Sehr ausführlich wird die unüberschaubare Zahl von Kliniken, Heimen und Wohngemeinschaften für Jugendliche in Berlin beschrieben. Alternative Bertungsstellen, Krisen- und Notdienste werden dabei ebenso kritisch beleuchtet wie die behördlichen Stellen der Jugendhilfe. Hilfreich für den nicht vorgebildeten Leser sind hier Abbildungen und Übersichten, die Rechtsgrundlagen und Verfahrensweisen der sogenannten Fremdunterbringung deutlich machen.

Der letzte Teil des Buches besteht aus Experteninterviews und macht die Schwächen der zur Zeit praktizierten Jugendpflege deutlich. Die Diagnose jugendlicher „Fälle" wird in der Regel nicht von denjenigen betrieben, die später dem Jugendlichen als Therapeuten zur Verfügung stehen. Mehrfachbetreuungen sind an der Tagesordnung.

Die Auswertung der Expertengespräche ergab aber auch, daß sich die Arbeitsmethoden in den heilpädagogischen Heimen verbessert haben. Hier leben Jugendliche in familienähnlichen Gruppen. Heimjugendliche wie Frank haben oft eine Odyssee durch den „Psychodschungel" hinter sich, bevor sie in heilpädagogischen Gruppen emotional aufgefangen werden. Gerade auch in diesen Einrichtungen hängt sehr viel von dem Engagement der Mitarbeiter und dem praktizierten Führungsstil ab. Kontrollen durch Vorgesetzte und Ämter behindern oder vereiteln nicht selten eine erfolgreiche Therapie. Wege aus der Sackgasse Jugendpflege sieht MANFRED GÜNTHER in einem Modell aus „Jugendhilfestationen und Verbundeinrichtungen". Die 12 Berliner Bezirke sollten in sechs Großregionen eingeteilt werden, so daß jeweils zwei benachbarte Bezirke zusammenarbeiten. Jede Großregion verfügt dann über sechs gemeindenahe Jugendhilfestationen, die als Anlaufstelle, Beratungsdiest, Diagnose- und Therapiezentrum bisherige psychiatrische Dienste ersetzen sollen. Zahlreiche Therapeutische Wohngemeinschaften, Krisen- und Notunterkünfte runden das Angebot im Kiez ab.

Utopische Wunschvorstellungen angesichts Krankenhausschließungen und Gesundheitsreform? MANFRED GÜNTHER hat sich trotz jahrelanger gegenteiliger Erfahrungen „die Illusion, auch in der Jugendarbeit neues Engagement hervorzurufen" bewahrt. Zwar sei „die Luft raus" bei denjenigen, die seit 20 Jahren um Reformen kämpfen und Engagement bei Berufsanfängern eine Rarität. Dennoch will der Autor mit „konkreten Utopien eingefahrene Diskussionen in Frage stellen".

erschienen in: Blickpunkt 1/2, 1989

ED KOCH

(...) auf 130 Seiten gibt Autor MANFRED GÜNTHER einen tiefen Einblick in die Situation „auffällig gewordener" Berliner Jugendlicher, und zwar einen Einblick, der sowohl wissenschaftlich fundiert ist als auch die praktischen Erfahrungen des Autors als Jugendberater berücksichtigt. Das Ergebnis der Arbeit sieht der Herausgeber in seinem Vorwort als eine Vorgabe an, „die hoffentlich aneckt, ärgert, zum Widerspruch reizt, vor allem aber eine Diskussion in Gang setzt, die die fortgesetzten Bemühungen um Verankerung und Absicherung dessen, was in den Modellregionen Kreuzberg und Steglitz im Rahmen der Reform der psychosozialen Arbeit vorläufig durchgesetzt worden ist, unterstützt". Konzipiert ist das Buch wohl als eine Art Leitfaden für den Gewinn tieferer Einblicke gerade derjenigen, welche an den psychosozialen Versorgungsmöglichkeiten Berliner Jugendlicher beteiligt sind. Der klar gegliederte Aufbau der Arbeit gewährleistet aber auch dem „Laien" einen ganzen Berg neuer Informationen, die zeigen, was hinter verschlossenen Türen vor sich geht und wie der „Dienst am Jugendlichen" so mancher Experten vor sich geht – sei es aufgrund mangelnder persönlicher Fähigkeiten oder aber administrativer Hindernisse. Für ein solches Verständnis braucht man zum Beweis gar nicht erst die Wissenschaft zu bemühen; es reichen Worte aus dem Brief eines Jugendlichen, der sich über die Konzeption „seines" Heims äußerte: „Jugendliche sind Menschen, falls Sie das noch nicht wußten, will ich dies noch einmal erwähnt haben". In West-Berlin gibt es immerhin 109 Heime mit 4159 Plätzen, die zu 85,3% ausgelastet sind, wobei die Heimunterbringung nur ein Teilbereich psychosozialer Betreuung ist. „Das Land Berlin", so ist nachzulesen, „veranlaßt prozentual die meisten Heimunterbringungen – doppelt soviel wie Hamburg, viermal soviel wie Niedersachsen".

Die im Buch vorgenommenen Darstellungen basieren zum großen Teil auf der Analyse der herangezogenen gesetzlichen Grundlagen, Richtlinien und Ausführungsbestimmungen, sowie auf der Auswertung verschiedener Informationsbroschüren, Tätigkeits- und Konferenzberichte. Weiterhin wurden Dokumente verwendet, die in Fachkreisen kursieren, aber nicht veröffentlicht wurden. Viel Platz nimmt die Auswertung sog. „Experteninterviews" ein, die von Mitarbeitern der entsprechenden Dienste anonym gegeben wurden – auch dies ist ein Hinweis darauf, wie vorsichtig in diesem sensiblen Bereich die Kritiker sein müssen. Hoffentlich erhalten ein paar Mutige von MANFRED GÜNTHERs Studie nützliche Anregungen, die im Sinne von betroffenen Jugendlichen verwertet werden können.

erschienen in: Paper Press vom 19. September 1988

MANFRED LIEBEL
Nach jahrelanger Sozialarbeit in einer West-Berliner Beratungsstelle für Jugendliche nahm sich der Autor vor, endlich mal Licht in die Strukturen, Abläufe und Prozesse zu bringen, die jungen Menschen in schwierigen Lebenssituationen Hilfe versprechen. Ihn nervte, daß die in der Stadt heute bestehende Fülle von Hilfsangeboten den auf sie angewiesenen Jugendlichen eher schadet als nützt. Den Hauptgrund sieht der Autor in den dschungelartigen Strukturen dieses Versorgungssystems. Sie bewirken nicht nur, daß Jugendliche praktisch nicht mehr durchblicken, sondern daß sie, wenn sie einmal da reingeraten sind, von Experte zu Experte weitergereicht werden, bis am Ende die negative „Jugendhilfekarriere" programmiert, die Abstempelung als psychisch geschädigt manifest geworden ist.

Um diesen Prozeß umzusetzen und den Jugendlichen tatsächlich effektive Hilfe zu bieten, schlägt der Autor ein Verbundsystem von „Jugendhilfestationen" vor, die als Anlaufstellen, Beratungsdienst, Diagnose- und Therapieorte zugleich fungieren und für die Jugendlichen überschaubarer und leichter zugänglich sein sollen. Ob allein eine neue Organisationsform der psychosozialen Hilfsangebote, wie sie der Autor mit viel Modell-Phantasie (wem?) vorschlägt, eine neue Qualität hervorbringen, bezweifle ich.

Dennoch halte ich die Schrift für hilfreich, auch für LeserInnen außerhalb von Berlin. Sie belegt konkret und eindrucksvoll, daß „psychosoziale Versorgung", die nur immer neue Dienste, Dienststellen und Zuständigkeiten hervorbringt, zumindest den Jugendlichen nichts bringt. Und sie gibt einen gut recherchierten Überblick über die in West-Berlin heute existierenden diversen Beratungsdienste, psychiatrischen und heilpädagogischen Einrichtungengen sowie pädagogisch betreuten Jugendwohngemeinschaften. Insbesondere die Vorstellung der „Off-Bürokratie-Projekte" (mit Adressen) die aus

den Betroffenenbewegungen der 60er und 70er jahre hervorgegangen sind, kann manche Anregung vermitteln.
erschienen in: Sozial Extra, September 1989

ALBRECHT MÜLLER-SCHÖLL
Aus der „Froschperspektive des Jugendberaters", so MANFRED GÜNTHER, will der Verfasser die psychosoziale Versorgung bei Jugendlichen beschreiben. Das außerordentlich ansprechende Bändchen ist eine wohlgelungene Arbeitshilfe, über den Umkreis Berlins hinaus brauchbar und hervorragend didaktisch aufbereitet.

Als erstes werden Begriffe vorgestellt und definiert. Sie sind dem Alltagsvokabular der Jugendpsychiater und Psychotherapeuten entnommen. Es folgt eine umfassende Synopse der in Berlin-West angesiedelten Hilfen für Jugendliche in psychischen Notlagen. Die Leser werden aufgefordert, selbst zu beurteilen, ob sie die vielen Angebote als „vielschichtiges Netzwerk" oder als „unübersichtliches Chaos" wahrnehmen.

Weiter wird eine kleine Untersuchung vorgestellt. Sie soll Licht in die Strukturen, Abläufe und Prozesse bingen, die jungen Menschen in schwirigen Lebenssituationen Hilfe versprechen. Kommentare von KollegInnen geben Anstöße zur kritischen Reflexion. Die Arbeit mündet in Reformvorschläge ein, die beanspruchen, einige der festgestellten Mängel alltäglicher Praxis zu überwinden. Zur Veranschaulichung des Berlner Jugendhilfe- und Psychiatrielebens werden im Text und im Anhang mehrere interessante Dokumente vorgestellt und gebräuchliche Vordrucke gezeigt. 40 Adressen ausgewählter empfehlenswerter Einrichtungen machen das Buch zudem noch zu einem Berater. (...)

Das Außerordentliche der Untersuchung ist ihre Klarheit und Lesbarkeit auch für den weniger vororientierten Fachmann sowie das Engagement des Verfassers, das in allen Kapiteln deutlich wird.
erschienen in: Sozialpädagogik 5, 1988

weitere Rezensionen zu Text 3: (anonym) in: *Soziale Arbeit* (37. Jg.) 1988; (anonym) in: *FU-Info* 6 / 1988

zu Text 5
„Alternative Konzepte für ‚nichtbeschulbare' und delinquente Jugendliche in den USA"
JASMIN MAMIER in: DJI (Hrsg.): *Expertise Glen Mills*, München 2002, S. 215

zu Text 15
„Beziehungen zwischen Jugendsozialarbeit und Polizei"
SD (DJI)
Noch häufig scheitert eine geplante Prävention an der fehlenden Konsequenz aus einer rollengerechten Abstimmung zwischen Jugendsozialarbeit auf der einen und Polizei jeder Art auf der anderen Seite. MANFRED GUENTHER zieht in diesem Beitrag eine Zwischenbilanz der aktuellen Situation in der modernen Jugendgewaltpraevention. Dazu stellt er die *wichtigsten* Erkenntnisse des Arbeitskreises des Deutschen Forums Kriminalpraevention vor. Thematisiert werden die Arbeits- und Rechtsgrundlagen von Polizei und Jugendhilfe sowie fachpolitische Forderungen und ausgewaehlte aktuelle Vorhaben in diesem

Spektrum. In seinem Resuemee unterstreicht der Autor, dass sich die Praeventionsakteure aus den Feldern Polizei, Justiz, Jugendhilfe, Schule oder psychosoziale Arbeit in den letzten Jahren neu aufstellen. Neu ist die grundsätzlich vorhandene Bereitschaft zur Zusammenarbeit sowohl themen- als auch fallbezogen.
FIS 1/2006, gesehen am 10.08.2017 online im „FachportalPädagogik.de"

zu Text 16
„Die Rolle und Wirkung des Sports..."
I. H. (BAG Kinder- und Jugendschutz)
„Im Beitrag wird ein Überblick und eine erste Bewertung verschiedener Sportpräventionsprojekte gegeben. Der Autor setzt sich auch mit der Grundannahme einer generellen präventiven Wirkung von Sport auseinander. Eine Wirkungsevaluation in diesem Bereich fehlt aber bisher weitgehend. Ein Ergebnis einer DFK-Studie ist, dass Angebote im Rahmen von Sportvereinen alleine nicht gewaltpräventiv wirken, lediglich eine Verbindung mit pädagogischen Intentionen und Interventionen kann Erfolg versprechen. Diese Angebote müssen jedoch ausdrücklich niedrigschwellig angelegt sein und u. a. auf eine interkulturelle Sensibilisierung abzielen. Auf die Rolle und Bedeutung des Kampfsports in der Gewaltprävention geht der Autor in einem gesonderten Kapitel ein."
erschienen 1/2007, online – über Fachportal.Paedagogik.de, gesehen am 10.08.2017

zu Text 48
„Rechte junger Menschen"
ANNEBEL UGRINSKY, in: *Jugendhilfe* 35 (1997)
ED KOCH in: *paper press* vom 16. Juni 1997

zu Text 54
„Primärprävention und Erziehungskompetenz"
COMENIUS-Institut, FIS www.fachportal-paedagogik.de

zu Text 60
„Pädagogisches Rollenspiel"
PETER F. APPENHEIMER in TRIALOG 19/2018:
GÜNTHERs Lehrbuch: Kurz, prägnant, informativ, fundiert = nützlich! Meine erste Begegnung mit *dem* „Rollenspiel" liegt lange zurück, damals noch als Teilnehmer. Ich gebe zu, dass mich *das* „Rollenspiel" als solches immer noch fasziniert – schließlich gehe ich gerne ins Theater. So setze ich zur Auflockerung bei Fortbildungen, auch kleine Spiele ein, die durchaus auch einen Rollenspiel-Charakter haben können. Allerdings nur dann, wenn es sich um eine größere Gruppe handelt, wenn ich mit der Gruppe über einen bestimmten Zeitraum arbeite und für die Auswertung des Rollenspiels genügend Zeit zur Verfügung steht.
   Der in der Reihe {essentials} erschienene Wissensbaustein und Leitfaden von MANFRED GÜNTHER ist ungemein interessant. Der erfahrene Psychologe gibt als Ziel-

gruppe im wesentlichen Studierende in psychologischen und „schulischen" Fächern an. Das ist aus meiner Sicht zu kurz gefasst, ein Understatement. Meiner Meinung nach eignet sich sein „Konzentrat" (vgl. Essenz) hervorragend für alle, die in „sozialpsychologischen" Berufen tätig sind und vor allem dann, wenn sie in einem Team – z.B. einer Erziehungs- und Familienberatungsstelle – arbeiten oder es gar (an-) leiten müssen. Worum geht es? Kurz, prägnant, informativ, fundiert führt GÜNTHER – gegliedert in acht Kapitel – in verschiedene Formen des Rollenspiels ein, von der Historie bis zur Gegenwart. Nach der Beschäftigung mit modernen Rollenspiel-Kulturen schafft er eine verständliche Abgrenzung zwischen sozialtherapeutischem und (sozial-)pädagogischem Rollenspiel und den Einsatz in der Verhaltenstherapie (VT). Besonders wertvoll werden GÜNTHERs Essentials in den „Gelingensbedingungen", wie er die Umsetzungsregeln für die Praxis nennt, weil diese ohne irgendeine fachliche Begrenzung nützlich sind. Im Kapitel 1, *Einleitung*, geht MANFRED GÜNTHER auf das „alltägliche Spiel" ein, dem Sich-Verstellen, zitiert ADORNO, NIETZSCHE, SÈVE, und folgt H. M. GRIESE darin, (vgl. Soziales Wörterbuch, 1996), dass Rollenspiele eine komplexe Methode zur Aneignung gesellschaftlicher Realität sind. Es gelingt dem Autor in Kapitel 2, *Rollenspiele: Abgrenzungen*, einzelne Spielformen darzustellen, bis hin zu aktuellen, modernen Rollenspielen, und diese voneinander abzugrenzen und auf umstrittene Methoden hinzuweisen. Es ist GÜNTHER zuzustimmen, wenn er im Kapitel 3 *Pädagogische Rollenspiele*, WOLFGANG WENDLANDT als Vater derselben bezeichnet und sich, auf diesen berufend, das Verhältnis zur VT skizziert. Seine Hinweise über die Qualität von Fort- und Weiterbildungen sind für Interessierte wertvoll. Erhebliche Informationen für die Praxis finden sich im Kapitel 4, *Gelingesbedingungen,* und im Kapitel 5, *Rollenspiel-Techniken.* Offenkundig wird, dass Rollenspiele in vielen Bereichen der sozialen Arbeit Anwendung finden können und sie unabhängig von anderen Techniken sind. In beiden Kapiteln sind praxisnahe Hinweise zu finden, für welche Zielgruppe welche Technik wann und wie angewendet werden kann bzw. sollte. Seine Ausführungen ergänzt MANFRED GÜNTHER im Kapitel 6, *Add-Ons: Ergänzende systemische Methoden*. Die Beschreibungen weiterer Techniken sind nützlich und vergrößern das Spektrum. Dabei grenzt der Autor zu Recht das Rollenspiel von der gewaltfreien Kommunikation (GFK) ab. GÜNTHERS Begrenzung auf Schule und Studium (nicht nur) im Kapitel 7, *Einsatzfelder und Praxisbeispiele,* wird von ihm selbst aufgehoben. Soziales Lernen findet auch in anderen „sozialen" Arbeitsfeldern statt, beispielsweise in der polizeilichen Verkehrserziehung und Gewaltprävention.

MANFRED GÜNTHER gebührt Dank, dass er es schaffte ein umfangreiches Thema praxisnah darzustellen und auf eine überschaubare Seitenzahl zu komprimieren. Es ist schon eine hohe Kunst dies zu bewerkstelligen.

Erschienen in: TRIALOG H 17, 2018

ENDE

Von der Idee, datiert auf Februar 2017, bis zur vollständigen Realisierung heute mit einem dicken Buch in der Hand zum 70. im November 2018 sind 22 lange, arbeitsintensive Monate an den Texten vergangen – unterbrochen nur durch das Verfassen des „Pädagogischen Rollenspiels" bei SPRINGER – Monate, in denen mich überraschend viele Mitmenschen unterstützt haben mit ganz unterschiedlichen Beiträgen. So sage ich heute **„herzlichen Dank dafür"** an: RENÉ BISCHOFF, SÖREN BOLLER, DAGMAR BRÖNSTRUP-HÄUSER, VOLKER BRUNSWICK, DIETMAR BÜHRER, MATTHIAS BRANSCHEIDT, JUKEBOX THE GHOST, NORBERT KÄHLER, KARIN KOCH, CHRISTEL LECHNER, DR. ANDREAS MÄCKLER, KLAUS MEIER, JANA MIDDENDORF, DR. KLAUS RUOFF, SABINE SCHERMELE, KLAUS STUTTMANN, SIRA THEURICH, DR. CHRISTINE WITTROCK sowie last not least DR. JÖRG FEGERT für's mir Wohl wollende Vorwort.

Augengläser im Wandel der Zeit ...

Der Bedarf an Unterstützung für Kinder und Jugendliche macht auch vor deren Augen nicht halt. Immer mehr benötigen bereits in jungen Jahren eine Brille, um Fehlsichtigkeit zu korrigieren. Rührt diese Entwicklung von unzähligen Stunden intensiver *Naharbeit* der Augen vor Smartphone-Displays und anderen Computer-Bildschirmen? Oder liegt es am Mangel von Tageslicht draußen im Freien (für junge Augen sollten es gern zwei Stunden pro Tag sein)?

In Europa hat das Phänomen stark zunehmender Kurzsichtigkeit unter Kindern zwar noch nicht Ausmaße wie in asiatischen Großstädten (Beispiel: Singapur) erreicht, wo inzwischen von je 100 Schülern 80 – 90 ihr Abschlusszeugnis als Brillenträger entgegennehmen. Aber der Trend geht auch bei uns rasant in diese Richtung.

Bekannter sind die Schwierigkeiten, die sich mit den Jahren beim Lesen zu kleiner Schrift offenbaren: Irgendwann sind die Arme nicht mehr lang genug, um einen passenden Abstand zwischen Augen und Schriftstück herzustellen: Altersweitsichtigkeit. Ursache ist der Verlust an Elastizität, den die Linse im Auge mit den Jahren erfährt und so auch die Funktion zur Anpassung im Nahbereich. Das ist normal und heute mit Brillen und Kontaktlinsen gut zu korrigieren.

Von jeher haben Menschen unter nachlassender Sehkraft gelitten, und schon in grauen Vorzeiten wurde viel nach Abhilfe gesucht. Meist vergeblich. Erst um den Beginn des vorigen Jahrtausends wurden im Nahen Osten die theoretischen Grundlagen der modernen Optik gelegt und erste Linsenformen für die gezielte Brechung von Lichtstrahlen berechnet. Später gelangte dieses Wissen auch nach Europa, und gegen Ende des 13. Jahrhunderts wurde in Norditalien eine erste Brille für beide Augen hergestellt. Mit schweren Linsen aus Beryll-Kristall klemmten sich Altersweitsichtige diese frühen Brillenmodelle auf die Nase, weil sie noch ohne Bügel waren.

Heute gibt es für (fast) alle Augenprobleme Brillen für Jung und Alt in ungezählten Variationen, aus verschiedensten Materialien, für die unterschiedlichsten Zwecke, wie ein Besuch bei den Brillenmachern NORBERT KÄHLER und KLAUS MEIER verdeutlicht. Die beiden Augenoptiker-Meister arbeiten seit 1982 gemeinsam in ihrer „**BRILLEN**WERKSTATT", anfangs etwas abseits in Berlin-Schöneberg, wo sie dem Autor dieses Buches ein *handgefertigtes* Modell anpassten. 1989 erfolgte dann der Umzug an die Oranienstraße im Herzen des Kreuzberg '36-Kiezes und später kamen noch zwei Läden hinzu – am Hackeschen Markt in Berlin-Mitte und am Mehringdamm im Kreuzberg-Kiez '61. Inzwischen zählt das Team der **BRILLEN**WERKSTATT 20 MitarbeiterInnen, die allesamt hinter dem Leitsatz stehen: „Wer sich Werkstatt nennt, muss mehr tun als nur Brillen zu verkaufen." So werden nicht nur Brillengestelle aller Preisklassen „verglast" und angepasst, sondern es wird von der Lesebrille bis zur Sonnenbrille auch nach Kundenwunsch individuell angefertigt. Reparaturen, ob klein oder kompliziert, sind selbstverständlich, Augen werden sorgfältig vermessen – und wem mit dem Gedanken an eine Brille nicht wohl ist, dem kann oft mit Kontaktlinsen geholfen werden. Kunden schätzen die fachliche Beratung samt stilistischer Unterstützung in der lockeren Atmosphäre der Berliner **BRILLEN**WERKSTATT. *Im Wandel der Zeit* gelten Brillen heute auch als modische Accessoires. Die Brille, ob industriell gefertigtes Gestell oder exklusives Designerstück, ist zwar keine Garantin, in jeder Lage *den Durchblick* zu behalten! Aber sie garantiert ihrem jungen oder älteren Träger besseres Sehen und meistens auch prägnanteres Aussehen.

... und das ist doch was, oder?

BRILLENWERKSTATT
Dircksenstraße 48 am Hackeschen Markt
Oranienstraße 32 in Kreuzberg | www.brillenwerkstatt.de
Maske by Brillenwerkstatt in Kreuzberg

Über den Autor

m.g wuchs 21 Jahre lang in Witten und Bochum auf. Seit fast 50 Jahren lebt er in West-Berlin und seit fünf Jahren als Überwinterer auf La Palma. Im Ruhrpott hatte er als Schüler und Student unglaublich viel „nebenberuflich" zur Selbstfinanzierung gearbeitet: er war Jahre lang Bauhelfer, Brotfahrer, Chauffeur, Fabrikarbeiter, Kellner, Liegewagenschaffner, Raubdruckhändler, Zeitungsbote u.v.a.

Schreiben? Der früh anerkannte „KDV" versuchte sich in der Schülerzeitung, verfasste so mit 19 diverse altersübliche Gedichte – mit FREUD, NIETZSCHE, MARX, REICH oder SCHOPENHAUER in der Manteltasche –, ein damals frankophiler altbiertrinkender Ente-Fahrer mit *Rotem Punkt*, eingeschrieben an der Ruhr-Uni Bochum, mit sieben Wohnsitzen in einem Jahr.

1970 brach *m.g* sein Studium (Psychologie, Publizistik, Philosophie) dort kurzerhand ab und zog, ohne West-Berlin irgendwie zu kennen, ohne auf einen Studienplatz dort hoffen zu können und ohne BaföG bzw. Eltern-Geld in das Politik-Paradies, um eine „K 3" mit zu begründen und seine „Roten Zelle" an der FU bekam ihr erstes *Arbeiterkind*. Seine Diplom-Arbeit an HOLZKAMPs PI war rückblickend eine wegweisende, denn er „erfand", dass man SchülerInnen *einbeziehen* muss in die Definition von sozial-affektiven Lernzielen. Ein Tutor-Job sowie Lehraufträge parallel zum Zweitstudium *Arbeitslehrer/Wirtschaft* brachten ihm finanziell dann endlich Luft.

Im April 1977, nach fünf Semestern Lehramtsstudium mit Auszeichnung abgeschlossen, begann dann mithilfe von Glück, Zufall und einem politischen Netzwerk seine Vollzeit-Berufskarriere als Pädagogischer Psychologe, die er sich so oder so ähnlich irgendwie gewünscht hatte: Praxis, Gestaltungsmitverantwortung; Jugendliche, Kinder, Eltern und SozialpädagogInnen konkret. Dazu von der ersten Stunde an auch Fortbildungen geben und nehmen, ganz besondere Dienstreisen mitgestalten (Jugendhilfe in Dänemark, den USA, Sizilien, Kanada, Österreich und in der Ukraine) sowie *Schreiben*. Der Konfessionsfreie bekam – als Linker in den ersten sieben Jahren politisch unter Druck wg. der Verfassungsschutz-Regelanfrage – unerwartet Unterstützung von und in der Diakonie.

Auch in seiner dann folgenden „grün-alternativen Phase", die über 20 Jahre dauerte, hatte der „Exot" auf kreativen Stellen in den Fachverwaltungen des Öffentlichen Dienstes einiges an Mobbing auszuhalten; außerhalb wurde er „politisch" allerdings zweimal angefragt, Bezirksstadtrat für Jugend zu werden. Unser Autor kniff: denn eine in seinen Augen „richtig alternative Partei" mit imperativen, basisbezogenen Mandaten waren die Bündnis90-Grünen in seinen Augen auch nicht.

MANFRED GÜNTHER hätte ein Berufs-Leben lang nach 1983 in seiner Berliner City-Behörde als Stab arbeiten und sich verbeamten lassen können. Beinahe, verwaltungsreformfreudig, wäre er in ihr aufgegangen nach einer Weiterbildung zum „Kosten- und Leistungsrechner" und Prokutentwickler „Jugend" bei der KPMG 1996. Aber Unruhe und Neugier brachten ihm insgesamt sieben ganz verschiedene fordernde Anstellungen, darunter Notfallpsychologe (Brennpunktschulleiter-Coaching in Amoklagen) oder als „der Kollege fürs Psychosoziale" im Kreis der Bonner Bundes-Präventions-Polizei.

Berufsbegleitend lernte er zusätzlich „Fachkräfte für die psychosoziale Versorgung" (Gesundheitsförderung, Public Health) sowie Mediator, gab Workshops, kümmerte sich in den neuen Ländern Brandenburg, Sachsen-Anhalt und Berlin-Ost um deren Curricula zur „Nachqualifizierung", moderierte deutschlandweit mit großer Lust *Arbeitskreise* auf verschiedenen Ebenen. Unterschiedliche Institute luden ihn zu ca. 20 Vorträgen ein. Nach 2006 qualifizierte er sich zum „Notfallpsychologen"; auch gestaltete er außerhalb seiner Aufgaben als Angestellter einige Coachings, darunter für das kuriose TÖNSTÖR der BALBA in Bern. Von TV- und Radio-Medien wurde er gelegentlich auch mal zu Live-Interviews geladen, zuletzt vom Moma/ZDF. Berufsbegleitend neben seiner 36 Jahre dauernden Angestelltenzeit lehrte er: In dieser Zeit erfüllte er genau 50 Lehrauftraäge mit 24 verschiedenen Themen. Nach 2010 schrieb GÜNTHER auch für die Wikipedia, fundierte 35 Begriffe, 30 Biografien und setzte insgesamt über 6500 verbessernde Edits.

Heute sitzt der Rentner weiter vor den Monitoren und schreibt – zuletzt das kleine Fachbuch „Pädagogisches Rollenspiel"; das gefällt ihm offenbar besser, als weiter zu lehren. Die kommenden Änderungen in den Jugendhilfe-Bedingungen sind schließlich so gravierend, dass es dem ausgewiesener Skeptiker kaum noch Spaß macht, Studierende beim Verstehen und Verwenden der einschlägigen Rechtsgrundlagen zu beraten. Freiwillige soziale Arbeit, das ist sein Wort für Ehrenamt, macht er eingegrenzt im Kontext Humanismus.

Auch mit nun 70 hat *Mann* noch Träume sowie Ansprüche ans Leben. Inzwischen überwiegt eher Privates: Garten und Golf, Kajak und Kochen, Reisen, Rock 'n' Roll. Aber über alles liebt er Diskurse – so wenn seine Tochter, junge *Kulturwirtin* sowie *Managerin für Nachhaltigkeit* in spe, zu Hause mit ihm inzwischen ausgesprochen fair streitet.